JIDDU

J. Krishnamurti
克里希那穆提集

WHAT ARE YOU SEEKING ?

THE COLLECTED WORKS OF
J.KRISHNAMURTI

你在寻觅什么?

克里希那穆提 著
桑靖宇 程悦 译

九州出版社 JIUZHOUPRESS 全国百佳图书出版单位

org，或"克里希那穆提冥思坊"的微博：http://weibo.com/
jkmeditationstudio，以及微信公众账号"克里希那穆提冥思坊"，微
信号：Krishnamurti_KMS。

九州出版社

　　克里希那穆提1895年出生于印度南部的一个婆罗门家庭。十四岁时，他被时为"通神学会"主席的安妮·贝赞特宣称为即将到来的"世界导师"。通神学会是强调全世界宗教统一的一个国际组织。贝赞特夫人收养了这个男孩，并把他带到英国，他在那里接受教育，并为他即将承担的角色做准备。1911年，一个新的世界性组织成立了，克里希那穆提成为其首脑，这个组织的唯一目的是为了让其会员做好准备，以迎接世界导师的到来。在对他自己以及加诸其身的使命质疑了多年之后，1929年，克里希那穆提解散了这个组织，并且说：

　　真理是无路之国，无论通过任何道路，借助任何宗教、任何派别，你都不可能接近真理。真理是无限的、无条件的，通过任何一条道路都无法趋近，它不能被组织；我们也不应该建立任何组织，来带领或强迫人们走哪一条特定的道路。我只关心使人类绝对地、无条件地自由。

　　克里希那穆提走遍世界，以私人身份进行演讲，一直持续到他九十岁高龄，走到生命的尽头为止。他摒弃所有的精神和心理权威，包括他自己，这是他演讲的基调。他主要关注的内容之一，是社会结构及其对

美国，1954 年

PART 01

印度, 1953 年

在马德拉斯的第一场演说

我以为，你们应当关注如何带来一个不一样的世界。在这个世界里，我们确立起了一套全新的价值观念；在这个世界里，人与人之间不再是彼此敌对的状态；在这个世界里，不会再有战火硝烟。我们一定都曾经思考过这些，至少那些抱持着严肃认真的态度、心怀善念的人们有想过。所有这些不计其数的问题，是否有答案呢？我们意识到的各个层面的问题，我们的所作所为以及出现的各种危机，令我们有机会去探索一下自己的思维方式。假如我们十分急切，或许会去追随某个领袖，追随某套哲学体系或是行动方法，组建团体并与其他团体联合起来。目睹了这一切，这四处可见的混乱，混乱并非仅仅局限于这个不幸的国家，而是全世界范围的，那么我们每个人会作何反应呢？是否会宣称其他人将会解决这些难题？我们求助于那些政客、共产主义者或是其他人，若我们不怀有任何政治上的倾向，就会诉诸宗教方面的上师、大师抑或各类哲学思想体系，指望着通过认真勤勉地追随他们，就可以解决这些问题了，或者至少能对改善这个世界彻底的混乱无序和惨况助上一臂之力。我们显然一定都曾思考过所有这些问题，如果我们全都思虑过这些，那我们该如何去重建呢？

这种疯狂的混乱无序，会带来转变与革新吗？不是仅仅局限于某一个层面的转变，而是充分的、整体的改变？我觉得这才是真正的问题所在。

容我补充一句，正确的聆听真的是格外重要。由于大多数人都面对着诸多的难题，因此我们渴望得到解答，而答案总是适用于——必定适用于急迫的问题，所以我们只会意识到解答。请仔细聆听我正谈及的内容，因为我强烈地感觉到，假如你能实现正确的聆听，就将迎来转变，而我们每日的思想无须展开有意识的努力。但我们并不懂得怎样聆听，我们在用耳朵听，可这只是流于表层。真正的聆听，必须是不去寻求一个答案，而应该仅仅面对问题本身。没有所谓的答案，存在的只有问题。请认真聆听我所说的。原因是，我们大家从小就被训练着去寻求答案，我们提出问题，然后一动不动地等待着，希望他人会来解答我们的疑问。若你检验一下你的思想意识，会清楚地认识到我们是如何始终都在渴望着找到答案，于是也就从不曾直面问题本身，我们甚至不知道怎样去看待问题。

假如你能够在你我之间确立起一种关系，那么你便不会带着如此幼稚的渴望期待着从我这里得到答案了，而是你我一同去看待这个分外复杂的问题。必须要去认识、理解问题，一个寻求问题解答的人思想是肤浅的，犹如一个在书本的末尾寻找答案的学童，这意味着巨大的懒惰以及惧怕出错。我们全都很关心在发现真理的途中不要犯错，于是我们从一个大洲来到另一个大洲，从一个领袖转到另一个领袖。我们聆听人们发表演讲，听他们高谈阔论在一个如此混乱的世界里该如何行为处事或者该做些什么。一个人应当对这样的人分外警觉，他们实际上是在误导大家，因为他们有所图谋——他们是共产主义者、社会主义分子、资产阶级或是近来的任何一个组织，及其领袖、大师、上师——因为他们有全部的答案。一个寻求答案的人，会根据他的需求找到一个答案，所以他的答案永远是有限的。

因此，让我们在这些演讲之初就在彼此之间确立起一种正确的关系。如果你寻求答案，你就不该来这儿，因为你将会彻头彻尾地失望。但倘若你愿意去直面问题，那么我们就可以一同展开检验，原因是，答案就蕴含在问题之中。要想理解这一有关生活的复杂难题，需要相当的认知与耐心。

问题究竟是什么呢？仅仅是经济方面的吗？这便是世界上大多数人当前所追逐的。所有的经济环境都会对某些问题产生直接的影响，这是政客会使的法子，而我们大部分人则会满意于此。立竿见影的药方便是革新。问题究竟是智力层面的、口头层面的，还是个体在生活的各个层面——社会、道德、教育、宗教的完全的革新呢？原因是，只有当出现了全面的变革，我们才能探明真理。真正能够有所立、有所建树的是真理，而不是那些徒劳无功地去确立传统、希望立竿见影的人们。请认真聆听这一切。隔壁就有一个村子，那些有社会关怀的人们对其实行了改革，做了一些事情，结果却让问题变得更多起来。我们带来的任何革新，都只会让问题与日俱增，我们必须始终意识到这一点。我们希望制止战争，然而我们所做的一切都是在引发战争。所以，目睹了这一巨大的混乱，我们便会看到存在的错误的领导。尔后，我们将会探究是否应当有所谓的领导。

很明显，既然考虑到了这一切，那么人的全面的革新难道不是必需的吗？不单单是思想、观念、道德的转变，而是彻底的无意识层面的变革。因为，意识层面的变革依然是受限的。理由是，我们自孩提时代起所受的训练便是受限的，我们要么是共产主义者，要么是印度教教徒、佛教徒、基督徒，诸如此类。任何思想表层的意识的改变——无论多么渴望、多么急切、多么聪明、多么诱人——都无法解决问题。因为我们的思想意识是受限的，而一个受限的心灵，即便关注这个巨大的问题，也只会得出一个局限的回答。一旦你懂得了这一点，就永远不会被任何领袖裹挟了。政治无法解决我们的难题，任何宗教领袖、隐遁的大师、秘密团体——他们当中没有哪一个可以使问题迎刃而解。原因是，他们全都是受限的心灵，他们的思想展开的意识层面的努力，只为寻求答案来解决这一巨大的难题。而这样的心灵只会提供答案——或者是传统的、保守的，或者是与传统对立的。所以，如果意识层面的思想无法给出全面的解答，无法完整地认识问题，那么一个人该怎么做呢？你们明白问题是什么没有？我们将会在之后的几周时间里对此展开讨论。

让我们从一开始就着手于如何看待、如何抓住某个问题吧。假如我，作为一个印度教教徒、天主教教徒或是共产主义分子，面对着这个关于生活的问题——不仅仅是有没有面包，而是我的意识的全部层面——那么我的反应将会依照我所受的限定、我所处的环境，而我的限定将会支配、决定我对这个问题展开的行动。由于我是一个印度教教徒或是共产主义者，抑或是其他的身份，所以我会把那些接受我回应的人们给聚集起来。因为我是个有着强烈人格的人，抑或是因为我玩弄了某个诡计，或是穿了美丽的衣裳，或是拥有某种魅力的某个女人，结果我把人们召集了起来，并且有所确立。作为一个印度教教徒、基督徒或是共产主义者，我的行动必然是受限的，而这将会导致更多的混乱与不幸。因此，无论是本质上反对某个事物的资本主义者或是共产主义者，还是有神论的宗教分子，还是无神论的人——他们没有一个能够解决问题，因为他们的方法是有意识的、特意的，而这却是局限的。所以，至少我们有些人，哪怕是两三个，必须去认识而不是盲目地接受我的观点，也就是说，一个受限的人永远无法着手这个问题并将其解决、超越或是改变。一切政治家、缔造者、社会改良的空想家们，从政府那里筹钱来施行各类计划、竖起新大楼的人们——他们全都是思想局限的改革者，而他们的改革只会带来更多的痛苦与灾难。

于是，我的问题就截然不同了，对吗？存在的只有问题。我不会作出回应，因为我的回应、我的意识的回应，总是有限的——诸如成为一个反婆罗门者或是发出其他愚蠢的胡言乱语。所以，作为人类，我们有必要试着去认识这一巨大而复杂的有关生活的问题，去看待它，但不作出任何受限的反应，去理解它、认识它。这是最难的事情，对吗？原因是，我看待它的时候，必须除掉一切的背景。你明白没有？我是否能够剥去一切的背景，剥去作为克里希那穆提的背景，剥去天主教教徒或是共产主义者的背景，剥去作为一个在某个财产上有既定利益的人的背景，或是一个身处于提供了答案的团体、协会、体系方法之中的人的背景呢？由于我们无法剥掉所有这些背景去看待问题，因此便会跳进受限的反应的行动之中，结果会让不幸愈演愈多。所以说，除非我们认识了种种限定的方式——认识到心灵是怎样被困于其中的，以及怎样摆脱这种限定——否则的话，无论我们怎么做，都会制造出更多的灾难。因此，那些真正抱持严肃认真态度的人们——我们必须真的抱持认真的态度，因为问题是如此的惊人、复杂和严重——难道不应该在某种行动方式中思考答案吗？不是做什么或者跟随谁，抑或接受、排斥哪种哲学，而是认识这种如此受限的意识，并且在认识的过程中努力去探明究竟是有一种意识的状态呢，还是一种里面没有任何限定的生活状态。这需要展开大量的探究，而不是盲目地接受、认可，需要展开大量的探寻和讨论。

要想有所确立，需要很多的东西，需要认识问题，而认识并不是由某个领袖、上师或大师带来的，这些全都是幼稚的探寻。一旦我们懂得如何让心灵安静下来，如何让一个意识活跃的头脑在面对问题的时候变得静寂，认知就会到来。只有当心灵是自觉的，当它迈入了彻底的静寂，去除掉一切背景，不再为了自己的既得利益而去奋斗，才会迎来充分的全面的变革。唯有在这种全面变革的状态中，才能有所确立，确立者才不会是徒劳的。

因此，若我们懂得如何去聆听，不是仅仅聆听我正在说的内容，而是去聆听问题本身——只要我们认识了自身思想所受的局限，就可以实现正确的、深入的聆听了——认识我们所受的限定，将会让心灵获得自由。意识到你是个印度教教徒，当你带着你所有的哲学体系，当你身为一个印度教教徒，你就永远无法将问题解决，因为它们全都是人造的，因而是局限的。所以，只有当一个人的思想不再囿于任何背景，他才能够实现真正的聆听，才能够以变革的方式正确地看待问题。记忆便是思想囿于某个限定之中，一切知识都会变成思想的既定利益以用于自身的重要性，要么是为它自己，要么是与某个群体进行认同。因此，心灵必须实现充分的自由，摆脱自我的既定利益，摆脱知识的固化，如此才能看待问题本身，从而带来全面的变革。正是这种全面的变革，才能建立起一个崭新的世界。若没有这种充分的革新，那么，一切为了建立新的国家、政府、社会、宗教所作的努力，都将会是一番徒劳。因此，重要的是你我去认识这种变革，并且让自身发生这种革新。我们必须从小处开始，静静地、不明显地开始，因为我们开始着手的一切都是微小的。必须不去追求所谓的成功、身份、炫耀，这样的寻求是一个受限的心灵为了急于取得结果所做的反应，而这是又一次地在寻求问题的答案。因此，假若我们在之后的几周里能够展开耐心的讨论，不对彼此抛掷观点，而是审慎、睿智地对问题予以探究，那么你将发现，无需你们展开共同的努力就能迎来变革了。这种变革之所以会发生，是因为认识了真理，能够带来解放的是真理，而非一个寻求答案的心灵。

我这里有一些问题，在我回答或是讨论它们之前，如果你可以尝试着询问一下你所思考的，不去跟我一起讨论，或许会更好一些。你怀有的问题，我们将会在周日上午七点半展开讨论。但是在这里，在这个晚上，假如希望这场演说能够得出些什么，或许需要你的提问足够好，不去展开讨论，也不去发表什么长篇大论，这么做可能才是有价值的。若是不能，那么我会回答提问。

你知道，提出问题非常容易。问题出现了，你把它提出来，加以询问，你所做的就这么多。如果有答案的话，那么你对问题所做的回应，取决于你是否喜欢它，取决于它是否跟你的知识、经验或者所处环境、限定吻合。你的询问不是为了探明，而是为了得到确证，不管你是否同意这个说法。所以，单纯地提出问题，根本没有多少价值。真正有价值的是探寻，而这需要你与对方都获得巨大的自由。倘若我依赖任何权威或是依赖我的知识、经验等等去说服你，那么这就是单纯的宣传、布道，根本不是那能够让心灵面向真理敞开的探寻。

因此，在你提问的时候，你是如何看待答案的，这个尤为重要，假如真有答案的话。由于我们的心灵是狭小的、思想是琐屑的，所以我们透过思想的差异、各种思想方法去察看——诸如共产主义者、社会主义者、宗教分子、经济学家或是唯心论者。我们希望经由这样的方式来获得答案，我们以为，通过堆积答案就可以获得整体了。通过局部是无法感知或认识整体的，只有当思想是整体的、全面的，方能认识整体。

问：就像我住在美国时那样，会呼吁对各种活动予以财政上的援助。那么，一个人是否应当拒绝提供这类帮助呢？因为依照这位女士所说，它们意味着有意识的付出努力。

克：我将会对这个问题展开讨论。不过，观察一下你自己的思想的运作。问题如下：当我活在一个我必须施以援手的世界中——因为有饥饿、战争，有如此多的事情需要我的慈善与慷慨——那么我是否应当抵制所有这些，因为它们意味的不仅是表层的变革，而且从更本质上来说是我有意识地去做某件事情？你对此作何反应？你的思想是如何运作的？因为，这是你的问题，并不仅仅是那位妇人的。你应当支持国家、政府在某个村落里所做的分配与直接的行动吗？诸如提供医疗救援，做些当人们每日都活在灾难中时会去做的无数其他的事情。你会作何反应呢？不要回答我，观察一下你思想意识的活动。我们用自己想要有所得、有所获取的不满，有意识地制造出了这个世界。我们把人们划分开来——印度和巴基斯坦，美国和苏联——因为这便是我们希望的。我们想要隔离、界分，面对一个存在着上述所有这一切的世界，在这里，慈善是必需的，在这里，为了制止某种灾难和不幸，你不得不有所行动。于是便有了一个被我们有意识地制造出来的世界。那么，为了认识无意识，我们是否应当停止一切有意识的行为呢？是否除非我实现了认知，除非我身上发生了彻底的变革，我才不会去行动呢？这可能吗？你怀有你的欲望、野心抑或各种嫉妒和不满，停止这一切难道不比不去提供帮助更为重要吗？

你无法通过一场演说就理解有意识的行动这个问题。探明、深入地探究这个问题，需要展开大量的冥思。在对问题发现、揭示的过程中，你将会解决它。我不知道我是否把自己的意思给阐释清楚了。在揭示有关意识的问题时，观察它、探究它，我将会迎来无意识层面的变革，从而展开行动，从而有所创造。但与此同时，我不能够只是坐等，我必须运用我的智慧——支持什么，不支持什么——这完全是破坏性的。所有这些探寻，需要耐心、理性、认知、洞悉，对吗？而这种洞悉、认知、揭示，便是无意识的问题。

你知道，聆听格外不容易，因为我告诉了你一大堆的观点，你无法将它们全部吸收，你至少记住了某一个观点，于是你便有意识地拒绝认识、理解全部。你只是抓住、领悟了一个观点，与其共处，对其检验，指望着由此能够认识全部。一叶不成木，你把一片树叶带回家，是无法认识整株大树的美丽的。你必须观察整棵树木，假如你只是关注局部，那么你是无法看到整棵树木的。这便是为什么聆听是如此重要的原因了。

问：尽管听了您的演说，但为什么没有人发生转变呢？如果没有人改变，那么您对我们做这些演讲又有什么作用呢？

克：你认为，聆听一次或者多次演说你就可以有所改变了吗？你可知道何谓转变？假如你知道的话，你就可以做出判断了。假如你知道，你会发生转变吗？请好好思考一下所有这一切。一个声称"我知道"的人，是最具破坏性的，因为他其实并不知道。他知道些什么呢？所以，当你意识到自己有所转变的时候，当你察觉到你发生了改变，那么你实际上并没有变化。

你必须从一开始着手。认为聆听某人发表的数场演说就可以迎来非凡的革新，这种想法纯粹是幼稚的，不是吗？因为，这种变革需要的不是一天、半小时、一个小时的偶尔的聆听，而是必须对整个自我认识的过程投以相当的关注。你们当中有些人是律师，有些是医生、商人或者工程师，那么，你们能否在半个钟头里就教会我怎样成为一名工程师呢？请不要发笑。我们所有人都是这样渴望的，渴望灵丹妙药、速效丸。转变不是仅仅聆听几次演说就会发生的事情。倘若你真正懂得如何聆听——即聆听之美——你将发现，你的心灵会迈入惊人的静寂，在这种静寂里，变革将会到来，充分的、彻底的转变。然而我们并不知道如何聆听，你或许年复一年地听我的讲座，但不幸的是，正如你们大多数人所做的那样，你却并没有改变你那些愚蠢的生活方式跟习性。尔后你问道："我为什么没有发生转变呢？为什么我身上压根儿就没出现改变呢？"我们不懂得怎样去观察星辰、阳光或者天空之美，除了当被告知要聆听的时候，我们从不曾去聆听。我们职业性地看待事物，就像那些专家们告诉我们的那样。我们不曾留意过一抹微笑或是一滴眼泪。但倘若想获得那并非习惯性的事物，那持久的革新，则需要展开大量的观照。在这种观照中，不做选择，不做判断，就只是去观照，不去进行翻译。如果你能够观照，你便可以实现聆听了。我向你保证，以这样的方式，将会迎来转变。转变，意味着彻底的革新、充分的变革。若你囿于某种信仰，你如何能够迎来彻底的变革呢？若你的思想在某种体系内运作，若它围于某种哲学，不管是马克思的还是商羯罗的，抑或若你的思想受困于想要有所得、想要去获取的不满，它怎么可能会转变呢？可一旦你察觉到了这种充满贪欲的不满，同时并不谴责它、评判它，只是察觉到它，充分地聆听它，那么你将发现会有非凡的事物出现。这便是转变的真理，真理不会受困于意识的思想。它必须暗暗地、偷偷地向你走来，尔后，这样的心灵便会迎来彻底变革的状态。

问：先生，一个不受限定的心灵不会有任何问题，这么说对吗？

克：先生，为什么要推测、猜想呢？这是我们最不寻常的习惯了。毕竟，我们所有的宗教书籍都是在进行推测、猜想，不是吗？它们或许是某些人的经验，然而当你阅读它们时，它们对你而言就成为猜想了。请认真聆听我所说的话。这位绅士希望知道，一个不受限定的心灵是否就不会有任何问题，抑或可以不怀有任何问题。是这样吗？如果我说是或否，那么，这对你来说有什么价值呢？先生，所有这类问题都表明你并不饥饿。食物在里面，而你则站在外面察看，然后对食物进行推测。但倘若你很饥饿，你就会走到里面去，不会询问它是什么了。这就好像你提问说一个没有限定的心灵是否不会怀有任何的问题。

我们以为，通过询问这样的问题，我们的思想就会活跃起来。我们以为我们是理性的，是有觉知。请注意，我个人不会回答这位先生的提问，请不要觉得我是在批评，我是在谈论有关推测的问题。进行推测，从而认为自己是活跃的，这难道不是懒惰的心灵具有的一个特性吗？你要么去经历，要么没有。为什么要猜想呢？猜想本身难道不会妨碍直接的认知吗？你知道，这又开启了一个大的问题，即什么是生活。此刻我并不想对此展开探究，但我们可以看一看心灵是如何阻止自己凭借自身的力量去发现的。猜想永远不会是真实的，假设终归只是假设。心灵超越了它。只要心灵困于假设、猜想之中，它就会给自己竖起屏障。这样的思想的状态，并不是活跃的，一个活跃的心灵是摆脱了所有思想的过程。请好好思考一下这个，探究它，不要排斥，你将会发现，当心灵挣脱了思想的束缚，它会变得何其活跃。一个总是在思考的心灵其实是愚钝的，因为思想总是源于它自身所受的限定。

所以，重要的是如何聆听关于某个事物的一切，尔后心灵会变得格外灵敏。假如它始终在判断、比较、权衡，它就不会是敏锐的。要想探寻、发现真理，敏锐的心灵是不可或缺的。

问：引导人走向自由或解脱的印度的各种思想体系又如何呢？

克：你觉得思想体系能够让你获得自由吗？认为某种思想体系可以带给你解放，这种想法是局限性的，不是吗？先生，这是一个显而易见的问题，对吗？你的意思是否是指，一个没有任何思想体系的人无法让自己获得自由，除非是通过那些体系方法？那些被有意识地思考、制定出来的思想体系，会带来自由吗？

处于某种思想体系之中，意味着什么呢？遵从。你为什么要去遵从？因为你希望获得解放。你渴望自由，就像某个人渴望金钱一样。为了得到金钱，他必须遵从某些规则。同样的道理，你主张说，为了获得自由，你就得遵从某种思想体系，尔后，这种思想体系就会占有你、俘获你。所以，思想体系怎么可能带给你解放呢？几个世纪以来，我们都在效仿，都在遵从。各种思想体系彼此争斗、彼此厮杀、彼此清算。你指出某种思想体系要优于另外一种，这样不成熟的思考，会带领你走向自由吗？任何基于某种思想体系的革命，都不曾给人类带来过幸福——共产主义者、法国人，或是其他仅仅遵从某种思想体系的革命。先生，要想探明真理、神，心灵就必须是自由的，不围于任何思想体系。假如你在某种思想体系的带领之下去发现真理，那么你所发现的事物就不是真实的。你怎么可能被带领着去发现真理呢？若我带领你去发现某个事物，那么这就是矛盾的，你必须凭借自己的力量去发现。因为我已经发现了，你如何能够被带领着去发现它呢？这不是自由，这是源于恐惧的遵从。

这就是为什么我会说，必须有充分的变革，而不是以一种思想体系取代另一种，换成最新的体系方法。这需要相当的自由，摆脱恐惧，摆脱对于成功的渴望。只要你探寻一下自己的心灵和思想，就会发现，我们全都渴望成功，每一位领袖——共产主义者或是宗教分子——全都希望追随者众多。要想发现真理，心灵必须无所畏惧，必须摆脱一切模仿，而这需要相当的认知。

1953 年 12 月 5 日

在马德拉斯的第二场演说

正如我昨天所言，重要的是去认识问题，而非寻求问题的答案。我认为，当我们整个思想被调整、训练或者限定着从寻求答案的层面去思考的时候，从根本上认识这一点就变得格外重要了。不是流于表面的肤浅的认识，而是洞悉这一观点里面包含的全部意义。因为，变革不在于努力找到一个新的答案、新的解决方法，而在于能够抛掉我们习惯的某个背景去看待问题。如果我们是共产主义者，那么我们就会带着某种限定、某种训练、某种思想体系抑或马克思的观念去看问题。我们所有的既得利益或是我们采用的方法的背景，都是从那一点来的。同样的，假若你是个资本主义者抑或宗教人士，那么你的背景将会决定你对问题的解决答案。问题总是会涌现，对于当前世界上这一显而易见的问题，根本就没有所谓的解决办法。只要你去观察一下各种彼此冲突的行为、意识形态，就会发现这便是正在上演的情形。

我一直在谈论的变革，并不存在于某种新的解决办法或是新的哲学体系之中，而在于用全新的方式彻底地、自由地去解决问题。我们的问题不仅仅是每一个体物质的富足、身体的安康、国家的安宁，诸如此类，还包括人的心理的健全，因为心理的健康最终决定了人的生理的健康。对于那些充分思考过这整个问题的人们来说，这一点又是显而易见的。

那么，一个人要如何让自己摆脱背景的制约呢？这种背景又是什么呢？你认识到存在着这个问题，对每个人而言都存在着物质上的安宁的问题——无论他们是共产主义者、资本主义者还是拥有既得利益的人——世界上每个人的幸福安宁，不管是东方还是西方。当我们着手解决物质问题时，把我们的全部注意力都放到物质上时，将会引发各类蕴含于其中的新问题。除非我们从根本上改变了解决物质问题的方法，否则，物质将会变成自我膨胀、自我扩张的心理手段。

我在这里有些犹豫，因为大部分人都认为心理问题同生理问题无关。我们急于带来物质上的繁荣，于是说道："让我们组织起来，让我们展开行动，让我们立即做些事情，或者计划去带来物质上的繁荣。"完全忘了人的整个心理的结构。所以，假如我们以牺牲某个层面为代价强调另一层面，那么我们就会扭曲一个人对于生活的所作所为。我们正在处理的是一个非常困难的问题、一个复杂的问题，需要投以相当的关注，但我们大多数人都没有报以关注，我们十分随意地听一些观点，尔后依照自己怀有的偏见、所受的限定回应那些观点。在一个像这样的群体里，想要格外关注、格外深入地讨论问题非常困难，因为，如果你不仔细紧随我的思路，如果你错过了某些关键点，那么整个问题就会被曲解。

就像我昨天所说的那样，懂得怎样去聆听十分重要。尽管我经常重复这一点，聆听是个难题。若我能够聆听关于生活的整个问题，物质的安宁、生理的健康、创造力、终极真理，等等等等，若我能够聆听这整个有关人的努力或奋斗的结构，不从迎合我或我的欲望出发对它进行解释，若我能够观察这幅巨大的画面，不立即踏上某条路径——这意味着不马上急迫地寻求结果——那么我就可以观察这整幅画面，充分地理解它了。重要的是这种全面的充分的认知，而不是只认识画作的某个局部。请务必理解这个。重要的是洞悉整个结构而非局部，不是某个文化或者我们整个生活的某个方面。原因是，假如我们只择取了局部，对其展开讨论、行动，就会制造出许多问题，而这些问题始终和人的其他结构处于冲突之中。

所以，重要的不是教育，不是和平，不是立即采取社会活动，不是战争、和平或饥饿等问题，而是把这些问题当作一个整体充分地解决、应对。这需要相当的洞察。由于我们大多数人都是这样或那样的政客，所以我们希望立即的行动、立即的反应、立即的结果，于是便会扭曲我们对这一问题的整个看法与处理方式。世界上存在着饥饿，对此我们十分了解，所以不必加以讨论。各种各样的组织都在应对这个问题，在解决某个问题的过程中，我们引发了各类其他的问题出来，比如对人的清算。由于某些领袖，某些有权有势、性子急迫、强有力的人主张说应当这么做，因此他们组织起来，把那些没有融入其中的人们清算掉。抑或他们制造混乱，以便带来某个群体可以控制的状态，诸如此类。之所以问题会接踵而至，是因为我们从不曾将人的生活视为一个整体去对待。假如在这些演说期间我们能够只是全面地看待这个问题，不去寻求答案，那么我们将颇有收获。因为，尔后我们的行动就会是全面的，而不是局部的。

我们知道我们怀有诸多的难题，比如性、爱、真理、神、死后会怎样、行动与理念的全部涵义、衰退、失去创造力、不知道何谓创造力、什么是神、什么是真理。目睹了所有这些问题，我们该如何着手呢？一旦懂得了怎样去应对，问题便会消失不见了。请仔细聆听这个。我们面对着生活这一复杂的难题，每个领袖、每个专家、每个怀有想法或经验的人都会对这些问题做出阐释，提供体系方法，然后说道："照这么做，你将会解决它们。"宗教方面的专家、经济学者、心理学家，等等等等——每一个都会提供给我们某种体系方法去遵循、实践、谋生。出于无知和愚蠢，我们会去追随、遵从他们，因为我们希望得到结果。但倘若我们能够完整地、全面地看待问题，问题将具有截然不同的意义。

那么，一个人要怎样全面地看待问题呢？这才是真正的问题所在——不是生存、死亡、神、饥饿的问题，而是你我如何才能全面地而不是局部地看待这个巨大的问题？这才是问题的关键。因为，毕竟，伟大的艺术家是看到了整体而非局部的人，他绘画、写诗抑或创造出奇迹，是因为他看到了整体，尔后着眼于细节。那么，究竟是什么妨碍了我们从本质上深入地认识整体、认识问题的全部呢？为什么你我无法看到整幅画作？假如我们能够回答这个问题，不是单纯口头上的回答，而是洞悉其中的真理，那么我们对于问题的着手方式将会完全不同了。因此，我们探询的焦点不是如何回答生活这一巨大的难题及其所有的残忍、欢愉、起起落落、孤独、模仿、光明与黑暗，而是怎样全面地着手问题，以及弄清楚是什么使得我们无法彻底地、充分地、全面地应对它。所以，我们要探询的便是这个——这是唯一的问题——因为，一个寻求答案的狭隘之人将会依照自身所受的限定去对问题做出解释。

因此，我们要询问的不是关于问题的解答，而是究竟是什么妨碍了我们每个人去全面地看待问题。这从根本上来说难道不就是作为背景的自我、我吗？毕竟，是什么使得你我无法全面地看待问题从而以完全不同的视角去着手呢？难道不正是"我"，"我"的心灵、思想状态吗？所以，如果没有认识思想的过程——思想的整个过程，心理的过程、意识跟潜意识——那么，单纯用一个并未认识自身的心灵去着手这个巨大而复杂的问题，将会制造出更多的问题、更多的灾难与破坏。因此，重要的不在于问题，而是去认识问题的罪魁祸首即你的心灵、思想。思想，意识跟潜意识，总是在制造着背景，总是在制造着传统，然后再从这一背景、传统出发展开行动。传统的背景便是习惯、实践、记忆、结论、观念，以及由此生出的观念、结论、记忆、传统和实践。思想意识便是这样运作的。认识到了这个，人们说道："让我们控制思想，让我们支配思想去实施某个行动，假如它没有听从，我们就通过洗脑去遵从。"我希望你们能够好好思考一下所说的这一切。

思想是从一个有弹性的定点出发开始运动的，但它总是会有一个活动的中心，总是系于某个点，而这个点便是"我"。"我"就是观念，经过了阐释的观念便是国家或者与国家、与神的认同。于是，被束缚、被固定于某个点，有着背景、传统、记忆的心灵——这样的心灵，永远无法全面地着手问题。由于我受困于自身想要去获取、想要有所得的不满——因为我们的一切不满都是想要获取——那么这样的心灵如何能够全面地看待有关生活的难题呢？当它这么做的时候，它会从希望有所得的不满出发去看待生活，会从我有意无意渴望得到的事物出发去对生活这一巨大的问题做出解释。因此，我们应当询问的是怎样让心灵摆脱"我"、摆脱背景的束缚。除非我们彻底地、充分地认识到了这个，否则我们将会遭遇一个接一个的灾难，将会遭遇巨大的破坏、野蛮的残忍以及各种各样的强制与压迫，这便是当今世界正在上演的景象。

"我"，即我们思想的整个过程，如何才能停止呢？你们明白这个问题没有？我们以为，当我们与国家认同的时候，"我"便会终结，国家将会成为最重要的事物。因为我把国家的重要性置于自己之上，"我"就会消失不见了吗？不——我只不过是用另外的观念、另外的传统将其替代罢了。因此，除非我们每个人通过认识关系的整个过程，将其视为一面镜子去观察自我抑或自身的行为、思想，从而察觉到"我"的整个过程——也就是认识自我——否则，我们为了变革所做的各种流于表面的努力，将会毫无意义，相反，只会带来更多的危害。

因此，我们要探寻的是认识自我、"我"、意识。要想认识某个事物，需要你不去做任何的判断。认识思想，包括意识跟潜意识的运作，要求你不去进行任何比较。你必须接受它的本来面目，接受当下的事实，从其本相开始着手。然而这相当困难，因为我们总是在跟其他事物做着比较。我们是被灌输各种思想观念、意识形态长大的，这些不过是用"应当是"来取代"事实是"。所以，必须在关系里展开观察，方能认识意识及其运作，难道不是吗？在意识里面探究其意义以及困于其中，这么做意义甚微，尔后你便可以对自己大欺特欺了。日复一日、时时刻刻地观察，不去得出结论或是囿于该结论，在关系里面展开观照、觉察，不做任何的判断和比较，就只是不断地去觉察，需要相当的持之以恒。假如没有这么做的话，那么任何学习、研读宗教书籍、思想体系都将毫无意义。相反，对于一个充塞着他人观点的心灵来说，这么做是极为有害的。

所以，只有当一个人懂得了思想意识的运作方式，他才能认识真理、神，无论你怎么称呼都好。单纯重复"神"或"爱"等字眼，举行各种仪式，并没有多少意义，而只会让思想偏离。但倘若你我对思想的整个问题展开探究，探究"我"的基点，那么你将发现，伴随着这种探寻，将会迎来心灵的静寂。这种宁静并不是诱发产生的，也不是通过克制、训练得来的，而是自发、自然、自由地到来的。在这种静寂里，你将会洞悉整体，而这种充分的全面的洞悉，会让问题迎刃而解。能够有所创造、有所建立的，正是这种全面、整体的认知，而不是那些没有认识整体徒劳无功的人们。

或许，就像我昨天建议的那样，听了演说之后你们可能会向我提出一些问题。假如你愿意的话，不要对它们展开讨论，因为我们明天将会进行讨论。可如果你在听了这场演说之后怀有某种倾向，那么就可能会有问题。假如不是的话，我这里有一些写下来的提问。

问： 真正的教育者，其职责何在？

克： 现在，你提出了一个问题，你等待解答，因为尔后你就可以像位聪明的律师那样对答案展开正方、反方的争辩了。但我并不会这么做，这是幼稚、不成熟的。你我应当一同去探明真正的教育者的作用是什么。你并不会被告知说"它是这样的"，因为你只会赞同或反对，而是你我携手去发现真理，唯有真理才是至关紧要的。请仔细聆听，因为这些问题在今天格外的重要，因为世界正面临着日益严重的不幸、痛苦，而聆听的人们对此是负有责任的。你们颇费周折才来到这里，所以应当仔细聆听，以便探明关于问题的真理，同时不要沉溺于他人单纯推测、猜想性的观念、回答和判断里面。重要的是你应当探明该问题的真理，尔后你便会成为人类的解放者，而不是模仿者。

那么，教育者的真正职责是什么呢？什么是教育？我们为什么要接受教育？我们有受到教育吗？就因为你通过了一些考试，谋到了一份工作，竞争、努力、怀有冷酷无情的野心，这便是教育吗？什么是教育者？让学生为谋职做好准备，仅仅只为找到一份工作，取得技术上的成绩以便可以养家糊口，这样的人是老师吗？这便是我们当前知道的全部。世界上有许多规模庞大的学校、大学，男孩女孩们在那里度过自己的青春年华，为了谋职而做准备，掌握技术知识，以便他或她将来可以有谋生的技能。一个真正的老师，他的作用就只有这个吗？必须不止于此，因为这太过机械化了。所以你主张说教师应该成为榜样。你赞同这个吗？你应该去思索一下有关该问题的真理，去探究它。当你展开探究的时候，就会洞悉其中的真理，那便是，任何榜样都是不必要的。把你怀有的结论或所受的限定抛到一边，展开探寻。你声称老师应当是榜样，你这么说指的是什么意思呢？榜样、英雄，好让孩子去效仿他吗？毕竟，世界上有许许多多的榜样——耶稣、佛陀、甘地，假如你走到另外一个极端，列宁、斯大林，天知道还有什么别的，各种圣人、英雄。

"榜样"的涵义是什么？如果老师的作用在于他是一个榜样，那么他难道不就会有意无意地把某种模式强加在学生身上吗？遵从模式，无论它多么高尚伟大，无论它经过了怎样的深思熟虑才被规划出来，能够让个体摆脱恐惧的羁绊吗？因为，毕竟，你要教育学生去直面生活、认识生活，而不是作为一个共产主义者、资本主义者抑或其他受到限定的愚蠢之徒去迎接生活。要想迎接生活，就必须无所畏惧，这是非常稀罕的事情。无所畏惧，意味着没有任何榜样、英雄。倘若没有所谓的英雄、榜样，学生会误入歧途吗？这是年长的人会怀有的恐惧，不是吗？于是他们说道："由于他将会误入歧途，所以必须得树立榜样，必须有意无意地对他加以强制。"结果我们便造就出了一个毫无创新精神的平庸之辈，只知道去遵从，犹如一部机器，害怕独立思考、生活、探明。榜样，难道不意味着当学生依靠自己的力量去认识自身问题时，当老师尝试着去帮助他认识他所怀有的问题时会滋生出恐惧吗？一旦老师自己变成了向导、榜样、英雄，他难道不就会把恐惧灌输到学生心里去了吗？所以很明显，真正的老师不会是什么榜样，不会去鼓舞、激励学生，因为鼓舞意味着依赖。

请仔细听好，你或许在内心深处对此很厌倦，因为你觉得自己已经过了受教育的年纪。年纪跟教育有啥关系呢？教育是贯穿人一辈子的事情，而不是仅仅只在大学阶段。所以，如果我们想要建立一个不同的世界——可能是由你的子女来建立而不是你，因为你已经把世界弄得一团糟了——带来一个全新的世界，那么我们就得确立起一种不同的智慧，它是没有恐惧的。若一个学生因为怀有圣人、英雄等榜样，怀有无数既定的思想模式、传统而感到恐惧，那么他是无法创造一个新的世界出来的，而是会制造出一个同样丑陋的世界，一个不断引发危害的世界。因此，教师的真正职责，并不是成为一个激励者、一个榜样，而是去唤醒孩子身上的智慧——这并不表示说他要变成唤醒者。若老师成为了唤醒者，学生立即就会把他变成上师，因为他依赖唤醒者，于是他就会让自己变得愚钝，原因是他对他人有所依赖，指望对方来唤醒自己。

所以，老师不是唤醒者，老师也不是鼓舞、激励者，不是向导、英雄、榜样。老师的真正作用是完全不同的，那便是帮助着去教育学生洞悉所有这些问题。假如存在着恐惧——经济、社会或宗教层面的恐惧，学生就无法弄明白这些问题。若一个人总是把学生跟其他人进行比较，跟他的兄长抑或班上最聪明的孩子比较，那么他就不是一位真正的老师，因为，正是比较毁灭了那个被比较的对象。请务必明白这一切。当前，任何学校里面都没有这样的老师，所以我们必须去教育教育者，这是你的职责所在，因为国家、政府不会做这个，国家只关心遵从，只会关心大的结果。

真正的教育者难道不应该是父母、母亲、他周围的社会吗？——而不是一个有着某种方法、途径的专业化的个体。所以，假如没有适当的老师，那么，你的责任便是在家里抵制这一切，意识到必须唤醒孩子身上的智慧，让他无所畏惧，不做任何比较，观察生活，理解所有限定性的影响。如此一来，他作为一个没有恐惧、竞争、比较的有智慧的个体，就能够创造出一个新的世界，在这个世界里，不会再有战火硝烟，不会再有那些令人惊骇的社会的不幸，否则他会制造出一个比我们现在的世界还要糟糕的世界出来，这都得看他了。因此，老师的真正作用便是创造出一种氛围、环境，在里面，学生没有恐惧地长大成才。

女士们、先生们，你们已经听到了这些，探明你们的反应将会十分有趣。你会说："这是不切实际的，这是乌托邦，只有睿智的吠陀仙人才能做到。我们需要工作来养活自己，如果我的儿子不赡养我的话，那么我年迈之时会发生什么呢？"假如这便是你的回应，你就没有理解问题的真理。一旦你理解了该问题的真理，它就会起作用，哪怕思想十分的狡猾。洞悉其中的真理，这是格外重要的。

问：您是对听众的意识起作用呢，还是他们的潜意识？

克：什么是意识，什么又是潜意识？请再一次去探明，不要依赖我的回答或界定，如果你要的只是这个的话，你可以在字典里头查到。所以让我们去探明、发现关于这个问题的真理吧。

何谓意识？它是指日常的思想，难道不是吗？——律师的日常念头，军官、警察、专家的日常想法，每日想要获取、想要有所得的念头。是指一个心怀不满、渴望获得满足的心灵；是那逃避问题的心灵；是举行着各种仪式，愚蠢地追逐其他东西而不直面自己本来面目的心灵；是那喜欢群居的心灵；是被结论约束的心灵；是囿于传统、只懂得模仿的心灵；是遵从某种行为模式的心灵；是做着判断、评估、比较，希望自身的野心得到满足的心灵。这些便是日常活动的意识，不是吗？寻求安全的心灵，或许会把这种安全置于非同寻常的层面，然而这依然是意识，无论是在银行里，还是在极乐世界抑或是在解脱中，不管你身居何处。这就是意识。

什么是潜意识呢？我们是否知道存在着潜意识，除了你可能读到过的相关内容以外？假如你是个心理分析师，那么你或许会对此稍微感点兴趣。我们是否察觉到存在着暗藏的、很难发现和触及的潜意识的过程呢？我们有察觉到它吗？我担心我们并没有察觉到，因为我们一切有意识的努力都指向于那些较高的层面，而我们也停留在那里。我们的野心，我们的社会活动，我们的不满，我们的嫉妒、比较、评判——我们就停留在这些之上。我们知道潜意识吗？除了在某个安静的夜晚所做的梦境里头，我们真的知道潜意识吗？争斗、冲突，它们是在潜意识跟意识之间呢，还是仅仅存在于各种有意识的欲望之间呢？你明白这一切没有？当你提出这类问题的时候，你必须知道什么是意识以及什么是潜意识。充分的变革，究竟是发生在意识的层面呢，还是发生在不受意识控制的层面？心灵可以控制意识，假如它能够控制潜意识，以便带来变革，那么这并不是变革，而仅仅是潜意识的限定。

意识能否去深入探究潜意识？它能认识什么是潜意识吗？让我们思考一下集体的传统，你们可以自称是印度教教徒、穆斯林、基督徒，随便怎么称呼都好——这是潜意识的限定，而你并没有意识到。你自称是个印度教教徒，而自称是印度教教徒，这是千百年来较深层面的意识所受限定的结果，难道不是这样吗？自称是基督徒，这是几个世纪以来社会、经济、宗教等影响的结果。经由了无数个世纪，直至今日，你有意识地声称："我是基督徒、印度教教徒或者穆斯林。"现在你听到了这个声明，你表示的确如此。然而，作为一个自觉的心灵，你并没有发现、洞悉这种限定的过程和原因。你们对此感到厌烦了吗？这要求展开思索，或许你并不习惯于这种耗时一个钟头、需要投入相当注意力的演讲，因此你没有再去聆听，此刻，你就只是听着那些没有多少意义的话语。重要的是去理解这个问题，因为它里面涵盖了许多。我希望你们能够认真思考一下它，不是我对它的描述，而是思考、领悟你自己的意识的运作，要不然的话，你努力弄明白的就只是我的描述罢了。如果你感兴趣，如果你很专注，如果你真正在聆听，你就将认识在你自己的思想意识里面运作的那些事物了，你就将凭借自己的力量探明意识的整个过程。

我们知道何谓意识，我们知道自己日复一日地在生活、运动、工作。我们一直在运作着，却没有实现认知，犹如一部不停在上山、下山的机器。当我向你指出这个的时候，意识就开始去观察自己了。然而还存在着那些暗藏的潜意识的层面，它们控制着意识，因为这些更为深刻的层面要比所谓的表层的意识更有生命力、更加活跃。所谓的潜意识，难道不就是所有争斗、追逐、一切人性的残留物吗？就像在印度，它会外在表现为其庞大的习俗跟文化的传统。你明白没有？让我们以"文化"为例。如今，每个人都在谈论这个——东方文化、印度文化、西方文化。有些人主张说，我们应该拥有纯粹的印度文化，我们应该为了这一事业去修建建筑物。究竟何谓文化呢？请认真思考一下这个，不要回答是或否，而是去展开探寻。真的有印度文化或欧洲文化这样的东西存在吗？或许会有那一文化即印度文化或欧洲文化的外在表现，那种感受、那种狂喜、那种对美的欣赏，可能会在印度、东方以某种方式表现出来，而在西方则会以另一种完全不同的方式表现。但感受的内容、深刻则是共同的，对吗？它不属于印度或英国——这是极为愚蠢的——尽管表现可能是印度的或者英国的。所以，假如一个人希望认识文化的整个过程，他就必须探究潜意识的层面，而不是意识。文化或许根本就不是传统性的东西，它应该是全新的、富有创造力的，而不是模仿性的。由于文化、所谓的文化如今已经变成了传统的东西，因此我们毫无创造力。

所以，在询问了何谓文化之后，你应该展开更为深入的探寻，不是吗？重要的是去弄明白什么是潜意识，不要去阅读那些书本，它们只会描述何谓潜意识，但它们的描述会妨碍你去探明。但倘若你开始对其展开理性的探寻，不去判断，不去说什么"它是这个"或者"它不是这个"，而是观察意识的整个过程——也就是冥思，那么你将看到，潜意识跟意识之间差别甚微。意识不过是潜意识的外在表现和行为，二者之间没有太大的间隔。它们是一个统一的过程，只是较为深层的过程控制着外部的过程，影响、指导着外部。冲突存在于意识中的各种欲望之间。

这位提问者想要知道我究竟是在跟意识，还是跟潜意识说话。很明显，在谈话的时候，在使用语词的时候，你可能会记住这些话语，你对这些语词的识别是一种意识的过程。先生们，你们明白这一切没有？我发现你们有些人似乎有点儿在打瞌睡，我并不是要把你们叫醒，我没这个兴趣。如果你愿意的话，你大可以睡你的觉。这是为你好，我不是你的唤醒者。而是我们可以一起去探明这一问题的真理，正是真理能够带来解放。假如你是醒着的，你就可以让真理向你走来。所以，关键不在于我是在跟意识说话还是在跟潜意识，而是那蕴藏在意识和潜意识背后的真理将被揭示，这意味着心灵将会迈入非凡的静寂之中。

不要人为地让你的心灵安静下来，不要闭起眼睛，努力去做到宁静。意识或潜意识都无法发现真理。只有当心灵是自觉的，我们才能认识意识跟潜意识及其所有的运作、噪音、努力。当这一切结束的时候，静寂便会到来。这种静寂根本不是意识的产物。唯有静寂才具有创造力，才是永恒的。在这种静寂里，将会发现那永恒之物，它将会到来。但若想迎来这种静寂，就必须认识意识的全部过程——它的各种运作，而不是关于它的解释。这便是为什么说，若你能够投以关注，若你能够正确地聆听，以便我们可以一起迈入那种将会迎来真理的静寂的状态，那么这些会议就具有非凡的价值了。但这并非易事，因为你有工作、有妻子丈夫，还有一切的传统以及生活里那些令人作呕的气味。必须去认识它们并让其安静下来。这需要你去觉察这一切，去观察树木、书本、女人、笑容，观察你每日那些有害的行为、礼拜、欲望、激情。一个人必须觉察到所有这些东西，觉察不是去谴责，而是去观察它们，不做任何的判断。唯有这时，才能认识自我，这是书本无法教会你的，你也无法通过听一两场演讲学到它。当你时时刻刻、日复一日地观察和认识自己所有的感觉、想法，就能认识自我了。而充分的自我认知，将会解决你生命中的难题。

1953 年 12 月 6 日

在马德拉斯的第三场演说

你或许记得我们上周讨论的内容，我们思考的是如何去着手问题。只要我们寻求问题的答案、解决办法，那么问题本身就一点儿也不重要。如果我们仅仅是寻找问题的解答，这正是我们大多数人所做的，那么问题就会变得毫不重要。若我们在着手问题的时候能够抛掉希望找到答案的念头，那么，正如我们所阐明的那样，我们将会发现，问题自身变得最为重要起来。尔后，就是有关如何应对问题的事情了，而不是寻求答案。

今晚我希望讨论同样的话题，即我们上周谈的内容，只不过以不同的方式去着手。但在我展开探究之前，我们的交流难道不会有些困难吗？我有一些观点要表达，你则带着你怀有的结论、偏见或经验来聆听。你从某个结论出发听我的发言，所以你压根儿就没有在听。如果你不介意的话，请注意一下我在说的内容，我想要表达的观点并不那么复杂。假若你能够聆听，不带着既定的结论，而是努力探明我试图传达的内容，那么我们之间的交流或许会变得简单许多。我们大部分人都受着如此多的限定，脑子里满是该想些什么，以至于他人的任何主张——不管是矛盾的、愚蠢的还是聪明的——其解释都是经过了一道屏障，那便是我们抱持的结论，结果我们根本就没有在聆听或是理解他人说的话。能否抛掉结论去聆听呢，能否单纯地聆听，就像你聆听音乐那般？

今晚我想讨论的问题是，心灵如何应对生活这一巨大而复杂的难题？生活不单单是谋到一份工作或是保住饭碗，而包括了整个心理生活的领域，可我们大多数人对此几乎一点儿也不熟悉。一些人告诉我们说永生是存在的，另外一些人则说并没有永生，但我们从不曾凭借自己的力量去一探究竟。生活的难题便是这些巨大而复杂的战争、阶级、种姓、界分——是人与人永远处于竞争、交战的状态。我们渴望去发现真理、神、必死性以及死后是否会有永生，但我们并没有探明上述所有这些问题的真相。我们相信自孩提时代起就被告知的一切，抑或出于自身的恐惧，抑或为了安全的需要，我们发明出了某些希冀并牢牢抓住它们。

这里有一个心理层面的无意识或半意识的巨大而复杂的问题，即我们所说的生活。那么心灵要如何来着手该问题呢？一个总是从"变成"、获取的层面去思考的心灵，当它只是从想要有所得的层面去思考问题，或者受着由贪欲导致的不满的驱使，那么它能够认识这一复杂的状态吗？你们明白没有？这便是问题所在，你要怎样去应对它呢？当你应对它的时候，是会从"更多"、"变成"的层面出发，还是会从本来面目、事实情形出发？这不是一个哲学问题，不要把它当成哲学命题，不要立即就从"变成"的层面去解释。

我们的心灵习惯于从"变成"的层面去思考——变得更加富有、拥有一份更好的工作、拥有更伟大的美德、变得更漂亮，从"更怎么样"的层面去思考，有更多的时间去发展，变得更伟大、更聪明、知识更渊博——这便是我们所谓的不满，这便是我们心灵的状态。"更加如何"意味着整个时间的过程，"必须得有明天我才能学到更多，才能变得睿智；我必须得有更多的时间才能认识事物。"所以这便是我们的着手方式，对吗？当我们面对这个问题的时候，想到的是"更多"，是从时间的层面去思考的，我们从不曾按照事物的本来面目、真实模样去认识它。

事实是存在着这一复杂性，我们从时间的层面出发想着去改变事实，而不是从本来面目、从当下事实的层面出发去思考，这就是所谓的平庸。我没有使用比较性的词语，也就是，从一个更聪明、更优秀、更伟大的天才、更具创造力的人的层面出发。但倘若你打算从"更多"或"更少"的层面去解释这个词语，更聪明、更有天赋或更少天赋，你就会被你自己的结论误导。而你抱持的那些结论并不在我的思想里。我希望跟你们讨论一下这个，因为我感觉这是我们面临的问题之一。一个平庸的心灵是寻常的、普通的。现在我没有在谈渴望"更多"、渴望变得更聪明、渴望高出一般水平的心灵，这样的心灵没有创造力，因此它总是努力想要变得有创造力，能够去写诗作词。我谈论的是平庸的心灵。那么，心灵立马就会想要知道关于"什么是平庸"的定义。一旦有了定义，你就会根据它来思考，要么你会接受它，要么会排斥。当心灵寻求某个定义，然后依照它去思考，这样的心灵难道不会沦为平庸吗？请好好想一想这个。

正如我上周所说，重要的是带来一场变革，不是经济的或者囿于我们生活某一个层面的变革——而是充分的、全面的、彻底的转变——只有当我们的整个思想过程经历了真正的革新，而不是仅仅用一种思想、信仰、观念去替代另一种，这一切才有可能。所以，假如你关心这个，你将懂得全面的革新是何等的重要。共产主义者或社会主义者的革命，实际上根本就不是变革，单纯遵循某种依照马克思或商羯罗的观念制定出来的行为或思想体系，这根本就不是变革。充分的变革是必需的，因为问题很巨大。而要想认识问题，我们就得认识思想意识，因为思想意识将会按照自身的平庸、睿智、知识去对问题做出阐释。所以，意识的内容即思想必须发生彻底的转变。

因此我们必须探询一下什么是平庸——不是关于平庸的定义，不是如何让一个平庸的心灵变成其他的模样。实际上我们必须凭借自己的力量去探明何谓平庸，而非怎样变得更加平庸抑或少些平庸。因为，在平庸这一问题当中，你将发现不满的问题，以及由此出现的对不满的安抚。在这里面，你会发现自己不断努力想要变得如何如何。一个不去试图变得怎样的心灵，会是平庸、愚钝的吗？当你进入到何谓平庸这个问题的时候，所有这些问题都会涌现出来。在我看来，这是生活中我们最主要的难题之一。

通过探询何谓平庸，会生出如下的问题：什么是创造力？如果一个人绘画、写诗、演讲，抑或把自己的能力当作强迫他人的手段，以便获得自我的重要——这是创造力吗？还是说创造力是截然不同的事物呢？不是相对不同，而是完全不一样。如果我们可以探究一下平庸这一问题，就能应对所有这些难题了。但是在我们能够探究它之前，难道不应该把一切比较性的想法都从脑子里头清除掉吗？我所说的比较性的想法，是指心灵总是在把自己跟某个人、某个观念做着比较，总是想要变得如何如何。例如，尤其是在这个种姓制度或阶级壁垒如此严重的国家里，我们的心灵、思想受着这样大的制约，被这样有意地培养起来，好去维系这些阶层的划分。我们总是从变得更少或变得更多的层面去思考，从而毁灭掉了我们所认为的为了带来平等而必须具有的理性和睿智。我希望你们可以明白这一切。

你在内心会寻思："所有这些的可行性在哪里呢？所有这一切在我们的日常生活里有何用处呢？"让我来告诉你。根本就没有用处，因为你的日常生活如今已经失去了革命性与创造力，而变得迟钝、沉重、循规蹈矩、公式化。带着如今这样的心灵，你是无法解决问题的。一旦你心灵的思想过程发生了改变，你便能够应对问题了。所以，当你询问我的观点的可行性时，这样的提问正好说明你并没有从变革的层面去思考，而是仅仅想着如何带来表面的调整。

让我们探究一下何谓平庸这个问题吧。请好好思考一下这个，不要寻求什么解释、定义，因为你可以在字典里获得答案，你可以回家去查字典。那么，你我怎样才能懂得何谓平庸呢？我们所说的平庸指的是什么意思？请不要依附于我为了解释何谓平庸而在口头上所说的任何东西，因为尔后你将会把它当作结论、当作定义，你将会把我说的话跟其他人的观点进行比较，然后选择你更愿意接受的那个定义。如果心灵选择了某个定义，将它同别的定义进行比较，并且在比较的时候说"这个对我是适用的，这个对我有吸引力"——那么这样的过程难道不是平庸的行为吗？你是否理解了我所谈论的呢？

假如我想要探究一下什么是平庸，那么我就得察觉到我的思想意识是如何运作的，而不是怎样变得少一些平庸。当心灵渴望把平庸的自己变得理性、睿智、更加聪明的时候，它就会开始询问，就会试图找到相关的定义。一旦它发现了一个合适的，吸引它的界定，就会开始加以实践。一个这样做的心灵难道不平庸吗？我希望你去观察一下自身思想意识的运作，而不是仅仅聆听我的话语。我的话语显示的不过是我思想的运作，正如你们的一样。所以你要去观察自己思想的运作，而不是单纯地跟随我的思路。

当心灵出于恐惧，或者为了得到安全，或者为了更大的经济上的确定而进行比较的时候，它会希望"变得如何如何"。这样的心灵，也就是一个满是恐惧的心灵，难道不平庸吗？只要有恐惧，就一定会有比较，一定会有变成、模仿、遵从的过程。因此，平庸是一种心灵的状态，在这种状态里，感到不满的心灵找到了简单的方法来安抚这种不满。我们认为不满是错误的，不是吗？至少我们被告诉说不要心怀不满，对吗？安抚不满难道不正表明了平庸吗？我并没有在定义平庸，而是在观察平庸的心灵是怎样运作的。当不满的火焰燃烧时，平庸的心灵难道不会去寻求慰藉吗？寻求满足，这便是我们大部分人渴望的。由于不满，我希望找到某个栖息之地，在那里，我可以获得安宁。所以会发生什么呢？我的心灵很快就找到了安静下来、不受干扰的法子——这便是我们所说的心灵的宁静。我的心灵慢慢变得迟钝、麻木，我厌倦而疲惫，因为我并没有真正认识不满的整个过程。一个不满的心灵，有时候会变得极为聪明，会很有动力，会很积极进取。但这样的心灵同样是平庸的，因为它试图把自己的本来面目改变成其他的模样。

那么，平庸的心灵，便是不断地试图变得如何如何，不仅是在这个充满了贪婪和获取的世界里，还在那个所谓的精神世界里，在这整个等级制度里，难道不是吗？"你知道，我却不知道；你是上师，你带领我获得安全"——这整个思想的过程，表明了一个平庸的心灵。"变成"、远离本来面目——"我很卑微、渺小；我很无知；我是这个样子的，我希望变成那个样子，变成最高等的那个、神、政委、内阁大臣"——这种永无休止的"变成"，渴望更多，不单单是心理上的，还有生理上的、物质上的、精神上的，难道不正是一切不满的根源所在吗？这整个的过程，难道不正表明了平庸吗？现在，你是否认识到了这个呢？不是停留在口头层面，而是真正的认识。你是否认识到这是一个毋庸争辩的事实呢？一个依附于神、佛陀、商羯罗、亚里士多德、甘地或者 X、Y、Z 的心灵——难道不同样是平庸的吗？因为它无法凭借自己的力量发现真理。所以，它必须意识到事实。那么，当你面对事实的时候，你的思想会怎样运作呢？当你直面这个事实，你的思想将会怎样活动？若你察觉到了事实，你会发现，你的心灵就会马上询问："我怎样才能改变事实情形？"难道不是吗？"通过您现在所陈述的这一切，我意识到我的心灵是平庸的，那么我该怎么办呢？"——你这样问，说明你并没有认识问题。当你面对平庸的事实，你说道："我要怎么做？"你再一次地困在了平庸之中，因为你关心着怎样去改变它，你没有察觉事实以及其中的真理。正是由于你渴望把自己平庸的心灵改变得更加伟大，才使得你无法具有创造力——不是写诗的创造力，无论是何等的聪明、何等的了不得。而是指永恒的创造力，它不属于任何阶级、群体、宗教，它是真理、是神，随便你如何命名它。这种创造力不会为一个平庸的心灵所困，为一个声称"我必须具有创造力，我必须认识它，我必须知道得更多"的心灵所困。可一旦心灵直面事实，与其共处，迈入静寂，创造力就会到来了。

当心灵直面平庸的事实，不去想着改变它，就将迎来一种崭新的状态。在这种状态里，平庸将会消失不见。但这需要心灵相当的警觉和机敏。当你怀有恐惧的时候，你是无法处于警觉的状态的，恐惧会让我们变得迟钝、愚蠢。一个恐惧的人或许会非常聪明，或许会在社会上居于高位，或许对《圣经》了如指掌，或许会爬到社会阶梯、所谓的精神世界的等级阶梯的最上一层——精神世界的等级阶梯不过是幻觉——但他的心灵却是一片黑暗，只会制造危害跟幻象。除非我们消除了恐惧的中心——不，我们如何能消除它呢？——否则不可能拥有创造力。察觉到恐惧，不去想着将它消除掉，不去克服它，不去逃避它，发现事实然后正视它、接受它，唯有这样，才能让恐惧消散。

这位绅士询问说："生活在像这样的国度里，旁边有一个虎视眈眈想要侵略扩张的邻居，我该采取怎样的行动呢？"现在，先生们，让我们来探究一下这个问题好了，不是探究该做什么，而是怎样去思考问题、怎样去着手。该做什么，该采取什么行动——如果你的思想清晰，你会找到答案的。印度很不幸地被分裂成了巴基斯坦跟印度，它的分裂是由许多的原因导致的——政客的贪婪，想立即拥有权力；其他国家的政客想造成一个不统一的印度，想分而治之，这种情形已经上演好几百年了，这不是一起脱离背景发生的事件，而是逐渐发展演变成的。那么你要怎样去应对呢？你用军备去应对，于是你也就让问题更加持久了，不是吗？你武装起来，开展军备，我们指望着通过双方的恐怖交战就可以带来和平，这便是世界上正在发生的情形，这便是数百年来错误思想的结果，对吗？

请认识一下世界是怎样分裂的。你认为印度是一个独立自治的国家，英国也是一个独立的国家，等等等等——不同的独立国家以及不同的旗帜、不同的部长大臣、不同的法律、不同的经济壁垒。我们出于自身的贪婪、恐惧而维持着这一切。你说道："我该怎么行动？身为一个印度人，我该做些什么？"问题难道不就是这个吗？那么，你能够停止这种界分吗？政客们希望分裂，因为，只有这样，他们才能拥有更多的权力。临近的泰米尔人跟安得哈斯人，你们难道不也一样吗？虽然不是这样的残忍、这样的敌对，但事态同样是危险的，不是吗？由这种界分会引发其他的许多问题，当这些问题出现时，你说道："我该怎么办呢？"所以，一个人唯一能够去做的便是充分地思考，以一种截然不同的方式去思考，作为一个人类去思考——不是作为泰米尔人、泰卢固人、印度人、基督徒、共产主义者，而是作为一个关心该问题的完整的人。

存在的只有问题，而不是问题的答案。当你提出"我该做些什么"的问题时，你难道不就已经进入了一种让你走向界分的思想体系之中了吗？尔后，你有一套体系，我则有另外一套。请务必领悟其中的重要性。存在的只有人类，而不是英国人、苏联人、德国人或是印度人。只要我们当中有一小撮人从这样的层面去思考，以一种新的思考方式看待这些问题，那么其他人就会加入进来，而不是带来更大的不幸与破坏。这个答案不会让你满意的，因为你希望立即解决一个积累了千百年的难题，而这个难题之所以会产生，是因为我们想要拥有比邻居更好的地位，想要更加聪明、培养起头脑、剥削他人——婆罗门不幸已经变得如此了。在引发了危害之后，你说道："我要如何去应对它呢？"你无法应对它，因为它是每时每刻发生着的。你唯一能够去做的，便是充分地认识那一问题，而这种认知将会带来变革，但你却并不喜欢变革。

在我回答一些写给我的问题之前，或许你们想就我刚刚发表的演说提一些问题。

问：一个平庸的心灵能否完成自我实现呢？

克：先生们，这得看情况了。这是一场问答的会议，而不是讨论。如果你想讨论的话，请周一上午、周二上午、周三上午过来，那时候我们可以对该问题展开讨论。那么，让我解释一下这个问题究竟是什么意思吧。因为，一旦你认识了问题，将会发现，答案就蕴含在问题之中，无须来问我。

一个平庸的心灵能够认识神吗？先生，你难道指的不就是这个吗？你或许使用了"自我实现"这个词，不管它的意思是什么。心灵能够获得解放吗？它能够发现神、真理吗？先生，请仔细聆听。平庸的心灵，渺小的心灵，不安的心灵，琐屑、破碎、平庸寻常的心灵，能够发现真理吗？真理是完全未知的事物，它是时时刻刻的。它不是固定在某处好让我可以获得的，假如它是固定的，我能够达至，那么它便是思想发明出来的东西。我们在自身的想象中制造出了神，不是吗？所有的书籍、所有的庙宇，全都是由我们的双手造出来的——语词、形象、符号——心灵认为这些东西格外重要，因为它害怕凭借自己的力量去探明。这样的心灵能找到真理或者自我实现吗？不管"自我实现"这个词指的是什么意思。一个渺小的心灵，一个只会从获取更多、只会从时间的层面去思考的心灵——也就是，"我明天将会做某些事情"，"我下辈子将会得到些什么"——这样的心灵，能够认识永恒吗，认识那超越时间、超越了心理欲望的事物吗？答案显然是否定的。

先生们，神不是你可以得到的事物，不是像你得到一件衣服或者拥有某种美德那样。它是无法比较的、永恒的、无法想象、无法命名的，你无法达至它，它必须向你走来。只有当你的心灵不再去寻求，它才会到来。由于你为了获取，为了变得安逸，为了出人头地而去寻求，由于你从时间、发展、得到结果的层面去思考，因此你永远不能认识什么是真理。这样的心灵是平庸的，它可以发明出语词，可以谈论神，可以谈论真理，但这样的心灵对于真理全无体验，它无法做到。唯有当心灵不再去比较，不再去获取——这样的心灵会是静寂的，唯有这时，真理才会降临。而真理并不是持续不动的，它是每时每刻的，过去的，不是，将来的，也不是。先生们，这些并不是单纯的话语。当你真正去探究我在谈论的问题，你自己就会懂得什么是创造力了。你自己就会拥有一颗不再去比较、获取的心灵，一颗接受了自己本来面目的心灵，这时，真理才会到来。真理永远都不会是一样的，所以心灵无法去撰写、谈论、描述真理。真理没有诉求，你无法说它诉之于我，因此这真的是一场徒劳的愚蠢的谈话。

只有当心灵不再去寻找，不再去要求，不再去渴望，不再想要变得如何如何，唯有这时，它才能迈入静寂。这种静寂并不是持续不变的，而是每时每刻都在变化的。一个只知道持续不变的心灵，并不是静寂的。这一切需要相当的耐心、觉知以及认识自我。认识自我并不是你在书本里头读到过的那种自我，不是你被限定、被浸染其中的自我，而是每日生活里的自我，是那个在发现、寻找、渴望、贪婪、不满、腐朽、获取、空虚的自我，是为了让自己拥有更多的权力而发明出了等级制度的自我。这便是我们必须认识的心灵。你可以时时刻刻去认识，在你走路的时候，在你说话的时候。当你跟你的仆人说话时，你将会有所发现，观察你所使用的语言，观察一下你的心灵是怎样受着局限，怎样囿于传统的，这样的心灵永远无法发现真理。要想迎来那永恒的事物，我们的思想就必须发生充分的彻底的变革。

1953 年 12 月 12 日

在马德拉斯的第四场演说

几乎我们所有人都对改变这个问题十分关心。我们目睹了一切都处于混乱之中，每个问题、每个变化，似乎都会带来更多的问题、更多复杂的痛苦以及各种各样的扰乱。当我们思考问题的时候，当我们把"事实是"改变成"应当是"，就会制造出其他的问题，不是吗？我不知道你们是否思考过这个，大家都一定注意过，在改变自我的时候会引发许多的问题，不仅是在日常生活里，而且还有政治的、社会的，各个方向的，正是变革会带来其他的问题。但我们希望转变到某种状态，抑或进入不会再滋生出其他问题的状态，这便是我们大家全都渴望的，对吗？让我们一同来思考，因为这需要投入一定的注意力，需要洞悉我们正在讨论的问题。

我不是要指导你或者扭曲你的思想去适应某种模式。但我们关心改变的问题，我们意识到了改变的必要性。例如，大多数人年轻的时候很少会感到满意，我们不满，我们寻找、探索，寻求着每一条知识、信息的道路，寻求指引。我们求助于某个上师、大师，希望他帮助我们摆脱自身的不满，解答我们的询问，给予我们知识、信息，获得对事物的洞见。一旦我们找到了某个可以带给我们知识、行动方法、生活方式的人，就不会再有不满了。我们年复一年地寻求着某种思想模式，这便是大部分人的情形，对吗？当你回顾自己的青春年华，会发现，这就是发生在我们大多数人身上的情况。我目睹了这个世界上的贫富不均，有的人知识渊博，有的却知之甚少，此外还有令人惊骇的不幸、战争。年轻的时候我对这一切都心怀不满，于是开始去探寻，然后我加入了社会主义党派、共产党或是变成了一个极为虔诚的宗教人士。在加入这些党派或组织的那一刻，我指望着这种加入会带来改变，这时候，不满就会消逝。我希望依照某种思想模式、行为路线去改变，所以，不满不过是遵循该路线罢了。这就是我们大多数人的情形，不是吗？当我们对所接受的事物变得程式化、固定化，就会熄灭掉那曾经燃烧过的不满之火。尔后我们需要批准、认可，需要权威费力地让我们走出既定的行为路线。因此我们诉诸某个权威，将其作为最终的手段，以带来自身的改变。

这真的是一个十分重要的问题，我并不想把问题扭曲到我自己的思想或探寻方式上来，但这便是发生的情形。成千上万的人身上都发生了巨大的变化，关于转变应当是什么，应当怎样带来一场改变以及应当怎样建设一个社会，有一些人抱持着某种观念。于是，他们主张权力的范围，他们影响、塑造、控制人们，因为他们声称人必须改变，为此就得被限制在某种行为模式中，否则便无法展开集体的行动。所以，每一个人，包括沉闷、迟钝的人，都关心改变的问题。你或许没有改变，你或许有你与世隔绝的角落，有你的秘密花园，没有任何东西可以渗透进来，你整个的思想或许都封闭在某些观念、方法体系之中。但即使在这样的心灵里，也必定会生出对于改变的焦虑，因为一切都在变化着。那么，改变成什么样子呢？我们不知道，但我们希望变成不会再导致更多问题、更多焦虑、更多痛苦的实相。毕竟，我们是人类，我们怀有责任感，有一种东西叫作爱，它可能被熄灭、被毁掉，但它依然存在着。我们目睹了灾难、贫穷、战争，目睹了强弱的不公，所以爱必须要行动起来，寻找到出路。

我们大家难道不都十分关注改变的问题吗？当我们以为不满是不对的，就会多么轻易地感到满足啊！一个人或一个学生是社会主义者、共产主义者，他对这个问题怀着强烈的感受，给他一份好工作、一个安全的职位，让他娶妻生子，那么他就会停在这里，会变成跟我们一样的资产阶级，因为他希望自己的变化能朝着某个方向继续下去。当我们改变的时候，变化是向着某个方向进行的，所以我们每个人面临的问题难道不就是有关改变的问题吗？改变成什么呢？我们希望改变，在改变的过程中我们有了许多的问题，正是改变导致了这样的劫难。于是心灵犹豫不决。那么一个人必须怎么做呢？请让我们一起来思考一下这个，而不是你听、我讲——不是我的真理或你的真理，因为真理不属于个人——怎样去思索这个问题，而不是要变成什么。各个宗教、组织、协会、哲学流派都声称说："你是这个样子的，改变成那个样子。"在改变的过程中，里里外外都会出现冲突。冲突并不是智慧的表现，相反它会让心灵迟钝。一个人会变得麻木、迟钝、疲倦，就像我们大多数人一样——尤其是老年人，他们曾经为了有所改变，为了取得结果而去努力、奋斗、克制。

　　所以，就只是聆听有关改变的问题，而不是聆听我对问题的处理，因为我已经表明我没有任何处理方式。不是指出结论，也不是怎样带来变化抑或改变成什么样子。就只是去聆听彻底的变革这一问题，唯有彻底的变革才不会引发其他的问题。看一看世界上正在发生的情形吧。有印度和巴基斯坦，本质上是一个国家，却分裂为了两个国家，结果，彼此对抗带来了更多的麻烦，更多的战争、毁灭与争斗。同样的，在欧洲，在世界各个角落都上演着这种分裂。各个领袖、政治教条主义者、宗教暴君都声称他的道路是你应该去转变的方向。因此，如果我们可以的话，哪怕只是在今晚，请把所有这些关于改变成什么的思索和探询都抛到一边去，尔后，或许我们就将认识那并非依靠单纯的努力、奋斗就会带来的事物了。首先，应该探寻的难道不是如下问题吗：你是基于什么意图希望去改变的？你需要改变的是什么权威？为了带来转变，你需要什么压力、动力？这是一个非常重要的问题，不是吗？因为这决定了你究竟是否希望改变。假如我的整个结构，假如我的思想建立在贪婪、获取之上，我们大部分人的情形便是如此，建立在渴望"更多"的不满之上——"你有而我却无，我必须要拥有"，这表明我们的不满是获取、贪婪——那么这种不满就会裹挟住心灵。

若没有任何形式的强迫，会有改变吗？请好好想想这个。我不是在自言自语，不是在给你们做演讲。如何让一个有权有势，一个相信如此荒谬的胡言乱语的人发生改变呢？怎样改变他们，怎样让你我转变？我难道不应该问一问自己为什么希望变化吗？驱动力是什么？动机是什么？朝着什么方向改变？当确信自己要被改变成的方向是安全的、舒适的、值得的，那么我们大部分人难道不会改变吗？你明白吗？若一个权威、一个知晓甚多的人、一个上师、一种思想体系、一个写过书的人向我保证说，做这些事情将会有结果，那么我就会去改变的。你理解没有？你们听我演讲，为什么？难道主要不是因为我会告诉你一些事情，这些教诲将会帮助你去改变、得到，帮助你更加幸福，帮助你变成其他的模样吗？这是改变吗？若我能够保证，或是若我愚蠢到保证说，只要你改变就会获得幸福，得到解脱，无论是什么，你就会格外努力地去获得这个。但这是改变吗？也就是说，当你知道，当你有意识，当你特意朝着已知去运动，这是改变吗？你们明白没有？当我从一个已知移向另一个已知，我身上会有变化发生吗？另一个已知总是得到保证的，总是让人满意的，几乎确定是会获得成功的。对于我们大多数人来讲，这就是改变的动力吗？

只有当你从已知移向未知的时候，转变才有可能，而不是从已知移向已知。请跟我一起好好思考一下这个。在从已知走向已知的转变中，你会有权威，你会用一种等级观念去看待生活——"你知道，而我不知道。于是我崇拜你，我制造出了一种体系，我追随某个上师。我跟随你，因为你给了我我所希望知道的东西，你会给我某种行为模式，它将带来效果、成功、结果。"成功是已知的，我知道何谓成功，这便是我想要的。因此我们便从已知移向已知，这里头必定存在着权威——权威的批准认可、领袖、上师、等级的权威，一个人知道而另一个人不知道——知晓者必定向我保证了成功，保证说只要我去努力、去改变，就会获得成功，如此一来我将会得到幸福，将会拥有自己渴望的东西，这难道不就是我们大部分人改变的动因吗？请好好观察一下你自己的思想，你将发现自身生活与行为的种种方式。于是我们建立起了社会，建立起了某种结构，在它里面有这整个的关于权威的原则——知道者的权威，他将会帮助我达至那种我也会知晓的状态。当我得到，当我达至，我将获得最大的满足——这便是所谓的变化。我并没有扭曲它去适应我的思想，这不过是我们日常生活里发生的情形。当你观察它，请你思索一下，这是变化吗？改变、革新，是从已知走向未知，它里面没有权威，它里面或许会有完全的失败。但倘若你被保证说你将会有所得，将会获得成功、幸福、永生，就不会有任何问题。尔后你就会去追逐众所周知的行动路线，也就是，你自己总是居于万事万物的中心。

　　因此，当你思考这个，问题难道不就是：时间是否会带来改变的过程？你明白没有？我贪婪、嫉妒，我诉诸时间、明天、后天、下个月、来年，将其作为消除我的贪欲、暴力、情欲的手段。时间会带来改变、革新吗？心理上对于时间的渴望，难道不是想要获得确定吗？毕竟，时间，经由时间得到结果的心理过程——这难道不是心灵出于自身的便利发明出来的吗？为了不去改变，而是继续同样的行为模式，只不过给了它一个不同的名字罢了。看吧，我很残暴，我怀有不暴力的理想，这在印度谈论得很多——不幸的是，在其他国家，人们则有其他的理想。我很暴力，而非暴力则是在水一方，要想达至那里，我必须得有一个时间的间隔，我将会到达彼岸。那是理想的状态，我认为，在那种状态里，我将会幸福，那是一种完美的状态，里面没有任何暴力。为了达至那一状态，为了跨越这距离，为了从此岸走向彼岸，我需要时间。这种由此及彼的过程，被称作是朝着非暴力的状态去行动。有非暴力的状态存在吗？你们理解没有？抑或这仅仅是一种逃离实相的念头呢？先生们，你们懂了吗？

我是暴力的，要怎样去改变这种暴力呢？这才是问题的关键，不是变成什么样子，而是本来面目发生彻底的转变。若我只关心本来面目的彻底改变，就不会关注于应有面目，所以，时间不是关注点。这不是有关时间的哲学问题。如果我关心变革、彻底的充分的转变，我就不应该从时间的层面去思考——时间不过是思想意识发明出来的。因此，一个希望改变的心灵，永远不会转变，它只会对自己的真实模样做一番修正，使其继续下去。这一切很难吗？我想知道你们是否懂得了我在谈论的内容。首先，这是一个困难的问题。你只知道时间层面的改变，只知道已知、强迫、社会环境、挤压下的改变，这就是我们知道的全部。我们从这些层面出发去思考，被迫去迅速地改变。但我们不懂得那种自发的转变，它里面无需做出改变的努力——原因是，当意识说"我将要改变"，这就需要展开努力，一旦它有意识地努力去改变，这便意味着一种时间的过程。请好好思考一下这个，只要你去思考它，仔细地聆听，你将发现，无需你付出努力，就会迎来令人惊讶的转变了。

所以，当意识决定要去改变，它就必须得有时间，而时间意味着以略作修正的方式让过去得到持续，也就是新瓶装旧酒。这从来不是革新，这不是曾经，而是曾经的继续。当你展开有意识的、特意的行动，经由冥思、实践去获得美德，这就意味着时间，不是吗？时间便是那个要去获取、去变成的自我、"我"的本质。如果一个人声称"我必须在美德中忘却自我，所以我将要实践美德"，他就给自我披上了美德的外衣，存在的只有自我、"我"，不过以美德为幌子罢了。所以，"我"是扰乱、破坏、不幸的根源。一旦心灵把权威、准许作为一种手段以求带来改变，它就一定会确立起一种等级观念去看待生活，这里面，没有爱。当你追随你那位上知天文下知地理的上师，你的心中不会怀有爱，你有的只是被献身、效忠、牺牲等字眼掩盖的恐惧，因为在骨子里，你渴望确定、渴望获得，你并不希望受苦，并不想去发现、探明——这意味着不确定、探寻。所以，一个关心改变这个问题的人，他就面临着这一切。只有最愚蠢或最聪明的人，才会声称自己知晓这个那个，并且担负起神的角色。

因此，我们的问题是移向未知的改变，而不是移向已知。只有当未知在我的思想里出现的时候，这才是唯一的革新、转变。请好好思考一下这个。当未知出现，当"我"有意识地追逐某个结果，未知是无法跟"我"在一起的。除非未知、真理到来——唯有未知、真理才能有所建设——否则的话，一切努力都是徒劳。所以，要想迎来未知，心灵就必须抛掉它为了自我保护而学到的关于事物的所有知识，就必须做到彻底的空无，如此才能去接受未知。心灵自己就必须处于一种未知的状态。尔后，从未知出发，我们将去建立，尔后，我们建立的东西便会是永恒的。但倘若没有这样，那些努力去建立的人，其努力就会流于徒劳，只会给世界带来更多的灾难与混乱。

这里有许多问题提交上来，我将努力去解答。我不会给出答案，而是我们一同对问题展开研究，探明其中的真理。真理既不是你的也不是我的，不诉诸你我。真理不是求来的，不取决于你的性情。只有当你没有脾性时，它才会到来。当我不怀有任何意见，不做评判、比较，我才不会有脾性、倾向。唯有当你我没有脾性的时候，真理才会降临。所以，它与你的或我的满意全无关系，与是否对你有吸引力全无关系，它就在那里。只有那些经历痛苦、心中有爱的睿智之人、经验之人，方能懂得它。

问：先生，您究竟从这些演讲跟讨论中获得了什么乐趣呢？如果您并不喜欢它们，您显然是不会持续二十多年的。还是说，这么做仅仅是出于习惯使然吗？

克：提出这个问题十分自然，对吗？原因是，这位提问者只是知道或者意识到，通常一个演讲者会从讲话中得到快感，得到某种个人的好处。或者仅仅是因为他上了年纪吗？抑或，不管一个人是年轻还是年迈，这都是一种习惯呢？这就是他所习惯的一切，所以他便提出了这个问题。

这一问题的真相是什么？我发表演讲是出于习惯吗？你所说的习惯是指习惯的强迫力吗？由于我已经演讲二十多年了，所以我打算再讲二十年直到死去吗？对事物的认知是习惯性的吗？词语的使用是习惯性的，但词语的内涵却是根据对真理的感知而时时刻刻变化的。假若一个演说者从讲话中得到了乐子，那么他就是在利用你，这便是我们大部分人所习惯的。尔后，演说者会把你作为自我实现的工具，但这显然会破坏实相。既然我们关注于时时刻刻去发现真埋、实相，那么在它里面就不可以有任何持续，一切习惯、确定，一切对于自我实现的欲望，一切个人的膨胀都必须终结，不是吗？否则的话，这会是另一种利用、蒙蔽人们的法子，而我们显然并不关注于此。

关于上师有好几个提问——"我是应当紧随我自己的思想呢，还是该追随我的上师？""您唤醒了我们探明真理的渴望，所以您对我们来说是不可或缺的。"因此，同样的，"真正的实现，从本质上来说是个体的事情。哲学、思想体系、上师、大师，有助于点亮我们内心的火花，所以他们难道不是必不可少的吗？"

实际上，这对你们大多数人来讲都是一个持续了很久的问题。我们渴望有一个唤醒者，渴望有一个激励者、一个向导，我们希望有人来告诉我们该如何行动，告诉我们什么是爱以及如何去爱。在内心我们是空虚的，在内心，我们混乱、不确定、痛苦，因此我们四处祈求，想要得到帮助、鼓舞、指引、唤醒。请好好思考一下这个。这是你的问题，不是我的，正因为是你的问题，所以你应当去直面它、认识它，而不是年复一年地重复着该问题，直到死的时候还是满心困惑和彻底的迷失。你声称必须得有鼓励者，抑或上师是不可或缺的，为什么？必须得有一个上师带领你达至你所谓的真理、实相、神、自我实现吗？你明白没有？你渴望被指引，这里面包含了好几方面的问题。首先，真理从无居所，也不是固定不动的事物，它在时间上没有某个固定点，好让你可以小心翼翼地在他人的引导、带领下达至它。如果你被指引或帮助，如果真理被展示在你面前，那么它就不是真理，它不过是思想发明出来的你所渴望的东西，因为这将会带给你满足、确定，将会让你很快乐。所以请务必明白这个。

真理不是时间维度上的一个固定的点，假如它是一个固定点的话，思想就能够认识它了。思想能够认识的是它自己创造出来的事物，因此它与真理、神毫无关系，随便你如何称呼都行。你无法被带领着达至真理，因为它是一个鲜活的事物，因为它每一天、每一秒都是不同的。你渴望永恒，渴望一种持久的状态，于是你寻求某位上师，认为他可以带领你得偿所愿。然而你所渴望的并非真理，你无法被带领着去发现真理。你懂了吗？带领你去发现真理的过程，并不是真正的发现。你无法被带领着去发现它，而必须由你自己去探明，没有人可以带领你去发现它，这是一个矛盾，所以我应该被允许去发现真理。请务必认识到这个。

在印度，我们的祸根之一便是主张说，你必须拥有某个唤醒者、上师、大师，某个可以帮助我们、指引我们找到真理的人。当你渴望发现真理的时候，你就会确立起一种权威的等级结构，而权威的确立以及等级制度将会摧毁爱，因为，尔后你会抛弃所有人。当你渴望获得，你就会践踏每一个人。若你真的在寻求真理，你便不要伸出手去求得它，原因在于，真理必须向你走来。你无法邀请到它，无法寻求到它，因为，一旦你懂得如何去看待它，它每时每刻都存在着。你渴望的并非真理，你渴望的是舒适、安全、成功，渴望的是通过神、真理、"我"的永生来获得自我实现，这就是你们大家感兴趣的东西。你想要获得安全、精神层面与经济层面的安全，由于你深知并不存在所谓经济上的安全，你便去追求精神上的永恒，你把这种永恒的状态叫作真理。这就是为什么你会有领袖、宗教组织、哲学、上师的缘故，因为它们总是保证了你的舒适、安全和永续。

提供保证的人和寻求保证的人，这二者都为幻觉所困，他们并不是在寻求真理。可以肯定，一旦你真的认识到了这个，你就会把你的那些上师抛到一边去。因为，光明不在上师身上，也不是通过上师获得的——它就存在于你自己身上。但没有人可以带领你找到它，因为你必须凭借自己的力量去发现。当你声称你在寻求真理，这是迷信和空虚，那些人会通过你的迷信和空虚去利用你。显然，要想探明真理，你就得彻底放下一切欲望，就得卓然独立，没有任何的依赖和庇护。唯有这时，真理才会到来，唯有这时，才能创造出一个新的世界，在这个世界里，不会再滋生出任何问题。原因是，尔后，你的行动不会再出于恐惧，不会再因为你渴望获得确定，而源于那未知的真理。

这位提问者询问说："我究竟是该紧随我的思想，还是该跟随我的上师？"你的上师是你的思想、你的性情、你的好恶、你的诉求制造出来的或者选择出来的，是你的思想制造出了上师。所以，你要去追随的是你自己的思想，没有什么上师。你跟随你的那些欲望，你的欲望是安全、舒适、慰藉，是确定可以功成名就。不幸的是，你在这个世界里并非成功人士，因此，依然很不幸，你便会渴望在来世获得成功。一个寻求成功的人，永远无法找到真理。先生们，必须去认识你的思想意识，必须去探索、研究你的各种想法念头。尔后你将知道自己思想的运作，知道思想是如何对于安全的渴望投射、制造出了一切的——各种幻觉、各个大师、上师。所以，思想是你唯一拥有的上师，但这位上师却并不会给予你帮助，并不会带领你，他只会欺骗你，只会带来更多的混乱跟痛苦。你必须去认识那制造出了幻觉的思想。就只是聆听，不要说什么："我听过商羯罗的观点抑或其他人的主张。"比较性的思考并不是思考。因此，一旦你懂得了自身思想的运作方式，心灵就会十分容易地、自发地安静下来，无需任何克制与强迫。唯有这时，真理才会降临。尔后，真理将会建立起一个新的世界，而不是思想，不是你的那些上师，因为真理便是爱。

1935 年 12 月 13 日

在马德拉斯的第五场演说

你们或许还记得，上周我们一直试图就改变的问题展开讨论。在我看来，这是当前的世界面临的最根本的问题之一。因为我们不知道要朝着什么去改变，因为我们不知道，所有职业的宗教人士都求助于《吠陀经》，或是引用权威，或是遵从某种哲学思想体系。假如你观察一下的话，会发现我们实际上希望转向某个直接的行动。领袖们自己与追随者一样也是混乱、困惑的，他们或许宣称自己遵循着某种哲学思想，宣称他们懂得他们在谈论的东西。但倘若你仔细观察，会发现他们的内心其实是十分混乱的。我们当中那些真正抱持着严肃认真态度的人，应当探究如下问题，即什么是改变以及朝向什么去改变，这难道不是十分正确的吗？我上周讨论过这个，但我以为，如果我们能够从不同视角去研究，或许就能理解"改变"一词的深刻涵义了。又或者，若我们能够探究一下什么是宗教，也许就将认识何谓改变了。但倘若没有懂得宗教的全部涵义，单纯的外部的革新就是最不切实际的，正如近来所有的革命跟改良向我们展现出来的那样。假如可以的话，让我们去探寻一下什么是宗教，或许，在认识它的过程中，不是口头层面的，而是随着我们对它的研究，随着我们真正去体验该词的涵义，也许就能认识"改变"一词的意义以及带来一场真正的变革了。就像我们在过去的两三周时间里所讨论过的那样，变革是不可或缺的。

一切如故，那些在宗教领域或社会秩序中有着稳固的既定地位的人们，抑或那些手中握有权力的人们，显然不愿意变革，他们希望一切保持原状，顶多是稍做修改。但如果我们真的希望去探究什么是宗教，那么我们显然就必须抛下既得利益去着手。你知道既得利益、在某个组织中的既得利益指的是什么意思吗？指的是打着某个幌子从中得到的一切好处，个人的益处，不久就会变成领袖的个人牟利，尽管他会冠以和平、大师、哲学或政治意识形态等名号。所以，若真的想去探究宗教的涵义，着手点就必须是那思考着神的心灵是什么，而不是何谓神，难道不对吗？你们明白没有？一个思考神或相信神，实践着各种戒律和仪式的心灵，永远都不会认识神或真理。原因是，信仰某物的心灵，会投射出最让自己满意的东西，这是心理上的事实。所以，相信神、真理或某个事物的心灵，显然无法展开真正的探寻。因为这样的心灵在信仰中怀有既得利益，从信仰那里，它得到了安全、希望、满足、道德感以及生理层面的康宁。结果，这样的心灵永远不能发现真理，它将会欺骗自己和他人。它永远无法找到真理，因为从心理层面来讲，它让自己去遵从某种行为模式。然而，大部分的宗教人士——所谓的虔诚者——都浸染在信仰、仪式、教义之中。这是因为他们发现这个世界是如此的令人烦恼，如此痛苦，所有关系都会走向冲突，普通的日常生活里没有神迹。于是，心灵必须拥有某种神秘的、超自然的事物——要么是依照马克思或某个人的观点去崇拜某种状态，要么是崇拜由双手或沉迷于教义中的思想制造出来的某个形象。尔后，教义变得神秘，因为心灵将它置于很高的地位并且把它当作神秘的事物对待。它是无法触及的，原因在于它太过神秘，以至于心灵无法去认识，但它依然是心灵制造出来的，是由于心理上的迫切而制造出来的。

我希望你们去思考这一切，我描述的不是其他，而是我们每个人的心灵，是那被困在陈规惯例、琐屑无聊的日常生活里的心灵。我们的个体关系、性、自然，都没有任何神秘可言，我们已经探索过这个，但我们渴望神秘的事物，渴望某种超越的事物，某种思想无法发明、构想出来的东西。然而，构想出神秘的事物，这正是思想的过程。于是心灵就被困在了这神秘的事物即教义之中——不管是国家的教义、天主教教徒的教义、印度教徒的教义或信仰，还是神秘地隐居在某处如某个山里头的大师的教义。于是，心灵必须拥有某种神秘的事物去崇拜，这个神秘之物是由双手或大脑制造出来的，围绕它形成了观念，围绕观念、形象，发展出了财产、权力、地位、权威等既得利益。那么，既然懂得了这一切——这是日常生活的事实——只有那些无赖和轻率的人才会落入努力、个人的空虚、自负、欲望的陷阱中去。

那么，心灵能否发现真理呢？毕竟，宗教意味着寻求真理，若心灵沉溺于各种各样带有迷信色彩的个人欲望之中，相信各类教义，这样的心灵能够找到真理吗？请仔细听好。如果你想要创造一个新的世界，它就必须建立在不同的根基之上，而不是基于你的或我的以大师、国家、意识形态为幌子的个人欲望。它必须建立在完全不同的基础之上，原因是，要不然的话，为了带来根本性的变革，我们将不得不继续着各种层面的战争，不单是身体上的，还有心理层面的彼此之间的交战。这里面，应该有心灵与思想的自由，它摆脱了你的、我的、每个人的思想的制约，摆脱了我们所有这些有能力、急切、在聆听并且意识到了紧迫性的人们的思想的羁绊，难道不是吗？重要的是让我们彻底挣脱所有这些教条、仪式、迷信的胡言乱语，尔后开始去探明如何展开探寻，对吗？这实际上意味着，我们每个人在自己的日常生活里都必须摆脱过去，摆脱传统，摆脱例行公事，摆脱那些我们从小浸染其中的一切。毕竟，它们从本质上来说难道不是基于我们对生理安全跟心理安全的欲望吗？我们渴望安全，心灵无法忍受哪怕是片刻的不安全、不确定，所以它必须得有东西去依附，越是神秘、黑暗、恐惧、无法想象的事物，它越是会去依附。因此，为了修建一座新的大厦，就必须让它建立在真理、实相、永恒的芳香之上，不是吗？它不应该基于教条，而是应该建立在对思想的整个过程的认知之上——思想正试图去建立，它一边在摧毁，一边在建立，一边衰退，一边又带来了一些新的东西，不是吗？

所以，问题不在于某种新的哲学、新的体系方法、新的经济秩序。我们发现，界分、武力、政治或物质的强权并不会带来新世界，从这些层面去思考是大错特错的。思想是一个完整的统一存在，我们的基础必须建立在对思想的认知之上。那么，我们难道无法让自己摆脱所有这些教条去直面现实吗？也就是说，我们野心勃勃，我们心怀嫉妒，我们寻求着个体的安全跟永生，这便是我们关心的全部。你或许用各种各样冠冕堂皇的字眼去掩盖这一切，但在本质上，我们渴望的全部便是生理的安全、心理的健康。心理上的欲望会破坏掉生理的康健，所以，心理欲望要比单纯的生理上对于安全的欲望更加巨大、更加急迫也更重要。

那么，心灵难道无法认识有关嫉妒的问题吗？因为我们的社会就是建立在这之上的，即由于渴望得到、由于贪婪而导致的不满。那么心灵难道不能够让自己挣脱吗？要想让心灵不再渴望"更多"，如此一来它才不会去投射、去要求，这需要展开大量的持之以恒的探索。当心灵不去投射、构想出其他的事物，它就可以一方面保持活跃的状态，一方面又是宁静的。唯有在这种静寂里，真理才会到来，唯有这样的心灵，才能建造新的世界。请认真思考一下这个。不要被你的领袖们——政治的、宗教的、社会的领袖——欺骗了。不要为组织所困，它们不会带领你达至真理，因为它们最后会变成个体牟利的工具。所以，一个真正寻求真理的人，必须摆脱一切组织、所谓的精神组织的羁绊。尔后，一旦他挣脱了这些由他自己制造出来的外部的强迫，便能让心灵摆脱那些欲望、人与人的敌对与嫉妒了。我向你保证，这本身就是一个相当巨大的问题。

那么，一个人怎样才能让心灵挣脱贪欲呢？对我们来说，贪婪、获取意味着拥有更多的衣服、更多的房子，银行账户后面挂更多的零。但这并非单纯的获取，这是某种更深层事物的外在表现。除非我们认识了更深层的动力、强迫，否则，仅仅改变我们的所有物——我们应当拥有多少以及不该有什么——将不会有任何的结果，因为方法完全错了。可要想让心灵不再渴望得到更多，不再渴望去获取，做到这个相当困难。原因是，直到心灵变得简单、无邪，它才能认识真理，当心灵怀有这种贪婪、获取的本能，就不可能实现无邪。请好好想想这个，请认真聆听，不要说什么这是不切实际的。

心灵必须从一开始就是自由的，而不是到了最后才如此。理由是，如果最初没有自由，最后也不会有。你不可能从奴役、从强迫转为自由。所以，宗教显然是一种"无我"的心灵状态，当心灵迈入无我之境，真理便会来临。但这个"我"并不是某种神秘之物，"我"是由我们的嫉妒、野心，对权力、地位的欲望以及阴谋构成的。假若一个人能够真正思考一下这个，他就可以将其解决，无需内心不断的交战。因此，那些真正想要建造新的大厦的人，除非认识了内在的变革这一问题，否则他们是无法建造起它来的，他们的努力将会是徒劳。外部的变革不会影响到内在，它可能会找到不同的替代物。这种内在的革新是无法从他人那里学到的，你无法通过参加某个党派而得到它。唯有凭借不断的努力、询问、探索，方能实现内在的转变。唯有这时，心灵才能获得自由，在这种自由里会有宁静，没有任何运动，只有静寂和完整。尔后，心灵不会再去寻求，从而迈入了静寂，不会再去渴望，于是也就会彻底摆脱一切不满。真理只会向这样的心灵走来，而唯有真理才能建造起新的大厦。

在我回答这些提交的问题之前，你们听完了这场演讲之后有没有什么想问的？

问：在一次私人谈话中您指出，党派制度，不管是一党还是多党，都不是民主的。您能否稍微说明一下呢？

克：让我们思考一下这个问题，不要坐等答案。你们明白没有？让我们一同去探明，而不是你等待我给出解答，然后你去反驳或接受。我们大部分人在政治或任何其他的行动中都会首先关注观念，不是吗？政治党派是基于某个观念、体系而形成的，另一个党派则与其对立或完全不同，但依然是基于某种观念、思想体系、哲学、既得利益，要么是哲学上的，要么是财产上的。因此，党派关注的并非民众，它们关心的是某种能够帮助民众的思想体系，该体系是建立在观念或哲学之上的，从本质上来说是一种局限的反应。你是个共产主义者，我是个社会主义者或资本主义者，你有一套体系，我有一套体系，共产主义者有一套他们的体系。该体系若被置于权力之中，将会帮助民众，意即"我和你是一个团体的"。所以，我们——我、我的团体、你的团体——都曾想过如何依照某个体系去做。我的团体是我受限的反应的产物，你的也是同样。所以，我们都不关心民众，这一点我可以向你保证。我们关心的是体系以及如何去实践它，因为体系提供了方法，或者是个体的，或者是乌托邦的。你们懂了没有？我声称，我的党派声称："我们知道什么是好的，假如我掌权了，我将会残酷无情，清算掉除了我的党派之外其他所有的政党，因为我们知道我们有神的准许，他将告诉我们会发生什么，你要去适应这一计划。"

只要我们怀有体系，就不会关心民众，这是一个显见的事实，不是吗？若你真的关注民众——也就是，关注你我、穷苦人——你就不会有任何体系，而是会去行动，思考什么对全体来说是好的，你的行动和思考不会建立在某个观念之上。很明显，一党制、多党制都不是民主，因为他们关心的都不是民众及其福祉，他们希望民众及其福祉是依照某种行为模式的。如果我们每个人、你我还有其他人关心的不是理念而是怎样正确地生活，怎样探明彼此之间的正确关系——你我之间，不同人类群体之间——这要求的不是任何思想体系，乌托邦的或宗教的，这需要的是探索、询问，不是基于某种观念以及如何去实践该观念，而是怎样和谐地共同生活，这需要的是完全的、充分的革新。所以，我们没有人充分地、深入地探寻过这些问题，因为我们觉得，只要立即实践了观念，我们就会有结果。而我们关心的是结果，我们不关心这结果是否会带来更多的不幸、更多的问题。因此很明显，要想让我们的政治思想发生变革，我们的行动就不应该是基于观念或哲学层面的，无论是极权的、宗教的还是政治命令的，而应当用完全不同的方法去着手问题，即不基于某个观念，而是基于直接地探寻共同生活的方式、方法。

问：*若没有任何形式的强制，外部的或内部的强制，如何能够实现教育呢？*

克：教育的作用是什么？我们受教育了吗？你为什么把你的孩子送去学校？请好好想想，让我们一起展开思考。再一次强调，我们处理问题的方式必须得有变革。

教育的职责何在？难道不是去帮助学生理性、智慧、无惧地面对生活吗？只要有竞争存在，我的心灵就会被恐惧遮蔽。当我不知道怎样应对生活这一复杂难题，就会滋生出恐惧，当我怀有野心，就会有恐惧。一个快乐的人从来不是有野心的，只有那些野心勃勃的人才会不快乐。所以，教育的作用难道不是帮助学生毫无恐惧地长大吗？如此一来他才能理性地、智慧地迎接生活，不是依照你的智慧或我的智慧，不是依照你的宗教嗜好或政治的、经济的限定，这样他才能作为一个完整的人充分地成长。

于是这位提问者问道："若没有某种形式的强制，如何能够教育孩子、年轻人、学生呢？"强制的目的是什么，即使是对老年人或年轻人？我们为什么要去克制自己，无论是他人强加的还是自我强加的？我们为什么要去训练、管教学生？学校里面，施行训练、管教的作用是什么？你们是父母，幸或者不幸，你们应当知道这个。生活里，强制有什么作用？强制难道不会培养出抗拒吗？强制意味着抗拒，而抗拒又会滋生出恐惧，不是吗？看吧，你有一个大班，四十或六十个孩子。在这样一个大的群体里，你如何能够维持秩序呢？你无法办到。于是你便诉诸强制，你感兴趣的不是教育，你唯一感兴趣的便是希望给他们一些信息，好让他们通过考试，找到工作，这也是父母们唯一感兴趣的。父母们关注的并非教育，对我们大多数人来说，在通过了考试之后，教育便终止了，或许我们没有一个人再碰过一本书。如果你没有的话，你便停止了思考，你就只是把自己耗尽，就只是机械地活着。因此，若我们想要认识教育的作用是什么，就必须弄清楚我们怎样才能在没有强迫、控制、劝说、管教学生、年轻人的情况下教育他长大，这是十分重要的，对吗？如此一来他才能作为一个完整的人在社会上发挥作用。这显然要求小班教育，这样老师才能认识如下过程，即怎样带来这种智慧，无需强迫，无需永无休止的分数竞赛和考试，认识到在这些残酷的考试中将一个人耗尽、毁掉的整个过程。

先生们，你们相信灵魂，相信个体的行为，相信所有这些，但你却做着与之相反的事情，不是吗？所以，我们的教育必须发生彻底的变革。一个男孩或学生不仅要掌握技术知识，从而帮助他谋到一份工作，而且还得拥有不同的东西，那就是要成为一个完整的人——不是一个不断在跟自己交战的人——这样他才能够成为一个有创造力的个体。假如你争强好斗，那么你便不可能具有创造力，你心怀恐惧，你就无法迎来真理。在我们所做的一切事情当中——我们的教育、我们的政治行为、追随各类上师以及与之相关的一切——都存在着恐惧，但却没有创造力，没有欢愉，只有内心的焦虑不安。这样的人怎么可能建立新的世界、新的生活方式呢？所以，有关强制的问题涵义甚广，若一个老师、一个教育者没有认识该问题，他自然就会诉诸强制，因为这是控制一个大的群体的最简单的法子。由于政府感兴趣的只是大众教育，因此你所知道的教育实际上妨碍了变革，对吗？你受过很多教育，不是吗？你知道读书写字，你永远不会去反抗，因为你看到了这么多的方面，以至于你从不曾洞悉真理。所以，要想带来正确的教育——这需要父母、老师都发生转变——就必须认识如下问题，即什么是完整的人——不是关于它的定义，而是探寻，对这个完整的整体展开不断的探寻。这样的探寻显然要从摆脱恐惧开始入手，心理层面的深藏着的恐惧，那些有意识的或无意识的恐惧。心灵挣脱恐惧的羁绊，便是禅修。

问：印度通过实践非暴力的理想已经赢得了地方自治权，那么您怎么能够去反对理想呢？

克：你真的相信通过实践非暴力便能赢得自由吗？一系列的历史事件令统治者变得虚弱，所以他们不得不撤退，希特勒与之前的战争让欧洲变得积弱。在你通过你所谓的非暴力赢得了所谓的自由之后，暴力难道不是依然存在吗？比如穆斯林与印度教教徒之间的，据说有六百万人被迫迁徙或者惨遭杀害，我建议你不要把那个称作暴力。

有关理想的问题是完全不同的，理想是虚构的，并非实在，它们是头脑构想出来的。请仔细思考一下这个，因为，要想创造一个不同的世界——不是这个有着如此多令人惊骇的残忍、伪善、毫无变化、空想的世界——我们就必须发生根本性的变革。你怀有兄弟友爱的理想、非暴力的理想、爱的理想、仁慈的理想。为什么？显然是因为你并不仁慈，不是吗？否则你就不会怀有这些理想了，你显然是暴力的、恐惧的、仇恨的，于是你便树立起了所有这些非凡的理想。你以为，通过遵循这些理想，你便能够心中有爱，你便能够做到非暴力，你便能够待他人如手足。

很明显，遵循某个理想，你实际上是在逃避自己的真实面目，不是吗？"我心中燃烧着仇恨之火，抑或我很暴力，我将实践非暴力，这是我的理想。"这是何等的愚蠢啊！我为什么无法去应对本来面目而不是应有面目呢？先生们，你们明白没有？心灵能否让自己摆脱这些理想呢？你向自己提出该问题，然后看一看你的反应会是什么？当你向自己提出这个问题时，你会多么地恐惧啊，因为在你看来，理想会让你处于控制之中，不会逾矩。你说道："假如我没有理想，我该如何是好呢？"你将什么也不做，若你怀有理想，你什么都不会做。要是你不怀有任何理想，心灵就不会构想任何东西出来以便逃避实相，你就会应对自己的本来面目——贪婪、嫉妒——按照它的真实模样去对待它，于是心灵便可以挣脱理想的束缚了。先生们，我们一直都在宣扬友爱之情，但却没有去实践它，结果我们未能阻止战争的爆发。所以，为什么不去摆脱我们怀有的全部理想、榜样呢，为什么不抱持现实的姿态呢？——也就是去认识我的本来面目，认识我的实相。我嫉妒，我野心勃勃，我残忍、暴力，如何才能将这一切驱走呢？我们以为理想便是撬动的杠杆，通过它去影响、改变本来面目，结果我们总是会有本来面目跟应有面目之间的矛盾冲突，这就是我们的难题，对吗？

我贪婪、嫉妒、野心勃勃，我不应当如此。于是我挣扎、努力，我的内心在交战，这便导致了本来面目跟应有面目之间的虚伪。难道我无法让自己摆脱"应当如何"吗？"应当如何"是心灵构想出来的，是对事实的逃避，逃避我本来的模样。这是我努力想要去达至的标准，而标准没有权威，因为从心理层面来讲它实际上是一种逃避。事实、本来面目是一回事，应有面目则完全是另一回事。我们活在"应当如何"之上，你怀有的理想越多，你以为自己就会变得越出色、越崇高。但倘若你真正去面对自己的本来模样，就能够解决它、超越它了。可我们当中没有一个人希望如此，因为我们在野心、欲望里面发现了益处，我们在嫉妒当中找到了既得利益。于是我们便确立起了理想，我们永远都在实践理想，却从不曾直面自己的本来面目。摆脱理想这一幻象需要大变革——我们一直都活在理想之上，整个世界都活在理想之上。要认识我们的真实模样，与其共处——知道你是嫉妒的，知道你易怒、暴力——不要去欺骗自己，不要制造"事实是"与"应当是"之间的冲突。尔后，你便可以将全部精力都用来认识你的本来面目，不逃避到应有面目里，那是乌托邦，什么也不是，永远也不会达到的。这就好像一个人月复一月地去实践美德，做各种有德行的事情，去静修、去冥想。先生们，美德是无法实践的，如果你去实践它，它就不再是美德了。因为美德是无意识的，是思想无法培养出来的，假若它是，那么它就不过是"我"的另外一件外衣罢了。

请仔细聆听我在讲的内容，让它渗透到你的意识中去，如此才能迎来变革，你我才能创造出新的世界。单凭一己之力是无法带来新世界的，这个世界是我们的，是你的和我的，我们必须共同去建立它。要想携手去建立，我们就得直面现实，不去自欺欺人，不去空想，而是按照事物的本来面目去认识它们，继而超越。超越需要对实相大量的觉察、认知与洞悉。我们并没有花费时间、精力、思考去认识自己的本来面目，相反，我们失落、浪费，用各种理想毁掉了自己。你会去聆听这一切，你会暂时保证说会去认识我观点里的真理，确切说不是真理，而是有逻辑的口头结论，尔后你会走开，会去谈论明日的理想。把这个留给那些领袖、上师，留给那些在哲学里面有既得利益的人们吧——这实际上意味着在财产方面有既得利益。让我们、你和我简单地、真诚地去面对"事实是"，而不是"应当是"。一旦真诚地看待"事实是"，那么这种真诚之美就会让我们摆脱"本来面目"了。

问：我心中充满了憎恨，请教导我如何怀有爱。

克：你们为什么要笑呢？这难道不是一个非常悲哀的问题吗？思索一下该问题。这位提问者十分清楚地意识到了自己的真实模样，而我们大多数人却并未如此。你们当中那些发笑的人，并不认识自己，你其实也心怀仇恨，也充满了嫉妒、痛苦以及永无休止的不满。但这位提问者却意识到了，不管这对他来说是幸还是不幸，于是他说道："请教导我心中怀有爱。"

爱能够被教导吗？你能够到学校学习如何爱吗？你能够被教会智慧吗？虽然许多学校都宣扬说在传播智慧。请仔细听好。智慧是可以学习到的吗？爱是可以学习到的吗？你能够去到某个人那里学习何谓爱吗？这个问题难道不应该让你双眼含泪吗？我不是在煽情，不是要对你们施展催眠术，让你们进入一种多愁善感的状态。先生们，你们发现自己的内心是何等的空虚，于是你便不停地寻求智慧、爱、仁慈、理解。你从一个学校转到另一个学校，从一个人转向另一个人，希望获得教育，因为在内心你是空虚的，你希望用那些没有多少意义的词语去填满你的空虚。

爱是无法被教导给你的，智慧也是一样。当心灵摆脱了经验的制约，智慧便会到来。请仔细聆听我所说的一切。一旦心灵挣脱了经验的束缚，就能获得智慧了。但只要心灵在寻求经验，就一定会有一个寻求经验的经验者，而这样的心灵永远都不会是睿智的。同样的道理，一个渴望用爱去填满自己的心灵，将会用那些无甚意义的字眼去塞满自己，它就只是空洞的没有意义的词语或结论。但一个人心怀恨意，这是事实；一个人痛苦，这是事实；一个人善妒、野心大，这是事实。那么你要如何去应对事实呢？若我知道自己心怀仇恨，那么重要的便是懂得如何去应对它，只要我懂得怎样去应对，就可以将其消除掉。但如果我不知道如何应对，于是仅仅是去压制那一事实，这将会引发另外的事实。所以，重要的是去认识事实，假若你去谴责或评判事实，你便无法认识它。只有当你不去责备你的孩子，你才能了解他，你必须去研究他，这意味着你必须从不曾去责备他，从不曾去评判他，从不曾让孩子跟你认同。如果你同样地看到了自己身上的仇恨、野心，就应该展开觉察，不做任何选择，不做任何判断。这是相当不容易的，因为我们所受的一切限定便是为了得到其他的因素而去评判、谴责、否定。结果，我们始终在做的就是找到实相的替代物。

唯有当你摆脱了憎恨、野心、嫉妒，才能懂得什么是爱，尔后你还会懂得什么是智慧，因为，或许爱即智慧。你无法从他人那里学会何谓爱，你也无法学到何谓智慧，没有任何学校、书本、大师可以教会你这个。一旦你认识了你心灵所有的隐秘之处，便能知道什么是爱、什么是智慧。只有当心灵迈入了静寂，这情形才会发生。

1953 年 12 月 19 日

在马德拉斯的第六场演说

　　过去的几周时间里，我们一直都在思考有关改变的问题。在我看来，带来改变的过程中，最困难的事情之一就是停止努力。原因是，对我们而言，改变就意味着努力，难道不是吗？我们把努力跟改变联系在一起，对我们来说，假如想要带来外部或内部的改变，就意味着努力，意味着意志力的行动。如果不展开努力，能否实现根本的、深入的转变呢？抑或，是否只有当停止努力时才会迎来根本性的变革呢？我希望跟你们讨论一下这个问题，因为你一定想过这个。当你观察一下自己以及周遭的事物，会发现，从孩提时代起我们就一直被教育说，要想有所改变就必须付出努力，这便是我们知道的全部。我们从来不曾探究过，能否无需努力就发生根本性的改变，依我之见，这一点分外的重要。请务必仔细聆听，不要对我今晚将要告诉你们的观点抱着先入之见，不要抱持一颗怀有偏见、囿于经验的心灵。

　　对我们大部分人来讲，改变就意味着努力。我是这个样子的，那么，若想变成那个样子，我就得去努力。在学校里，我们成长的地方，几乎一直到我们死去，一直都在灌输给我们这种不断努力的过程。我们被这一观念限定住了，这便是我们知道的全部。我们声称，必须得有正确的努力，不断的实践，不断的控制、克制，用词语、解释、指令去影响思想。我们所知道的便是这种持续的努力，我们就生活在这上面。当我们更加深入地去探究一下努力的过程，会发现，这里面包含的不是只有努力，这里面有整个权力的问题，获得权力，不仅是在我们自己身上，而且还有驾驭自然，驾驭他人。我们发现，人不断在加强他对自然的驾驭力——不是坐在这里的人，不是你我，而是通常意义上的人——飞行、潜水，测算星辰之间的距离，人类的头脑发达到令人惊讶的程度，以至于可以发明出原子弹、核弹，制造出了所有这一切。这些不仅意味着学习技术、技巧的完美，还意味着不断运用头脑去发现、去探明——意味着巨大的持之以恒的好奇心。这里面包含了权力、力量的问题——驾驭水、驾驭自然、驾驭他人、影响改变其他人的生活、改变环境，所有这些都意味着努力。然而，对于一个真正在发明创造的人，一个真正洞悉了事物、富有创造力的人，并非如此。所以，我们关心的是用不正当的手段或者是所谓的理想的手段，实际上同样是不正当的手段去扩大、加强我们的力量，尤其是驾驭他人的力量，以便得到地位、名望。这一切都意味着力量——有力量去改变人的经济条件、观念的力量、词语的力量、人格的力量——去驱使，去让人改变。我们知道这一切，我们对此十分熟悉。这能从根本上让我们自己发生转变吗？这便是问题所在，难道不是吗？

　　除非我们能够带来心灵核心层面的根本改变，否则，单纯的征服外部环境，或许会带来各种各样的便利，但在这个过程中将会出现更巨大、更有破坏力的元素。因此，在我看来，除非我们可以在内心深处发生根本性的、深刻的转变，要不然，流于表面的变革，不管多么重要、必需、急迫，都只会导致更多的不幸、危害和灾难。每一个变革都带来了更多的痛苦、更多的问题，我们对此同样十分熟悉。当我们把力量的过程放到自己身上的时候，会发现，我们渴望去驾驭、操控我们自己，通过禁欲、苦行或是极端的苦行主义，即金钱、奢靡、地位、权力、名声等等的对立面，这让我们沉醉不已、欣喜不已。我们把美德、爱、意志力的行为当作克制自己、克制我们的习性、癖好的手段，我们以为自己在改变。但本质上，当我们潜入更深的层面，会发现其实并没有变化。当我们思考革新、转变，我们显然关心的不只有必需的表层的变革，而且还有深层的改变，也就是我们整个身心充分的、全面的变革。这种改变通过努力能够带来吗？还是说必须得停止一切努力呢？

努力指的是什么意思？对我们大多数人而言，努力意味着意志力的行动，不是吗？我希望你们认真去思考一下这个，因为，如果你不带着智慧聆听，你将彻底错过我在谈的内容。一旦你带着智慧聆听，就能直接体验我在谈的东西。充分、全面的变革应该是完全无意识的，不是自发的，不是由任何意志力的行动带来的。意志力依然是欲望，依然是"我"、自我，不管你把它置于哪个层面。意志力的行为仍旧是欲望，它是试图去改变自己的意志力的行为，虽然披上了不同的外衣，但依然是"我"努力去得到某个结果的意志力。

如果我可以提要求的话，请仔细聆听，不单单是聆听语词口头的效果，还有其深层的意义。我们大部分人压根儿就没有在听，你通过你自己的解释、你自己的经验去听我的话语、我的观点、我要说的内容。这不是聆听，这就像是透过一扇漆黑的玻璃去察看，所以，你没有看到任何事物的原貌。同样的，我们带着结论、先前的知识、经验去聆听，这些东西总是对所说的内容进行着解释，因此你根本没有在聆听。聆听的问题十分困难，因为，我们有意识或无意识地并不想去聆听，因为我们害怕会发生些什么，害怕会出现某种新的观念，从而引发变革。结果，我们就只是聆听了那些没有多少意义的语词。但倘若我们能够睿智地聆听——也就是单纯地聆听，不去解释，不去翻译——那么我曾经说过的话以及将要阐述的内容或许就会拥有更深的意义了。

很明显，重要的是首先得让我们自己也就是我们的行为、关系发生根本的变革——这将会带来外部价值观念的转变。然而，通过意志力的行动是无法带来必要、绝对、充分、彻底的革新的。原因是，意志力从本质上来说是一种欲望的过程，意志力的行为是受限的。"限定"一词，意味着局限。我依照我所受的限定、我所处的状况去改变，无论这种限定可能是多么广泛、狭小、局限。所以，我想要有所改变的意愿也是根据我的限定、我的状况、我的欲望而受限的，由意志力的行为带来的改变是有限的，因此永远不会是彻底的、根本的。如果我们关心这个问题，如果我们思考过这个，那么改变就会是根本的，而不是表面的。原因在于，我们当前的问题是如此的严重，以至于需要从根本上去解决，而不是流于表面，不能以印度教教徒、天主教教徒、共产主义者、神智学者或是其他的身份去着手，必须得用完全不同的方式去应对。由于我们并没有这么做，所以才使得问题与日俱增，而不是变得更少。因此，我们不仅要关注于减少、解决问题，还得关注于人的态度、观念、价值、思想方式的根本转变。我们显然必须找到一种方法，那就是，无须运用意志力便能带来改变。你们明白没有？请认真思索一下，因为，假如你没有理解这个的话，接下来的一切将会毫无意义。

我们只知道为了带来改变而有意识地努力，有意识地掌握某种方法技能，这便是我们知道的全部。有意识地、积极地去改变，这源于欲望，而欲望永远都是受限的。如果我从这一基础、这一目的，从某个观念出发自愿或不自愿地改变——不管它是多么的崇高还是卑鄙，不管它是多么的友爱还是相反——都必然会导致更多的问题。我们知道这个，我们意识到了这个，然而我们可曾认真思考过吗？所以，既然明白了这一点，如何才能在不运用意志力的行动的情况下带来根本的变革呢？你们明白问题没有？我希望改变，我的整个教育、社会环境，我所受的影响全都是获取性的，我们的社会结构和宗教环境都是建立在获取之上的。现在，我洞悉了这个，我渴望转变，但不是流于表面，也不是通过任何意志力的行动。意志力依然是获取的产物,因此,当意志力说"我将带来行动",这种行动就会带来改变,可是这种改变仍旧是获取性的。

我要怎样在不展开意志力的行动下带来根本性的变革呢?这是你们应当询问自己的一个重要问题。我意识到,由意志力产生的任何行动都是局限的,于是也就导致了更为严重的灾难和问题。然而必须得有根本性的改变,若无意志力的行动,那么能否出现根本的变革呢?让我们换种方式来提问题。

我们用职务去获得地位、身份。我把公务当作获得心理权威的手段,我是个官员、教师、工程师——这些全都是职务——我利用职务去获得地位、名声、权力——这就是身份。我们大多数人、实际上我们所有人都利用职务去获得地位,也就是权力。于是乎,不同的职务之间便起了冲突,因为我们每个人都在通过职务去寻求某种心理上的结果。我希望你们好好去思考这一切。结果我们便在社会中制造出了心理上的冲突、混乱与竞争,利用职务去谋得地位。职务是必需的,原因是,要不然的话我们便无法生活。因此,问题在于如何不去通过职务来获得地位。于是我们发明出了各种方法、手段去控制人、去限制他的职务,控制他对于地位、身份的欲望,使其不会满溢出来,从而带来彼此之间的灾难。所以,通过各种各样的社会许可、宗教法令去约束、控制地位,也就是权力——这又是同样的问题,只不过这是一种不去作为。因此,当我们关心根本性的变革这一问题时,就必须理解所有这些问题,以及弄清楚是否能够在没有意志力的行动的情况下去改变,难道不是吗?我认为,无需意志力的行动就能迎来改变,这是唯一的改变,任何其他的都不是改变、革新。但要想认识这个,需要相当的洞察,需要大量的冥想——所谓冥想,不是闭起双眼、凝视某张图画或形象抑或想象中的句子,而是揭示这整个努力的过程。

也就是说,假如你此刻真的在倾听我所说的,你就将展开冥思。你之所以会冥思，是因为，通过聆听，通过警觉以及观察你自己思想的运作，你将发现，在你所做的每一件事情里面，你都在努力去改变——这便是"意志力的行动"——当你静静倾听，会看到这种"意志力的行动"将停止。于是，伴随着意志力的行动的停止，便会迎来根本的革新。请认真聆听。

意志力的行动便是"我"，无论"我"拥有、渴望怎样的外衣、怎样的变化，无论"我"怀有怎样的希冀、失败、痛苦，都依然是在"我"的领域之内，所以这里面并没有变革。"我"便是意志力的行动，当"我"说"我不应该有野心，我不应该嫉妒"，这个声称"我不应该"的意志力，渴望变成其他的模样，无论是主动的还是被动的，因此这仍旧是"我"。如果你真的认识了这个——也就是说，如果你在倾听这个——会发现，意志力的行动将走向终结。伴随着这种终结，根本性的变革就会到来。尔后，你不会再去关注"我"的改变了。举个例子，我心怀嫉妒，于是我对嫉妒展开行动，以便改变它，改变我的真实面目。但倘若你认识了这个，就会停止意志力的行动，于是只会有"我是嫉妒的"这一事实。如果没有阻碍，没有抵制、判断、谴责，这一切都是意志力的过程，那么事实就不再具有任何意义，事实不会再影响你整个的思想过程了。结果也就会从根本上解决获取的问题，这是任何流于表面的经济的、共产主义的或是任何其他的革命都无法带来的。

因此，这种理解真的需要你投入大量的关注以及对自我的认知——认识自我便是时时刻刻在你的关系里观察自己的真实模样。仅仅是观察，不去试图改变事实，意思便是在你跟你的妻子、你的仆人、你的上司的关系里观察你自己，在镜子里看到你的真实模样，不去想着对它展开任何行动。尔后你将发现，不知不觉中就会出现改变，这才是根本性的变革，它不是由意识带来的。我向你保证，最大的奇迹就是洞察，尔后，那一事物不再有效。于是心灵变得纯净、自由，只有在这样自由、纯净的心灵里才能迎来真理。而在意志力的行动之下展开的任何探寻都无法让心灵迈入静寂，只有当心灵懂得了意志力的整个过程，懂得了什么是意志力的行动，它才会获得宁静，不再有改变的意愿。这不是通过任何形式的强迫会出现的，只有当心灵实现了真正的认知才会到来。一旦它实现了认知，就会发生惊人的变化，这种革新是超越的，不属于意识的范畴。唯有这种变革才能建起新的大厦，如果没有根本的变革，那些修建者付出的劳动就将是徒劳，他们会是危害的制造者，会带来痛苦，会让问题变得更多。所以，你我应当去认识有关努力的整个问题，这是分外重要的。

或许你们想在演讲之后提些问题。如果没有提问，我这里有一些手写的问题。

问：怎样才能停止努力？

克：我一直谈论的便是这个。

问：您倡导说，为了教育年轻人，需要创办规模小的学校。但即使是在小的学校里也需要好几名老师，一人担负一门学科。在今天，这样的学校如何能够维系呢？

克：那么，教师的职责是什么？就只是传授给学生一门学科、某个专门的知识吗？于是乎，这意味着你必须得有无数的老师，一个人教一门学科，英语、数学、地理、历史、物理以及其他。也就是说，假如每个老师只教授自己那门专业知识，那么一所小规模的学校也自然得有许多的老师。如果老师只是一个专业化的人，他就不是教育者，因为他只关心自己的学科，不懂得其他的，于是你必须得有许多专业化的人来教育孩子。但即使是一个有自己专业知识的老师——他自己那门学科的知识——假若他是智慧的，那么他也可以教授其他的学科，难道不是吗？

先生们，我们在现代世界里的难题便是，我们渴望立竿见影的效果，渴望立马获得成功。我们不从长期的层面去考虑，我们想的只是短期。

我们希望自己的儿女通过考试，以便谋到一份工作，我们就只关心这个，结果我们便建立起了一种有专家存在的教育结构。但倘若我们从长期的层面去看待——也就是，懂得教育孩子的涵义——教师就不仅仅是向学生传授他那门学科的知识，还应该是一个睿智的、无惧的个体。因此，问题不在于有越来越多的老师去教授，而在于老师自己要拥有能力和智慧，这样他才能参与不同的学科。毕竟，这并不是十分困难的，假如你足够智慧，那么你就可以不单单只是教授数学，还能胜任历史学科。然而，老师、父母、社会，他们全都不是智慧的。我们并非真的热爱我们的孩子，如果是的话，就会考虑到许多方面了——照顾他们的饮食、老师的种类、学校的种类——我们全都关注于更大的问题。假若被教育者需要武装起来，当律师或警察——这些全都是破坏、毁灭之路——那么教育的意义何在呢？他们会成为让战争永续的人。

所以，我们实际上是在教育孩子去死亡。因此必须解决这个问题，但不是仅仅停留在口头层面，不是光由我指出要如何做，如何运营一所只有少数老师的学校。这是作为父母的你的问题，不幸的是你对此并无兴趣。因此，老师——低收入、漫不经心、缺乏智慧——在社会里的责任最为重大。你之前听到过这一切，但你从不曾对此做些什么，因为你实际上对你的孩子没有兴趣，你实际上也不关心孩子的自由的问题。所以，除非作为家长的你担负起责任，把这些问题都给解决，否则，没有任何政府会为你来解决它们的。政府只会去限定孩子，让他们越来越有效率，以便去经营工业或者参军入伍。因此，问题并不在于如何实现一所小学校里只有几个老师，而在于怎样在我们的关系里带来智慧，这种智慧不是局限的、惧怕的，而是变革的、具有创造力的。

问：思想难道不先需要做言语层面的准备，尔后才能实现直接的认知吗？

克：什么是思想？请好好思考一下这个。聆听，探明思想是否能够直接地认识真理。这位提问者希望知道，为了认识真理，思想是否不应该做言语层面的准备去认识语词。也就是说，思想难道不需要做言语上的准备，然后才能直接认知吗？

认知、直接的认知，是由意识带来的吗？是由意识本身带来的吗？我们必须弄清楚何谓意识。意识就是记忆，对于你从孩提时起学到的一切的记忆，对一切限定、信仰、教义、经验的记忆，对恐惧、希望、憧憬的记忆，难道不是吗？也就是说，意识即思想，对吗？没有思想就不会有意识，思想是以过去为基础的——过去即记忆，过去即时间，过去即经历。要想表达这一切的经历、记忆，你需要有语词去交流、传达。因此，语词、记忆、经历、时间就是意识，而意识从本质上来讲就是思想——思想是建立在记忆之上的，痛苦和欢愉的记忆，一个野心勃勃，寻求权力、地位、名望，利用他人的心灵怀有的记忆，这便是我们拥有的意识。现在你声称我必须带着这样的意识去认知，你询问说，为了洞察真理，我是否不应该做言语上的准备。

我们所说的言语上的准备是指什么意思呢？学习新的词语，学习限定、定义、结论的意义，学习新的权威以取代旧的权威、传统吗？有些言语上的准备是必需的，对吗？——不是结论，不是定义，而是理解语词的涵义，否则你我将无法交流。我想要告诉你些什么，你希望告诉我些什么，我从我所受的限定、我所怀有的结论、传统出发去对你所说的进行解释，于是也就无法实现交流，不管是你跟我还是我跟你。但倘若我准备抛掉我抱持的全部结论，聆听你所使用的语词，那么我就不会仅仅囿于语词，而是会去超越，懂得背后的全部内容。这样的洞见需要考量，需要警觉和机敏。因此，一个仅仅为思想、语词、记忆所困的心灵，永远无法认识真理，它不是宁静的。经由你那些荒谬的冥想、强迫、抵制而被人为地安静下来的心灵，并不是静寂的，而是死寂的。然而，真正宁静的心灵是相当活跃的、鲜活的、强有力的——不是特别朝向某个事物。唯有这样的心灵才在言语上是自由的——摆脱了经验，摆脱了知识。这样的心灵能够认识真理，这样的心灵拥有超越时间的直接的感知。

只有当心灵认识了时间的过程，才能迈入静寂，而这需要警觉，不是吗？这样的心灵难道不应该是自由的吗，不是摆脱某个事物，而是自由。我们只知道摆脱某个事物，一个摆脱某事物的心灵并不是自由的，这样的自由即摆脱某物，不过是一种反应，并非自由。一个寻求自由的心灵，从不曾获得自由。可一旦心灵按照事实的本来面目去认识它，不去解释，不去谴责，不去评判，就会迎来自由。这样的心灵如赤子般纯真，无论它是活了一百天还是一百年，经历过种种。它之所以纯真，因为它是自由的，不是摆脱某个事物，而是自由就在它里面。唯有这样的心灵，才能认识那超越了时间的真理。

问：许多书本和老师都倡导的"爱上帝"是指什么意思？

克：我想知道，假如你没有任何书本、老师的话会发生什么，你会变得无知吗？若你能够去引经据典，去做比较，你就摆脱无知了吗？很显然，当意识即思想被某个结论所困，它就不再起作用了，当它围于某个释义，它便不再活跃。

你想知道什么是爱上帝，正如那些书本和老师所倡导的。现在，假设你并无任何倡导，那么你还会希望懂得何谓爱吗？——不是爱上帝，因为对我们来说，爱上帝便是恨人类。先生，你在笑，但这却是事实。如果你真的热爱上帝和人类，你就不会有这一切荒谬的宗教、无数的仪式和庙宇了，这不是爱上帝。你并不知道什么是爱，所以你便去崇拜上帝，你进献鲜花，你献祭牺牲，你崇拜由双手或脑子制造出来的雕像，你把这个称作为爱上帝。但这并不是爱，这是恐惧。祈求此生或来世的成功，这是平庸的标志。然而，爱上帝便是去爱人类，起点是对人类的爱。由于我们并不懂得这个，所以便去求助于某个被称作为上帝的神秘之物，试图去探明什么是爱。你将永远无法探明，因为你并不爱你的邻居，你不知道何谓爱，你并不爱你的孩子。爱显然应该从近处开始，而不是在远处。对我们大多数人来讲，困难在于我们在思考层面太强调智力、言语、太受限定，但我们却将这个称作为智识。

我们一直都在培养、发展头脑，但却从不曾思考过心灵，我们用语词把脑子塞满，我们试图用"爱"这一字眼去填满心灵。因此，很明显，要想懂得什么是爱——不单单是指热爱男人、女人、孩子，而是超越所有这一切——那么我们就得从近处着手，对吗？假如我并不认识自己，认识我的思想、心灵，那么我如何能够认识那一极为复杂、不同寻常、神秘的事物呢？我们寻求着神秘的事物，赋予它各种各样的意义。假若我们能够认识自身的神秘，就会发现它将通往生活里最惊人的神秘之一，通往最大的神秘，那便是神、真理。然而，真理、神并不属于意识的范畴。一旦我认识了自己，一旦我的心中不再有仇恨，不再有恐惧，就将迎来真理和神。只有当我停止了仇恨，不把仇恨转变为爱，心灵才能挣脱仇恨和恐惧。唯有这样，它才会懂得什么是爱——并不仅仅是感官上的性爱。但这种行为意味着认识自我以及展开心灵的禅修。

心灵的禅修将会开启智慧之门。但要想展开冥想，你就需要从根本上认识冥思者——也就是你、思考者。所以，必须在你所有的讲话、动机、话语、关系里认识你自己，时时刻刻认识你的样子。这便是冥想，这便是冥想的开始。假如不这样的话，那么无论你做什么——专注、超越、使各种各样的把戏——这些都不是冥想，而是逃避现实，只会走向幻觉。所以，冥想的开始便是认识自我，而这就是智慧。

1953 年 12 月 20 日

在马德拉斯的第七场演说

我认为，身处于这个被划分了天主教教徒、共产主义者、资本主义者、社会主义分子的世界，这个被划分了东方和西方的世界，我们大多数人一定都甚为担忧。在这样一个充满了界分的世界里，对那些思虑良多的人们来说，他们严重关切的，必定是"该怎么做以及什么才是正确的行动"。重要的不在于该怎么做，而是怎样去对整个问题展开思考。

在我看来，探明该怎么做十分的重要，因为，"该怎么做"的问题显然源自于遵循某种行动路径的渴望。该怎么做，其涵义难道不就是："告诉我方法。置身于一个像这样混乱世界中，这里有基督徒、印度教教徒、佛教徒、穆斯林、共产主义者，每一个都怀有某种理念、意识形态、乌托邦、信仰、教义，请给我指明行动的方向。"我们每个人都属于其中某个群体抑或是其他的群体，我们以为，假如去遵循自己的那套体系方法，就能够影响世界，带来澄明，带来个体与集体的幸福和安宁。所以，我们大部分人关心的，便是去遵循某种体系以及源于该体系的行动。于是我们询问："一个人该如何做呢？"那么，问题是否是：该做些什么？请保持一点耐心，让我们一起去思考这个问题，因为我给出的建议可能是完全不同的。如果你没有投以极大的注意力，充分地、细心地去理解，就会漏掉，就会询问一些与主题无关的问题。

首先应该树立"我们"的意识，树立共同感，"这是我们的世界，而不是基督徒的、印度教教徒的、佛教徒的、共产主义者的，这是我们的世界，你和我的世界"，而不是去想"该做些什么"，对吗？你明白没有？我们并不怀有这样的感觉。我们是印度教教徒，我们渴望印度教的世界；抑或我们是穆斯林，渴望一个穆斯林的世界；又或者是共产主义分子，渴望一个共产主义的世界；或者是基督徒，渴望基督教的世界——每个人都希望建立一个符合他的主义的世界。但没有人从"它是我们的世界"这一观点出发去考虑，是你我共同建造的事物，建立它是你我的责任。认为"它是我们的"，这就像你走进自己的房子时会产生的感觉一样——爱护感，对土地以及相关的一切的热爱，当某个事物属于你，当你去滋养它、照料它的时候所怀有的非凡感觉，你渴望去保护它、指引它、帮助它。上述所有这些感觉你全都没有，你有的只是理念、体系、哲学，你希望生活的世界符合你所怀有的这一切。你没有感到它是我们的世界，你我将携手去建造它，不是作为基督徒、印度教教徒、共产主义者、社会主义者，而是作为两个人类。

　　这是一个格外复杂的问题，需要发展彼此的智慧去应对它。当我们询问说"我该怎么做"的时候，就彻底否定掉了这一切。感觉它是我们的世界，这是一种非凡的感受，这不是情绪化的、多愁善感的感觉，而是真实的感觉，是你对自己花园里的一株树木，对你的宠物、小猫小狗，对人怀有的感觉。当你把某个东西视为你自己的，想一想你会给予它多少的呵护与照顾啊！我们并没有去培养这种认为它是我们的非凡感受——我们的世界、我们的地球、我们的田野、芒果树、土地的肥沃富饶——而是去诉诸理念、体系，进而指望着创造一个不同的世界。今天，重要的不是如何运营世界这类技术上的问题，这是非常简单的，因为我们已经有了所有的机器、科学、信息以及关于如何运用它们的知识。但只要世界是分裂的——基督徒、印度教教徒、共产主义者、社会主义者、东方、西方——那么我们就永远无法解决这个问题。因此，在我看来，最重要的事情并不是该做些什么，而是怀有如下感觉："这是我们的世界、我们的地球、我们的花园。"从这种必不可少的非凡感受出发，我们就能够讨论该做什么了，尔后我认为就不会出现"该做什么"的问题了。

所以，今晚我想讨论如下的问题："是什么妨碍了这种当我们认为它是我们的世界时会产生的非凡而充实的感觉、这种充实的自由？"文化只有一种，形式或许多变，表现可能不同。但只有一种感觉，是它创造了事物，尽管它可能表现为不同的方式，表现为东方或西方。但如果没有这种感觉，没有感觉这个世界是你我共同去建立的，那么我们就无法成功地创造一个不同的世界。在这个世界里，虽然可能会有不平等，但不会再有心理上的身份的差别。假如可以的话，这就是今晚我想要讨论的内容。

问题是这样子的：是什么使得我们无法充分地感觉到这个世界是我们的，无法充分感觉到活在一个如此富饶、多产的世界，一个不属于某些贪婪的资本家或律师，也不处于某些委员权力之下的世界里是多么地幸福？是什么妨碍了这个呢？这是你我应该去探究的，看一看我们是否无法把障碍物给去除掉，不是暂时的，而是从根本上去除。

在我们所有的文化当中，无论是东方文化还是西方文化，最困难的事情之一便是对待生活的心态。我们全都是追随者，我们去追随、遵从，结果便制造出了一个等级森严的世界。尽管你们全都是各种各样的等级制度的拥护者，但请仔细聆听我将要讲的内容，不要只是把它抛到一边说："这是他最讨厌的东西之一，这是最复杂的，是一种限定。"我们不是在讨论不平等，因为世界本就是不平等的。你的脑子比我的好使，你在许多方面与我是天壤之别，你天赋异禀而我则没有。在我之下，依然有许多不平等的人，他们没有我这样的天赋、能力、智慧。所以，根本就不存在所谓的平等，这是你我必须要去接受的一个事实，而不是将其置于一旁。你或许把你的能力发展到了某种惊人的极致，我或许能力极少，我不知道该如何是好。试图在这方面带来平等是没有意义的，但我们可以用完全不同的方式来对待不平等的问题，当我们不再去比较，当我不再拿自己跟你或他人做比较，就不会再有不平等了。

我们必须要接受不平等的事实，然而，破除掉等级化的生活观念却重要得多——高等、低等，大师、上师、权威崇拜，或者是崇拜商羯罗，或者是崇拜任何其他的领袖——消除掉这种接受、遵从的意识。遵从便是我们知道的全部，不是吗？——"告诉我该怎么做，我将努力去做。"你怀有无数圣人、救主的榜样，你模仿他们，努力去追随他们。正是在这种追随的态度里，你确立起了权威。这种等级化的生活观念，这种权威的合理化，这种评估，便是导致世界上一切界分的最根本的原因之一。除非我们真正去处理这个问题，不去接受它，而是认识它，理解它的涵义，在我们自己身上，在我们的内心深入地探究它，否则我们不可能建立起一个新的世界。它不会是我们的世界，不会是你我的世界，它将会是其他人依照他所怀有的理念、体系建立起来的世界。我们谈论的是根本的变革，而不是仅仅用另外一种事物去替代权威。

因此，只要有权威存在，心理上高等、低等的权威，就会有知晓的人与不知晓的人，不知晓的会去追随知晓者以便获得安全，这就是为什么我们会去追随他人的缘故。我们所有的权威体系都是基于心理上的、精神上的、内心的遵从。我所谈论的不是一个懂得如何修建大桥的工程师，他只是工程师，我把他当作工程师、当作一种职业去对待，但我在心理上不会去追随他。可一旦我在心理层面确立起了权威主义的价值观，确立起了等级观念，用这样的观念去看待人，我们便无法带来一个新的世界。它将会是最具破坏性的世界，就跟从前的世界一样，战火不断，界分无数，它不是我们的世界——你和我的世界。因此，你的问题、我们的问题便是去讨论这个，去探明其中的真理，把它从我们内心彻底地、完全地根除掉。我们为什么要去追随某个将会指引我们走向真理的上师、大师呢？我们追随他的原因很明显，那就是他将有助于我们去实现——实现、通过便是方法——他将给予的、指明的东西，他将引导我们实现的便是安全、幸福、保护、确定。这就是我们关心的全部，我们把这个叫作确定、幸福、神、真理抑或其他的名字。然而从本质上来说，我们渴望的是心理上的安全感，我们追随的便是这种渴望。于是我们确立起了崇尚权威的价值观念，确立起了大师、门徒，我们相信会渐渐地迈入大师的境界。然而在这种欲望的背后是对于确定的巨大渴望，这是当你去追随，寻求确定、成功的时候一种心理上的事实情形，就像你在工厂或学校里头去追随你的老板一样，你十分清楚自己为什么会这么干，你可能根本不赞同他，但你希望经济上或者心理上的安全。所以，追随在我们的思想里建立起了一种等级制度——社会的、精神的、情感的，我们建立起了这个。观察一下你跟你的仆人说话的方式，观察一下你接近你的老板的方式，心理上的，抑或相反，你会用紧握的双手或者献上花环。然而对仆人你用的却是特殊的语言，你会拳打脚踢。你谈论友爱之情，这很虚伪，因为你心理上渴望安全，那就是你最终将会成为一名大师，将会到达其他人没有的水平，在这里面你得到了很好的保护、确定。于是你便制造出了一个权威的世界，所有宗教都是建立在这之上的，不是吗？所有宣扬兄弟友爱的团体都追随大师，他们从本质上来说是崇尚权威主义的。

那些心怀忧虑的人会产生如下问题——不是如何才能不怀有任何权威去生活，而是为什么心灵会制造出权威，以及它能否将其抛掉。请稍稍再仔细想一想。我追随权威，我的上师、我的法律，不管它是什么，这些都是我的权威。我抱持一种等级制度的观念："你距离大师更近，我要追随你、牧师、主教。"不单单有经济上的界分，还有精神上的。我意识到了权威的荒谬，意识到追随权威不具有精神性，我意识到它是低俗的、物质的，尽管以"友爱"、"爱"等精神性很强的字眼做幌子，但这一切全都是胡言乱语。我想要摆脱它，一旦我认识到追随权威的时候就无法拥有智慧，那么我便摆脱它了，于是也就会停止去追随权威。尔后，通过行动，我想要向自己证明我已经停止了追随。我离开社会，抑或我对自己说我不应该去追随他人，不应该追随任何精神领袖，虽然经济上我可能不得不略微痛苦地去遵从某人。对我来讲，将不会再有任何宗教领袖，因为这一切毫无意义。认识到这个尤为重要。

遵从他人——上师、传统、理想——是你能够做的最具破坏力的事情，因为，尔后你通过比较将会破坏掉你自己的智慧、自由以及对真理的探明。当你把自己跟他人进行比较的时候，你想要变得跟他一样，跟他一样拥有权力、地位、名望、资助。你不断地渴望变得更好、更好，永无止境。所以，你并没有真正认识你自己。理想同样也会制造出等级制度——一个人距离更近，另一个则没有。因此，如果我非常认真地去努力，那么我就会理解生活的全部了。我不去追随他人，但我希望证明给自己说我已经停止了追随，这就是我们关注的。我追随，然后停止追随，然后希望确定自己已经不再这么做——我的行动便是去表明这个，我不再做任何仪式，因为这是传统，这是建立在等级和模仿之上的。权威主义的评判、价值观念是模仿、复制、比较。为了向自己证明我已经不再用权威主义去衡量、判断事物，我将通过行动去弄清楚我是否已经停止这么做了。我将放弃那些仪式，我将离开大师，我将退出某个团体。因为，经由行动，我向自己证明了我已经不再如此，这便是事实情形。你们懂了没有？对我来说，行动就是证明，证明我对于我所信仰的无比诚恳，不是吗？

我相信等级制度，用等级化的价值观念去评判，这是最愚蠢的一种接受、遵从的方式。我希望向自己证明这个，我认为我应该去做些什么，于是我便做了那些事情——这些事情表明我是个在思想、看法方面很诚实的人，因为我已经用我的行动说明了这个。我可能会为此丢了工作，但我觉得我非常诚实，原因是我遵从了我认为正确的东西。但倘若你去探究一下该行为——你希望通过该行为探明你究竟是否已经放弃了等级原则——将发现，这么做你其实是在寻求确定，确定说你在做对的事情。你们明白没有？我之所以追随是为了获得确定，为了确定我在做对的事情，没有把我的生活弄得一团糟，这就是为什么我要去追随他人的原因。如今我意识到了这里面的荒谬，不再去追随，然而，通过该行为，通过不去追随，我希望确定说我在做对的事情。因此我压根儿就没有改变，我改变的只是我的外衣，我过去习惯去追随，但我现在已经不去追随了，然而，内在的"我"依然没有改变，因为我希望确定说，不去追随我将会变得更好。所以，尽管我抛弃了权威，但却制造出了另外形式的权威。因此，我们关心的是那个能够证明我是诚实的行为，而诚实则代表了确定，你们应该懂得心灵是如何欺骗它自己的。

　　我曾经追随他人，我放弃了一些东西，这是精神导师要求的，我已经不再去追随。现在，我希望通过做某些事情证明给自己看，我没有再追随了——这背后的事实是，我依然想要确定我在做对的事情。先生们，你们明白我所说的没有？你追随过，然后你意识到追随的本质其实是错误的、非精神性的、破碎的，不会带领你达至任何地方。于是你对自己说："我最好聆听这个人的演讲，他受人尊敬，等等等等……所以我最好十分确定我已经停止了追随，通过这么做，我向自己证明了我没有去追随他人。"因此你关心的是那能够表明你的诚实的行动，而诚实便是确定。你们懂了吗？

　　你之所以追随是为了获得确定感，你放弃追随也是在得到确定，结果你根本就没有改变，你只是玩了个花招，心灵对你使了伎俩。如果心灵寻求确定，它就会制造幻觉。可只有当心灵想要创造新的世界而不是幻觉，才能迎来根本的变革。

你曾经追随，你制造过幻觉，还有等级制度。假若你去追随他人，你便无法做你自己，你去追随别人，就不会认识自我。追随他人，不管对方是多么的崇高、睿智，你都无法认识你自己的思想的运作，而没有认识自我就不可能有智慧。因此，只要渴望获得确定，心灵就会制造幻觉。现在，我们关注的是制造幻觉的力量，行动由此而生。要想实现根本的、深刻的变革，就必须停止这种制造幻觉的力量，这实际上意味着必须不再渴望获得确定——即心理上对于安全、确定、鼓励的需求。

所以，假如你声称追随他人，然后停止这么做，经由这个，你的心灵依然渴望确定，那么你该怎么办呢？是心灵渴望通过行动向自己证明说在做对的事情，这便是我们知道的全部，不是吗？这便是我们全部的生活。行动将会证明我是诚实的、我是体面的、我是这个样子的。然而，你的行动的证明是出于这种幻觉，是因为渴望获得确定的心灵在做着逃避。

如果你到目前为止一直都在追随别人，那么接下来重要的事情便是，不要向你自己证明你已经停止了那些丑陋的、权威主义的评判观念，抑或是弄明白你是否在追随，而是去探明你是不是将问题给彻底根除掉了——也就是，只要心灵追随着它自己的理想，追随它对于确定感的渴望、它自身的欲望，那么它就会制造出幻觉，而我们关心的就是把这种制造幻觉的能力给去除掉。你或许会说："这场冗长而复杂的演讲跟行动有啥关系呢？我想知道该怎么做，你告诉我的全是冗长无聊的废话。"但如果没有这冗长无聊的废话，你的行动就将走向混乱，就像它现在所做的一样。因此，重要的是去认识追随的荒谬性，停止这么做，不去想着通过行动向自己证明你没有在追随。当你想要用行动去说服我们的时候，我们希望行动是源于已知。我们没有任何源于未知的行动，而只有源于未知的行动才能带来解放，才具有创造力，而不是源于已知的行动，即声称"我已经停止了追随，我将向我自己指出这个"。你可以一边很真诚，一边仍然为幻觉所困，你可以向自己证明你在做对的事情，但做对的事情却是出自于幻觉。

所以，因自由、因摆脱了一切权威而产生的行动才具有创造力。我们一起来建立，尔后你和我就能声称我们不怀有任何精神的权威，就能建立一个属于你我的世界。你不是我的精神领袖，在压力之下，你或许能够略懂数学，能够修建房屋、建造桥梁，但你在精神上并非我的权威，而我也不去追随你。于是，你我就可以携手去探明怎样建立这个世界了，因为它是我们的世界。唯有挣脱了一切权威的心灵，才能实现这个。由于我们一直都受着错误的教育，由于我们一直深深地围于权威，因此我们以为自由会在终点到来。所以，重要的是去认识意识的过程——它的种种思维的方式，它是如何制造出幻觉的，而非这些幻觉都是些什么——认识到，只要心灵渴望确定，那么它就一定会制造出幻觉。这种确定感导致了追随者和领袖，当你有了这种追随者跟领袖的关系，你就会建立这样一个世界，身处其中你不会感觉说这是你和我的世界，是我们的世界，不会有这种感觉。而是会有委员、战争贩子、资本家、剥削者——精神上的或者其他领域的。假如你希望认识这整个的过程，就必须对行动的问题展开探究。

或许你们听了这场演讲之后会提出一些问题。如果没有的话，我这里有一些已经写好的提问。

问：有相当多的人都倾向于认为他人要比自己更有智慧，所以他们才去追随别人。

克：先生们，什么是智慧呢？智慧存在于比较之中吗？如果你花上一分钟去思考一下这个问题，就会领悟的。当学校里的教师把一个孩子跟另外一个孩子进行比较的时候，通过比较他会让这个孩子变得更聪明吗？还是说，拿这个孩子跟某个更聪明的孩子进行比较，反而会把他给毁了呢？先生们，你们明白没有？把一个孩子跟另一个孩子做比较，把一个人跟另一个人做比较，你难道不会把他毁掉吗？当你拿自己跟他人做比较，当你拿大师跟学生做比较，通过这一切丑陋、可怕的做法，你难道不会毁灭自己吗？毁灭是智慧吗？那么，什么是智慧呢？智慧是指，当你不去做比较的时候你所处的一种状态。一旦你认识了你的样子，就不会真的拿自己跟别人比了。然而，在一所传播所谓教育的学校里——在那里，我们每个人被教育长大，在那里，我们一直都受着限定——我们总是在比来比去，结果我们也就通过我们谈话的方式把那个叫做智慧的东西给破坏掉了。当你去比较你的孩子——拿年长的跟年幼的做比较——你希望年幼的去工作、模仿、努力、提高，希望他跟年长的一样优秀。这实际上意味着年幼的根本不重要，你对于年长的应当如何怀有你自己的一套看法，你在把年幼的孩子往那个模式里去推。你把这个称为教育，称为智慧！

所以，要想迎来根本的变革，就必须停止比较。很明显，我们是人类，先生们，你和我一样优秀。我们是人类，痛苦、挣扎、努力、认知，你不是我的大师，我也不是你的追随者。若想创造一个新的世界，我们就得用完全不同的视角去思考这一切，而只有当我不去比较的时候，才能彻底改变我的思考方式。我就是我真实的模样，我希望认识我的本来面目。我可能是最严重的白痴，我想要认识我自己，原因是，在这种白痴的状态中，或许会出现非凡的事物。但倘若我去遮掩，那么我就会余生一直都是个白痴。

因此，先生们，要想迎来根本的改变，就必须展开彻底的、根本的思考。而思考不会由单纯的行动产生，行动不能证明思想的完整。当你认识了自己的真实模样，不管它是什么样子的，就可以实现思想的完整了。假如你去比较、评判、兜圈子，那么你便无法认识你自己。按照事物的本来面目去看待它们，这是最重要的事情。所以，一个自由的心灵将不会制造任何的幻觉。

问："一个世界"的理念难道不是乌托邦吗？

克：我并没有谈论一个世界，我说的是属于我们的世界，这不是乌托邦。你可以把它变成你去实践的乌托邦、理想，变成毫无意义的荒唐之言，去逃避"它是我们的世界"这一真实事实。你和我生活在这个世界，可我们并不懂得怎样和谐共处。我认为，只有当我们不再有领袖、追随者，才能让世界成为我们共同拥有的。

问：如果我们放弃了权威，那么我们要为什么而活呢？放弃权威，会有其他形式的安全吗？

克：这恰好就是我今晚一直在谈论的问题。一个追随安全、渴望获得安全的心灵会制造出权威，制造出等级制度，这是我们当前社会的毒药，这一点十分清楚。重要的不在于放弃，而在于渴望获得确定。我想要得到确定，确定说我在依照《薄伽梵歌》、依照大师、依照斯大林、依照其他某个人的观点正确地生活着。我希望过正确的生活，因此我询问你，询问那些隐居深山的大师们，询问身边的上师。所以，在我渴望确定、安全的那一刻，我就已经制造出了权威。它是心灵能够制造出来的最严重的幻觉，因为它摧毁了自由，继而毁掉了创造力。

先生们，你们当中有多少人真正摆脱了模仿呢？你们全都对《薄伽梵歌》熟谙于心，但却对自己一无所知，抑或，假如你了解你自己，那么这种认知也是源自于商羯罗。先生们，你们生存于世，你们全都渴望某种高尚的生活——也就是复制、模仿、重复，这便是我们所谓的高尚生活。可你从不曾凭借自己的力量去探明你是什么样子的，从不曾发现真理。你或许会说你是个伟大的灵魂、梵我，就像商羯罗或佛陀主张的那样——这是一派胡言，因为，重复是荒谬的、错误的。即使商羯罗或佛陀这么说过，你也必须时时刻刻通过每日的探明去发现这一真理。

问：什么是自发的行动？

克：还不是讨论这个的时候。我们讨论的是自发的心灵，它里面没有任何权威，没有任何安全感。我现在不会回答这个问题。

问：假如每个人都考虑自己的解放，何来感觉到"我们"的问题呢？

克：你个人自由吗？你受着局限，你不是自由的人。但要想认识你所受的限定，充分地认识它，需要展开大量的工作，不是吗？自由不是你可以轻轻松松购买到的东西。你不知道何谓自由，当你谈论自由的时候，你以为你必须依照我或依照某种模式、某种观念才能获得自由，这一切并非自由。自由的涵义截然不同，它指的是自由就蕴含在它本身。有这样一种状态，那便是，自由就蕴含在本身，而不是源于其他某个事物，这就是我一直在谈论的。自由，不是去摆脱权威、等级制度，原因是你已经把权威连根拔起了，于是自然就会有所行动了。切除掉权威就会带来行动，而无需展开某个行动去证明你已经摆脱了权威。一旦你真正认识了自己，就不会渴望名声、权力、地位、资助，不会再想到自身的解放，因为你已经获得了自由。

问：能否告诉我们您自己是否体验过自由的状态呢？

克：先生们，你们为什么希望知道这个？请仔细听好，不要发笑，我不会给出一个聪明的回答。你十分清楚地看到了思想是如何运作的。这场演讲无法进行讨论，讨论结束了，明天将会是系列演讲的最后一天。这位先生想要知道我是否直接体验过那种自由，请务必认识到该问题的重要性及其涵义。当我说"凭借你自己的力量去探明"，这是在确定权威吗？当我这么主张的时候，是在确立权威吗？假如你去追随，它就会是权威。但我说"靠你自己去发现，不要去追随别人"，这么说便是在把权威连根拔起。我们为什么要问这样的问题呢？

这位先生认为不应该遵从我的观点，那么，我所说的话里面有哪些你应当去遵从的呢？我向你指出，如果你思考一下这场演说，思考一下你自己的意识的运作，就会发现它是如何欺骗的，如何在它实际上并未停止的时候觉得自己已经停止了，如何制造幻觉的。我没有告诉过你该怎么做，所以你不是在追随，我只是指出你自己的意识的运作方式。我对你说过多次不要去追随任何人，包括我自己在内，追随他人，包括追随我，是生活里最能带来破坏和衰退的因素。但不要滥用了。

弄清楚这位绅士为什么会说"我们不会去追随"，以及其他人为什么会问"您知道那种自由吗"，这将会十分的有趣。

问：声称"放弃权威"的人，其实执着于权威。

克：我担心你压根儿就没有明白我一直在讨论的内容。演讲之初我就向你指出是心灵制造出了权威，接受它或抵制它，而抵制它以及寻求证明，这是另外一种形式的权威。看待这个问题只有一种方法，那就是放弃权威，但无须确定说你已经停止了。我探究过思想是怎样运作的问题，这真的需要投以大量的注意力。这实际上是一种冥想的过程，不是强迫思想去关注，而是当你真的对那一重要的事物感兴趣的时候，自然就会投以注意了。

这是一个格外重要的问题，因为它是全世界都面临的，无论是政委还是工人、主教还是俗人。整个问题就在这里，不要把它置于一旁，这是我们要去处理的。要想认识它，你就得去思索它，就必须展开冥想。这是非常重要的，不是被接受或抵制，而是要求非凡的洞察。而只有当你认识了自身思想的运作，懂得了为什么心灵会制造权威，接受它或抵制它，以及这种抵制是怎样成了另外一种权威的，才能实现洞察。这就是我们一直在讨论的。把这一切当作一个整体去对待，这是格外重要的，不是因为你从属于某个团体抑或你有凌驾他人的能力。这是一个复杂的问题，需要你对其展开非常深入的思考，如果你依附于权威，你便无法深刻地思考。

1953 年 12 月 26 日

在马德拉斯的第八场演说

我以为，在过去的四周时间里我们一直都在讨论的是一个非常重要的问题，那便是，充分变革的途径——不是方法，不是体系，不是怎样带来彻底的转变，而是这样的状态的必要性。以下二者有着天壤之别：一个是方法或者如何让自我发生这样充分的革新，一个是认识到充分变革的重要性与必要性。方法、体系、方式都不会带来彻底的变革，因为方法意味着实践、重复、惯例，结果也会让心灵和思想变得平庸。但倘若一个人能够认识到必须得让自我发生充分的转变——不是局限于我们意识的某一个层面，不是经济的、社会的或环境的，而是心理上的彻底变革——倘若他能够懂得这种变革是何等的重要、必需与迫切，那么它就不是有意识的革新了，而是无意识的、自发的转变。这就是我们一直从不同角度、不同视点去探讨的问题。

今晚，假如可以的话，我希望讨论一下怎样才能让心灵变得鲜活、崭新，它不被过去谴责，不仅仅是时间过程的产物——如何带来这样的心灵，如何拥有一颗没有任何负担、完全纯净的赤子之心。这是必需的，因为所有的领袖——经济的、社会的、宗教的——都彻底失败了。理由是，我们依然战火纷飞，世界上依然到处都是惊人的灾难、饥饿、社会分裂，不断增长的失业人数以及人口爆炸，等等等等。我们每一个抱持着认真态度的人，都曾试图依照自己怀有的知识、经验、体系、方法，依照自己怀有的共产主义、社会主义、资本主义、天主教、印度教的理念去解决这些难题，但可惜并未成功。问题不在于我们没有充分、彻底、智慧、持续地去实践印度教、天主教抑或资本主义、共产主义的理念。因为，理念以及对理念的实践，会让心灵无法迎接新的挑战，而实践不过是一种不断的重复，会使心灵变得迟钝、平庸、狭小、琐屑，会导致对理念的追逐。所以，问题不在于理念，也不在于更好的体制，抑或去寻求更好的体制、更好的哲学、更好的领袖，追随、遵从权威会带来破坏与衰退。

要想应对所有这些问题，难道不需要有一颗鲜活的心灵吗？不是敞开的心灵，而是全新的心灵，能够办到吗？我不知道你们是否问过自己这个问题，我们总是询问如何应对问题，应当采用什么方法，应当实践什么理念、法子，却从不曾告诉自己说，我们必须拥有一颗崭新的心灵、彻底的赤子之心。原因是，唯有这样的心灵才能迎接问题，一个鲜活的没有喧嚣的心灵，一个能够不怀任何偏见去看待问题的心灵。所以，当我们对此展开探寻的时候，难道不应当研究一下什么是经验吗？原因在于，正是经验让心灵走向钝化的。也就是说，经验真的有助于迎接生活这一格外复杂的问题吗，就像我们知道的那样？假如我可以提建议的话，懂得怎样聆听十分重要。你显然是从经验出发去聆听的，你怀有各种结论，你怀有无数的经验，你有各种各样的磨难、痛苦、忧伤，你带着这样的背景去聆听，你带着结论去听，这是聆听吗？如果我带着一颗已经为意识形态、经验、特定知识所困的心灵去倾听你的观点——它或许是崭新的、不同的——那么这样的心灵会聆听吗？这或许便是我们的难题之一，因为我感觉，只要我们能够做到正确的聆听，就能打破心灵围于某种视角的局面了。所以，聆听是有艺术的，我认为这格外的重要，尤其是当我们要去应对那些摆在我们每个人面前的难题时。

各个领袖——经济的、社会的、精神的，等等等等——并没有解决我们的难题，也不会有任何领袖能够将其解决——没有哪位上师、大师可以办到——因为问题是由我们每个人制造出来的。唯一能够解决问题的人就是我们自己，而非他人，因为不应再有任何领袖。或许我们每个人将成为自己的领袖，我觉得，要想成为自身的领袖，抑或对自己来说便是实现觉知、解放，那么对经验这一问题展开探究便是格外重要的——也就是，探究一下我们的思想意识究竟是什么。思想是经验的结果，不单单是这几年的经验，还包括人类几个世纪以来的经验，全世界人类的经验，而非仅仅是这里的。经验的过程始终都在进行，毕竟，生活就是经历，活着就是经历，生活的影响一直都在上演，无论你意识到它还是没有意识到。当你沿街而行，当你遇见某个人，当你阅读、听音乐，当你凝望星辰或是夜色，当你讲话，当你哭泣，当你怀有探明的苦恼——这一切都意味着经历，是思想对这些影响的种种反应，难道不是吗？这便是经验，而经验是我们所受限定的结果，对吗？这一点十分简单。我依照我的背景去经历、去体验，背景要么是有意识的，要么是无意识的，是一切思想、经验、知识的残余物。毕竟，这就是我的意识、你的意识，它是经验的仓库，而经验不会对任何新的刺激、新的挑战做出反应，而是会根据自己的限定、背景去对新的挑战、新的需求进行解释。所以，新的挑战、新的需求、新的问题只会让背景进一步强化，而不会解放背景。我觉得这一点十分清楚，不是吗？

出现了某个挑战、某个问题，我，一个共产主义分子抑或其他类型的"主义者"，或者从属于某个团体，我依照我的限定、我的思维方式、我的生活方式、我所受的教育去迎接那一问题。所以，我根据我所受的教育和限定，根据我怀有的意识形态、信仰、教义去对那一问题或挑战做出解释，而不是问题或挑战让我的思想获得解放。于是，在解释的过程中，我的背景、我的限定得到了加强，而非削弱。因此，我心灵的限定、背景、局限、琐屑、狭隘、信仰得到了增强、强化，从不曾摆脱过经验的束缚。我觉得，认识到这一点格外的重要，因为我们渐渐说道："生活将会教会我们。"你拥有的经验越多，你就觉得自己越聪明，你阅读得越多，探寻得越多，实践得越多，你觉得自己得到的越多。

只要你真正更加深入地探究一下这个，就会发现，总是有这样一个在做着累积的实体。这个实体已经受着局限，所以它总是从旧的层面去解释、体验、运用每一个经历、每一个新的挑战、新的问题，结果便让自身不断地强化——因此，强化是一种时间的过程。毕竟，这就是我们所谓的时间，不是吗？不是钟表上的时间，而是思想的时间过程——我过去是，我现在是，我将来是。这便是整个时间的心理过程，在这个时间里，我们积累经验，我们的意识就是经验。现在，我们带着这样的思想意识去应对一切生活的难题。我希望我把自己的意思阐释清楚了。因为这是你我唯一拥有的思想意识，不管是较高层面的还是较低层面的。原因是，较高层面的意识依然是一种思想的过程，较高层面的意识是由思想发明出来的，而思想是时间、经历的产物，所以，高等的自我仍旧是在思想的领域之内，因此它无法迎接问题。尽管你可以展望它、祈求它、憧憬它，但高等的自我，这个被你视为高等实体的事物，依然处于时间的领域内，而时间即思想的过程。当你去观察自我，当心灵想要去解决问题，你仍然在制造时间的幻觉，并没有解决。所以，假如这一点很清楚的话，假如你真的投以关注，将会领悟到，一切经验只会让思想过程受到局限。

那么，一个时时在经历、体验的心灵，一个被经验所困的心灵，一个囿于传统、知识的心灵，这样的心灵能够是鲜活的吗？答案显然是否定的。心灵能否一方面保持鲜活、不受污染、纯真，一方面又怀有经验呢？不是怎样变得可能。没有经验你便无法生活，生活就是一种经历、体验的过程，没有经验，生活就不可能，要么经历、体验，要么死亡。能否怀有一颗这样的心灵呢，它一方面是鲜活的，一方面又不断在经历、体验？

请好好思考一下这个，这是个很重要的问题。因为，我一直谈论的变革就意味着拥有这样的心灵，它尽管在不停地经历、体验，但又不受经验的毒害，从而能够以新的姿态去迎接问题。

我在用希腊语谈话吗？我感觉我所说的跟你们在想的没有产生碰撞。先生们，看一看吧，我们生活的各个层面都有许多的难题——不是面包、黄油的问题，抑或战争的问题，而是关于生活的全部——不平等、残忍、死亡、战争、痛苦、仇恨、贪婪、敌对意识，生活意味着这一切。现在，我们总是带着受限的心灵去应对这一问题——作为印度教教徒、神智学者、天主教教徒、佛教徒、共产主义者，诸如此类。于是我们依照所受的限定去对问题进行解释，然后又根据那一解释展开行动，这样的行动只会进一步强化我们的局限，所以也就不会有任何的解放。所以，一个人难道不应该问问自己能否怀有一颗一方面不受污染、鲜活、纯真，一方面又带着无数经验去生活的心灵吗？

是什么让心灵受到污染、毒害的？这便是问题所在，是什么让心灵变得迟钝、愚蠢、囿于惯例常规、习性、传统？是什么让心灵退化、老去的？如果心灵能够保持鲜活，不走向衰退、腐烂，那么经验就无法污染它，虽然我们必须生活，虽然我们怀有经验。

是什么事物、什么方式、过程让心灵腐化的呢？让我们一起来思考一下这个，不要就只是听我告诉答案。假如你坐等他人来解答，指望着我马上就会展开讨论，假如你只是等着我来告诉你，你就会仅仅沦为一部机器人，永远等待着被告诉该做什么。被告知该做什么、该思考些什么——这正是一个走向衰退的心灵所处的状态。我们的教育，难道不正是"该做什么、该想什么"吗？我们所有的宗教都在告诉我们该做什么、该想什么，但却并没有带来解放，并没有探寻的创造力。因此，请不要坐等我来告诉你答案，而是让我们一同去探明。

是什么让心灵变得迟钝、麻木、衰退的呢？其中一个主要原因便是努力——不断努力去变成，努力做对的事情，努力想要取得成功，努力去认识，努力实践美德，努力遵循某个理念或理想。心灵永远都在做着各种努力，所以它从来不曾获得片刻的安宁或休憩。你去观察一下自己的心灵，它没有哪怕一刻是安静的，不是人为变得安静，而是本身的宁静。一个被迫或被训练着变得安静的心灵，其实是死寂的。律师总是不断努力想要当上法官，职员总是试图成为老板，学生努力想要成为大师，我们总是不停努力去变得如何如何，没有一刻是安于自己的本来面目的。这样的心灵，包括意识跟潜意识，就像是一部永无止息运作着的机器。心灵永远都处于运动之中，永远在前进、努力，努力获取，努力改变，努力认识，努力实现。当没有实现的时候，就会感到挫败、恼怒、停止不前，会发现抵制、障碍，会怀有野心，会期待成功，这便是我们的生活。一个永远都在努力的心灵，怎么可能是鲜活的呢？问题不在于这样的心灵如何才能变得鲜活，这样的心灵永远无法鲜活。但倘若它停止这种不断去努力的行为，受限的状态就会停止，心灵就将迎来鲜活。

毕竟，我们称作为"我"的事物，是一个积累经验的实体。这是那个永远在努力的实体吗？先生们，请认真思考一下这个，如果你真的在聆听，就会发现一个非凡之物，它将出现在真理的面前，"我"将会瓦解，于是便能够拥有鲜活的心灵，一个真正体验了真理的心灵，因此心灵本身便是真理。

毕竟，什么是"我"呢？这是努力的中心，是野心、欲望的中心，这就是那个永远都在"变成"的事物——我过去是，我现在是，我将来是——这就是中心，这就是那个让心灵走向腐败、迟钝、沉重、愚蠢、平庸的衰退性的因素。请你们就只是意识到如下事实：努力是导致衰退的核心因素，"我"努力想要变得如何如何，结果心灵从未有片刻获得过真正的安宁与静寂。静寂的心灵能够去体验，但又不会被污染、毒害。然而，一个在自身体验的过程中去获取、争取、努力、积累的心灵——

这样的心灵是衰退性的因素。就只是按照事物的本来面目去察看——不是按照我所描绘的，而是在你自己的内心真实发生的。

在过去的四周时间里，每天早上七点半，我们都有展开过讨论。但今天的演讲不是那一类的，我们在这里一同努力去探寻思想的过程。依然有无数的问题我还未触及。但如果一个人能够认识那破坏、腐化我们的心灵使其走向钝化和平庸的主要根源、主要因素，那么他就会发现，唯有静寂的心灵，一个不去变成的心灵、宁静的心灵，才能一边去经历、体验，一边不去积累。积累会带来衰退，必须认识的是积累这一要素，而非怎样祛除掉它。一旦你领悟到积累是一种破坏性的因素，心灵就会停止去积累，尔后便能真正迈入静寂以及去体验了。而这种体验不再是一种积累记忆以便用于进一步体验的过程。

若心灵实现了认知，懂得了有关"变成"、自在的真理，懂得了有关积累的真理——这样的心灵就会是静寂的，而唯有静寂的心灵才能一边去经历，一边又不会让自己走向腐化。于是，静寂的心灵就可以认识以及更加深入地探究那一非凡的状态——这一状态是意识、受制的心灵或者进行着积累的心灵无法触及和理解的。真理或神并不是可以被积累的——它只会是时时刻刻的。假如心灵不停地渴望变成，只知道不断地去变得如何如何，那么它永远都不会认识真理。

我认为，我来回答已经递交上来的一些问题或许会更好，而不是如昨天那样你们就我刚刚谈论的内容向我提问。但我实际上并不会回答它们，因为并无答案。

问：何谓慈悲之心？

克：先生们，正如我所言，今晚我不会回答听众提问，我只会回答已经递交上来的问题。就像我已经指出的那样，我并不打算去回答提问，因为并无答案，只有问题。你们明白没有？先生们，只有问题，没有答案。如果我能够彻底地、充分地认识问题，认识问题的内在本质，那么我便无须寻求答案了。提出问题是很容易的，但揭示问题以及探究问题的根源、认识它却是十分困难的事情，所以我不会给出回答。我们要做的是一起去对问题展开探寻，在这个过程中，你将洞悉关于问题的真理，而问题的真理将会让心灵摆脱问题的制约。但倘若你像个学童般坐等他人给出答案，你就会错过我们一直在谈论的内容。

问：我听您的演讲很长时间了。不停地重复着一些基本的观点，这已经让我的心灵变得迟钝和乏味。我还有希望获得解放吗？

克：这位提问者说他听演讲许久了，他的心灵已经因为我给出的一些基本观点而变得钝化、乏味。问题是，他究竟是否有在聆听呢？先生们，请仔细听好，这不是可以一笑了之的事情。这不是什么政治会谈，抑或娱乐、消遣的聚会，二十或四十分钟之后你需要娱乐一下，所以你便发笑。

问题是，他有在听吗？假如他听了一辈子，那么他自然会很疲倦，因为他一直都在依照他的背景、他的固恋、他的公式和经验去听，难道不是吗？他并没有在倾听。先生们，这便是为什么说恰当地、正确地倾听是一件惊人的事情。如果我懂得怎样聆听某个真理，某个正确的真实的事情，那么该事物就将成为带来解放的因素。心灵因为例行公事而变得迟钝，它如此急于去积累。你必须就只是亲切地聆听，不带任何观点。当你站在某个壮丽的风景之前，当你面对某个可爱的事物，若你的心灵聒噪不休抑或跟别人做着比较，那么你还能认识那一伟大之物吗？你的心灵忙着去比较，所以你无法实现认知。因此，如果你能够就只是去聆听，不做任何比较，那么这种聆听就将告诉你谈及的内容究竟是真理还是谬误。关于该问题的真理，将会让心灵无需任何努力就可以摆脱无数的重负。你并没有在聆听，你的心灵要么已经钝化了，要么已经不知道飘向了什么地方。

先生们，就只是去聆听，不单单聆听他人，还有聆听自己，聆听一切刺激，聆听一切无意识的需求、动机、追逐、欲望，察觉到它们，不做任何选择，这真的是一门伟大的艺术。这种没有选择的觉照，将会向你揭示出动机的真相，而这种真理将会带来创造力与自由。

问：怀有一颗满足的心，难道不比静寂的心更好吗？在这样的情况下，问题自己难道不就会消失不见了吗？

克：问题是什么，是拥有一颗满足的心还是静寂的心？问题难道不就是你的心灵并不满足，并不宁静，躁动不安、混乱不堪吗？由于混乱，于是你说道："我是应该怀有一颗满足的心还是静寂的心呢？"所以你又一次去追求心灵的满足，抑或说道："我的心灵如何才能安静下来呢？"先生们，当我认识了实相，自然就会获得满足了。重要的不是拥有一颗满足的心灵，而是去认识事物的本来面目，而非你希望它们具有的模样，认识实相。先生们，看一看吧，我心怀嫉妒，于是我的心灵努力想要变得不嫉妒，我以为，通过变得不嫉妒，我的心灵将会得到满足。假如我理解了嫉妒的全部涵义,理解了真实状态即实相——"我怀有嫉妒"——而不是去追逐那彻底虚幻、并不存在的理想，那么，伴随着这种认知，心灵就会得到满足。要想认识事物的本来面目，需要相当的觉察，这里面不做任何比较、评判、谴责——按照它的真实模样去看待它，而不是你希望它具有的样子，也不是与你对它的期待截然不同的样子。这需要非凡的洞察，通过这种洞察，心灵将迈入宁静，你可以把这个称作满足。一个满足的心灵是肤浅的，跟一头母牛的心灵无异。

静寂的心灵与满足的心灵完全不同，静寂的心灵是相当活跃的，但这种活跃并不是获取、征服、制造、积累、进步的活跃，这并非活跃，而是死寂、衰退、腐化。通过认识实相，认识我的本来面目，而不是我认为自己具有的模样，认识我的真实模样——嫉妒、焦虑、恐惧、努力，害怕我的邻居会说些什么，害怕我的不确定，害怕我的工作——心灵将会获得宁静。按照我的真实模样去认识自己，需要一种不做任何选择的觉照，这里面没有谴责，就只是去观察，不做任何歪曲，没有任何破坏。按照事物的本相去认识它，将会让心灵告别平庸，唯有一个真正实现了觉知的心灵，才能接受到那永恒之物。

问：我们从宗教典籍、精神领袖那里学到的关于禅修的知识，似乎与您对此的主张有着本质上的不同。您能否对此做一番探究呢？

克：先生们，让我们看一看何谓静修吧，因为这是一个非常重要的问题，假如我懂得如何静修，就能明白有关生活的问题了。从他人那里，从宗教典籍、老师或者教你静修的学校那里，我能够学会静修吗？请仔细听好。

静修之中包含的问题是什么呢？只有变成者，静修中有思想者与其思想。请通过我话语的描述来观察一下你自己的意识念想，不要就只是跟随我的话语，而是在聆听我观点的同时去观察你自己的思想的运作。静修的关键在于打坐者，但打坐者怀有许多的念想，各种想法和打坐者在追逐着"变成"。也就是说，我的静修是为了找到神，为了认知，为了培养美德，为了获得宁静，为了摆脱某些东西，希望在那一状态里身心处于一种唯有自在的感觉里。因此，当我们探寻有关禅修的问题时，问题的关键就是打坐者与"变成"。我们在静修中知道的便是思想者与思想，难道不是吗？这便是我们知道的全部——思想者试图改变他的想法，试图把他的思想推到更高的层面，让其不断往上爬升。那个在做着努力的人便是思想者、"我"，他在塑造、影响、控制、引导、渴望、压制思想，这便是你所谓的禅修。你怀有某个大师的形象、上师的画像，抑或是双手、脑子制造出来的形象，你聚精会神在它上面。于是便有了一个专注者以及他所专注的对象，这里面，思想者与思想是分开的。那么，这二者真的有界分吗？我们制造出了思想者与思想的界分，但思想者与思想真的是分开的吗？如果你拿走了思想，还会有思想者吗？先生们，假若你没有了任何思想，还有思想者存在吗？

思想制造出了思想者，因为思想是短暂的，于是我们声称思想者是永恒的。所以，寻求永恒的思想便制造出了思想者。尔后，思想者去支配、塑造思想，为了达至某个显然并非真理的地方。思想制造出了思想者，无论思想者是超灵还是某个高等的存在，不管是什么，思想制造出了它，若无思想便没有思想者。所以，懂得了其中的真理，就不会再去控制思想了，不会再有一个影响思想、将其推向各个方向或是某一个方向的实体存在了——存在的唯有思想。如果我指出了这个，如果认识到了这个，就已经是巨大的变革了，难道不是吗？因为不再有思想者去实际地体验、认识其中的真理，也就是，没有思想者存在。洞悉这里面的真理，这就是冥想的开始。假如没有认识这个，你就会仅仅去参加上师们的各种课程，各种高高低低的实验，这些全都是心灵的把戏。它们不是静修，不会带领你到达任何地方，它们全是幻觉。除非你认识了如下重要事实，即思想制造了思想者，没有思想就没有思想者，除非你体验了这个——不是口头层面，而是真正去体验，否则真理不会到来。当你展开了大量的冥想，真理便会到来——冥想便是思考、观察，不让思想玩弄把戏，洞悉数百年来思想在我们身上玩弄的伎俩，也就是让我们以为思想者与思想是完全不同的，思想者是某种神圣的、非凡的事物，完全处于时间之外。只要存在着思想之外的思想者，那么无论你做什么，你的冥想都只是幻觉，不会带领你到达任何地方，而是一种最具破坏力的因素。

所以，静修并非单单是指一动不动地坐着，控制你的思维念想，静修是截然不同的。如果没有认识自我，你便无法实现静定——自我便是思想是怎样运作的，而不是商羯罗或佛陀的本我——自我是你的思想意识，你必须懂得它是如何运作的。若没有认识这个，若你不知道怎样去打坐，那么一切冥思以及为克制付出的努力都将是徒劳，没有任何意义。因此，当只有思想存在，你便会领悟要点，尔后将会出现截然不同的问题。尔后，问题便是：思想的意义是什么？思考的意义为何？先生们，你们明白没有？思想之前具有意义，因为是它制造出了思想者，然后思想者出现了，他生活、工作、经历、获取、抗拒。然而当通过认识自我——不是阅读有关认识自我的书籍，而是在你的关系，你的言谈、神情、笑容中去观察你自己、认识你自己，观察你所知道的有关自我如何运作的一切知识——便会开启静修的大门。随着探究的展开，你必定会达至要点，即你将发现思想者和思想是一体的而不是分开的。尔后，当你到达了这一状态，思想的意义是什么呢？这只是对某种反应、刺激的回应，如果它仅仅是刺激你去思索，那么思想便是神。一旦没有了刺激，没有了询问、察看，思想便是静止的。假如只有思想存在，你就会懂得思想的意义了，由此会让心灵步入静寂。

　　静寂的心灵不是受制的，不存在一个控制者，没有一个人在控制思想，说道："我是安静的。"静寂的心灵没有体验者，因为一旦有了体验者，他就会去体验、积累，他与体验就是分开的。但如果你去观察，会发现我们所有人都希望让体验继续——"我想要体验真理"，"我想要体验神"。只要有一个位于思想之外的体验者，那么你将永远无法体验真理、神。所以，存在的唯有思想——没有思想者的思想。因此，心灵不再关心思考什么抑或什么才是正确的思考，它只是思索以及领悟思想的意义，于是也就不再有思想的持续，所以心灵便是静寂的。静寂的心灵没有在体验，因为体验者已经消失，有的只是一种存在状态，这里面没有体验者。所以，在这种静寂里，心灵不再去意识。我在运用所有这些词语，假若你迄今为止一直都在探究，那么你会立即懂得我所谈论的东西。

　　静寂的心灵富有创造力，而具有创造力的事物是不属于时间的，它超越了时间，它不属于任何国家、种族、个体，它是不受时间制约的，它是永恒的。如果心灵能够认识蕴含在它身上的永恒之物，认识这种静寂，那么心灵本身便是永恒。但倘若你没有认识这个起点即认识自我，所有这些就只会是纸上谈兵，只会流于口头层面。认识自我便是要每时每刻在我们的日常生活里去发现，若没有这个，即便你去到某个大师、上师那里，坐在他们脚边，你也只是在浪费时间罢了。认识自我将会开启智慧之门，当心灵去寻求，那富有创造力的事物——神、真理的创造力——不会到来，无法到来。心灵必须停止寻求，唯有这时，真理才会降临。

1953 年 12 月 27 日

PART 02

印度，1954 年

PART 02

在瓦拉纳西学校对学生发表的第一场演说，巴纳拉斯

我猜想你们大部分人都懂英语，对吗？即便不懂也没关系，你们的师长懂，或许之后你们可以请他们解释一下我所谈论的内容，不是吗？因为接下来的三到四周时间里我们将要讨论的问题十分重要，我们讨论的是何谓教育以及它的涵义，不是仅仅通过考试，而是受教育的全部意义。所以，在我们每一天讨论这个时候，假如你不理解我所说的，就请你的老师们仔细解释一下我谈的东西。此外，我讲完之后你们可能会问问题，由于这些讲话主要是针对学生的，所以如果年纪大的希望提问题的话，只可以提有助于学生理解的问题，能够进一步对问题做出解释的。假如他们提问是为了帮助学生，那么他们的问题就是有用的，而问的问题若是关于个人的，则对学生没有帮助。你难道不问问自己为什么你要受教育吗？你知道你为什么要受教育以及教育指的是什么吗？就像我们所知道的那样，教育便是去往学校，学习如何读写，通过考试，玩一些游戏。离开中学之后你会去念大学，在那里又辛苦地读上几个月或者几年，通过考试，谋到一份工作，然后你会把所学的东西忘得一干二净，这难道不就是我们所谓的教育吗？你明白我在谈论的东西没有？这就是我们所做的一切吗？假如你是女孩子，你会通过考试，取得学士或硕士学位，然后嫁人，围着锅台打转或者做些其他的，生儿育女，你花

了好多年获得的教育变得毫无用处。你知道怎么说英语，你有一点儿聪明，有一点儿整洁，这就是全部了，难道不是吗？而男孩子们则会去干技术活儿，或者当职员，或者在政府工作，这就完了，对吗？你意识到，我们所谓的生活不过是谋职、生养孩子、养家糊口，知道怎样读书识字，能够看报章杂志，能够讨论，能够聪明地谈论某些事情，这便是我们所说的教育，不是吗？你可曾留意过你自己的父母和长辈呢？他们通过考试，谋到一份工作，他们知道怎么读书写字，这就是我们所谓的教育的全部了吗？教育是极为不同的，难道不是吗？它不仅要帮助你在这世上找到一份工作，还应该帮助你去迎接、应对这个世界，对吗？你知道世界是怎样的，这世上到处都是竞争，你懂得竞争是什么意思——每个人都在为了自己的出人头地，努力想要得到最好的而把其他人推到一旁。这世上战火不断，阶级划分，彼此之间交战。这世上每个人都努力想谋到更好的工作，不停地往上爬。如果你是名小职员，你会试图获得更高的职位，结果你始终在与他人交战。你难道不曾注意过这些吗？假如你有了一部车子，你会渴望更大的。结果争斗不断在上演，不仅是跟我们自己交战，还包括跟我们的邻居。于是便会出现杀戮、摧毁人类的战争，就像最近那场战争一样，成千上万的人被杀死、负伤、致残。

我们的生活完全就是这种政治斗争。生活同时还是宗教，不对吗？我们所谓的宗教是指各类仪式，去往庙宇，穿上圣袍，嘴里念念有词，抑或去追随某个上师。生活还指害怕死亡，害怕活着，害怕人们会说些什么抑或不说什么，害怕不知该往哪儿去，害怕丢掉工作，害怕舆论，难道不是吗？所以生活是格外复杂的，对吗？你知道"复杂"一词指的是什么意思吗？它极其错综复杂，它绝非简单的东西，请你就只是去理解一下，它非常、非常困难，里面包含了许多。

因此，教育难道不就是让你能够去迎接所有这些问题吗？你必须受教育，如此一来才能正确地应对这一切。这便是何谓教育——不是单单通过一些你压根儿就不感兴趣的愚蠢科目的考试。正确的教育是帮助学生迎接、应对生活，这样他才能够去认识它，不会像我们大部分人那样对生活屈服抑或被压垮。人、观念、公众意见、国家、风土、谋食——这一切不停地把你推向某个社会希望你去往的方向。你的教育应该能够让你认识到这种压力，但不屈服于它，而是认识它，冲破它。唯有这样，作为个体的你、作为人类的你才能够具有极大的创造力，而不是仅仅从传统出发去思考，这才是真正的教育。

　　你知道，对我们大多数人而言，教育意味着学习该思考些什么。你的社会告诉你、你的父母告诉你、你的邻居告诉你、你的书本告诉你、你的老师告诉你该想些什么。我们把"想些什么"的机械化过程称为教育，而这样的教育只会让你变得机械化、迟钝、麻木、愚蠢、失去创造力。但倘若你懂得怎样去思考而不是该思考些什么，你就不会变得机械化、传统，而是活生生的人。你将会成为伟大的变革者——这里的变革并不是指为了得到更好的工作或者实践某种观念而去杀戮他人，不是这样愚蠢的涵义，而是指懂得如何正确的思考，这是非常重要的。然而当我们在学校里的时候，我们从不曾探明过所有这些事情。老师们自己也不知道，他们只是教你如何阅读或者读些什么，纠正你的英语或数学，这便是他们关心的全部。五年或十年之后，你被推进了你一无所知的生活之中。没有人对你谈过生活，抑或，假如他们谈过，也只是把你推向某些方向——要么是成为一个社会主义者、共产主义者、代表，要么是其他身份——但他们从来没有教育你或者帮助你去认识所有这些问题以及如何去思考它们，不是仅仅在求学时期的某一时刻，而是自始至终——这才是教育，对吗？毕竟，在这类学校里面我们应该去做的便是，不单单帮助你去通过那些愚蠢的考试，而且还要帮助你在走出学校的时候有能力去迎接生活。唯有这样你才能成为理性、智慧的人，而不是一部机器，不是印度教教徒、穆斯林、共产主义者或是其他这类身份。

重要的是你是如何受教育的，你是如何思考的。大部分老师都不知道怎样思考，他们仅仅是谋到一份工作，然后安定下来。他们有家庭，有各种焦虑，他们的爹妈会说："你必须循规蹈矩，你应该这么做，不该那么做。"他们有自己的问题和困难，他们把这一切留在了家里，然后去到学校，教授几节课程，但他们并不懂得如何思考，我们也不知道。很明显，在这类学校里，对你、对老师、对我们所有生活在这里的人来说，重要的是去思考有关生活的全部问题，去讨论、探明、研究、询问，这样我们的心灵才能变得格外机敏、警觉，才不会仅仅去追随别人。你是否明白我所说的呢？这难道就是教育的全部吗？教育不是仅仅持续到21岁就完了，而是应当贯穿人的一生直到你死去。生活就像是条河流，它从不曾静止，而是始终在奔腾，始终活跃着、充实着。当我们以为已经认识了河流的某一部分并且执着于此的时候，它就只是一条死寂的河流，不是吗？因为，河流是不断流逝而过的。观察一下这条河流的全部运动，观察一下河流上发生的一切，认识它，直面它——这便是生活，我们全都必须对它做好准备。

　　所以，教育实际上并非仅仅指通过某些考试，而是能够去思考所有这些问题，如此一来你的心灵才不会变得机械化、传统，心灵才能具有创造力，你才不会仅仅是去适应社会，而是会冲破它，推陈出新——不是某种依照社会主义者、共产主义者、委员代表的理念产生的新事物，而是全新的事物——这才是真正的变革。毕竟，这就是教育的意义，对吗？这样你才能够在自由中成长起来，才能创造出一个新的世界。老年人并没有创造一个美丽的世界，他们把世界弄得一团糟。教育的作用、教育者的职责就是认识到你应该在自由的环境下成长，如此你才能认识生活，才能改变事物，而不是仅仅变得迟钝、麻木、疲惫，尔后死去，就像大多数人那样，难道不是吗？

　　因此，我以及大多数对这些事情抱持认真态度的人会认为，这个地方应当营造出这样一种氛围：在这里你有机会去成长，不受影响和限定，不被灌输式地教育。只有这样，当你离开这里的时候，你才能够理性、智慧、无所畏惧地迎接生活。否则这个地方就没有丝毫价值，它将跟任何腐朽的学校一样，或许稍微好一点儿，因为它恰巧是个很美的地方，人们要友善一些，不会殴打你，虽然他们可能用其他方式去强制你。我们应当创造一个这样的学校，在那里，学生不会因为我们抱持的观念，因为我们的愚蠢和恐惧而受到强迫、封闭、压制，这样他才会健康成长，才会认识自身的各种问题，才会睿智地迎接人生。你知道这一切需要的是什么——不仅要有一个聪明的学生、一个鲜活的孩子，而且还得有正确的教育者。但正确的教育者和正确的学生并不是天生的，我们必须付出努力、展开讨论、加以推进，直到揭示出实相。你知道，要想让一朵玫瑰美丽绽放，你需要细心照看，不是吗？要想写作一首诗歌，你必须得有感觉，必须得有文字去进行描述。这一切都要求细心，要求大量的观察。所以，这里应当就是这样一个地方，这一点很重要，难道不是吗？假如它不是这样一个地方，过错不在他人身上，得怪你自己跟老师们。不要说什么："老师没有做这个，如果他们不去创造一个这样的地方，那么这便是他们的过错了。"别的人是不会创建它的，没人会干这个，应该是你、我、老师来做这件事情。感觉到它是我们的学校，是由你、我、老师以及我们大家共同去建立的——这才是真正的变革。

所以，理解我们所说的教育是指什么难道不是十分重要的吗？——不是关于教育的理念，那些理念全都是废话。我们应该从自己的本来面目开始着手，认识我们是什么样子的，通过这个才能去建立。你并没有一个现成的花园或学校，你要去给它播土、耕耘、施肥、灌溉，尔后才能从无到有地创造。因为本无一物，所以你们得一同去创造、建立。

对我们每个人来讲，懂得如何正确地思考难道不是分外重要的吗？不是该思考些什么，不是书本上是怎么说的，而是怎样去思考。这便是接下来的三四周时间里我想跟你们一起讨论的问题，也就是如何去思考，这样你我在最后才能拥有澄明的心智。尔后，伴随着这种澄明，伴随着这种思索和能力，我们就可以走出去迎接生活了。

我可以问你们这样一个问题吗："当你离开学校，当你已经念了大学，你想要做什么？"你是否知道你想干嘛呢？你难道不希望谋到一份工作吗？找到一份工作难道不就是你主要关心的事情吗？

你们全都像哑巴似的，这是第一天，你们还有点儿害羞，几天之后会好起来的。但请不要一直这样害羞下去，我们聚在这里的时间不过只有几周而已。

问：**什么是智慧？**

克：你觉得什么是智慧呢？不是字典里是怎么讲的，不是你的老师或书本是怎么说的——把这一切抛到一边去，思考一下，努力去探明何谓智慧。不是佛陀、商羯罗、莎士比亚、坦尼森、斯宾塞或其他人有何观点，而是你认为什么是智慧。你是否意识到，当你被要求不要沿着这些路径去思考的时候，你会惊愕不已吗？举个例子，某个人阅读商羯罗、共产主义哲学或者其他某个权威，他会马上告诉你什么是智慧，因为他会引用别人的观点。但倘若你被要求不去引经据典，不去重复他人的思考，不去仅仅翻阅字典里关于智慧的解释，你便会迷失，对吗？

你觉得什么是智慧呢？这是一个非常复杂的问题，不是吗？很难用只言片语说清楚何谓智慧，所以让我们着手展开探明吧。如果一个人害怕公众意见，害怕老师，害怕人们会怎么说，害怕丢掉自己的工作，害怕没有通过考试，那么他就不是智慧之人，一个充满惧怕的心灵不是睿智的，对吗？你怎么看？这很难吗？假如我惧怕我的父母，害怕他们可能会责骂我，可能会做这个那个，那么我睿智吗？我依照他们的看法去行动、去思考，因为我害怕自由地思考、独立地行动。所以，恐惧使得我无法去做我自己，难道不是吗？我总是在复制，总是在遵从，总是努力去做其他人希望我做的事情，因为我很害怕。因此，一个由于恐惧而去模仿、复制的心灵并不是智慧的，对吗？你的看法呢？

教育的作用，难道不正是帮助学生认识这些恐惧，揭示出你是多么惧怕你的父母师长的吗？这样你才不会说"因为害怕，所以我做喜欢的事情"——这同样是愚蠢的。教育应当帮助我们去认识这些恐惧，尔后摆脱它们的制约。这非常、非常困难，需要对其展开大量的探索、认知和研究。你知道"融化"是指什么意思吗？你知道，当天气格外寒冷的时候就会结冰，太阳出来后则会解冻。

今天上午我们全都感到冻住了，因为我们彼此还不认识。你们有点儿紧张，原因是你可能想要询问让你害羞的事情，抑或你可能会问一些老师们认为你不应当询问的事情，又或者你可能害怕你的同学们。这一切都使得你无法融化，无法感到自然、自在，唯有处于自然、自在的状态你才能够提问。我确信你们脑子里有许多问题冒出来，但你不敢提问，因为第一天早上你难免会有些惶恐不安。可能明天的太阳会让我们消融，到时候我们就可以对彼此发问了。

1954 年 1 月 4 日

在瓦拉纳西学校对学生发表的第二场演说，巴纳拉斯

今天上午，我想谈一个可能很难的话题，但我们会努力让它尽量简单和直接。你知道，我们大多数人都怀有某种恐惧，不是吗？你知道你的恐惧吗？你可能害怕你的老师、你的园丁、你的父母、年长的人，或者害怕蛇、野牛，或者害怕别人说什么，害怕死亡，等等等等。每个人都有恐惧，但对于年轻人来说，恐惧非常简单。随着年纪的增长，恐惧会变得越来越复杂、困难、微妙。我希望在某个方向实现自我，你知道什么是"实现、圆满"吗？我想要成为一个伟大的作家，我觉得，如果我能够写作，那么我的生活就会十分幸福，所以我渴望写作。但任何事情都有可能发生在我身上，我可能余生都瘫痪在床，而这会成为我的恐惧。因此，随着年岁的增长会出现各种各样的恐惧——害怕一个人、没有朋友，害怕失去财产，害怕没有地位以及各类其他的恐惧。但我们现在不会去探究各种困难而微妙的恐惧的类型，因为这需要更多的思索。

我们——你们这些年轻人和我——应当对恐惧这一问题展开思考，这是十分重要的。原因是，社会和成年人认为恐惧是必需的，能够使你行为得当。假如你害怕你的老师或父母，那么他们就可以更好地约束你、控制你，不是吗？他们会说"做这个，别做那个"，而你非得去服从他们。于是，恐惧被用作一种道德压迫。老师利用恐惧，比如，在人数较多的

班级里把恐惧作为控制学生的手段，难道不是这样子的吗？社会声称恐惧是必需的，否则的话，公民、人们就会冒出来干坏事，于是恐惧就变成了控制人们的一种必要手段。

你知道，恐惧同样还被用来教化人。全世界的宗教都把恐惧作为控制人的手段，不是吗？他们主张说，如果你这辈子不去做某些事情的话，来生就会为此付出代价。虽然所有的宗教都宣扬爱，虽然他们会倡导兄弟情义，虽然他们谈论什么人类团结，但全都暗暗地或者非常残忍地、大肆地维系着这种恐惧意识。

假若你有一个学生人数众多的班级，老师如何才能控制你呢？他无法做到，于是他不得不发明出了各种控制你的方法和手段。因此他说道："竞争，要变成那个比你聪明许多的孩子一样。"结果你便去努力，你很害怕，你的恐惧被普遍用作了控制你的手段。你明白没有？教育应当消除恐惧，应当帮助学生摆脱恐惧，这难道不是十分重要的吗？因为恐惧会让心灵腐烂。我觉得，在这类学校里，应当认识每一种恐惧，进而驱散它、摆脱它，这一点分外重要。要不然，假如你怀有某种恐惧，它便会扭曲你的心灵，你将永远无法拥有智慧。恐惧犹如乌云，当你怀有恐惧的时候，就像是你的心里有一团乌云行走在阳光里，总是会带来惧怕。

所以，真正的教育，其作用难道不在于帮助你去认识恐惧进而摆脱其制约吗？例如，假设你出外的时候并没有告诉你的舍监或老师，回来之后你编造了一些故事，声称你一直跟某些人待在一起，其实你是去了电影院——这实际上意味着你很惧怕，不是吗？你可能认为，如果你不害怕老师，那么你便会为所欲为，而老师的看法也是一样的。然而，认识恐惧的意义远比为所欲为多得多。你知道，身体有自然反应，对吗？当你看到一条蛇的时候，你会跳起来，这不是恐惧，因为这是身体的自然反应。在危险面前身体会有反应，它会跳起来。当你看到悬崖峭壁，你不会盲目地沿着峭壁行走，这不是恐惧。当你看到危险，一辆车急速驶来，你会避开路，这也不是恐惧的表现。这些都是身体为了保护自己免遭危险做出的反应，这样的反应不是恐惧。

当你希望做某件事情但却遭到阻止，恐惧便会出现，不是吗？这是一种类型的恐惧。你想去看电影，你想离开巴纳拉斯一天时间。老师说道："不行，有规定。"你不喜欢这些规章制度，你想去电影院，于是你便找了某个借口。老师发现你离开了，你害怕受惩罚。但倘若老师安静地跟你谈谈为什么你不应当去城里，向你解释危险性，比如吃的食物不干净，等等等等，你就会理解的。即使他没有时间跟你解释，没有时间探究你为何不应当去的问题，你也可以思考，你的智慧能够被唤醒，弄明白你为什么不该去，尔后不会再有问题，你不会去了。假如你希望去，那么你可以谈论这个进而去探明。

为了显示你摆脱了恐惧而去做你想干的事情，这并非智慧。勇气不是恐惧的对立面，你知道，战场上人们奋勇无比，出于各种原因，他们喝酒或者干各种事情，以便感到有勇气，但这并不是挣脱了恐惧的束缚。

教育难道不应当帮助学生摆脱各类恐惧的羁绊吗？——这意味着从现在开始去认识生活的全部问题，性的问题、死亡的问题、公众舆论的问题、权威的问题。我们将会对所有这些问题予以讨论，只有这样，当你离开这个地方的时候，尽管世界上到处都有恐惧，尽管你有你自己的野心、欲望，但你将会认识它们，从而摆脱恐惧。因为，你知道，恐惧非常的危险。所有人都害怕这个或那个事物，大部分人都不希望犯错，不希望做错事，尤其是当他们年轻的时候。所以他们以为，假如能够去追随某个人，假如他们能够聆听某个人，就将被告知该怎么做，通过这么做，他们会达至某个结果、某个目的。

我们大多数人都非常的保守，你知道这个词的涵义，你知道什么是"保守"——维持、保卫。大部分人都希望保持体面，于是我们希望做对的事情，希望遵从正确的行为——假如你非常深入地探究，会发现，这其实代表了恐惧。为什么不可以犯错呢？为什么不去探明呢？但心怀恐惧的人总是会想："我必须做对的事情，我必须看起来体面正派，我不应该让公众知道我的真实模样。"这样的人从本质上来说是恐惧的。一个有野心的人实际上是恐惧的，而恐惧的人是不会有爱的，不会有同情，他就像是一个禁锢在高墙背后的人。在我们年轻的时候应当去认识这个事物、认识恐惧，这一点分外重要。正是恐惧让我去服从的，但倘若我们能够去谈论它，一起展开理性分析，一起讨论和思考，那么我就可以实现认知以及去做我被要求做的事情了。然而，强迫我去做某件我并不理解只因为我害怕你才去做的事情，这是错误的教育，不是吗？

因此，我感觉，在这样一个地方，教育者与被教育者都应当去认识这个问题，这很重要。创造力、富有创新精神——你知道这指的是什么意思吗？写作诗歌是部分的创造力，绘画、凝望一株树木、热爱树木、河流、飞鸟、人们、地球，感到地球是属于我们的——这是部分的创造力。然而当你怀有恐惧，当你说"这是我的——我的国家、我的阶级、我的群体、我的哲学、我的宗教"，这种感觉便会被破坏掉。一旦你有了这类感觉，你就不具有创造力，因为，表现出感到"我的"、"我的国家"，这正是恐惧的本能。毕竟，地球不是你的或我的——它是我们的。假如我们可以从这些层面去思考，就将创造出一个完全不同的世界——不是美国的世界、苏联的世界或印度的世界，而是我们的世界，你的和我的、富人的和穷人的。但困难在于，当有恐惧存在的时候，我们便无法去创造。一个恐惧的人永远不可能发现真理或神，在我们所有的崇拜、形象、仪式背后的是恐惧，因此，你的那些神并不是真正的神，不过是石头。

所以，年轻的时候我们要去认识这个事物，这很重要。而只有当你知道你是恐惧的，当你能够正视自己的恐惧，你才会认识它。但这需要相当的洞察，我们现在暂时不会讨论这个，由于这是一个更加深刻的问题，只有成年人才能讨论——因此我们之后将会跟老师们去讨论它。然而，教育的作用正是帮助被教育者去认识恐惧，老师正是要去帮助你认识你的恐惧，不去压制它们，不去克服它们。只有这样，在你离开这个地方的时候，你的心灵才会格外的澄明、机敏，不被恐惧毁灭掉。正如我昨天所言，成年人并没有创造一个美丽的世界，他们充满了黑暗、恐惧、腐烂、争斗，他们没有建立一个好的世界。假如你离开这里的时候能够真正摆脱各类恐惧的制约，或者知道怎样去直面、应对你以及他人内心的恐惧，或许你就会创造出一个截然不同的世界。不是共产主义者的世界，也不是国会议员的世界，而是一个完全不一样的世界，这才是教育的真正职责所在。

问：什么是痛苦？

克：一个十岁的男孩询问何谓痛苦！你对痛苦略知一二吗？不要去打扰那个提问的人。但一个小男孩询问什么是痛苦，这真是一件悲哀的事情，不是吗，真的非常可怕。他为什么应当知道痛苦呢？懂得痛苦的是成年人，很不幸。但你知晓痛苦的涵义吗？当你看到路过的乞丐、富人，当你看到死亡，看到被焚烧的尸体，当你看到死去的鸟儿，当你看到有人哭泣，当你看到衰退、贫穷，看到人们言语和身体上相互争吵、打斗，这一切便是痛苦，不是吗？当你的父亲或母亲过世，你孤苦伶仃一个人，你会感到悲伤。但这里我们是伴随着死亡长大的，你是否明白我所说的，即我们伴随着死亡长大？我们从不曾是幸福的人，你看到被抬至河边的死尸，假如你是跟父母们一起，他们会说："别看，死亡是很恐怖的。"于是痛苦便开始了。当你看到一个乞丐——即使你是个小孩，也难以避免会看见乞丐——衣衫褴褛、疾病缠身、身上伤痕累累，你为这个人感到无比的伤心，可你的父母或大人们却把你带离，没有做任何的解释。有这样的人存在真是灾难，是社会的不幸。父母负有责任，因为他们没有解释所有这些事情，他们希望保护你，让你远离这一切。他们不想让你成为革命者——这并不表示说成为愚蠢的共产主义者，所谓革命者是非常不同的。他们不对你解释所有这些事情，他们恐惧，他们希望保护你。

痛苦、眼泪是必须认识的事物。当你幸福的时候，没有认识的需求，当你微笑，不需要解释。然而你发现，很不幸，我们在这里或外面被教育长大，但却并不知道怎样去思考、怎样去观察，结果就使得痛苦变得更多，使得我们的麻烦与日俱增。但倘若在我们的教育中，我们的老师能够指明这些事情，讨论它们，那么我们或许就不会变成寻常、愚蠢的父母或者警察、职员，而是成为真正的人，真正的革命者，创造新的世界。尔后我们或许就能够认识、改变、消除痛苦了。

问：好世界的定义是什么？

克：你知道，正如我昨天所说，这次会议主要是针对那些渴望探明、渴望讨论的学生们的。至于成年人，假如他们有兴趣帮助学生，那么最好就不要问个人化的问题。或许孩子们对于"好世界"的定义并不感兴趣。

为什么心灵会询问这样一个问题呢："好世界的定义是什么？"表述得很清楚，你可以在字典里面查阅，在那里你将找到定义。我们以为，找到了定义我们就会理解问题了，我们就是这样受训练的，觉得一旦有了释义就能实现认知了。但定义并不是认知，相反，它是最具破坏性的思想方式。你为什么想要知道好世界的定义呢？因为你无法思考问题，于是你便去求助他人——商羯罗、佛陀、我或者其他人——说道："请告诉我好世界的涵义是什么。"假如你能够思考它、研究它、认识它，或许就会拥有真正的启悟了。

我们所说的"好世界"指的是什么意思？对此展开探究真的非常重要。词语具有意义，不是吗，它有涵义。像"神"、"爱"、"牺牲"这样的词语抑或像"印度"这样的词语，都有着重大的意义。你认为你信仰神，于是"神"这个词语对你便有了意义，你紧张地去对这个词语做出反应，你在心理上去回应它。如果你不信神，这个词语对你来说就毫无意义。若我一直受着无神论或共产主义的教诲，不信神，我的反应就会不同。同样的道理，"好世界"这个词语对你可能有意义，但对我却毫无意义。

你所谓的"好世界"是什么意思呢？并没有所谓的好世界，事实是世界正在腐烂，因为战火不断，因为人与人之间存在着界分，壁垒森严——高等的和低等的，权威，首相与穷苦的厨子，大政客与饥肠辘辘的人，应有尽有的国王与一无所有的人，这是一个腐烂的世界。我们被"好"和"世界"这类词语所困，我们必须理解"好"一词指的是什么涵义，必须创造出一个好的世界出来。

被语词裹挟毫无益处。自孩提时代起我们就总是被教育着该思考什么，但却从不曾被教育如何去思考。在希腊有种科学名为"语义学"，意思是指词语的涵义，如今正在发展起一整套关于词语的科学。词语在心理和生理上对我们都有着影响，认识它们、不受其影响，这个非常重要。当使用"共产主义"这一词语的时候，资本主义者就会对此颤抖不已。有财产的人会害怕"革命"这个词语，如果你谈论革命，他会把你给扔出去。若你对那些追随上师的人说"不要追随他人，追随是愚蠢的做法"，他们也会恐惧不已，希望把你撵出去。我们总是对语词充满了恐惧，这归因于缺乏认知，毕竟，教育便是认识词语以及通过词语来交流彼此的认知。

并不存在所谓的"好世界"。我们必须按照事物的本来面目去看待它们，不要理想化，我们不应该怀有世界应当如何的理想。一切理想——理想的学校、理想的国家、理想的校长、非暴力的理想——全都是废话，全都荒谬至极，都是幻象。真正真实的是当下的事实。假如我能够按照事物的本来面目去认识它——贫穷、衰退、肮脏、野心、贪婪、腐化、恐惧——那么我便可以应对它、击碎它了。但倘若我说"我应当这样子或那样子",我便游走进了幻觉之中。这个国家已经靠理想过活几个世纪之久了,而理想实际上不过是幻觉。当你真的暴力时,便会倡导非暴力。为什么不去认识暴力而不是谈论非暴力呢?一旦你认识了实相,就会迎来真正的变革了。

问: 您能否告诉我如何摆脱恐惧?

克: 你想知道怎样摆脱恐惧?你知道你惧怕的是什么吗?慢慢跟随我一起来思考。恐惧是跟某个事物相关的,它不会单独存在。害怕蛇,害怕我的父母或老师可能会说些什么,害怕死亡,它是与某个事物有关的。你明白没有?恐惧不是单独存在的,它存在于跟其他事物的关联之中。在与其他事物的关系中,你是否意识到、察觉到了你怀有恐惧呢?你难道不害怕你的父母吗?你难道不害怕你的老师吗?我希望没有,但你或许是惧怕的。你难道不害怕没能通过考试吗?你难道不怕人们可能并不认为你可爱、正派,说你是个很伟大的人吗?你难道不知道自身的恐惧吗?我在试图指明你们是如何心怀恐惧的,但你们已经失去了兴趣。

所以,你首先得知道你害怕的是什么。我将慢慢地跟你解释。尔后你还必须知道,心灵必须知道它为什么会恐惧。恐惧是在心灵之外吗?难道不正是心灵自己制造出了恐惧吗?要么是因为它记住了过去,要么是它把自己保护进了未来。你最好缠着你的老师,直到他们向你解释了所有这些事情。你每天花费一个小时在数学或地理上面,但却没有花上哪怕两分钟去思考一下生活里最重要的那些问题。你难道不应当花更多的时间与你的老师一起在这上头吗?——如何挣脱恐惧的束缚——而不是仅仅去讨论数学或者阅读课本。你已经询问过这个问题了,即怎样摆脱恐惧,但你的心智还无法去思考它,成年人或许可以,所以我们之后将与老师来讨论这个。

若一个学校是建立在任何恐惧之上的，那么它就是腐烂的学校，不应当存在。认识这个问题，需要老师和学生都具有相当的智慧。恐惧会带来腐烂，要想摆脱恐惧，一个人就得知道心灵是怎样制造出恐惧的。并无恐惧这样的事物存在，除了心灵自己制造出了它以外。心灵渴望庇护，渴望安全，它有各种自我保护的欲望，只要这一切存在，你就会心生恐惧。认识欲望、认识权威格外的重要，因为这二者都是这种会带来巨大破坏的恐惧的显现。

问：就像您指出的，恐惧的确会腐蚀心灵，尤其是对老年人来说。而腐烂的心灵，特别是那些年长之人的心灵，也的确制造出了恐惧。所以问题似乎该是如何消除这样的心灵。

克：你理解问题了吗？这位绅士说道："我们难道不应当消除掉那些被恐惧腐蚀的年长者的心灵吗？"这指的是什么意思？把年长的人毁灭掉，把他们关进集中营吗？所有的心灵，无论是年老的还是年轻的，都被外部强加的或者自造出来的恐惧腐蚀着。这不是除掉某个人的问题，这是他们正在全世界干的事情——如果我不同意你，你便清算掉我，便把我投进集中营里去。这么做解决不了问题，能够解决问题的是正确的教育，它会帮助我去理解有关恐惧的问题——恐惧是如何产生的，恐惧是如何从过去而来，同时又在当下被制造出来以及投射到将来的。

先生们，请务必思考一下这个，这要比你们所有的考试、所有的课本、学位重要得多。你姓名之后的学士或硕士的学位其实毫无意义，虽然它可以让你找到一份工作。问题不在于怎样清算那些心灵腐烂、思想腐朽的老年人或青年人。如今需要的是内在的变革，需要的是能够从不同视角去思考所有这些问题进而创造一个新世界的心灵。

1954年1月5日

在瓦拉纳西学校对学生发表的第三场演说，巴纳拉斯

　　假如你们还记得的话，会知道我们昨天一直讨论的是恐惧的问题。大多数人都害怕这个或那个事物，若我们能够消除恐惧，能够摆脱它，或许就可以携手创造一个不同的世界了。在我看来，认识到这一点十分重要，尤其是在我们年轻的时候。越长大，越难抵挡恐惧的影响，因为环境要比我们大部分人强悍得多。我真的希望告诉你们这个，我觉得这很重要，原因是，恐惧腐蚀了我们的心灵，当我们恐惧的时候，心中不会有爱。

　　这个世界上没有爱，我们谈论爱，谈论兄弟友爱，谈论仁慈，谈论生命一体，但这些不过是语词罢了，没有任何意义，它们是一堆迷惑、欺骗人的字眼。事实上，爱并不存在。当你目睹了惊人的贫穷、灾难，目睹了极有权势的人和穷苦的人，怎么可能有爱存在呢？

　　我认为，导致无爱的一个原因便是恐惧。假如你害怕你的老师、你的父母，害怕人们会说些什么，诸如此类，你怎么可能心中有爱呢？但倘若没有爱，生命便无意义，它会变得干枯、迟钝、乏味。没有爱，你就无法真正看见花朵、树木、鸟儿以及水面上倾泻的阳光，你不会真正活着，不会享受生活。我这里所说的"享受"，并不是指去电影院看电影或是拥有一份好工作抑或开名车——这些是永无止境的。真正的内在

的生命的欢愉，内心的富足感、充实感，无论你物质上是贫穷是富有，感觉到地球是我们的，感觉世界将会变得更加美丽，憧憬着给我们彼此的关系带来不同的状态——这些才是真正重要的东西。但如果你心怀恐惧，那么你便无法拥有这一切。只有当爱在我们的内心绽放，这一切才会到来。爱不是你可以培养出来的事物，不是你能够去实践的东西。你或许日复一日地说道："我必须怀有爱，我必须仁慈，我必须友善。"这么做不会带来爱，爱的到来如同早晨的阳光。请仔细听好，原因是，年轻的时候，假如我们能够认识这个，感觉到这个，那么就没有任何东西可以摧毁我们了。你可能贫苦，你可能没有任何能力，你可能看上去并不健康或美丽，然而，那能够让生命走向真正充实的事物便是爱，爱可以让你摆脱一切恐惧。

所以，在一个像这样的教育机构里，老师和你以及基金会的全体成员首要关注的，显然应该是消除掉恐惧的真正原因。当你身处这里的时候，必须向你们每个人解释是什么导致了恐惧，就像要对你们讲解数学、地理、历史一样。老师们或许依然恐惧，基金会的成员们或许依然恐惧，但对你们来说，重要的是所有这些问题得到解释。因为，尔后你将会创造出新的世界、新的教育。

我认为，导致恐惧的原因之一便是比较。你知道"比较"是什么意思吗？把你跟其他人进行比较，把你跟某个聪明的孩子做比较，抑或把你跟愚钝的孩子做比较，把你跟甘地、佛陀或耶稣做比较——假如你是共产主义者，比较的对象将不会是佛陀或耶稣，将会是斯大林、列宁——将你与其他人进行比较，这便是恐惧的开始。我会向你指明原因，我们将会展开探究，你将会懂得不怀有恐惧是何等的重要。我们的整个社会便是建立在比较之上的，不是吗？我们以为，比较对于发展是必需的。我把自己同某个政治家进行比较，说道："嗯，我必须打败他，必须比他优秀。"当老师把你跟一个或许更聪明的孩子做比较，你会发生什么呢？

你可曾注意过，当你被拿来跟其他人做比较的时候，你会怎么样呢？老师对你说道："像那个孩子一样聪明。"为了让你变得跟其他男孩或女孩一样聪明、勤奋、用功，他会给你等级、分数，于是你便不停地努力、奋斗、竞争，你嫉妒其他的孩子。所以，比较滋生出了嫉妒，而嫉妒便是恐惧的开始。当你被拿来跟其他孩子做比较的时候，你，作为一个个体的男孩、女孩，并不是重要的，他人才是重要的。当你把自己与他人做比较，他人就比你重要，难道不是这样的吗？作为一个有自身的能力、性情、困难、问题、心灵的个体，你并不重要，他人才重要。结果，作为个体的你便被置于一旁，你不停地努力，想要变得跟他人一样。在这种努力的过程中，嫉妒、恐惧被滋生出来。当老师将你与其他人进行比较，给你不同的等级、分数，这时候，观察一下班级里的你自己，你被毁掉了，你自己的能力，你天生固有的性情、特点被压制了。你听到"灵魂""自由"以及其他相关的一切，但这些不过是字眼，因为，一旦你被拿来与其他人做比较的时候，你便被毁掉了。你可能愚钝或蠢笨，但你跟老师或父母认为聪慧的其他男孩女孩一样的重要。

所以，一个学校、一个这类的教育中心，难道不应当消除掉比较吗？因为重要的是你，而不是其他人。于是，你的老师不得不对每一个孩子都更加的关注，对吗？困难在于父母们对此并无兴趣，他们希望你通过考试，找份工作，这便是他们感兴趣的全部。那么，他们会怎么做呢？在家里，他们拿你跟你的哥哥、侄子侄女做比较，说道："像他们一样聪明。"这并不是爱，当有比较存在的时候，不会有爱。你知道当一个家里孩子众多时，假如做母亲的真的爱她的孩子，她是不会把这个跟那个做比较的，每一个人都跟其他孩子一样的重要，难道不是这样吗？除非这个母亲十分愚蠢、无情、没有智慧，否则她不会从家庭里挑出某个孩子说道："他是我最喜欢的，你们全都应该像他一样。"一个真正的母亲、一个心中有爱的母亲，是不会去做比较的。残废的孩子、蠢笨的孩子跟聪明的孩子一样的重要。同样的道理，我们在这里也不应该怀有某个理想，声称我们要为了该理想而去努力，而是应当根除掉所有这一切竞争性的比较。

老师必须研究每一个孩子，探明他的能力，他以什么样的方式进步，什么样的方式学习。或许你根本不应当使用"进步"这个词。困难在于如何帮助每个男孩或女孩去勤奋学习，我们现在是通过比较、通过竞争、通过等级分数在学习，我们在受着强迫，不是吗？如果你在班上很懒散，会发生什么呢？你会被指出是个懒散的学生，而其他孩子则是积极活跃的。老师说道："你为什么就不能跟他一样呢？"你被给了比其他男孩女孩要低的分数，于是你便奋发努力，努力着去学习数学，接下来会出现什么情况呢？你的脑子、你的心灵始终被扭曲，因为你对数学压根儿就不感兴趣，但你或许对其他东西有兴趣，通过它你便能够去学习数学了。

因此，消除恐惧非常不容易，必须要从根本上消除它，从一开始、从孩提时代、从幼儿园、从最小的年纪做起，直到你离开了这个地方。这是我们的工作，这并非什么"理想"。应该每天都要消除恐惧，我们必须把它解决掉，就像我们此刻所做的那样。因为，你知道，在这个所谓的文明世界里，竞争导致了冷酷无情。你明白这个词的涵义吗？它指的是残忍，不顾及他人，不去想到别人。你怀有野心，你争强好斗，你渴望得到更多，但其他人也和你一样认为自己有权利获得更多，于是他便去努力、去奋斗。我们的社会就是建立在这之上的——嫉妒，忌恨，以国家、人民为名义的野心以及其他的一切——但你是中心。这种竞争最终会走向战争，会导致人类的毁灭，会引发更为严重的灾难和不幸。既然在全世界范围内目睹了上述这一切，我们当中那为数不多的几个真正对这类教育感兴趣的人，难道不应当坐下来设计出一种教育、生活的方法吗？在它里面，不会再有竞争，在它里面，不会再感到某个人要比你更加重要。你和其他任何人一样重要，然而老师并未探明怎样唤醒你的兴趣。如果老师能够找到某种方法来激发出你的兴趣，那么你便会跟其他人一样优秀了。

所以，我认为，在我们年轻的时候应当去认识比较的问题，这一点十分重要。我们觉得，通过比较我们便能学习，但实际上并不是这样子的。真正的发明家、真正富有创造力的人是不会去比较的，他就只是在活跃、在活着。他不会说："我必须跟爱迪生或罗摩一样优秀。"他工作，他生活。

当你写作诗歌的时候，假如你把自己的工作跟他人进行比较，你的诗歌会如何呢？若你拿自己跟济慈、雪莱或任何其他伟大的诗人做比较，你就根本不会再去创作了。你应当写作，因为你有话要说，你可能表述得比较笨拙，你所写的可能没有好的韵律，你的字句可能并不丰富、简洁、流畅，但你有话要说。你所说的——无论多么愚蠢——对你而言，与济慈、雪莱、莎士比亚所说的一样重要。但倘若你去比较，你便无法创作。

你是否画画呢，你画过画没有？当你描画一棵树木的时候，树木会告诉你一些东西，它会告诉你它的涵义。它的美，每一片叶子的宁静、运动、阴影、深刻、摆动，都会向你传递出某些东西——你描画它，你并非仅仅是在描摹一片树叶，而是表达出了树木的感受。然而在表现它的时候，假如你的心灵把你的工作跟某个伟大的画家做比较，你便会停止画画的，不是吗？我发现你并没有做这些事情中的任何一件，这真是太糟糕了！你在生命里错失了什么啊！你或许十分精通数学或科学——这些东西同样是必需的，可如果你错过了所有其他的东西，那么数学、通过考试就根本不会有任何意义，你会变成如此迟钝、麻木的人。

重要的是去认识什么是恐惧以及消除它。导致恐惧的一个原因便是嫉妒，嫉妒就是比较。一个建立在比较、嫉妒之上的社会，必定会给自己和他人带来灾难。你知道，知足常乐的人并不是取得了某个结果的人，而是认识了事物的本来面目进而实现超越的人。但要想认识事物的本来面目，如果你的心灵总是在比较、判断、衡量，就不会有任何意义，这样的心灵永远无法认识事物。说得简单些，若你被拿来与他人进行比较，你就不重要，不是吗？在这种比较里面，没有爱，对吗？我们的社会、我们的学校、我们的教育、我们的大人们——他们心中没有爱。所以，我们所有的社会、所有的文明都在走向四分五裂，一切都在衰退。这便是为什么说，在这个地方、在瓦拉纳西，老师们、基金会的成员以及学生携手创造出这样崭新的感受格外的重要。

问：什么是礼貌？

克：你有在听我先前对你问题的回答吗？还是你如此关注你的问题以至于没有在听我说话呢？

你想知道什么是礼貌。礼貌源于尊重，如果我尊重你，我便会和善、友好。尊重跟礼貌是一起的，对吗？——礼貌是行为，行为是举止，举止即行动。也就是说，当一个男孩或女孩出现时，我站起身——不是因为他是老人，不是因为他是官员，不是因为从他身上我可以得到些什么，而是因为我对人怀有尊重的情感，不管他们是穷是富。礼貌是行为、举止，必须得有礼貌，不是吗？但不能是虚假的、人为的——即表面的——而是对他人怀有和善的情感。当你对别人怀有友善之情，你就会变得恭敬待人，就会有礼貌，你会轻言细语地谈话，你会为他人着想，这是必需的，对吗？原因在于，当有许多人共同生活在一起，如果每个人都不为他人考虑，我们就会有一个混乱无序的社会。所以，假如礼貌是深刻的尊重、理解与爱的自然产物，那么礼貌就会具有意义，就是世界上的一种美丽。

不幸的是，我们只学习表面的礼貌。观察一下你同仆人说话的方式以及你同校长说话的方式。你对其中一个格外的尊敬，对那个你认为可以让你得到些什么的人，你几乎要卑躬屈膝了。然而对待苦力或是穷苦的乞丐，你却十分冷漠，你丝毫不关心。当你对穷人和对富人一样尊重时，才是真正的体谅周到。假如你内心充实，你便会有爱，便会对他人仁慈和善——他是政府官员还是苦力小工无关紧要。

你可曾闻过花香呢？花朵不关心路过者究竟是富翁还是穷人。它有芬芳，它有美丽，它把自己的芬芳与美丽给予世人，丝毫不关心你是个孩子还是官员或厨师。这就好像花朵一般，它的内心是美丽与芬芳。

假如我们有内在美，假如我们的内心有尊重和爱，有同情感，那么，和善、友好、幸福的礼貌就会由此而来，无需任何强迫与压力。但倘若没有这个，我们就会十分的肤浅，这就像是穿上外套——看起来很漂亮，实际上浅薄而空虚。

问：什么是真爱？

克：又是同样的情况！我们渴望定义，渴望语词。

如果你心怀恐惧，你怎么可能去爱人呢？你知道我们多么容易就会满足于语词。若我告诉你什么是真爱，对你来说它将毫无意义。重要的去探明我们是否怀有爱，而非何谓真爱，难道不是吗？你爱花朵、小狗吗？爱你的妻子、丈夫、孩子吗？你爱地球吗？我们在不知道这个的情况下去谈论真爱，所以我们谈论的爱是虚伪的，并不是真正的爱，而是幻象。

若我内心有恐惧，我怎么可能去爱他人呢？我向你们保证，摆脱恐惧是最难的事情之一，相当不易。假如没有认识恐惧的整个过程及其涵义——不仅是意识到的恐惧，还包括那些暗藏在内心深处的微妙的恐惧——假如没有认识这一切，询问何谓真爱就是毫无用处的。尔后你可以在字典里去查阅它，弄清楚"真正的"是什么意思、"爱"是什么意思。你知道，困难在于，我们总是被教育着去思考些什么，但却不知道怎样去思考。最大的难题是冲破"思考什么"，进入"如何去思考"的路径里。我们必须认识到，必须意识到、察觉到我们的整个教育、我们的文化教养都是"思考什么"。你阅读《薄伽梵歌》、莎士比亚、佛陀或者其他老师、革命领袖，你知道思考什么，他们明确地告诉你"该思考些什么"，你按照这一模式去思考。这根本就不是思考，它就像是一部重复的机器，一台一遍又一遍不停播放的留声机。认识到这个，停止它，这便是"如何思考"的开始。

问：模仿、复制是否正确？

克：让我们一步一步来探究。当我使用英语的时候，我在复制英语，难道不是吗？当你说印度话的时候，你在复制这些语词，你在学习语词，你在重复它们，所以这是一种形式的模仿。当我穿上这件无领长袖衬衫、宽松薄裤，这必然是一种模仿。当我写作，当我重复一首歌曲，当我阅读，当我学习数学，也存在着一种必然的模仿，不是吗？所以在某种程度上有模仿、复制，然而在我们生活的其他层面，单纯的模仿是不必要的。有各种各样的问题，让我们慢慢展开探究。

我们模仿传统，传统即模仿。当你做礼拜的时候，当你穿上圣袍，这也是模仿。当你做礼拜或其他这类事情时，你会对自己说"我为什么要做这个"吗？你从不曾质疑过，你就只是接受它，因为你的父母这么做、社会这么做，结果你也就变成了一部模仿的机器。你从来不会说："我为什么应该做礼拜？它的意义是什么？它有意义吗？"假如它有意义，那么你就得去探明，而不是被其他人告知说它有这样那样的意义。你必须去探明，而要想有所发现，你就得不抱持任何的偏见，你就不应该反对它或赞成它。这需要相当的智慧，需要无所畏惧。

大部分人成年人都有某个上师或是附近的其他人。你为什么要有上师呢？就因为成年人有吗？这意味着你必须弄明白他们为何要有上师。他们之所以有，是因为他们恐惧，他们渴望安全地达至天国。他们和你都不知道是否有天堂存在，他们的天堂是他们想象的样子。所以，为了探明，你需要抱持相当的怀疑态度——不是质疑——不被年长的人窒息，不被他们关于真实、对错的观念窒息。

必须得有一定数量的模仿，这是不可避免的，比如歌曲、数学，等等等等。可一旦模仿被带进了心理感受之中，它就会具有破坏性。你知道"心理"一词指的是什么意思吗？它意味着自我、微妙的感受、内心的本能。当模仿在那里开始，就不会有任何创造力了。这是一个非常复杂的问题，因为模仿意味着依照某种模式去行动，模仿、复制，意味着依照记忆去接受行动。经验难免是模仿，原因在于，一切经验都受着过去的支配，而过去即模仿。

困难在于要懂得模仿是否是不可避免的，以及在内心挣脱一切模仿的束缚。这要求大量的思考——这便是真正的冥想。如果心灵能够让自己摆脱所有被投射出来的形象以及模仿性的思考，唯有这时，才能迎来实相、神或真理。一个模仿的心灵，永远无法发现真理。

问：我们怎样才能避免懒惰呢？

克：让我们一起来探明如何避免懒惰。因为这是你的问题，所以我不打算回答它，而是你我一起去探究。

你的懒惰或许是因为你吃错了东西，抑或是因为你从父母那里继承了一个没精打采的身体，抑或你的肝脏运作失常，抑或你没有足够的钙，也就是牛奶。你的懒惰可能是在逃避你惧怕的事物。你变得懒惰，因为你不想去上学，而你之所以不愿学习，是因为你对学习没兴趣。但倘若是去玩游戏的话，你是不会懒散的，你也没有因为太过懒惰而不去跟人争吵。你的懒惰或许因为缺乏正确的食物，或者是从父母那里继承的性情，或者是一种逃避。你明白我所说的"逃避"是什么意思吗？你想逃避你不愿意去做的事情，于是你变得懒散。你不愿学习，因为你对学习毫无兴致，学习令人厌烦，老师不够好，他同样也让人厌烦。于是你说"好吧"，你变得懒惰。

所以，老师和你必须探明你是否拥有好的食物，或许有了好的食物你就会活跃起来了。你的老师必须弄清楚你真正对什么有兴趣——数学、地理还是建造东西。尔后，在做这个的时候，你将会积极起来。所有这些因素都必须去探究。老师不应该说："你是个非常懒惰的孩子，你将受到惩罚，你将会得到低分。"

问：要不是出于恐惧，我们就不会尊重父母。所以您怎么能够说恐惧是破坏性的呢？

克：你尊敬你的父母是出于爱还是出于恐惧？我要说的是："如果有恐惧，一个人怎么可能怀有尊重呢？"这样的尊重压根儿就不是尊重，而是忧虑、惧怕。但倘若你心中有爱，你就会去尊重别人，不管这人是你的父亲还是官员，抑或是贫穷的苦力。这难道不简单吗？源于恐惧的尊敬是破坏性的、虚假的，没有任何意义。

问：当我们没有成功的时候，为什么会有恐惧感呢？

克：你为何渴望成功？你做了某件事情，它本身就是美丽的、充足的，你为什么想要拥有成功感呢？你骄傲，因此你说道："我不应该骄傲。"于是你努力培养谦逊——这完全是荒谬的。但如果你说"我做这个是因为我热爱它"，那么就不会有任何问题了。

问：理想的学生要具备哪些资格？

克：我希望没有所谓理想的学生。看一看你询问的吧！你渴望理想的学生，你勾画出他的形象、他的行为方式，你希望效仿他。你不会说："我身处这里，我想要探明关于我自己的一切，我想要探明怎样生活，但不是依照某幅图画。"你知道，一旦你怀有了某个理想，你便错了。你说道："我被教育长大的方式是多么错误啊！"理想变得比你的真实模样重要得多。

真正重要的是你的本来面目，而不是理想的样子，不是理想的学生或具备的资格。你才是重要的，而非那个理想。在认识你自己的过程中，你将懂得这些理想是何等的荒谬。理想是被那个逃避事物真实面目的心灵发明出来的。重要的不是理想，而是去认识实相。世上有乞丐，跟他谈论理想有意义吗？你必须去认识他，直接地帮助他。关于完美社会的各种理想全都是虚构的、不真实的，谈论这些理想是成年人的游戏。当下的真实才是实在，必须去直面它、认识它。

1954 年 1 月 6 日

在瓦拉纳西学校对学生发表的第四场演说，巴纳拉斯

当你在学校的时候，不应当感到任何的焦虑与不确定，而是应该有大量的安全感，你难道不认为这是十分重要的吗？你知道感到安全是什么意思吗？有各种各样的安全，感觉你是安全的。在你非常年轻的时候，你有依赖大人的安全，感觉到有人在照看着你，给你好的食物、好的衣服、好的环境，你会感觉自己被关心、被照料——当一个人年幼时，这是不可或缺的，是绝对必需的。随着年纪的增长，离开中学升入大学进而步入人生，这种安全感，即感觉到你生理上是安全的，受着照料，会进入到另一个领域。你渴望心理上、精神上的安全感，你渴望有人给予你帮助、指引、看护，你把这个人叫作上师或向导，抑或你怀有某种信仰、理想，因为你希望有东西去依靠。

寻求心理上的安全，这个问题格外的复杂，我们现在不打算触及它。我觉得，当你身处学校时，应该拥有生理、情绪和精神上的稳定，在精神和身体上感觉你在受着照看，感觉你被关心，感觉你的未来是被仔细培养和看护的。只有这样，当你非常年轻时，当你待在学校时，才不会感到任何焦虑与恐惧。这是不可或缺的，原因是，怀有焦虑、恐惧、忧虑，担心会有什么发生在你身上，这会严重有害于你的思考，在这种状态下是不可能拥有智慧的。唯有当你觉得你的老师真正在身体、精神、情感

上照料着你、关心着你，帮助你去探明你在生命里渴望去做的事情是什么——而不是把他们的观念或行为方式强加给你——唯有这样，你才会觉得自己能够成长、能够生活。只有当你身处一个有着正确环境与老师的学校，这才会是可能的。

令你无法感到安全的一个因素便是比较。当你被拿来跟他人在学业、游戏、长相等方面做比较的时候，你会感到焦虑、恐惧、不确定。所以，正如我们昨天跟某些老师讨论的那样，在我们的学校里应当清除掉这种比较的意识，清除掉这种打分、评级的做法，最终消除掉对于考试的恐惧，这真的十分重要。

你害怕考试，不是吗？这意味着什么呢？在你面前始终都存在着威胁，你可能会失败，你可能没有发挥应有的水平，以至于，当你生活在学校的这几年期间，这片考试的乌云始终都会盘旋在你的上方。我们昨天跟某些老师讨论了是否能够不考试，而是日复一日、月复一月地观察你，看到你自发地、开心地、轻松地学习，探明你究竟对什么感兴趣并且鼓励这种兴趣，只有这样，当你告别学校的时候，你才会带着许多的智慧离开，而不是仅仅能够去通过考试。毕竟，假如你学习或者被鼓励去学习你感兴趣的东西，因为你喜欢干这个，这里面没有任何恐惧——假如你一直都有学习，而不是仅仅持续两三个月，这期间突然发力，一连看上好几个小时的书以便通过考试——假如你始终得到照料、关心，那么，当考试来临时，你就能轻而易举地通过了。

当你感到自由、快乐以及抱有某些兴趣的时候，你会学得更好。你们全都知道，当你做游戏，当你出演戏剧，当你出外散步，当你凝视河流，当你心情愉悦、身体健康，那么你的学习就会轻松容易得多。可一旦你心里有对比较、评分、考试的恐惧，你就不会学得太好。然而不幸的是，你的大多数老师们都沉溺于这种过时的理论。假如提供给学生正确的氛围，即让他感到享受、毫无恐惧，不被强迫着去做某件事情，如此一来他在这种状态下才会感到开心以及享受生活，那么这个学生就会学习得更好。然而困难在于，你知道，无论老师还是学生都完全没有从这些层面去思考。老师只关心你应当考试及格、升入下一年级，你的父母则希望你在班级里遥遥领先。对于你应当作为一个无所畏惧的有智慧的个体离开学校，他们全都不感兴趣。

老师和父母习惯于认为，应该通过考试去推动一个孩子，因为他们害怕，假如孩子没有受到强制，假如他们没有竞争、分数、等级，孩子便不会去学习。对他们来说，在没有比较、压力、威胁、灌输性的恐惧之下把男孩女孩教育长大，这是一件相对新鲜的事情。

如果你们这些学生没有考试、没有分数等级的话，你们觉得实际上会发生什么呢？若你不被拿来跟他人做比较，你的学习会是怎样的状况？你认为你会学得更少吗？

问：当然。

克：我可不这么看。即便你们年纪轻轻，却已经接受了陈旧的理论，这可真是让人吃惊啊！这是悲剧。看看吧，你还很年轻，但你却认为，为了让你学习必须施压。但倘若你被提供了正确的氛围，若你得到了鼓励和照看，你自然就会学好了——你能否通过考试则是无关紧要的。

他们在其他国家检验了这一切。在这里，我们没有思考所有这些问题。于是，作为学生的你便说道："我应该受到强制、比较、强迫，要不然我就不会去学习。"所以，你已经接受了旧的模式。你知道"模式"这个词是什么意思吗？它是指上一代人的观念、传统。你没有思考它。看吧！当你年轻的时候，这是变革的时期，是对所有这些问题展开思考的时期，而不是去接受老一辈人的看法。但老一辈人坚持认为你应当遵从传统，因为他们不希望你成为扰乱性的因素，而你则接受了这个。

所以，这将会很困难，因为老师和你都认为某种强制、评估、高压、比较、分数、考试是必需的。移除掉所有这一切，探明正确的方式、方法，以便你可以自发地、轻松愉悦地学习，会十分不易。你觉得这是没有可能的。但我们从来没有尝试过。这种方式——考试、评估、比较、强迫——并没有培养出任何伟大的有创造力的人。已经被制造出来的人毫无创新能力，他们只不过变成自动化的机器——心灵渺小、贫乏、愚钝的职员、官员或者图书管理员。你发现这个没有？你没有在听这一切，因为你认为这是不可能的。但我们必须得去尝试，否则，你将生活在一种充满了恐惧、威胁的环境里，而在这样的氛围下，没有人会活得开心的。当一个人已经习惯了这种传统的思考、生活、学习的方式，那么就很难让他彻底改变。把这一切抛到一旁，找到一种你真正可以乐在其中的学习方法。只有当我们全都赞同，当所有学生和老师全都同意说应当没有任何恐惧，全都同意说，年轻时我们所有人能够感到情绪、精神和身体的安全是十分必要的，只有这时，才能实现上述的愿景。当所有这些威胁都存在，就不会有这样的安全。难题是，我们没有一个人关心诸多深层面的生活的问题。老师只关心帮助你通过考试，让你学习，但他们并不关心你的整个身心。你明白我的意思没有？你的思考方式，你的感受方式，你的观点、传统，作为整体的你——意识和无意识——没有人关心这一切。

　　教育的作用显然就是关注你的全部身心。你并不只是一个通过某些考试被推动向前的学生，你有你的情感、你的恐惧。就只是观察一下你的各种情绪、你渴望做的事情、你的性生活。在这里，在这个学校里面，老师们唯一关心的就是让你学习某个你甚至压根儿就不感兴趣的科目并且通过考试，尔后他们认为，由此你已经受到了教育。受教育难道不意味着认识你的全部、认识你的整体吗？要想认识这个，你和老师就必须感到你们可以彼此信任，你们之间有爱，必须感到安全，没有任何恐惧。看吧！这并不是不可能的事情，并不是什么乌托邦或者单纯的理想，这并非不可能。如果我们所有人把脑袋凑到一起，群策群力，是可以把它解决的。必须得在学校里面把这个解决掉，假如办不到的话，学校就是彻底彻尾的失败，就跟所有其他学校一样。因此，你必须领悟到，在一种没有恐惧的氛围里，当一个人不再受到强制、迫使、比较、驱使，不再身处旧式的体系、方法之中，他就真的能够学习得更好、更轻松。但我们必须对此完全确定。这就是今天下午我们在这里要跟老师们一起思考、解决的问题。我们谈论所有这些问题，尔后认识到，当你离开这所学校的时候，应当不似一部机器，而是一个有着自身全部活力与智慧的人。只有这样，你才能正确地直面人生中的一切困难，而不是仅仅依照某种传统去对它们做出反应。

问：我们为什么会憎恶穷人呢？

克：你憎恶穷人吗？你憎恶那个头上顶着沉甸甸的篮子，从萨拉摩哈纳步行到巴纳拉斯的穷苦妇人吗？你憎恨她衣衫褴褛、浑身脏兮兮吗？抑或，当你看到他人几乎一无所有，没日没夜地干活，年复一年，你对于自己衣着光鲜、酒足饭饱感到一丝羞愧呢？这是你的感受吗？是在心里感觉说"我应有尽有，而那个女人却一无所有"，还是会对他人怀有憎恶感呢？或许我们用错了"憎恶"这个词，实际上可能是你对自己感到羞愧，由于羞愧，你便推开了那个让你心不安的事物。

问：聪明跟智慧之间有区别吗？

克：你难道不认为这二者区别很大吗？你可能在某个学科方面非常聪明，能够考过，能够与其他孩子展开争论。但你或许恐惧——害怕你的父亲会说什么，你的邻居、你的姐姐或是其他人会说什么。你可能十分聪明，但却怀有恐惧。假如你心怀恐惧，那么你便没有智慧，你的聪明并不是真正的智慧。随着年岁的增长，我们大部分待在学校里的人都会变得越来越聪明，因为我们就是这样被训练的，要在商业或黑市上胜过他人，要有野心，这样才能领先于别人，把其他人推到一边。然而智慧却是截然不同的，它是这样一种状态，在里面，你的整个身心、你的全部思想与情感都是统一的整体。这种完整的人便是有智慧的人，而非单纯聪明的家伙。

问：爱依赖于美丽和吸引力吗？

克：有可能。你知道，提出问题很容易，但对这些问题中包含的问题进行思考则很难。真正思索它们，而不是坐等我给出答案，真正一步步地思考里面涵盖的内容，展开探究，要比等着我来回答重要得多。这些问题难道不正说明我们习惯了被告知该思考什么、该做什么，而不是如何思考或者如何做事情吗？我们并没有思考这些问题，我们不知道该怎么思考。

当我们年轻的时候，重要的是懂得如何思考，而不是仅仅重复某个教授的书籍，我们必须凭借自己的力量探明某个问题的真理、意义、涵义。这便是为什么说，当我们待在这所学校时应当对所有这些事情、所有这些问题展开讨论是十分重要的，只有这样，我们的心灵才不会一直是渺小的、琐屑的。

问：我们怎样才能摆脱焦虑感呢？

克：如果你没有任何考试，你还会对它们感到焦虑吗？静静地想一想这个，你将会明白的。假设我们要出外散步，我们要谈论这个问题。若几个月后你将会有一场考试，你会感到焦虑吗？如果在考试之后，你拿到了学士学位或者其他什么，你必须要为谋到一份工作而去奋斗，你会焦虑吗？你会吗？你之所以焦虑不安，是因为你必须得有一份工作。在一个竞争激烈，每个人都在寻求、都在奋斗的社会里，作为学生的你从儿时起就是在一种焦虑的氛围中被训练的，不是吗？你要考过一级，然后是第二级，等等等等，结果，你变成了整个社会结构的一部分，对吗？这并不是我们在这所学校里面要去做的事情，我们要去营造一种这样的氛围，在里面，你不会焦虑，你不会有任何考试，不会被拿来跟其他人做比较——即使这意味着学校的破产。原因是，作为一个人，你是重要的。假若有这样的氛围，那么考试就一点儿也不重要了，你可以自由地学习。对你来说通过大学考试不会再是困难的，因为，若你在中学和学院的所有岁月都一直是智慧的，那么你便能够在考前的四五个月里努力，尔后顺利通过。在通过了最后的考试之后，当你迈入世界的大门，你会渴望一份工作，但你从事的工作不会让你恐惧，你的父母、你的社会不会让你恐惧，你将会从事某个事情，哪怕是讨饭，你不会焦虑不安。

现在，你的生活充满了焦虑，因为你从孩提时代开始就被困在这种竞争的框架里面。我们所有人都渴望成功，我们不断被告诉说："看那个人，他可是功成名就。"但只要你寻求成功，就一定会感到焦虑。可如果你去做某件事情只因为你热爱它，而不是因为你希望成功，那么你就不会有焦虑了。只要你憧憬成功，只要你想爬上社会的阶梯，焦虑就会如影随形。但倘若你所做的事情是你热爱的——无论这件事情是修补车轮还是衔接齿轮，抑或是画画、当管理人，根本无关紧要——不是因为你渴望地位和成功，那么焦虑就不会袭上你的心头。

问：在这个世界上我们为什么要交战呢？

克：我们为何交战？你渴望某个东西，我渴望同样的东西，所以我们为它打了起来。你很聪明，但我却不聪明，我们为这个也打斗一番。你比我美丽，我感觉我也应该美丽，于是我们争吵不休。你有野心，我也野心勃勃，你渴望某个工作，我也希望做那份工作，结果争斗就会不断上演，不是吗？只要我们怀有欲望，争斗就不会有止境。这非常难。

只要我们渴望某个东西，我们就会争吵。只要你说印度是世界上最美丽、最伟大、最完美、最文明的国家，你就会陷入争吵。我们从小处开始——你想要一条披肩，你为此与人争斗，而同样的情形会出现在生活的各个方面。

问：当老师或者其他某个长辈强迫我们去做某件我们并不乐意的事情时，我们该怎么办呢？

克：你通常会怎么做？你会恐惧，然后就会去做被告知的那件事情，不是吗？假设你并不恐惧，你要求长辈、老师向你解释关于这件事情的全部，那么会发生什么呢？假设你说道——不是轻率无礼的，不是毫不尊重的态度——"我不明白您为什么要我去做这个；我不想这么做，请您解释一下为何希望我去做这个。"那么，会出现什么情形呢？通常发生的是，老师或长辈会不耐烦，他会说："我没有时间解释，去做就是了。"长辈或你的老师还可能会觉得他没有理由，于是他只会说"快去做"，他没有思考过。当你安静地、尊敬地要求他"请告诉我"，你就会让老师、长辈跟你一起去思考问题了。你懂了吗？尔后，假如你认识到了原因，假如你意识到他是对的，他的话有道理，那么你自然就会去做了，这里面没有任何强迫。但如果你因为害怕长辈就去做某件他要求的事情，这根本没有任何意义，你做它只是因为你害怕，即使他不在那里你也会继续去做的。

问：礼拜是一种冥想的形式，为什么我们要做它呢？

克：你做礼拜吗？你为什么要做它？因为你的父母这么做，你没有思考过它，你不知道这一切的意义，你之所以做，是因为你的父亲、母亲或姑姥姥做礼拜。我们全都是这个样子的，当有人做某件事情时，我便去模仿，指望着由此能得到些好处。所以，我做礼拜是因为每个人都做，这是一种模仿，里面没有任何独创，没有任何思考。我就只是做它，希望能够从中有所收益。

现在，你可以凭借自己的力量认识到，假如你一遍又一遍地重复某样东西，你的心灵会变得迟钝、麻木。这是一个十分明显的事实，就像数学里面，如果你一遍又一遍地重复，就不会有任何意义。同样的道理，一种一遍又一遍施行的仪式，会令你的心灵愚钝。愚钝的心灵会感觉安全，它说道："我没有任何问题，神将会看护我，我做礼拜，一切都是完美的。"但它依然是愚钝的心灵，一个愚钝的心灵是没有任何问题的。礼拜、反复念诵唱颂抑或不停诵读任何语句，会让心灵走向钝化。这便是我们大多数人渴望的，我们大部分人都想要变得迟钝，这样才不会有任何烦扰。这究竟是否有益则是另外的问题。你知道，通过重复，你可以让你的心灵变得非常安静——不是鲜活的意思，而是死寂——尔后心灵说道："我已经解决了我的问题。"然而，一个死寂的心灵、一个迟钝的心灵是无法摆脱自身的问题的。唯有活跃的心灵，一个不为模仿、恐惧所困的心灵，才能正确地看待问题、超越它、摆脱它。

你引用别人的话，因为你并没有对问题展开思考。你阅读莎士比亚、弥尔顿、狄更斯抑或其他人，你从中引用句子，说道："我必须认识它的意义。"但倘若当你阅读时你去展开思考，倘若在你进行过程中你去运用你的大脑，那么你就不会再去引用他人的话了。引经据典是最愚蠢的学习方式。

问：无风险，无收益。没有恐惧，没有良知。没有良知，没有发展。什么是进步呢？

克：何谓进步？我们发明了牛车、喷气式飞机，这就是进步。喷气式飞机时速高达一千三百至一千五百英里，而牛车则只有两英里，这便是进步。其他任何方向也有进步吗？人类在科学领域取得了很大进步——他知道星星与地球之间的距离，他知道怎样划分原子，他知道如何驾驶飞机抑或操作潜水艇下到深海，他知道怎么测量地球的速度。这条道路上一直都在进步，其他方向有进步吗？战争有减少吗？人有变得更和善、体谅他人、更美丽吗？所以，进步在哪里呢？一个方向取得了进展，但其他方向则毫无进步。

你声称冒险会带来进步。我们做陈述的时候并没有认识全部的涵义，然后我们读某些句子，学生们模仿、复制这些句子，把它们写到墙上，反复念诵。

问：什么是幸福？如何才能获得幸福？

克：你把幸福当作一种副产品去获得。如果你寻求幸福，那么你是不会得到它的。但倘若你去做某件你认为是对的、好的事情，幸福将会作为一种附带的结果出现。可如果你寻求幸福，它就总是会避开你，永远不会靠近你。比如，你做某个你真正热爱的事情——绘画，学习，散步，欣赏日落、树荫，做某件你会感觉"做它是多么好啊"的事情，这么做的时候，你将拥有幸福。但倘若你去做它是因为你渴望幸福，你将永远与幸福擦身而过。

1954 年 1 月 7 日

在瓦拉纳西学校对学生发表的第五场演说，巴纳拉斯

几天来我们一直在谈论恐惧以及导致恐惧的各种原因。我认为，其中一个我们大多数人似乎并未理解的最难的原因便是习惯的问题。你知道，大部分人觉得，当我们年轻的时候，应该培养与坏习惯对立的好习惯。我们一直都在被告知说什么是坏习惯、什么是好习惯，我们总是被告诉说哪些是值得培养的习惯、哪些是我们应当抵制或去除掉的习惯。当我们被告诉这些的时候，会发生什么呢？我们有所谓的坏习惯，而我们希望有好的习惯，结果，我们有的跟我们应当有的，这二者之间就会出现斗争。我们有的被认为是坏的习惯，而我们认为应当去培养好习惯，于是便会有冲突、斗争，便会不断地朝着好习惯去推进，不断地把坏习惯改变成好习惯。

那么，你觉得什么是重要的？好习惯吗？假如你培养好习惯，会出现什么情形？你的心灵会变得更加警觉、更加有适应力、更加敏锐吗？毕竟，习惯意味着一种持续的状态，在它里面，心灵不再烦扰，难道不是吗？如果我有好的习惯，我的心灵就无须对它们烦扰了，我就可以去想别的事情。因此，我们说道，应当拥有好的习惯。然而，在培养好习惯的过程中，心灵难道不会变得迟钝吗？假若你有所谓的好习惯，让你的思想活动起来，沿着这些被称为好习惯的轨道运行，你的心灵将不会

是柔韧的、易适应的，对吗？它会固化。所以，重要的不在于好习惯或坏习惯，而是要有思想，而富有思想性是更加困难的。当你有思想力、机敏、觉察，就不会再有培养好习惯的问题了。一个勤于思考的心灵是敏锐的，从而能够做出调整与适应。然而，一个在习惯中活动的心灵则是不灵敏的，是没有适应力的，也没有思考能力。一个平庸、渺小、琐屑的心灵，它的困难之一便是它活在习惯中，一旦心灵为习惯所困，就很难让自己摆脱习惯的束缚了。因此，重要的不是培养习惯，不管是好的还是坏的习惯，而在于要有思想力——不是沿着某个方向去思考，而是四面八方、各个方向。原因在于，某个特定方向上的习惯是没有思想力的。

　　我希望你们明白这一切。或许有点儿难，如果是的话，请询问你们的老师。当他们下次再谈到培养好习惯的时候，跟他们讨论，不是在争论中打败他们，而是理解他们所谓的好习惯指的是什么。

　　即使好习惯同样也是缺乏思考的。一个为习惯所困的心灵，无法迅速适应、迅速思考，无法保持机敏、警觉。善于思考，不是流于肤浅层面，而是内在的，要比培养好习惯重要百倍。心灵是鲜活的事物，但它受着各种各样习惯的束缚、制约、控制、影响、驱动。信仰、传统都是习惯，我的父亲相信某个东西，他坚持认为我也要去相信，虽然他没有用这种方式表达出来，但他营造了一种环境、一种氛围，使得身在其中的我必须要去遵从。他做礼拜，这是一种习惯，我自然会效仿他，于是我便培养出了同样的习惯。

　　你的心灵总是试图活在习惯里，如此一来它就不会受到扰乱，如此一来它就不必以新的视角去思考，以不同的眼光去看待事物。所以，心灵喜欢活在一种半梦半醒的状态，而习惯非常有用地出现了，就像传统，因为你不必去思考，不必机敏。传统主张了什么，你便去遵从——比如在你的前额点上点东西的传统、戴头巾的传统、留胡须的传统。当你接受和遵从某个传统，你不会感到烦扰，你的心灵是迟钝的、麻木的，并且喜欢这种迟钝。这便是我们的教育，我们学习数学、地理或科学，以便找到一份工作、安稳下来，就这样度过余生。你是基督徒、印度教教徒、穆斯林，抑或你自称是其他什么身份，在这里面，你犹如机器般运作，没有任何烦扰、不安。你有烦扰，但你用你那惯性的思维把它们解释过去了。于是，你的心灵从来不富有思想性，从来不是警觉的，从不去质疑，从不会感到不确定，它总是处于一种半沉睡的状态——因传统、习惯、习俗而昏昏睡去。这便是为什么，假如你去留意一下，当你待在学校的时候，你就会消失在芸芸众生中，你就只是跟其他人一样。你接受教育，你是学士或硕士，你有孩子、丈夫、车，抑或你没有车子，想要有部车，然后你工作、生活、渐渐走向死亡，最后埋葬在山路上，这便是你的人生，不是吗？你被训练着不去思考、不去反抗、不去质疑。偶尔你也会有一丝焦虑的颤抖，但很快就会被解释过去，你把这个看作是教育。

　　很明显，当你待在学校时，你要去尝试、试验这一切，这是格外重要的，不是吗？只有这样，到了你离开这个地方的时候，你才不会带着一颗活在习惯、传统、恐惧中的心灵，而是一颗富有思想的心灵。这种思想性不是沿着某个特定的方向，不是共产主义者、国会议员或者社会主义者的思想，一旦它被贴上了标签，就不再是思想力了。在你从属于某个事物的那一刻，从属于社会，从属于某个团体，从属于某个政治党派，你就已经停止了思考，因为你只会在习惯中去思考，而这绝不是思考力。这类学校主要关注的应该是营造出一种没有恐惧的氛围，在这里面，学生不会受到强迫、限制或者拿来跟其他人做比较——这样才会有自由。这并不表示说学生可以为所欲为，而是他们能够自由地成长、认知、思考、生活。如此一来，心灵永远不会活在习惯中，如此一来，心灵才会变得格外的活跃——不是闲言碎语的活跃，不是单纯阅读的活跃，而是探寻、发现、寻求真理、实相的活跃。尔后，心灵会变成惊人的事物、富有创造力的事物。

这显然便是教育的职责，对吗？——不是给你好的或坏的习惯，不是让你的心灵活在习惯中，而是帮助你冲破所有的习惯和传统。唯有这样，你的心灵才能从始至终都是自由的、活跃的、鲜活的，才能以新的视角去察看事物。你知道，当你去观察清晨或夜里的河流，在你观察了一周之后，你会失去对它的美的欣赏力，因为你已经习以为常了。你的心灵习惯了它，你的心灵对于那些绿色的田野和摇摆的树木不再敏感，你看见了它们，然后漠然地走过，你不再敏锐，不再富有思想力。你看到那些穷苦的妇人从你身边走过，日复一日，你甚至不知道她们衣衫褴褛、背负重物，你甚至没有注意到她们，因为你对她们已经习惯了。习惯某个事物，便是慢慢地对其不再敏感。这个过程是破坏性的，因为这样的心灵是迟钝的、愚蠢的心灵。所以，教育的作用便是帮助心灵保持敏锐和思想力，这样它才不会活在习惯或传统里，这样它才不会对任何事物习惯化，这样它才会始终是崭新的、活跃的。这需要相当的洞察与认知。

问：我们为什么会愤怒？

克：可能有许多的原因。或许因为身体不好，没有睡好，没有好的食物。或许纯粹是生理的原因、神经性的原因。抑或可能是更为深层的原因，因为你感到挫败、沮丧，你感到受困、束缚、限制，你没有任何出口，于是你便大发雷霆。愤怒不是单纯控制的问题，当你去控制，你便制造出了一种习惯。你知道，大多数人所谓的打坐，其实是培养习惯，当他们打坐的时候，他们在培养一个不会烦扰的心灵，一个活在习惯中的心灵，但这样的心灵永远不会发现真理、神。如果你仅仅去控制愤怒，这个过程便是培养习惯。或许你并不理解我所说的，假如成年人明白了我的话，也许可以仔细地把它解释给孩子们听，不是随意的，不是不耐烦的，而是向他们解释控制的整个过程，它会制造习惯，从而令心灵钝化。他们能够解释为什么会有愤怒，不仅有生理的原因，还包括心理的原因，解释一下敏锐的心灵是如何因为恐惧、因为各种各样的欲望和实现而让自己变得迟钝、不再敏感的，以及这样的心灵是如何只能够从习惯、控制、压制的层面去思考的。

一个格外机敏、富有观察力的人，也可能会发脾气，但这并不重要。重要的是去观察心灵，认识到它没有活在习惯中，没有变得麻木、迟钝、疲惫，一步步走向死亡。

问：四处游走的念头令我无法集中精神，而如果没有专心致志的话，我便没法去阅读。

克：你之所以没有阅读，不是因为游走不定的想法，而是因为你对自己阅读的对象不感兴趣。你读某个侦探故事或小说，那时候你的思想就不会到处游走了，不是吗？假如你对于你阅读的东西感兴趣，它就会带给你享受、愉悦，尔后你就不会被任何念头干扰了，对吗？相反你会手不释卷，要你放下书本都难。你有读过侦探故事吗？你读小说吗？没有吗？那么你读什么？课堂上你被告知说去阅读什么呢？很自然，你对那些东西并无兴致，于是你强迫自己去读它们，当你强迫自己去阅读的时候，你的心思会飘到其他地方去——这是错误的教育。但倘若从儿时起便给你机会去探明你对什么感兴趣，那么你自然地、十分容易地就能做到专心致志了，无需费力才能集中思想。然而不幸的是，对于年纪大一点的学生们来说，这已经是不可能的了，因为他们一直受着旧式的教育长大，被强迫着去阅读和学习。当你的思想游走，便会生出如下问题：我怎样才能控制我的念头呢？你没法办到，不要去控制你的念头，而是应当探明你究竟对什么感兴趣。不幸的是，你必须得通过考试，这是对你的期待。但倘若你真的希望认识你思维念想的方式，那么心灵就必须弄清楚它对什么有兴趣，是指它的余生，而不是十天或几年。对于这样的心灵，一旦它发现了自己感兴趣的是什么，就不会再有专心致志的问题了，它自然而然就会变得专注了。

问：冥想的结果是什么？

克：通常的结果便是你对于你冥想的渴望。你明白没有？如果我冥想和平，我就会得到和平，但这不会是真的和平，而是我的心灵制造出来的东西。若我是个基督徒，我会以基督教的方式去冥想，我的心灵会构想出一幅图景。若我是印度教的皈依者，我去冥想，我的心灵会制造出某个形象，我将把它看作是活生生的形象。我的心灵构想出了它渴望的一切，并将其视为鲜活的事物，但这是一种自我欺骗，心灵在欺骗自己。假如我是印度教教徒，我信仰许多的事物，我的信仰将会左右我的思想，不是吗？假设我是个皈依者，我坐下来，静念克利须那神，会发生什么呢？我会制造出关于克利须那神的形象，不是吗？我的心灵、思想一直处于印度教的浸染之下，于是它便有了一幅克利须那神的图像，而我则去意念那一图像。这种冥想是我受限的思考的过程，所以这不再是冥想，而只是一种持续的、习惯性的思想。我能够看见克利须那神在舞蹈，但这依然是我所受传统的结果。只要我怀有这种传统，就无法认识实相。因此，我的心灵必须让自己挣脱传统的羁绊，这才是真正的冥想。

冥想是心灵摆脱一切的限定，要么是印度教的限定，要么是基督教、穆斯林、佛教或共产主义的限定。尔后，一旦心灵获得了自由，真理便会到来。否则，冥想不过是一种自我欺骗。

问：当乞丐向我们走来时，我们为什么会为他感到难过呢？当他离开我们，又为何会觉得生气呢？

克：我不确定你问题的后半部分是否表述正确了，或许当你说他们离开时你会仇恨，你所指的是不同的意思。你之所以生气，仅仅是因为他离开了这个地方，还是因为你没有施舍给他东西于是他带着诅咒离开了呢？我作为一个乞丐去到你身旁，你施舍给了我一些东西，在给予的过程中，你感到快乐，你感到自己是个人物，因为你施舍了他人。对于我们大部分人来讲，施舍、给予里面是有虚荣的，不是吗？假设你没有施舍，会发生什么？乞丐会咒骂你，然后走开，他很生气，而反过来你也会愤怒。或许你并不希望被打扰，所以你很生气。

我真的不太明白这个问题，这便是你想要说的吗？当你看到一个人、一个乞丐，你感觉到仁慈，因为你的同情心被唤起，你觉得怀有这种自然的同情是很好的事情。但与此同时你又感觉到心烦不安，因为他很穷苦而你则过得不错。你不希望心烦，于是你便会生气。你指的是这个意思吗？有好几件事情发生了——给予他人某些东西的同情心的自然流露；焦虑感；愤怒感，因为你无能为力，社会如此腐朽，你帮不上忙；你自身自然而然的恐惧，怕会被他传染疾病。当你说乞丐离开时你会生气，我不知道你指的是什么意思。

问：愤怒的习惯和怀恨在心的习惯——这二者究竟是不同的心理过程呢，还是一样的，只不过程度有别呢？

克：愤怒可能是立即的，但它会过去，会被忘记。我认为，怀恨在心意味着对某种伤害的储存、记忆，感觉你曾受挫、受阻，你把这个储存起来，最后你将它强加到了那个人的身上，你变得暴力。我觉得这二者是有不同的，愤怒可以是马上的，但会被忘却，而怀恨在心则意味着实际上在建立起愤怒、恼怒的情绪以及想要回击的渴望。如果你有权有势，你对我说了刺耳的话，我不会发火，因为我可能会丢了工作，于是我便把这股怒火储存起来，我忍受你的侮辱，一旦时机来临我便会反击。

问：我怎样才能找到神？

克：一个小女孩询问说如何才能找到神，可能她想问的是其他的，但却把它给忘记了。

在回答这个问题的时候，我们谈话的对象不仅是这个小女孩，还有大人们。老师们要好好听，然后用印度语告诉给这个女孩，因为这个问题对她很重要。

你可曾观察过一片叶子在阳光下舞动、一片单独的叶子？你观察过水面上浮动的月光吗？你看见过某个晚上的新月吗？你注意过鸟儿的飞翔吗？你深爱着你的父母吗？我没有在谈论恐惧、焦虑、服从，而是在谈当你看见一个乞丐，或是当你看见一只鸟儿死去，抑或当你看见一具被焚烧的尸体时，你心里生发出来的那种伟大的同情。假如你能够看到所有这些东西并且怀有伟大的同情与理解——对那坐着豪车、扬起灰尘一片的富人的理解，对可怜的乞丐以及瘦得几乎如同一具行走的骨骼的拉车的马匹的理解，认识所有这一切，不是仅仅字面上感觉到，而是发自内心，感觉这个世界是我们的，是你的和我的，而不是富人的，也不是共产主义者的，感觉世界将会变得美丽——若你能感受到这一切，那么这背后就会有更加深刻的东西。但要想认识那更加深刻的事物，那超越心灵的事物，心灵就必须自由、安静。倘若没有认识这一切，心灵便无法获得宁静。因此，你必须从近处着手，而不是试图去探明何谓神。

问：我们怎样才能永远地清除掉我们的缺点呢？

克：你知道心灵是多么渴望安全，它不想受到烦扰，它永远都在渴望彻底的安全。一个渴望彻底安全的心灵，一个想要永久性地克服一切困难的心灵，它会找到法子的。它会求助于上师，它会怀有某种信仰，它会去依靠、依附某个事物，结果，心灵变得迟钝、死寂、疲惫。当你说"我想要永久地克服我的一切困难"，你便会克服它们，但你的整个身心、你的心灵将会是死寂的。

我们不想有困难，我们不想去思考，我们不想去探明、询问。我坐等他人来告诉我该怎么办，我不希望烦扰，于是我便去求助于某个我认为伟大的人，抑或是某个圣人，我希望他告诉我该做什么，就像一只猴子那样，就像一台不停重复的留声机一样。在这么做的时候，我可能表面上没有了任何困难，因为我被施了催眠术。但我在潜意识里、在内心深处还是会有难题，它们最终将会迸发出来，尽管我希望它们永远不会冒出来。你知道，心灵渴望庇护，渴望有东西能够去依附——某种信仰，某位大师，某个上师，某种哲学，某个结论，某个活动，某个政治教义，宗教原则。当它遭遇烦扰的时候，它就会想着求助于这个，依附于这个。然而，心灵必须处于不安之中，唯有通过烦扰、通过观察、通过探寻，心灵才能认识问题。

这位女士问道："一个不安的心灵能够实现认知吗？"一个烦扰的心灵，一个渴望逃避烦扰的心灵将永远无法认知。而一个不安的心灵，它认识到自身的烦扰并开始耐心地探究烦扰的原因，不去谴责，不去对这些原因进行解释——这样的心灵将会实现认知。但一个声称"我很不安，我不想烦扰，所以我便去冥想那没有烦扰的状态"的心灵，却是虚伪的、愚蠢的。

问：什么是内在美？

克：你知道什么是外在美吗？当你看见一座美丽的建筑抑或是一株美丽的树木、一片好看的叶子、一幅可爱的绘画、一个可爱的人，你会如何呢？你会说："它很美丽。"你所说的"美丽"是指什么意思？要想看见外部的美丽，你内心就必须具有美的事物，不是吗？你理解没有？请告诉那个男孩，负责的老师、他的舍监，请仔细听好，麻烦你把我们一直讨论的内容告诉给这些男孩女孩们，这要比寻常的课程重要多了。

请听好。一个孩子想知道如何永远摆脱一切麻烦，另一个孩子则想知道什么是内在美。当我询问你是否懂得何谓外在美时，你们全都笑了。可如果你认识那美丽的事物，如果你对美有感受力，你就会怀有同情心，会很敏锐，会去欣赏你所看见的事物———座壮丽的高山或者奇迹般的景色。要想对美具有欣赏力，你的内心就必须得有值得欣赏的东西，这可能便是内在美。当你看到仁慈、良善，当你看到你之外的某个可爱的事物，你必须内心也有它。当你见到跨在恒河之上的铁路桥那美丽的弧度，必须你内心有东西见到了那弧度的美丽。我们大部分人都没能发现外在美和内在美，因为我们身上并没有它，我们没有聆听飞驰过大桥的火车的轰鸣，它有它的美妙。当你习惯于某个事物的时候，它对你便会失去意义。

1954 年 1 月 8 日

在瓦拉纳西学校对学生发表的第六场演说，巴纳拉斯

　　我们一直在谈论恐惧，在我看来，假如我们能够对此问题展开更为深入的探究，或许就能将首创精神唤醒。你知道"首创精神"一词的涵义吗？首创意味着开端，随着探究的展开，我将会做进一步的解释。

　　你难道不认为在像印度这样的古老国度里——由于各种各样的因素，像是气候风土、人口过剩、贫穷——传统和权威控制了思想吗？你难道不曾在你自己身上留意到，你是多么渴望去服从你的老师、你的父母或监护人，多么渴望去遵从某个理想、追随某个上师吗？服从、遵守、被告诉说该做什么等心态——制造出了权威，不是吗？你知道何谓"权威"？它指的是某个你仰视的人，某个你想要去服从、追随他的人。由于你自己是恐惧的，由于你自己是不确定的，于是你便制造出了权威。通过制造权威，你不仅去追随，而且还希望别人也去追随，你从追随以及强迫他人去追随当中获得了快感。

　　我不知道你是否曾经在你自己身上注意过，这种想要去服从、追随、仿效以及遵从他人愿望的背后，其实是恐惧——害怕没有做对的事情，害怕犯错。于是，权威渐渐地扼杀了任何一种创新——也就是，知道怎样轻松、自发、自由地凭借自己的力量去做某件事情。我们大多数人都缺乏这个，因为我们内心的创新意识正在被摧毁。例如，你可能制造出

了你自己的某种灾难，你可能撕裂、破坏，制造了某种不幸，但这种感觉凭借自己的力量去做某件事情，独立的，没有被要求，没有被告诉说该做什么，这种独创的精神失去了，因为你总是被权威以及上一代人重重包围——他们似乎以为很了解自己，虽然他们其实并不知道——这些人都在控制你。结果，那种只因为你热爱便去做某件事情的意识，渐渐地从你身上消失了、被毁掉了。你可曾沿着道路行走，然后把路中间的一块石头给捡起来，或是把一张纸、一片破布捡起来，抑或栽种下一株树木并且精心照料它呢？当你没有被告诉该做这些事情的时候，你自己自然而然地就会去做，这便是首创、主动的开始。当你看到某样东西需要修补，你去修补它；当你看到某件事情必须得去做，你在没有被告知要去做的情况下便去做它，要么是在厨房里，要么是在花园里，要么是在房子里或者路上。你的心灵逐渐摆脱了恐惧、摆脱了权威，于是你开始独立地去做事情了。我认为，在生活中这么做是非常重要的，否则你将变成单纯的留声机，一遍一遍播放着同一曲调，结果你也就失去了全部的自由意识。

然而上一代人，由于他们不安的欲望、恐惧以及对不安全的忧惧，所以希望去保护你，他们想要指引你，想要把你困在恐惧之中。经由恐惧，他们渐渐毁掉了你身上做事情、犯错、探明的自由，结果你便开始失去了这个被叫作"首创精神"的非凡的事物。请向你的老师们询问这一切。你知道我们当中拥有这种自由的人是多么寥寥无几吗？——不仅是做事情的自由，还包括我们渴望去做事情的自由。当你看到某个人背负重物时，你会希望去助他一臂之力，对吗？当你看到碗碟正在被清洗，你有时候会想着自己来干这个。你想洗你自己的衣服，你想自由地去干某些事情。你知道这是什么意思吗？如果一个人非常深入地去探究一下这个，你将发现，一种非凡的创造力会到来。

真理不在远处，不是要去寻找、努力、寻求的。假若你从一开始、从孩提时代起便拥有自由，那么你将发现，随着你长大成人，就会具有这种自发地、轻松地、自然地去做事情的主动精神、首创精神，无须被他人告知该做什么。它是写作诗歌的创造力，是无所畏惧，是凝望星辰，是让你的思想游走，是发现地球的美以及它所拥有的那些惊人的事物。感受到这一切，实际上是一种非凡的活力，如果没有自由，没有这种首创的意识——在它里面，没有任何权威，在它里面，你不会仅仅因为被告诉说该做什么而去服从，而是会自发地、自由地、轻松愉悦地去做事情——你便无法感受到这些。随着你对此展开探究，将发现，你开始对一切有了巨大的兴趣，对你走路的样子、说话的方式、看待人们的目光以及你拥有的各种感受——因为所有这些东西都非常的重要。假如当你待在学校的时候一直都在培养智慧以及这种自由的意识，那么，几个月高强度的学习就足以让你通过考试了。但是现在你所做的是一直只关注于学业、书本，两耳不闻窗外事。

你观察过那些头顶重物的村妇吗？——装牛粪的篮子、木头、干草、饲料。她们的步态是多么地美啊！你观察过所谓的富人吗？你是否注意到他们变得多么肥胖、多么迟钝吗？因为他们不去观察任何事物，他们只关心自己那些琐碎的烦恼和欲望以及怎样去控制自己的恐惧跟渴求，结果他们便活在恐惧中。由于活在恐惧中，他们便去追随他人、去服从，如此一来他们就制造出了权威——某个层面的权威，比如政客、律师、政府，还有精神层面的权威，如书本、领袖、上师——结果，在他们身上，他们失去了生活、痛苦、认知的美。

这便是为什么说，当你待在这所学校时，你应当去认识所有这些事情，这是非常重要的。某一天出外，栽种一棵树木，你在这里的期间一直去照料它，弄清楚种植的是什么种类的树木，要给它什么样的养料以及去照看它。尔后你将看到有事情发生在你身上，你与大地亲近了，而不是仅仅同书本亲近。在你谋到工作之后你就不会对书本感兴趣了，在你通过考试之后，你就再也不会去看书了。然而这里到处都有树木，有许多的花朵，还有鲜活的动物。如果你对这一切没有感受力，你就会失去创新精神，你的心灵会变得渺小、琐屑、嫉妒。当你在这所学校时，应当对所有这些问题进行思考，这很重要，这样你的心灵才会意识到它们。

你知道，科学家声称我们的功能只开发了百分之十五，我们的思考能力只是百分之十五。或许，假如我们学习着让功能开发到百分之五十，会导致更多的灾难。但倘若不去培养感受力、认知、爱、仁慈，那么即使只用百分之十五的能力，我们也会带来巨大的危害和灾难。如果有百分之五十的能力但却没有仁慈之心，我们将会干许多恐怖、丑陋的事情。

一旦你认识了这一切，就能摆脱恐惧获得自由了。如果你就只是听这些讲话尔后将它们抛到脑后，那么你怎么可能实现认知呢？不要用那样的方式去聆听。聆听，这样你才能没有恐惧地生活，不去追随任何人。聆听是为了获得自由，不是当你年迈时，而是现在。

自由，需要相当的智慧。假如你是个愚蠢的家伙，你是不可能自由的。所以，重要的是在你非常年轻的时候去唤醒你的智慧。当你恐惧，当你去遵从，当你希望有人服从你或者当你自己去服从他人，就无法拥有智慧。这一切要求大量的思考，而这才是真正的教育。我们现在获得的教育，不过是肤浅的、表面的。

问：当痛苦遍地，我们如何能够创造一个幸福的世界呢？

克：你并没有在听所说的内容，你的脑子被你的问题占据了。在我讲话的时候，你的思想在游走，在想着你要怎样提问题，要怎样表述它，结果你的脑子只是在忙于你要问的内容，你没有真正在听。我话音刚落你便发问了，连间隙都没有，你马上就跳了进去——这实际上意味着你并没有在听，你没有认识到我观点的重要性，你没有投以注意力。懂得怎样聆听他人真的非常重要——聆听老人、聆听你的姐妹或兄弟、聆听某个路过的人——这实际上表示说你的心灵是安静的。唯有这样，新的观点、新的感受、新的认知才能渗透进来。我所说的真的非常复杂、非常难，你没有让它渗透进来，进入你的思想，因为你的脑子被占据了，你只想着"我必须提个问题，我要怎样表述它呢？"抑或，你在看着窗外——凝望窗外真是美妙啊，因为树木很美——但是尔后你看到有人进来了，你的心思就像树上的叶子一般摇摆不定。所以，就像我所建议的，请把你的问题写下来，我结束演讲之后会等待一分钟，然后读你们的问题，那么你的思想就能跟上我所说的，这样你才能开始真正地聆听。我认为，假如我们懂得怎样聆听，我们学到的将会比一直费力去注意多得多。

有人问道："什么是美丽的世界？当这世上有这么多的痛苦，一个人如何才能建立美丽新世界呢？"让我们一起来思考一下为什么这是大部分人都想去做的事情之一吧。我们以为，活跃、做事情，要比认识问题更加重要。你看到一个乞丐，你的本能是施舍给他些什么。但通常发生的情形却是，施舍过后，你会把这个全忘了。你没有认识，你没有探究有关贫穷的整个问题，这里以及世界各个角落的贫穷。你知道有穷苦人，你也知道还有内心的贫瘠，你可能腰缠万贯，你可能居住豪宅，但在内心，你跟乞丐一般贫穷。如果你意识到了这个，你会害怕，于是你便开始去阅读书籍、获取知识。这就像是一个人浑身披金戴银、住在宫殿，于是以为自己很富有了。

你学习阅读或者引用许多精神导师以及《薄伽梵歌》的话。你可能希望行善，但你对此有所踌躇。你想要帮助全世界，终结世上的苦难，于是你加入团体，你加入某个协会，抑或组建某个机构。你当上了秘书，你支付会费，你渐渐迷失在了组织里。事实上，你在这个世界上所做的善行微乎其微。

要想真正地行善，你必须在行善的过程中认识你的本来面目。你的任何行动，应当帮助你去认识你自己、探究你自己。尔后，在转化、改变自我的过程中，就能带来一个不同的世界了。单纯做好事抑或为了做好事而去加入某个团体，似乎只是停留在表面。但倘若行善的过程中你开始去认识生活的复杂，那么，经由这个，就能迎来转变了，就会创造出一个不再有痛苦的世界。

问： 为什么偷窃被认为是不好的？

克： 你为何觉得偷窃是坏的？你有一块表，我把它从你身边拿走，你认为这对吗？我拿走了属于你的东西，拿走了某个你父亲给你的东西，抑或你通过其他方式得到的东西。我拿走它的时候没有告诉你，你并不知道，这是好的行为吗？可能你之所以有那块表是因为你很贪婪，但我同样贪婪，同样想要去获取，所以我从你那里拿走了它。这便是所谓的偷窃，它显然是不对的，不是吗？你知道，有一些男孩女孩有偷窃的习惯，年纪大的人也会这么干，尽管他们有钱，尽管他们拥有真正需要的东西，但偷窃的欲望却战胜了他们。这是一种疾病，这是一种精神的歪曲、心理的失常、精神的扭曲。大人们并没有认识这种扭曲，他们通常会惩罚或伤害你，说你不应该偷东西，这很糟糕，你可能会被关进监狱。他们恐吓你，结果扭曲就变得更加扭曲、更加黑暗了。但倘若他们跟你解释，倘若父母或老师不嫌麻烦向你解释，不去责备，不去威胁，那么或许扭曲就会消失。难题之一便是老师和父母没有时间、没有耐心，他们有许多其他的孩子需要照看，他们想要一个迅速的结果，于是便去威胁这个孩子，希望他可以停止偷盗。然而通常发生的却不是如此情形，这个孩子会继续暗暗地偷东西。

我以为，在一所这类的学校中，老师们应当把这些事情解释给你听。

课堂上你花费一个钟头去阅读数学或地理，为什么不从中抽出十分钟来讨论一下这些问题呢？随着你开始去谈论它们，老师和学生都会变得睿智起来。我不是在说那些没有智慧的老师，而是说他们变得更加有智慧。

问：什么是灵魂？

克：你认为你有灵魂，不是吗？你怎么晓得呢？你知道，这是你的难题之一。你从你的父母那里接受了一些东西，你一遍又一遍地重复它们，你说道："是的，我有灵魂。"

什么是灵魂？让我们慢慢地、一步一步地展开探究，你将会有所发现。在巴纳拉斯这个死寂的城市里，如此多的人死去了，你也见过死去的鸟儿。树上的叶子，曾经那么翠绿、可爱、在风中舞动、柔嫩，如今也枯萎凋谢随风而逝了。目睹了这一切，人们说道："一切都会逝去，一切都会消失，没有任何东西是永恒的。"黑发变灰白，早年你可以走上十英里甚至更远，但后来你只能行走两到三英里了。一株活了两三百年的树木被雷电击中，尔后消失了。在加利福尼亚有些树木的寿命长达三到五千年之久，但它们依然会死去。一切都会消逝，几乎没有什么是永恒的。

看到了这不同寻常的短暂，人们说道："一定有东西是永恒的，一定有东西不会消亡，不会被时间腐蚀。"于是他开始去发明一些永恒的事物，他从自己的脑子里制造出了神、灵魂、真我、梵天，诸如此类。他意识到自己并不是永恒的，所以他便憧憬永恒之物，永远都不会消亡、不会被偷走的事物。因此他的心灵便去推测、猜想，他在自己的恐惧中去发明、去想象。他声称存在着灵魂，它是无法被毁灭的。他说道："我的肉体可能消亡，我可能会死去，我可能被虫子吃掉，但我身上有东西是不朽的。"他这样主张，尔后便去崇拜那一发明物，围绕它确立起了诸多的理论，他撰写书籍，为此展开争论，但他从来不曾依靠自己的力量去探明究竟是否真的存在着永恒的事物。他从不曾说："我知道一切都是短暂的，我也会死去，我也会老去，疾病、衰亡将会到来。但我希望探明是否有某种超越的事物，所以让我不要去发明创造，让我不要说存在着灵魂、真我抑或这个那个，而是让我去探明、探寻。"只要我下决心去探明、探寻，那么，通过这种探寻，通过认识我的恐惧、我的贪婪，通过认识我自己，我便能够探究得越来越深入，继而发现那无法用单纯的言语描述的事物。

你指出人有性格，而性格或许便是灵魂。然而你是什么呢？你有某些倾向、性情，不是吗？你有某些特质、方式、欲望，这一切都在你身上。你说道："我是这一切。可如果我死去了，我会遭遇什么呢？一定有东西是一直继续下去的。"然而，请不要盲目地去接受任何东西，直到你已经探明了，直到你自己已经研究过它了。不幸的是，你的心灵忙忙碌碌，你没有唤醒它，这样它才能去探究这个问题。当你去接受，当你去相信，你便已经停止了探寻。所以，真正的探寻要求有一个非常清醒的心灵。假如你遵从某个权威抑或怀有恐惧，就无法拥有这样的心灵。若你仅仅是去接受，你将永远不会探明。

问：什么是欢愉？

克：一个小男孩询问说："什么是欢愉？"我想知道他为什么要问这个！或者他不知道何谓欢愉——这真的非常悲哀——或者他知道什么是欢愉，只是希望探明更多有关的信息。这个孩子不会明白我将要说的，因为，很不幸，我不会讲印度话。不过，请那些负责照看这个孩子的人仔细地解释给他听，帮助他认识自己的问题。

这个男孩希望知道什么是欢愉。当你看到一朵花，你会产生某种感受，对吗？当你看到日落，当你看到一个可爱的人儿，当你看到一幅很美的画作，当你自由地行走在山路上，从山顶朝山谷望去，见到各种各样的树荫、阳光、房屋，当你看到某个人微笑，你难道不会产生一种你所谓的愉悦感吗？可一旦你说"我很开心，我感到开心"，这东西便消失不见了。你明白没有？当你说"我很快乐"，你就不再快乐了。

你知道，我们活在过去，我们一直都是僵死的，死亡总是伴随着我们，持续始终是我们的阴影，因为我们总是活在过去的时刻。这便是为什么我们会说："我已经知道了欢愉，它已经消逝了，我希望让它回来。"所以问题便是保持觉察，没有"经历"，凡"经历"都在变成过去。我谈论的是一个如此难的问题，对不起！

当你享受某个事物，当你写作诗歌或是阅读书本，当你舞蹈或是做其他的事情，就只是让它随意地发展，不要说什么："我必须拥有更多。"由于这种意愿会变成贪婪，它也就不再是欢愉。就只是快乐在当下。假如阳光普照，尽情地享受它，不要说："我必须获得更多。"假如来了云朵，就让它们如此，它们也有自己的美丽。不要说："我希望我能够拥有更美丽的一天。"让你痛苦的正是渴求更多。

你听了所有这一切，然后聪明地摇了摇脑袋，但它不会渗透进去，不会深入到你的内心。当你真正不再渴望"更多"，当你不再去获取，欢愉便会到来，无需你去寻求。

问：什么是悲悯？

克：这个孩子希望了解何谓悲悯，我想知道他为什么要问这样一个问题，可能是其他人通过他提出来的。我希望大人们不要这么做，他们实际上是在腐蚀年轻的心灵。孩子们对这一切不感兴趣，痛苦感、同情感、无望感。我确定这个孩子并没有感受到这些东西，他有他自己的问题，他想知道为什么鸟儿会飞翔，为什么水面上有阳光，为什么他的老师或父母要对他残忍，为什么他不被喜欢，为什么他必须学习，为什么他应当服从某个愚蠢的老人，这些才是他的问题，而不是悲悯。他只是希望认识什么是神，因为这个问题被谈论得如此之多。请务必鼓励他们询问他们自己的问题。

如果你只想知道悲悯的意义，你可以查阅字典，在那里你将会找到其涵义，不必我来给出解释或定义。我们的心灵如此轻易地就会满足于释义，我们以为自己已经理解了。这样的心灵非常的肤浅。

问：一个人怎样才能倾听他人呢？

克：如果你感兴趣的话，你就会聆听他人的。若你真的想知道怎样聆听他人，你将会探明。此刻你在聆听，不是吗？我希望知道如何聆听，我询问你，我听你讲话，因为你可能告诉我些什么，我将从中学到些东西，我将懂得怎样聆听。正是在行动中，在问题中，将会揭示出如何聆听。

你问我如何聆听，那么，你有在听我说的话吗？你可曾聆听过一只鸟儿的鸣叫？你能否聆听——不是带着巨大的压力，不是付出巨大的努力，而是怀着兴趣、轻松愉悦地聆听——这样你的全部注意力都会在上头呢？

我们并没有以这种方式去聆听，我们只是急切地想要从某人那里得到些什么。当你阅读，当你讲话，你希望从中有所得，因此你从不曾轻松愉悦地聆听过。在你聆听的时候，你会把它解释成适合你的样子，抑或依照你阅读过的东西对它进行解释，结果也就越来越复杂。你从没有平和、轻松、安静地聆听过。你可曾长时间地凝视过月亮？——就只是观察它，抑或看着河水的流逝，观察它们，没有坐下来努力去观察这一系列的装备？假如你以这样的方式去聆听，你将会听到更多，你将会对正在说的内容理解得更多。即使你必须聆听你的数学、地理或历史，就只是聆听，你将会学到更多。你还会探明你的老师是否在正确地教育你，抑或他仅仅只是一部留声机的唱片，一遍又一遍重复着同样的旋律。聆听是一门伟大的艺术，可惜我们当中极少有人懂得。

1954 年 1 月 11 日

在瓦拉纳西学校对学生发表的第七场演说，巴纳拉斯

你可曾安静地坐着？有时候你会尝试这个，看一看自己是否能够极其安静地坐着，不带任何目的，就只是看看你是否可以静静地坐着。年纪越大，你越紧张不安。你是否注意过老年人的腿脚是多么地抖动吗？哪怕很小的抖动，一直都在抖，这难道不表明了紧张吗？我们认为这种紧张可以通过个各种各样的克制消除掉。你知道这个词是什么意思吗？你的老师跟你谈论克制，宗教书籍跟你谈论自我强加的约束。我们的生活是不断的克制、控制、压制的过程，我们受着束缚、阻碍、限制，所以我们从不曾认识过自由、自发的时刻。我们是受制的、自我封闭的。问问你的老师们，问问这些词语是何意思。

正如我昨天建议的，你是否应当课堂上花十分钟去讨论一下这些问题呢？上课之前，有老师跟你谈论这些东西吗？为什么你不坚持要求呢？为什么你不要老师跟你谈谈这个？老师和大人们全都急切地想要继续他们的课程、他们的工作，从没有时间四顾察看。但倘若你每个早上都坚持从课上抽出十分钟，谈谈那些更加重要的事情，你便会学到许多。

就像我所说的那样，我们从来不认识一刻真正的自由，我们以为，通过不断的克制、训练、控制，自由便会到来。我并不觉得克制会带来自由，克制只会导致越来越自我封闭的心灵。我知道我在谈的或许是你

以前并没有听过的东西。

你听说过，要想获得自由，你就必须克制。但倘若你展开探究，倘若你去研究一下这个词语，探明它的意义跟内涵，会发现，克制意味着抵抗某样东西，意味着建起一堵高墙，把你自己封闭在这座观念的高墙背后。这很愚蠢，因为，你越是克制，你越是去控制、压制、抑止，你的心灵就越会变得狭隘、渺小。你难道不曾留意过，那些非常克制的人其实没有丝毫的自由吗？他们没有自发的感受，没有认识的宽度。对大部分人来讲，难题便是我们渴望自由，以为克制将会带领我们达至自由，但另一方面我们却无法做自己想做的事情。做我们喜欢的事情，这并非自由，因为我们依然必须与他人生活在一起，必须得去适应，适应事物的本来样子。

除了这种想要为所欲为的肤浅的渴望之外，难道没有一种更为深层的渴望吗？即希望凭借自己的力量去做些有创造力的事情。但我们实际上无法自由地、自发地去做自己想做的事，我们想要做什么跟我们应当做什么，这二者之间有矛盾、冲突。渐渐地，我们想要去做的开始让路、消失，而另一方则保留了下来——那就是我们应当做什么，别人希望我们去做什么，老师、父母、其他男孩女孩希望我们去做什么。我内心深处有一种感觉、一种渴望，想要做有创造力的事情，真正凭借我自己的力量去做。但要想探明我凭借自己的力量要去做的是什么行为，需要大量的认知，而不是单纯地做我喜欢的事情那么简单。每个人，在他自我强加的监牢里都做着他喜欢的事情，但这是一种肤浅的行动。

探明以及去做某个你内心自发地、深有感受的事情，这相当不容易，因为我们受着强制。你是否注意过人们是多么频繁地说着："做这个，别做那个。"他们难道不是总在这样告诉你吗？于是，你渐渐习惯了不假思索地去做事情，结果你变得机械化，犹如一部运转的机器，但却没有活力，没有能量，没有大量的思索、洞察、爱、情感和感受。所以，你很难发现你喜欢去干的事情。此外,你的教育也没有帮助你去找到你内心深处真正想要去做的是什么,因为你的老师和父母发现,通过教育、通过控制要更容易把你应当去做的事情强加给你,把他们认为的你的职责、你的教规、你的义务强加在你身上。渐渐的,那些美的事物、那些你自己感觉假如给了机会你便可以去做的事情,被毁掉了。因此,对大多数人来说,我内心深处想要去做的事情——我对它感兴趣,而这需要大量的认知,需要不断地把那些没有价值的东西抛到一边去——跟我应当做的事情、社会要求的事情、老师告诉给我的事情、传统主张的事情,它们之间始终都在上演着冲突。结果,这二者之间冲突不断。我们以为,通过控制一个事物去对抗另一个,通过训练我们自己去适应某种思想模式,自由便会到来。

在这类学校里,应当去认识有关克制的问题,这难道不是十分重要的吗?当有三百个孩子,或者一百个甚至十个,我们必须得有秩序。然而让许多人有序这相当的困难,因为每个男孩女孩都想去做他自己的事。这里的学生营养充足、年轻、充满活力、生气勃勃,他们想要大声叫喊。而老师们则想控制他们,让他们保持秩序,让他们去学习,去规范他们的生活。

那么,教育者以及你应当去探明克制、约束指的是什么意思,它的涵义是什么,这难道不是非常重要的吗?我们当然必须得有秩序,但秩序需要解释、智慧、理解,而不是压制以及说道:"做这个,别做那个。如果你不做那个的话,你就会得低分,就会被报告给校长、你的监护人、你的父母。"压制不会带来秩序,实际上它会导致无序,会引发抵抗,会让心灵丑陋。但如果我们不怕麻烦耐心地去解释一下秩序的重要性,就能够实现有序了。比如,若你不在正确的时间起床就餐,想一想将会给厨师添多少的麻烦。你的食物会变冷,你吃了冷的东西会有害。你会变得越来越不考虑他人——这真的是一个问题,如果你顾虑他人,如果你体谅他人——既有老年人也有年轻人——那么你就会是个遵守秩序的人了。不幸的是，老年人也不考虑别人，他们只关心自己，关心他们自己的问题、困难、工作。

在这所学校里，从一开始我们就应该理性地认识什么是克制。当你考虑他人，自然而然就能做到自制了。克制不是抵抗，它实际上是一种调整、适应，对吗？当你顾及别人，你就会调整自己，这种调整是自然而然的，因为它源于思考、关心与爱护。但倘若你只是说"你必须按时吃饭，否则你就没有饭吃并且会受罚"，就不会有理解、顾念。假设一个孩子没有早起，舍监教训了他，说"你应该早起，要不然就会受到处罚"，抑或通过爱来劝说他，但这些全都是恐惧、不顾及他人的形式。老师必须弄明白这个孩子为什么懒散，或许是他希望引起老师的注意，又或者他在家里面没有感受到爱，于是渴望得到保护，抑或他没有得到好的食物或者足够的休息、锻炼。假如没有去探究这一切，那么训诫、管教将会没有任何价值。

因此，重要的不在于约束、控制、压制，而在于唤醒认知，一旦实现了认知，就能够理性地看待所有这些问题，没有丝毫的恐惧。这很难，原因是，世界上几乎很少有老师认识了所有这些事情。显然，瓦拉纳西学校和基金会的工作便是要让上述情形成为可能。只有这样，当学生们离开这里的时候，才能成为真正的人，成为有智慧、懂得考虑别人的人，才能无所畏惧地看待一切事物，不会不加思考地去行动，而是会去认知，甚至能够适应腐朽的社会。每一天都应当去思考所有这些问题，不是仅仅通过老师做的讲座，而是通过师生之间展开讨论。如此一来，当学生离开这个地方、迈入生活大门的时候，才会准备好了以这样的方式去迎接它。于是，生活将会变成一件幸福的事情，而不再是永无止境的争斗和痛苦。

问：据说科学既带来了益处也带来了不幸。那么，科学对人类真的有利吗？

克：在回答这个问题之前，我想知道你是否有在听我刚刚谈论的内容？我话音才落，你的问题就冒了出来，中间几乎没有任何间隔。我不是在批评你，我不是在说你是对是错。然而，弄明白他人究竟在说什么，这难道不重要吗？你实际上并没有聆听我的观点，因为你的问题一直都在你的脑子里盘旋着。你知道，到目前为止我已经说过这个不下六七遍了，可你们还是在这么干。这么做难道不表明缺乏对他人的体谅吗？如果你对正在谈论的东西真的有兴趣，就会去聆听。这需要思考，因为我们着手的是很难的课题，所以，假如你渴望聆听，就不可以这样快地跳到问题里去。我能够建议你们明天把问题写下来吗？费点麻烦，把它们写到纸上。尔后，当我演讲完，等待几分钟或者几秒钟，然后再发问，这将有助于你去认识你自己的思想是如何运作的。我所说的并不复杂，我只是把你自身思想的运作诉诸语言。如果你希望实现认知，如果你希望探明你的思想是怎样活动的——这是我们能够看待生活的唯一方式——那么，理解现在所说的内容便格外的重要。

你指出科学给人类带来了巨大的益处，但同时也引发了严重的灾难和破坏。那么，从整体上说，它究竟是有益的还是有害的呢？你怎么看？通讯得到了提升，几天之内你的信件就可以寄达美国，明早或今晚你就可以收到全世界的最新消息。外科手术方面也取得了非凡的奇迹。与此同时，世界上又有最具破坏力的战舰、潜艇，最新的潜艇能够在水下环游世界，不露出水面，由动能操控。还有携带炸弹的飞机，几秒钟内就能消灭成千上万的生命。那么，错的究竟是科学，还是运用科学的人类？我是印度教教徒、穆斯林或基督徒，因此我怀有某种观念，我认为它比别人的观念更加重要，我是个十足的民族主义者。你知道这是什么意思吗？我感觉我渴望去支配，我不仅想要控制一个个的人，而且还想控制成群的人，于是我运用毁灭性的手段，我利用科学。错的是那个滥用科学的我，而非科学本身，喷气式飞机本身没有任何过错，错在美国、苏联或英国是怎样去使用它的，难道不是这样吗？

人类能够改变吗？他们能够不再是印度教教徒、穆斯林吗？有印度和巴基斯坦的分裂，有苏联和美国的敌对，有英国和德国的不和，有法国和其他国家之间的界分。我们能否不再标榜法国人、印度人这样的身份呢？只有这样，我们才能共同生活。我们能否拥有一个照看我们所有人的政府呢，不是分成印度或美国，而是作为人类的我们一起得到看护？

当人类滥用科学，我们会归罪于科学。然而，真正要为这一切负责的是你和我，是苏联人、美国人、法国人、德国人。这便是为什么说，在这类学校里，应当没有国家、民族的意识，没有阶级的意识，不会感觉说你是婆罗门而我则是贱民。我们全都是人类，无论我们是住在巴纳拉斯、纽约、加利福尼亚还是莫斯科。这是我们的世界，它是属于我们的，你的和我的，而不是苏联人的、英国人的，也不是印度人或巴基斯坦人的，它是我们大家的。带着这样的感受，科学将会成为非凡之物，但倘若没有这种感受，我们就会毁灭彼此。

问：您指出老年人焦躁不安、咬着自己的指甲。您难道不曾留意到年轻人也在干着这些事情吗？那么，为何要尖锐地提到那些困难多多的穷苦老年人呢，就仿佛他们啥也无法适应一样。

克：我为什么要指出上一代人的陋习，而不是指出年轻人的缺点呢？

你知道，年轻人是伟大的模仿者，对吗？他们就像是猴子，很善于模仿，他们看到有人在做某件事情，马上就会去跟着做。你难道没有注意到孩子们是多么希望打扮一样吗？在某些国家里，孩子们身穿制服，一个不穿制服的男孩或女孩会感觉不合时宜，会觉得浑身不对劲。模仿的行为在年轻人身上很强大，当他们观察年纪大的人，就会开始去仿效。老年人和年轻人都没有意识到他们在做什么，结果，这个恶性循环便愈演愈烈。老年人穿上圣袍，年轻人便会照着做，有些老年人会戴头巾，年轻人便会去效仿。我并不是在批评上一代人，这不是我的意图，这么做的话将会很无礼。然而，对你来说重要的是去观察，观照自身，察觉到你的行为——比如，当你咬手指甲的时候，当你挠痒痒的时候，抑或当你戳鼻子的时候——你将会停止这么做。你必须察觉到在你身上以及在你外部发生的这一切，这样你才不会变成一部模仿的机器。

问：我们怎样才能抑制内心的冲突呢？

克：我们有冲突，为什么我们想要去压制它们呢？请仔细聆听，我努力去做的不是跟你争辩，而是去探明、认识问题，所以我不会表明立场。

我们有许多的冲突，不是吗？假如我们能够去认识它们，就不会有压制的问题了。当我们没有认识它们，才会去压制。大人们往往去压制孩子，因为他没有时间，抑或他有别的事情要去做。于是他说"不许做"或者"做"，这二者都是压制的形式。但只要成年人花费一点时间，怀着耐心去解释一下，去跟孩子一起探究，就不会有所谓压制的问题了。同样的道理，你可以观察自身的冲突，没有任何恐惧，不去说什么："这是对的、那是错的，我必须压制，我不应该压制。"如果你看到一只奇怪的动物，朝它扔石头是没有用的，你必须观察它，必须弄清楚它究竟是哪一种动物。同样的，只要你能够观察你的感受、冲突，不去朝它们扔石块，不去谴责它们，那么你便开启了认知的大门。

正确的教育从一开始就应当消除掉这种内心的冲突，让我们怀有这些内心的斗争、交战、冲突，这是错误的教育。不要去压制，而是尝试着去观察冲突，努力去认识它。假如你希望把它推到一边，假如你想要逃避，你便无法认识它。你必须把它摆到桌面上来，观察它的本来面目，尔后，通过这种观察，自然就能认识它了。

问：什么是真正的简单？

克：什么是简单？什么是爱？什么是真理？什么是好的世界？等等等等。我每天都在解释，我将再一次解释我们的心灵是多么渴望定义，以及我们是何等频繁地以为，只要有了定义便能实现认知。

同样的问题可以用不同的方式来表述。让我们讨论一下何谓简单，然后探明什么才是真正的简单。"真正的"与"简单"，这两个词的意义你可以在字典里查阅到。然而，理解何谓简单则需要展开大量的思考与探寻。或许这位女士指的是这个，我不知道。所以她希望谈谈这个，希望去探寻、探明什么是简单——不是真的或假的简单，而是简单。

什么是简单呢？有区别于虚假简单的真正简单吗？很显然，有的只是简单——而不是真的或假的。那么，何谓简单？简单是指只有很少的衣服，就只是一两条纱丽、腰布、衬衫，住在泥屋子里，系一条缠腰布，一直谈论着简朴吗？这是简单吗？请去探明，不要说是或否。一个拥有许多的人——权力、地位、衣服、房子——也可以是非常简单的，对吗？更多的衣服，更多外在的东西，并不表示说这个人就不简单。简单是完全不同的，很明显，简单必须从内开始，而不是从外部。你理解没有？比如，我可能衣服很少，甚至只有一条缠腰布，我可能住在泥土茅屋里，我可能像苦行僧般生活，但倘若我的内心怀有冲突、恐惧，倘若我有神、礼拜、仪式、唱颂，那么这是简单吗？我可能把尘土抹在脸上，我可能去往庙宇，但我的内心却或许十分复杂，充满了欲望。我可能想当长官，抑或希望达至超脱轮回的境界——这二者是一样的，因为都存在对安全的寻求，然而你却把那个寻求解脱的人称为宗教人士，而把那个想当长官的叫作世俗之人。

尽管一个人可能外部非常简朴，只睡几个钟头，洗自己的衣服，过着隐士般的生活，但他或许内心十分复杂，或许相当有野心，所以他便去约束自己、强迫自己，内心交战，这样才能达至完美、达至理想的状态。这样的人并不是简单的人。当你真正做到了内心的简单，当你没有了争斗，当你不去渴望出人头地，当你不憧憬着超脱轮回，当你不怀有任何理想，当你无欲无求，就能达至简单的境界了。简单，意味着甘于是个无名小卒，不仅是在这个世界上，还包括来生。一旦你有了这种感受，那么，你是住在宫殿还是仅仅只有几件衣服，都将无关紧要了。

我们有一套关于简单的传统，人们依靠这个过活并且利用它。传统便是你应该只有很少的衣服，你应该每日早起，你应该打坐，你应该云游四方，努力让这个世界有所提升，你不应该想到自己。然而在内心你从早到晚想的都是自己，因为你渴望成为最完美的人。于是你便有了暴力和非暴力的理念，你便有了和平的理念。你的内心总有许多感受在交战，你总是在挣扎，但从外部来看你却是个非常简单的人，这并不是简单。当你产生了无欲无求的感觉——这很难，需要相当的智慧——自然就能达至简单的境界了。真正的教育是简单的教育，而非只拥有很少的东西的传统。

既然我已经回答了这个问题，我希望知道这位女士是否理解了，以及它将如何在她的日常生活中起作用。现在她是否会说，"我并不十分在意我是否有十件纱丽抑或许多许多的东西，最为首要的是，我应该内心格外的简单"？

你打算做什么呢？你能够离开外界，说"这无关紧要，我必须从内心开始"吗？这是一个过程，不是吗？一旦我懂得了简单的全部涵义，自然就能实现简单了。我不必努力做到简单，努力做到简单，并非简单。可如果我领悟了如下真理，即外部和内部是统一的过程，是一个整体，那么我就会变得简单，于是也就不必努力做到简单了，正是这种努力会导致复杂。

问：我们为什么活着？生活的使命是什么？

克：你之所以活着，是因为你的父母生下了你。你是人类千百年的结果，不仅是印度人的，还包括全世界的人类，不是吗？你是整个印度、整个世界的产物，你并非源于某个非凡的独一无二的事物，你有传统的全部背景，你是印度人或穆斯林，你是气候风土、饮食、社会和文化环境、经济压力的产物，你是无数个世纪的结果，是时间、冲突、痛苦、欢愉、爱的结果。当你声称你有灵魂时，当你说你是个血统纯正的婆罗门，你们每个人都只是在遵从印度的传统、理念、文化和遗产，数千年来印度的遗产。

你询问生活的使命是什么。首先你必须认识你的背景，如果你不了解传统、文化、遗产，如果你不了解整幅图景，那么你将会仅仅从背景里面选取某个观念、某种歪曲，把它称为你的使命。假设你是个印度人，你一直浸染在那种文化里，尔后，你从印度教里面选取了某种观念、某种感受，把它变成你的使命，不是吗？你的思考会彻底有别于其他印度人吗？要想探明固有的、潜在的本质或欲望是什么，一个人就必须摆脱所有这些外部的压力、外部的限定。假如我希望探究某个事物的根源，我就应该移除掉所有的杂草——这意味着说，我必须不再是印度教教徒、穆斯林，必须无所畏惧，必须没有任何欲望、贪念。尔后，我便能够更加深入地探究，认识那真正潜在的事物是什么。但倘若不去移除掉这一切，我便无法表现出潜在的东西。这只会走向幻觉，这是哲学上的猜想。

问：这要如何才能实现呢？

克：首先，必须清除掉千百年来的尘埃，这相当不易，需要大量的洞察。你必须对这个怀有深深的兴趣。移除掉一切限定——传统、迷信、文化影响的尘埃——这要求认识自我，而不是从书本或老师那里学到。

这便是禅修。

当心灵清扫掉了自己身上的一切过去，你便能够谈论潜在的本质了。你提出那一问题，现在继续展开，继续冥想它，直到你探明了是否存在着真正的、原初的、不会腐蚀的事物。不要说什么"是的，必须得有"抑或"并不存在这样的东西"。一直去探究它，但不是去发现，因为，你永远无法用一个腐烂的心灵去发现那不朽的事物。心灵能否让自身澄明呢？它可以办到，一旦心灵能够净化了自己，你就会领悟，就会探明。而心灵的这种洗涤、净化，便是禅修。

问：我们为什么在痛苦中哭泣，在幸福中微笑？

克：你知道什么是痛苦吗？当我的兄弟、姐妹或父母过世，我会悲痛；当我失去了某个我爱的人，我会伤心不已，这作用到了我的神经系统，不是吗？我哭泣，泪如雨下，我流泪。当我感到非常快乐，我会放声笑，这是同样的反应，笑是一种神经的反应。

痛苦和欢愉——它们是不同的吗？当你受了伤，当痛苦来得猛烈，你会哭泣，对吗？你满眼是泪，痛苦如此巨大，以至于你落泪了，这是一种悲伤——痛苦、身体的痛苦。然而还有另外一种痛苦，那便是当你失去了某个人，当死神降临，夺走了你喜欢的人，这给了你沉重的一击，让你感到孤独，感到被独自留下了，这种打击及其反应，令你泪流满面。当你看到某个笑容，你会微笑，当你感到快乐，你会翩翩起舞、开怀大笑、笑魇如花。这些是笑与泪的明显反应。

我们是人类，我们渴望拥有永久的幸福，我们不想受苦，不想满眼是泪，我们总是希望笑容挂在唇边，所以麻烦便开始了。我们渴望去除痛苦、获得快乐，结果便陷入了不断的挣扎、交战之中。然而，幸福并不是你可以求得的东西，当你不去寻求，它才会到来，如果你为了幸福而去寻求它，它就永远不会出现。但倘若你去做某个你认为正确的事情，你认为对的事情，你真正热爱的事情，那么，在做它的过程中，幸福自然就会向你走来。

1954 年 1 月 12 日

在瓦拉纳西学校对学生发表的第八场演说，巴纳拉斯

我们听过人们说，假如没有野心，我们便将一事无成。在我们的学校、我们的社会生活、我们彼此的关系里，在我们生活中所做的一切事情里，我们感觉，要想取得某个结果，野心是必需的，或者是个人的，或者是集体的、社会的，抑或是为了国家民族。你知道"野心"一词指的是什么吗？取得某个结果，有动力，个人的动力，感觉若不去努力、不去竞争、不去奋发，你在这世上就会一事无成。请观察一下你自己以及你周围的那些人，你将发现人们是多么的野心勃勃。职员想当上经理，经理想变成老板，大臣想坐上总理的位子，上尉想晋升为将军，所以每个人都怀有他的野心。我们还在学校里鼓励这种感觉，我们鼓励学生们去竞争，力求比其他人优秀。

我们一切所谓的进步，全都建立在野心之上。如果你画画，你必须画得比其他人好；如果你制作一个形象，它就必须别人做得好。总是上演着这种无止境的争斗，在这个过程中将会发生的是，你会变得残忍无情。由于你渴望取得某个结果，于是，在你的群体、你的班级、你的国家中，你变得残酷、冷漠、不顾及他人。

野心实际上是一种权力，渴望凌驾于我自己以及他人之上，比别人干得更好的权力。在野心里面有一种比较的意识，因此，一个有野心的

人从不曾是真正有创造力的人，从不曾是快乐的人，在内心他是不满的。然而我们却以为，若没有野心，我们将会啥也不是，将会没有进步。

是否有不同的做事、生活、行动、建造、发明的方式呢？在它里面，没有野心，没有这种充满了残酷并最终走向战争的竞争性的努力。我认为是有的，但这种方式意味着，所做的事情与一切既定的思想习惯相反。当我们寻求某个结果的时候，对我们而言重要的是结果，而不是我们做的那件事情本身。我们能否去认识和热爱自己在做的事情，不在意它会给我们带来些什么，抑或我们将得到什么名声和荣誉呢？

成功是一个贪婪、获取的社会发明出来的东西。我们、我们每个人随着年纪的增长，能否去探明自己真正热爱的是什么吗？——不管是修鞋，成为一名皮匠，还是建造桥梁，抑或做一个能干高效的管理人？我们能否热爱这件事情本身，不在乎它会带给我们什么或者会在世界上有什么成就吗？假如我们能够认识这种心态、这种感受，我以为，我们的行动就不会像现在这般带来不幸了，于是我们也就不会彼此冲突了。但要想弄清楚你真正想干的是什么却是非常不容易的，因为你有这么多相互冲突的欲望。当你看到火车呼啸而过，你便渴望当一名火车司机；在你年轻的时候，火车会有一种不寻常的美，我不知道你是否观察过它。然而之后，随着岁月的逝去，你又渴望成为一名演说家、一个作家抑或是工程师，而这样的想法也逝去了。渐渐的，由于我们腐朽的教育，你被迫进入了某个窠臼之中，结果你成了个职员、律师或是糟糕的商人，在这个你生活于其间的工作中，你竞争，你野心勃勃，你发愤努力。

当你非常年轻的时候，尤其是在这类学校里，教育的作用难道不是有助于唤醒你们每个人的智慧吗？如此一来，你便会拥有一份适宜你的工作，你热爱的、渴望去做的工作，而不会从事一份你憎恶、厌倦的工作，但是你必须干这个，因为你已经成家了，或者因为你要赡养父母，或者因为你的父母说你必须当一名律师，虽然你真正想要做的是当名画家。

在你年轻的时候，老师们应当去认识有关野心的问题，通过跟你们每个人谈论它，通过解释，通过探究关于竞争的整个问题来阻止它，这难道不是十分重要的吗？这将有助于你弄明白你真正想要做的是什么。

现在，我们思考的出发点是，做能够有利于我们个人或者利于社会、国家的事情。我们长大成人，但内心却没有成熟，不知道自己想干的是什么，而被迫去做我们的心思不在上头的事情，结果我们便活在了痛苦之中。然而社会——也就是你的父母、你的监护人、你的朋友们、你身边的每一个人——都在说你是个多么了不起的人，因为你功成名就。

我们野心勃勃，野心不仅存在于外部世界，而且还存在于内在世界、心理的世界、精神的世界。我们还渴望成功，渴望实现最伟大的理想。不断地努力想要变得怎样，会带来巨大的破坏，会带来崩溃与毁灭。你难道不能去认识这种"变成"的欲望，只关心做真实的你自己，然后从这里再开始前进吗？如果我心怀嫉妒，那么我能否认识到我是嫉妒的，不去试图变得不嫉妒吗？嫉妒是自我封闭的，假如我认识到自己怀有嫉妒，观察它，不去干涉它，那么我会发现，由此将迎来某种非凡之物。

"变成者"，无论是在外部世界还是在精神世界，都是一部机器，他永远都不会认识什么是真正的喜悦。只有当一个人认识了自我，让这种复杂性、这种美丽、这种丑陋、这种腐烂自行运作，不去试图变成其他的样子，他才会懂得什么是喜悦。要做到这个很不容易，因为心灵总是想要变得如何如何。你渴望成为哲学家或者伟大的作家，你渴望取得硕士学位。但是你知道，这样的欲望从来不曾带来创造力，这种欲望里面没有任何的创新，因为你只关心成功，你对成功顶礼膜拜，但对野心、欲望本身毫无认识。无论你可能多么贫穷、多么空虚、多么愚钝，只要你能够按照事物的本来面目去看待它，就将开始对它的改变了。然而，一个忙于"变成"的心灵，从不曾认识"本质"。只有认识了一个人的真实模样，认识了他的本质，才能带来非凡的愉悦，才能释放出创造力的思想与生活。

这一切对一个寻常学生来讲可能有点儿困难，如同我昨日所言，你应当跟你的老师们讨论这个。你有问过你的老师吗？你有课上花十分钟去探究过这个吗？你以及老师会如何呢？你可以告诉我吗？通过老师，你能够理解所说的内容吗？

今天上午我们将要谈论的内容，跟通常对待生活的传统方式截然不同。所有的宗教书籍，我们全部的教育，我们所有社会的、文化的方式都是去获得什么、达至什么、变成什么，但这并没有创造出一个幸福的世界，而是带来了巨大的不幸。希特勒、斯大林、罗斯福全都是它的产物，你的那些领袖，过去的和现在的，也都是如此。

野心是一个不快乐的人才会有的行为，而不是一个幸福的人。但要想没有野心地生活、行动、思考、创造则是非常不易的。若没有认识野心，就无法具有创造力，一个有野心的人从来不是有创造力的、快乐的人，他总是在受着折磨。但倘若一个人对任何事物的真实模样都怀有热爱，他就是真正有创造力的人，这样的人是革命性的。一个共产主义者、社会主义者、国会议员或是帝国主义者，都无法具有革命性。有创造力的人内心非常的充实，经由这种内在的充实，他去展开行动，去拥有他自己的生活。

向你的老师们询问一下我所说的这一切的涵义，探明一个人是否能够抛下所有野心和欲望去生活。

现在我们带着欲望生活着，它是我们每天的面包。但这面包却会毒死我们，给我们带来各种各样的痛苦，精神上的和身体上的。结果，我们被阻止去实现自己的野心，我们生病了。然而当一个人去做他喜欢的事情，不去想目的，不去想什么结果——这样的人不会有挫败，不会有阻碍，他是真正的创造者。

问：我们为什么会感到害羞？

克：有点儿小害羞是好事，不是吗？一个男孩或女孩如果没有丝毫保留、丝毫犹豫便去推他人，那么他将不会像一个羞涩的人那样温柔和感性的。但是，非常害羞还意味着自我，不是吗？"自我"一词指的是什么意思呢？意识到自己，意识到一个人自身的尊严。这样的人的害羞是错误的，因为他是一切比较的中心，他从自己出发去察看世界和他人。当一个孩子总是拿自己跟别人做比较，他就会变得过分重视自我，他时刻都在意识到自己。

大部分年轻人都是自我的，随着长大成人，他们感到了一点点尴尬、害羞、感性。我认为一个人应该一辈子都怀有这种灵敏、温柔、羞怯，因为这意味着巨大的感性。当我说"我属于这个阶级；我有地位、权威"，那么我就把这一切挡在了门外。当你认为自己是个人物，你便失去了所有的感性、温柔。羞怯之美源自于生活。你知道，一个人应该带点犹豫、怯意去探寻、探明，假如你在着手的时候能够犹豫些，能够非常感性，就将探明生活的全部复杂、美丽与挣扎了。但倘若没有这种不带恐惧气息的犹豫感、羞怯感——你便永远无法懂得生活的种种微妙，永远无法看到树木以及树荫，看到鸟儿静静地栖息在电线杆上。

问：没有野心的话，人如何能够进步呢？

克：你认为那些发明创造都是野心的结果吗？你认为那些真正去思考问题的发明家、科学家或者真正的研究者们都是有野心的吗？你觉得发明了喷气式飞机、喷气式发动机的人是野心勃勃的吗？他发明创造，然后有野心的人出现了，利用了这些发明来达到自己的目的——赚钱、发动战争、终结自己。

通过野心你有做过什么事情吗？你可能从这里搬到那里，你可能得到一份更好的工作或是更好的位置，你可能当上了负责人、官员或收藏家，但这是真正的生活吗？这是进步吗？世界上有牛车和喷气式飞机，通常把这个称作为进步，从牛车到喷气式飞机，从驿马车到电传打字机以及即刻通讯，这真的是巨大的进步。我们关于进步的观念总是在某一个方向，我们没有考虑野心的全部涵义。假设在这儿发现了一处油井，你觉得会发生什么呢？将会有机器的利用，不是说巴纳拉斯应当有油井，而是说，我们所谓的进步便是认为要利用石油以及生产越来越多，但却并没有认识野心这一复杂的问题。

举一个非常简单的例子。南太平洋有一个传教士通常主持周日的晨课，向其教区居民朗读《圣经》，当他讲述《圣经》故事的时候，他们会听得非常的关注。过了一段时间，他想到假如他们全都知道如何阅读那该会是多么好的事情，于是他便去往美国筹集资金，回来后教他们读书写字。但令他大大失望的是，他发现他们却去阅读漫画杂志而不是《圣经》。

所以，真正的进步在于你的心灵、思想发生了什么，你是否在那里取得了进步，还是说你只不过像留声机的唱片，一遍又一遍重复着同样古老的喜剧、悲剧或愚蠢的故事呢？

问：人们为什么要出生在这个世界上？

克：有各种各样的原因——性、激情、生儿育女的渴望，这是非常简单的原因。你看到一棵开花的树或是灌木丛，大自然希望不断地繁衍它自己的物种，对吗？你理解没有？芒果树开花，花朵被授了花粉，尔后结果。芒果树上有一颗核，你把它扔到一边，它落到了肥沃的土壤里，长成了一棵大树，结了许多许多的芒果。这种进步里面有一种延续，不是吗？所以，人类这一物种也有他的延续性。但芒果不会彼此争斗，老虎也不会彼此残杀，只有我们人类会相互毁灭，我们是唯一会彼此杀戮的物种，而这种杀戮的能力被我们称作进步，但这是进步吗？

问：有些人说："神秘，你的名字是女人。"

克：这就是你要问我的谜语或难题吗？你知道何谓谜语？它是你必须思考和解答的难题。你为什么要为此费心呢？你知道，我们先是在书本里读到了某个东西，然后便试图去解答它。有些人说："神秘，你的名字是女人。"这是什么意思？女人并不是这般神秘的构成，对吗？真正的神秘不是这个。但我们满足于表面的神秘，我们喜欢魔术师、黑屋子、神秘的人，我们寻求神秘。然而实际上并没有什么神秘之物，我们以为的神秘全都是脑子想出来的。

如果你可以认识思想的运作，超越它们，便会迎来真正的神秘。但我们很少有人能够超越进而达至那一神秘，你们全都满足于侦探故事或神殿里的那些表面的神秘。假若一个人能够认识自身思想的运作继而超越，他就将发现非凡之物了。

问：我们是怎么做梦的？

克：你做梦吗？你都做哪种类型的梦呢？假如你带着一个吃得饱饱的肚子上床睡觉，你便会做某梦。此外还有其他各种各样的梦。

你认为梦是什么？梦是非常复杂的东西，即使当你清醒的时候，当你沿着一条街道游走或是静静地坐着，你也可能做梦，因为你的脑子在想着各种事情。你或许坐在这儿，但你却以为你是在自己的家里头，你想象着你的母亲在做什么或是你的父亲在做什么，抑或你的弟弟在干嘛。这是一种梦的类型，不是吗？虽然你安静地坐着，但你的心思却飘走了，在想象、推测、游走。

同样的，在你睡觉的时候，你的意识也在游走、想象、猜测，于是便会有梦源于你深层的潜意识。有些梦是预言，给你警告、给你暗示。人是可以不做梦的，是可以睡得非常深，但却又能在睡眠的深处发现意识或潜意识没能发现的事物，发现没有任何意识可以捕捉到的暗示。

思想意识是这样不同寻常的事物，你花费了十八年或二十年去学习同样的科目，通过好几门考试，但却没有花上一个小时哪怕十分钟去认识这个被叫作意识的非凡之物。若没有认识意识，那么，通过考试、找到工作抑或当上部长大臣，这些都将毫无意义。是思维念想制造出了幻觉，假如你没有认识幻觉的制造者，你的生活将没有意义。

你明白我谈论的这一切吗？难题在于我说的是英语，但我非常怀疑，即使我讲的是印度语你们是否能够明白。你或许明白语词，但却并非语词背后的意义，你必须通过询问你的老师或父母来探明这些词语的涵义。

我说的是你的整个生活的问题。一两天的探明是不够的，你必须用一生的时间去发现其涵义。但倘若你仅仅只是被野心、欲望、恐惧驱使，那么你就无法生活、无法探明。要想探明，你的内心必须是感性的、敏锐的、自由的，可如果没有认识自身思想的运作，就会把这一切挡在门外。

问：我们应当怎样去思考问题呢？

克：我们应当如何思考问题——这是个非常有智慧的提问。大多数人都渴望问题的答案，但这个孩子却想知道怎样去思考——这是很不同的，他不是在寻求答案，至少我希望不是。

问题压根儿就没有答案，所以寻求答案是愚蠢的。但倘若我懂得怎样去思考问题，那么答案就蕴含在对问题的思考之中。看吧，先生们，你有某个数学问题，你不知道答案，但答案就在书本的末尾，于是你翻到了书的最后去找答案。然而生活可不是像这个样子的，没有人会给你答案，假如有人觉得他能够告诉你答案，他就是个蠢蛋。可如果你懂得怎样去思考问题、怎样去看待它、怎样去着手，那么这种思考、这种看待问题的方式，便是答案了。

你希望知道如何对问题展开思考。首先要做的显然便是不惧怕问题，你明白吗？原因是，假若你害怕，你就不会去察看它，你就会逃避。第二点便是不去谴责它，不去说它多么可怕、多么糟糕、多么可悲。再然后，不去把问题跟其他的问题做比较，抑或当你着手问题时怀着一种比较的价值观。这一切有点儿难，当你着手某个问题的时候，如果你已经有了确定的判断，已经有了问题的答案，那么你是不可能认识问题的。所以，要想认识问题，就必须不做比较、没有恐惧、没有判断。这些都是不可或缺的，将有助于你去认识问题。除了那些因为比较、恐惧、判断导致的问题以外，实际上并没有什么问题存在。

请跟你的老师以及你们自己讨论一下所说的这一切。让这些观念、这些话语渗透到你的意识里，这样你才能够熟悉所有这些问题，尔后，你便可以直面生活的各种难题了。

1954 年 1 月 13 日

在瓦拉纳西学校对学生发表的第九场演说，巴纳拉斯

几天以来我们一直在讨论有关恐惧的问题。现在我们要思考一下我所认为的我们最大的一个困难——那便是怎样让心灵不去模仿。

我们发现有一些明显的模仿：复制、学习某样东西、以某种方式进食、穿某些衣服、学习骑自行车或摩托车、学习某个技术，等等等等。这些是表层的、明显的模仿，是必需的、有用的、不可少的。然而，通过这些只能在模仿的窠臼中运作。

或许我要谈的是不同的东西。假如你发觉这很难，请跟你的老师们谈一谈，向他们发问。因为，重要的是让心灵摆脱固化、迟钝，让它不是仅仅如机器般运作，没有释放出创造力。

重要的是去认识心灵是怎样为它自己创造出了传统以及如何把传统强加在自己身上的——通过社会、环境的压力，通过限定、模式、障碍。模仿的方式便是我们必须要去思考的，而不是怎样让心灵获得解放抑或它如何才能摆脱自身模仿的过程。

对我们大多数人来说，经历变成了传统。你明白我所说的"经历"是指什么吗？你看到一棵树，看见、感知带来了经历、体验，不是吗？你看到一部车，看到便是经历，而经历制造出了传统。你的心灵、思想为传统所囿，传统便是记忆。人年纪越大，种族越老，传统越是强大。

心灵活在传统中，思想在传统中运作。心灵变成了一个模仿性的，因为它始终都在经历——看到一只鸟儿，看到一个男人，看到一个女人，遭遇痛苦，目睹死亡和疾病，看到一架飞机、一部牛车、一头背上背着一大捆的驴子、一匹负重的骆驼或是一头撞向他人的公牛。所有这些都是经历。当心灵被激发，它由每一个经历创造出了传统、记忆，结果心灵就变成了模仿的因素。

问题是真正摆脱模仿，不再去积累传统。因为，如果没有自由，就不会有创造力。

实际上世界上的每个人都没有多少自由，以至于无法真正地生活、创造、做自己。我并不是指生养孩子或写几首诗，而是心灵挣脱了传统的羁绊，自由地释放出创造力，摆脱那制造出传统的经历，摆脱记忆。这相当困难，正如我所言，但你应当聆听这一切，就像你听音乐，就像你看到河流之美以及可爱的树木，它年岁很老、树干厚重、树荫很大。你应当观察这一切，犹如你在博物馆里欣赏美丽的画作，看到美丽的希腊或埃及的雕像。同样的，你应当聆听这一切，假如你严肃认真地去探究，那么你就必须达至这种自由。因为，一个模仿的心灵、一个传统的心灵，永远不可能富有创造力。

你活在传统中，因为你害怕人们会说什么，害怕邻居、你的父母、你的监护人或你的牧师会说什么，你很恐惧，于是你便在旧的思维方式中活动。你是个婆罗门抑或其他什么，你一直都是一个样子的，直到你死去，在同样的轨道里活动，在同样的模式、同样的框子里头，这不是自由。于是，心灵没有摆脱那源于经验、传统、记忆的思想，它被困在过去，因此也就无法自由。

我们就思想的自由谈了很多，也有许多书籍论及思想如何必须是自由的。但思想永远无法是自由的，心灵一直都在经历，有意识的或无意识的，不管你是在凝望窗外，还是闭上了眼睛，抑或是你在睡觉；它在经历人、气候风土、饮食的影响与压力。各种信仰和思想一直都在撞击着心灵，它始终在累积，它从这种累积、传统、无数的记忆出发去活动。期待这样的心灵获得自由，就像是告诉一个快死的人是自由的一样。一个临终之人永远不会是自由的，永远无法以新的视角看待事物，因为他有记忆。记忆是昨天的结果，要想用新的目光看待事物，创造全新的东西，那囿于过去的事物，也就是过去本身就必须终结，唯有这样，才能自由地思考。

当然，你必须自由地去思考，然而传统、政府、党派政治——这些东西却不允许你这样，他们希望你按照某个方向去思考，这种思考是受限的。逃离它、冲破它，用不同的方式去思考，这依然是受限的。例如，我是个穆斯林，我逃离了穆斯林的习性、传统、思维习惯，成为了基督徒或共产主义者，这样的逃离仍旧是思想，仍旧是模仿、经历、记忆的过程，以新的共产主义者的模式去思考，而不是旧的穆斯林的模式，这仍然是局限的思想。

所以，我们的问题是：心灵能否获得自由？——不是摆脱经历，而是自由地去经历、体验但同时又不会累积。摆脱经历是不可能的，要不然你就会是死寂的。但心灵能否在经历、体验的时候不去制造传统呢？假设你看到一辆好看、崭新、锃亮的自行车，还有铬质地的车把手，你看到设计之美，你看到它闪闪发亮，你被吸引了，你渴望它，你得到了它。得到这部自行车对你来说是一种经历，而这经历印在了你的脑子里，你说道："它是我的。"你把它擦亮了几天或几周，之后就将它忘到了脑后。但是它在你的脑子里带来了一种经历，而这经历又变成了传统，传统束缚了你的思想；尔后，由此出发你开始渴望一部车子，假如你拥有了车子，你又会去渴望一架飞机——若你足够有钱买得起的话——诸如此类，这一切都是模仿的领域之内。这种从渴望一部自行车到渴望一架飞机的转变，仍旧是同样的模式，但这绝非自由。

一旦心灵在经历、体验的时候不去制造传统，自由就会到来。不要说什么："这如何才可能？""我怎么能够办到呢？"当你询问这样的问题，你便已经制造出了模式。"如何"意味着模式，"如何"意味着朝着那一模式去获得的方式，正是在复制该方法的过程中，心灵制造出了传统并且为其所困。所以，没有"如何"方能自由，没有获得自由的方法。但倘若你只是去观察、认识、观照心灵是怎样去经历、制造传统并被困于其中的，倘若你就只是觉察到这个，意识到这一过程，那么，由这种认知会带来某种完全不同的事物，那就是不再囿于经验的自由。

重要的是去认识，原因是，在学校里，在我们的教育中，我们所受的全部教育便是去培养记忆、学习公式，心灵只在模仿的过程中被训练。当你阅读历史，当你学习科学、物理或哲学，老师的活动只是模仿性的，而你则去学习他，结果你也会变成模仿性的。因此，从儿时起直到死亡，这种模仿的过程、这种培养记忆的过程一直都在上演着。你不过是活在模仿与传统的窠臼之中，这便是你所知道的全部，这便是你的文化，于是也就几乎少有具有创造力的人。打破这一切，探明记忆究竟是不可或缺的还是一种危害、阻碍——这便是教育的职责所在。然而我们是从错误的一端开始的，我们一开始便去培养记忆，尔后说道："我怎样才能到达至另一端呢？"可如果我们强调、谈论、认识、探究、感受另一端——这才是真正的教育——那么，为了工作而去学习某种技术就会变得不那么重要了，尽管它是必需的。

教育的作用，重点在于让心灵、思想摆脱自身的经验，难道不是吗？这样才能过一种富有创造力的生活，而这种创造力便是我们所谓的神或真理。

问：我们为什么要去憎恨别人？这种仇恨感是从哪儿来的呢？

克：一个人为何要去仇恨？你恨别人吗？抑或这仅仅只是学术性的

问题，只是个偶然的问题呢？你有不喜欢别人吗？我确信你有讨厌的人。首先，你不喜欢某些人，因为他们伤害了你，侮辱了你，给你起绰号，抑或拿走了你的玩具，又或者你不喜欢他们的面孔，他们笑得不好看，他们很粗鲁、笨重。因此，你的自然反应便是说："不要靠近我。"这只是一种自然反应，不是吗？这里面没有什么过错。

谴责某个事物，这是最愚蠢的一种行为。你不应该谴责仇恨，而要探究一下讨厌、憎恶究竟是怎么产生的。如果你说"仇恨是不对的，是愚蠢的"，那么，只有你的谴责才是愚蠢的。但倘若你开始去询问厌恶是如何产生的，就像是阳光里的一朵花，你就可以有所为了。可如果你仅仅是谴责它，把它抛到一边，它依然还是会在那里的。

你之所以厌恶，原因有许多。可能是出于个人原因——因为你曾经被伤害过，你被起了难听的绰号，或是你的东西被人拿走了，抑或你遭到了羞辱，抑或你觉得嫉妒他人，于是你便仇恨别人。你可能讨厌某个可爱、干净、长相好的人，因为你不是这样子的，你希望也能如此，但你不是。你询问仇恨是怎样形成的，我会努力向你指明这个的。你栽种了一株柔嫩的树，有个男孩走了过来，把它拔了出来，你讨厌这个孩子，因为你热爱的东西、你呵护照料的东西被毁掉了。

我们的生活，从孩提时代直至老迈，都是不断的嫉妒、忌恨、憎恶、挫败的过程，伴着孤独感、丑陋感。可如果老师、父母、教育者——没有说憎恨是对是错，抑或怎样才能克服它，这是一种十分愚蠢的应对它的方式——不怕麻烦地解释憎恨是怎样产生的，从而唤醒学生身上的智慧和澄明，那么学生就能凭借自己的力量懂得仇恨是如何形成的。尔后，他将认识自己内心的冲突，领悟到这种斗争、挣扎不会带领他达至任何地方。

问：我们怎样才能摆脱义愤？

克：你所谓的义愤是指什么？你是指当一个人鞭打一头背负重物的驴子时你会感到生气吗？你是指当某个大块头殴打一个小男孩时你会升起一股正义的怒火吗？有正义的愤怒存在吗？

你提出一个问题，我并不十分确定你是否真的有兴趣探究它的涵义。我们大部分人都会因为各种原因而愤怒，愤怒过后，我们试图去探明如何克服它。然而，重要的是认识愤怒的方式，它是怎样产生的，以及在危害发生前如何去制止它。你明白我说的吗？愤怒是怎样产生的，这便是我们的问题，而不是如何摆脱愤怒，你明白没有？我感到嫉妒，因为你拥有我所没有的东西，你的妻子比我的老婆漂亮，我感觉嫉妒，我内心在挣扎，尔后我认为自己太丑陋了，我很痛苦，于是我说道："我不应该愤怒，我必须克服它，那么我该怎么做呢？"由于我并不知道怎样去阻止它，怎样让嫉妒不出现，怎样在嫉妒出现之前便终结这种感觉，所以我便求助于某个上师，但问题依然在那里。

能否懂得嫉妒是怎样出现的，如此一来就不会再生出这样的感觉了呢？你知道，正确的饮食、身体健康要比错误饮食、生病去医院好得多，但倘若我们饮食适宜，就永远不需要去看医生了。

所以我要说的是：让我们探明如何正确饮食，如何看待这一切，如此一来，这些问题便都不会出现了。教育显然便是这个，即阻止问题而不是找到疗治方法。

问：不断的痛苦会消灭一个人的敏感与智慧吗？

克：你怎么看？如果心灵不停地忙碌着某件事情，比如做礼拜，追随他人，被某种理论、哲学占据，终日想着它自己的痛苦、美丽、悲伤、失败和成功——这样的心灵显然就会变得迟钝。你知道，如果你的心思、你的注意力始终聚焦在某个东西上头，你就没有机会环顾四周，这样的心灵能够敏锐吗？

"敏锐"意味着四下环顾——看到美丽、丑陋、死亡、悲伤、痛苦、欢乐。所以，一个痛苦的心灵显然会变得麻木，因为它被痛苦占据了，心灵将痛苦当作一种保护自己的手段。我的儿子死了抑或我的丈夫过世了，我觉得孤零零一个人，我没有了陪伴，我感觉我的生活已经阴霾笼罩，于是我一直都在痛苦，现在我的心灵不关心怎样摆脱痛苦，而把痛苦变成了我存在的另一种方式。你明白没有？心灵利用了痛苦，就像它利用欢乐来充实自己一样，因为它认为，假如不去忙碌些什么，它就会贫乏、空虚、迟钝。正是由于心灵被占据了，才导致了它自己的毁灭。痛苦不是比欢愉更应当去终日沉溺的东西，心灵应该认识为什么会有痛苦以及不要仅仅一直为痛苦占据。心灵渴望安全，无论是在遭遇痛苦还是享受欢愉的时候，结果痛苦就变成了安全的方式。我说的并不是什么太严肃的东西，因为，假如你去思考一下，假如你去探究，会发现，心灵在给自己玩把戏。唯有不被占据的心灵才是智慧的，才是敏锐的。

询问心灵如何才能不去忙忙碌碌，这根本没有用处。正是在"如何"中，心灵跟自己玩着伎俩。

问：一个人怎样才能区分必要的记忆跟有害的记忆呢？

克：心灵通过经历制造出了传统和记忆。那么心灵能否一方面去经历，一方面又不去储存呢？你理解这种不同吗？需要的不是培养记忆，而是摆脱心灵累积的过程。

你伤害了我，这是一个经历，我把这伤害存储了起来，而这变成了我的传统，我从这个传统出发去看待你，去做出反应。这是我的心灵和你的心灵日常的过程。那么，能否尽管你伤害了我，但这种累积的过程却不发生呢？这两种过程是截然不同的。

假如你对我说了刺耳的话，伤害了我，但倘若不去看重这种伤害，它就不会变成我行动的背景，于是也就能够以全新的姿态去迎接你了。

这才是真正的教育，才是"教育"这个词语更深的意义。因为，尔后，虽然我看到了经历带来的限定性的影响，但心灵却是不受局限的。

问：可为什么心灵要去累积呢？

克：你为什么会觉得它在累积？仔细听好，你知道答案吗？你是否等待我来给出回答，这样你就能够说是了呢？如果你不去等待我给出答案，那么，询问你自己如下问题："心灵为何要去累积？"将会唤醒你身上的创造力。你已经问过了，因为你不知道答案。但倘若你真正地直面问题，你的心灵就会变得机敏，必须找到答案。所以，询问这个问题，唤醒了、释放了你自身的创造力、你的活力、发现的能力，以及拥有全新的看待问题的视角。

问题是：为什么心灵要去进行累积？请看一看这个问题。或许某些宗教书籍抑或某个老师、某位心理学家曾经告诉过你心灵为何去积累。不管它是罗摩奴者、商羯罗还是耶稣说的，不管它是谁说的，都不是你自己的发现，你懂了吗？你必须去探明，要想自己去探明，就应该将其他人的观点抛到一旁，不是吗？所以，你应当把你被告知的、你读到过的关于它的一切都抛到一边去，尔后你便能够懂得为何心灵要去累积了。

以非常简单的例子开始，你为什么要积累衣服？为了方便，不是吗？除了必需以外，也就是便利，你还获得了拥有许多衣服带来的满足感，感觉你有满满一柜子的衣服，通过这种感受你会觉得安全，会感觉良好。首先是必需性，即便利，由便利变成了一种心理上的得意，从这种感觉出发，于是，一柜子的衣服会让你感到"我拥有某些东西，我是个人物"。衣橱便是你的安全。因此，心灵去累积知识、信息，博览群书，高谈阔论，上知天文下知地理。于是，知识，这种在你脑子的衣橱里逐渐储存、累积的过程，变成了你的安全，难道不是这样子的吗？所以，心灵之所以累积是因为它渴望安全感。

当你懂得很多的时候，你难道不会觉得非常骄傲吗？你知晓历史、科学、数学，你知道怎样驾驶一部车子。有能力去做某件事情，难道没有带给你安全感和满足感吗？这便是为什么心灵要去累积的缘故。当你培养良善、仁慈、爱或慷慨的美德，这种培养便是累积的过程，在这种被你称为美德的累积中，你感到非常安全。为了获得安全，你的心灵一直都在累积，它有各种各样的衣橱，它总是有一个衣橱，在里面它可以感到彻底的安全。但这样的心灵是模仿性的、没有创造力的心灵。假如你观察一下心灵的运作，认识这种累积的过程，你的心灵就会停止收集了。你将拥有记忆，因为它是必需的，但你不会用它来获得安全感，认为自己是个人物。

　　有一些记忆是必需的。说什么"我造桥已经有三十五个年头了，现在我应该忘记怎样建造桥梁"，这是愚蠢的。我谈的是心灵累积的过程，所有的传统、背景都是建立在这种累积之上的，思维念想也是由此产生的。这样的思想从不曾是自由的，只有当心灵没有任何的累积，不再有从累积而来的思想，它才能具有创造力。

　　问：一个人为何要离开社会去当苦行者呢？

　　克：你知道，生活是复杂的，因此人们渴望简单的生活。一个人越是有文化、越是美丽、越是警觉、越是机敏，他对于简单生活的渴望就会越强烈。我不是在谈那些仅仅穿上带颜色的长袍、留着胡须的虚假的苦行者，而是指懂得了生活的复杂并将其抛到一旁的真正的苦行者。不幸的是，大多数苦行者都是从错误的一端开始的，简单则是在另一端。两端必须会合，但你无法从外部开始。当心灵摆脱了累积的过程，就能迈入简单的境界了。

　　通常，一个远离俗世的苦行者会说："世界太愚昧、太复杂，有太多需要焦虑的事情——家庭、孩子、他们将会得到或者不会得到的工作，等等等等。"于是他说,"我不会与这一切有关系的",尔后便离开了所谓的尘世生活。他穿上了藏红色的长袍,宣称"我已经退隐于世了",但他依然是一个有着自身全部性欲跟其他欲望的人类,依然有他自己的偏见和幻象。因此,他所做的单纯的弃绝尘世,其实毫无意义。

我们多么容易就会被欺骗啊!我们以为,通过披上藏红色长袍,我们就远离了"俗世生活",其实这是做起来最简单的事情。然而,只有当你理解了欲望、信仰、痛苦、悲伤、嫉妒、累积的整个复杂的过程,才能做到简单。一个人或许有许多尘世的财产,又或者没有;或许有孩子,又或者没有。只拥有很少的东西,这并不代表简单。认识内在美,将会带来简单,带来内心的富足。倘若没有这种内心的充实,单单放弃某些所有物抑或身披黄色长袍,将会毫无意义。

不要被藏红色或黄色的长袍给欺骗了,不要去崇拜单纯外部的弃绝于世的表现,这些没有意义。真正有意义的东西,是永远无法从他人那里得到或学习到的。当你实现了真正的简单——当你不是沉溺于那些无意义的弃绝尘世的外部表现形式,而是内心挣脱了一切冲突、压制、野心、模仿——你就会自己找到它的。这样的人才是真正有创造力的人,他将真正能够帮助这个世界——而不是一个端坐于河堤之上,为自身梦境所困的苦行者。

1954 年 1 月 14 日

在瓦拉纳西学校对学生发表的第十场演说，巴纳拉斯

　　我不知道你们是否发觉了恐惧是个非常奇怪的事物，我们大部分人都有着这种或那种恐惧，它以许多的形式潜伏着，藏在许多的美德背后。如果没有真正认识恐惧的原因、恐惧的根源，那么一切对美的感受都将只是模仿性的。没有认识恐惧的更为深刻的层面，对美的欣赏便将毫无意义。对我们大多数人来说，对美的欣赏带着一丝嫉妒的气息，所以便是对美的渴望。你知道什么是嫉妒——嫉妒某个人、嫉妒他人的能力、地位、名望、长相、走路的样子。对大部分人而言，嫉妒是我们行动的基础，去除掉嫉妒，我们将会感觉失落。我们的一切努力都是朝向成功，这里面有嫉妒，而嫉妒背后则是恐惧，恐惧是让我们行动的驱使力、动力、心境。若没有真正理解恐惧和嫉妒的涵义，我们就只是社会的、道德的模仿者。

　　所以，在我看来，认识这个被我们叫作"恐惧"的事物格外的重要。假如你观察一下自己思想意识的运作、自己的行动，会发现，几乎没有一刻不是朝着"更多"、更伟大的方向，不是渴望获得更广泛的经验。一旦有了比较，就必定会出现嫉妒。当我渴望更多，不仅是世俗的东西，而且还有爱、美丽、内心的充实，在朝向"更多"、结果、你想要获得的事物去行动的过程中，嫉妒就潜藏在这背后。

毕竟，美丽是不应该掺杂嫉妒的，美丽就蕴含在它本身。你没有变得更加美丽或更好——这是嫉妒的全部运动——但你必须认识实相，这并不表示说你满足于事物的现状。一旦你进入满足和不满足的情绪之中，就会出现嫉妒。只有当你不去比较的时候，才能认识事物的本来面目，认识你自己的真实模样，因为，在比较中同样也有嫉妒。在我看来，认识实相便是真正具有创造力的生活之美，不是仅仅在美德、责任或者权力、地位方面达至了某个境界。然而，我们所有的教育、我们全部的思想，本质上都是朝着"更多"这一方向行进的，而我们把这个美其名曰进步。

我认为，当我们年轻的时候，当我们还没有被困在那张由责任、义务、家庭、工作、地位、行动、盲目、愚蠢地所做的事情织成的罗网之中，认识到这个真的是非常的重要。教育的作用，难道不就是让心灵不再去做比较吗？你理解我所指的意思吗？你知道，我们的教育、我们的社会生活、我们的宗教渴求，全都是建立在对于"更多"的渴望之上——更多的精神生活、更多的幸福、更多的金钱、更多的知识、更伟大的美德——一个你我朝着它迈进的完美理想。我们在这种氛围下浸染长大，于是我们从不曾探明当下的真实，探明我们真正的样子。

我们总是试图变成其他的样子，总是努力想要变得高尚，变成英雄、榜样、理想。假如我们真正去探究一下这种想要变成的欲望，就会发现这里面有嫉妒，而嫉妒的背后则是恐惧，恐惧一个人的真实模样。于是我们开始用所有这些外在和内在的行动去掩盖自己的本来面目——我们把这个叫作进步，叫作"变成"。心灵很难不去从变成的层面思考，很难不去朝着更伟大、更广阔、更广泛的行动迈进，而这种活动其实是建立在恐惧和嫉妒之上的。然而还有一种截然不同的活动，它才是真正的创造力，真正的认知，也就是，认识实相，认识你真实的模样。在这种运动中，你不会去改变你的本来面目，而是去认识它。

我们习惯于从达至、取得、成功、把这个改变成那个等层面去思考——把暴力变成非暴力，即变成某种理想。我内心贫瘠，我渴望找到内心的充实，内在的充实是不会腐烂的。这是我们所知道的活动，在这种活动中，我们被养育长大，我们被限定。在这种活动中，如果你观察一下，会发现这里面有恐惧，害怕自己不会成为他所希望的样子。渴望变得如何如何，制造出了这个社会、这种文化、这些宗教。我们的文化是以嫉妒为基础的，我们的宗教，正如我们对它的实践、思考和知道的那样，便是去崇拜某个遥远将来的成功。所以，这种活动是建立在嫉妒、获取、恐惧之上的。

教育的职责，难道不是打破这种活动，带来一种完全不同的行动，也就是认识实相，认识一个人的真实模样吗？在这种活动中，没有恐惧，没有嫉妒，不再渴望变得怎样。这种活动是保持自己真实模样的事物具有的创造力。

嫉妒的活动会带来彻底的不满与分裂，让我非常简单地来表述。我很好斗、暴力，我从儿时起便被告诉说应该改变这个，应该变得不暴力、不好斗，应该怀有爱。这一切都是一种旨在改变我本来面目的活动，这种活动是建立在嫉妒、恐惧之上的，因为我想要把我的本来面目转变成其他的样子。但倘若我懂得了这种活动的真理，即它实际上是嫉妒，这里面有恐惧，我就能认识自己的真实模样了。当我发现自己争强好胜，我不会改变我的本来面目，但我会去观察好斗的运动。在观察的过程中，没有恐惧，没有强迫。观察我的真实模样，会带来一种截然不同的行动。这显然就是教育的作用，而这才是创造力。

富有创造力的行动需要大量的认知、洞察和了解，因为它不是强调自我中心的心灵的运动。当前，我们的所有行动都是在强调自我中心，由此滋生出了我们的社会、经济的难题和灾难。我们大家都能在自己身上观察到这两种活动，在观察二者的时候，就将摆脱所有基于恐惧和嫉妒的行动了。只剩下另一种创造力的行动，它里面有创新与美。

问：什么是体验？

克：当你观察自己，这难道不是一种体验吗？当你穿上印度人的无领长衫，这难道不是一种体验吗？当你凝视着船儿顺流而下，这难道不是体验吗？当你哭泣，当你欢笑，当你嫉妒，当你渴望拥有某个东西而把其他的放到一边，这难道不是体验吗？生活便是体验，但我们只希望保留那些快乐的体验，避免不快乐的。这不是生活，在快乐和不快乐之间做选择，这不是生活。生活是从乌云到壮丽的日落这一切的景象，生活是你可以观察到的全部——鸟儿的歌声传遍绿地上的田野和不毛之地，恐惧、欢笑、挣扎、死亡。但我们通常是用不同的眼光看待生活的，我们说道："这是生活，那不是生活"，"这是美丽的，那不是美丽的"，"我要留住美好，推开丑陋"，"我不快乐，我渴望幸福"。当我们开始去做选择，就走向了死寂。

如果你真正思考这一切，将会发现，当心灵在快乐跟不快乐之间做选择，留住这个、排斥那个，衰退便出现了，尔后死亡就会到来。但要想在运动中认识这整个的过程，充分地察觉到它，不做任何选择，就必须刺激心灵，让它摆脱它那些自我封闭的选择行为。一个不做选择的心灵是聪慧的、理性的，能够达至无限的深度。

请仔细聆听这一切，这些不是听过之后就抛到一旁的单纯的话语。各种各样的经历一直都在撞击着我们的心灵，现在我们的心灵只能够选择，选择某种体验，留住它，抛弃另一种。当心灵保留某种体验，并由这种体验去制造传统，那么该传统就会变成选择和行动。一个仅仅为选择所困的心灵，永远无法探明真理。所以，只有当心灵懂得了黑暗与光明的整个运动，才会具有高度的敏锐和智慧，唯有这时，才能迎来我们所说的神。

你们听这一切已经好几天，你有察觉在你身上发生的一切吗，察觉你的心灵是如何思考的，它是怎样观察周围的人与事的吗？你是否观察得更多、看到更多、感受更多呢？你有去观照这一切吗？你是否明白我在谈论的东西？你是否察觉到在你内心、在你的脑子里、在你的感觉里发生的一切呢？你可曾观察过那些树木与河流？你可曾观察过你是如何凝望河流的？在你凝视河流的时候，你的脑子里会冒出什么样的想法呢？

当你看到某个事物，假如你没有察觉到你的脑子里出现的一切，你将永远不会认识自身思想的运作。倘若不认识这个，你就没有受到教育。你的名字后面可能会跟上几个代表学位的英文字母，但这不是教育。要想做一个受过教育的人，你就必须探明你的心灵、思想是否活在传统中，是否被困在通常的例行公事的习惯里。你做事情是因为你的父母想要你去做这个吗？你披上圣袍仅仅是因为这是习俗吗？你去寺庙做礼拜是因为你被告诉要这么做，还是因为你在冥思，抑或因为你喜欢这个呢？很明显，这一切都表明了你的思想的运作，不是吗？没有认识这个，你如何能够有学养呢？

如果你去观察，会发现大脑是个惊人的事物，它里面必定有成千上万的细胞，必定是一个非常复杂的机制。它一定是最复杂的、最专注的，因为，当我问你某个问题，当我观察事物，大脑会经历许多许多来产生一个答案。你明白我谈的内容没有？假如我问你住哪儿，你的大脑会运作得多么迅速！看一看记忆那惊人的速度！若你被问了某个你不知道的问题，再次看看大脑会经历些什么。

我们的内心如此丰富，但我们并没有认识这种丰富，认识它全部的美和复杂，却渴望其他的富足——地位、职务、旅行、舒适、知识等方面的富足——然而与心灵的富足相比，这些全都是琐碎的富足。在我看来，真正的教育便是认识思想是如何运作的，继而超越它。

刚刚说到过，当我们直面某个复杂的事物，当出现了问题，我们的脑子就会变得空白一片。你的脑子会空空如也吗？你理解我问你的问题没有？看吧，你的脑子不停地在活跃，它始终处于运动之中。当你睁开双眼，你便有了许多的印象，头脑接受了所有这些印象——光线、图像、窗户、绿叶、动物和人的运动。当你闭起眼睛，则会有内心的思想的运动。所以，大脑始终都处于活跃的状态，从不曾有一刻是停止的。这便是意识，不仅是表层的，还包括深层的。你知道，毕竟，恒河并不只是水的表面，你在上面见到波纹荡漾，见到阳光粼粼的美丽，还有那深深的水下，大约距离水面有60英尺之深。意识不仅是烦恼、欢愉、渴望、快乐、挫败这些表层的表现，还有深层的，意识是一个整体，而这一切始终都处于运动中——提问、质疑、挫败、憧憬。当这种运动面临某个没有答案的事物，它会瘫痪一两秒钟，然后开始活动。

你难道不曾留意到，当你看到一个美丽的事物、一座壮丽的高山、一条可爱的河流、一个美好的笑容，你的心灵会变得安静下来吗？心灵承受了太多的东西，它只安静了一秒，尔后又开始活跃起来，这是我们大多数人的情形。既然认识到了这个，那么思想能否整个地安静下来，而不是只在某一个层面呢？你的心灵能够始终完全安静吗？不是由于美或痛苦的冲击，不带着任何目的——因为，一旦你有了目的，就会有恐惧以及暗藏其后的嫉妒——而是彻底的静寂，深层和表层都安静呢？你只能去探明，不可以回答是或否。

当心灵真正认识了它的活动、阴影、光亮、运动、细微之处、得意，才能获得真正的自由。心灵去认识自身表层到深层的运动，正是这种认识，认识了它的一切，才会带来心灵的静寂。必须非常理性地去思考、观察、揭示这一切，这样你才能认识思想意识的全部，这样你才能察觉到这整个的过程，唯有这时，心灵才会迈入真正的宁静。

问：什么是嫉妒？

克：你难道不知道什么是嫉妒吗？当你有了一个玩具而别人的玩具比你的大，你难道不渴望那个更大的玩具吗？当你有了一辆小小的自行车，你看到一部更大的漂亮的自行车，你难道不会渴望得到它吗？这便是嫉妒。人们活在嫉妒之上，人们利用它、扩大它。

请那位负责教育这个孩子的老师跟他解释一下这个，请花点时间、不怕麻烦地向他指明什么是嫉妒——假如你自己理解了何谓嫉妒的话。

嫉妒是以很小的方式开始的，然后汇成了一股行动的巨流，它披着许多的外衣。我们全都知道嫉妒。这个小男孩希望认识何谓嫉妒。不要说它是对是错，不要去谴责它，不要告诉他嫉妒是不适当的，嫉妒是丑陋的、邪恶的。真正错误的是你对嫉妒的谴责，而不是嫉妒本身。请向他解释有关嫉妒的整个问题，它是如何出现的，我们的社会是如何建立在嫉妒之上的，我们的本能是如何建立在它之上的，它是怎样影响了我们的行为的。你不去谴责地图，你不去说道路不应当是这样子的，你不去说村庄应该在这里而不是那里，村庄就在这里。同样的，你应该去观察嫉妒，不去试图把它推到一边，不去试图改变它，不去试图将它理想化。

嫉妒便是嫉妒，你无法把它改变成任何其他的东西。但只要你能够去观察它、认识它，那么它就会发生转变了，你不必对它做些什么。如果你可以向每一个男孩女孩深刻地解释这个，我们就将培养出完全不同的一代了。

问：我们为什么想要去炫耀，从而让自己确信我们是个人物呢？

克：你为何希望让自己确信你是个人物？我为什么想要确信我是有头有脸的？

你知道，王公贵族渴望显示自己是个人物，他炫耀他的豪车、他的头衔、他的地位、他的富有。教授、学者则通过他的知识向自己证明他是个人物。你同样希望向你的朋友们证明你在班上是有头有脸，这是一样的，只不过范围有大有小罢了。我们为何要这么做呢？请仔细聆听我所说的。

如果你内心充实，就无需炫耀了，因为美就蕴含在其中。由于我们内心惧怕自己一无所有，于是我们便去装腔作势。苦行者这么做，总理和富人也这么做，剥掉他们的权力、金钱、地位——便只剩下迟钝、愚蠢和空虚。所以，假如一个人渴望去炫耀，渴望证明自己是个人物，抑或告诉自己说他是个人物，那么他实际上是非常空虚的。你知道，这就像是一面鼓，你不停地打击它，让其发出声音，这鼓声便是炫耀，确保说你是有头有脸的。但鼓自己却没有任何的声响，必须击打才能发出声音，它内部是空的。在内心，你空虚、迟钝、没有创造力。正因为你啥也不是，所以你才想让自己相信你是个人物。这是嫉妒的运动。但倘若你说"是的，我很空虚、我很贫乏"，并由此开始去行动，不是去改变，而是去认识它、探究它、深入地研究它，那么你将发现那不朽的富足。在这种运动中，没有确信说你是个人物，因为你是个无名小卒。一个真正的无名之辈，是唯一真正快乐的人。

问：这些日子您一直都在谈让我们的生活发生改变。假如您希望我们以不同的视角去思考问题，那么这跟我们迄今为止抱持的态度有何不同呢？这与我们今天不同吗？

克：需要把问题阐述得简单一些。你的问题是：您希望我们改变，用什么方法是跟我们自己渴望的以旧的模式去改变不同的呢？

我想要你们转变吗？如果你的改变是因为我希望你如此，那么这种改变就是嫉妒、恐惧、奖赏、惩罚的运动。也就是说，你是这个样子的，你想要变成那个样子，因为你被我说服要去改变成那样——这是忌恨、恐惧、嫉妒的运动。如果我认识到我的真实模样，就只是认识自我，不去渴望改变它，不去想着谴责它，如果我能够做到就只是如此，就只是认识到这个，那么，由此将会带来完全不同的行动。但要想带来这种完全不同的行动，那么另一种运动——嫉妒、恐惧、谴责、比较的行动——就必须停止。这个清楚吗？

问：当前，我们不是以您的思考方式去想问题的。您跟我们谈话的时候带着如下的想法，那就是让我们认识您的思考方式，难道不是这样吗？这难道不就是您希望我们让自身发生的转变吗？这二者之间只有些微的区别。我们之所以没有以您的思考方式去想问题，是因为我们看待生活的方式跟您的不一样。

克：我们通常的思考方式是我们一直浸染其中的方式——在模式、窠臼、框框里头去思考。现在，当你意识到你的思想是受限的，难道不会想着去突破这种局限吗？当我认识到我是从共产主义、天主教或印度教的层面去思考，难道不会希望逃离这个吗？这便是我所谈论的全部。有逃离，它是跟习惯性的思维非常不同的运动——这里面没有改变。

在谈到改变的时候，我们指的是必须从这个改变成那个。当我们从这个变为那个，"那个"就已经是已知的了，所以这不是改变。当我从贪婪变成不贪婪，不贪婪便是我的公式、我的观念，所以我已经知道了不贪婪的状态。因此，当我说我应该从贪婪转变为不贪婪，这种运动依然是在已知的范畴之内，是从一种已知转变成另一种已知，所以它根本就不是改变。你们明白没有？

请你们大家仔细听好，这不是那位提问的先生一个人的问题，而是我们所有人都牵涉在其中。当我们谈到转变、革新，从这个改变成那个，"那个"就是我们已经知道的状态，因此这并非改变。当我从印度教转为皈依天主教，我知道天主教是什么，它是我渴望的。我不喜欢这个，我喜欢那个，我所喜欢的已经是我知道的东西了。所以这是同一个事物，形式不同罢了。

我所谈论的不是改变，而是不再渴望去改变，这并不表示说我满足于当下的样子。必须不再渴望从已知改变成我所认为的未知，殊不知它实际上是已知。只要这种运动停止了，就会有完全不同的行动了。

1954 年 1 月 15 日

在瓦拉纳西学校对学生发表的第十一场演说，巴纳拉斯

我认为，我们必须谈谈某个我们可能察觉到了的东西，也就是，对于凌驾他人和自己之上的力量的渴望，这是我们大多数人都有的渴望。

在我看来，这种力量是最深层的欲望之一，这背后实际上是恐惧，而恐惧则源于孤独感、挫败感。我所说的可能有点儿难，但请仔细听好。假若一个人能够认识这个并且加以超越，就将迎来一种截然不同的状态了，而爱就蕴含在这里面。如果一个人不怀有这种爱，生活就会是麻木、疲惫、空虚和肤浅的。

我认为，重要的是去认识这个被我们叫作"力量"的事物——不是电力或者压力，不是有效地做事情的能力，这些都是必需的。我所谈的东西意义更大、价值更深。没有认识这个，那么，效率、做事情的能力，就会变成给人类带来更多不幸、更大痛苦的手段。

我们大多数人都渴望某种权力，可能是凌驾于儿子、妻子、丈夫的权力，抑或是凌驾于某个群体的力量，或者是以某个理想、国家为名义的。这种对于凌驾他人之上的力量的渴望总是在运作着——哪怕是支配仆人，命令他做事情，冲他发火，摆布他。权力欲难道不是源于孤独感吗？你可曾感觉到孤单呢？你知道孤单一人、没有朋友、彻底的孤独、孤立无援是什么吗？没有朋友，没有任何人你可以去依靠或者信任，这是一

种完完全全自我封闭的状态。或许你并没有感觉到它，你们大多数人都在逃避它、远离它，你只是在重大危机或死亡的时候才会意识到它，但你却逃离了它。倘若没有认识到这种空虚，那么，仅仅通过权力去控制将只会带来各种各样的挫败。

在一个人年轻的时候或许要认识这一切很不容易，但他应当大量地谈论这个，因为，当他长大，他会开始去凌驾他人以及自己。苦行者希望支配自己，结果他通过禁欲、苦修去控制自己，这带给了他力量感，觉得支配了自己以及他的那些欲望。他只渴望很少的东西，这在他内心带来了非凡的力量感，一种自我中心的力量。你也渴望驾驭他人的力量，你在这里面感到了巨大的释放、快乐、幸福，你觉得能够通过政治力量、通过话语去支配成千上万的人。在一切权力欲的背后潜藏着的其实是恐惧。

毕竟，当你把自己跟某个人、某个观念、某个榜样做比较时，这种比较的背后难道不就是对于力量的渴望吗？我没有权力、地位、能力，但倘若我能够去效仿某个英雄，模仿他，我就会变得有力量了，就会是个人物了。因此，渴望出人头地、模仿、比较，这些赋予了我权力感。

我认为，在我们年轻的时候，认识到这个非常的重要，因为这便是几乎世上每一个人都在寻求的东西。职员想要支配他的下级员工，老板有无数供他呼来喝去的雇员，那些部长大臣们拥有权力以获得地位和名望，他们有各种控制他人的手段。整个社会结构就是建立在这之上的，我们以为能够把权力当作改变人们生活的手段，拥有权力是一种巨大的快感。一个掌权的人说道："我做这个是为了我的国家，我做这个是为了理想。"当他这样说的时候，他意识到自己处在权威的位置，在支配别人。

当你受教育的时候，当你在学校或大学的时候，必须认识到这个。你应该探明你是否活在这世上可以不去支配、控制人们，不去控制他们的思想。原因是，毕竟，我们每个人在重要性上不输任何一个政客、任何一个握有权力的人。我们每个人都渴望在自由中长大，这样我们才能做自己，才能认识自己的真实模样并由此展开行动，如此一来我们才不会受到社会或我们的老师、我们的父母抑或任何试图支配、影响我们生活的人的强制。抵挡这一切十分不容易，因为我们每个人都渴望权力，老师想要当上校长，原因是校长有凌驾这么多的人的权力，而且还拥有更多的金钱。

当你被他人通过金钱、地位、身份控制的时候，就会彻底失去你作为一个个体、一个人、一个独立存在的感觉，这一切就会被破坏掉。然而在我看来，在这类学校里，我们应当营造出这样一种感受，那便是这是我们的学校、你的和我的，作为学生的你跟老师或校长同等的重要，这一点很重要。这世上任何地方都没有这种"我们"的感觉——感受到这是我们的地球，属于你和我，而不是苏联人的、美国人的、英国人的或者非洲人的；感受到这是我们的世界，而不是共产主义者的、社会主义者或资本主义者的世界；感受到这是我们的地球，你我还有其他人能够生存于其间以及自由地探明生活的全部意义。

如果我们寻求任何形式的权力，就会把生活的意义以及对它的认知挡在门外。母亲可以支配孩子，她希望他按照某种方式去成长。然而，教育显然是让心灵、思想自由地活动，不会因为权力、比较而受到任何的扭曲与腐蚀。我们应当建立这样的学校，你我必须建立起它，否则，当你离开这所学校和大学的时候，会跟其他人没有什么两样，迟钝、麻木、脑子里塞满了那些肤浅的信息，你不会拥有任何你自己的清楚的创造力，而是一部受环境、社会、政客驱使的机器，因为你们每一个人都跟政客一样渴望权力。

所以，哪怕你可能暂时没有理解我所说的内容，请跟你的老师们谈一谈，让他们向你解释这一切，告诉你这是我们的地球，全人类都能够生存其上，认识、锻炼他们的能力，不去摧毁任何人。一旦我们想要用我们的能力去获得权力、地位、名声，我们便走向了毁灭。因此，我们应该谈论一下怎样在这里建造一所这样的学校，我们每个人、学生、老师、基金会成员都要携起手来一同去建造这个地方——就像作为学生的你去照看树木、道路一样，感受以及呵护那些属于地球的事物，不是因为它是我们的学校，而是因为它是我们的地球。

我认为，这是唯一能够拯救世界的精神，不是那些聪明的科学发明，而是认识到，在这个属于我们的世界上，你我要一同去建立。但现在想要实现这个非常的困难，因为，一切都是"我的"而不是"你的"，"我的"被划分成了许多个阶级、许多财产、许多职位、许多国家民族。这个世界上并不存在"我们的"感受，但倘若没有这种感受，我们在这世上就不会有和平。所以，在你年轻的时候，应当认识到这个，应当怀有这种感受，这一点十分重要。只有这样，当你离开这个地方的时候，就可以创造出一个新的世界、新的世代。

问：当一个人认识、热爱的某个人死去时，他为什么会悲伤呢？

克：当你的某个朋友或者近亲逝世，你会觉得难过。你究竟是为那个死去的人难过，还是为你自己呢？另一个人走了，你被留下了一个人面对人生。和那个人一起，你会感觉到一些安全和幸福，你觉得有人陪伴，有友谊。这个人离开了，你被留了下来，还有不安全感，不是吗？你不断地意识到了自己的孤独，你察觉到你没有了陪伴，曾经有一个人你可以跟他说话，真实地表达你自己，当这个人离开了，你觉得非常悲伤。由于你的孤独，由于你感觉没有人可以去求助，所以你觉得很难过，但你并不是在为那个人难过，你是为你自己难过。因为感到难过，于是你发明出了各种各样的理论和信仰。

重要的是去认识这种依赖的过程，对吗？一个人为什么要去依赖别人？出于某些原因，我依赖送奶工、邮递员、司机、银行职员、警察。

但我对这些人的依赖，跟基于恐惧和内心对于慰藉的渴望而产生的依赖是完全不同的。由于我不知道怎样生活，所以我困惑、孤独，我希望有人来帮助我，我希望有人来指引我，我渴望某个可以去依靠的人、大师、书籍或理念。当这种依赖从我这里被拿走的时候，我便会感到失落，这种失落感导致了痛苦。

在我们待在学校时，应当去理解有关依赖的问题，这难道不是非常重要的吗？这样我们才能在心理上不依赖任何人的情况下成长，而这需要大量的智慧和探寻。很明显，教育的作用便是有助于让心灵摆脱恐惧感，正是恐惧感导致了依赖。由于依赖，我们说道："我怎样才能不去依赖呢？"可如果一个人认识了依赖的过程以及它的各种方式，就不会再有如何摆脱它的问题了，正是这种认知会让心灵挣脱依赖。

问：什么是星星？

克：我很抱歉无法给你科学的解释，你可以从科学书籍或你的科学老师那里探明什么是星星。

你凝望过星星吗？当你凝望星辰时，会有什么感觉呢？当你凝视着夜空，看到成千上万的星星、行星，你会做何感想？你会就只是凝视然后走开吗？我们大部分人都是这么做的，我们跟某个人谈话，说道："看那星辰和月亮，多美的夜晚啊！"尔后又继续我们的交谈。但倘若你独自一人抑或跟那些不会总是叽叽喳喳或聊天的人一起，或者跟那些希望观察事物的人一起，那么，当你凝望繁星的时候，你会有什么感受呢？你是否会感觉在这广阔无垠的宇宙中自己是何其渺小，抑或觉得它是你的一部分，感觉到你与它是一体的呢？——皓月、繁星、树木、河流。你有时间去观察、探明你自己的感受吗？

观察某个美丽的事物，没有思想的干扰，没有心灵带着它的诸多记忆说"这个夜晚没有另一个夜晚好"，"这个没有去年美"，"太冷了，我无法观看"，要做到这样是多么的不易啊！心灵从不曾在观察的时候没有话语、没有比较。只有当你能够观察时不做比较或者沉默不语，繁星、地球、月亮以及流泻在水面上的光线，才会具有非凡的意义，这里面蕴含着巨大的美。要想不做比较地观察，一个人必须认识心灵，因为正是心灵在察看，正是心灵在对自己看到的事物做着解释，给其命名。心灵对某个事物进行命名，这变成了把它推到一边的方式。

所以，当你凝望星星、飞鸟或树木，探明在你观察的时候会发生什么，这将会揭示出许多有关你自己的东西。

问：人类在物质世界方面已经取得了巨大的进步，但为什么我们在其他方面没有看到有进展呢？

克： 我们为何在物质世界里取得了进步，这是相当明显的，尤其是在一个能量、智能大量释放的新世界里。当你开拓一个新世界的时候，你必须去发明创造，必须奋发努力。人类取得了许多的进步，从弓箭到原子弹，从牛车到时速高达一千六百英里的喷气式飞机，通常把这个称作进步。然而其他的方向，比如心理层面有进步吗？作为个体的你，内心有进展吗？你凭借自己的力量是否有所发现呢？

我们知道其他人说了些什么，发现了些什么，然而我们有自己独立地发现过什么吗？我们是否变得更加仁慈、和善了呢？我们的心灵变得更宽广、敏锐了吗？我们去除掉恐惧了吗？假如没有实现这些，那么世界上的所谓进步其实是在毁灭我们自己。

问：什么是神？

克： 你知道，对一个村民、农民来说，神就是他敬献鲜花的一尊小小的形象。原始人把雷视为神，还有一些民族会崇拜树和自然。某个时期，在欧洲，人类崇拜苹果树和橄榄树。有些印度人甚至今天还在崇拜树木。

神被搬进了庙宇，在那儿你会看到一尊浑身涂抹了油、戴着花环和珠宝首饰的形象。你把这个叫作你的神，你在它前面敬奉鲜花、做礼拜。你可能会走得更远一些，在你的心里制造出了某个源于你自身的传统、背景的形象或观念，你把这个称为你的神。那个投下原子弹的人也认为神就在他左右，每个军阀，从希特勒到基奇纳再到小的将领，都在祈求神灵。这种形象、理念是真正的神吗？还是说，神是我们的心灵无法想象、无法测度的事物呢？

　　神是我们完全无法测度的，只有当我们的心灵安静下来，当它不去投射、不去挣扎，神才会到来。当心灵迈入了静寂，我们或许就能认识什么是神了。

　　所以，在我们年轻的时候，不要被"神"这一字眼困住，不要接受我们被告知的关于神的观念，这真的非常重要。许多人都热切地告诉我们什么是神，但我们应该对他们的话进行检验。还有许多人主张说神是不存在的，我们也不应当被他们的观点所困，而是要同样仔细地加以检验。不管是有神论者还是无神论者，都不会探明神。只有当心灵摆脱了信仰和不信，当它迈入了静寂，才能发现神。

　　我们从来没有被告知过这些事情。从儿时起你就被告诉说有神存在，你重复着这一观点。当你求助于某个上师的时候，他会告诉你说："世上有神，做这个，做那个。反复念诵唱颂，做礼拜，实践这个或那个戒律，你将找到神。"你可能把这一切都做了，但你发现的并不是神，它不过是你自己投射、构想出来的东西，是你自身欲望的投射。

　　这一切很难，需要展开大量的思索和探寻。这便是为什么，当你待在这类学校的时候，应当自由地成长，这样你的心灵才能凭借自己的力量去探明、去发现。尔后，心灵也就会富有创造力，具有惊人的警觉和机敏了。

问：为什么尽管一个人用尽了全力还是会痛苦呢？

克：无论我可能拥有怎样的能力，为何当我没能实现，当我没有成功地实施我的意图，我会感觉难过呢？当你尽了最大能力去做某件事情的时候，你为什么会觉得难过？这个问题难道不简单吗？

我们并不满足于就只是干自己喜欢做的事儿，我们希望所做的事情会很成功。对我们来说，做并不重要，重要的是做将会带来的成功、结果。当我们的行动并不成功，当它没有带来我们希望的东西，我们就会感到满满的痛苦。我们行动背后的驱动力是对于成功的渴望，对于权力、名望、地位、身份的渴望，我们希望有人告诉我们说我们所做的事情是多么的非凡。这一切实际上意味着我们从不曾懂得怎样去爱一个事物，就只是为了这个东西本身而去做它，而不是为了它会带来的结果。我们做一切事情都把眼睛盯在成功、将来、明天上头，当明天没有到来，我们就会感到痛苦，这是因为我们从来没有仅仅出于对事物本身的热爱而去做某件事情。

这儿有许多人是老师，其他人则是教授、大商人抑或官员，为什么你们要干这些行业？不是因为你热爱你所做的事情，而是因为你没有其他的可干。所以，无论你干的是什么，你都渴望它会成功。你想要攀上成功的阶梯，于是你便总是在竞争、奋斗，结果也就毁掉了心灵的能力。

问：我们怎样才能过一种没有经验和记忆的生活？

克：你想知道如何摆脱记忆，也就是说，你希望找到某种方法、体系。然而，体系方法只会带给你更多的经验，只会培养记忆，不是吗？当我知道怎样去做某个事情的时候，它就会变成一种习惯。如果我懂得如何读书写字，那么，"如何"就会变成我记忆的一部分，我带着这种记忆去写作，去识别出每一个字、每一个音节。

另一天我所谈的与这个截然不同，我说生活是经历和记忆的过程。

生活便是经历、体验，而经历会制造出传统、记忆，我们带着这种传统、记忆和习惯在生活，因此从不曾有任何新事物。难道无法带着那不会腐朽，不会仅仅变成记忆的经历去生活吗？——我们通过这种记忆去看待生活。我们非常仔细地讨论过这个，但一个人必须从不同视角一遍又一遍地加以探究，以便领悟它的全部涵义。

问：历史是否证明了神的存在？

克：这是证明的事情吗？历史或许证明又或许没有证明神是存在还是不存在。成千上万的人都声称有神，也有成千上万的人强调说无神，每一方都引用权威、历史、科学等证据。

心灵很恐惧，它希望有东西可以去依靠，它渴望有永恒之物能够去依附。带着这种对于永恒的渴望它去寻求权威，不管是主动的还是被动的。当它在那些主张无神论的人们身上寻求权威，它便重复说道："神是不存在的。"它非常满足于这种信仰。有一些寻求永恒的人则认为神是存在的，结果心灵便去依附于这种观念，渴望通过历史、通过书本、通过其他人的经验去证明说神是存在的。但这并不是真理，并不是神。

要想探明何谓神，心灵必须从一开始就是自由的。当它寻求安全，当它渴望永恒，当它为恐惧所困，就不会是自由的。

1954 年 1 月 18 日

在瓦拉纳西学校对学生发表的第十二场演说，巴纳拉斯

　　从孩提时起，我们就被教育着去谴责某些事或某些人，赞美其他的事或人。你难道不曾听见那些成年人说"你是个淘气的孩子"吗？他们以为，这么做就可以解决问题了。然而，认识某个事物需要许多的洞见、觉察。不是容忍——容忍不过是心灵发明出来为自己的行为或他人的行为进行辩护的——而是认知以及一颗宽广深刻的心灵。

　　今天上午我想要谈某个可能相当困难的问题，但我觉得认识它是值得的。我们很少有人在享受事物，看到日落、满月、美丽的人、可爱的树抑或鸟儿的飞翔或舞蹈，我们感觉到的欢愉很少。我们并没有真正在享受事物，我们看着它，表面上开心了或者因它兴奋了，我们怀有一种感觉，将这个称作为欢愉。然而，享受则是更加深刻的事物，必须认识它、探究它。

　　年轻的时候，我们享受某些事物，从中获得愉悦——游戏、衣服、看书、写诗、画画或者彼此推推搡搡。但随着年纪的增长，这种享受变成了痛苦、折磨、挣扎。年轻的时候，我们享受食物，但随着年纪的增长，我们开始吃给了太多调味品、香料的食物，然后便失去了一切品尝、美味和精致。年轻的时候，我们很享受去观察动物、昆虫、鸟儿，然而随着年龄的长大，尽管我们依然希望享受事物，但最好的已经离我们而去

了，我们宁愿拥有的是其他的感觉——激情、肉欲、权力、地位。这些全都是生活中正常的东西，尽管它们是肤浅的，但不应谴责它们抑或是为它们辩护，而是要认识它们，给它们正确的位置。如果你把它们视为无价值的东西加以谴责，认为它们是感官的、愚蠢的、非精神性的，你便破坏掉了生活的全部。这就好像说："我的右胳膊很丑，我打算把它砍掉。"我们是由所有这些事物构成的，所以必须去认识这一切，既不谴责，也不辩护。

随着年纪的增长，生活的许多东西都失去了它们的意义，我们的心灵变得迟钝、麻木、不敏锐。于是我们努力去享受，努力强迫自己去欣赏绘画、凝望树木、观察孩子们玩耍。我们阅读某本宗教书籍抑或其他的，试图发现其意义、深度、涵义。然而这完全是费劲、折磨、费力的事情。

我认为，认识这个叫作欢愉、享受的事物格外重要。当你看到某个非常美丽的东西，你渴望拥有它，渴望留住它，渴望把它唤作你自己的——"它是我的树、我的鸟、我的房子、我的丈夫、我的妻子。"我们希望维系它，正是在这种维系的过程中，会有依赖、恐惧、排他。结果，那个曾经带来欢愉的事物以及内在美的感觉便失去了，生活变得封闭。你认为那个事物是属于你的，于是，享受慢慢变成了你能够占有的事物，你应该拥有的事物。你享受做某个仪式、做礼拜，或是享受在世上是个人物，你满足于活在肤浅的层面，一个接一个地寻求着感觉、享乐，这便是我们的生活，对吗？你厌倦了某个神，你希望找到其他的神。假如你的上师没有让你得到满意，你会换掉他。你要求他："请带领我达至某个地方。"在这一切的背后是渴望找到快乐。你活在肤浅的层面，以为从中可以获得愉悦。

要想认识真正的欢愉，一个人就必须展开更加深入的探寻。欢愉不是单纯的感觉，它需要心灵非凡的高雅，而不是那个给自己积累越来越多东西的自我的精致。这样的自我、这样的人，永远无法认识这种里面没有享受者存在的愉悦的状态。一个人应该认识这一非凡的事物，要不然，生活就会非常的渺小、琐屑、肤浅——出生、学习一些东西、痛苦、生孩子、担负责任、挣钱，拥有一点智力上的快乐，然后便是死亡，这就是我们的生活。而我们的服饰、举止、吃的东西方面则很少达到了精致优雅，于是心灵逐渐变得非常迟钝和麻木。

你吃的是什么很重要，可是你就只是爱吃味道重的东西，你喜欢用许多非必需的食物把自己给塞满，因为它的味道不错。请认真听这一切，你说话的方式、走路的样子、看人的方式很重要。探寻一下你的思想、察觉、观照你的姿势，观察你言语的涵义。假若你真的非常警觉，心灵就会变得格外的敏锐、纯净、简单。如果没有这种简单和纯净，生活将会非常的肤浅。然而，自我的精致化就像是封闭在一堵美丽的点缀着许多装饰物和图画的高墙后面。这种自我的精致依然不是欢愉，因为这里面有痛苦，总是害怕失去以及希望有所得。但倘若心灵能够超越自我、"我"的精致化，就会有一种完全不同的过程运作了；这里面，没有任何体验者存在。

这一切可能相当难，但这不要紧，就只是聆听。当你年纪长大，这些话语可能就会有意义了，当你受到生活的挤压，当生活变得困难，阴霾密布，满是挣扎，它们对你就会有意义了。所以，聆听这一切，就像你聆听并不十分了解的音乐那样——就只是聆听。

我们可能会从一种精致转为另一种，从一种细微走向另一种，从一种愉悦走向另一种，但它的中心始终都是"我"——这个"我"在享受，在渴望更多的快乐；这个"我"在寻求、寻找、憧憬幸福；这个"我"在挣扎、努力；这个"我"变得越来越"精致"，但却从不曾喜欢终结。只有当所有微妙形式的"我"完成，才能迎来那种无法寻求到的极乐的状态，那种狂喜，它是真正的欢愉，没有痛苦，没有腐烂。现在，我们所有的快乐、所有的幸福都是腐朽的，它背后是痛苦，是恐惧。

一旦心灵超越了"我"的念头、体验者、观察者、思考者，就会获得那不朽的幸福了。这种幸福无法被人为地变得永恒，所谓的永恒是从我们使用该词语的意义上来讲的。然而，我们的心灵寻求着永远的幸福，寻求着某种持续的事物，这种对于持续的渴望便是腐烂。可一旦心灵摆脱了"我"，就会每时每刻获得幸福了。这种幸福无需你的寻求就会到来，它里面没有任何累积、储存、备用的幸福，它不是你能够去留住、维系的东西。当心灵说"我昨天很快乐，现在我不开心，但我明天将会快乐"——这样的心灵是一个做着比较的心灵，它里面有恐惧，它总是在模仿、复制、抛掉、获得、失去，所以它并不是真正快乐的心灵。

　　如果我们能够认识生活的过程，不去谴责，不去说它是对是错，那么，我以为，就将迎来一种具有创造力的幸福了，这种幸福不是"你的"或"我的"。这种富有活力的幸福如同阳光，假若你希望阳光一直照耀在你的身上，它就不再是清晰、温暖、给予生命的太阳了。同样的，若你渴望幸福，因为你遭受着痛苦，抑或因为你失去了某个人，或者因为你没有成功，那么这不过是一种反应罢了。但倘若你能够超越，就会迎来那不属于思想意识范畴的幸福了。

　　从儿时起就拥有好的品味，接触美、好的音乐、好的文学，这真的很重要。这样心灵才会变得格外敏锐，不粗俗、不笨重。要想认识生活的真正深度，需要大量的敏锐和细微。这便是为什么说，当我们年轻的时候，重要的是我们是如何受教育的，我们吃的是什么，穿的是什么，住在怎样的房子里头。我向你保证，对美的欣赏与热爱非常重要，没有这个，就永远无法找到真理。但我们经由学校、经由生活变得残酷无情，受到压制，我们把这个叫作教育、叫作生活。

　　当我们待在这所学校期间，凝望河流、绿野、树木，这是非常重要的。有好的食物，但不是味道太重、太辣的食物，不要吃得过饱，享受游戏，不要竞争，由此你将会发现，假如你真的去观察，心灵就会变得格外的机敏、警觉、冷静。于是，随着你长大成人，你必定就能通过生活正确地享受许多事物了。但若仅仅停留在享乐的肤浅层面，没有认识人的能力的真正深度，就像是活在一条脏兮兮的街道，努力让它变得干净一样，它总是会变脏，总是会被破坏，总是会腐烂。可如果一个人能够通过正确的教育懂得怎样去思考以及超越一切思想，那么，这里面就会有非凡的安宁、极乐，这是活在自身肤浅幸福中的浅薄的心灵，永远不会获得的。

你们已经听过了我关于食物、衣服、洁净等方面的观点，努力凭借你自己的力量去探明这背后更多的东西。看看你是否能够克制自己不去吃太辣、味道太重的食物。毕竟，只有在年轻的时候你才能成为革命者，而不是等你到了六七十岁。或许我们当中只有很少的人可以办到，绝大多数并不是革命者，随着年纪的增长，你会固定化、模式化。唯有当你年轻的时候，才有可能革命、反抗、不满。

要想具有反抗精神，就必须让不满的火焰燃烧一生。反抗没有任何错，错的是去寻找一条会带给你满足、会平息掉不满烈焰的道路。

问： 阅读的时候，我的思想总是游走。我怎样才能做到专注呢？

克： 你知道什么是专注吗？你知道当你观看一场你真正喜爱的舞蹈时你便会专心致志吗？昨晚我们看了一场舞会，在你观看它的时候，你知道你是精神集中的吗？当你观察某个你感兴趣的东西——两头打架的公牛、一只飞翔的鸟儿、河面上鼓涨着风帆逆流而行的船——你是否意识到你是聚精会神的呢？

当你的心思没有被某样事物吸引，当你强迫自己去听你并不真正享受的音乐，你便会意识到你是在努力去听，你把这种强迫称为专注。但倘若你带着真正的欢愉去听，因为你真的很享受这音乐，那么你的整个身心就会沉浸其中。你不会说什么："嗯，我必须专注。"你已经与舞蹈者融为了一体，你几乎就是自己在舞动了。然而你发现，我们从不曾以这样的方式去观察、聆听或阅读，我们从不曾这般彻底地对任何东西感兴趣过，我们只是部分地有兴趣。心灵的一个部分说道："我不想读这本令人厌恶的书，它无聊死了。"另一部分说道："我必须读它，因为我得备考。"当一个部分声称你应该阅读而另一个部分却在游走，因为知道这本书相当无趣，于是你便有了努力，你说道："我应该开始集中精神。"

你不必学习如何专注，请听好，不要强迫你自己去专注，而是要培养你对所做的事情本身的兴趣和热爱。当你画画的时候，就为画画本身而描绘；当你看一场舞蹈的时候，享受它，观察它，欣赏它的美。这样你的心灵才不会四分五裂成不同的部分，这样它才会是完整的、统一的，这样四分五裂的心灵才不会露出分裂的表情说道："我必须得注视。"

重要的不是专注，而是对事物的热爱。正是对事物本身的热爱，会带来惊人的精力和能量。这种精力、能量就是注意力，若没有这个，你的学习、你的注视将毫无意义，你不过只是通过考试或者变成光荣的职员。

问： *月蚀真的对我们的生活有影响吗？假如是的话，为什么会如此呢？*

克： 如果你是个精神错乱的人，如果你脑子里有一点儿狂乱，它或许会影响到你。但我没发现这之外它如何能对人有影响。

这个问题开启了有关迷信的话题。你活在一个社会中，活在一群宗教人士当中，他们说道："月蚀对大脑有影响。"他们有各种各样的理论，你就是在这些理论之中受教育长大的。你看到这些朝圣者，成千上万的他们是如何在桑冈汇聚起来以及在恒河中洗澡的。当成千上万的人在思考某个事物，就会营造出一种气氛，对吗？在这种氛围里，在这种行为中，孩子会观察，会留下印象。当你年轻的时候，心灵犹如吸光的感光版那样的灵敏。这便是为什么说，你生活于其中的氛围是非常重要的。

但我们并没有注意这一切，我们以肤浅的方式活在这个无序、黑暗的悲惨世界里。你听那些成年人说："月蚀会影响你的生活。"你便接受了这个。你不去质疑，不去凭借自己的力量展开思考。

简单地思考是非常难的，因为心灵并不简单，心灵在发明、制造各种各样的幻觉、神秘，它被困于其中。拥有一颗简单的心，实际上便是认识生活的复杂。你不能仅仅否定生活的复杂性，说："我有一颗简单的心灵。"一颗简单的心不是可以被培养起来的东西，当你懂得了人生的复杂，就会拥有它了。

问：我们生活的目标是什么？

克：生命的意义何在呢？生活的目的是什么？你为什么要问这样一个问题？当你的内心困惑，当你的周围混乱、不确定，你才会询问这个问题。由于不确定，你便渴望确定，你希望生活有某个确定的目标、明确的目的，因为你的内心是不确定的。你痛苦、混乱、困惑，你不知道该怎么办。由于困惑，由于痛苦，由于挣扎，由于那些恐惧，于是你问："生活的目的是什么？"你渴望某种你能够为之奋斗的永恒之物，正是为某个目标去努力，导致了它自身虚幻的清晰，而这不过是另外一种形式的混乱罢了。

重要的不在于生活的目的为何，而在于认识一个人身处的混乱、痛苦、眼泪以及其他的一切。我们不认识混乱，而是只想着摆脱它。真理就在此处，而非彼岸。一个专注的人不会询问生活的目的是什么，他关注的是清除掉那些困住他的混乱和痛苦。当这一切被清除掉的时候，他就不会问这样的问题了。你不会询问："阳光的目的是什么？""美的意义何在？""活着有什么目标？"只有当生活变成了一场不幸，变成了不断的战役，当你想要逃离这种不幸、这种争斗，你才会说："告诉我生活的目标是什么。"尔后你便去追随各种各样的人，从一个老师转向另一个老师,试图探明生活的意义。他们会告诉你,尽管他们其实同样的愚蠢。你只可能选择跟你一样困惑的上师,然后从他那里得到你想要的东西。

假若你能够认识你所怀有的混乱、挣扎、痛苦以及深层的欲求,那么,正是在这种认知中,你将有所发现,无需再去询问他人了。

问:我们为什么哭泣?

克:你知道,有开心的眼泪和痛苦的眼泪。开心的泪水非常少有,当你爱着某个人,你会满眼含泪,但这是很稀罕的事情,不会发生在我们身上,因为我们心里没有爱。随着年纪的增长,我们会变得越来越严肃,我们至少知道挫败的严肃、生活里无望的痛苦的严肃——但这些东西的深刻性我们并没有领悟、享受和认识。大多数人都流过泪——小孩子和老人。我们知道这些泪水是什么意思——痛苦的眼泪,失去某个东西的眼泪,为失去某个人而流泪,为没有取得成功而流泪,为没有幸福的婚姻而流泪,我们知道所有这些东西。但要想认识并超越这一切,超越所有的想法,需要大量的洞察。

问:我们如何能够应对潜意识呢?

克:这个问题曾经提过,不是被成年人,而是被一个孩子。一个孩子对于潜意识一无所知,他唯一知道的便是玩游戏,学科目,恐吓围着他的人,感到饥饿和恐惧,等等等等。

你是个孩子,年轻的时候你不可能观察得太多。但即使你稍作观察,就会发现,在你浅意识的波纹之下,有各种各样的东西在暗涌。你可曾观察过河流?你知道,令人惊异的生命就在那河流的深处。一个法国人潜到了水下很深的地方,发现了令人惊讶的生物,发现了你从来没见过的鱼类,它们的颜色斑斓到无法想象,那黑暗是你难以置信的,那静寂是你无法穿越的。可我们只知道那些水面上泛起的小波纹,只知道面上的水流。但倘若我们朝深处进发——有人为的方法可以潜到深处——你就能看到种类繁多的鱼，看到生命的多样性，看到水下发生的陌生的一切。

同样的，要想认识意识表层之下的东西，它那些波纹之下的事物以及它的全部活动，你就必须能够潜到意识的深处。重要的是认识到意识不单单只有表层活动这样狭小的层面，认识到你不应该仅仅是学习去通过考试，不应在穿着打扮、做礼拜或是其他任何事情方面仅仅遵从某些传统。

要想深入那些表层活动之下，你就得有一颗能够懂得如何潜入深处的心灵。我认为这是教育的职责之一，不是仅仅忙于表层，不管它是美是丑，而是能够往深处探究，就像潜水者穿着潜水服那样。这样，在深处，你就能够自由地呼吸，就能够在那些深处探明生活的全部错综复杂、模仿、波动以及想法的多样——因为，在一个人的内心，他就是这一切——然后超越这一切，跨过这一切。

假如你不认识自己意识的表层，你就无法探究到深处。而要想认识表层，一个人就必须展开观察，心灵必须观察一个人穿衣打扮、披上圣袍、做礼拜的方式，理解原因何在，尔后你便可以潜入深处了。但要想探究深处，你必须得有一颗简单的心，这便是为什么，一个为结论、谴责、比较所困的心灵，永远无法超越自身肤浅的活动。

问：我们应当怎样观察事物呢？

克：关键不在于你该如何观察事物，而在于你实际上是怎样去观察的。

你不知道如何观察。许多人都会告诉你该如何，单纯接受是愚蠢的做法。你应该探明你实际上是怎样看待事物的。你可曾留意过你是怎么看事物的吗？你是如何看一棵树的？你是充分地观察它，还是马上给它起个名字，随意地瞅两眼然后走开了呢？当你给它命名的时候，你的心思就已经游走了。假如你看到一只鹦鹉，你会观察它的红色鸟喙、脚爪以及它那奇怪的飞翔方式吗？就只是注视，随着你的注视，你会展开观察，学习如何认识它。当你说这只鸟儿是鹦鹉的时候，你的心思就已经没有放在观察上面了。

　　我们从没有自由地、充分地观察过任何东西，因为我们没有在不去比较的情况下观察它。我们说，"那只鸟儿没有另外一只好看"，"那棵树不像另外一棵那样高耸或雄伟"，我们还会给它命名，比较的过程始终都在上演着。唯有真正观察的心灵，才能不做比较地去察看，这便是应该怎样去观察某个事物的方法。当你听别人说，你应当在观察时不做任何比较，不去命名，你就会努力以那种方式去察看。但不要努力用那样的方式去察看，就只是认识你是如何看某个美丽的对象的，你如何去比较，如何做评判。就只是观察你的心思是怎样一直都在游走的，从不曾展开充分的观察。要想观察，心灵就必须安静下来，不到处游走，不分心。

1954 年 1 月 19 日

在瓦拉纳西学校对学生发表的第十三场演说，巴纳拉斯

我们怀有的最大的困难，其中之一便是探明究竟是什么导致了平庸。你知道这个词指的是什么意思吗？一个平庸的心灵，实际上意味着被削弱，不自由，困在恐惧和问题之中。如果心灵仅仅围绕着自己的私利，围绕着自己的成败得失，想着立马消除痛苦，那么这样的心灵不可避免地将会走向琐屑。对于一个平庸的心灵来说，最大的难题之一便是冲破它自己的思想模式、行为模式，自由地生活、移动、活动，难道不是吗？我们大多数人的心灵都非常的渺小、琐屑。观察一下你自己的心灵，将会发现它都在忙碌些什么——诸如通过考试、自身的成功、人们会怎么看你、你是如何害怕某个人的这类渺小的事情。你渴望一份工作，当你有了那份工作，你又会希望有更好的，诸如此类。只要你探寻一下你的心灵，就会发现它始终都在忙着这类渺小、琐屑、利己的活动。由于被占据了，它便制造出了问题，不是吗？它试图依照自身的琐屑去解决这些难题，但又无法做到，相反却让问题愈来愈多。在我看来，教育的作用便是打破这种思维方式。

平庸的心灵，被困在巴纳拉斯的某条狭窄街道并且居住于此的心灵，它可能会读书识字，可能会通过考试，可能在社会上非常活跃，但它依然活在由它自己制造出来的狭窄的街道里。我认为，对我们所有人来说，

包括老年人和年轻人，重要的是去意识到，由于心灵如此渺小，不管它多么努力，不管它可能经历了怎样的奋斗与挣扎，可能怀有怎样的希望、恐惧或憧憬，它们都仍旧是渺小的、琐屑的。对我们大部分人来讲，很难认识到如下事实，即上师、大师、团体以及由琐屑心灵构成的宗教依然是琐屑的，很难冲破这种思维的模式。

我们年轻的时候应该拥有不平庸的老师、教育者，这难道不是十分重要的吗？原因是，假如教育者迟钝、乏味，想的都是那些渺小、细碎的事情，并被困在自己的琐碎之中，他们自然就无法有助于营造一种崭新的氛围，在它里面，学生能够自由地成长，冲破社会强加在人们身上的模式。

我认为，重要的是能够认识到一个人是平庸的，因为我们大多数人都不承认自己的平庸，我们全都认为自己在这背后、在某个地方有着非凡的潜能。但我们必须认识到自身的平庸，认识到平庸会进一步带来琐碎，但不要去抵抗它。任何抵抗平庸的行动本身就源自于平庸，努力打破平庸，依然是琐屑的、渺小的。

你难道不理解这一切吗？很不幸，我只是用英语在讲，但我希望你的老师们将会帮助你去理解。在向你解释这个的时候，他们自身的琐屑会被打破，正是解释可以令他们意识到自身的琐屑和渺小。一个渺小的心灵是不会去爱的，不会慷慨大方，而是会就一些小事争吵不休。在印度以及世界上的其他地方，需要的不是聪明的人，不是有学位或地位高的人，而是像你我这样的普通人——冲破了自身心灵琐屑的普通人。

琐屑本质上来说是一个人自己的思想。不停地想着自己的成功，想着自己的理想，想着自己对于完美的渴望——这便是让心灵琐屑化的原因。因为，"我"、自我，不管它如何扩展，都依然是非常渺小的。所以，一个被这些东西占据的心灵便是琐屑的心灵。如果心灵老想着某个东西，焦虑着它的那些考试，焦虑着它是否会找到工作，它的父亲、母亲老师、上师、邻居或社会会怎么想，这样的心灵便是琐屑的。被这些念头占据，只会带来体面，而一个体面的人、一个平庸的心灵，并不快乐。

请聆听这一切。你们全都希望成为体面人士，对吗？——做对的事情，被他人或被你的父亲、你的邻居或者你的社会给予好的评价——这会导致恐惧，这样的心灵永远无法思考新事物。在这个走向衰退的世界里，需要的是有创造力的心灵，不是仅仅发明东西或者拥有某种其他的能力。只有当心灵不再恐惧，不再想着它自己的那些难题，才能获得这种创造力。这一切要求有一种能够让学生得到真正自由的氛围——不是为所欲为的自由，而是质疑、探究、探明、推理以及超越这种推理的自由。学生需要自由，在里面他可以弄清楚自己在生命里真正想要去做什么，只有这样他才不会被迫去干某个他厌恶的、不喜欢的事情。

平庸的心灵从不曾反抗，它屈从于政府、父母的权威，它忍受一切。我担心在一个像这样的国家里面，一个人口过剩、生活非常困难的国家，这些压力会让我们服从、屈服，渐渐地，反抗的精神、不满的精神会被毁灭掉。这类学校应当教育学生终生都要怀有这种无法被真正满足的燃烧热烈的不满之火。如果不满没有找到得到满足的渠道，就会开始去探明，变成真正的智慧。

所以，教育是非常复杂的事情，不只是经历一些课程、通过考试、找份工作。教育是一种生命的过程，是不断地揭示出生命的全部意义。而老师们对此没有准备，这就是为什么他们应该受教育的缘故，以便去教育孩子们。你通过了这些考试，谋到工作，然后会发生什么呢？你结婚生子，你焦虑不安，你的钱太少，你被吞噬在了这整个平庸心灵的混乱里，这就是发生的情形。所有那些通过了大学之门的人，就这样消失掉了，他们没有反抗，没有建立一个新的社会、新的思考方式，他们没有去打破旧有的模式，相反，他们只是变成了寻常、平庸的人。我认为，瓦拉纳西学校的职责便是打破这种平庸，只有这样，当你离开这儿的时候才能成为一个不同的人，一个将会创造出新世界的有创造力的人。你知道，这需要老师、成年人、父母这方面投以大量的理解与爱。假如这类学校无法做到这个，它就没有存在的必要。重要的是我们所有人——学生、老师、父母、每一个人来到这里的人——应当认识到这个，营造出一种新的环境，让琐屑、渺小的心灵能够得到转变，如此一来它才能生存，才能无所畏惧地活在富有创造力的精神中。要做到这个，我们就必须怀有巨大的爱与理解。

问：我们这些男孩女孩为什么会彼此感到害羞呢？

克：你为何感觉害羞？你可曾见过两只麻雀，一公一母，两只鸟儿停在窗台上叽叽喳喳叫个不停？它们是不同的，不是吗？公麻雀有黑色的胸脯，母麻雀没有，一个非常胆怯，另一个更加好斗，会进攻。你难道没有注意过吗？男孩、女孩在生理上显然是不一样的。女孩的身体不同，她们的神经也不同。或许女孩敏感、害羞，男孩则更加粗线条一些。生理构造上女孩与男孩有别。这背后的整个问题是有关性的问题，这是生育孩子的自然途径。没有人告诉我们这些事情及其全部的涵义，他们让我们野蛮地长大，对这件事情一无所知，这就是为何我们会感觉害羞的缘故。

印度社会还把男人、女人和小孩区分开来。老年人关于对错怀有许多的观念——他们认为，女人应该待在家里，女人是低等的，是被轻视的、被利用的，被当成厨子或者生育孩子的工具。于是很自然的，假如你是个女孩，你就会在恐惧、忧虑、紧张、不安中长大，结果你也就根本不会是一个有生命力的人，而只是一个迟钝、麻木、干着重活的女性。你没有娱乐，你不绘画，你不思考，你或许通过了一些考试，但它们对你全无意义，你变成了一个跟其他人一样寻常普通的女人，男孩也是一样。

当前的教育是对人类最具破坏力的方式，我们没有被帮助着去认识生活、热爱生活，领悟生活那广阔的美与充实，认识死亡以及生命的鲜活。我们没有被指明这一切，我们唯一被告知的就是"做"和"不许做"。你遭到了残忍、强烈的殴打、责骂、恐吓，所以很自然的，当你年轻的时候，当你长大的时候，你会害羞。整个问题不曾得到认识，因为它背后是恐惧。教育者的职责，难道不就是去解释、揭示这一切吗？唯有这样，当你还是个学生的时候，便会认识到困难与棘手之处。只有当你的心中没有恐惧，才能认识所有这些事情里面包含的困难、微妙和巨大的问题了。

问：死亡会带来名声，这说法对吗？

克： 你认为一个村民死去之后会声名远扬吗？

问：一个伟人，在他死后会变得著名，会得到美誉。

克： 什么是伟人？让我们探明该问题的真理。是寻求名声的人吗？是极其重视自己的人吗？是让自己与某个国家认同，当上领袖的人吗？如果他这么做，那么在他活着的时候就会有名声。这是我们全都渴望的；我们全都渴望同样的事情，那就是成为伟大的人。你希望成为队伍的领袖，你希望当上长官，你希望成为伟大的典范，成为改革印度的伟人。由于你渴望这个，你或许就会成为队伍的领袖，但这是伟大吗？受到公众的注意，名字出现在报纸上，有凌驾人们的权威，因为你拥有强大的意志、人格或脑子里有古怪的念头而让人们去服从，这些就是伟大吗？伟大显然是完全不同的。

伟大便是无名，甘于做一个无名小卒，这就是一件伟大的事情。宏伟的大教堂、宏伟的雕塑、生活里所有伟大的东西，都应该是无名的。就像真理，它们不属于任何人，真理不属于你或我，它完全不是个人性的，而是无名的。假如你说你得到了真理，那么你就不是无名的，你是在让自己变得比真理更重要。然而一个无名者可能从不曾是伟大的，因为他并不渴望变得伟大——俗世抑或甚至内心的伟大，因为他就是个无名小卒。他没有追随者，他没有神殿，他没有自我膨胀。然而很不幸，我们大部分人都喜欢自我膨胀，我们渴望伟大，渴望被人知晓，渴望成功。成功会带来名声，但这是一件空虚的事情，对吗？它就像是尘埃。每个政客都是知名人士，因为知名就是他的事业，因此他并不是真正的伟人。伟大是不知名，内在和外在都要做到无名，而这需要重大的洞察、认知与爱。

问：如果我们尊敬别人，就会有恐惧。那么为什么我们还要去尊敬呢？

克：这相当简单。若你出于恐惧而尊敬，那么你是希望从那人身上有所得，不是吗？所以你压根儿就不尊敬他，你唯一想的是从他那里得到些什么。于是，你卑躬屈膝匍匐在他的脚下，敬献花环戴在他的脖颈上。这不是尊敬；尊敬是完全不同的，尊敬他人需要的是爱，而不是恐惧。当你尊敬某个你希望从他那里有所得的人，你便会轻视那些地位比你低的人，就会对他人报以蔑视。一个轻视他人的人，永远不可能摆脱恐惧，对吗？

难道一个人内心不能怀有爱吗？这种爱自然地表现为对每一个人的尊敬，不在乎是否能从对方那里得到些什么。观察一下你是怎么对待苦力、小工、旅店待应的，又是怎么对待你的舍监、校长或是基金会的成员的——范围要不断地扩大——你将会发现自己行为的方式。苦力进来的时候你不会起身，然而当你的老师到来时你会一跃而起。老师要求你起身，因为他认为你必须表现出对他的尊敬，但他却没有坚持要求你应当以同样的尊敬去对待仆人，跟他温柔地、绅士般地说话。

在你年轻的时候应当去认识这一切，这难道不是十分重要的吗？如此一来你才不会沦为权威的奴隶，才会对人们怀有真正的热爱与尊重，你对待仆人跟对待在你看来更重要的人的态度才会是一样的。但只要你的心里有恐惧，没有爱，你就注定会轻视一方，而对另一方报以所谓的尊敬。

问：为什么哥哥要打妹妹，而妹妹则去打更小的弟弟？

克：这是个非常好的问题。你可曾观察过小鸡，看一看那些更有力的是怎么啄弱小一些的，而弱小的鸡则又去啄更加弱小的。然而你并没有观察任何事物，尽管你周围处处都是生活，你没有看，没有观察——你的老师和你自己都没有这么做。这便是生命的形态，动物当中，强壮的会欺负弱小的。我们在人类社会里也是这么干的，强者胸脯一挺，殴打每一个人，弱者则冲着更弱的发火。

你询问我们为何要这么做。其中一个很简单的原因便是我们想要这么干，假如我们被某个大块头给打了，就会希望在一个弱小的人那里得到发泄。你知道伤害他人的渴望在我们身上是多么的强烈，我们想要去伤害别人。伤害他人，冲他人说残忍的难听的话，轻视对方，这些会带给我们快感。我们从来没有带着和善去议论过别人，从来没有说别人的好话，而总是在冷嘲热讽。必须认识的是这个——而不是姐姐为什么要打妹妹，诸如此类。姐姐也可能被爸爸妈妈打，所以她必须在别的人身上发泄出来，她打比她年幼的，比她年幼的则又会把这个转嫁到比自己更弱小的孩子身上。

认识残酷，认识仇恨，不去制造它们，对大多数人来讲是非常难的。我们从未曾思考过所有这些问题。在我们的学校里，这些残忍的行为从来没有被指出来过，因为老师自己也没有认识它们。他有他自己的难题，他必须经历上课以及通过考试去推动学生进步。请务必观察一下发生在你周围的这一切——小鸡是怎样彼此斗架的，强壮的斗牛犬是怎样控制其他一切的。你将发现，我们每个人心里都有着同样的支配、愤怒、仇恨、憎恶的情绪。要想消除掉这个，我们唯一必须做的便是察觉到它，不去看它是对是错。

问：什么是自由？

克：我想知道你是否真的希望了解何谓自由！我们当中有人知道什么是自由吗？我们唯一知道的便是我们被迫去做某些事情，在环境的逼迫下去做，抑或出于自身的恐惧而去做。我们希望逃离它们，逃离限制，逃离压迫，逃离恐惧抑或其他，这便是我们所说的自由。请听好。

逃离限制，逃离阻碍，逃离某种强迫，这些并非自由。自由蕴含在它本身，而不是逃离某个事物。请理解一下这一点。一个出于某种原因锒铛入狱的人，渴望越狱重获自由，他只是从逃离的层面去思考。如果我嫉妒，我会觉得假如我可以逃离、摆脱嫉妒，我就会自由了。然而，克服嫉妒并不是自由，逃离、压制，不过是同一个事物的另一种表现罢了。热爱事物本身，这就是自由。当你画画是因为你热爱绘画，而不是因为它带给了名声或地位，自由便会到来。在学校里，当你热爱绘画的时候，这种热爱便是自由，这需要对于思想意识的一切有着非凡的了解。做某件事情只是出于它本身，而不是为了它会带给你些什么，或者是惩罚，或者是奖励，这显然非常简单。就只是去热爱事物本身，这将会开启自由的大门。

你在课上有花费十分钟的时间去谈谈所有这些问题吗？还是你会立即一头扎进地理、数学、英语以及其他的科目中去呢？会发生什么？你为什么不每天花上十分钟做这个，而不是把你的时间浪费在某个你其实并不感兴趣但却不得不去做的愚蠢的事情上呢？你为何不跟你的老师在课上花些时间谈谈这些问题呢？这将对你的生活有帮助——尽管可能不会帮助你变得伟大、成功或著名。假若你每天花上十分钟理性地、无畏地讨论一下这些问题，就会对你的一生大有裨益，因为它促使你思考，而不是仅仅像鹦鹉般重复某些东西。所以，请要求你的老师们跟你谈谈这些问题。尔后你会发现，教育者和你自己都将变得更有智慧。

问： 天性能摆脱天性的依赖吗？假如依赖等同于恐惧，我们能否摆脱天性的依赖呢？

克： 当我们非常年轻的时候，比如幼儿期，会依赖外界。我们依赖母亲的乳汁，我们需要保护、照看。这对孩子以及每一只鸟儿、每一个动物来说都是不可或缺的。这里的所有孩子都得到母亲的监护，这是一件很自然的事情。但随着年纪的长大，假如我们依赖他人获得幸福、慰藉、指引、安全，那么这种依赖将会滋生恐惧，依赖会让我们变得迟钝、麻木、惧怕。我们依赖铁路、邮局，但这不是依赖，而是我们大家都参与其中的社会功能。然而我所谈论的依赖是内在的、心理的，正是心理上的依赖导致了恐惧，它遮蔽了我们的心灵，使其变得迟钝、笨重、麻木。

我们之所以会去依赖，是因为在内心我们是如此的空虚，我们的心灵空空如也，而不是一个会开花结果的种子，但我们对这些却一无所知。教育的职责，难道不就在于揭示出人类外部与内部生活的全部涵义吗？我们的生活并非只是外部表现出来的那些东西，这是非常表层的，许多更为深层的东西就暗藏在我们内心。认识这一切，解开它继而超越，这便是教育的作用，不是吗？

1954 年 1 月 20 日

在瓦拉纳西学校对学生发表的第十四场演说，巴纳拉斯

　　一个可爱的早晨！你有留意那蔚蓝的天空吗？它是多么透明、清澈、宁静啊！今天上午你有注意过河流吗？水面没有一丝波纹，还有那清晨的太阳，它是多么安宁啊！你知道，这种非凡的宁静便是我们——不仅是那些住在河边的人——全都渴望的一种东西。当我们拥有了它，却不知道自己已经得到了，这就是它奇怪的地方。那些住在这个村子里的渔民们，他们同样也不知道，他们拥有这全部的美与安宁，这种与大自然独处的感受，但他们却并不满足，因为他们饥饿，他们必须为了生活而奋斗。所以，尽管身处于这非凡的美与宁静之中，但不断的努力、挣扎依旧在上演着。他们渴望更多的金钱，他们的孩子生病了，他们的妻子、丈夫或母亲快死了，因此，虽然有这样的宁静，但也有许多的烦扰，我们大多数人也都是如此。

　　年轻的时候，我们并不关注和平、宁静、美，我们只渴望享受，过得开心，玩乐。然后，随着年纪的增长，我们开始渴望许多的东西；我们渴望幸福，渴望拥有美德，渴望有孩子，我们为了得到更好的工作而彼此竞争，想要有权力更高的地位，等等等等。然而在这一切的背后，我们希望独处，不想被打扰，我们希望自己的想法在简单的轨道上活动。于是，我们养成了简单思维、轻松生活的习惯，有一份舒服的工作，尔

后安顿下来。所以，大部分人随着年纪的老去会渴望独处，不想受到干扰，这种不受干扰的状态便是我们所谓的安宁。对大多数人来讲，这就是安宁——拥有一片清澈的天空。然而在这片清澈的天空里会有许多东西在发生，我们没有看到这种氛围里有重大的干扰，我们所见只是表层的，就只是在表面上。我们渴望的那类宁静是一种肤浅的平静，是一种简单的生活，而我们把这个叫作安宁。然而安宁并不是如此容易就能得到的东西，只有当我们认识了那种将我们每个人都困于其中的巨大的烦扰和不满，当心灵摆脱了简单的思想，摆脱了行为模式的窠臼，当我们的内心真正不安——这是我们全都逃避的——才会懂得何谓安宁。

我们不想被扰乱，我们希望事物保持现状。假如你处在某个舒服的位置上，假如你拥有很好的房子或车子，你是不希望这一切被打扰的，而是想一切都维持现状。但干扰一直都在上演着，在你的周围和你的内心。有社会的干扰——于是你变成了一个保守分子，你希望一切维持原样，你始终都在逃避任何形式的改变，总是返回到那些事物维持原样的美好的旧时光。年轻的时候，我们躁动不安，我们质疑，我们好奇，我们渴望认知。随着年纪的增长，我们不想被打扰，不再渴望去探明答案。我们的宗教不过是一种慰藉，它给了我们和平、安宁与希望，"我们来世会更好"，于是便接受了事物的现状。当我们谈论安宁的时候，对大多数人来说，它是一种状态，这里面没有任何形式的干扰。我们把安宁想象、冥想为这样一种状态：里面没有丝毫干扰，没有革新，没有任何深刻的根本的转变。结果，我们的心灵变得非常迟钝、昏昏欲睡、呆板，我们所谓的安宁其实是死寂。

但我认为还有另外一种安宁，认识这种安宁要难得多，它不是反应，不是仅仅作为冲突的对立面存在的。你明白我所谈论的吗？——里面没有任何冲突的安宁。现在我们只知道对立面、二元化的过程——我昨天很快乐，今天不开心，我希望明天能够重返快乐。我们让这些对立面一直上演着、运作着、争斗着，当拥有了与不快乐相对立的我们所谓的快乐时刻，就会希望一直处在那种状态里。保持那一状态，这就是我们所说的安宁、幸福、永远的安全，这就是我们知道的全部。我们总是在询问："我如何才能回到那种快乐、安全的状态呢？"但我并不觉得这是安宁。

　　安宁不是跟冲突对立的事物，它不是争斗、痛苦、悲伤、不幸的产物。假如它是，那么它就不是安宁——而是与当下事实对立的反应。这有点儿难，所以请向你的老师们询问一下，因为认识到这个分外的重要。安宁就像自由，自由便是对某个事物本身的热爱，而非奴役的对立面。热爱某个事物，不是因为它会带给你什么——地位、威望、金钱、声名远扬抑或你所希望的其他东西，它的意义就蕴含在本身，没有奖赏，不害怕惩罚或失败，不憧憬成功。所以，这个被称为安宁的事物并不是冲突、烦扰、革新的对立面。

　　要想认识这种并非某个事物对立面的安宁，我们就必须了解心灵的各种冲突。由于焦躁不安，所以心灵渴望安宁，渴望独处，不受干扰。于是它便构想出了天国、信仰、庇护所，这些便是它所谓的"安宁"。但这并不是安宁，它不过是一种反应，是从"这个"移向"那个"。然而生活并不会让你独处，生活是非常扰人的——生活是穷人、富人、背负重物的骆驼、政客、革命、战争、争吵、痛苦、不幸、欢愉以及黑暗的阴影。生活的全部是非常扰人的，由于我们并不认识它，便想去逃避。我们坐在河岸上，闭起双眼，冥想着我们所谓的宁静。这不过是一种逃避、一种反应，是躁动、不安状态的对立面。但倘若我们能够认识生活的所有这些干扰——欢乐、不幸、争斗、嫉妒、忌恨——倘若我们能够认识这一切，不去逃避它，就只是观察当下的事实、本来的面目，那么，由此就会迎来安宁，这种安宁不是任何事物的对立面。在这种安宁里面蕴含着巨大的深刻和截然不同的活动，那便是创造力、神、真理。可如果一个人没有认识这些烦扰，就无法迈入安宁的状态以及认识它。当你去认识这些烦扰、不满，这些不断的探寻、困惑、焦虑，心灵会变得格外的澄明。安宁不是心灵之外的事物，但只有当我理解了所有的困难，它才会到来。要想认识这些困难，我就不应该去谴责它们，不应该把一种困难跟另外一种做比较，不应该说："我受的痛苦更多！你的痛苦少一些。"痛苦便是痛苦——不会是你更多、我较少，抑或我多你少。只要我们能够认识痛苦，不做任何比较，就能理解它了。经由这种认知，心灵会得非常简单、清晰、纯真，这种纯真便是安宁。如果心灵经历了各种体验，认识了体验却不去储存它，它就是纯真的心灵，并将领悟何谓安宁。

对于一个年轻的学生来说，要理解这一切相当复杂，但你应当对所有这些事情有所了解。原因是，离开这个地方之后你将会步入这样一个世界：充满了可怕的竞争，每个人都在为他自己而战——为了他自己的家庭、他自己的国家、他自己的神。若我们没有认识这个过程，就会被困于其中，就会被社会、环境拖着走。在我们年轻的时候，重要的是受到教育——或者是教育我们自己——如此清楚、如此简单，这样我们才能懂得生活的战役。然而困难在于，我们把时间都花费在了那些实际上并不重要的事情上面。你是否注意过作为学生的你是怎样度过一天的呢？大部分时间都待在教室里，再玩上几个钟头，最后筋疲力尽地上床睡觉，第二天早上起床又开始了同样的循环。你从来没有在一天里花上一个小时抑或哪怕只是十分钟去谈论一下这些实际上非常重要的问题，教育者或那些被教育的人都没有把时间用来对这些问题展开探究，探明它们的真理，懂得如何去让生活得到提升。这要比通过考试重要得多。这世上成千上万的人通过考试，但他们并没有成熟。生活是始终在学习、持续不断地去认知的过程，认知无止境，你不可以说："我已经结束我的考试了，我要把我的书本扔掉，我已经为生活做好准备了。"可惜这便是我们通常所做的事情，我们从不曾在通过考试之后再次地把那些书本给捡起来。

　　只要我们能够正确地阅读，书本便会告诉我们许多许多东西，但还有东西远比书本深刻，那就是我们自己。假如我们懂得怎样去阅读我们内心的东西，就能获得无法度量的充实了，尔后你不必阅读某本书，它就在那里，在我们内心，但这需要比阅读书本更大的能力。你们当中没有人被帮助着去阅读你自己，你从不曾在每天花费时间去接触它、认识它，你厌倦这个，当提到实相时，你会厌烦。大部分人都不希望受到干扰，在外部我们有工作，有职业，我们是老师，诸如此类，然而生活的美却这样溜走了。

　　问：我们怎样才能在这个世界上有所进步呢？

　　克： 在这个世界的进步，是否主要是指在社会上出人头地或者攀上成功的阶梯呢？我们为什么希望在这世上取得进步？我们为什么渴望变得更聪明、更博学、更有权力？更多的金钱、更大的房子对我们来说便意味着进步，这就是为什么我们全都渴望更多的缘故。我们全都想要不断地攀爬，不是吗？不单单是在俗世，而且还有精神的、心理的层面。我们必须懂得这其中的真理，必须认识到这种所谓的进步，外部的或内部的，其实并没有带来安宁与和平，而只会走向战争、破坏以及更大的灾难。我们没有认识自我，认识我们自身生活的种种方式，所以才会迷恋于这种进步——飞机、最新式的汽车、发明家制造出来的那些惊人之物等等这类的进步。这些东西有其自身的用途，但除非我们改变了自己，否则对这些东西的使用，只会带来破坏和灾难。

　　问：每次会谈您都告诉我们早上至少要花十分钟去跟老师讨论一下，可我们的许多老师都没有参加会谈，所以我们要怎么做才能展开讨论呢？

克：假如他们大部分人都没有参加会谈，就请那些来了的人好了。当你参加课程，一定会有老师在那里，为什么不去问问他呢？为什么你不说："在开始课程之前请让我们谈谈上午的会上提到的问题。"不过我觉得问题有一点儿难，原因是，当你要求老师在上课之前跟你讨论一下的时候，他们会相当恼火，不是吗？他们不想被询问这些问题，因为他们并不十分了解，他们不希望感觉自己是不了解的。他们是老师，你知道，他们是高一等的人，而你只是学生，所以他们希望你一直待在你的位置上。由于轻率，你希望抓住他们，于是这会两方面起作用，不是吗？

我认为，对于老师和学生来说，聆听这些演讲，一同展开讨论是非常重要的。我谈论的是生活，这不仅仅是想象、信仰、宗教、教派，这是生活。如果老师不了解它，自然就无法帮助学生去认识了。若学生希望跟他们讨论，为什么他们应当生气、恼火抑或觉得受到干扰了呢？一旦他们开始去思考，他们同样也会看到问题的，尔后他们将会找到谈论这些问题的方法。然而不幸的是，我们的大部分老师对这一切毫无兴趣，他们有自己的问题，他们有他们的工作，他们有既定的观念，他们希望你不要去干扰自己。年轻的心灵，学生的心灵，渴望认知、发现、探寻，渴望去打扰老师。这便是为什么你们，你们这些成年人，应当对正在说的这些内容投以关注的缘故，因为你们的手里将会培养出新一代的人。若你对所有这些事情不感兴趣，就会制造出跟你一样邪恶的一代。只要你坚持按照自己的模式去教育你的孩子们，你真的就会给地球带来诅咒。上一代人的模式没有什么值得骄傲的，真正重要的是成年人、老师应当去对这一切展开探寻。

问：什么是自信？自信如何才能出现在一个人的身上？

克：先生，你在园子里挖了一个洞，给它浇水，然后在里面栽种了一棵植物，照看它长大。你感到自己至少能够做点什么了，不是吗？于是你挖了另一个洞，栽种了另一棵树，这让你觉得你可以做些事情，这给了你信心，就像你通过一场又一场的考试。能够去做某件事情，栽种、开车、写书、通过考试，带来了信心感，对吗？当你毫不费力地就创作了一首诗歌，你常会说："哎呀！我可以非常容易地做这个！"它让你感到了信心。但是会发生什么呢？这种自信变成了一种自负、自大的方式，"我能够做某些事情"。所以，当你运用你的能力，你便开始有了妄自尊大的情绪。也就是说，假如我能够在讲台上讲得很好，这或许是我唯一的能力，那么我就会把讲台作为骄傲自大、自我膨胀的手段。抑或我也许能够表演舞蹈，这给了我巨大的自负感，因为我大大炫耀了一番。于是我把能力当成了一种手段，用以强化我内心那些微妙的种种形式的自我、自私。

重要的是一方面有能力去做事情，一方面又不会让自我得到强化，你理解没有？当你写作诗歌，当你栽种树木，不要说什么："我写了诗，我种了树。"认识到这个，不再利用能力来实现自我膨胀，来让自己变得重要——不管这能力多么大或者多么小——做到这个需要相当的智慧。

问：随着一个男孩长大成人，他会对性充满了好奇。为什么会这样呢？

克：这是一件自然的事情。你难道不好奇树木是怎样生长的吗？你难道不曾发现母牛都会下崽吗？一切都是新奇的。一棵植物是如何长成大树开花结果的——这难道不令人惊奇吗？请仔细听好，我们没有利用这种兴趣在各个方向有所发现，你理解没有？你从不曾探寻过为什么树木会生长，为什么鸟儿会飞翔。你从不曾领略过鸟儿与树荫的美。你从不曾在园地里挖掘，从不曾种下一棵树、一株灌木，从不曾闻过花朵的芬芳，从不曾带着欢愉呼吸过空气，从不曾用你自己的双手创造过什么。

由于你对所有这些创造性的事物都没有兴趣，所以才会只对一件事情感兴趣，那就是你所说的性。但倘若你对所有这些事情都怀有兴致，那么这也会是你生活的一部分，也会是一件自然的事情。它是生儿育女的自然方式，它没有任何错，但性不应当成为终日占据我们的事情，我们的心思不应该全都放在这上头，就像大多数人那样。

当我们年轻的时候，假如对花朵、河流、游鱼没有兴趣，对用自己的双手发明创造没有兴趣，那么性这件事情就会变得更为重要起来。若我们能够对一切都充满了生气勃勃的兴趣——绘画、音乐、玩乐器、写诗、做游戏、美食、穿适宜的衣服、凝望夜空、欣赏晨光、领略树的美丽，我们的心灵便会沉醉在这一切里面，满是活力地享受这一切，领悟它全部的美妙。毕竟，这便是教育——尔后，性就不会是一个丑陋的问题了。但由于我们并没有被鼓励着用创造性的眼光去看待所有这些事物，性这个问题才会变成噩梦。

我非常希望成年人能够认真地聆听。毕竟，教育便是帮助学生栽种树木、照看它们，让他们用自己的双手去创造事物，挤牛奶，散步——而非总是不停地在做游戏。观察树木、飞鸟、天空，让心灵富有创造力，让心灵变得更加宽广——这便是教育，而不是通过一些愚蠢的考试。

问：当我们看见女孩子的时候就会努力去炫耀自己，这是为什么？

克：我已经回答过这个问题。我们被我们所说的异性即女孩子吸引，这是一件寻常之事，不要为此感到害臊，也不要加以谴责。当你见到一棵树，你难道不会被它吸引吗？当你见到一只可爱的鸟儿——那种翠鸟，蓝色的，飞起来美极了——难道不会为之欣喜吗？或许你不会，因为你从不曾去观察。昨晚电闪雷鸣、风雨交加，你不曾注视过，对吗？你从来没有感觉到雨水落在你的脸上，看见每个人跑去躲雨，看见道路是怎样被冲刷干净的，叶子是怎样变得更明亮的——这同样也是一种吸引。

不幸的是，我们所有的女孩、男孩或成年人都对生活中的一切十分麻木，除了一件事情，这件事情变成了我们后来生活里的大问题，一个我们为之挣扎的问题。我们应该对周遭的一切都保持敏锐，对那些日复一日拉着沉重车子的可怜的牛——它们是多么的瘦弱，赶车的人看起来是多么的疲劳！——可怜的村民，一身疾病，饥肠辘辘。察觉到这一切便是教育的一部分。若你能敏锐地意识到所有这些事物，就不会渴望去炫耀了。

唯有敏锐、感性的心灵才能发现美。单纯的吸引、感觉，尽管可能一开始令人愉悦，但并不会让人得到彻底的满足，所以这里面便会有痛苦。但倘若心灵能够去观察生命里的一切，它全部的深度、高度和特性，倘若心灵能够察觉到它们，那么，男孩、女孩的吸引就会有它正确的位置。可如果没有这个，两性之间的吸引就会变成一件非常肤浅、琐屑的事情。

问：我们如何才能感觉到体力劳动的必要性呢？

克：我们怎样才能觉得体力劳动是很重要的呢？先生，当你不得不自己去做事情的时候，这个问题就不会出现了。当其他人而不是你去扫地，才会有此问题。一旦你有自己的体力活要做，日复一日地，你便不会提出这个问题了。农民挖地、耕犁，不会说什么："我怎样才能让体力劳动变得重要起来呢？"他必须得干这个。但我们很感激，我们不必去做体力活，我们、中上层阶级已经脱离了所有的体力劳动，因为我们有一点儿钱。如果你住在美国，你就得自己去做一切事情——拖地、洗衣、做饭、刷碗——因为没有仆佣。在那儿，只有非常非常有钱的人才请得起佣人，而且他们不会被叫作佣人，而是叫作帮手，会得到人的待遇。然而在这个国家里，人口过剩，成千上万的人竞争一个岗位，假如你有点儿钱，你便会雇佣别人来干那些脏活累活，而你则渐渐地不再用你的双手去做任何事情了。只要你意识到了这个，只要你懂得了用自己的双手去做事情是何等的重要，你自然就会去干体力活了。所谓受过教育的人们的心智，无论他们是职员还是高官，都是一样的——平庸、琐屑、渺小。

那些拒绝接触土地、照看花朵的人，并不知道自己究竟错过了什么。若你真正在园地里挖掘、栽种，看着那些植物生长，挤奶牛，饲养小鸡，那么你的身上就会发生些什么，你的内心会变得惊人的充实。那些跟大地毫无接触的人们真是损失巨大。试图拥有一个属于你自己的园子，自己去栽种一棵树木，管理好它，你将看到你的内心会发生怎样的变化。它会让你感到释放，让你领略到土地以及地里的那些小虫子的美与可爱。然而很不幸，我们并不懂得这种感受，我们也不知道静静地坐着、真正去观察事物的感觉。我们对这些内心的充实一无所知，由于不知道，便渴望获得那些肤浅的、表层的、短暂的富足。

问：什么是太阳？

克：你有询问过你的老师吗？依照科学家的观点，太阳是一个火球，带给你光、热、力量、一切。为什么不问问你的老师呢？

问：我们怎样才能满足于自己的真实模样？

克：如果你聆听我所说的内容，这个问题就非常简单了。请仔细听好。一旦你去比较，便会出现不满。当其他人拥有更多而你拥有的却较少，当你拿自己跟别人做比较，就会感到不满足。但倘若你不去比较，就不会有任何问题了。然而，不去进行比较，这需要大量的兴趣和认知，因为我们所有的教育、所有的训练都是建立在比较之上的："这个孩子没有你好"，"你不像那个孩子一样聪明"，等等等等。尔后你便去努力，而另外的孩子也会如此，结果我们就一直上演着这个不断比较和努力的游戏。但倘若你热爱自己所做的事情，你之所以做它是因为你热爱它，而不是因为别人做的比你要好抑或你做的比别人优秀。一旦你不做任何比较，那么，你在做的事情自己就会开始显示出它的深度与高度。

问：为什么我们不能直视太阳呢？

克：因为它太亮了。假如电灯是强光的话，你便无法直视它。眼睛是非常敏锐感光的。

1954 年 1 月 21 日

在瓦拉纳西学校对学生发表的第十五场演说，巴纳拉斯

　　你知道，生活中一个奇怪的事物便是我们所谓的宗教。你或许拥有财富、成功，你或许非常有名，抑或你可能遭遇失败、痛苦、许多的挫折，然而在这一切的最后，死亡等待着我们每一个人。不管我们是活到一百岁、十岁或是其他年纪，总是会死的。由于意识到了这一切，意识到了我们自身的渺小和痛苦，于是我们便渴望找到某个超越自身的事物。因为，毕竟，一个人会非常快地厌倦自己，厌倦自己的成功、自负，厌倦他所做的事情，厌倦家庭、金钱、地位。当人们对这些东西感到厌倦的时候，会觉得自己受骗了。然后，为了忘掉自我，他们试图去认同某个更加伟大的事物。也就是说，他们喜欢认为存在着某种更伟大的事物，他们说道："假如我能够去思考它，活在其中，冥想它，怀有关于它的形象、图像、崇拜物，或许就能在其中忘掉自己了。"

　　当一个人努力去超越自我，超越他的那些挣扎、那些痛苦，超越他周围所有走向毁灭的事物，超越一切的生死，他便会开始去寻求、虚构、猜想。实际上他并没有真的寻求，并没有真的想要去探明，而是希望存在着他所谓的神，他依附于由他自己的心灵构想出来的信仰，于是努力去逃避所有这些麻烦。因此，他开始去猜想，开始有了关于什么是神的理论，他撰写相关的书籍。你越是聪明、狡猾，你怀有的关于神的观念

就会越多，你将围绕这个建立起许多的哲学和思想体系。由此生出了如下想法，即为了获得真理，你必须怀有信仰，必须做某些实践，必须弃绝俗世，为了达至那里，为了忘却烦恼、痛苦还有那最终等待着我们的死亡，你应该做这个，不该做那个。结果我们便有了某种要求我们去信仰的宗教，而社会也有同样的需要，因为这是我们每个人都渴望的——信仰某种比我们自身强大许多的事物，既然我们自己是如此的渺小。

我们所有的冲突、欲望、野心都是非常渺小和琐屑的，所以我们想要跟某个事物认同。假若它不是神，便是国家——国家即整个印度或者全世界——政府、统治者、社会。如果它不是这些，就会是乌托邦、某种非常遥远的事物，一个我们将要去建立的不可思议的社会。在建立它的过程中，你会毁灭许多人，但这对你并不真正重要。若你不去信仰这些事物中的任何一个，你便会信仰享乐，在物质当中忘却自我。这样的人被称为物质主义者，而一个在精神世界里忘却自我的人则被叫作性灵之士，其实他们二者都怀有同样的意图——一个是在电影院里忘我，一个是通过书本、仪式、坐在河边打坐、弃绝俗世来忘我——不背负任何负担，在某种行为中忘记自己，在对某个事物的崇拜中忘记自己。

所以，一个人之所以会希望忘掉自我，是因为他感觉到格外的渺小。当你年轻的时候，自我或许对你并不渺小，但随着年纪的增长，你将发现它里面有怎样的装腔作势，它的价值观是多么的琐屑，它就像是影子，几乎没有什么出众之处，而是充满了挣扎、痛苦、悲伤，这便是全部。于是，一个人不久就会厌倦它，追逐其他的东西以便忘记自我，这就是我们大家都在干的事情。富人想要在俱乐部、娱乐、豪车、旅行中忘记自己；聪明人想要忘掉自我，于是他们开始发明各种东西，怀有非凡的信仰；愚蠢的人也想忘掉自我，因此他们便去追随别人，求助于上师，让对方告诉自己该做什么；野心勃勃的人同样希望通过做某些事情来忘掉自我。所以，我们所有人，随着长大成人，随着年纪的增长，都会渴望忘却自我，于是我们试图找到某个更加伟大的事物并加以认同。

当我们努力通过某个事物，通过国家、神、信仰、上师、行动忘却自我，它就会制造出幻觉，制造出虚幻、荒谬的东西。当我通过理念去忘我，这个理念就会变得重要，因为我依靠它去忘掉自己。心灵构想出来的理想也能够制造出幻觉，结果我便让幻觉变得愈来愈多。这些幻觉、迷信、信仰便是我们所说的宗教，关于它撰写了许多书籍——不是如何消除幻觉，而是怎样去安排这些幻觉以便使其哲学化。但这显然不是宗教。宗教不是信仰、教义、仪式、礼拜，不是披上圣袍，口里念念有词，不管它们有多古老。所有这些方法都是一种通过幻觉逃避自我的手段，我们把这种逃避美其名曰宗教，但它并非宗教。宗教是完全不同的，它的神秘之处就在于发现那并非由思想意识构想出来的事物。

所以，我们必须探明什么才是真正的宗教，真正的宗教不是思想意识构想出来的，这个构想出来的东西究竟源于商羯罗还是其他人无关紧要，所有这类构想都依然只是一种理论罢了。宗教是一种我们每个人都应该找到的存在状态。假如我们不知道心灵是怎样出于自身各种各样隐蔽的欲望制造出了幻觉的，那么这种存在状态就无法获得认知，无法出现。就像我在某一天指出来的那样，意识并不只是一种肤浅的活动。恒河并不只是我们看到的水面，它是从其源头直到汇入大海的完整的河流，认为恒河不过是看到的水面，这是十分愚蠢的。同样的道理，我们是非常、非常复杂的实体，虚构、观念、理论、迷信、仪式、反复念诵、唱颂——这些全都只是表面。我们必须深入探究，把这一切抛到一旁——所有这一切，而不是单单一两个观念，不是我们不喜欢的一两种信仰或仪式。这是十分困难的，因为我们大多数人都恐惧——害怕社会、朋友、父母会说些什么。但倘若一个人真的渴望去探明真理、神，他就必须超越这一切，把这一切抛到一边去。只有当你实现了认知继而完成了超越，才能把这一切抛到一旁。

因此，宗教与我们浸染其中的信仰是完全不同的。但是你发现，我们当中很少有人摆脱了恐惧的束缚，正是恐惧妨碍了我们去探明什么是神，一旦我们怀有恐惧，就会变得麻木。毕竟，当我们注视一株树木、一片美丽的云彩、一个乞丐或是一个流泪的妇人，抑或当我们看到了某个美丽的事物，热爱那一事物，热爱它本身，这便是真正的宗教的开始。然而我们并不是这样生活的，我们活着是为了有所得。我之所以热爱我的国家，因为它是我的祖国，这种对于我的国家的热爱，其实是一种非常隐蔽的爱自己的形式。可如果你能够去爱一棵树、一个动物、一个人——不是因为他们会带给你什么，而仅仅是出于热爱，不要求回报——这便是宗教的开始。只有当你心中没有任何恐惧，才能懂得这种爱。一旦心灵不再恐惧，就将超越自身的想象、投射与观念了。

所以，宗教不是思想意识构想、发明出来的东西，它是一种心灵的状态，这里面，心灵没有去虚构——就像它现在所做的那样，因为它活在恐惧、欲望、成功、野心以及各种形式的活动之中。只有当思想认识了自身的整个运作，才能迈入静寂，这种静寂不是死亡的安宁，这种静寂包含着活跃、机敏、警觉、强烈和无为。尔后，一个人就能探明；尔后，我们所说的神、真理，无论你如何命名，就会到来。但一个人无法去寻求它，他必须认识树木、热爱树木、热爱美，他必须认识痛苦、欢愉以及人的生活的所有挣扎。于是他便可以超越这一切，然后心灵就会真正做到无我。唯有这时，那个我们全都崇拜的事物，那个我们全都寻求或努力去发现的事物，便会来临。

问：什么是情绪？既然人类拥有它，那么它究竟是好是坏呢？

克：你难道不知道什么是情绪吗？当有人打你，你会哭；当有人死去，你会哭泣；当你看到某个美丽的事物，你会绽放笑容。它就是一种感情，没有什么对与错。

你知道，我们总是喜欢从好或坏的角度去思考——"这是对的"，"这是错的"，"这是不好的"，"这是好的"——我们以为，通过把一切做好与坏的区分便能解决生活的全部问题。我们想要压制某种感情，以便不会有感觉，因为这种情绪带来了痛苦，于是我们便说它是坏的。但倘若它是一种让人高兴的情绪，我们就不会去压制它了，而是希望维持它，更多地拥有它。

因此，必须去认识、观察、照看情绪，这样你才能理解它，这样你才不会说它是好的或坏的。它是本能，或者更确切地说是心灵的限定，这使得我们对任何事物都做好与坏的二分法，仿佛如果你称一个孩子乖巧或淘气你便会真正了解他似的。如果你想要了解某个孩子，你必须在他玩耍、哭喊、睡觉的时候探究他、观察他，你不应当去谴责他。但是你知道，谴责某个事物、某个人或者某种特性却是如此容易的，你说"这是坏的"，它便终结在那里了。但要想认识事物，需要大量的审慎、耐心、关注，这意味着警觉。

问：什么是巨人？我们为什么会害怕它？

克：你知道，阅读童话故事是件好事，因为它们包含了许多非常有教育性的东西。由于总是有奖赏、恩惠，于是你便有所请求，然而在请求之后，你总是会受到惩罚。你知道，所有的童话故事里面都有仙女、善良的天使、仁慈的法官或者其他好的事物，你向他们请求得到某个东西。这让你有所得，但它背后总是有障碍。同样的，童话故事中也会有巨人。

问：当我们在舞台上表演的时候，为什么无法自由地表演呢？

克：你始终都是自由地、自在地表演吗？当你与老年人一起，与那些会批评你的人一起，与那些察看你的人一起，你会自由地行动吗？答案是否定的。我们会害羞，不是吗？我们会装腔作势，我们变得扭怩。舞台上，你面对着众人，你会羞怯。

当你年轻的时候，当你以游戏玩乐的心态面对这一切，你的行为没有问题。但随着年纪的增长，我们大多数人在日常生活里都是装模作样的。我们以为自己是个人物，应该符合那一角色，于是我们便总是戴着面具。你难道没有留意到这个吗？你觉得你是个伟大的圣徒、伟大的理想主义者，你戴上了这个面具，这便是装模作样。我们总是被教育着要变得如何如何，这实际上是我们的一种巨大的不幸。"变成怎样"就是一种装模作样、一种假装。但倘若你不去变得如何如何，倘若你做到了真正的简单，就只是做你自己，便不会再有装模作样，不会再有伪装，你就只是你自己，而你从这里能够真正行至远方。

问：为什么当鸟儿看到我们的时候会飞走呢？

克：为什么当你见到一头个头很大的母牛或者当你遇见一个陌生人，你要跑掉呢？这是一回事儿。

问：什么是冲突，它是怎样出现在我们的心灵里的？

克：你希望成为板球队的队长，但有人比你更优秀，你不喜欢这样，于是你便有了冲突，不是吗？你想得到某个东西，可你没法实现，结果便会有冲突。假如你能够得到你所渴望的，那么又会出现新的难题，那便是怎样一直拥有它，于是你又一次有了挣扎，又或者你渴望更多。所以，冲突总是在上演着，因为你总是怀有渴望。如果你是个职员，你会想着当上经理；如果你有了一辆自行车，你会想要一部汽车，诸如此类。

若你很痛苦，你会渴望快乐。

因此，你渴望什么并不重要，重要的是你是什么。认识你自己，探究它，认识你全部的面目——这将会让你摆脱冲突。

问：什么是兴趣？

克：当你有了一个玩具，你会对它的运作方式非常有兴趣，不是吗？你的全部心思都在那上面，你不会去想其他的事情。当你对某个事物有兴趣，比如一个玩具、一场戏剧、一场舞会、一个观念，你会彻底沉浸其中，这便是兴趣。

我们大部分人对于生活兴趣甚微；随着年纪的增长，我们实际上对任何东西都提不起兴致。于是，我们很难让心思不四处游走；于是，我们便去学习克制、控制、专注。在这类学校里面，我们应当探明的——我们每个人，包括老师和学生——是我们对什么感兴趣，我们热爱的是什么，这将使之后的生活没有冲突，这便是我们的使命，这便是我们想要去做的。假如你是个艺术家，而你的父母跟社会则希望你成为一个职员，于是你被迫做了名职员，结果余生你都是在挣扎、斗争中度过的。实际上，你从来没有做过你想干的事情。

教育是一种手段，旨在帮助每一个学生探明自己渴望的是什么。这相当不容易，因为我们不同时期渴望如此多的东西。正确的教育能够帮助你在各种各样的兴趣当中弄明白什么能真正带给你兴趣，什么是你真正热爱的，什么是生活中必要的东西。

问：我们为什么惧怕死亡？

克：你询问了这个问题："我们为何害怕死亡？"但你知道什么是死亡吗？你看见绿叶，它活了整个夏天，在风中舞蹈，吸收着阳光，雨水将它冲刷干净。冬天到来了，它凋零、枯萎、死去。展翅的鸟儿很美，但它也会凋零、死去。你见到人的尸体被抬着送往河边焚化，所以你知道什么是死亡。那么你为何惧怕它呢？因为你曾经就像那片叶子、那只鸟儿一样活着——但是之后则会有疾病或其他的不幸向你袭来，你结束了。所以你说道："我渴望生活，我渴望享受，我希望这个被叫作生命的东西一直与我相伴。"因此，恐惧死亡便是恐惧终结，不是吗？——不能再打板球，不能再享受阳光，不能再看见河流，不能再穿上你的那些旧衣服，不能再看书，不能再一直见到你的朋友们，这一切都会终结。所以你才如此畏惧死亡。

由于害怕死亡，知道死亡是不可避免的，于是我们努力想要探明怎样才能超越死亡，于是我们便有了各种各样的理论。但倘若我们懂得如何终结，就不会再有恐惧了，倘若我们知道怎样每一天都终结，就不会再害怕了。我们不知道如何去结束，因为我们总是在累积、累积、累积。我们总是从明天的层面去思考——"我是这样子的，我将要变成那样子"。我们从来没有在一天之内完成，我们没有像只剩下一天那样去生活。我们总是活在明天，抑或活在昨天。假如有人告诉你这一天结束时你会死亡，那么你会做什么呢？你难道不会这一天都活得分外充实吗？我们没有充实地去生活一天，我们没有对日子抱着一种崇拜的心理，我们总是想着明天将会怎样——想着明天要结束的板球赛，想着六个月后将要参加的考试，想着要怎样去享受美食，要购买什么类型的衣服，诸如此类——总是明天或昨天，结果我们从不曾真正地生活过。实际上，我们总是在错误的意义上死去。

如果我们活一天、终结一天，尔后开始新的一天，就仿佛它是崭新的、鲜活的，那么我们就不会惧怕死亡了。每一天都终结掉我们得到的一切，终结所有的知识、所有的记忆、所有的挣扎，不把它们背负到第二天——美就蕴含在其中，哪怕这里面有结束，但同时也有新生。

问：当我们看到新事物的时候，为何喜欢占为己有呢？

克：新衣服、新玩具、新自行车、新图画、新书本、新铅笔——你见到了新的东西，便会渴望拥有它。年轻人和老年人都是一样的，都会如此，我们全都想去占有，全都想去得到，商店里面满是我们渴望拥有的东西。我们从不曾满足过现有的一切或者我们的本来面目。假如我很愚蠢，我会希望变得聪明，一个变得聪明的人，实际上还是愚蠢的。请好好思考一下这个，你将会懂得它是多么的正确。原因是，一个愚蠢的人永远无法变聪明，而察觉到、意识到自身的愚蠢，这才是智慧的开始。但我们从没有按照这样的路径去思考，你说道："我很愚钝，或者我被告知自己是愚蠢的。我应该变得跟我的兄弟或者那个男孩一样聪明！"于是你便开始去获取、占有。可如果你意识到你是愚蠢的，如果你知道你很愚钝，你就能够开始着手了。尔后，察觉到自身的愚蠢，将会有所作为。

假如我知道自己目盲，我就会懂得该怎么做，我会格外小心翼翼地走路，我会拄一把拐杖，会非常安静、非常轻地移动。但倘若我不知道我失明，我便会到处游走。我们不承认自己的蠢笨，我可能有点儿蠢，但我试图变得聪明起来。而智慧就蕴含在对实相的认知之中。

问：什么是爱？

克：你已经听我演讲三周时间了，一周五天，每天上午我都发表讲话，然后你问我："什么是爱？"我用不同方式跟你谈论了爱——真理、思想、恐惧。你问道："何谓爱？"这是非常悲哀的，不是吗？因为你不知道当你问这个问题时你是多么的粗心大意。重要的不在于什么是爱，而在于你应当认识自身的状态，认识你是什么样的。你的意思是否是说，一个人通过询问他人便会懂得何谓爱了吗？如果一个人问"我想知道什么是爱"，其目的是为了得到爱，那么他永远都不会被爱。若你知道你的心中并不怀有爱，爱便会向你走来。但要想认识这个，你就得知道你的本来面目，而不应该努力变成与真实的你有差别的其他样子。

请思考一下所有这些问题，不要把时间仅仅用来学习、读书、玩游戏，而想想所有这一切。我们试着安排一些老师每天跟你谈一谈，召集起来，全体老师都对所有这些问题谈论一下。你可能会对老师以及他们所说的内容感到厌倦，他们说的或许有些重要性，又或者不重要，但你必须聆听继而探明，不是吗？你必须探明他们的话究竟是对是错，是荒谬是愚蠢。而要想聆听，你就得投以关注。所以，不要盲目接受他们说的任何东西，而是应当去探明。

怀有批判意识非常的重要，因为这是你探明的唯一方法。你只是带着百无聊赖的态度去接受或聆听，因为你很疲惫、厌倦。假如你厌烦，你就永远无法探明。若你去关注老师告诉你的一切，所有人告诉你的东西，包括我在内——不是仅仅去接受，而是认知、理解、探明——那么，这将会让你的思想和心灵变得敏锐、迅捷。尔后，当你完成了学业，当你去念大学，你便会拥有一颗能够应对生活种种复杂的心灵。

问：我们如何才能摆脱国家和地方的意识呢？

克：首先要了解你是否怀有这类意识以及你是怎样制造出它们的。声称"我应该摆脱它们"，这毫无用处。为什么你会有这样的情绪呢？因为你的父母、社会、你的邻居、你的老师、你的报纸、你的书籍，基于各种复杂和微妙的原因确立起了国家主义、地方主义等思想意识——控制你、影响你，让你去做他们觉得你应该做的事情。一个将军会主张说国家主义很重要，因为，尔后他就可以通过国家主义来利用你去战斗、去杀戮了。你之所以会怀有这些国家主义、地方主义的情绪，有各种各样的原因，同时你喜欢这些意识，你喜欢说："我是个印度人，我是个婆罗门，我属于印度的这一很小的部分。"政治党派、神职人员、那些聪明的家伙则利用你去得到他们想要的东西。

一旦你理解了这个，就不会有任何问题了，问题会消失不见，尔后你将嘲笑所这一切。若你没有理解，那么要除掉这种愚蠢的国家主义、地方主义的情绪就会非常困难。

问：为什么会有危险？

克： 当你濒临悬崖，难道不会有危险吗？当你不会游泳的时候，难道不会有溺水的危险吗？当你遇到蛇，难道不会有危险吗？

危险意味着害怕某个事物，不是吗？察觉到危险是一件自然的事情，这是习惯、保护、自然的生理反应。否则，若你没有危险意识，那么一旦有部车冲过来的时候，你就可能丧命。假如你没有察觉到那可能毁掉你的危险，你便会死亡。

所以，察觉到危险是一种自我保护、一种自然的反应。然而当我们在内心渴望自我保护时，这便是反常的，于是便会出现所有的灾难与不幸。

问：您是否幸福呢？

克： 我从未曾想过这个，我从来没有思考过："我快乐与否？"

幸福不是你可以察觉到的东西，你不能询问自己："我幸福吗？"一旦你提出这个问题，你便不快乐了。幸福之所以降临，不是因为你寻求它，而是因为你做了真正感兴趣的事情。你做某件事情是出于对它的热爱，在做它的过程中，那个被叫作幸福的东西便会到来。但倘若你意识到你是快乐的，它就已经消失了，当你说"我快乐"，快乐难道不已经溜走了吗？

你明白我所说的没有？请让你的老师解释一下所有这些内容。如果他们不理解、不解释，那么你就自己去探明。不要去接受任何东西，不要被上一代人威胁、恐吓到。探明、询问、探求，永远不要满足，尔后你就将领悟什么是幸福了。

1954 年 1 月 22 日

在巴纳拉斯印度教大学发表的第一场演说

　　我认为，我们应当凭借自己的力量探明教育的职责、作用是什么，这一点非常的重要。关于教育的目的以及我们生活的意义，许多人发明、构想出了许多的观点，撰写了许多的书籍，确立了许多的哲学和体系。很明显，迄今为止每一种体系方法都宣告了失败，包括最近提出的，因为它们在世界上既没有带来人与人的和平，也没有带来深刻的文化的进步——思想的培养以及充分的发展。怀有体系方法是必需的吗？

　　在我看来，重要的是我们每个人弄清楚教育的作用是什么，尤其是在大学里——为什么我们要接受教育以及我们的教育位于哪个层面。当你环顾世界，会发现教育是失败的，因为它并没能阻止战争的爆发，没有给世界带来和平，也没有让人类实现理解。相反，我们的问题却与日俱增，越来越多毁灭性的战争，灾难和不幸更为严重。所以，我们每个人都要探明受教育的整个目的是什么，这难道不重要吗？那些伟大的权威告诉我们何谓教育，抑或教育应当是什么、不该怎样，但这样的权威跟所有的专家一样都没有给出教育的真正意义，他们抱持某种单一的视角，所以不是全部的视角。因此，在我看来，应当把所有专家、教育家们的权威抛到一旁，凭借我们自己的力量去弄清楚教育的意义何在，我们为何接受教育，这种教育发生在哪个层面，这一点尤为重要。教育究竟是发生在技术层面呢——也就是，拥有一份工作，通过各种考试以便谋到差事——还是说教育是一个完整的过程，而不单单只是面包、黄油的层面以及那一类型的组织层面呢？

我们每个人都应该探明这种教育即人的全面的教育究竟意味着什么，这难道不重要吗？如果我们能够懂得这种教育的涵义是什么，这种人的全面的教育有哪些原则，不是作为一群人，而是作为每一个个体，那么我们就可以创造出一个不同的世界了。到目前为止，我们意识到没有哪种形式的革命给世界带来了和平——即使是共产主义革命也没有给人类带来重大的益处——也没有哪种组织化的宗教让人类实现了和平。组织化的宗教或许会让心灵进入一种虚幻的安宁，但并未带来人与人之间真正的和平。因此，我们每个人都要弄明白如何让这样的事态得到改进，这难道不是非常重要的吗？

我们或许可以通过考试，我们或许可以得到各种各样的工作，然而在一个像印度这样人口过剩的国家，在这个有着如此多的语言和宗教界分的地方，总是面临着战争的威胁，没有任何安全可言，我们周遭的一切都在走向分裂。要想解决这个问题，重要的在于展开探寻——不是流于表面，不是争论性的，不是通过一个民族反对另一个民族或是一个理念反对另一个理念——而是我们每个人去探明关于该问题的真理，难道不是吗？很显然，真理与信息、知识是截然不同的。无论战争、最新式的原子弹这类毁灭性的武器还是极权主义的思想体系，不管是政治的还是宗教的，都未能解决任何问题。所以，我们，你和我，不能够依赖任何体系方法或是观点，而是应该真正努力依靠自己的力量去探明受教育的全部意义所在。毕竟，这便是我们关心的事情。

当你通过考试、谋到工作，教育便停止了吗？它难道不是一个在所有层面发生的持续不断、贯穿一生的过程，包括我们的意识的过程、我们身心的过程吗？这要求的不是仅仅提出一些信息，而是真正的认知。

每种宗教、每位学校的老师、每种政治体系，都告诉我们该做什么，该思考什么，该憧憬什么。然而，此刻重要的是我们每个人都应当独立地对这些问题展开思索，成为自己的明灯，难道不是吗？这便是当前真正需要的东西——那就是如何成为指引自己的明灯，如何摆脱所有权威化的、等级化的对待生活的态度，这样我们每个人才能成为自己的明灯。要做到这个，重要的便是弄清楚怎样带来这种光亮、这种启悟。

因此，教育的作用，难道不就在于帮助人们带来全面的变革吗？我们大部分人都只关心局部的变革，经济的或社会的，然而我所谈论的却是人的全面的革新，各个层面的，包括他的思想意识、他的生活、他的心灵。但这要求大量的认知，它不是任何理论或思想体系的结果，相反，没有哪种思想体系能够带来变革，它只会产生局部的效果，而这并非真正的革新。但只有当你全面认识了人的思想运作的方式——不是依照某种宗教或哲学，诸如马克思主义抑或某种资本主义的思想体系——也就是说，只有当我们把自身作为一个整体去认识——当前需要的那种变革才会到来。在我看来，这是唯一能够带来永久和平的变革。

这显然不就意味着心灵与思想的不受限定吗？因为我们全都受着气候风土、文化、宗教、政治或经济体系以及我们生活于其间的社会的限定跟影响，我们的心灵从最初直到我们死去一直都受着影响，所以我们在面对生活的难题时，要么是作为印度人，要么是作为基督徒，要么是作为共产主义者，抑或是其他的身份。生活充满了复杂性，它始终都在变化运动着。但我们的生活方式却围于一个局限的心灵，受限的心灵按照自身的局限去对生活的难题做出解释。因此，假如我们希望解决问题，那么，重要的便是去探明如何让心灵不受局限，只有这样，直面问题、应对问题才会变得比单纯解决问题重要得多，难道不是吗？

我们大多数人都在寻求问题的答案，然而更重要的却是如何应对问题。假如我懂得怎样面对问题，就不必寻求答案了。正是因为我不知道该如何面对问题——我所面临的那些经济的、社会的、宗教的、性的问题——所以我的心灵才会马上去寻求解答，寻求解决方法。但倘若我知道，倘若我能够直面难题，那么我就不会去寻求答案了，我将会直面它、解决它，抑或我将懂得该如何应对它。但只要我不知道或者没有能力去探明，我就会求助于他人，求助于上师、体系方法、哲学。所有的上师、所有的哲学老师都彻底失败了，因为他们把我们变成了机器人，他们告诉我们该做什么。正是由于在该做什么方面遵从了他们，我们才制造出了更多的问题。

因此，探明怎样思考——而不是该做什么，以及如何让心灵挣脱一切限定——难道不是十分重要的吗？一个受限的心灵将会依照自身的局限去解释问题，去赋予它们意义，当受限的心灵面对问题时，问题就只会与日俱增。所以，重要的是探寻究竟是否能够让心灵摆脱由它自己制造出来的种种局限，以便能够应对生活的各种复杂与难题。我认为，真正的问题不在于你是共产主义者还是社会主义者，抑或是其他什么，而在于能够以全新的视角和方法去应对那些非常、非常复杂的生活难题，用一个崭新的心灵，用一个没有重负的心灵，一个不抱持任何结论的心灵。

能否怀有一颗崭新的心灵，一颗澄明的心灵，一颗没有被污染的心灵，以便去应对生活这一鲜活的问题呢？我认为是能够的。我们大多数人都觉得无法让心灵摆脱限定，我们只觉得心灵在一个更好的模式里能够受到更好的限定，能够进入一种更好的行为模式，但我们从不曾询问过自己心灵是否能够让自身完全摆脱限定。我不知道你们是否思考过这个，因为我们大部分人想的都是如何提高、如何改正、如何转变——转变、修正、提高，意味着更好的环境条件、更好的社会关系、经过了修改的资本主义、我们态度的改变。可我们从来没有问过自己心灵能否完全挣脱一切限定，如此一来它才能充分地应对生活——生活不是单纯地赚钱谋生，而是战争与和平、现实的诸多问题、神、死亡这所有的一切。受限的心灵能够去认识这一切、这整个的过程吗？抑或，教育的作用难道不是从一开始直到大学毕业都帮助我们去认识那些限定性的影响，帮助我们懂得怎样去改进它们吗？这样我们才会始终都是处于全面革新中的人。

探明思想是怎样运作的，这一点格外重要。毕竟，教育便是认识思想是如何运作的，而不是仅仅通过一些能够让你谋到一份工作的考试。正是思想的活动带来了危害，而这便是引发战争的原因。尽管我们拥有足够充分的科学知识，能够帮助人类身心健全地生活，拥有所需的一切，但这样的生活几乎是不可能的，因为人的心灵、思想被限定为了基督徒、印度教教徒、印度人、巴基斯坦人、共产主义者、社会主义者、有神论者、无神论者，结果也就妨碍了它自己。所以，重要的是我们每个人都应该认识思想，不是依照商羯罗、佛陀或马克思的观点，而是依照我们自己去认识自身思想是如何运作的，难道不是吗？如果我们可以实现认知，就会迎来最重要的变革，并由此展开一系列新的行动。

那么，一个人要怎样认识思想呢？"认识"这个词指的是什么意思？仅仅是口头的认识，仅仅是流于表层的，还是那种当你通过观察思想意识的活动实现了觉察、认知之后获得的了解呢？不做判断，不做比较，而是纯粹的观察，这里面，思想的运动将会停止。你明白没有？

有战争的问题，有仇恨的问题，爱的问题，抑或是否存在着真理、神。那么，一个人要如何去认识这些问题呢？只有当我们能够用一颗自由的、宁静的心灵去着手这些问题——不是一个怀有结论的心灵，不是一个声称"我知道怎样应对问题"的心灵，而是一个能够终止一切判断、一切比较的心灵——才可以认识它们。你知道，困难在于我们的思想已经被训练着沿着某种路径去活动，不是吗？我们知道有意识跟潜意识，我们的大部分活动都是在意识的层面，我们不了解自身思想的潜意识的过程。

我们必须谋生，或者做礼拜，或者去模仿——所有这些都是用浅层的意识。认识潜意识难道不是十分重要的吗？因为它是指示性的。要想认识潜意识，需要意识静止，只有当我通过认识自我，通过在日常生活的关系里去认识意识从而探明了自身思想的过程，察觉到我所使用的词语、我的习惯、我说话的方式、习俗、仪式——我只有在与他人的关系中才能懂得这些——思想才会迈入静寂。

所以，要想认识意识，我就必须探明自我的全部过程，在与他人的关系里去探明——毕竟，与他人的关系便是社会——这样才会带来自我的全面革新。正是这种变革能够应对生活中那些不断的冲突，那些麻烦以及不同寻常的生活的难题。

或许你们当中有些人喜欢问问题，但答案并不存在，存在的只有问题。如果我们寻求答案，就永远不会认识问题。假若我的心灵关注的是问题的解答，那么我就不会去探究问题，而只会关心怎样找到答案，怎样去解决它。

你提出问题，指望着我会给出回答。对我来说，存在的只有问题，没有答案。我将向你指明原因。假如我能够理解问题，那么我就不必去寻求答案了。但认识问题需要惊人的智慧，当我只关心答案，便把智慧挡在了门外。比如，如果我能够应对有关死亡的问题，如果我能够理解它的全部涵义，那么问题就不会存在了。只有当我心中没有丝毫恐惧，才能认识问题。

问：一位先生询问说，对于商羯罗所说的"彻底清空意识"，您在多大程度上认同呢？

克：由于没读过商羯罗的著作，所以我无法回答。但我认为，重要的是凭借我们自己的力量去探明，而非重复商羯罗或佛陀的观点。对大多数人来讲，困难在于我们阅读过这些人的书籍，我们了解其他人的观点，但却根本不知道我们自己该想些什么。真理不是你通过一本书、一位老师就可以获得的，你必须独立地去发现它。真理不是终极真理，而是关于生活的简单真理，关于怎样去解决问题的真理——仅仅拥有这一层面的解答是无法将其解决的。

因此，应当凭借我们自己的力量探明怎样去思考，这是非常重要的。假如你的心灵背负着权威，背负着其他的信仰，那么你便无法去思考。佛陀、基督或商羯罗的真理，并不是你的真理，真理不属于我们任何人。必须去发现它，只有当我懂得了自身思想意识的整个过程，才能探明真理。由于意识是时间的产物，所以只要我从时间的层面去思考，我就无法发现真理。因此，只要你把我的话跟商羯罗或佛陀的观点进行比较，你便永远不会探明该问题的真相。但倘若你能够探寻自身思想意识的运作，就将领悟有关这一问题的真理。唯有这个才是解放性的因素——而不是经济的或社会的变革。

问：有永恒的、不可度量的、永久的绝对真理吗？

克：真理难道不是时时刻刻去发现的事物吗——而非持续的、绝对的、永恒的？"绝对"、"永久"、"持续"这类词语意味着时间，而凡属于时间范畴的都不可能是真理。凡真实的，只会是每时每刻的，不会是持续性的。持续的是记忆，记忆可以投射出任何东西、任何幻觉。但要想发现真理，思想就必须摆脱时间的过程，摆脱记忆，摆脱经历者与被经历的对象。要想发现真理，思想就应该是每时每刻的，没有持续。

问：您曾指出真理超越知识。那么一个未受限定的心灵具有的知识是真理还是谬误呢？

克：我不明白这个问题。我们的困难之一，便是希望立即探究那些抽象的东西。我们想认识真理，我们想认识神，但却并不知道如何在不去获取的情况下生活。我们没有认识这个，却希望去讨论什么是真理，然而，一个贪婪、索取的人永远无法探明真理。但倘若我能够开始去认识贪婪、获取、渴望"更多"的整个过程，或许我就能领悟真理了。

问："一个人的思考与他人的思考是一样的。"是这样吗？

克：这难道不就是生活吗？此刻我们的思考与他人有很大不同吗？一个人的思考跟其他人的思考一样，因为我们全都被这种或那种信或不信给模式化了，所以不会独立地、有创造性地思考，我们的思考是相似的。如果你是共产主义者，你就会像共产主义者那样去思考；如果你是印度教教徒，则会像印度教教徒那样思考。要想自由地思考，你必须察觉到思考的相似性，理解相似性思维的全部涵义，你为什么会思考相似，为什么受到限定。很明显，自由地、充分地、革命性地思考，意味着重大的危险，不是吗？你可能会丢了工作。

自由地思考，便是不受限定。但我们全都被局限在自身有限的方式里。所以，假如我知道我被限定为了一个印度教教徒，假如我让自己摆脱这一限定，唯有这时，我才能具有彻底的革命性，才不会像"这个"或像"那个"。但我首先必须知道我是受限的，可我们当中很少有人愿意承认这个。认识到自己是受限的，尔后开始让心灵和思想摆脱这种限定，这需要大量的洞察、坚持以及不断的观察——这种观察里面没有判断，没有比较。然后你将发现心灵会变得格外宁静，唯有这时，它才能认识什么是真理、什么是自由。

问：人活在贫穷和恐惧之中，这样的社会所崇拜的神是面包和安全。那些热心之士还能够提供其他什么呢？

克：带来一场可以让所有人得到面包和安全的变革，这是变革吗？变革仅仅是经济层面的吗？你理解没有？

我们发现世上有贫穷、饥饿以及各种各样的经济灾难，热心人士希望认识当前转变的必要性，那么这种要带来的改变是在哪个层面呢？仅仅只是经济层面吗？还是说需要让人的思考发生彻底的革新呢？这样全面的变革是否是可能的？——我认为它是可能的——这是解决我们问题的唯一方法。

只有当你认识了自身存在的全部过程——也就是你的思想、你生活的方式——以及不再作为一个印度教教徒或基督徒存在，才会迎来真正的革新。当你是一个完整的人，唯有这时，才能解决经济难题，否则就无法办到。

问：什么是个性？怎样才能确立起它？

克：你谈论个性的时候就仿佛它是像建房子一样。渴望确立个性，会带来自我封闭。我们谈论的与确立个性完全不同——外套、领带、裤子、聪明的谈话，这一切。我们要谈论的是截然不同的东西，不属于自我提升，不属于自我的停止——作为印度教教徒的自我，作为教授的自我，作为政治或宗教领袖的自我，声称"我必须拯救国家"的自我，声称"我知道神的声音"的自我。要想这个世界能够居住，自我就必须彻底终结。

问：同意心灵应当不受限定，那么一个人要怎样实现这个呢？

克：如果你同意说心灵应该不受局限，你要如何获得一个不受限定的心灵呢？

我认为，大多数人都认识到了心灵不受限定的重要性，但事实上大部分人却觉得，更好的限定和环境状况会让心灵变得更好，这是最大的荒谬之一。问题不在于你的心灵、我的心灵怎样才能不受局限，而在于心灵的限定是如何出现的。

心灵的限定是通过教育形成的，不是吗？通过传统，通过家庭，通过社会，通过宗教，通过信仰。然而在传统、信仰、经验的背后却是欲望，有一个不停去获取、占有的心灵，一个为欲望支配的心灵，这才是局限性的因素。尔后你会说："我怎样才能停止欲望？"你无法办到。但倘若你认识了欲望的过程，那么欲望就能够终结了。

这些问题太过复杂，不能随随便便讨论。你知道又会发生什么。我们希望去着手那些抽象的东西，我们没有认识活在当下，活在每时每刻的重要性，没有权威，没有恐惧，不去想着探明一个人在正确地行动。

时时刻刻凭借自己的力量去发现生活之道——你是怎样对待你的仆人的，你是怎样跟你的上司说话的，你是怎样思考和感受的——真理就蕴含在这里面，而不是在喜马拉雅山后面的某个地方。但是你发现，我们对这一切并无兴趣，我们感兴趣的是讨论商羯罗以及其他深刻的哲学家，这其实是一种逃避。可如果我知道我的思想的运作、我的心灵的运作，就能够带来全面的变革，正是这种变革可以让世界拥有和平与安全。

1954 年 1 月 10 日

在巴纳拉斯印度教大学发表的第二场演说

　　在我看来，假如没有理解我们思想运作的方式，一个人就无法认识和解决那格外复杂的生活的难题。这种认知不会通过书本知识得来。思想本身就是一个复杂的问题。在认识一个人自身思想的过程中，或许就将认识我们每个人在生活中面临的危机并加以超越了。

　　我不知道你是否听人们说过，西方文化的影响正在毁灭所谓的东方文化。我们接受了西方文化的一部分——科学、军国主义、国家主义——却保持了我们自己的所谓文化。尽管我们只是选取了西方文化的一部分，它的一个层面，但这渐渐毁灭了、毒害了我们生活的其他层面。只要我们观察一下现代印度生活的种种不协调，就会明白这一点。我觉得，应当意识到当我们接受西方文化却并未充分了解自己在做什么的时候是怎样去谈论印度的，这一点很重要。我们没有完全采纳西方文化，而是维系着自己的文化，只不过是对它有所增加。增加才是破坏性的特性，而非全面接受西方文化。

　　我们接纳了某些西方的观点，却没有认识他们的理念以及生活方式，所以我们自己的思想才会被破坏。因此，我们的思想是西方和东方的混合。在我看来，假如我们不希望被某种外来的文化毒害，重要的便是去认识我们自己思想的过程。我们很少有人真正探究过他人的哲学、体系、观念，而是单纯采纳或者模仿它们当中的一部分。

我们不知道自身意识的运作——思想的本来面目，而不是它应当怎样或者我们希望它怎样。思想是我们拥有的唯一工具，我们用这一工具进行思考、展开行动，我们的心灵就存在于其间。如果当思想在我们每个人身上运作时我们没有认识它，那么我们面临的问题就会变得更加复杂，更加有破坏性。因此，依我之见，一切教育的根本职责便是去认识一个人的思想。

什么是我们的思想，你的和我的？——不是依照商羯罗、佛陀或其他人的观点。假如你在听我讲话的时候不去思考我对思想所做的描述，而是真正去观察你自己思想的运作，那么或许探究思想的整个问题就是有益的、值得的。

什么是我们的思想呢？它难道不是源自气候风土、无数个世纪的传统、所谓的文化、社会和经济的影响、环境以及社会通过宗教、通过所谓的知识和那些肤浅的信息烙印在我们脑子里的那些观念、教义吗？请观察一下你自己的思想，不要仅仅思考我所给出的描述，因为描述没有多少意义。只要我们能够观察自身思想的运作，或许就可以应对那些与我们密切相关的生活的难题了。

思想意识被划分成了显意识跟潜意识。若我们不喜欢使用这两个词语，可以使用浅层的意识和暗藏的意识这样的说法——意识的表层部分跟深层部分。显意识跟潜意识，表层的意识跟暗藏的意识，我们思想的整个过程——我们只察觉到它的一部分，而余下的也是主要的部分，我们却并没有察觉到——这就是我们所谓的意识。这种意识是时间，是无数世纪人类努力的结果。

从儿时起我们就被限定着去相信某些观念，我们受着教义、信仰、理论的限定。我们每个人都被各种各样的影响限定着，我们的想法源于这种限定，源于这些局限的、潜意识的影响，并带着这种限定成为了共产主义者、印度教教徒、穆斯林或科学家。思想显然源于记忆、传统的背景，带着这一背景——显意识跟潜意识，表层的意识跟深层的意识——我们去迎接生活。生活总是处于运动之中，从不曾静止。但我们的思想却是停滞的，它是受限的，被教义、信仰、经验、知识所限。带着这样一个被束缚的心灵，带着这样一个如此受限、被深深束缚的心灵，我们去迎接那始终处于运动状态的生活。生活有它诸多复杂的、迅速变化的问题，它从来不曾静止，它需要我们每一天、每一分钟都用新的方式去应对。所以，当我们迎接这种生活的时候，那受限的、停滞的心灵与那始终处于运动状态的生活之间便会有不断的斗争。这便是发生的情形，对吗？

不仅生活跟受限的心灵之间有冲突，而且这样的心灵在迎接生活时也会制造出更多的问题。我们得到了肤浅的知识，新的征服自然和科学的方法，然而，获取了知识的心灵依然处于受限的状态，依然囿于某种形式的信仰。

所以，我们的问题不在于怎样迎接生活，而在于一个带着自身全部的限定，带着教义、信仰的心灵如何才能获得自由。唯有自由的心灵方能迎接和应对生活，而不是为体系、信仰、知识所限的心灵。因此，假如我们不希望导致更多的问题，假如我们想要终结灾难和痛苦，那么重要的便是去认识我们自身思想的运作，难道不是吗？追随他人不会带来认知，通过权威、通过模仿抑或通过任何形式的强迫都不会实现认知。然而当一个人真正察觉了自身思想是怎样运作的，就会实现认知。

我们每个人都能够观察我们的动机、我们的行为、我们的目的，能够认识它们，继而解决生活的问题，同时又不会制造出更多的不幸、更多的战争与混乱。认识思想的运作是最重要的事情。毕竟，关系是一面镜子，从中可以了解思想的运作——我是怎样跟仆人说话的，我是怎样怀着自负情绪的。在那里，我可以观察自己思想的活动，认识那些格外错综复杂的动机——例如，当我做礼拜，当我参加无数的仪式，认识到追随某个给你天国奖赏的人是何等的荒谬。在我们的关系里，我们可以观察自己的思维念想，假如我们能够观察它，不怀有任何评判、谴责、比较的意识，那么这种观察就会开始让心灵摆脱那个束缚住它的事物。

只要你对此展开检验，就会发现你的心灵围于某种教义、某种传统。当你展开观察，当你察觉到将心灵困于其中的教义或传统——单纯察觉，不做谴责，不做评判，不渴望获得自由——你将发现心灵会开始去解放自己，无需任何努力。

自由的到来是没有压力、没有抵抗、没有争斗的。举个例子，比如你以印度教教徒、穆斯林、基督徒抑或其他身份做礼拜、仪式这样浅层的例子。你之所以做这个是出于传统，这背后没有思考。即使你思考过它，关于这种礼拜的思考也是受限的，因为你是作为印度教教徒或基督徒在做礼拜。在你思考礼拜或弥撒的时候，你的思想被限定着要么去接受，要么抵制，你无法以全新的视角去思考它，因为你的整个背景或者整个传统，你的显意识跟潜意识、表层意识跟深层意识，都被限定在了印度教或基督教之中。当你去思考它的时候，没有任何澄明，有的只是一种反应，而这种反应会导致另外形式的复杂、另外的问题出来。

我不知道你是否在你身上观察过这一切。假若你有观察过，那么一个人要怎样摆脱某个仪式呢？我是把它作为一个表面的例子来举的，没有分析的过程。我不知道这是否太过复杂或者太难了。当分析某个问题的时候，这种分析必定依然是受限的，因为思考者是受限的。他的分析是受限的，所以无论他做什么，都会制造出比他试图去解决的问题更加复杂的难题。毕竟，在我们的思考中有思考者与思想、观察者与被观察之物。那么，当你做礼拜时，观察者、思考者总是在分析着什么是对、什么是错，但分析者、观察者、思考者自己就是受限的，于是他的分析、他的观察、他的经验便是受限的、局限的，带着偏见。我认为，除非我们懂得了这非常重要的一点，否则，单纯的自我反省和分析——不管是心理的还是你对自己展开的智力层面、理论层面的分析——都是完全无用的。

思考者、观察者与观察、分析是分开的吗？没有思想，还会有思想者吗？假如没有思考，就不会有思考者存在。若思考者不是思想、意识的一部分，那么思考者就必须摆脱他分析和认知中的一切限定。但倘若一个人去观察，会发现，没有思考就没有思考者。当我思考的时候，当我在分析、观察的时候，"我"依然是那受限的思想的产物。我是作为一个印度教教徒或共产主义者在展开观察的，那制造出了"我"的思想，源自共产主义者的背景抑或印度教、基督教的信仰。所以，只要有思想，思想者就总是受限的，因为是思想制造出了思想者，而思想则为偏见所囿。

你的想法不断地冒出来，如果你希望对它们展开深入的探究，便会出现如下问题，即思想是否能够终结——这不是忘却，这实际上是非常深刻的有关冥想的问题。只要有冥想者，冥想就会是幻觉，因为冥想者是思想意识的产物，而思想意识则受着以下所有这些东西的限定和影响：生活的全部过程以及它的那些恐惧、欣赏、欲望、野心，对幸福的憧憬，渴望能够功成名就，渴望生活里没有恐惧或喜爱，等等等等，这一切制造出了思想者。我们赋予了思想者一种永恒的特性，我们认为思想者超越了所有短暂的、易逝的经验。然而思想者是思想的产物，没有思想就不会有思想者。因此，存在的只有思想，它是对某种体验的反应，而这种体验则是我们所受限定的结果。所以，思想永远无法解决我们的问题。

我们的问题便是摆脱所受环境的限定，正是限定导致了思想的局限。这是冥想的整个过程，不是公式化的、传统的、虚幻的冥想形式，而是那种当我们认识了自身思想的全部过程，认识了我们复杂生活的所有焦虑之后会迎来的冥想。这里面没有思想者，只有对思想的揭示，从而让其终结。

在这样冥想的时刻，心灵是静寂的。愚蠢地下定决心努力去获得宁静，是无法带来这种静寂的特性的。

心灵必须认识思想过程的全部意义，以及它是怎样制造出思想者的，认识心灵静寂的整个过程。正是在这种心灵的静寂里，问题才会得到解决，而不会因为那受限的思想者的愚蠢而变得愈来愈多。

实际上我觉得，你应该对此问题展开探究，就像大多数人态度认真的人们应该做的那样，因为危机实在是太多了，压在我们身上的问题实在是太严重了。

显然，教育的作用不在于如何迎接生活，而在于怎样让心灵摆脱所受的一切限定，摆脱它所有的传统的价值观念。只有这样，自由的心灵才能去迎接生活，从而解决每天都会出现的无数难题。唯有这时，它才能认识我们所说的神、真理，唯有真理本身才能让问题迎刃而解。

问：充满欲望和激情是错的吗？

克：认识我们的欲望和激情与对它们进行谴责，这二者哪一个更为重要呢？当你使用"对"、"错"的字眼，就意味着是在谴责，不是吗？假如你真的有兴趣，请自始至终紧跟我的思路。从儿时起你便被训练着去进行谴责，因为成年人这么做，他们没有时间、没有兴趣，而谴责则是解决问题的捷径。

问题是：怀有欲望和激情有错吗？首先要认识到，任何形式的谴责都会让思想或思考终结，让各种探究、询问终结。一个活在"做"和"不做"中的心灵是最愚蠢的，不幸的是，我们大部分人都是带着这样的愚蠢接受教育的。当我们能够克服这个，就可以开始探究有关欲望的整个问题了，不是探究它究竟是对是错，而是去认识它。原因是，一旦我们认识了某个事物，它对我们来说就不再是问题了。只要我知道怎样驾驶汽车、机车，它对我而言就不是难题，我不会说它是对是错，我知道如何操作它。如果不知道，我也不会去谴责机车。欲望也是一样的。困惑、恐惧、鼓励或谴责它们，没有丝毫的用处。只要我能够认识欲望的运作，那么欲望就不是问题。只有以恐惧的态度对待欲望，才会导致问题。

这个"我"在哪里呢？什么是欲望？请仔细聆听，不要去谴责或辩护。必须认识欲望，正是在认识它的过程中，欲望会变成其他的东西，而不再是一个需要害怕、需要压制的事物了。

什么是欲望？我看到一辆漂亮的车子，锃亮、崭新、最新款式、动力十足。有了感知，尔后便是接触，再然后是感觉和欲望，欲望就是这样简单——感知、接触、感觉、欲望。然后，伴随着这种欲望会出现迫切想要去得到以及认同的过程——也就是，"我渴望那部车子"。于是便有了我应该还是不应该怀有欲望的问题，而这种欲望则受到我的背景的限定或质疑。假若你是在美国长大的，你心理上会一直被说服着去拥有一部车子，所以你渴望有部车子就不是问题。但如果你的倾向是禁欲主义、弃绝俗世、诉之于神，那么问题就会出现。

渴望各种形式的美，渴望感官上的享受，渴望心灵渴求的各种东西，比如舒适的安全以及对永恒的憧憬。我们全都渴望永恒——关系里的永恒、安全、持续的永恒。于是我们认为存在着永恒的神、永恒的真理，诸如此类，这样的抽象物变成了理论性的、毫无价值的、学术性的。

只要你能够认识欲望的过程，它非常复杂、非常微妙，那么心灵就将洞悉欲望的全部涵义、全部意义，继而超越它了。但我们并不理解这一切的意义，而是单纯说"这是正确的愿望"，"那是错误的欲望"以及"培养正确的欲望是必需的"。一旦我们采取了这样一种对待欲望的态度，心灵就会仅仅沦为自动化的、没有思考力的、麻木的机器，结果也就无法应对生活这一复杂的难题了。

问： *我惧怕死亡。什么是死亡，我怎样才能不再害怕它呢？*

克： 提出问题很容易。关于生活没有是或非的回答，但我们的心灵却渴望是或非，因为它所受的训练是思考什么，而不是如何认识、如何看待事物。当我们说："什么是死亡，我怎样才能不再害怕它？"我们渴望的是公式，渴望的是定义，但却从来不知道怎样去思考问题。

让我们看一看是否能够一起对问题展开思考。何谓死亡？难道不就是不再存在、走向终结吗？我们知道万物有尽时，我们每一天都在自己的周围看到了终结。可是我不愿意死去，"我"便是过程、活动——"我在思考，我在经历，我的知识，我培养的事物，我抵制的事物，我的性格，我的能力。"我不希望这一切结束，我想继续，我还没有完成它，我不愿意终结。但是很显然，一切都会结束，运作的每一个器官都必定终结。可我的心灵不愿接受这个，于是我便开始构想出了一种信条、一种永续，我想接受这个，因为我有充分的理论和限定——也就是，我会永生，有轮回转世。

我们不去争论究竟是否有永续，是否有重生，这不是问题。问题是，哪怕你怀有这样的信仰，但你依然恐惧。因为，毕竟没有任何确定，总是存在着不确定，总是有对于确定的渴望。所以，懂得万物有尽时的心灵便开始有了恐惧，它希望尽可能久地存活，寻求着越来越多的麻醉剂。心灵还相信死后的永续。

什么是永续？持续难道不意味着时间吗？不是单纯的年代顺序的钟表的时间，而是作为一种心理过程的时间。我渴望活着，由于我认为它是一种没有终点的持续的过程，所以我的心灵总是在给自己添加着、积累着关于永生的希冀。心灵从时间的层面去思考，如果它能够在时间层面拥有持续性，那么它就不会恐惧了。

什么是不朽？"我"的永续便是我们所谓的不朽——"我"处于某个较高的层面、梵我，随便你怎么称呼它。你希望这个"我"永生不灭，但"我"仍旧是在思想的领域之内，不是吗？无论你认为"我"有多么高等，它都是思想的产物，而思想是受限的，源自于时间。先生们，不要只是遵循我所说的逻辑，而是应当领悟关于它的全部涵义。实际上，不朽是不属于时间的，于是也就不属于思想，它并非源于我的憧憬、渴求、恐惧和欲望。

一个人认识到生命是有终点的，它会戛然而止，昨天还活生生的东西，今天就可能不存在了，而今天活着的或许明天便不在了。生命当然有尽时，这是一个事实，可是我们却不愿意接受它。你与昨天不同，各种事物，各种接触、反应、强迫、抵制、影响，改变了"昨日所是"或者终结了它。一个真正有创造力的人必定会有终结，而他则接受这个。然而我们不去接受它，因为我们的心灵如此习惯于积累的过程。我们说道："我今天学习了这个，我昨天学习了那个。"我们仅仅从时间的层面、持续的层面去思考。如果我们不从持续的角度思考，就会有终点，就会有结束，我们就能按照事物的本来面目清楚、简单、直接地看待它们了。

我们不承认终结这一事实，因为我们的心灵在持续中寻求着安全——在家庭、财产、我们的职业、我们干的工作中寻求着安全，所以我们便会恐惧。只有当心灵摆脱了对于安全的贪婪的追逐，摆脱了想要永续的渴望，摆脱了持续的过程，才会认识什么是不朽。而一个寻求个人的永生的心灵，一个渴望永续不灭的"我"，将永远不会懂得何谓不朽，这样的心灵永远无法认识恐惧和死亡的涵义继而实现超越。

问："思考不会解决问题，它是它的产物。"这难道不是一个想法吗，抑或这跟您所驳斥的思想不同呢？

克：当一个人懂得了理性的局限，就能超越理性了。可他必须知道如何思考，如何推理。但倘若你不知道怎样推理、怎样思索，你就永远无法超越它。我们大部分人都不知道什么是思考，我们只晓得思考什么，这是完全不同的。但要想认识思想那非同寻常的复杂性，这是无法从他人那里学到的，要想凭借你自己的力量探明思想是如何运作的，你就必须真正展开观察。你在大学或讲堂里学到的有关心理学或哲学的内容，并不是活生生的东西，而是僵死的。可如果你在日常生活中去观察自己的思想和行为——当你跟仆人或你的妻子、孩子说话的时候，当你对美做出反应的时候——如果你认识了自己行为的动机，那么，基于这种观察，你将会认识你的思想所受的种种阻碍，它是怎样欺骗自己的，它是如何扭曲的，它是以怎样的方式做出反应的。一旦认识了这一切，你便能超越思想、超越理性，从而获得自由。

这不是偶尔感兴趣或者偶尔重复的事情。你们当中那些听过我演讲的人或许会说："可怜的家伙！他不知道他在谈论什么。思想怎么可能终结呢？假如没有思考，怎么会有心灵为了认识有关思想的复杂问题而提出来的问题呢？"

应当探明我们是如何思考的，这很重要。不幸的是，我们大多数的教育者都只是教你思考什么，而你则仅仅是去重复它。假若你能够用梵语、英语或任何其他的语言去重复，你便觉得自己所学甚多。然而要做到揭示、发现你的思想运作的方式，谈论你所发现的东西，不去重复他人的观点，则是十分困难的事情，这代表了独创性，这是富有活力的生活的开始。

很不幸，在印度，我们是从高到低的职员，我们被训练着去思考什么。这便是为什么我们从来不具有深层意义上的革命性，创造性。我们只是留声机上的唱片，播放着同样的曲调，所以从未有过真正的发现。

问：生活的意义是什么？

克：生活的意义就是活着。我们真的有在生活吗？当心里怀有恐惧，当我们的整个生活都被训练着去模仿、复制，这种生活还值得过吗？当我们去遵从权威，这是在生活吗？当你追随他人，哪怕他是最伟大的圣人、最伟大的政客或学者，你还是在生活吗？

只要你去观察一下自己的生活之道，就会发现你除了追随他人就没干别的了。这种追随、遵从的过程便是我们所谓的"活着"。尔后，在它的终点，你说道："生活的意义是什么？"对你而言，此刻生活具有意义；只有当你抛掉了所有的权威，生活才会有意义。而要摆脱权威则是非常不容易的。

什么是摆脱权威？你可以打破一条法律，但这不是摆脱权威。可一旦你认识了这整个的过程，认识到心灵是如何制造出权威的，认识到我们每个人是怎样的困惑，渴望确信说自己正过着正确的生活，那么自由便会到来。我们希望被告知该做什么，所以才会被那些精神和科学领域的上师们利用。只要我们去复制、模仿、遵从，就无法领悟生活的意义。

当一个人唯一寻求的便是成功，他怎么可能懂得生活的意义呢？而这便是我们的生活；我们渴望成功，渴望内部与外部的彻底安全，渴望有人告诉我们说我们所做的是正确的，我们在遵循正确的道路，它将通往拯救和解脱，诸如此类。我们全部的生活便是去遵从传统，昨天的传统抑或千百年的传统，我们把每一种经验都变成了可以帮助我们获得某个结果的权威。因此，我们不知道生活的意义何在，我们唯一知道的是恐惧——害怕别人会说什么，害怕死亡，害怕没有得到我们想要的，害怕做错事，害怕干好事。我们的心灵如此混乱，为理论所困，以至于我们无法描绘出生活对于我们的意义。

生活是非凡的，当这位提问者询问："生活的意义是什么？"他渴望的是一个定义，而他唯一会知道的便是定义、单纯的词语，而不是生活所具有的深刻的涵义、非凡的充实、对美的敏锐以及它的广阔无垠。

问：怎样才能在世界上确立起和平呢？我们以及全世界都努力想要

活在和平的氛围中，然而又一场世界战争的危险却在向我们逼近着。

克：我们渴望生活在和平的环境下，但你是如此的吗？你难道不在跟你的邻居竞争吗？你难道不希望拥有跟你的邻居一样的工作吗？你内心难道不怀有仇恨吗？你难道不是带着爱国主义的狂热以及荒谬的冲突自称是个印度人吗？当你在做着与和平相反的事情，你怎么可能拥有和平呢？只要你自称为印度教教徒、穆斯林、基督徒或共产主义者，你便永远不会在世上拥有和平。

外行才会有和平。只要一个人去追随某个与另外的党派对立的党派，政治的或其他的，只要政治仅仅是权力的界分，你显然就无法在世界上拥有和平。政客并不关心民众，他们关心的是权力，只要存在着政党体制就不可能有和平。这并不表示应该只有一个党派。政党实际上根本就不关心人民，他们关心的是如何给人们提供食物的观念，所以，在真正提供食物的问题上几乎没有展开多少行动。

因此，只要我们追逐着战争之路，只要我们有军队、警察、律师，就会有战争。我们一直都在谈论非暴力，但却支持军备。一方面我们内心经由当前的教育而准备好了去憎恶他人，另一方面我们却又在渴望和平。在内心，我们深陷矛盾之中，我们每个人——国家、群体、种族。只有当我们每个人内心的矛盾、冲突消除掉了，世界才会迎来和平。对我们每个人来说，必须独立地去思考、探寻、发现。重复那些标语口号或者挥舞旗帜，毫无意义。

我们希望成为国家主义、民族主义分子，我们希望拥有自己的旗帜。通过跟更伟大的事物认同，个体获得了满足，获得了安全感。这便是印度、美国、苏联以及其他地方正在做的事情。在中学和大学里，我们的教育就只是在培养这种仇恨以及侵略性的获取，所以，我们在为彻底的、绝对的毁灭做着准备。

和平显然不是对某种体系、团体、组织、观念或行为的反应，和平是完全不同的。很明显，一旦你认识了人的全部过程，也就是认识了自我，和平就会到来。这种自我认知无法从书本里获得，无法从他人那里学到。当你的心中有了爱，当你在生活的每时每刻去观察和认识你自己，真理便会降临，而这种真理将会带来和平。

1954 年 1 月 17 日

在巴纳拉斯印度教大学发表的第三场演说

在我看来，知识和专业的问题非常重要。让我们展开思索，看看在专业化和知识中训练的思想，能不能够自由地去探明是否并无任何东西超越它已知的，知识是否指引着我们以及专业化的意义是什么。

知识有多条道路，在极大的范围内获得越来越多的信息，对我们来说正在变为可能。那么，它将会带领我们通向哪里呢？知识的作用是什么？我们认识到，在我们的显意识跟潜意识的生活中，在我们的生存中，某个层面的知识是不可或缺的。这样的知识是否会阻碍进一步探究人对于生活全部意义的认识呢？例如，我或许知道怎样建造桥梁，那么这种知识会让我的思考方式发生根本性的转变吗？它或许会带来表面的改变或调整，然而，身处于世界当前的危机之中，我们需要的究竟是单纯的流于表面的调整还是根本性的变革？在我看来，源于某种行为模式的变革压根儿就不是革新，假如我们想要培养出有着崭新思维方式的新的一代人，就必须弄清楚知识的作用是什么。

什么是知识？——不是字典的涵义或释义。它难道不是沿着某个路径培养记忆吗？难道不就是发展积累信息的能力，以便利用这些信息以达到某个目的吗？很显然，如果没有知识，现代生活几乎就不可能。培养记忆，积累信息，为了特殊的目的而去使用这些信息——为了手术，为了战争，为了揭示新的科学事实，等等等等——这样的知识会妨碍我们对于人类社会的全面认知吗？

正如我曾经指出的那样，某个层面的知识或许是有用的。但倘若我们没有认识人类生活的全部过程，知识难道不会成为人类和平的绊脚石吗？举个例子，我们拥有的科学信息足以生产出供养全人类的食物以及给他们提供住所，但为什么这样的科学知识没有被使用呢？这难道不是我们大多数人的问题吗？难道不正是知识妨碍了人类的理解与和平吗？

是什么妨碍了战争的停止，妨碍了给人类提供衣食住行？显然不是知识，而是完全不同的事物，是国家主义、民族主义以及各种形式的既得利益——资本主义的、共产主义的或某个宗教群体——这些事物妨碍了人类的团结。除非我们的思考方式发生了根本的转变，否则，知识难道不会被用来进一步毁灭人类吗？那些学习做事的大学，学术性的和精神性的，都是什么呢？它们会带来我们心灵与思想的根本变革吗？依我之见，这才是本质问题，而不是不断积累更多的信息和知识。

通过知识——也就是不停地依靠记忆去培养智力——能否带来充分的、全面的变革呢？我或许知道许多事实，我或许懂得各个星球之间的距离，我或许知道怎样驾驶喷气式飞机，然而，知识、信息会让我的思考发生彻底的改变吗？假如它无法办到，那么它会带来什么呢？这难道不是我们大部分人的问题吗？

我们渴望和平之花在这个世界上绽放，我们渴望终结当人们寻求权力时会出现的嫉妒，我们渴望结束战争，那么这一切要如何实现呢？单纯积累知识能够终结战争吗，还是我们的思想必须发生根本性的变革呢？思想会带来这种革新吗？我不知道你是否对这些问题展开过思考，但是在我看来，基于某种思维模式的变革，根本就不是什么革新。毕竟，思考是依照某种背景对限定、对挑战所做的反应。我根据我所受的限定、训练，根据我作为一名基督徒、印度教教徒、穆斯林或者其他身份的成长背景去对挑战予以回应。这种背景、限定、行为模式怎样才会终结，新的思维方式怎样才会出现？这难道不就是我们大多数人的难题吗？原因是，除非冲破了所有的背景，冲破了我们不断沿着某条路径去思考的模式，否则就不可能迎来根本的变革。

知识，积累关于事实的信息，会让我们冲破自身所受的限定吗？但这便是我们正在做的事情，我们不停地积累着信息、知识，训练着我们的记忆。在某个层面上，这一切是重要的。我们可以通过专业化去寻求关于人类整个意识的信息，关于揭示自我的心理过程的信息——大部分是智力层面、口头层面的。可是这会带来根本的转变吗？依我之见，单纯的信息、知识不会带来彻底的变革，必须得有完全不同的因素，那便是认识那个不断在积累信息的意识、思想的过程。

我们为什么要去积累信息、知识呢？是为了安全的目的，在我们生活的某个层面上这是必需的。有些人觉得，知识是发现的手段，那么通过知识我们会有所发现吗？知识难道不是在阻碍发现吗？如果大脑被训练着仅仅去积累信息、知识，它如何能够探明？要想对此问题展开检验，心灵难道不应该摆脱任何束缚、信仰与知识吗？为了探明，拥有信息、知识的心灵就必须挣脱这一切，否则便不可能有所发现。

毕竟，在我们所有人身上都存在着显意识跟潜意识的冲突，表层的思考方式与暗藏着的动机、欲望、焦虑、恐惧之间的冲突。我们积累表层的信息、知识，但却没有从根本上改变我们意识的更为深刻的层面。在当前的危机中，最重要的是潜意识的层面应当发生变革，而不是仅仅停留在显意识的层面。假如心灵仅仅去培养记忆，那么潜意识层面的变革就不可能实现。对我们所有人来说，问题难道不就是如何让我们自己的内心深处发生这种转变吗？

毕竟，个体是人，全世界与你我并不是分开的，正是个体会带来根本性的转变。历史表明了生活方式与他人不同的少数几个人是怎样带来社会的改变的。除非我们每个人让自己发生深刻的、根本的转变，否则的话，我看不到世界迎来和平与安宁的任何可能性。

个体——也就是你我——要怎样让深层的潜意识的层面发生根本的改变呢？通过实践某个理念或价值观会带来这个吗？培养美德，难道不是只会令那渴望积累记忆的意识得到强化，让小我、自我得到强化吗？实践某个理念或意识形态，难道不依然是在强化自我、"我"吗？自我的外部和内部有着不可避免的冲突，而这种冲突便是导致战争的根本原因。

通过意志力的行动，能否让"我"发生转变呢？我不知道你是否曾经为了带来改变而运用过意志力。你一定会注意到，意志力的行动依然是在意识的层面，而不是在潜意识的层面。单纯在意识的层面去改变或运用意志力，不会带来革新、转变，不会让我们的思维方式发生根本的变化。所以，我们每个人都应当探明思想是怎样运作的，不是依照某种哲学，而是真正去观察我们思想的运动方式、我们生活的方式，这难道不是十分重要的吗？如此一来，通过对表层意识的认识，就能够深入表层之下认识整个的思想意识了。

除非我们实现了思想者和思想的统一，否则，单纯的思考、推理、哲学、积累知识，都会被思考者当作自我膨胀的手段，要么是个体的，要么是群体的，抑或是为了宣传某种意识形态。因此，对那些真正关注这些问题的人们来说，重要的是去探明怎样才能实现人的全面的统一。很明显，这无法通过任何形式的强迫、说服、训练抑或意志力的行动得来，因为，假如一个人真正去观察的话，会发现它们全都是在表层。

所以，尔后我们的问题便是，怎样才能带来我们生活的彻底转变？我们通过权威、通过强迫、通过遵从、通过模仿尝试过这个。只要我们认识了有关强迫、克制、模仿或遵从的真理，那么，表层的意识或许就能摆脱这些强迫性的模仿的过程，于是它便会安静下来。尔后，潜意识的过程就可以把自己投射到意识中去，在这种投射中便能够揭示出它们、认识它们，从而获得自由。

一旦懂得了生活的深层事实，心灵就必定会迈入静寂，无需努力去实现认知。只有当心灵迎来了彻底的宁静，才能获得认知，而认知则会让我们的生活发生根本性的变革。

问：我必须去研读一本乏味的书，我没有在它里面找到丝毫的兴趣，但我只能去研读它。那么我怎样才能对它产生出兴致来呢？

克：先生，假如你对某个东西没有兴趣，你怎么可能产生出兴致呢？我们对于生活的思考是多么错误啊！你的父母送你去上大学、学院，但他们从不曾询问过，那些老师和教授们也都从来没有询问过你真正的职业、真正的兴趣是什么。由于政治、经济、社会的环境和限定，你被推到了某个窠臼之中，你被迫成为一个数学家，但你真正感兴趣的是画画。于是你问道："我怎样才能对数学产生兴趣呢？"

在一个人口过剩，有着无数经济、社会、宗教限定的国家，一个人几乎不可能逃离这一切去做他真正想做的事情。然而，很难去探明自己想要做的是什么以及发现每个人的能力。这需要我们的教育过程发生充分的、全面的革新，不是吗？由于大多数人在这里都被训练着相似化，所以我们无法去做我们有能力去做或者爱好的事情，结果大部分人便成为了收入低下的办事员。

对书本有兴趣是不可能的，因为你没有找到自己真正的职业。我认为，有创造力地生活要比通过考试、拥有几个学位重要得多。我觉得，一个人做自己喜欢的事情，即便是饿肚皮，也要比被迫去做他憎恶的事情好得多。原因是，当一个人在强迫之下去做自己讨厌的事情，那么他就会毁掉心灵，尔后，生活会变成一件腐烂的、丑陋的事物——就像我们大多数人正在过的日子一样。

问：您对于专注、中脉、七轮、圣音有何看法？这些是在书中提到的，被我们视为最具权威性的，尽管您或许没有读到过。密教经典里面包含了大量有关个体唱颂、呼吸修习、扬崔等方面的信息，以作为一种实现的手段。这一切在现代印度实际上却被忘却了，只有少数隐遁于世的上师知晓。您对此有何意见呢？

克：专注？是指集中精神在某个礼拜、观念上面，给予全部的注意力吗？

如果在专注里面有任何形式强迫、任何形式的费力，这是专注吗？当你以任何形式运用意志力以便做到专心致志，这是专注吗？在你全神贯注去做礼拜的过程中，有一个在集中精神的实体，说道："我必须专注。"所以便有一种二元化的过程，不是吗？或许这有点儿不寻常，我希望你们不会介意我讨论这个并加以探究，因为在我看来，我们关于何谓专注的表述是错的。假如我全神贯注地看一本我觉得乏味的书，但我认为通过它我将取得某个结果或者拥有成功，那么这是专注吗？这里面，难道不是有一种二元化的过程在运作吗，即专注者与他所专注的对象？在这种二元化的过程里，专注者跟他专注的对象之间难道不会有冲突吗？如果你以任何形式的努力去推开其他的东西，控制思想，好让它能够集中在某个观念或一系列观念上面，那么这究竟是专注还是某种完全不同的事物呢？

在我们所知道的通常的专注里，意识的某个部分聚焦在另一个部分上，也就是观念、符号——某位天使，等等等等。在这个过程中，意识的许多其他部分冒了出来，进行干扰，于是便会出现不断的冲突，便会有心思的游走，就像我们认为的那样。难道无法不去制造这种冲突，而是充分关注你在冥想的那个事物从而实现真正的认知吗？

重要的是去探明和认识冥想者自己，不是他所冥想或专注的事物，而是冥想者自己。原因是，这整个问题与冥想者有关，而非他所冥想的对象。假如一个人真正深入地探究该问题，会发现，我们只知道冥想者在沉思某个事物，当他试图展开冥想的时候，冥想者与他冥想的对象这二者之间会有不断的冲突、控制和交战。一旦认识了冥想者的方式，不仅是在意识的层面，而且还有意识的深层，就能够领悟真理了。当意识出现了界分，然后是一个部分去控制其他的部分，那么你便无法发现真理。只有当心灵迈入彻底的宁静，不是通过任何形式的强迫、克制，才能探明真理。只要存在着一个作为分离实体的冥想者——他总是在寻求、探寻、积累、否定——心灵便无法获得静寂。

应当格外审慎地去讨论这个实际上非常复杂和微妙的问题，而不是去回答或者几分钟之后就忽略而过。没有答案，有的只是问题，答案就蕴含在对问题的认识之中。但是很不幸，我们大部分人都希望找到是或否的答案，我们带着这样的心态去聆听。但倘若我们能够抛掉这种心态，让自己仅仅关注问题，就可以毫不费力地展开真正的冥想了。

其他人倡导了如此多的有关冥想的方法，但他们注定全都会失败。

我们必须了解专注者的整个过程，冥想便是认识冥想者。唯有在这样的冥想中，心灵才能超越自己，不会被由它自己制造出来的幻觉困住。

问：我们时代迫在眉睫的问题便是战争。您指出，假如每个人内心是和谐的，战争就可以避免。这种个体的和谐是否可能？就我所知，并没有这样的人存在。即使是像国际联盟、联合国这样的最好的机构，也因为个体或群体的自我中心、自私自利而变得无效了。

克：问题是：能否实现和谐？

我们所说的和谐是指什么？我们的思想、我们的行为、我们的意识各个过程之间的融合吗？爱与恨之间的融合，嫉妒与慷慨之间的融合，各个裂片之间的融合，我们整个构成的各成分之间的和谐统一——我们所说的和谐指的是这个吗？抑或它是截然不同的呢？

现在，我们思考的角度是把仇恨变成爱，这可能吗？如果我心怀恨意，那么，我应当心中有爱与我应当去认识仇恨，这二者哪一个重要呢？对我而言，重要的是去认识憎恨的整个过程而非爱的理念，难道不是吗？若我怀有嫉妒，那么重要的不在于摆脱嫉妒，不在于怀有爱或慷慨的理想，诸如此类，而在于认识嫉妒的整个过程。认识本来面目，要比认识应有面目重要得多。假如我很愚蠢，那么重要的是认识到我是愚蠢的，知道我是愚蠢的，而不是努力去变得聪明起来。一旦我懂得了愚蠢是怎样产生的这整个的问题，自然就会变得智慧了。

所以，我们思考中包含的这种二元化的过程会带来和谐吗？还是说，只有当我们认识了"事实是"，不去关心所谓的"应当是"，才会实现和谐呢？只有当我认识了自己的真实模样，而不是依照商羯罗、佛陀或某个现代哲学家、共产主义者所说的我该是什么样子的，才可以实现和谐。我只有在日常生活的关系里，在我跟人们说话的方式、我对待人们的方式里，才能在我的念头冒出来时去探明实相。

毕竟，生活是一面镜子，我可以从中观察到我自己的运作。然而我们无法看到正在发生的事实情形，因为我们渴望变成与自己的真实模样完全不同的样子。我认为，只有当我认识了自己的本来面目，没有某个意识形态或理念的盲目的过程，才能实现和谐，尔后才可以让我的本来面目、让实相发生根本的转变。

问：这些启蒙性的讲话是怎样实现你的目的，帮助你达成你的目的的？世界很长时间都在聆听反抗的福音，还有那些达至最高真理或者消灭小我从而获得最高真理的仪式。然而，什么是反应，它是创造性的还是非创造性的？

克：你所说的实现是什么意思？你询问说这些讲话是否有助于你去

实现。你觉得，有实现、圆满这样的事物存在吗？只有当你遭受阻挠，你才会渴望实现，只有当你希望成为法官或某个大人物，才会害怕无法实现。但倘若你不去憧憬变得如何如何，就不会有实现的问题了。

我们全都希望变得如何如何，要么是在此生，要么是在来世，内在的和外在的，我们的目的被界定得很清楚，因为欲望总是迫使着我们朝着某个目的进发，这便是我们所谓的实现。假如没有认识这些欲望，那么当它们受阻的时候，便会有冲突、不幸、痛苦，于是我们永远都在寻求着实现。可一旦我们着手去认识欲望的方式，认识无数的渴求、意识跟潜意识，就不会有实现的问题了。自我、"我"总是在渴望实现，或者是作为"这片土地上的伟人"，或者是内在的圆满——出人头地，获得解放、解脱，抑或你所希望的其他什么。但倘若我们理解了欲望的涵义——也就是，自我、"我"的涵义——就不会有实现的问题了。

问：强调心灵的安静，难道不会减少创造性吗？

克：什么是创造性？什么是认知？

要想认识创造力，就应该不怀有任何恐惧，难道不是如此吗？毕竟，我们大多数人的心灵都是模仿性的。我们被权威驾驭，我们怀有无数的恐惧，意识到的和潜意识的。心灵如此复杂、如此渺小、如此琐屑、如此局限——这样的心灵会有创造力吗？当你懂得了恐惧的整个过程——心灵便会具有深层意义上的创造力——而不是写几首诗歌或画几幅图画等意义上的创造力。要想认识恐惧，你难道不应该探究一下你的思想的运作吗？难道不应该察觉到心灵模仿的方式，以及它为什么会仿效权威吗？唯有这时，心灵才会富有创造力。

思想是有创造力的，还是说创造力是截然不同的事物呢？毕竟，什么是思想？思想是时间的产物，而时间则是一种过程，思想是过去的结果，过去即文化、传统、经验、各种经济的和其他潜意识的影响，这一切便是思想。作为时间产物的思想，能够具有创造力吗？创造力难道不是超越了时间从而超越了思想的事物吗？不存在所谓的"印度的创造力"或"欧洲的创造力"，文化不是印度的或欧洲的，西方的或东方的，尽管它可能表现为这个。

有创造力的事物，有创造力的实相、真理、神，随便你怎么称呼，显然是超越时间的。

作为时间产物的思想，无法去构想或体验未知，所以心灵必须让自己摆脱已知，摆脱知识，摆脱各种各样的经验和传统，唯有这样，它才能接受未知。正是未知富有创造力，而不是一个懂得怎样去创造的心灵。

问：当感情和理智出现冲突时，应当遵从哪一个呢？

克：冲突是必需的吗？理智与情感，应该听从哪一个，这难道不就是问题吗？

首先，让我们认识一下冲突是否必需。当冲突出现时，便会生出如下问题："我应当遵从哪一个，这个还是那个？"我们为什么会有冲突？冲突会带来认知吗？

你或许觉得我并没有在回答你的提问，你唯一希望知道的是你应当去听从哪一个。这是非常肤浅的渴望，如果你仅仅被告知该做什么，你会感到满足。不幸的是，今天我们大多数人都是如此，我们只知道思考什么，而不是怎样去思考，于是问题就变得十分肤浅了。假若我们想要对这类问题展开思索，就必须抛掉"思考什么"，转为探寻"如何思考"。只要我们懂得怎样思考，问题就不会存在了。但倘若你说"我应该遵从这个"，"我不该遵从那个"抑或"我要选择哪一个"，那么问题便会出现。

如果你真正展开清楚、深入的探究，会发现，"该做什么"的问题是一种选择，对吗？选择会让冲突变得澄明或者终止它吗？难道没有另外的行为方式吗？不是在这二者之间选一个，而是去认识理智的渴望与情感的渴望，不去说什么应当做哪个。在二者之间，我不应该遵循这个或那个，而是要认识每一个的渴望，不做任何比较。唯有这时，才能让心灵摆脱选择，进而摆脱冲突。

　　这一切需要心灵做到真正的关注，不仅是关注我所说的内容，还要关注自身的过程以及认识它们。然而我们当中很少有人愿意这么做。很少有人抱持着严肃认真的态度。我们对那些肤浅的消遣或那些刺激的东西很认真。可是，真正探究有关生活的整个问题，探究思想的方式，需要的不是某次会议上一个钟头的全神贯注，而是在思想运作的时候始终去认识它。可我们当中几乎没有几个人愿意如此。这里面，没有风险，你不会得到一份好工作，你不会变得著名，不会获得成功。只要我们渴望变得知名、成功、有权有势、受人欢迎，就会制造出痛苦和冲突，而这又会导致战争。

1954 年 1 月 24 日

在孟买的第一场演说

今天晚上我想讨论一下有关改变的问题。这真的是一个非常复杂的问题，我不知道你是否思考过它。假如你有思考过，那么你一定会发现，让自我发生转变是多么困难的一件事。我们意识到了改变的必要性，意识到了调整、适应生活的必要性，在某些时刻自我必须发生根本性的变革——不是依照某种思想模式或者出于强迫。若去观察一下经历的各种复杂性，一个人会感觉到无比渴望让自我发生转变。你必定思考过这个——至少你们当中那些抱持着认真态度的人有思考过——要怎样带来这种改变，它将如何影响一个人与他人或者与社会的关系，这种变革是否会对社会产生影响。只要你去探究一下，会发现这真的是一个非常、非常复杂的问题，里面包含了许多许多，不仅是在我们思想的表层，而且还有潜意识的深层。

在展开探究之前我想说一下，当我着手探索问题的时候，你们应当认真聆听，不要抗拒。如果你投以很大的注意力去聆听，不做任何抵制，那么或许你便会发现自己处在一种自我充分革新的状态。毕竟，这便是我演讲的目的——不是说服你去做某种形式的改变，不是主张说你应该依照某种模式去改变，这根本就不是变革，这不过是调整，不过是去遵从某种行为模式，这不是转变、不是革新。只要你认真聆听，不去排斥，那么我向你保证，你将会迎来自我的转变，不是因为我所施加的任何强迫，而是自然而然发生的。所以，假如可以建议的话，我希望你们仔细聆听，不怀有抵制的心态。我们大部分人根本就没有在听，我们带着某种意图、动机、目的去听，这表明了一种努力。通过努力，一个人永远不会认识任何事物。

请务必领悟其中的重要性。假如你必须去认识某个事物，你应该认真聆听，没有努力，没有强迫，没有任何形式的排拒，没有偏见、观念或判断。这本身非常的困难，我们不知道该怎样聆听。问题不在于如何带来改变，只要一个人能够正确地聆听，没有任何形式的抵制，那么改变自然就会出现，无需任何有意识的行动。我并不认为通过有意识的行动、通过激发、通过任何形式的强制、通过某种动机能够带来根本的转变。

我将会继续解释一下这种改变如何在没有动机的情况下到来。但要想认识这个，一个人就必须抱持专注的态度去聆听，不设障碍和限制，不去抵制。当你听见"反抗"、"改变"、"革命"这类词语的时候，词语对你具有明确的意义，要么是依照字典的解释，要么是根据共产主义者、社会主义者的观点，又或者假如你是个宗教人士，你便会依照自己的思想模式去理解。这些思维模式不断地干扰着你在聆听的内容。因此，困难不在于认识问题本身，而在于我们怎样去着手问题，怎样去聆听它。在我们能够对任何问题展开探究之前，应当认识到这一点，这真的非常重要。

要想实现认知，要求你不去排斥你所听到的东西，而是紧随一个人聆听到的思想的流动。若他仅仅去抵制、解释，用自己抱持的观念设置障碍进行抵抗，他便无法理解聆听到的内容。只要我们能够在聆听的时候不抱着抵制的心态，能够一同展开思考，就会发现心灵将处于一种转变的状态。这种状态的到来，没有任何形式的说服、理性或者逻辑结论。

我认为，我们大部分人都察觉到了世界事件和在这个国家发生的事情，某种变革是必需的，态度、思想的转变是必需的，一个人对于价值观念的看法必须发生改变。很明显，要想带来和平，要想让全世界的人都有足够的食物，要想实现人类的理解，就必须得有改变。若想培养人的全面的发展，就需要某种重大的、全面的变革。那么，怎样才能带来这样的变化，这种变化的涵义又是什么？当心灵仅仅去遵从某种文化模式——印度教的、基督教的、佛教的——抑或是共产主义的思想和行为模式，会有转变发生吗？我们生活的任何一个层面的遵从，会带来改变吗？显然，假如一个人遵从某模式，或者是强加的，或者是他自己发展起来的，就不会有转变，因为模式、目标是我们限定的结果。若我作为印度教教徒、共产主义者或基督徒，依照我浸染其中的某个计划，依照某种观念、某种思维模式去改变，那么这显然就不是改变，因为我仅仅是去遵从某个受限的反应。当我因恐惧、防护、传统的模式去改变自己，这显然就不是改变，不是革新，不是彻底地转变了我的本来面目。

所以，在探究有关改变的问题时，我难道不应该探寻一下我的思想是怎样运作的吗？我难道不应该去察觉我思想的全部过程吗？原因是，假如有任何形式的恐惧以及恐惧促使我去改变，那么这就不是改变。恐惧投射出了某种模式，而我则依照该模式去转变，这不过是遵从某种由恐惧投射出来的模式罢了。若我希望带来变化，我难道不应该去探究一下我的存在的诸多层面，包括意识跟潜意识吗？难道不应该探究一下我的思想和动机的表层的反应吗？还有那些暗藏着的意识之流，所有的念头、行为全都源自于它。若我希望改变，那么我能够怀有某种模式然后依照它去改变吗？尽管我在一再地提到这个，但请注意我所说的，否则你将错过即将谈到的内容。

我意识到了我自己以及社会必须发生转变。社会就是我跟他人的关系，在这个被我称作为社会的关系里，必须得有改变，思想必须得有翻天覆地的彻底的革新。由于我认识到了这种转变的重要性，于是我问道：

"它要怎样实现呢？"这是在拥有历史知识并对其做出解释，抑或在拥有各种社会事件和改革的信息的基础上进行智力推理的问题吗？这一切的知识会带来我的充分的变革，会让我的思考、观念、行为发生彻底的改变吗？因此，如果我很认真地看待改变的问题，那么我难道不应该展开探寻，不应该探究一下我改变的动机是什么吗？改变的渴望，会带来彻底的革新吗？这种渴望仅仅是对于我的限定、我的背景以及各种社会的、经济的或文化的影响所做的反应罢了。通过任何形式的强迫，能够带来改变吗？

或者有不属于时间范畴的转变？让我以这样的方式来表述好了：我们知道时间层面的改变，时间是社会、文化、关系、恐惧、趋利避害的欲望等各种形式的强制。这些全都在时间的领域内，不是吗？它们是作为时间产物的思想的运动、结果、活动。毕竟，思想源于时间——年代顺序层面的时间，千百年来传统、教育、强迫、恐惧的培养。所以，思想属于时间的范畴。那么，作为时间产物的思想能够带来那不属于时间范畴的全面的革新吗？如果我们在时间领域里改变——也就是，如果我之所以改变是因为我的社会要求这样，抑或因为我通过某种形式的强迫意识到了改变的必要性，又或者因为我得到了某个东西，或是因为恐惧，这些显然全都是从时间的层面，从今天明天的层面去思考的心灵衡量盘算的结果——就不可能实现充分的变革，这一点是极为显见的，不是吗？在有关改变的问题上，当心灵从时间的层面去思考，那么还会有转变吗？抑或仅仅只是一种持续，对某种模式的调整适应，因此根本就不是改变呢？

所以，问题如下：有不为时间所围的改变吗？这种变革不是思想意识的产物，这难道不是唯一的变革吗？毕竟，思想是记忆的反应——记忆即经验、知识、无数反应、经历的储存——这是思想，心灵带着这一背景去做出反应，而反应便是思想。因此，思想属于时间的范畴。只要我在时间领域内改变——也就是，依照某种模式，共产主义的、社会主义的、资本主义的、天主教的、印度教的、佛教的模式——那么它就仍然是在时间的领域之内。当改变是依照着某种模式，那么，无论这个模式多么的广阔，它都仍旧处于时间之内，所以实际上根本就不是变革。请仔细聆听这个，好好理解，不要去排斥它，不要说什么："这些全都是废话，不会带领我们到达任何地方。"应当就只是去聆听，虽然你可能对这个观点并不习惯，或许你是第一次听说它，但不要抗拒。因为，只要你真正对它展开探究，就会发现里面蕴含着非凡的东西。

当你的心中没有恐惧，当既没有体验者也没有体验，改变就会到来；只有这时，才会迎来那超越了时间的变革。但只要我试图去改变"我"，只要我试图把我的本来面目改变成其他的样子，转变就不可能发生。我是所有社会的、精神的强制和压力的结果，是一切基于获取之上的限定的结果，我的思想就是建立在这上面的。为了摆脱这种限定，摆脱贪婪与获取，于是我对自己说道："我不应该贪婪，我必须做到不贪婪。"但这样的行为依旧是在时间的领域之内，依旧是思想的活动。就只是意识到这个，不要说："我怎样才能实现那种不贪婪的状态呢？"这并不重要，做到不贪婪、不获取并不重要。重要的是认识到，那个试图从一种状态转为另一种状态的心灵，依然是在时间的领域内活动，于是也就没有任何革新、转变。一旦你能够真正理解这个，彻底变革的种子就已经播种下了，并且将会开花结果，无需你再做什么。

真正永恒的变革的种子要开花结果是很不容易的，因为我们没有在聆听，因为我们在反对，因为我们仅仅关心立竿见影的结果。我们意识到需要改变，但我们立马就想知道怎样改变，也就是立即想得到方法，这是我们唯一关心的东西。方法意味着思想活动的持续，它只会产生出仍然依照某个模式的行动，结果也就仍然处于时间的范畴并且会带来痛苦。

能够有这样的行动存在吗，它不属于时间，不属于思想，不为思想所限，仅仅是去体验知识呢？这些全都属于时间的领域，所以，这样的行动永远不会带来变革，不会让我们自身的人的发展实现彻底的革新。所以问题便是：有不属于时间领域的变革吗？是否存在没有思想干预的改变呢？我认识到改变的重要性，一切都在变化，所有的关系都会改变，每一天都是新的一天。假如我能够认识崭新的一天，假如我彻底终结旧的昨日，终结我学到的、获得的、经历的、认识的所有东西，那么我就会迎来改变。然而，终结昨日并不是思想的活动，思想无法通过决心、发展、意志力的行为而终结。如果心灵领悟了下述观点的真理，即依靠意志力的行动或者通过确定的结论，通过强迫，思想是不会发生转变的，尔后带来的只是一种持续，只是一种经过了修改的结果而非根本性的变革。如果心灵安静几秒钟，聆听该观点蕴含的真理，那么你会发现，你自己、你的思想将迎来非凡之物，尔后便会发生内在的转变，不再有那受限的思想意识的干扰。这是心灵的一种非凡的状态，既没有体验者也没有体验，由此将会迎来彻底的革新。彻底的变革是唯一能够给世界带来和平的东西。所有一个群体控制另一个群体、清算掉其他群体的国家调整、经济改革都将失败，它们全都会带来更加严重的不幸与战争。能够给世界带来和平跟理解的，不是理性——理性是建立在受限的反应之上——而只是一个充分认识了自己的心灵，一个能够永远处于崭新状态的心灵。这不是不可能的，这不是什么理想主义、白日梦或者神秘主义。只要你能够去寻求真理，会发现它就在那里，你可以直接地体验它，但这需要大量的冥想、艰苦的探究和认知。

因此，重要的是认识思想，而非怎样带来自我的改变，继而带来世界的转变。认识有关改变的问题，将会让你发生变化。这便是为什么说聆听这些讲话非常的重要，不要被我的话说服，就只是去聆听所谈观点蕴含的真理。正是真理会带来变革，而不是聪明的脑子，不是权衡盘算的心灵。因为，真理不属于时间，不属于印度、欧洲或美国，它不属于任何群体、宗教、上师或追随者。假如有上师、追随者，假如有国家主义，真理就不会出现。只有当心灵实现了认知并且迈入了宁静，唯有这时，真理才会到来。

这里有几个问题。我认为，在我回答它们之前，重要的是弄清楚你的聆听究竟是带着获得答案的心态，还是你完全是在聆听问题。这是两种不同的状态。提出问题很容易，就像一个学生突然提出一个问题，指望着、等待着、聆听着回答，并认为答案将会解决他所有的难题，他唯一必须做的就只是遵循答案或者排斥答案，像一个聪明的辩手那样去讨论。只要我们寻求解答，聆听解答，它便会停留在这一层面。可只要我们关心的是问题而非答案，那么整个态度就会完全不同了。一个是来自于幼稚的学童，是缺乏思想性的教育的结果，另一个则需要成熟的探寻。

所以，你要怎样聆听，这取决于你，是否会带着试图找到答案的心态去听，假如根本就没有答案，你会失望，于是说道："他从不曾回答过问题。"我不打算给出回答，因为生活没有答案，没有是或否。生活要广阔得多，一切汇入生活，犹如汇入海洋。它就像是一条宽广的河流，流淌万里，奔腾入海，裹挟着好坏、善恶、美丑。它是整个的海洋，而非单单表层的活动，不是只有那些波纹。探究问题，不去抗拒，不设障碍，不怀有偏见，这很不容易做到。要想真正理解问题的深层，我们就必须对其展开探究。因此，存在的只有问题，没有答案。我觉得，假若我们能够真正理解、探明如下真理，即作为问题的生活不是要被归纳出结论的事物，不是你永远安全的庇护所，那么我们的整个态度、行为、思想就将完全不同了。尔后，我们将海纳百川，与此同时能做到又空无一物。

问： 在今天的印度，一个人遭遇的是美的缺席以及各个方面的破坏——政治的、社会的、心理的、文化的。您如何解释这个呢？用什么样的方法才能应对这种社会完全的瓦解呢？

克：为什么会有瓦解、崩溃，不仅在这片人口过剩、痛苦、饥饿、不幸的土地上，而且遍布了全世界？为什么会出现这样的瓦解？不要去寻找答案，坐等他人来回答，不要给出立即的理由，因为你的理由将会依照你所处的背景，依照你所受的限定——共产主义者、印度教教徒、资本主义者、基督徒，抑或你愿意的其他身份。请听好。当你被问到某个问题的时候，"为何会有瓦解"，你的回应是根据你的背景、你的知识、你的经验，不是吗？这种反应便是瓦解的根源。我们将一步步地去探究，你会懂得其中的真理。为什么会有瓦解呢？为什么心灵会变得渺小、琐屑？为什么我们只关心小我？为什么我们要跟某个大我去认同——而这个大我依然是琐屑的？我是琐屑的，所以我让自己跟某个更加伟大的事物认同，但我的心灵仍旧琐屑。我让自己跟神、真理、国家认同，可我的心灵依然琐屑。不管心灵去认同多么伟大的事物，这种认同的过程仍旧是琐屑的。

先生们，我们为何被困在这种琐屑、退化之中？你是否察觉到你的心灵在走向衰亡？抑或你是否说，"我的心灵没有在退化，它毫不费力就很美丽，犹如一部完美的机器，没有任何抵制，不怀有丝毫恐惧，不去想着明天"？很明显，我们当中只有非常少数的人才可以这样说。只要你能够理解为什么心灵会退化，那么你就可以懂得文化、社会价值观念、各种美的表现都在走向衰退的原因了。

心灵为什么在衰亡呢？这才是问题，而非"为何印度的方方面面都在恶化？"你的心灵为什么在退化？假若我们当中有一两个人能够真正认识这个，那么这一两个人就可以改变世界了。我们大多数人对此都不感兴趣，所以无法带来彻底的变革。因此，只有少数能够真正理解的人才会给世界带来惊人的变革。

你的心灵为什么走向衰退？你指出，在文化层面，我们正在衰亡。

那么什么是文化？它仅仅只是一种表现，是模仿某种由人类思想构想出来的形式吗？当前，在印度，思想因为所谓的文化、传统、恐惧、缺乏欢愉、担心没有未来、缺乏安全、找不到工作等原因而被彻底地束缚住了。这是那受着如此多的限定和约束的心灵没有创造力、没有生命力的冲动的原因吗？是否因为心灵去模仿、遵从、复制，才令其走向衰亡，从而没有强烈的活力与创造力的呢？

当心灵怀有恐惧的时候，它如何能够具有创造力？所以，问题难道不是这样的吗：心灵，你的心灵，普通人的心灵，混乱、焦虑的心灵，为家庭联系所困的心灵，为欢愉所困，为办公室的例行公事和丑陋的老板所困的心灵，为传统、富足所困的心灵，这样的心灵能否富有创造力呢？一旦心灵能够挣脱自己所受的限定，自然就会具有创造力了。若心灵懂得了如下真理，即任何形式的模仿对它来说都是一种破坏，那么它显然就会把一切模仿抛到一边去了。然而我们并不懂得这里面的真谛，结果，缓慢的瓦解的过程便一直上演着。

心灵能否摆脱恐惧？这是核心问题，因为恐惧会带来瓦解。当你恐吓一个孩子的时候，他会顺从，然而，正是在模仿、遵从的过程里你将毁灭掉心灵。那么心灵能够挣脱恐惧的束缚吗？恐惧并非仅仅是一种形式——害怕受惩罚，害怕丢掉工作，害怕成为失败者。但心灵在它所有的关系里都怀有恐惧。心灵能够挣脱恐惧的羁绊吗，不管它身处何方，是在办公室还是在家里，不管它在哪里活动？不要说："不。"如果我知道我在自己的关系里有着各种方向的恐惧，那么，认识到、察觉到恐惧的存在，将会带来转变。但倘若你希望把恐惧改变成其他的东西，比如说爱，就无法实现转变，因为，尔后，爱会成为另外一种形式的恐惧。先生们，请务必理解这个。假如我意识到我惧怕你，假如我不希望把这种恐惧变成其他的东西，假如我就只是认识到我惧怕你同时留在那种状态，那么恐惧就会开始转变成与心灵渴望的完全不同的事物。

先生们，让我们换种方式来表述这个问题。问题之所以存在，是因为抵制，若没有抵制，就不会有问题。但要想认识抵制，需要惊人的洞察力，而非单纯的决心，而非声称"我不会怀有任何抵制"的意志力的行动。声称"我不要有任何抵制"，其实是另外一种形式的抵制。但倘若你认识了心灵内部各种形式的抵制及其深度和特性——要揭示这个相当不易——就将发现不会再有恐惧的问题了。所以，心灵每一天都在终结，它没有去累积。终结每一天，意味着终结知识，终结经验，终结一个人累积起来的、珍视的所有东西。唯有这时才能拥有崭新的心灵、富有创造力与生机的心灵。

只要你是印度教教徒、共产主义者、佛教徒，抑或你想拥有的其他身份，你便无法拥有一颗崭新的心灵。只要你的心灵为恐惧所困从而做着例行公事，它就不会是崭新的。只要你去做礼拜，以及受各种形式的强迫，它们是恐惧投射出来的，心灵就不可能是崭新的。然而，仅仅聆听这个，说"我应该拥有一颗崭新的心灵"，你是无法拥有崭新的心灵的。欲望、强迫都不会带来崭新的心灵。只有当心灵认识了自身全部的能力、活动、深度，才会变得崭新。

重要的是去认识有关改变的真谛。心灵无法抛开恐惧，因为它自己就是恐惧。这是你对于它全部的了解——害怕人们会说些什么，害怕死亡，害怕失去，害怕受惩罚，害怕没有得到，害怕没有实现。所以，心灵本身便是恐惧，就像你此刻的心灵的状态。当这样的心灵希望改变，它依然是在恐惧的范畴内，这显然是一种心理的事实。于是心灵便构想出了一个将要转变的高等的自我、灵魂，但它仍旧是在恐惧的领域之内，因为它是心灵构想、发明出来的。佛陀、商羯罗或其他人说过什么无关紧要，它仍然处于思想的领域内。当心灵希望在思想的领域内、在时间的领域内改变，这就不是真正的改变，而仍然是一种恐惧的延续。

一个追逐理想的人，永远不会认识崭新的心灵，这是这片土地上的诅咒。我们全都是理想主义者，渴望做到非暴力，做到这个或那个，我们全都是模仿者。这就是为什么我们从不曾拥有过一个鲜活的心灵、一个全新的心灵。这心灵是你的，而不是商羯罗的，不是马克思的，不是其他人的。只有当没有体验者也没有体验的时候，心灵才能迈入这种全新的状态，只有当你完全终结了每一天，终结了你心理上累积的一切，这种状态才会出现，唯有这时，才能迎来彻底的更新。这不是不可能的事情，这不是夸夸其谈。只要你去思考它，深入地探究它，就是可能的。这便是为什么说，领悟、聆听真理是如此的重要。然而当你的心灵没有宁静，你便无法聆听真理。如果你的心灵一直都在询问、要求、祈求、渴望这个或那个，丢掉这个，累积那个，那么这样的心灵就不是静寂的心灵。

就只是安静。看着树木、鸟儿、天空，以及人类生活的美与充实。就只是静静地观察，观照到这一切。在这种静寂里，将会迎来那不可度量、不为时间所囿的事物。

1954 年 2 月 7 日

在孟买的第二场演说

正如我们上周日指出来的那样，正确的变革、彻底的转变，从根本上来说只会发生在精神层面而非物质层面。今天晚上，我想进一步探究一下这个问题。

真正的变革是宗教的变革，而不是仅仅经济的或社会层面的。只有当人做到了真正的虔诚，才会迎来根本的革新，原因是，各种其他的革新或转变都不过是延续既有的一切，只是略做了修改。我认为，重要的是去理解我所说的宗教革新是什么意思。除非我们思想、生活的根本层面发生了改变，否则，任何表层的变化、说服、强迫或适应环境，根本就不是转变，这样的转变只会带来更加严重的灾难和痛苦。所以，变革必须是在我们所说的宗教层面，我想来讨论一下这个。

在展开探究之前，我认为，懂得怎样聆听是非常重要的。因为我们并没有在聆听，我们听到词语，我们知道它们的通常涵义，然后仅仅满足于这些词语的意义。然而聆听却是完全不同的。在我看来，只要我们懂得如何聆听，那么这种聆听就会带来根本的变革。聆听不是努力，因为努力意味着在某个方向上目的、记忆的持续，而记忆是指挥性的，不是创造性的。若我们知道怎样去聆听，聆听就会具有真正的创造力了，因为在那里面不包含任何的记忆。可是，我们大多数人的聆听都带着一种抵制的态度。如果我说了你不喜欢的东西抑或说了你喜欢的，你马上就会去评判，你会抗拒不喜欢的，接受喜欢的，但这并不是聆听。聆听是一种心灵真正安静的过程，不去干扰它所听到的内容，不去解释，而是去理解，去紧随听到的东西，没有任何的努力，因为努力是一种破坏。假如你懂得怎样聆听，那么所说的全部涵义，它的真理或谬误就会彰显出来。但倘若你用一种意见去反对另一种意见，用一种观点去反对另一种观点，你将永远不会发现某个观点的真理或谬误。你必须聆听，而不是仅仅用你怀有的意见、记忆或经验去进行反对。在这些讲话期间，我们试图做的不是让你信服某个东西，不是说服你做某个行为，因为这只是宣传，根本没有任何价值。我们、你我一起努力要做的是带来这种根本的变革，不是在我们生活的某一个层面，而是在人的全面发展的过程里。所以我认为，懂得怎样聆听分外的重要。我不会建议某种行为方法，不会提供任何思想或哲学模式。依照某种模式的变革并不是革新。知道要把你变成什么，这根本不是改变，从根本上变成未知的东西，这才是变革。假如可以的话，今天晚上我想讨论的东西相当简单。这是个格外复杂的问题，但我觉得，只要我们可以静静地思考，内心对所说的内容没有任何反对或抵制，以便探明其中蕴含的真理或谬误，那么，真理或谬误将会彰显出自身。

对我们大多数人来说，宗教便是教义、信仰，不管它是共产主义的、基督教的还是印度教的。教义，传统，仪式，希冀，永远都在努力想要变成某个样子，理想——理想的人、理想的爱、理想的国家——追逐理想，就是我们所谓的宗教。但这显然并不是宗教。宗教不是遵从，不是追逐思想的持续，宗教是完全不同的。这便是为什么重要的是去认识这个词语，不去依照你或我，而是去理解它的涵义，它包含的全部意义。心灵可以制造出任何形式的幻觉，这种幻觉可能是理想、神，而对幻觉的崇拜并非宗教。我们大部分人在某个层面以某种形式去崇拜幻觉、心灵构想出来的事物，它们是源自于希冀、欲望、憧憬。欲望可以制造出某个形象，对理想的模仿、追逐、实现，依然是在思想的持续之内。思想无法带来变革、带来根本的转变。能够让人的思想发生彻底变革的，是终止作为思想的意识的持续性。

请听好。不要把我的话跟你从宗教典籍或其他书里面学到的抑或读到的东西做比较。不要去比较。假如你去比较，那么你便没有在聆听正在谈论的内容。重要的是去聆听正在说的话。当你进行比较时，你从不曾探明所说内容的真理或谬误，因为，尔后你的心灵在忙着做比较，而不是去认识实相。所以，心灵构想、发明出来的东西，无论是纯粹物理的、科学的还是抽象的，它自己投射出来的事物，它自己的观念，即它所谓的神、真理、爱，对它们的模仿和追逐，这些全都是思想的持续。

我们知道什么是嫉妒，我们认为，真正的虔诚便是处于一种不嫉妒的状态。显然，一个嫉妒的人跟有野心的人一样都不是虔诚的，要么是在生理层面，要么是在心理层面。那么，由于听到人们说嫉妒并非虔诚，由于认识到嫉妒是一系列的争斗、痛苦，它会带来不幸，于是心灵说道："我不应该嫉妒。"这就是一种"变成"，它是嫉妒这一状态的持续，正如我们对它的称谓一样。理想以及对该理想的追逐，也就是我们所说的"变得不嫉妒"，依然是嫉妒。

我们现在来谈谈停止"变成"，唯有这里面才会迎来变革，真正的宗教的革新。我认为，认识到这一点十分的重要。我们的整个教育、文化、影响与限定都是一种"变成"，这是一个显而易见的事实，对吗？我很贫穷，我希望变得富有，我嫉妒、暴力或愤怒，我应该变得平和，应该变得没有野心——也就是说，我必须变成某个样子。因此，我们整个社会的、经济的、宗教的环境与文化都是去变成，都是一种变成的过程，这是一个事实，不是吗？观察一下你自己的思想的运动，将会发现这是一个明显的事实。"变成"是"我"、观念、持续的过程的延续，这种过程永远不会带来变革。当"变成"终结——也就是说，不是当我变得不嫉妒，而是当嫉妒不再存在的时候——才会出现变革、变化、根本的转变。

让我们以非暴力的理想为例。你说道："我将会变得不暴力。"你声称你将实践非暴力的理想，意即，你打算变得非暴力。你是暴力的，但通过思想、实践、克制的过程，你将变得不暴力。从暴力到非暴力的持续，并不是变革，它不过是一种变成，因此根本就没有彻底的转变。如果心灵不断去变成、追逐、被说服、受限定，它就永远无法变得非暴力；在这样的心灵里，永远不会有根本的革新。只有当心灵领悟到这是时间领域内的变成的过程，领悟到停止"变成"就是当下的存在，才能够实现当下的真实；唯有这种真实，才能带来彻底的变革。

那么，假如你去聆听，会发现，只要心灵——它是所有"变成"的中心，因为它是时间的产物，而时间是持续性的——在追逐某个理想，希望变成某个样子，就不可能会有转变。只有当"变成"停止——不是当心灵变成了完美的，心灵永远不会是完美的，永远不会是自由的，不去变成，因为自由意味着终止既有状态的持续——才能让人的发展出现彻底的转变。所以，只要你真正懂得了其中的真谛，心灵就会迈入静寂，而不是心灵变得静寂，静寂永远无法获得，心灵永远不会变得安静。可一旦心灵意识到"变成"是一种争斗、努力的过程，而努力永远不会带来和平，因为，既有的将会在时间层面持续——就不会再有所谓的"变成"了。只有伴随着"变成"的结束，心灵才能迈入静寂。

请认真思考一下这个。当心灵迈入静寂，在这种静寂里，没有"变成"，你无法变得宁静。如果你努力变得安静，那么这就不过是某种行为的延续，你现在将其称为静寂，之前则把它称为痛苦。所以，认识"变成"，这就是静寂的开始，这种静寂是心灵的状态，是对人的过程的充分认知，这种存在状态就是革新，是一个人存在状态的彻底转变，唯有这时，才能迎来那永恒的事物。只有这样的人才真正具有革命性，因为他们不从经济的、社会的或暂时的调整出发去思考问题。

我认为，理解这个非常的重要，原因是，我们大多数人，尤其是在这个国家里面，都因为追逐理想而遭祸。我们全都希望变成理想的人、完美的事物，于是我们便去实践克制，永远都在试图变成某个样子，结果也就没有一刻是"做自己"。我们总是在"变成"，从不曾处于"是"的状态，当下的时刻从来不是完美的，完美的总是明天，于是我们便错失了生命的全部运动。只要你观察一下自己的心灵，会发现我们从来没有宁静过，哪怕只有一分钟，但我们总是试图变得静寂。这种试图就是我们所知道的，这种"变成"就是我们所知道的。

我们知道静寂的理想，我们的心灵不停追逐着那一理想，努力去克制、控制，以便拥有那种会迎来真理的静寂。但真理永远不会出现在那样的静寂里，因为这种静寂是一种"变成"。只有当心灵认识了"变成"、追逐、试图把自己塑造成其他的样子的整个过程，才能终结"变成"，唯有这样才能实现革新。唯有这时，心灵才会是真正虔诚的。虔诚之人不是变成苦行者的人，不是去变成、去追逐美德或者努力变成理想之人的人。虔诚的人是停止去变成的人，于是对他来说，存在的只有一天，只有一刻——不是昨天或明天的时刻。这样的人才是真正革命的，因为他属于实相。

不要只是聆听正在说的内容，当你离开这里的时候应当是一个已经实现了充分转变的人，这是十分重要的。不是带着新的观念，不是带着新的看法，不是带着新的价值观，不是抛却了传统，这些全都是幼稚的，全都是不成熟的行为。对于心灵来说，重要的是它里面除了"当下所是"之外再无其他任何空间。

我们的心灵一直受着我们自己以及环境的影响。我们被限定为了印度教教徒、天主教教徒、基督徒或是共产主义分子。只要我们处于这种状态，就无法创造出一个新的世界。当一个人只把"当下的真实"作为宗教——在"当下所是"的状态里，没有空间、没有角落提供给心灵去变成某个样子——只有这样的人才能带来一个崭新的世界。

你我必须去建立一个新的世界——不是依照共产主义者、天主教教徒或资本主义者的新世界——而是一个截然不同的新世界，一个自由的世界。在"当下所是"的状态里自由，不去"变成"。一个"变成"的人从来不会是自由的，他总是在努力，努力去变成，这样的人不会是自由的。请好好理解一下这个，请仔细聆听，你会发现，假如你真的去聆听，就能摆脱"变成"了。只有当一个人摆脱了"变成"，他才会真正的快乐，才会是幸福的人，精神领域的幸福，才会创造出新的世界。

正如我所言，询问某个问题的时候，重要的不在于找到答案，而在于认识问题，因为存在的只有问题，而非答案。提出问题很容易，但对问题展开探究则极为困难，原因是，一旦你知道了问题是什么，这种对问题的认知便是理解了问题。当我能够非常清楚地、简单地陈述问题，那么答案就在那里了，我不必越过问题去寻找。可我们大部分人都不知道问题是什么，我们对问题感到困惑，于是自然就会出于困惑而去寻找解答，但这只会导致更多的混乱。

请务必认识到，生活是没有答案可言的，生活是一件活生生的事物，没有终点，生活就是问题。假如我能够理解该问题的全部过程，那么它就是鲜活的，而不是一个让人逃避、让人感到恐惧的事物了。所以，重要的不是答案，而是清楚地、简单地陈述问题，懂得问题的全部涵义。尔后，心灵将会变得极其敏锐。然而当心灵寻求答案，它便是迟钝的、愚蠢的心灵。若心灵认识了整个问题，认识了问题的微妙、涵义、意义和多样性，认识了问题的延伸，心灵自己就会变成问题。本身就是问题的心灵，不会去寻求答案。当心灵便是问题，心灵自己就会安静下来，一旦心灵迈入静寂，就不会有任何问题了。因此，重要的不在于寻求解答，而是应当踏上问题之旅。

问：在今天的印度，人们面临着日渐增强的极权主义。政治领袖们用装模作样、美德、善念遮掩起他们的权威。一方面有不断增强的权威，另一方面则是奴颜媚骨、腐败和瓦解。除了反抗各个方面的权威以外，一个人要怎样去应对这种崩溃呢？您有什么法子去迎接这种极权主义的挑战？

克：有你的方法、我的方法吗？还是只有应对挑战的真理呢？先生们，你们明白没有？并没有你的、我的应对挑战的方法，这样的方法是丑陋的东西，只有应对它的正确方法。当你谈到你的方法、我的方法，你根本就没有在陈述问题，你只是制造出了另一个权威，那便是我。你理解了吗？

假如你能够用完全不同的方式来表述的话，问题便是：我们为什么要去追随？这才是问题，而不是政客利用权威或者宗教人士利用权威，他们把自己的权威给掩盖了起来，给它冠以冠冕堂皇的字眼。人们总是会为了自身利益这么做，他们把自己的野心遮掩了起来，美其名曰"对印度的热爱"、"对和平的热爱"、"对神的热爱"。由于野心勃勃，于是他们用爱国主义或是和平的名义去服务于自己的利益。总是有这种本性的人，但这不是问题所在。

问题是：你为何要去追随？先生们，你们理解没有？你为什么去追随——不是某个领袖、上师，某种理念、经验抑或某个理想——而是你为什么要追随？如果我们能够认识这个问题，问题就将立即迎刃而解，它根本不是问题。我们不会去讨论你究竟是否应当追随，我们不去探究追随究竟是好是坏，追随是否是不道德的，这不是此刻的问题。问题是：我为什么要去追随？你为什么去追随？你或许抵制了外部的权威，你或许不怀有内心的上师、榜样，但你却遵从你所怀有的理想、经验或是累积的知识。我要质疑的是追随的整个行为，而不是用一种权威替代另一种，或是用一个上师替代另一个——这些全都是幼稚的做法。但倘若我们能够对问题展开探究，即探究我们为什么要去追随，那么或许我们就能理解有关权威的问题了。

当你被问到为何要去追随，你不知道你这么做的原因何在。原因是显而易见的：你之所以追随，是为了获得满足，是出于某种动机，是为了有所得，为了某个可以预见的目的。但这整个本能的反应，即追随某个人，追随某个理想，追随某种你十年前有过如今十分渴望的体验，继而为了得到这种充实感而去努力寻求——这整个追随的过程便是问题。在你展开追随的那一刻，你便有了上师，你便制造出了权威。但如果你停止追随，就不会有权威，不会有上师，尔后你便会成为你自己的指路明灯。请问问你自己以下问题："我为什么要去追随？"你没有意识到你在追随，这是真正重要的地方。你根本没有意识到你在追随——不仅是意识的表层，而且还有你意识的深层。但倘若你说"我之所以追随是出于这种动机、出于这种渴望，是带着这一预见的目的，是因为我恐惧，因为我是这样子的，我是那样子的"，那么你就没有探明自己为何要去追随，你只是给出了理由、逻辑结论。但你是否知道、是否意识到，当你去追随某个政治领袖、某个上师或是某本书籍的时候——宗教的或世俗的书籍、《薄伽梵歌》、《奥义书》、《圣经》或是马克思的著作——你只是在追随那些话语呢？我们整个生命的过程，深层和表层，都是一种追随。追随便是模仿，我们全都明白这一点。假若心灵只懂得追随、模仿、制造权威并且活在这些行为之中，它怎么可能去面对、认识进而冲破权威呢？追随是破坏性的，追随会带来破坏。你能否懂得以下观点的真理或谬误，即任何层面、任何类型的追随都是完全破坏性的，会带来衰退？你要么领悟了其中的真谛然后接受了它，要么排斥它。但倘若你不知道自己在追随，你是无法去排斥或接受的。假如你没有追随某个人，你要么就会遵从你自己的欲望，要么会把这些欲望具象化去追随政客、上师或书本。

所以，只要你去遵从自己的动机、欲望，你就一定会有权威。追随、遵从是一种会带来破坏和衰退的过程——我们在印度清楚地认识到了这个，在这里，我们除了领袖和追随者再无其他。你们难道没有在追随吗？你们不是自由的人，你们或许有新的政府、由褐色人组成的官僚体制，但你们不是自由的民众，因为自由意味着"不去追随"。先生，当你真正思考并理解了这一切，只有在这里面才会有自由，才会有彻底的变革，唯有这时，才能创造出一个崭新的世界。但倘若你去追随，你便会毁掉自己。当你追随你的上师，你既会毁掉自己，又会毁掉他。请认真聆听这个，探明其中的真理，不要说什么我反对或赞同——这是一种不成熟的思考方法。假如你不知道你在追随，你就没有权威去给出观点。若你不知道自己为何去追随，若你不了解这整个的过程，你便无法决定究竟该不该去追随。可一旦你认识了追随的观念，那么你就不会制造出不去追随的二元性的过程，尔后也就不会努力去追随或者不去追随了。

我们的心灵如此习惯于去追随、模仿，所以它只会通过不去追随、不去模仿来做出反应。于是它便引发了二元性的问题："迄今为止我一直都在追随，现在我不应该去追随。"但这不是答案。当你说"我必须不去追随"，这本身就制造出了它自己的权威，尔后你就变成了权威抑或那个声称你不该去追随的人。但倘若你认识了全部的意义——我们大多数人根本没有察觉到这个——就会停止追随了。尔后便会有创造力，这才是真正需要的——而不是抛掉某个权威，确立起另一个更让人愉悦或者不那么让人愉悦的权威。但你必须认识到，一切追随都是破坏，都是衰退的过程，必须察觉到这个，没有任何选择，这样才不会出现二元性。觉察是一种里面没有二元性的过程，觉察是一种里面没有选择的状态，有的是认识实相，不去试图把本来面目改变成其他的样子。只有在这样的觉察中，才能迎来自由，而唯有在自由的状态里，创造力才会到来。

问：我听了您在孟买所做的每一场演讲。当我听您讲话的时候，我感到心境澄明，实现了认知。可是一旦您离开之后，我又会重新被无数行为与思想习惯所困。对我来说，必须要去做的一劳永逸的事情难道不是，要么理解您的观点，要么不再听您演讲吗？

克：先生，重要的是懂得怎样聆听，不单单是聆听我的观点，还包括聆听生活中的一切——聆听鸟儿的歌唱，聆听那永不停息的大海的怒吼，聆听鸟儿的啁啾，聆听你周围的一切。我们并不知道怎样聆听，所以才会不断地听见，而这种听见却让心灵变得麻木。如果你年复一年一直来参加这些讲座，只是听见而不是聆听，那么你的心灵会变得迟钝，你来这里会变成另外一种例行公事，变成一年一度要做的事情，这就是发生在我们大多数人身上的情形。我们之所以变得麻木，是因为重复那些观念，一遍又一遍听同样的东西，做着同样愚蠢而空虚的例行公事，追逐着同样的理想或是替代成其他的理想。这种内部和外部不断的挣扎、努力，主要是在内部，这种"变成"的战斗，令我们迟钝和麻木。可一旦你懂得如何真正聆听某场演说，如何聆听某个观念，那么你就会发现，你的心灵将变得格外警觉、敏锐、澄明、精妙。于是你就能够一遍又一遍地聆听这些讲话，你将发现，每一次聆听，这些讲话都会具有全新的意义。而当你仅仅只是听见的时候，你将会错过这里面蕴含的巨大的丰富性。

先生，你不知道怎样去欣赏一棵树木或一个人的美丽，虽然你每一天都经过，美就在那里。你从不曾凝视过繁星和天空，你从不曾听过孩子的叫喊，你从不曾聆听这些事物。你的心灵被太多东西占据了——天知道是被什么占据的——忙于它自己的焦虑、"变成"、恐惧。你通过这道恐惧、焦虑、希冀、挫败的屏障去听我所说的话并做出决定。从字面上来讲，这里面没有任何你无法理解的东西。我没有在提出新的观点，没有给出方向让你去跟随，因为这只会制造出另外的权威。你应该抛掉一切权威，正确地聆听。假如你在抛掉了所有权威、所有追随之后去聆听，那么其中的真理或谬误自然就会彰显出来了。然而，一个被许多东西占据的心灵永远不会聆听。我们大多数人的心灵都被爱、恨、焦虑、嫉妒占据着，忙着努力变得优秀，而一个忙忙碌碌的心灵是琐屑的。

假若你去聆听，你的心灵就会变成一颗崭新、清晰、没有污点的心灵。这样的心灵无法购买到，也无法通过任何权威、追随而获得。所以，一个人必须理解自己听到的东西，通过观察自己的心灵去探明该问题的真理。真理并不在心灵之外，现在它远离了，因为心灵如此的混乱。若一个人出于困惑而去寻求答案、寻求真理，那么他关于真理的答案也会是混乱的。

问：在极其痛苦和绝望的时刻，我毫不费力就地向上帝臣服了，尽管我并不了解他。但这驱散了我的绝望，要不然我会完蛋的。这种臣服是什么，这是错误的行为吗？

克：一个特意让自己臣服于某种未知事物的心灵，采用的是一种错误的行为，就像一个人在心中没有爱和谦卑的时候特意去培养爱与谦逊。当我是暴力的，如果我努力变得不暴力，那么我依然是残暴的。先生们，你们明白这里面的真理没有？不要笑着说这是多么聪明的说法，这并不聪明。假若一个人特意说服自己做到良善，让自己臣服于他所谓的神或上帝，他便是通过意志力的行动特意地、自发地这么做的。这样的臣服不是臣服，而是自我忘却，是一种替代和逃避，就像是在麻醉自己，就像是吸毒，或者反复念诵那些没有意义的词句。

我认为，有一种臣服是不特意为之的，没有任何请求的。当心灵渴望某个东西，这并不是臣服。当心灵渴望安宁，当它说"我爱上帝，我寻求对神的热爱"，这并不是爱。心灵一切特意的行为都是思想的延续，而凡是延续的事物都是在时间的领域之内。唯有当时间终止，真理才会降临。心灵无法臣服，它唯一能够做的是静寂。但倘若你怀有绝望或希冀，就不会迎来这种心灵的静寂。如果你认识了绝望的过程，如果心灵懂得了绝望的全部涵义，你便会领悟其中的真谛了。当你有所渴望，当你无法得偿所愿——它可能是一部车子，可能是一个女人，可能是上帝，它们都是一样的性质——你一定会感到绝望。一旦你去渴望某个东西，那么这种渴望便是绝望的开始。绝望意味着沮丧，假如你得到了你渴望的事物，你将会心满意足。由于没能得到想要的东西，于是你说道："我应该臣服于上帝。"只要你得到了你所渴望的，你便会十分的满足，但不久这种满足就会消失，结果你便去寻求其他的东西。因此，你不断地改变着让你满足的对象，这带来了它自身的奖赏、痛苦、不幸和欢愉。

假如你认识到任何欲望都会伴随着挫败、沮丧、绝望以及希望的二元化的冲突，假如你真正领悟了这一事实，假如你不去说什么"我怎样才能处于这种状态"，你只是认识到欲望会导致痛苦，那么，这种对欲望的认知便会让欲望安静下来。纯粹、简单、不做选择地察觉到心灵充满了噪音，察觉到它处于不断的运动、努力之中，这种觉照会让噪音停止，不做任何选择。重要的是觉察，而不是驱散绝望，不是宁静。纯粹的智慧是一种心灵的状态，它里面有觉照，没有任何选择，它里面，心灵是静寂的。在这种静寂的状态里，只有"当下所是"，尔后，那不受时间约束、有着惊人创造力的真理便会到来。

1954 年 2 月 10 日

在孟买的第三场演说

我想继续我们上礼拜三谈论的内容，也就是有关改变的问题。这是一个相当重要的问题，值得展开真正的深入的思考。因为，就像我们每天能够观察到的那样，改变似乎会带来更多的混乱、痛苦与不幸。今天晚上我希望讨论一下改变是否可能，是否能彻底打破那个中心，而不是仅仅沉溺于外围的或表面的改变。假如没有意志力的行动，不去培养背景，不在改变的过程中强化这一背景，中心层面会否发生改变？在不去培养记忆的情形下，改变——打破、变革、彻底的转变——是否有可能？通常，在改变的过程中，我们总是会培养记忆——"我昨天是这样子的，我明天将要成为那样子。"这种"我将会"就是记忆的培养，因此也就没有中心层面的根本的、彻底的转变。

我希望你们能够有耐心去聆听这个。无论怎样交流都很困难，因为词语有确定的涵义，我们有意去接受某些定义，努力依照那些定义去解释我们听到的内容。但倘若我们开始去定义每一个词或者仅仅定义某些词作为参考，让它停留在这个层面，那么交流就会处于意识的层面。在我看来，不单单要从意识的层面去认识我们讨论的内容，而且还必须在无意识的层面消化掉它——假如我能够使用这个词语的话——不要有任何定义的公式。带着一个人全部身心的深度去聆听，要比仅仅沉溺于表面的解释重要得多。只要我们能够带着全部身心去聆听，那么这种聆听便是一种冥想的行为。

我们有意识展开的冥想根本就不是冥想，它不过是意识、记忆的投射。你必须带着全部的身心去聆听，不用费力，带着认知、探索、发现的意图，真正去探明我观点的真理或谬误。发现，便是处于一种心灵的状态，这里面，必须停止努力以及为了探明而出现的不断的冲突。在我看来，这样的生活的行为便是冥想。探明某个事物的真相——不是依照你所希望的，你的好恶，或者依照某种你浸染其中的传统——心灵不仅应该能够认识它听到的表面的声音、声音的振动，而且还可以穿透那一声音进入更深的层面。

这是一个很难的问题，需要一个人带着自己全部的身心去聆听——也就是，当心灵不仅听到词语而且还能超越词语的时候。心灵做出的单纯的判断，不是发现或认识真理。心灵并没有发现真理，它唯一会做的是选择、评判、权衡、比较——比较、判断或认同，这些不是对真理的揭示。这便是为什么说，懂得怎样聆听非常的重要。当你阅读某本书籍，你会根据你的倾向、你的知识、你的特性去解释你读到的东西，于是你便错过了作者希望去传达的全部内容。你的聆听可能也是同样的。但要想认知、发现，那么在你聆听的时候，那渴望争辩、讨论、分析的心灵就不应该去抵制。当我们应对那些不仅需要字面的定义和表层的理解而且还需要更深层面、更为基本层面的认知的问题时，争辩、讨论、分析是一种绊脚石。这样的认知，这种对真理的认知，取决于一个人是怎样去聆听的。

我们关心的是改变的必要性。我们意识到根本的变革是必需的。我使用"变革"一词，不是从政治意义上来说。在政治意义上，假如有变革，它就不再是"变革"了，它不过是一种经过了修改的延续。我谈的是根本的转变，只有这种改变才可以被叫作改变。那么，运用意志力能否带来这种根本的变化呢？——这就是我们习惯的。意志力是某种基于记忆、知识、经验的决定的持续，意志力是受限的心灵，是活在传统、经验、知识里的心灵的反应。而知识决定了、制造出了模式，然后依照这种模式去改变。所以，经由意志力的行动带来的改变会是根本的改变吗？当我知道我要在什么方向去改变，以及知道基于我的经验发生的改变蕴含的涵义——我的经验便是我所受的限定的反应——这样的改变能够是根本性的吗？

我之所以希望改变，是因为我意识到改变的重要性和必要性，不仅是我自身的转变，还有社会的转变。我从逻辑上、从内心意识到了它的急迫和必要，因为社会的现状、我的现状只是引发了更多的混乱、无序和不幸。这是一个显见的事实，不管你接受与否。由于我们受着限定，任何源于受限的心灵的行动都只会带来更多的混乱。原因是，假如我是混乱的，那么出于这种混乱产生的行动依然是进一步的混乱。我们混乱、困惑，无论我们喜欢与否，无论我们承认与否，它都是事实。不管你自称是共产主义者、社会主义者、基督徒、印度教教徒还是佛教徒，只要你去观察一下，会发现，你的心灵处于一种矛盾的状态、一种混乱的状态。当你怀有某种信仰、某种教义，你执着于那一教义、那一信仰。这显然说明了内心的混乱，因为这种信仰扮演了位于你之外的安全，这种安全是你的保护，而保护源自于混乱。

假若心灵渴望认识改变的根本必要性，它一定会不停地询问自己："能否在没有意志力的行动下发生改变？"先生，你明白问题的困难没有？也就是说，我的意志力源于我的过去，源于我所积累的知识和经验。累积是我所受限定的结果，限定便是我浸染于其中的文化、宗教、社会价值观念，等等等等。出于这一背景，产生了去成为、改变、继续的意愿，这是一种心理的事实。当你观察意志力的行动，会发现，意志力不会带来根本的转变。假如它不能的话，还会有什么可以带来根本的变革呢？

什么可以改变那个不断在积累记忆、经验、知识并由此展开行动的中心呢？这是一个重要的问题，你得问问自己以及探明其中的真谛。如果你仅仅是聆听我的讲话，这是不够的，因为这是你的问题，你必须真正展开探究。

意愿便是"我"、"我"的过程，由于它无法带来根本的转变，于是心灵便构想出了神的观念，说"神有力量去改变"，"神有恩泽"，诸如此类。也就是说，当心灵认识到它无法通过自身的力量，行动、意志力带来自我的根本转变，它就会构想出某个将会带来改变的事物并与其认同。但这种构想依然是意志力的行动，是渴望有所改变的"我"的行为。它意识到无法通过自身的行动带来改变，所以它便跟某个观念或者某种由它自己制造出来的所谓的真理进行认同——与佛陀、基督或它所喜欢的某个人有关——指望着通过这个将出现转变。然而，这种构想的行为、构想的反应，依旧是意志力的行动的一部分，因此中心层面并没有发生根本的改变。

那么，问题显然是这个：什么可以带来中心层面的改变呢？是恩泽、神、观念吗？还是完全不同的事物，不是心灵构想出来的东西或者心灵的活动呢？自我的行动、意志力的行动，不会带来那冲破中心、"我"、自我的改变。那个在改变的"我自己"，是痛苦、欢愉、经历、记忆的产物，当它说"我应该变成某个样子"，这种某个样子是"我自己"构想出来的，这种构想是大师、上师、救主，诸如此类。依靠救主、上师——它们是我自己构想出来的——我希望会带来改变。

假如你否定这一切，声称环境或本能的控制将会是改变的唯一可能，那你的心灵就被所谓的教育控制在了共产主义的、天主教的、印度教的路线之上。这种过程控制了心灵，影响了心灵，而影响心灵并不会带来中心层面的彻底转变。

你理解问题没有？我希望改变。我意识到通过意志力的行动无法带来改变。我意识到，把过去投射到未来，已知将自己作为未知投射进未来，虽然它还是已知，并不会带来任何转变。我还认识到心灵是怎样受着环境的影响的。我的心灵被我从儿时起就被教育长大的方式彻底限定住了，以至于它犹如一部机器，并进而去相信或者不去相信。我还领悟到，这并不是改变。为了带来一个全新的世界、新的国家、新的生活，为了认识到这个世界并不是天主教教徒的、印度教教徒的，而是"我们的"世界——感受到这一点便是认识到它的丰富性——中心就必须发生根本的转变，这里面不再有"我"或"我的"，不再有我的印度、我的宗教、我的经历。根本性的变革必须发生在这个层面。那么它要如何出现呢？

现在，请听好。正确的问题是否是这样子的："如何才能出现这种变革？"有方法吗？体系、方法意味着记忆的延续和培养，所以压根儿就不是根本的改变。当我询问自己这个中心怎样才能被打破，当我询问方法，那么这种方法会带来体系提供的结果。但这不是改变，我只是在遵循体系方法，培养对该体系的记忆。现在我培养了新的方法、新的体系，而不是我过去培养的体系方法，因此，正是"如何"把根本的改变挡在了门外。请观察一下你自己的心灵。当提出根本性的转变这一问题时，在你听到它被提及的那一刻，你的立即反应会是："告诉我该做什么。"告诉你该做什么，这根本不是改变。你希望通过某个方法达至安全或确定的阶段，渴望获得确定，不是改变。只要你认识了这一切，那么你就不会在演讲的最后说道："您没有告诉我们该怎么做，您说得太模糊了。"

存在的只有问题，而不是答案。如果你认识了问题的深刻层面，那么答案就在那深处，问题自己就会揭示出答案。但只要你去寻求深处的解答，你就只是在触及问题的表层。中心必须发生彻底的转变，任何意志力、意志力的行动、实践、冥想的方法，都不会带来这种改变。冥想的过程，正如你对它的实践那样，是在培养某种观念、某种克制，所以它只会让自我、中心得到强化。从这一背景而来的任何形式的构想、投射，或者把经验投射为真理，都依然是在强化那一中心。当你怀有这个问题，当你真正直面这个问题，将发现，你的心灵会彻底静寂。只有当你试图去改变，试图带来表层的改变，心灵才会变得激动不安、活动、努力、奋斗。可一旦你懂得了根本变革的全部涵义，那么心灵在这个极其复杂的问题面前就会变得宁静。假如你正确地聆听，假如你深刻地理解了问题，会发现你的心灵将迈入静寂，问题自己会让心灵安静下来的。当心灵在问题面前安静时，中心便会发生转变了。

这整个认识问题的过程就是冥想。这种冥想不是坐下来与问题撕扯一番，而是当你散步的时候，当你在海上或树荫下面眺望繁星的时候，当你看到一个笑容的时候去认识问题。它是一个完整的过程，因为问题包含了对人的发展的充分认知。唯有这时，心灵才会静寂，没有任何活动或构想，没有希冀、欲望。寂静不是一个词语，它是一种存在状态。你无法变得安静，无论你怎么做——实践、克制、控制、抑制，所有这些行为都只会带来结果。寂静不是结果，它是一种时时刻刻的存在状态。所以，当心灵时时刻刻去认识根本转变的问题，就会迈入静寂。这种静寂不是累积的静寂，不是记忆的静寂，而是一种存在状态，它在时间之外，它是永恒的。一旦拥有了这样的静寂，你会发现，中心将发生根本的转变。

只要你正确聆听，就会发现转变的种子已经生根发芽了。但倘若你仅仅是口头上抵制，那么你拥有的将只是抵制，而不是真理。不幸的是，我们大多数人离开的时候带着的是抵制的尘埃而非真理。我们从儿时起就没有被教育着去聆听、发现、理解，我们从不曾直面问题，我们总是被提供给了答案——应当如何、榜样、英雄、圣人——供你去模仿。因此我们从来没有被指明过问题的涵义——这样的揭示、指明便是真正的教育。我们没有被教育着去认识问题及其微妙之处，所以当我们被抛向某个问题的时候就会十分困惑，同时希望找到答案。生活是没有答案的。生活是时时刻刻都鲜活的事物，一个寻求有关生活答案的人，会制造出一方平庸的小池子。所以，问题不在于寻找答案，而在于认识问题，真理蕴含在问题中，而不是答案里。

问：您谈到的觉照，必定意味着去除掉个性的许多方面。在印度，这种对于认识自我的渴望不可避免地走向了个性的毁灭，以及消除掉了作为个性驱动力的一切创造力和推动力。这就是我们为什么会在印度发现人们拒绝去反抗社会罪恶的缘故。那么，您的教义难道不是仅仅让精神更加了无生气了吗？

克：你们谁是有个性的人？认识其全部涵义以及唤醒觉照，会让你失去个性吗？你是一个个体，还是许多的限定呢？当你是个印度教教徒、基督徒、佛教徒、共产主义者的时候，你是一个个体吗？当你从属于某个团体或组织，你是个体吗？因为你有点儿财产、名声，有点儿特性、倾向，你就是一个个体了吗？

先生，什么是个体？它必定是彻底唯一的、独特的，但我们并不是独特的。当你自称印度教教徒、穆斯林、共产主义者，你不过是在重复，这不过是传统。你被你的社会、你的文化局限了，而你则依照这种限定去体验、去经历，经历即记忆、知识。知识不会形成个性，它只是限定的反应。当你察觉到这整个限定、经历、累积知识的过程，察觉到它不会带来个性，而是会毁灭一切有生命力的、有创造力的东西，当你认识到了这一切，那么你就不会是基督徒、佛教徒、印度教教徒、共产主义者抑或其他的身份了，你将处于一种充分变革的状态。但只要你去接受，只要你的心灵被限定为了印度教教徒、天主教教徒、共产主义者，你就不是一个独立的个体，你不过是机器里的一个齿轮罢了。

观察一下你自己的思想及其活动。你是一个个体吗，我是指从以下的意义来说，即带来一种独特的心灵的状态，这里面有自由，有身心的自由？当全世界的文化、宗教都建立在模仿、复制之上，你怎么可能拥有个性呢？当你追逐理想，当你是甘地的追随者或者其他某个伟人的追随者，你怎么可能是一个独立的人呢？你是否意识到恐惧的全部过程？是恐惧令你去模仿，是恐惧令你去追随，是恐惧令你去接受某个理想、上师、救主、牧师的权威。正是恐惧导致你去遵从、符合、仿效，正是恐惧毁灭了真正有创造力的心灵，正是恐惧在寻求结果、安全，寻求一种里面没有恐惧的存在状态，于是它便去构想这种状态。你追随那一构想出来的事物，把它作为你的救主、导师、理想。所以，你的恐惧在迫使你去遵从。只要有恐惧，你就不可能是一个个体，不可能拥有创造力的心灵。

认识恐惧十分重要，尤其是在一个人口过剩、传统根深蒂固的国家里——不管是现代的、科学的还是古代的传统。只要有恐惧存在，就不会有任何创造力。唯有富创造力的心灵才是真实的、独特的。没有选择的觉察，不会破坏有创造力的真理。

你的心灵从儿时起就是受限的，它自孩提时代开始就是在恐惧中受教育的，受着压制、强迫，去追逐、去比较，各种价值观念被烙印在它的身上。这样的心灵怎么会是自由的呢？它唯一知道的便是恐惧，于是它永远都在努力行善避恶。行善便是克服恐惧，它不是挣脱恐惧，而是在克服恐惧，因此恐惧依然存在。这样的心灵怎么能够富有生机和欢愉呢？

挣脱恐惧羁绊的心灵，是富有活力和创造力的心灵，这样的心灵，通过觉照，通过认识自我，不会失去实相。唯有通过认识自我，心灵才能自由——不是专家的自我认知，不是罗摩奴阇、佛陀或耶稣的自我认知，这样的自我认知不是自我认知。依照某个人，比如马克思、佛陀或你希望的其他人去认识你自己——这不是认识自我。只有当你去观照你自己，观照你的行为、想法、感受、话语，你才可以认识自我。但倘若你去比较、选择，倘若你说"这是好的，那是坏的"，你便无法察觉整个的过程，无法懂得这种觉察的全部。因此，通过觉照认识自我，不会毁掉、侵蚀掉创造力。你们不怀有创造力，你这是去追随某种有力量的人格，追随某个你视为领袖的人。只要你追随某个人、某种权威、某本书，你就不会具有创造力。你的追随是出于恐惧，而认识恐惧便是创造力的开始。

认识恐惧是非常困难的。我不是在谈培养对立面。一个培养对立面的心灵依然为恐惧所困。去观照我一直在谈的内容，这是一种无选择的状态。这里面，你能够按照事物的本来面目去看待它，而不是你希望它具有的样子，这里面，你可以清楚地知道你是什么样子的，不做任何选择，这种觉照便是智慧。一个不停去选择的人不是智慧的，当他不再做选择，才是真正睿智的，因为选择源于他的背景。一个自由的心灵不是做选择的心灵。只要有恐惧，就会有选择，只要你意识的各个层面怀有某种权威，就会进行选择。所以，追随他人是破坏性的。然而，彻底的充分的觉察，将会照亮你自己。

问：平等的真正价值是什么？平等是事实还是理念？

克：对于理想主义者来说，它是一种观念；对于一个展开观察的人来讲，它是事实。世界是不平等的——你要比我聪明得多；你的能力更大；你很富有，而我却贫穷。到处都存在着不平等——这是一个事实，不管你喜欢与否。此外还有职务的不平等，但是很不幸，我们把职务的不平等变成了身份、地位的不平等。我们没有把职务仅当作职务，而是用它去获得权力、地位、名望——而这变成了身份。我们对于身份的兴趣要远大过职务，于是我们便让不平等得以继续。

不仅有心理上的不平等，还有十分明显的外部的不平等，这些全都是事实。无论用了多少的法律规章，人还是无法消除掉这种不平等。但是我认为，假如一个人能够认识到必须在内心摆脱一切权威化的观点，那么平等就会具有完全不同的意义了。若一个人能够消除掉他通过身份、能力、观念、欲望、野心在自己身上制造出来的心理的不平等，若他的内心不再努力想要变得怎样，那么他的心中就能够怀有爱。但只要我去努力，只要我在心理上利用职务去出人头地，只要"我"在去变成，就会有精神领域的不平等。尔后，我与救主之间总是会有区别，一个知晓者与不知晓的人之间总是会有间隔，总是会努力想要达至那种状态。只要没有自由，这一切"变成"就会被用来强化现存的不平等，而这是破坏性的。

先生，一个有野心的人怎么会懂得平等或爱呢？我们全都野心勃勃，我们认为这是一种可怕的状态。从孩提时代起我们就被训练着要有野心，要成功、出人头地，因此我们在内心渴望着不平等。看一看我们对待人们的方式吧，我们对某些人是何等的尊敬，而对另外一些人又是怎样的轻视。如果你探究一下自己的内心，会发现，这种不平等的意识制造出了大师、上师，而你则变成了信徒、追随者、模仿者、变成者。在内心，你确立起了不平等以及对他人的依赖，于是也就不会有自由。人与人之间总是存在着界分，因为我们每个人都渴望成功，渴望出人头地。

只有当你在内心空无一物，因为你是自由的，你才不会利用不平等来获得个人的扩张，才能带来秩序与和平。但做到空无一物并不是说说罢了，你必须内心是空无的。只有当心灵不再去"变成"，才能做到这个。

问：您是如何发现神的呢？

克：先生，你怎么知道我发现了神呢？先生们，不要笑，这是个严肃的问题。

这位先生，神是已知的吗？神是被发现的吗？请听好。神是丢失了然后要被发现的事物吗？你能够认出真理、神吗？假如你能够认出它来，那么你便已经体验过它了，一旦你体验过了它，它就不是崭新的。若你能够去体验神或真理，那么你的体验源于过去，所以它不再是真理，而不过是记忆的投射罢了。思想是过去、知识、经验、时间的产物，它可以制造出神，它可以说"我知道这是神"，"我知道我已经体验了神"，"我知道神在对我说话"。但这一切都是记忆，是你所受限定的过去的反应。

思想能够发明出神，能够体验神。作为已知的产物的思想，可以把自己投射出来，制造出一切形象、幻影，这些仍然是在已知的领域内。如果你能够体验它，它就不再是神、真理。只有当没有体验者、没有体验，真理才会降临。只有当心灵处于未知的状态，那未知之物才会出现。唯有当你清除掉了一切经验、知识，心灵才能真正迈入静寂，而在这种静寂里面，将会迎来那不可度量、不可名状的事物。

1954 年 2 月 14 日

在孟买的第四场演说

我们在这里聚了三周时间，一直都在谈论宗教变革的重要性。我所说的宗教，不是教义、信仰、仪式。我所说的变革，也不是用一种信仰替代另一种，而是我们思想的充分转变，这种变革才是真正摆脱了已知。今天晚上，假如可以的话，我想探究一下这个问题。因为在我看来，源于已知的任何行动都不是改变，压根儿就不是彻底的转变，不过是经过了修改的已知的延续。大多数政治的、经济的、社会的改革，甚至是所谓的科学革命，总是已知的延续。

如果可以的话，我想跟你们聊一聊。我特地使用了"聊聊"这个词，因为在我看来，这不是单纯智力上交流观念的问题，努力说服一方去接受某种观点，试图勾画出行动的蓝图。彼此之间亲密地聊一聊则是完全不同的，因为我们必须在同一时间、同一层面上都对问题感兴趣。假如你对某个事物有兴趣，而我则对另外的事物有兴趣，然后我们交谈，就不可能做到亲密地聊聊，于是便不会有任何交流——只有当我们双方、你我一起在同一时间、同一平面上既有兴趣聆听口头的表达，又有兴趣在意识的深层彼此谈谈那些无法单纯诉诸言语的问题，才能实现交流。若你被一系列的屏障、对象、理想、偏见遮挡住了意义，就不会有任何交流。

只有当我们在同一时间、同一层面全都热爱所谈的对象，才会有交流。如果我们停留在口头层面或是争论的层面，就不会有爱。我们必须使用词语去交流。我认为，如果我们怀有兴趣，如果我们热爱讨论的内容，就能够超越口头表达，彼此去谈谈那些非常重要的问题了。所以，交流既不是你的，也不是我的，它是认知，是认识实相、真理——它不是个人化的，不属于群体，不属于国家，既不是西方的也不是东方的。

我认为，懂得如何彼此交流，尤其是在那些有着重大意义和重要性的问题上，这是非常重要的。假如我们不热爱谈论的东西，假如我们没有把整个身心都投入我们探究的对象，就不会实现交流。这样的爱不需要努力投以注意力，它需要的是简单的陈述，开放的爱，需要的是当你被某个东西吸引时你所投入的关注。我觉得，我们现在要讨论的问题意义重大，因此交流是必需的。若每个人都用一系列的反对、接受、否定、排斥去阻碍交流和发现，就无法展开这样的恳谈。

我想探究一下有关摆脱已知的问题，原因是，宗教不是已知的延续。已知是信仰、戒律、实践，是由他人发明出来的某种形式的冥想，以作为达至某种状态的手段，是一个人为自己发明出来的实践，抑或是某种体系方法的实践，以及该体系带来的经验及其作为记忆的延续。记忆的延续便是已知，只有当你摆脱了已知的延续，才能实现交流。在我看来，对我们大多数人来说，宗教一直都是已知的实践——已知即信仰、教义、希望，是或者在宗教或者在排拒一切的状态下浸染长大的心灵的某种经历的实现。有神论者和无神论者都是记忆的延续，都受着已知的限定。

对我们大部分人来讲，困难在于摆脱已知。经验、观念、信仰的延续，导致了平庸，使得心灵活在一种确定的状态里。当心灵对知识、经验或信仰感到确定，当它觉得安全，当它在某种经验、教义、信仰中得到了庇护，这样的心灵是平庸的、渺小的。原因是，由于渴望获得安全、确定，心灵便去依附于自己发明出来的各种形式的确定，这样的心灵只会活在已知的领域内，结果思想和心灵便一直处于平庸、渺小、琐屑的状态。我们的心灵受着我们的信仰、经验、知识的限定。我们带着这样的心灵，试图去发现真理、神，发现某种超越了人类的发明和幻觉的事物。

只要有已知的延续，就一定导致心灵的平庸和不自由。认识到这个尤为重要，不仅是在口头层面，还有智力层面，因为并不存在智力认知这回事。但这需要大量的认知，了解一个人自身思想的活动。原因是，思想的整个结构都是建立在已知的基础上的："我昨天有过某个经历，这个经历影响了我，影响了我的思想、我的看法。"经历或许不属于昨天，而是属于千百年前的，这便是我们所谓的知识。因此，在寻求真理的时候，知识是一种会带来困惑的因素。对我们大部分人而言，我们有困惑、混乱，我们困惑的不是我们不知道，而是我们知道的关于一些事物的知识，正是知识制造出了混乱。我们大多数人都是混乱的，这难道不是显而易见的吗？尽管那些政治领袖、宗教领袖们可能有许多的主张，但他们大部分人难道不是混乱的吗？那些追随领袖的人，无论是政治的还是宗教的，难道不也是混乱的吗？领袖和追随者都是混乱的。这种混乱归因于选择，因为我们的知识是记忆，我们依照记忆去塑造我们的生活与行为。但我们不愿承认自己是混乱的。

生活是活生生的，不停运动着，而我们则根据自己的记忆去重新创造，因此也就无法适应生活即刻的需求。我们带着一个已经背负着知识、经验、观念的心灵去着手那鲜活的、格外复杂的现实。心灵不是自由的，它总是带着记忆在迎接生活。在我看来，宗教变革就是让行动摆脱记忆。因为，毕竟，"我"、自我、私心，是各种经验、知识、记忆的累积。这个"我"不是别的，而是背景，"我"属于时间的范畴。自我、私心，是各种各样累积的知识、信息的结果，这一大捆东西便是我们所说的"我"。"我"是许多层面的记忆，尽管"我"可能没有意识到许多的层面，但它依然是已知的一部分。因此，当我展开寻求，我不过是在寻求我所知道的东西。我已知的事物是由我的过去投射出来的，挣脱已知才是真正的变革。通过任何克制都无法带来这种自由，通过克制、通过实践都无法让我获得自由，因为我是一大捆的记忆、经验、知识。假如我去克制，让我的心灵摆脱"我"，这不过是另一种记忆的延续罢了。结果也就并没有摆脱"我"、摆脱已知，无论你是否意识到了它。只有当我认识了"我"的整个过程——不是去指挥过程，因为，当它去指挥的时候，"我"里面便会有指挥者以及它所指挥的事物，这二者是一样的——自由才会到来。不存在所观之物之外的观察者，存在的只有一个实体，体验者和体验是一体的。只要有体验者也就是"我"在体验着他所渴望的某个东西，那么它依然是已知。因此，我们的难题在于，我们的心灵总是从已知移向已知，难道不是吗？那么怎样才能停止这种运动呢？

创造力是未知的活动，而不属于已知。未知即真理、神，抑或你所喜欢的其他名称。这种状态、这种实相的活动便是具有创造力的，它是没有记忆的行动。这就是为什么我感觉，应当探明的不是怎样让心灵摆脱已知，而是当心灵摆脱了已知的时候所处的状态，这一点无比的重要。摆脱已知的存在，便是真正的宗教革命。

我们的心灵如此习惯于被告知该怎么做，宗教书籍、上师、圣人、政治领袖、各种其他的领袖都在告诉我们该怎么做——如何获得自由，如何被指引着得到自由，你应当做些什么，你应该怎样去克制，怎样实践美德，等等等等。现在，假如你去检验一下，假如你仔细地审视一下，会发现，它始终都是已知的实践，这里面压根儿就没有创造力，它不过是"我"以不同形式在延续罢了。这就是我们知道的全部，这就是我们的知识。通过实践，通过克制，通过思想的过程，都无法让这种状态移向一种摆脱了已知的状态。我认为，这便是我们要去理解的事物。只要一个人真正认识了它，就将迎来变革，迎来那非凡的事物。但倘若我们思考的出发点是达至那里，是可以帮助我们达至那里的实践，那么它就是已知的延续，而已知则处于时间的范畴之内。

当一个人真正领悟到、认识到心灵源于已知的过程，认识到任何源于已知的运动都无法处于未知的状态——假如一个人真的理解了、感受到了如下真理，与该真理有了交流，即任何已知的运动永远不会通往未知——唯有这时，未知才会到来。然而我们的心灵拒绝去认识该事实，因为我们的心灵如此习惯于被告知各种各样的瑜伽，遵循某些意识形态，牺牲，确立美德，发展性格，诸如此类。

你知道已知的所有活动。可如果你能够真正领悟这种已知的活动的涵义，懂得其中的真理，那么，另一种存在状态、未知的状态就会出现了。这便是为什么说，认识思想的过程极为重要——毕竟，这就是认识自我——了解、认识思想的形象的镜子，认识思想的活动，就只是察觉到它，不去谴责它，不去给它命名。然而，一个寻求未知的心灵，一个试图去体验未知的心灵，永远无法体验到它。当心灵自己变成了未知，唯有这时，才会有创造力，那永恒的事物才会出现。

先生，这个问题的目的是什么呢？目的是要找到问题的答案，还是认识问题？我有某个问题，你有某个问题，我们是想认识问题呢，还是通过问题去寻求答案？我们是渴望解答呢，还是去认识问题的错综复杂？

我们大部分人都在遭受痛苦，我们感到痛苦、焦虑，大多数人都关心如何摆脱它，如何消除痛苦，消除不安。于是我们始终都在寻求克服它、消除它的方法，"我"的内心痛苦，因此我总是试图找到出路。但倘若我们能够认识问题的制造者，认识那个永远在追随，挫败，感到孤独、焦虑、恐惧的"我"，那么，答案就蕴含在对问题以及问题的制造者的认知里。然而，认识问题需要心灵不去寻求结果，不去寻求答案。只要你去观察一下自己的心灵，就会发现正在发生的情形。如果你有某个问题，你希望有人告诉你该做什么，于是你强调的是解决而不是去认识问题。

在回答这个问题的时候，我们关心的是问题而非答案。假若你带着失望离开，因为你的问题没有得到回答，那么这是你的过错，原因是，生活没有答案。生活是没有答案的。生活只有一个问题——那便是，活着。如果一个人每一分钟都充分地、彻底地活着，不做任何选择，既不去接受也不去排斥事物的本来面目，那么这样的人就不会去寻求答案，他不会去问生活的目的是什么，不会寻求生活的出路。但这需要对自我的深刻洞察，没有认识自我，单纯寻求答案是没有任何意义的，因为答案将会是最让人满意的那个。这就是我们大多数人渴望的，我们希望得到满足，希望找到一个安全之所，一个天国，在那里，没有任何干扰。但只要我们去寻求，生活就会被扰乱。

问：对您来说，真理似乎没有居所，真理显然是居无定所的。您将它变成当下感知的事物，这难道不是在简化它从而使它失去其绝对的本质吗？

克：我们如何知道它是绝对的、终极的、永恒的？你怎么知道的呢？它是一种猜测、推想吗，抑或你在书里头读到过有关它的内容？真理是属于时间的吗？它是属于已知的，是已知构想出来的事物吗？我们的困难难道不是我们渴望永恒的事物吗？由于我们认为生命是短暂的，于是我们便去渴望某种确定的、永恒的、绝对的、不变的事物。由于我们周围的一切都在改变，我们便构想出了绝对、不变、永恒。当我们被保证了那种永恒、绝对，就会感到安全，因为我们渴望绝对、渴望永恒。

有永恒的事物吗？心灵能够发明出永恒以及关于永恒的观念，并在这种永恒里面寻求庇护，但它依然是心灵发明出来的、构想出来的，是源于过去的事物，源于它自己不确定的知识，源于它对于自身短暂的恐惧。

真理是被记忆、被认出的事物吗？假如我可以认出真理，它就已经是已知的了。认出、识别，意味着已知的行为，不是吗？思想是时间、过去的产物，是记忆的中心，这样的思想能够认识真理吗？抑或，当你摆脱了已知的过程，当你停止了识别的行为，真理就会到来呢？尔后真理便会出现，它是时时刻刻的，它可能没有任何特性，没有时间。然而心灵体验了一秒钟的真理，尔后记住了它并说道："我必须再一次拥有它。"渴望再次拥有它，这是记忆的一种投射、一种延续，会妨碍下一次去体验真理。先生们，凡真实的事物都不会被累积，被持有。心灵必须摆脱一切获取的意识。但心灵，这个我们唯一拥有的工具却在累积、留下印象。我们带着这样的心灵去创造未知，我们把自己渴望的东西投射进了将来。

真理无路可循，没有任何规律，心灵所有的牺牲都是徒劳——仪式、练习。自由不在终点，而是从起点开始——自由地询问、探索、探明、发现真理。通过克制，无法摆脱恐惧。所以，我们的问题不在于真理是否是绝对的，而在于怎样摆脱心灵贪婪、获取的过程，摆脱累积的过程。一个有着许多经验和知识的人从来不是自由的，因为他的知识、他的经验妨碍了那对于发现来说不可或缺的自由。假如一个人真正懂得了这个，那么书本，无论是宗教的还是其他种类的，都将毫无意义，它们不是庇护所，你不能将它们作为通往真理的路途。当它们变成知识的手段，当它们成为庇护所，当它们成为贪婪、获取的一部分，就会变成阻碍。我们可以看到，对于一个拥有经验并视其为财富的心灵来说，要想摆脱这种经验是多么的困难。因为它总是渴望更多、更多，正是由于渴望"更多"——心灵成天想的就是这个——才妨碍了我们去立即体验真理。

所以，问题实际上是：心灵会摆脱昨日的经验或是即刻的经验，把获取的记忆抛在脑后吗？这便是真理。只要心灵在获取——不仅是想要得到某些东西，而且还有它那些贪婪的追逐，比如渴望更多，寻求更多的体验，或者回顾它曾经有过的被它视为财富的经历——那么它就永远不会是自由的。这样的心灵处于不断的经历的运动之中，不停地在累积，这样的心灵永远无法去体验或者处于未知的状态——未知显然是每时每刻的，它不属于时间的范畴，而是时时刻刻的，它里面没有从一种体验、一种状态移向另一种状态的行动，每一种状态都是崭新的、未知的。只要有一个在经历、累积的经历者，就无法认识这种状态。

问：我是个商人。我听过您演说，我感觉我想为我的雇员们做些事情。那么我该怎么做呢？

克：先生，这是我们的世界，不是吗？它是我们的地球，不是商人的地球或穷人的地球，它是我们的地球。它不是共产主义者的世界，也不是资本家的世界，它是我们的世界，我们在这里生活、享受、欢愉。首先必须怀有这种感受——这不是一种情绪，而是一种真实的存在，这里面有爱，有它是"我们的"的感受。假如没有这种感受，那么单纯立法或工会规定工资率，抑或为了国家而工作——这是另外一种老板——都将毫无意义。尔后，我们变成了单纯的雇员，或者属于国家，或者属于某个商人。可一旦我们认为这是"我们的地球"，就不会有雇主和雇员了，不会再觉得一个是老板，另一个是打工仔。可我们并没有这种"我们的"意识，每个人都在为了自己而奋斗，每个国家、每个群体、每个党派、每个宗教都在为了自己而斗争。我们是活在这个地球上的人类，它是我们要去珍惜、创造、呵护的地球。我们没有这种感受，但却希望去建立一个新的世界。于是，我们做了各种实验——分红、必要劳动、工会规定工资率、立法、强制——我们使用了各种各样的强迫、说服。

在我看来，最主要的事情是感受到我们全都是人，而不是商人、雇员。这便是为什么说，重要的是带来宗教的革命，而非单纯经济的改革。变革必须从中心开始，而不是在外围。我知道你们会说这是不可能的，这是乌托邦，这是永远无法实施的，等等等等。然而，先生，这是最可行的事情。你说它是不可行的、愚蠢的、离题的，因为你是从某个视角出发去看待它的，你没有在关心人的全面的发展。这位商人问道："我能够做些什么呢？"假如他怀有那种感受，他便能够做一百件事情了；他可以通过分红让穷人致富，他可以让他的雇员一同开展事业，他可以把生意变成一种合作的形式，有许许多多的法子。但倘若不怀有这种不同寻常的感受，即我们是一体的，这是我们的地球，那么，单纯立法、强制或说服都只会带来更多的破坏与不幸。

问：*请帮助我们认识这种可怕的对于死亡的恐惧，它如影随形般地追逐着每一个男人、女人。*

克：通过理性，通过逻辑结论，通过宣扬某种信仰，能够让你挣脱恐惧的束缚吗？即使你被告诉说死后你会有来生，这样你就能摆脱恐惧了吗？这或许会暂时让你平静下来，但那种未知的感觉、不确定的感觉依然紧紧跟随。所以，通过信仰、通过理性可以将恐惧抛到一旁吗？你知道你会死——这是每一个人都会经历的。从逻辑上来说，你知道一切都会终结，不过也有某种延续，因为你通过你的儿子、你的女儿、你的邻居得到了延续，而你则是你的父亲、母亲的延续。尽管你在逻辑上知道人必有一死，但你就此摆脱恐惧了吗？

逻辑上、理智上、字面上、心理上，你能够摆脱恐惧吗？恐惧只存在于关系之中，不是吗？你害怕死亡，死亡是未知的，你害怕你的思想终止。虽然你知道你会终结，但你相信你将会复活或重生，那么你就此挣脱了恐惧的羁绊吗？你要如何摆脱恐惧呢？你可以实践，你可以说道："我知道万物有尽时，但结束或许是一种新的开始，终结里面可能有一种生命力。抑或当我死去，那未知的事物便会到来。"你可能说服你自己，你可能去推理，但这会让恐惧停止吗？

因此，通过心灵并不能去认识或者抛开恐惧，因为心灵便是恐惧，正是心灵制造出了恐惧以及终结的观念。正是心灵说道："我活了这么久，我不应当结束，我必须经历更多，我还没有完成。"正是心灵询问道："明天会有什么发生在我身上呢？"明天是由心灵制造出来的，明天以及明天的终结都是观念，它们构成了思想的过程。所以，恐惧是由心灵制造出来的，心灵无法克服恐惧，无论你做什么。一旦你懂得了其中的真谛——即心灵制造出了恐惧——就会停止去思考明天了。

先生，只要心灵在时间的层面活动，抑或知道时间的终结，就会有恐惧产生。恐惧是心灵的过程，心灵无法摆脱自身的过程，它唯一能够做的便是察觉到恐惧，不去试图克服它或者对它做些什么，而是去观察它，不展开任何行动，因为行动依然会制造出恐惧。因此，只有当心灵不去制造出明天——这意味着终结今天，现在就停止思想的过程——只有这时，恐惧才会消失不见。只要心灵领悟了这一真谛，那么它自己就会处于一种未知的状态，不去累积许多个昨日。只有当我们每一天都终结我们累积的一切，唯有这时，才能停止恐惧。

1954 年 2 月 17 日

在孟买的第五场演说

在我看来，假如我们能够凭借自己的力量发现那始终崭新的、充盈的幸福或极乐之源，那么我们的大多数问题就可以迎刃而解了。我们永远都在我们的关系里，在我们带着动机或者有时候没有动机去追逐的那些事物里面去寻求这种幸福的源头。我们将其作为知识去累积的事物，属于思想意识的那些事物，难道不都表明我们渴望找到某种取之不竭的幸福之源吗？由此我们便可以一直生活、幸福、创造下去。但这个源头似乎在躲避着我们，我们总是在追逐着幻象，从来不曾拥有过它的实质。我认为，如果我们能够思考一下过去几次我们聚在这里的时候一直讨论的问题——也就是宗教变革的问题——如果我们懂得怎样带来这种变革，或许我们就会得到那一源头，幸福就会出现在我们的生活中了。

彻底的变革是有关过程的问题吗？是怎样达至的问题吗？彻底的变革不是通过某种过程，通过逐渐的调整、否定、抵制、控制展开的革新，彻底的改变是在当下。在我看来，各种其他形式的革新或改变都是适应某种模式、理念、乌托邦，抑或你所希望的其他什么，它是一个渐进的过程。依我之见，这样的过程，这样的渐进的展开，所谓的发展演变的方法，并不是宗教性的——它可能是科学性的，但从本质上来说压根儿就不是宗教的方法。我觉得，认识这种宗教的状态十分重要，处于该状态，而不是达至它。我认为，若我们从时间的层面去思考——获得、达至、实践或拥有某种方法，认为它将会逐渐揭示永恒之物释放出来的惊人的创造力——这便是不可能实现的。它是每一天都终结掉我们知道的、经历的、学到的一切。重要的是终结，而不是每一天怎样去终结。

在我们进一步展开之前，重要的是去探明我们要如何聆听。如果你是个知识分子，如果你饱读诗书，如果你学富五车，如果你的脑子和心灵塞得满满的，那么你能够去聆听吗？知识难道不会干扰所说的内容，难道不会干扰对真理的发现吗？你的头脑可能非常敏锐、智慧，能够进步，展开理性的检验，但这样的头脑，所谓智力的头脑，会达至那一状态吗？显然，只有当思想的活动停止，这种状态才会出现。所以，假如可以的话，这种所谓的智识应当抛下它学到的、学习的、读到的所有东西，这难道不是十分重要吗？否则，我确信，智识将永远不会发现真理。智识能够产生很大的欺骗，因为在分析的过程中它会忽略、消除，总是会害怕不确定，于是它便去依附于某种形式的信仰，就像大多数知识分子所做的那样。

对我们当中那些头脑不是很发达的人来说，懂得怎样聆听难道不是非常重要的吗？那些挣扎、不幸的普通人感到迷失，他不知道去哪儿寻找慰藉和理解，有谁可以去依靠。因为，所有的政治领袖和所谓的宗教领袖都没有带领他到达任何地方，他的生活出现了更严重的混乱和矛盾。作为一个普通的、所谓平庸的人，他永远都在努力变成某个样子。对他来说，懂得怎样聆听难道不是十分重要的吗？庸常之人、普通人，与其他类型的人一样，也渴望找到立即行动的方法，他希望知道该做什么。因为他为环境所困，为生活所困，生活已经变成了例行公事，令人厌倦，变成了自我暴露的挫败。对于一个总是在寻求结果，努力想要得到些什么，希望有东西可以去指引自己的心灵来说，懂得如何聆听难道不是十分重要的吗？——原因是，我们从行动的层面去对听到的东西进行解释。

并不是说行动不重要，在我看来，幸福的人懂得如何生活，活着便是他的行动，而不幸福的人则永远都在寻求某种行为模式。

由于我们大部分人都是不快乐的，都在努力找到光亮或幸福，所以我们更加关心聆听，目的是想找到某种行为模式，于是便被困在了这种徒劳的对于行为模式的寻求之中。我们失去了聆听的艺术，不仅是聆听这里所说的话，而且还要聆听我们周围的一切——聆听大海的怒吼，聆听鸟儿的歌唱，聆听孩子们的叫喊，聆听我们阅读的书本。我们并没有在聆听，因为我们的心灵如此忙碌，而我们忙碌的事情又是那般的琐屑。即使心灵在忙于或者关注于寻求神，它也是琐屑的，因为它被占据得满满的。唯有自由的、安静的、没有忙忙碌碌的心灵，才能拥有极乐，才能拥有那无限广阔的空间，这样的心灵，将会迎来永恒。一个忙于各种焦虑、忙于拯救人类、忙于社会改革、被知识充塞的心灵——这样的心灵永远无法聆听。因为它没有任何空间，没有做到空无，只有在空无的状态才会有崭新的事物、新的种子。我认为，你的心灵应当拥有这样的空间，不去忙忙碌碌，宁静，不去努力，这很重要。原因是，只有在那些黑暗的时刻，才会模模糊糊地看到光亮。然而当心灵不停地忙碌、追逐、要求、祈求，你便无法看到那光亮。

还有一些心灵在聆听，一些幼稚的心灵——学生们。他们同样在聆听，目的是为了学习，为了累积信息并依照这些知识去生活，难道不是吗？他们渴望榜样、渴望相似，他们希望被指明该做些什么，该如何聆听。很明显，所有这类心灵——学生、普通人、所谓的知识分子——全都是忙碌的，没有空间，没有空无，无法在其中探明真理或谬误。显然，心灵必须拥有空间，在里面可以播种下新的种子——新的种子不是通过努力得来的，也不是通过某个过程，通过模仿者审慎的发展，通过任何为了获得而展开的实践。心灵必须拥有那方小小的空间，不管它多么忙碌，这方小天地应该不受干扰，不被污染。在这个空间里，将会迎来那永恒的极乐之源。然而，创造这一空间并不是意志的行为，你不可以说："我如何才能创造它？"一旦你提出了"如何"，你的心灵就被占据了。

只要你懂得宁静的重要性、绝对的美和必需，就会拥有那方空间。这个空间便是终结一个人已知的一切，终结所有的记忆、经历、累积的知识和信息。我们都会死亡，身体显然将会经历变化，高贵的、卑微的都会终结。但心灵拒绝去终结昨日的种种。我们日复一日地延续，这种延续便是记忆，通过记忆，我们赋予了事物持续性。我们希望，在这种学习、获得、修正、改变的持续中，将会迎来变革、彻底的转变。凡是能够持续的，从来不会是宗教的革新，只有当思想终结，没有任何持续，才能终结意识，而根本的转变就会发生在其中。

就只是聆听这一切，不要说什么："我怎样才能得到您所说的这些东西呢？"我并没有说任何事情，我只是描述了思想的状态，这部机器始终都在制造噪音，永远无法听见静寂。我们的思想处于不断的运动之中，思想是昨天的继续——它是时间的过程——在时间的过程里，永远不会有根本的改变。时间的过程中只会有改变、逃避、修正，但并非那种真正的宗教变革，在它里面，没有过程，只有"存在"。例如，一个贪婪、获取的人，无论他如何去实践、控制、克制——这是时间的过程——都永远无法发现那种无欲无求的状态。摆脱贪婪，不是一种过程，它是一种必须发生的状态。只有当你去终结，才能迎来这种状态，因为，唯有当你终结，才会有新生。

思想拒绝终结，因为它是时间的结果，是无数个世纪的强制、遵从、模仿的结果。思想只懂得努力、评判以及基于努力之上的价值观念，它试图通过努力去改变，通过声称"我必须改变，我必须展开那会带来幸福的行动"去改变。于是我们便有了经济的、科学的、社会的改革，但并非真正的宗教革命，而这才是唯一的变革。宗教不是偶像崇拜，举行仪式或者追逐心灵的理想。很明显，宗教跟重复《吠陀经》、《奥义书》

中那些古代导师们的观点完全不同——这一切都必须抛掉，必须终结在静寂的火焰里。

困难在于我们从不曾渴望不确定，我们害怕失去一切。所以，由于不确定，心灵便去追逐确定，于是也就制造出了恐惧。出于恐惧，它去模仿，去确立权威——政治的、宗教的或是一个人自己意志力的权威——因为心灵渴望一种永续的状态，在里面它会感到确定。一个寻求确定的心灵，从来不曾拥有过那能够迎来真理的空间。

因此，在我看来，你们当中那些聆听的人应当关心的不是"如何"，而是"存在"——存在，心灵拥有空间，里面没有任何思想的运动——思想是昨日的延续，思想永远不会创造一个新的世界，智力永远不会带来一种新的状态。只有当思想停止，当我终结昨日的一切，才能迎来宗教革命，对于创造一个新的世界来说，宗教革命是必需的。为了真正的神能够降临，所有其他的神都必须离开。此刻在我们的心灵里面有如此多的神，以至于真正的神永远都不会出现。就只是领悟其中的真理或谬误，就只是聆听它是否是正确的这一事实，就只是认识到它里面的事实，这将会带来解放。要想认识这个，就必须终结昨日，一个人就必须终结记忆，终结他那些丰富的经历，终结他为了获得确定感而去寻求的知识；这一切都必须终结，因为它们全都是由心灵制造出来的。

思想是时间的产物。你，作为自我，"我"，是思想的结果。性格、倾向、各种训练、控制、说服，全都是时间的结果，它们是时间的产物。思想是自然、环境的产物，通过文化、通过恐惧、通过模仿、通过比较、通过所谓的教育制造出来的。这样的心灵，无论它做什么——进步、努力——永远也不会带来那种源于极乐的行动，不会有因发现真理的变革带来的行动。实际上，一个人必须懂得它的简单——不是外部的简单，而是处于那一状态的简单——不是去达至，不是努力变得怎样，而是像花儿一般。它本身就是芬芳，它本身就是美丽，无需任何努力和争取。

若心灵努力想要拥有永恒的芬芳之美，就不可能认识它。一个去努力的心灵，永远不会认识它；它所有的仪式、经历、牺牲全都是徒劳，因为自我总是在那里，自我是一切思考的中心。一个人应该每一天都去终结思想，明日的新生便是宗教的革新。

现在让我们思考一下有关隔绝的问题。当你有了某个问题，你难道不会把自己隔绝起来吗？你没有任何交流，因为你的心灵如此关注于问题及其解决，以至于你把自己挡在了真正认识问题的大门之外。不要让你的思想去活动，而是去洞悉是什么制造出了问题。是心灵，一个处于隔绝之中，处于无交流状态的心灵怀有了问题，尔后我们提出问题，试图找到可以解开问题的答案。因此我们寻找钥匙，但却没有去观察问题本身，一个被问题占据的心灵，永远无法对问题展开探究。

我们的生活中有如此多的问题，不单单是经济的、社会的，这些都是表面的问题，而且还有潜意识的问题，深层的问题，它们控制、影响着外部的经济的问题。它们是我们的困惑、混乱以及内心挣扎的结果。仅仅流于表面的经济改革，不会消除内部那个在影响着一切使其适应自己的实体。所以，要想真正认识问题，心灵就不应该被问题占据。可我们大部分人都如此急切地想要解决摆在自己面前的难题，以至于我们渴望立即的答案。对我们来讲，答案很重要，因为我们以为，一旦有了答案问题便解决了。一个寻求答案的心灵是非常肤浅的，实际上是平庸的心灵。

我们全都被教育着去找到答案，被告知该做什么，然后便去做我们被告知的事情。显然，生活是一种日复一日活着的过程，而活着是没有任何答案的。存在的只有问题，而活着便是问题。一个仅仅寻求问题答案的心灵，将会找到答案，但问题依然存在，它会以另外的形式出现。所以，如果我知道怎样去认识问题，如果我能够懂得怎样审视问题，那么问题就将迎刃而解。由于我不知道怎样去审视问题，所以便去寻求答案。只要我去谴责问题，那么我便无法应对它，这是妨碍我们去认识问题的真正根本的因素。若我们去评判、谴责、比较，问题便会出现。先生，当你不去谴责，当你不去评判或比较，心灵还会有问题吗？

正是一个谴责、判断、比较的心灵制造出了问题。不要说什么："我要如何行动？"只要你学习某个方法，方法就会变成你心灵的主宰，于是又会有问题出现。但倘若你领悟了以下观点的真理，即谴责、判断、比较导致了问题，那么你就会发现，问题自身已经有了全部的意义。

问：我意识到我一直所受的教育是多么的错误！那么我该怎么做呢？我能够让自己重新受教育吗，还是我的生活会支离破碎？

克：先生，当心灵生病，当大脑生病，就不可能实现教育，不是吗？但我们是活生生的人，有能够被唤醒、能够教育自身的特性、智慧，没有人会如此支离破碎以至于无法让自己获得重生的。

要认识到我们一直受着多么错误的教育是非常困难的一件事情。在你声称必须让自己重新受教育之前，难道不应该知道你是如何被错误教育的吗？要指出你受着错误的教育是如此容易的事情吗？也就是说，你可能被教育着从事某个技术工作，你发现这并不是你的谋生之道，但你却因为自己的责任而坚持了下来。打破它，找一份新工作，这是教育吗？很明显，若想探明什么是错误的教育，需要大量的认知、洞察。宣称我们大部分人都受着错误的教育并不是这么容易的。

自儿时起，教育就是在培养恐惧，我们全都知道这一点。我们一直都是这样被教育长大的。通过考试，通过跟聪明的孩子进行比较，跟父亲做比较，跟母亲、叔叔做比较，我们因为各种各样来自父母、老师、社会的强迫而变得愚蠢，这是在培养恐惧。当离开学校，我们便去适应一种错误的人生模式，做着被告知要去做的事情。恐惧制造出了不可避免的生活的路径、方向，随着我们长大成人，生活变得越来越黑暗，越来越混乱，这便是你的生活。但父母们并没有认识到恐惧会带来破坏，假如从孩提时代起就不去做各种比较，假如没有考试，只保留每个孩子的记录，便不会出现恐惧了。

我们的全部教育都是在培养恐惧——宗教的、经济的、社会的，一切都是建立在恐惧之上。你渴望出人头地，否则你就是个无名小卒，于是你便去努力、竞争、毁掉你自己。只有一个甘做无名小卒的人才是没有恐惧的，甘于是个无名之辈，这才是真正的教育。在富有创造力的生活的许多事物中，有一种无名的意识。真理是无名的，不是你的，也不是我的。当心灵怀有恐惧，就不可能做到无名。所以，揭示出恐惧的种种方式，获得自由——不是在生命的终点，而是从一开始的时候就是自由的，这样我才会懂得什么是恐惧——而这便是真正的教育。从儿时起就要去认识恐惧的种种方式，只有这样，随着一个人长大成人，他便能够去直面恐惧、应对恐惧，才能够迎接生活的一切难题。只有这样，他的心灵，尽管总是在面临问题，但却始终是鲜活的、崭新的。只有这样，才不会有任何带来衰退的因素，比如昨日的记忆。

问：祈祷没有用吗，抑或真正的祈祷跟打坐是一样的吗？

克：祈祷以及你所谓的打坐都是意志力的行为，不是吗？我们特意坐下来禅修打坐，我们采用了某个姿势，专心致志，以便获得认知。我们祷告，因为我们遭受着痛苦。在祈祷以及我们所知道的各种打坐的方法背后，是意志力的行动。当你去祷告，它显然是一种意志力的行为。你渴望，你哀恳，你请求。由于你困惑、不幸、痛苦，于是你便请求某个人来给你知识、慰藉，而你则得到了慰藉。请求者通常会得到他所请求的东西，但他得到的可能不是真实的，通常不是真实的。你无法作为一个乞求者获得真理。真理必须向你走来，唯有这时，你才能认识它，而不是通过请求。然而我们是乞求者，我们永远都在寻求慰藉，寻求着某种永远不会受到干扰的状态；我们祈求这个，我们将会得到奖赏，但这奖赏却是死亡、停滞。你难道不认识那些渴望安宁的人吗？他们拥有了安宁，但他们的宁静是一种隔绝，他们不停地重复着自己记住的同样的语句。心灵让他们变得宁静了。它就像是一汪满是苔藓的停滞的池子，心灵的活动遮盖了语言，心灵变得迟钝，这显然不是冥想。

冥想是截然不同的，不是吗？请好好思考一下我所说的，洞悉其中的真理。要想展开冥想，就必须认识冥想者，这是第一个要求——而不是如何冥想。因为，怎样冥想只是去培养专注，而专注是一种排他。你或许沉浸在你的排他之中，但这不是冥想。冥想是认识自我的过程，也就是认识冥想者——不是在展开冥想的高等的冥想者，不是在展开寻求的高等的自我。思考那个高等的自我，这并非冥想。冥想是察觉心灵的活动——作为冥想者的心灵，它是怎样把自己划分成了冥想者与冥想的，它是怎样把自己划分成了思考者与思想的，思考者控制、支配、影响着思想。因此，在我们所有人心里都有一个跟思想分离开来的思想者，思想变成了高等的自我、更高尚的自我、灵魂，随便你怎么称呼都好，但它依然是被划分为思想者与思想的心灵。心灵在运动中认识到思想是短暂的，于是它便制造出了一个作为永恒、绝对、无止境的灵魂的思想者。当心灵制造出了高等的自我、灵魂，这个高等的自我依然属于时间，依然在记忆的领域之内，它是心灵发明出来的，是心灵出于某个目的制造出来的一种幻觉。这是一种心理的事实，无论你喜欢与否；你可以抗拒它，你可以说这全都是现代的胡言乱语，可以说《奥义书》、《薄伽梵歌》里的观点跟我说的相反。但倘若你真正近距离地检验一下，没有恐惧，不去抵制，那么你会看到，存在的只有思想，是思想制造出了思想者，而不是思想者在先、思想在后。

你并不认为你是个无名小卒。由于你的思想是局限的，由于你是作为印度教教徒在思考的，所以你认为自己是一个独立的人，一种独立的状态，这种状态里有思想者。只要有一个在体验的体验者，就不可能有真正的冥想。然而，发现体验者便是体验，这就是冥想。

一个人能否凭借自己的力量发现——不是依照商羯罗、佛陀的观点——能否认识到如下真理，即体验者与体验是一体的，思想者与思想是统一的？我只能通过冥想的过程发现这个——也就是，认识到实际发生的情形，观察我的思想的运作。体验者与体验是一体的，这不是要学习的技巧，你无法流利地重复它，这毫无意义。可一旦我通过冥想领悟了其中的真谛，冥想便会开始。尔后，冥想就不是一个钟头都保持一个姿势，而是一种持续一天的状态，因为心灵处于一种觉照的状态，而不是作为一个在体验的体验者——进而去评判、权衡、澄清、评估——因为，毕竟，每一个体验产生出了体验者，每一个想法产生出了思考者。

看一看当你有了某种体验时发生的情形吧：你的心灵马上就会去记录它，记住它。记住它，就会制造出体验者，因为，尔后，体验者会声称我应该有更多的或更少的体验。观察你们自己的心灵，看一看体验是如何制造出了思考者、记忆者的。尔后，这个思考者、体验者说“应该更多一些”，结果它便让自己得以永续，这是时间的过程。心灵永远都在寻求某种体验——更充实、更广阔、更崇高、更深入、更纯粹的体验——于是它便会得到这种体验，这会导致捆绑人性的锁链。记忆便是“我”，也就是体验者，所以，当我作为体验者去寻求我将会认识、将会从它那里得到帮助的神、真理，我的心灵就从已知移向已知，从时间移向时间，这个过程便是你所谓的冥想。但这是一种丑陋的实践，压根儿就不是冥想，它不过是自我以不同的方式得到永续。只要有体验者跟体验，就并没有从词语深层意义上来说的冥想。

必须终结体验者和体验以及体验者记住的事情——这意味着，必须有一种里面没有识别、记住的状态，这意味着在每一个体验出现的时候将其终结，不去制造体验者。假如你真正在聆听，懂得了其中的真理或谬误，你将会知道什么是冥想——不是一个人怎样去冥想，而是领悟何谓冥想的全部涵义。

毕竟，美德是秩序。所以你应该是你的真实面目。真正的美德是一个干净的东西，但它自身是没有终点的。你把什么东西放进屋子里才是更重要的，而不是你的屋子多么干净。因此，培养思想或者确立美德并不重要。要想获得那永恒的事物，就必须清空思想意识。要获得它，心灵就得是空无的。

那不可度量的事物只能够向你走来，你无法邀请它。只有当心灵不再渴求，不再祈祷、要求、恳请，当心灵是自由的，摆脱了思想，真理才会到来。终结思想，便是禅修的方法。要想认识未知就必须摆脱已知的束缚，这便是冥想，它不是通过任何技巧、任何实践得来的。实践、训练、压制、否定、牺牲，只会让体验者得到强化，会给他力量去控制自己，但这种力量会带来破坏。所以，只有当心灵既没有体验者又没有体验，极乐才会到来。极乐是无法寻求到的，只有当心灵迈入了静寂，获得自由，方能得到极乐。

1954 年 2 月 21 日

在孟买的第六场演说

我认为，假如我们能够认识有关挫败的问题，就将拥有一种心理状态，它不单单是智慧的，而且还是一种完整的活动。我们的宗教、我们的社会活动，都是建立在挫败和痛苦之上的。只要我们能够探究挫败的问题，它实际上是有关二元性的问题，就可以作为个体凭借自己的力量获得这种创造力了，它不是单纯的能力或天赋，而是完全不同的行动。若我们能够探究一下什么是二元性的问题，以及本来面目与应有面目中间的冲突，那么或许我们就将认识那没有根源的思想了，因为我们大部分人的思想都是有根源的。

思想的存在，难道不正表明想法扎根于过去吗？正是这个根源制造出了二元性。难道无法让那一根源不在当下或将来持续吗？只有无根源的心灵才会是真正虔诚的，从而能够为了迎接真理的到来而实现根本的转变。我想对此展开一番探究，这或许是一个相当困难的问题，但倘若我们能够简单地应对它，不是用哲学的方法，那么也许就可以凭借自己的力量去认识它了。然而困难将会是我们大多数人都读到过如此多的有关二元性的问题，我们依照某种哲学、某位老师去认识该问题，但我们并没有在不将其指明的情况下直接地认识它。假如我们能够讨论一下二元性的问题，不是在智力层面或哲学层面，而是在我讲话的时候去观察一下我们自身思想的活动，那么我们也许就能用不同的方式去认识问题了。只要你能够去聆听，不是聆听我的描述，而是在我开始去描述时聆听你自己思想的活动，这就会成为一种直接的体验，这要比单纯发现我们所有人身上都存在着一种二元化的过程——某个哲学家、某个宗教导师或者某本书指明过这一点——重要得多、有意义得多。但困难将会是你们当中那些聆听的人已经有了结论，或者你们之前已经听过我的观点，所以你的脑子里堆满了记忆的尘埃，对我的观点的记忆，结果它便不是崭新的体验，不是某种真实的、鲜活的事物。你们当中第一次来这里的人只会感到困惑，因为我可能在使用词语的时候跟你们的意义不一样。但要想认识到以下所有的困难，即记忆的尘埃，先前的知识和体验的尘埃，第一次来这里听某种非常哲学化的、困难的东西从而将其抛到一旁，你就必须带着崭新的心灵去聆听。如果在我开始谈论挫败和二元性的问题时你不去观察自身思想的过程，你便无法获得崭新的心灵。

我不会告诉你什么，我只是在陈述事实。你和我能够去认识事实，能够去观察它，没有谴责、没有评判，能够仅仅是去观察它、充分地察觉它——不是作为一个在展开观察的观察者，而是去洞悉正在发生的情形，真正去体验那一过程，心灵是如何制造出二元性从而带来了阻碍，而我们的整个文化、宗教的、社会的活动都是建立在这之上的。一旦我们能够认识这个，就将探明什么是真正的自由。

困难在于，你们当中大部分人都把这些讲话视为讲座，认为只要去聆听并且记住就可以了，从中你将会得到许多体验、兴奋和情绪的激动。但它完全不是你们以为的那样，至少从我这方面来讲。重要的是迎来这种宗教的变革，根本的、彻底的宗教的转变，因为所有其他的改变都没有意义，所有其他的革命都只会以更多的不幸告终。只要我们能够领悟其中的真理，领悟到根本性的宗教变革的重要性，那么，唯有这种变革本身才能够让我们跟所有人的关系发生彻底的改变，那么这些谈话就不只是智力层面的，或者情绪的兴奋或消遣，而是会在我们的日常生活中具有意义的事情。所以，我们必须认真聆听，就仿佛是第一次听到它一样，必须带着一个崭新的心灵去聆听。假如在我开始讲话的时候，在我探究问题的时候你不去观察自己的思想意识，那么你便无法拥有这种崭新的心灵。

问题难道不就是某种斗争、冲突吗？是我的本来面目跟我的应有面目之间不断的冲突，是"事实是"和"应当是"之间的冲突。心灵永远在依照"应当是"去挣扎、努力、调整、适应、克制、控制，这便是我们知道的全部。这种"应当是"对我们来说要比"事实是"更加重要，我们怀有这些理想化的模式，心灵不停地让自己去适应这些模式。调整、适应是强迫、说服之下的意志力的行为，这会带来努力，而努力又会导致挫败。这不是过于简单化，这是我们每个人身上正在发生的真实情形。"我是这个样子的，将来我应当成为那个样子。"然而将来、"应当是"、理想，都是"事实是"投射出来的，它跟"事实是"是矛盾的。心灵意识到"我心怀恨意"，于是它便说道"我应当怀有爱"，结果它便始终调整、强迫、克制自己进入一种被它称作为爱的状态。我从来不曾懂得爱，但我的心灵却追逐着它所认为的爱——它是一种观念，是我的本来面目的对立物。构想出来的关于爱的理念，并不是爱，因为它是我的本来面目即"我憎恨"的反应。当我努力去获得那种爱的时候，我是暴力的，我怀有非暴力的观念，于是我便去实践，便去按照那一背景、按照那一我从没有实现过的模式去克制、控制、塑造我的生活。我永远不会做到这个，因为，当我实现它的时候，心灵已经发明出了另外一种模式。于是我不停地从一种模式改变成另一种模式，结果我的生活成为了一系列的挫败和痛苦，总是寻求着一个又一个的东西。所以，我的整个生活都变成了一系列的努力、挣扎与不幸，这便是我所知道的全部。

重要的不在于"应当是"，而在于"事实是"。本来面目，我所知道的，才是事实，另一个则不是。假如心灵能够充分去追逐"事实是"，不去制造出对立面，那么我就将懂得什么是爱了——不是作为憎恨的对立面的爱。然而，在认识何谓憎恨的过程中包含的问题，要求一种没有谴责的觉察。因为，一旦我去谴责、去憎恨，我便已经制造出了对立面。我希望我非常清楚、简单地阐明了这个。如果我们可以认识这一点，那么它实际上会让我们彻底摆脱我们发展起来的一切挫败和阻碍。

我们是不快乐的人；我们的宗教是不快乐的，它是不幸、努力、挫败的产物，我们的神和我们拥有的文化则是这种挫败的结果。因此，我们必须认识到我的本来面目、认识"事实是"，不单单是口头层面、智力层面的认识，而且是非常深刻的认识。事实是"我憎恨，我残暴"，这便是全部。然而心灵不愿意接受该事实，于是它便制造出了对立面——也就是说，它谴责这一事实，因此制造出对立面，谴责便是制造二元性的过程。那么，假若我能够察觉到我的心灵在进行着谴责，察觉到我通过谴责制造出了对立面继而带来了努力，认识到如下事实，即谴责制造出了对立面，这里面有冲突，那么，这种觉照将会让谴责的过程停止——不是通过任何强迫，而是仅仅通过对事实的觉察。于是，我只怀有"我憎恨"的事实，没有在思想上去构想出它的对立面。

先生们，你们可知，一旦你没有了任何对立面，那会是一种何等非凡的自由吗？尔后你便能够应对事实了，尔后我称之为憎恨的事物，假如我不去谴责它的话，它就不是憎恨了。然而我却谴责憎恨，希望把它改变成爱，因为我的思想根植于过去。评估是过去的判断，我带着这一背景去应对憎恨，希望将它转变为我所谓的爱，这会带来冲突、努力及其全部的克制、控制以及所谓的冥想。

那么，能否摆脱过去呢？思想能否不把自己投射进将来？我心怀恨意，这种憎恨是过去的结果，是一种反应。思想憎恨这一事实，并将"我必须爱"投射进未来；思想在当下和将来扎下了根，于是思想便是持续的，在这种持续中，会努力以对立面的形式得以延续。我试图要探明的是，思想究竟能否彻底摆脱过去，不再有根源。当思想有了根源，它一定就会去构想，一定会伸展出去，而这种延伸便是对立面。所以思想是持续的，从不曾终止，它是我的限定、我的背景延续到了将来，所以从不曾是自由的。我试图探明的是，思想是否能够处于一种不通过经历来确立根源的状态。如果没有处于这种状态，那么思想永远都不会是自由的，总是处于冲突之中。因此，对于一个有根源的思想来说，总是会有挫败，不管它展开什么活动——社会的、文化的、宗教的——都依然是挫败的产物，所以根本不是真正的宗教革新。在真正的宗教变革里面，思想不会再构想出任何东西扎根于意识之中。

思想能否没有根源呢？你不知道。你唯一能够去做的便是探明，看一看思想是否能够不像大海一样有源头，活生生的，没有根源，不在某个地方、某种体验、某个想法里面确立起自己。先生，唯有无根的思想才能认识真理。原因是，一旦思想去体验并在记忆中确立起了该体验，那么这种记忆就会变成根源、过去，尔后，记忆会渴望更多、更多的体验，结果也就有了当下不断的挫败。挫败难道不意味着谴责心灵的真实状态吗？心灵的真实状态是充塞着传统、时间、记忆、愤怒、嫉妒。我们能否在不谴责的情形下去认识心灵呢？——也就是说，不去制造对立面。当我们谴责本来面目，那么我们就不会认识它。只有不去谴责，才能认识事实情形，唯有这时，才可以摆脱本来面目的束缚。

对我而言，没有二元性的争斗的心灵，才是真正虔诚的心灵——不是努力去克服愤怒的心灵，不是努力去变得非暴力的心灵，这样的心灵只会活在对立面的斗争之中。唯有真正虔诚的心灵才会没有对立面的冲突，这样的心灵从来不懂得挫败，这样的心灵不会努力去变成某个样子——它就是自己的真实模样。一旦认识了自己的真实面目，心灵就不会再扎根于记忆了。

请就只是聆听这个；它是对是错并不重要，重要的是应当凭借你自己的力量去探明。一个在记忆中延续的心灵将总会受挫，总是努力要成为什么。"变成"就是扎根——在某个观念里，在某个人身上，在某个对象身上。一旦心灵生了根，就会出现如下问题：怎样才能让它自己获得自由？让自己得到自由，尔后就会变成对立面，然后会出现如下的努力：如何让一个人得到解放？但倘若一个人认识到、意识到以下真理，即心灵是如何总是在每一个体验、每一种反应里面生根的，那么，在这种觉察中，不做选择，不去谴责，也就不会制造出任何的对立面，因此也就不会再有努力和斗争。尔后心灵不会有任何根源，而是鲜活的，它没有持续性，处于一种没有时间的状态。我认为，认识到这一点格外的重要，不单单是口头层面或智力层面的认识，而是真正懂得心灵是怎样制造出了这种努力以及二元性的过程的。

没有根源的思想的活动是富有创造力的，因为心灵不再处于一种挫败的状态，而它则从这种状态出发去绘画、写作抑或寻求真理。这样的心灵不会去寻求——寻求意味着二元性，意味着努力，意味着在思想里面把过去延伸进了将来，把自己扎根进了将来。只要心灵能够领悟到这个，察觉到这个，就能摆脱一切努力，于是也就会迎来幸福与极乐了，而这种幸福和极乐不是悲伤、痛苦或挫败的对立面。这些不单单只是话语，它们是心灵抓住某个体验并在其中确立起自己的直接的状态，它们是一个努力想要变成对立面的心灵无法体验的真实的状态。

这一切难道不都要求对思想过程的觉察吗？我所说的觉察是指生活的全部——悲伤、痛苦、爱、恨、感受、情感，所有这一切都是思维念想。因此，认识到你的思想是怎样活动的，怎样运作的，它是如何构想的，如何依附于过去、传统以及无数的经历，从而妨碍了去体验实相，这难道不是十分重要的吗？察觉到这一切，并不是依照那些当代、古代的老师们或心理学家、上师的观点，其他人怎么说的只是单纯的信息，实际上根本就没有任何意义，一个人应该凭借自己的力量去发现思想的整个过程。退至某个黑暗的角落或是隐居山林，并不能带来这种发现，而必须通过日复一日地生活。你还应该领悟到，你已经发现的可能变成了你行动的根基——也就是说，你应该探明心灵是怎样把发现当作了一种体验并由此展开它的思考，结果，那一体验就变成了阻碍，带来了挫败。认识这一切便是觉照，只有当你不去谴责，才能实现这样的觉照——这实际上意味着，冲破心灵所受的一切限定，这样它才能处于一种不去确立根基的状态，也就不再系于某个固定的点，从而能够迎来真实的体验。只有这样的心灵才可以认识、领悟那永恒之物。

先生们，在回答这些问题的时候，请观察一下制造出了二元性的你自己的心灵——它是怎样去期待一个回答的。它出于自身的挫败、痛苦、麻烦和困惑提出某个问题，它提出问题，将其变成了一个问题，然后等待解答。当得到答案的时候，它说道："我要如何达成目的呢？""如何"便意味着斗争——问题与答案之间的斗争，"事实是"与"应当是"之间的斗争。方法便是"如何"，方法便是斗争，所以，方法本质上就会导致挫败。因此，只有最愚蠢的心灵才会说道："我该怎么做这个呢？""我要如何达成目的？""我是这个样子的，但我希望变成那个样子，那么方法是什么？"

重要的是本来面目，而不是应有面目。认识本来面目需要停止去谴责，这便是全部。不要说什么："我怎样才能不去谴责？"那么你又会回到同样的旧有的过程里面去。而是要领悟如下观点的真理，即谴责会带来斗争，于是便会有二元性，便会有朝向对立面的努力。就只是意识到这个，就只是认识到这一事实，尔后，就将揭示出作为问题的实相了。

问：我懂得孤独，但您却谈到了一种独自的状态。这二者是同样的吗？

克：我们知道孤独，不是吗，知道一个察觉到自身孤独的心灵会产生的恐惧、悲伤、抗拒以及真正的斗争，我们全都知道这个，对吗？孤独的状态对我们任何人来说都不陌生。你或许拥有一切财富、欢愉，你或许拥有很大的能力和庇佑，但在内心总是潜伏着孤独的影子。奋斗的富人或穷人、写作的人、创造的人、参加礼拜的人——他们全都懂得这种孤独。当心灵处于这种状态，它会做什么呢？它会打开收音机，捡起一本书来看，逃离本来面目，逃进某种并非真实的事物中去。先生们，请好好思考一下我所说的——不是话语，而是实际的运用，去观察你自己的孤独。

一旦心灵察觉到自身的孤独，它会跑开、逃避。逃避，无论是逃进宗教冥想，还是去看电影，实际上是一样的，依然是在逃避本来面目。一个通过饮酒去逃避的人，并不比一个通过崇拜上帝去逃避的人更不道德，两者并无二致，都是在逃避。当你观察到你是孤独的这一事实，假如你不去逃避，因而也就不用努力变成对立面，那么，通常心灵很容易会依照它的知识的框架去进行谴责。但倘若不去谴责，那么心灵对待实相即它所谓的孤独的整个态度就将经历一种彻底的改变了，不是吗？

毕竟，孤独是一种自我隔绝的状态，因为心灵封闭了自己，切除掉了所有的关系，切除掉了一切。在这种状态里面，心灵认识到了孤独。假如不去谴责它，假如心灵展开觉察，不去制造逃避，那么这种孤独显然就会发生转变。尔后，这种转变就可以被称作"独自"——你使用的是什么词语无关紧要。在这种独自里面，没有任何恐惧。心灵感到孤独，因为它通过各种各样的行为把自己隔离了起来，所以它会惧怕这种孤独。但如果心灵展开觉察，不做任何选择——这意味着没有谴责——那么它就不会再孤独了，而是会处于一种卓然独立的状态。这里面，没有腐化，这里面，没有自我封闭的过程。从这个意义上来讲，一个人应该做到卓然独立，应该做到独自。孤独是一种挫败、沮丧的状态，而独自则不然，独自并非孤独的对立面。

先生们，我们显然必须实现卓然独立，摆脱一切影响，摆脱一切强制、渴望、憧憬、希冀，这样心灵才不会处于挫败的行动之中。这种独自是不可或缺的，它是一件十分严肃的事情。但倘若没有认识有关孤独的整个问题，心灵便无法达至这种卓然独立的状态。我们大多数人都是孤独的，我们的所有行为都是挫败的。快乐的人不孤独，幸福便是卓然独立，独自的行为跟孤独的行为是完全不同的。

这一切需要觉察，充分觉察一个人的整个存在，包括意识跟潜意识，难道不是吗？由于我们大部分人都只活在意识的表层，所以那些深层的、暗藏的力量、孤独、绝望、希冀总是在阻碍表层的活动。因此，重要的是去认识心灵的全部状态。当察觉里面有选择、谴责，便把这种认知挡在了门外。

问：显然，先生，尽管您说了许多关于追随的问题，但您应该意识到您不断地在被人追随。您对此有何行动呢？既然依照您的看法，追随是一种罪恶。

克：先生，我们知道我们在追随——追随政治领袖、上师或是追随某种模式、某种经验。我们的整个文化、我们的教育便是建立在模仿、权威、追随、遵从之上的。我指出，一切追随都是错误的，包括追随我。追随是有害的、破坏性的，但心灵却去追随，不是吗？它追随佛陀、基督或者某种理念、某个完美的乌托邦，因为心灵自己处于一种不确定的状态，但它渴望确定。追随便是对于确定的渴望，希望得到确定感的心灵制造了权威——政治的、宗教的或是自己的权威——心灵去模仿，所以它永远都在挣扎、努力。追随者从来不曾懂得不去追随的自由，只有当不确定，你才会自由，而不是当心灵去追逐确定感时。

一个追随的心灵会去模仿，会去制造权威，于是也就生出了恐惧，这才是真正的问题所在。我们全都明白我们在追随，我们接受某些理论、某些观念、某个乌托邦或者是别的什么。因为，在意识的深处，在潜意识的层面，我们有恐惧。一个没有恐惧的心灵不会去制造对立面，它没有追随的问题，它没有上师，没有模式，它是活生生的。

心灵处于恐惧的状态——害怕死亡，害怕某个事物——为了获得自由，它做了各种行为，但最终却走向了挫败。尔后便会出现如下问题：心灵能否摆脱恐惧，而不是怎样获得自由？"如何摆脱恐惧"这是学童会问的问题，由此会滋生出一切问题——努力，达至某个结果，于是便会有对立面之间的冲突。那么心灵能够挣脱恐惧吗？

什么是恐惧？恐惧只存在于同某个事物的关系里面，恐惧自身并不是抽象的，它存在于跟其他事物的关系之中。我害怕公众舆论，我害怕我的老板、我的妻子、我的丈夫，我惧怕死亡，惧怕孤独，我担心我无法达至，无法认识今生的幸福，无法认识神、真理，诸如此类。因此，恐惧总是存在于跟某个事物的关系之中。

那么什么是恐惧呢？我认为，假如我们能够懂得有关欲望的问题，或许就将认识恐惧并摆脱它的束缚了。"我渴望成为某个样子"——这便是一切恐惧的根源。当我渴望变成某个样子的时候，我渴望变成某个样子以及我不是那个样子，制造出了恐惧，不仅是从狭义上来说，而且是广义上的。所以，只要渴望成为什么，就一定会滋生出恐惧。

摆脱欲望的制约，并不是心理上构想出某种我的欲望声称我必须处于的状态。你应该简单地认识到欲望的事实，就只是察觉到它——就像你在镜子里面看到你的样子。在它里面没有任何歪曲，在它里面你将看到你的真实模样，而不是你希望的样子。你在镜子中折射出来的面目是非常真实的。如果你能够在这个意义上去察觉欲望，不做任何谴责，如果你就只是去观察它，洞悉它的方方面面、它的所有活动，那么你将发现欲望会有非常不同的意义。

心灵的欲望完全有别于里面没有任何选择的欲望。我们对抗的是心灵的欲望——渴望变成某个样子。这就是为什么我们会去追随，为什么我们会有上师的缘故。所有的宗教书籍都会带你走向混乱，因为你会依照你的欲望去对它们做出阐释，结果你也就只会看到自己的恐惧跟焦虑的反射，你从来没有洞悉真理。所以，只有一个真正处于无欲无求之境的心灵才不会去追随，不会有上师。这样的心灵将会彻底清除掉一切活动，唯有这时，真理的极乐才会到来。

1954 年 2 月 24 日

在孟买的第七场演说

今天晚上我想讨论一个相当难的问题，我希望你们能够带着思考去听，不去寻求结果，不是在结束的时候，而是从一开始。

我觉得，改革者和激进分子都没能真正解决问题，他们的行动源于恐惧。我们大多数人关心的是行动，我们必须做某个事情，必须彻底改变社会秩序。我们的整个观点、我们的整个价值理念难道不都是建立在结果之上的吗？改革者和激进分子都向我们许诺了结果，二者都很确信他们的结果，他们声称自己不是混乱、困惑的人，对于他们的行为模式和意愿非常的清楚。

现在，我希望讨论一个根本不是行动的步骤。我们知道的行动是源于选择，源于决定。就我们所知，就我们在世界上观察到的，行动有着各种各样的形式——接受权威、清算、再分配、分权，诸如此类。但我认为，有一种行动，它既不是行为，也不是反应。我们知道选择的行为、决定的行为、结果的行为、乌托邦的行为，但这样的行为并非真正的行为，因为它会导致人与人之间的冲突跟斗争。所以我们必须探明一种状态，行动源自于这种状态，它不是改革者或激进分子的反应抑或行动的结果。在我看来，重要的是弄清楚我们是否是混乱的，因为，源于混乱状态的行为并非正确的行为。

我们全都知道自己是混乱的，假如我们不混乱，那么我们的行为就是正确的行为了。但我们并不确定，没有人，资本家、共产主义者或是社会主义者都不是十分清楚的。但他们全都渴望清楚，正是由于渴望清楚才导致了不确定的行为，因为从根本上来说他们全都是混乱的。

我认为，一个人应当承认自己是混乱的，这很重要，然而他并没有承认这个。改革主义者和激进分子声称他们知道以及他们是清楚的，所以，他们出于混乱而展开的行动不可避免会带来破坏和不确定。

我们大部分人都知道自己是混乱的，不是在意识的某一个层面，而是从显意识到潜意识的层面，但我们却不敢承认这个。如果我们真的试图去认识有关行动的问题，如果我们对其展开探究，不是口头层面的、智力层面的，我们就必须承认说自己是困惑的、混乱的。认识到这种混乱，这本身就会带来一种不属于思想范畴的行动。我们开始一切行动的基础全都是假定说我们知道，但我们只是声称自己知道，这之外我们还知道些什么呢？改革者和激进主义者声称他们知道，迫使其他人进入他们的行为模式中去，而他们的行为实际上是源于混乱。一个混乱的心灵展开的任何行动，都注定会是混乱的。

我很困惑，处于这种混乱的心灵状态，我说服自己去接受某个方法，但我从根本上来说是混乱的。出于这种混乱，我试图带来确定，而这本质上是一种混乱的确定。但我给了它一个名称、一个模式，有些人追随我。然而事实却是，他们和我全都是混乱的，你我皆困惑。我们政治的、社会的、宗教的领袖们，全都是混乱的。只要我们能够承认这个，不是单单理智上或口头上承认，而是真正的承认，我们就将认识到，所有这类行为的结果都注定是混乱的。

我们每个人都应该意识到，我们从根本上来说是混乱的。但对于我们来讲，要承认自己的混乱相当不容易。假如我们是混乱的，我们能够声称自己应该行动吗？如果我是混乱的，如果我认识到自己是混乱的，将会发生的是情形是，我的混乱会带来自身的不确定的行动。我觉得，认识到这个格外的重要，因为，尔后，行动将会照看好自己。目前，我并不关心行动。我认为，你我之间必须建立起关系。我不相信改革主义者或激进分子的行动，我唯一关心的是混乱。于是便会有谦逊，不去宣称、断言。

现在，让我们看一看一个知道自己混乱的心灵会发生什么吧。它不会有领袖，原因是，出于混乱而选择某个领袖，这是一种混乱的行为。显然，出于混乱而去怀有某种理论、某个计划、某种行为模式，这依然是混乱。请不要说什么："那么我们该怎么做呢？"如果你承认自己是混乱的，这便意味着你一无所知。因此，对你而言，追随、遵从任何权威、书本、领袖或者有关善恶、对错的行为模式，将是毫无用处的。

一个困惑的人不会知道什么是对、什么是错。他没有任何领袖，他不知道权威，没有书本可以去依靠，因为他的心灵从根本上来说是混乱的，他不处于能够阅读书本或遵从权威的状态。我不是要迷惑你们，让你们承认自己是混乱的，但你们必须独立地思考，看一看你究竟混乱与否。假如是的话，那么无论你关于对错做怎样的决定，都将没有任何意义。

只要世界处于混乱之中，那么你也会是混乱的，因为你是世界的一部分。所以，假如你真的察觉到自己是混乱的，那么你会采取什么行动呢？你的行动既不是改革者的行动，也不是激进分子的行动，所以你该怎么做呢？当你不做任何选择，当你没有领袖、上师，不去追随权威——因为你意识到，出于混乱的选择依然是混乱——你要怎么办？你的心灵会发生什么？一个混乱并且认识到自身混乱的人，不会知道该做什么，因为他不确定。然而，我们社会的、政治的、宗教的领袖们却认为，如果他们告诉我们他们是混乱的，我们可能就会抛弃他们，所以没有人准备承认自己是混乱的。我们心灵的混乱会带来一种行动，它不是心灵的反应，而是不确定的行动。因此，没有任何乌托邦、领袖、老师。

当处于完全混乱的状态，你试图探明真理。其他许多人也都跟你一样，他们也处于混乱之中，你们全都集合在了一起。但你们大家都处于混乱的、不确定的状态，因此你们之间没有合作。

一个声称自己知道的人，实际上不会承认说他是混乱的。但一个承认自身混乱因而无法认识任何事物的人，是真诚的人。当我说我不知道，在这个词语最深的涵义上，我承认自己是困惑的，于是我便处于一种谦卑的状态。我不是变得谦逊，而是有一种谦逊的状态，它本身就是行动，这种行动才是真正的行动。由于我意识到自己的混乱，因此那些领袖们压根儿就没有任何意义，我不会去追随任何人，我的心灵将会宁静。我的心灵不再确定，它将处于一种谦逊的状态。凡真正谦逊的，会处于一种爱的状态。这种爱不是可以被培养起来的东西。如果没有这种爱，生活将毫无意义。

现在，我们大部分人都关心问题及其解决。但我们应当始终关注认识和解决问题，这样才不会制造出更多的问题。我们对问题的解决，只成了将来的问题的一个根源。你或许可以找到你今天面临的问题的解决方法，但这种解决其实是把问题带到了明天，滋生出了明天的其他的问题——也就是说，它根本就不是真正的解决。

现在你有好几个问题，你有死亡的问题，你有挫败的问题。如果你把挫败的问题带到了明天，你便强化了它。请务必认识这一切以及不必滋生出将来的问题的涵义。

我，心灵如何才能不去引发明日的问题呢？你理解我所说的没有？只要你能够真正领悟这个，就会发现根本没有任何问题了。今天你怀有某个问题，因为你在过去的几天里把它变成了一个问题，结果你的心灵从不曾是崭新的，它总是活在过去，实际上是死寂的。但倘若我们真正实现了认知，不去滋生出明日的问题，就根本不会有任何问题存在了。

问：我酗酒。您指出，克制和自我约束并不会拯救我。那么您能否告诉我要如何才能摆脱酗酒的恶习呢？

克：先生，一个人喝酒有许多的原因。遭遇挫败，生活中不断的挣扎、争斗，丈夫和妻子之间的斗争，家庭的焦虑。于是你希望逃避这一切，结果你便去喝酒。那么，问题是，你怎样才能停止酗酒？单纯的分析——分析挫败，分析你的焦虑——是否会让你摆脱酗酒的习惯呢？当你知道你为什么会遭遇挫败，当你察觉到了这个，那么这种没有选择的觉照本身就会带来行动了，酗酒的习惯便会停止。

请务必懂得我观点的重要性。你知道酗酒的影响。假设你决定了这个，因为你认识到了酗酒的涵义，你明天就会摆脱这个习惯了，你将给明天制造出问题。有时候还会发生的情形是，为了放弃某个东西，你采用了某种方法，但这种方法却变成了你的习惯。因此，心灵并没有真正摆脱习惯，它培养起了另一个习惯来取代原来的。即使是做礼拜的例行公事或是阅读宗教典籍，也是一种习惯。人们可能会说这是好的或者体面的习惯，其他一些习惯则被认为是糟糕的习惯。然而，在心理层面，它们都是习惯。假若你希望摆脱这些习惯，你就必须对它们追根溯源。一旦你真正认识到没有任何方法、任何体系可以让你改掉习惯，那么你就会领悟真理，真理将会对你发生作用，你不必对它做些什么。

我们大部分人都希望对真理做些什么，但倘若我们让真理去对我们起作用，那么真理将会带来自身的行动。

问：我是个印度教教徒，您要我摆脱印度教。我能否做到呢？

克：这是一个非常复杂的问题，我们应该格外审慎地加以探究，以便认识它。

现在，你自称是个印度教教徒，你有某种背景，你遵从某些传统。你称自己是个印度教教徒，因此你希望遵从印度教的传统。那么，假如你希望探明遵从的真正涵义，假如你想知道遵从究竟是否是恶，那么你就必须认识到，遵从你的经验、你的传统、你的文化是否真的是必需的。但要想认识这个，你就得做到绝对的自由。

那么，当你声称你是个印度教教徒，你所指的意思是什么呢？你能够说你是个纯粹的印度教教徒抑或纯粹的雅利安人吗？并没有这样的人存在，因为我们是多种其他文化的混合物。我们大部分人都有着印度教的背景以及某些西方的限定，所以我们既不是这个也不是那个。但心灵希望在某个事物中有根源，它渴望在某个事物里面获得安全。当它感觉它将在西方文化中获得安全，便会放弃东方文化，反之亦然。这是在我们所有人身上切实发生的情形，真实来讲，我们处于一种混乱的状态。只有当我们完全摆脱了任何文化的制约，才能清楚地洞见。但倘若我们接受了某种文化，或者是西方的，或者是东方的，那么它就会犹如毒药。

如果我们希望清楚地察看，探明真正的真理，心灵就必须是澄明的。只有当你不属于任何团体，才能做到这个。只有当你的心灵绝对的自由，真理才会对你发生作用。只有当你不属于任何群体，自由才会到来。这意味着，当心灵无所畏惧，当它没有任何背景，没有在某处扎根，唯有这时，你才能够领悟真理。

问：物理层面的时间没有维度。但您谈到说心理层面的时间不同于年代顺序上的时间。您能否告诉我时间究竟是不存在的呢，还是它的存在是一种现象呢？

克：这不是哲学问题，哲学是指理论的或字面的。这个问题意味着时间有一种现象性的存在，有明天，同样也有昨天，所以时间是年代顺序层面的，这是一个事实。但心理时间跟年代顺序层面的时间有所不同，有一种由心理确立起来的时间——这种时间是我和我将会成为的样子之间的距离，我和观念、我和死亡、我和未来之间的距离，必死的我跟将会变得不朽的我之间的距离。我现在的面目跟我将来的面目之间有着很大的差距。我们无法否认现象学上的时间，但心灵发明出来的时间——它是真实的吗？存在着"事实是"，我认为我应当成为跟我的真实面目不一样的样子。我本来的模样和我依照我的欲望将要成为的样子——变得不朽，等等等等——这二者之间是有距离的。这一切里面存在着两样东西——"事实是"和"应当是"。当我把渴望改变的因素带进来，我便带入了时间。

假设我很愚蠢，我愚蠢是一个事实。可一旦我声称自己应该变得聪明，我就会谴责自己的愚笨，就会把时间的因素带进来。但倘若我不去谴责我愚蠢这一事实，就不会有时间的意识了。然而当我决定变得聪明，我就把时间带进来了。我的思想是时间的产物，通过思想，我将得到我渴望得到的。所以，我的思想等同于时间。然而存在的只是一个事物，那便是事实，也就是我今天的真实模样。

现在让我们换种方式来表述。心灵是昨天、今天以及明天的思想的结果，心灵是无数个世纪以来人类的思想、传统、观念的产物，心灵便是"我"。将来是未知的，作为已知的产物的心灵，试图去抓住未知。心灵永远无法摆脱过去。但如果你非常仔细地探究它，如果你能够真正清楚地探究，那么过去就会被燃烧殆尽，尔后你将洞悉真理。

1954 年 2 月 28 日

在孟买的第八场演说

这是这个系列的最后一场讲话，不会展开更多的讨论。

生活有如此多的事件，心灵留下了许多印痕。随着年纪的增长，事件、经历的不断累积，与生活不停的交战，会给心灵划下许多的印痕。我们只知道痛苦，极少欢愉，问题增多，这似乎是我们绝大多数人的情形，无论我们的能力为何——智力的、科学的或是其他方面的。我们似乎让自己的心灵背负了各种各样的活动，我们的心灵因为挫败感、恐惧感以及始终如影相随的孤独感而凋零、萎顿。我们当中很少有人是快乐的，我们从不曾体会过生机、活力、创造力的感受。由于深陷窠臼之中，所以很难让心灵再次治愈，如此它才能够再一次地变得鲜活、崭新，未受污染。在寻求这种幸福、这种感受的时候，我们追逐着如此多的东西，我们怀有如此多的欲望，实现的、未实现的。我们的社会，我们的文化，我们的父母，我们的邻居、丈夫或妻子，始终都在撞击着我们的心灵和思想，塑造它，限定它，以至于我们几乎不是独立的个体，尽管我们有某个名字、某张特殊的脸孔。假如我们幸运的话，会拥有一栋房子以及一张小小的银行存折卡，还有一点儿能力——这便是我们所谓的个体。但是在名字、一点小特性以及我们浑浊如泥的心灵背后，我们压根儿就不是独立的个体，我们是受着局限的人，几乎没有多少自由。

我们以为，当我们去选择的时候便是自由的，但我们并不是，对吗？只要有选择就不会有自由，因为这种选择源于我们受限的状态。我们觉得我们怀有自己的意志，我们通过选择去训练那种意志。但倘若你观察一下，会发现，意志是无数欲望以及各种各样的挫败和恐惧的产物，这些挫败、恐惧、欲望又是源于我们所受的限定，所处的环境、背景。因此，当我们去进行选择，就从不曾是自由的，选择本身表明了缺乏自由。一个真正自由的人没有任何选择，他是自由的，不用去做这个或那个，而是处于"是"的状态。只要我们有选择，我们实际上就不是自由的，不是真正的个体。

认识到这一点格外重要，因为我们大多数人都是带着选择在生活的——选择某种德行、某个人、某个行为——选择不可避免地会带来不幸。并不存在好的选择或坏的选择。唯有摆脱了选择的心灵，才能认识真理。真理不是通过选择得来的，分析，能够在这个那个、在对错之间进行选择，这些不会带来真理。相反，一切选择都是源于我们的限定，而我们的限定又是基于恐惧与获取。我们，你和我，自称是个体的人，但我们实际上根本就不是独立的个体。只有当我们摆脱了背景，摆脱了自身的限定，才会有真正的个体，而这需要大量的思考和探寻。

现在让我们来谈谈创造力。我认为，在这个如此混乱的世界，创造力是不可或缺的，在这个世界上，心灵塞满了如此多的体系、方法，它始终在通过方法、通过行动寻求着确定，结果也就从来不曾自由地去创造，去认识那富有创造力的真理。不幸的是，我们大多数人都没有直接地体验真理，因为我们阅读了太多的东西，聆听了太多的讲话，积累了太多的知识。由于阅读了很多，我们便去进行比较。如果我们能够聆听，不单单是聆听我所说的，而且还聆听生活中的一切，从内心深深地聆听，那么我们就会发现，尽管心灵遭遇了所有事情，尽管我们遭遇了一切挫败，尽管我们干了许多没有带领我们达至任何地方的愚蠢的行为，但自由将会到来。

　　一个积累着如此多知识的心灵——它怀有无数个世纪以来的如此多的经历，在那里，每一个事件都留下了残渣，即我们所谓的记忆——能够摆脱这一切吗？这样它才能更新，才能鲜活。我认为，对于我们所有人来说，真正的问题在于实现新生，不让记忆拥有明天的空间。

　　我觉得，认识到这个十分重要。原因是，我们大部分人的生活都是一系列的持续，中断后又重新开始。我们日常生活的例行公事，养家糊口，从事各种社会活动，参加政治的、宗教的、社会的会议，这些全都是一样的，是同一个方向的持续，从来不曾有真正的终结。因为心灵总是害怕新生，害怕不认识某个事物，因为心灵显然一直都在寻求着确定，寻求着变成某个样子。

　　我们的问题在于，我们渴望成为某个样子，我们每一个人，圣人和罪人，都希望成为什么，所以我们便去培养记忆，于是也就没有终结，从来没有过真正的发现——有的只是事件以及对事件的选择，这便是我们的生活。由于这一切的混乱，由于这种对行动的渴望，所以总是会有恐惧。

　　我们能否让自己摆脱过去，用一颗鲜活的心灵再一次重生呢？我们能否幸福快乐地生活，不带着智力上的需求去工作，而是每一天、每一分钟都充实地活着，对每一分、每一秒都怀着崇敬之情呢？假如能够做到的话，生活就会变得非常简单。因为，一个幸福的人没有问题。不快乐的人、沮丧的人，才会寻求行动来克服自己的受挫。

　　我们每个人能否清除掉过去，终结它，不是通过渐进的过程，而是立马切断？我们必须向自己提出这个问题，看一看会发生什么。若你说："我如何才能做到？"那么你便已经破坏它了，因为"如何"让昨天的记忆得到了持续。

　　我认为，重要的是每一天都要如此充实、丰富、有生机、有创造力地生活，这样你才不会有明天。毕竟，这就是生活，不是吗？爱不认识所谓的明天，爱不属于思想意识的范畴。由于我们仅仅在培养智力，所以不知道怎样去爱，我们让记忆有了持续，于是也就将各种形式的爱挡在了门外，这便是我们的难题之一。

我们只知道不幸、痛苦、挫败，由此便有了行动，而这种行动导致了更多的不幸和痛苦。所以，很明显，为了迎接未知，就必须摆脱已知的束缚。已知是思想以及思想的方式，思想只能够去推理，而理性源于记忆、已知。理性不会带领我们走向未知，不管你怎么做，不管你是去忘却、牺牲、举行仪式还是禅修，只要思想扎根于已知，就永远无法迎来未知。

因此，我们的问题实际上是让思想摆脱已知。思想无法挣脱已知，因为它自己就是已知，是时间的结果。那么，问题是什么呢？你理解问题没有？我的思想是已知的产物，我的思想只能够在已知中活动。我的问题是，作为时间产物的思想如何才能停止，思想怎样才会终结？思想是已知的反应的结果，是昨天、一切累积、伤痕、事件、挫败、恐惧的结果，这样的思想怎样才会终结呢？思想无法让自己停止，思想不会说"我将会停止思考"，那么思想就和那个声称"我将停止它"的实体分离开来了，那个渴望终结的实体是思想的产物。

请聆听某种思想无法理解的异常神秘的事物。存在着惊人的未知的神秘，如果不让它活动，我们的生活便毫无意义。你或许非常聪明，你或许拥有最惊人的大脑，但如果没有认知，没有迎来未知，那么生命就将全无意义。我们唯一会知道的是痛苦以及受挫的危险。所以，只要我们能够认识到思想永远无法发现未知，若没有未知，生命就压根儿没有意义——生活将会是艰辛、悲伤、痛苦——思想不会做任何事情，因为思想的任何运动都是已知的产物，都是已知的运动——若心灵认识到了这个——它就会迈入宁静。

认识到思想的一切运动皆为已知的结果，这便是冥想。生活中必须得有冥想——不是正统的、愚蠢的冥想，这么做根本就没有冥想，不过是自我催眠罢了——察觉到生活以及选择的整个过程，选择是如何不会带来自由的，选择是怎样把自由挡在了门外的，因为选择源于背景。心灵摆脱了背景，摆脱了一切限定，这便是真正的自由。心灵让自己挣脱了想要变得如何的渴望——这种过程就是禅修。这里面，心灵挣脱了已知的束缚，于是变得安静。假如没有让心灵摆脱限定获得自由，就无法体验或者懂得心灵的这种静寂。这不是可以寻求的东西，如果你这么做的话，就只是另外一种形式的自我催眠，是一种幻觉，并不真实。

一旦心灵能够让自己摆脱限定，摆脱自身的欲望，摆脱所有的克制、模式、事件，那么它就将摆脱过去的制约，而这种自由会带来心灵的静寂。这种静寂是无法人为地刻意为之的，然而当心灵获得自由，便会迈入静寂。它是伟大运动的静寂，这里面没有任何意义；在这种静寂里，没有去需求任何东西，因为它不是挫败、希冀、欲望的产物。处于伟大运动、速度、行动力的事物，都是静止的。唯有这时，这种静寂才会带来那神秘的创造力，带来那思想无法度量的真理。没有这个的话，生命就只能意味着更多的痛苦、灾难与挫败。

我们是不快乐的人，我们想要逃离不幸，躲进各种各样的行动中去。我们是孤独的个体，我们想要用知识、活动、娱乐、典籍来填满这种孤独，但这种空虚是无法被填满的。只有当心灵认识到在内心它是孤独的，不去试图掩盖或者逃离，才能消除这种孤独和恐惧。为了达至静寂，一个人必须经历这种孤独；尔后，那富有创造力的真理显然就会到来。

这不是持续认真的事情，凡持续的事物都只是一个坚决的心灵，它说"我将会是"，于是它便让自身的记忆得以持续。然而在认真的时刻——或许是最后半个钟头，这足够了——在这种时刻，会有无选择的觉察，这种觉察犹如在镜子里面看自己，没有丝毫歪曲，就是按照"本来面目"

去察看事物，正是这种对于事实的觉照会带来解放和自由。然而当你在觉照的镜子中看到了自己的真实模样，你会去谴责，你希望改变形象，你想要改造它，希望给它命名，结果你便让它得以延续。但倘若你就只是简单地观照出镜子里的形象，那么你会看到，在这种觉照里面，曾经的一切将会终结，这种觉照会带来自由，会让心灵获得静寂，这里面将迎来极乐。

重要的是不让问题生根。我们怀有许多的问题，它们就在那里。每一件事情都是问题，但不要给它未来，不要给它能够生根的时间，这才是问题所在——而不是我们在心灵里面背负的那些东西。心灵越是去想某个问题，越是给了问题能够生根的土壤。先生们，思考，观察，聆听。

问题不是怎样解决某个难题，而是如何不让我怀有的问题得到持续。正是持续性导致了问题，而不是昨日的问题。假如我认识到了、领悟到了其中的真谛，那么我便会用完全不同的方式去应对问题了。我将在问题在我身上出现的时候就终结掉它，不去让它生根——也就是说，不去享受，不去责备，这实际上意味着怀有那种惊人的谦逊的特性。

一个琐屑的心灵总是会有问题，卑微的心灵总是会忙忙碌碌，这种忙碌日复一日地上演。琐屑的心灵永远无法解决问题，因为，无论它解决什么，无论它对问题展开了多少的思考，它都依然是琐屑的、渺小的、困惑的。琐屑的心灵唯一能够做的，就是不去让问题有将来。如果心灵有了问题，不去给它未来，它便不再是琐碎的，因为它没有被占据，正是一个忙忙碌碌的心灵才是渺小的。这就好像河流，接纳万物，城镇里下水道的一切污垢，流经那些河面的死尸，流经所有好的坏的，因为它处于不断的运动之中，它不再是凝滞一团，它是鲜活的一股，万物都活在它里面，它不是死寂的。所以，一个怀有问题并且被其占据的心灵，永远无法认识自身的问题。它唯一能够做的便是终结它的持续性，不让问题扎根在记忆的明天之中。

这一切可能听上去非常难，但并非如此，只要你真正去观察一下你的心灵是如何喜欢日复一日地延续着问题的。你的心灵忙于某个东西——邻居说了些什么，书上说了些什么，抑或生活的目的何在——永远都在给自己开凿凹槽。一个忙碌的心灵是渺小的，而渺小的心灵总是会有问题。

问：我感觉，对人们来说，听您讲话是不够的。为了认识您的观点，人们必须通过仔细学习和解释您的教义，阅读关于您的教诲的书籍以及成立学习团体来得到教育和滋养。唯有这时，他们才能更好地理解您。请您告诉我我的看法是否正确。

克：这个问题里面包含有冥想者、解释者、神职人员，难道不是吗？——"我理解了，但其他人还没有明白"，"我有点儿理解了，我必须把这种感悟分享给他人"——这是完全不同的。因此，让我们对这整个问题展开一番探究吧。

谁制造出了阐释者、冥想者？是你。假如你直接地认识了事物，你便不需要阐释者、冥想者、神职人员了。但倘若我没有认识，我就会求助其他人来给出解释，而他则会依照他所受的限定、依照他的倾向去进行解释，于是我便制造出了阐释者、冥想者、神职人员、潜在的老师。我很懒惰，我没有去观照自我——这是如此的简单，你不必阅读相关的书籍，它是这般的清楚。在你所做的一切事情里面去察觉你自己，观察你自己——不要依照某种模式，这不是观察，而是仅仅去观察自我——餐桌旁的谈话，在你的办公室里，就只是观察，看一看你是如何谴责的，你是如何去比较的，看一看你有多么的残忍——就只是观察这一切，不做任何选择地观察——这不需要阐释者、冥想者。就只是认识到在你的心灵里面发生的情形，凭借你自己的力量认识到你的心灵是怎么活动的——不去依照别人的观点——这并不难。要做到这个，你无需阐释者、冥想者。可如果你恐惧，如果你不了解自己，如果你进而去求助于他人，你就会需要阐释者、冥想者。

先生，追随是有害的——一切追随皆是恶。不存在所谓好的追随和坏的追随。不管你的追随是政治层面的、宗教层面的，不管你追随的是你自身的经验或理想，所有的追随都是有害的，因为它会制造出权威，会制造出追随者。你的内心说道："我不知道，但你知道，所以请告诉我，在天国里面给我一个安全的席位。"正是这种心态制造出了将会展开行动来拯救我们的冥想者、解释者、神职人员。政治领袖、牧师、委员抑或穷苦的天主教神甫，他们全都是一样的，因为追随者说道："我们不知道。"

请认真聆听，尽管你可能听过许多次了，就仿佛是第一次聆听。假如你聆听这个好像是初次听到一样，它就会有意义，就会有深度。但倘若你说"我已经听过这个成千上百次了，因为我在过去的二十五年里是伴着您长大的，我知道您将会说什么"，你就不会直接地体验正在说的内容，于是你就只是听了话语，没有任何意义。

只要心灵寻求确定，你就一定会有阐释者。一个寻求确定的心灵从不曾是自由的，它总是在恐惧。渴望对某个事物确定——某个理想、某种关系、确定的真理——意味着你必定会有冥想者，会有某个帮助你的人。但如果你听到的对你来说是真理——不去依照他人的观点，而是对你来说真的是真谛——那么你就会正确地谈话，正确地舞蹈，你将会生活，将会热爱，将会去创造。尔后你便不必去制造权威，尔后你便没有任何追随，尔后你便不再属于任何团体。

然而对于我们大多数人来讲，困难在于我们的内心如此的不确定、如此的困惑，以至于我们渴望帮助，但我们渴望的帮助其实是一个盲人能够给予另一个盲人的帮助。认识到我是不确定的，认识到我是混乱的，认识到我不知道某个事物——这种状态便是谦逊，不是吗，深深的谦卑感，它将会带来自己的行动。一个什么也不是的人——他没有在心理上声称自己什么也不是，但在内心他却察觉到，只有处于不确定的状态，他才能够是空无的——不会渴望阐释者。

请提防阐释者，请防备着他们，阐释者只会给你确定，但他们无法给你自由。只有当你充分地察觉到生活的全部过程，自由才会到来。

问：您指出，一个人必须终结才能获得新生，结束里面才会有开始。但是对我们来说，所有的终结都是痛苦，不管是生命的结束还是幸福和丰富的经历的结束。那么我怎样才能认识您所谈论的有关终结的真理呢？

克：先生，你明白我所谈论的真理吗？你认识的一切便是如下事实，即凡是持续的，凡是通过时间展开的，总是会陷入痛苦，这是你知道的全部，不是吗？偶尔会有罕见的快乐、欢愉的时刻，要不然的话，你知道的全部就剩痛苦了。痛苦伴随着"我"、自我的无数倾向而来。你必须认识到，必须意识到，凡是在心理层面、在内心持续的，都会带来痛苦。先生，你难道不知道凡是终结的总是会有更新、开始吗？如果我不去终结我今天的想法，终结它们，今天就将其完结，我便会把这些想法背负到明天。这里面，没有崭新，没有鲜活，心灵会变得死寂。但倘若我就只是认识到该事实，这便足够了。认识事实，察觉到事实，不做任何选择，不去谴责，这便是终结，这里面将会迎来更新。

但我们并不渴望更新，并不渴望重生，我们唯一想要的是获得确定。毕竟，我们希望的是永恒，是持续，是永恒的表现——永远的房子、永远的关系、永远的名声、永远的家庭、行为的持续、成功的延续——这便是我们渴望的一切。我们不希望改革，不希望每一天都把一切终结掉，我们希望让记忆永续。这就是为什么我们会去实践、克制、抵制的缘故，因为心灵讨厌不确定的状态。先生，唯有不确定的心灵才会有所发现，而不是确定的心灵。唯有知道自己困惑并且处于混乱之中的心灵，才会宁静，才会发现。而一个确定、持续、怀有一系列记忆的心灵——永远——这样的心灵，永远无法探明真理。

所以，唯有每一天都终结的心灵，才能每一天都发现真理。真理是每时每刻去发现的，真理在时间层面没有任何持续性。凡是持续的事物都处于一种永恒的状态，心灵能够认出这种状态，所以，拥有持续性的心灵、拥有联系的心灵——这是一种识别的过程——这样的心灵永远不会探明真理。只有当心灵认识到这一切的谬误从而不做任何选择地终结，它才会富有创造力；唯有这样的心灵，才能接纳那饱含生机与活力的真理。

问：我与我的思想之间是什么关系？

克：现在，先生们，让我们对此展开探究，这样你我才能直接地体验正在说的内容。这是一种冥想的过程，若无冥想，便无智慧。智慧是伴随着认识自我而来的。当我认识了自己的真实模样——不去依照其他老师的观点抑或任何他人的看法——当我时时刻刻去认识我自己，这便是认识自我，而认识自我只有通过冥想才能获得。冥想便是在我的行为、我的关系、我的状态的镜子里面去察觉所有的冲突。因此，让我们对此问题，对我和思想之间的关系展开探究。

思想与"我"是不同的吗？我，也就是观察者、思考者，跟思想是分开的吗？先生们，你们明白没有？

我说道："我思考。"思考与那个声称"我在思考"的实体是不同的吗？我们认为这二者是分开的，"我"觉得自己与思想是不同的。我们宣称说，"我"在先，自我便是思考者——它是在先的，尔后才是思想、思考，于是我们把"我"跟思想划分开了，但这是事实吗？你或许把它划分开来，然而在事实情形中，"我"、思考者与在主张、思考、存在的意识是分开的吗？你能够移除掉钻石的特性然后声称留下来的是钻石吗？"我"有各种特性、各种记忆、各种活动、希冀、恐惧、挫败，这些全都是思想，不是吗？移除掉你所有的特性，那么还会有"你"吗？思想便是"我"，思想认为有一个高等的自我，灵魂，梵我，更高等的，但它依然是思想构想出来的，思想把自己划分成了"我"与想法。

　　毕竟，什么是思想呢？思想显然是意识跟潜意识。大海不只是你在阳光下看到的水的表面，波光粼粼，鲜活的；它是构成大海的整个深度。同样的道理，我们的思想是全部的内容，不管我们是否意识到了它。思想如此忙碌，如此忙于那些活动、问题，以至于它从不曾着手去质疑、探寻、发现、挖掘潜意识的层面。我们知道什么是潜意识，它非常简单。我们的动机、我们累积的知识、经历的集合、恐惧、希望、憧憬、挫败——这一切便是我们的意识，对神的渴望以及制造出神——这一切便是意识。所以，划分成"我"和思想，这并非实相。

　　请认识到这一点。意识的全部便是"我"——有一份工作的我，有一个妻子或丈夫的我，野心勃勃、嫉妒、贪婪的我，进行评估的我，怀有传统的我，渴望找到神和真理的我，琐屑、获取的我——这一切就是思想，这一切就是意识。你可能会把意识推到很高的位置，称其为灵魂、梵我，抑或你喜欢的其他名称，但它仍旧是时间的产物，仍旧是意识。你带着这样的意识希望发现那超越思想本身的事物，但你永远无法发现它。

　　当整个意识从头到脚静寂的时候，你可能会拥有偶尔的安宁，你可能会梦想某种无法想象、无法度量的事物，因为在睡梦中，你的思想、你的意识或许偶尔会安静。然而当你察觉到这整个的过程，不做任何选择，当这种意识的模式被打破，那么你就会看到，你的全部意识将迈入真正的静寂。这是一种远远超越了思想的度量的事物，然而，追逐超越思想的度量的事物毫无意义。我说什么或者其他人说什么没有任何意义，有意义的是充分察觉到这种意识，察觉到它所有的层面。通过分析无法学会这种觉照；如果一个人在展开观察，他就会懂得这一切的。

　　认识思想的全部过程——它所有的倾向、动机、目的，它的天赋，它的要求，它的恐惧，它的挫败，它的成功——认识这一切便是静寂，不让它活动。唯有这时，那超越思想的事物才会出现。只有当你不去邀请，它才会到来；只有当你不去寻求，它才会降临。由于我们的寻求都是源于挫败，所以，一个寻求的心灵永远无法发现。唯有认识了全部过程的心灵，才会获得真理的庇佑。

1954 年 3 月 3 日

PART 4

PART 03

美国，1954 年

在纽约城的第一场演说，纽约

我认为，重要的是我们每个人不仅应当去聆听正在说的话语，而且应该随着我们的展开去真正体验谈论的内容。在我看来，话语应该传递出它们的涵义，没有任何抵制。我们大部分人都是聆听某场讲座，尔后离开，并未直接体验所说的内容。假如你仅仅去聆听，未曾体验，这将会是很大的遗憾。但倘若我们能够真正去体验所说的内容，那么或许就会迎来根本的改变了，在当前全世界面临危机之时，这种根本的改变是如此的必需。

我不相信观念，因为观念会跟其他的观念相遇，会出现单纯的争论、驳斥或接受。仅仅聆听观念，积累各种新的知识形式，抑或获得某种技能——所有这些对于迎接生活来说实际上毫无作用。在我看来，真正必需的是能够带着确信、澄明和简单生活在这个疯狂、混乱的世界上，在生活出现时去迎接它，不去想所谓的明天。但很难做到这个，因为我们大多数人都活在观念里——观念即知识、经验或传统。对我们来讲，观念格外重要，它们引导着我们的生活，影响着我们的思考以及将来的行动，因此我们从来没有过一种充实的人生，而是总被过去的阴影笼罩。很明显，重要的不在于那种仅仅以不同的形式延续既有的一切的改变，而是我们思想发生彻底的变革，这意味着抛掉我们已知的全部，处于一种未知的状态。

依我之见，我们大部分人都是彻头彻尾混乱的。有如此多的新观念、如此多的影响、如此多的经验、如此多的老师，每一个都在告诉我们应当做什么，应该去遵从哪种生活模式、哪种哲学。抑或，假如这些全都失败了的话，我们就会返回过去、传统。在所有这些混乱的、矛盾的影响当中，我们被迫去选择我们认为是真理的那个，然后加以遵循。然而，正是在遵循我们所认为的真理的过程中，同样会出现混乱。只要我们仔细地、格外认真地去思考一下自己的生活，就会发现我们是混乱的。我认为，从这里开始着手分外重要。不要去寻求澄明。一个混乱的心灵永远无法获得澄明，因为无论它得到的是什么，都依然是混乱的。我觉得，认识到这一点非常的重要。

毕竟，你和我将试图去发现真理，而探明真理或许会带来变革，会让我们的思想、我们的心灵解放。但除非我们认识了自己的真正模样——不是我们喜欢的样子，而是真正的样子——否则就无法发现，无法获得解放。接受实相，认识到我们的真实面目，这对大部分人来说是非常困难的。我们喜欢改变真实的自己，带着这种欲望和本能，我们去应对自己的真实状态，所以我们从来没有认识自己真正的样子。

我认为，切实地认识自我，认识事实的情形，不做任何修改，不去评判，不去试图改变或塑造它——这是揭示或发现实相的真正基础。"事实是"不是一种持久的状态，它是不断的运动，因为我们从来没有一刻是完全相同的。若想探明实相，就必须每时每刻去认识我们的真实模样。

因此，重要的是认识自我，不是吗？假如我们去观察，会发现我们是困惑的人，我们不快乐，我们为无数的信仰、经验所困，总是在寻求着某种权威来指明正确的方向和行为，以带领我们走向某个将来的希望、某种幸福与安宁。困惑，渴望获得实相、真理、幸福、澄明，这只会带来更多的混乱，这是一个十分明显的心理的事实，对吗？如果我的心灵是困惑的，那么无论我展开什么行动，做什么决定，看什么书籍，追随怎样的老师，抑或给自己强加怎样的纪律、约束，都依然是在混乱的领域之内。对我们大部分人来说，要接受这个很难。出于困惑，我们想道："若我能够只找到对的老师、对的方法和纪律，若我只会实现认知，那么这就将帮助我进步、成长、改变、转化。"然而，一个混乱的心灵，不管它采取怎样的行动，必定总是混乱的，它无论选择哪个方向，都依然是在混乱的领域内。这种混乱的状态是实相，是事实。我觉得，我们不应该仅仅只是从智力层面或口头层面去察看它，而是要切实地体验这种混乱的状态，然后就从这里开始着手，观察一下混乱的心灵是如何去寻求帮助的这整个的过程。

毕竟，这便是为什么你们大部分人都聚在这里的缘故，不是吗？你们大多数人在这里被告知、得到鼓励或是让自己的经验得到确证。你希望获得帮助，别的老师、书籍、哲学或许都宣告失败了，于是你便求助于某个新的人。然而，一个寻求的心灵仍旧是困惑的，而一个困惑、混乱的心灵永远不会认识摆在它面前的事物。它会根据自己的特性、思维模式或自身的经验去解释它所看到的，所以无法真正地洞悉。

因此，若容我建议，懂得怎样聆听十分的重要。只要我们的心灵去解释、辩护、谴责、接受或排拒某个事物，那么它便无法聆听。任何这样的行为显然不是聆听。只要你去观察一下自己的心灵——我希望你在这里的谈话期间去这么做——你会发现聆听是何等的困难。你的知识、经验、偏见，你对于美国人生活方式的恐惧，你对共产主义的恐惧，等等等等——这一切都妨碍了你去聆听我的话语以及生活里的一切。重要的是你应当以正确的方式去聆听，不仅是聆听我，还包括聆听一切，因为生活便是所有，它处于不断的运动之中。假如你只是局部地聆听，怀着某种成见或偏见，假如你是作为一个资本主义者、共产主义者、社会主义分子或是某个宗教团体的成员去听，天知道还有什么别的身份，那么你显然就只会去听你希望听到的东西，于是也就没有任何解放，没有认识新事物，没有冲破，没有彻底的变革，而彻底的改变是如此的不可或缺。很明显，只有当心灵处于未知的状态，才能迎来那富有创造力的真理。而一个始终被困在已知领域内的心灵，这样的心灵，无法改变自己，无法带来自身的转变并由此发现生命的崭新意义。

所以，从我们谈话的一开始就应当懂得怎样聆听，这难道不是很重要的吗？我觉得，只要一个人知道如何聆听，不单单是聆听正在说的内容，还包括聆听一切暗示、潜意识的欲望、影响，聆听朋友、你的妻子或丈夫、政客和报纸的话语，那么这整个问题就可以迎刃而解了。一旦你懂得怎样聆听，这种聆听便是自身的充分的行动。我认为，认识到这个尤为重要，如果我可以详述这一点的话，因为我不会给出新的观点，观点根本就不重要。一个人或许会有新的观念，抑或你可能会听到某个你之前没有听过的东西，但重要的是你怎样聆听，不仅聆听观点，聆听新的东西，还要聆听一切。原因是，只要我知道如何聆听，那么这种聆听的行为就是解放。

若你真正去检验一下我所说的，你将凭借自己的力量发现其中的真谛。一个能够去聆听的心灵，不会去解释，不会去插入自己的观点、经验、知识或欲望，这样的心灵显然便是平和的心灵、宁静的心灵。只有当心灵迈入静寂，才能迎来新的事物，新事物即永恒，抑或你可能喜欢给它起其他的名称，这不重要。但是你知道，我们大多数人都怀有无数的观念、欲望、憧憬，所以从没有一刻心灵实现过真正的安宁。

因此，在我看来，所有这些讲话——这周末和下周末将在这里举行的谈话——里面真正重要的便是懂得聆听的艺术。只有当你去观察自身对于所说内容的反应，才能领悟这种艺术，因为你会有反应，你必定会有它们。心灵必须察觉自己的反应，但又能够超越这些反应，这样它们才不会阻碍进一步的探明。

由于困惑，我们大部分人都希望找到摆脱这种混乱的法子。我们求助于书本，求助于领袖，我们寻求政治的或宗教的权威，抑或某类专家的权威，以便帮助我们澄清自身的思想，这难道不是我们每个人都试图去做的事情吗？我们希望找到某个可以帮助我们摆脱自身的困惑、挫败、悲伤、混乱的人，于是我们便去寻求权威。然而，权威难道不正是导致我们混乱的原因吗？摆脱一切权威难道不是十分重要的吗？毕竟，心灵寻求着不同形式的权威以便得到确定，这就是我们渴望的：找到一个庇护所，在那里我们可以获得安全，在那里我们将不会受到干扰。因为，对我们大部分人来讲，思考是一种痛苦，所有的行动都会带来自身的混乱与不幸。认识到了这个，察觉到了这个，于是我们便去寻求权威，以便找到庇护所。或许不是某个人的权威，但可能是某种观念的权威。

请认真思考这一切，不要去排斥。你可能会问，警察、政府等权威，难道不是必需的吗？但倘若我们理解了制造权威的全部涵义，权威是怎样在我们每个人内心滋生出来的，那么我们就将懂得权威的详细进而摆脱其制约。

现在，世界正被分裂成几种权威，左翼和右翼，分裂成不同的政治压迫团体，它们全都有某个书本、某位老师、某种观念的认可。我们每个人能否探明怎样摆脱各种权威，不单单是外部的权威，而且还有内部的经验、知识的权威呢？我们能够发现真理吗？不是通过某个人，而是依靠自己的力量直接地探明，这样才不会有老师、学生。在我看来，这才是必需的，不止是现在，而且是一直都必需。

只要心灵需求某种安全，无论是在领袖的身上，还是某种生活方式、某个民族、群体抑或信仰那里寻求安全，这样的心灵都只会给世界制造混乱以及更多的不幸，这便是当前正在上演的情形。所以，对我们每个人来讲，重要的是凭借自己的力量通过摆脱一切权威去探明实相，这非常不容易。认识实相，探明实相，将会带来解放。但是你知道，我们大部分人都害怕赤裸，害怕彻底的独自一人，一个人会躲避依靠自己独立地探明。

如果没有认识这个，我担心你会带着失望和破灭离开这些讲座，因为我所说的并不是新东西，新事物是你探明正在说的内容。带来一种不同的思考方式难道不重要吗？凭借你自己的力量懂得怎样生活在这个无比混乱、残酷、贪婪的世界上，这难道不重要吗？有人能够告诉你怎样生活，抑或告诉你应当采用哪种模式，应该去追随哪位领袖或群体，怀有哪种信仰吗？当你面临着惊人的危机，所有这些东西似乎都是彻头彻尾无用的。这种危机是由领袖们带来的，而制造出领袖的则是我们——领袖是某种观念或信仰的具体化，不管是宗教的还是经济的。

所以，对我们每个人来讲，应当让心灵挣脱一切有关权威的意识，这难道不是分外重要的吗？——假如你格外深入地探究，这实际上意味着摆脱一切关于知识的意识，这样心灵才会是崭新的、鲜活的，从而能够以完全不同的方式活动。

你知道，我们是这般的依赖知识。如果一个人撰写了某本关于思想的书籍或者去谈论思想，我们便会接受，我们用某个名称来概括他的思想，同时去接受。我们从不曾探究自己思想的全部过程以及凭借自身的力量去发现它。这便是为什么我们会有无数领袖的缘故，每一个都在宣称、都在支配。一个人能否抛掉这一切，独立地探明呢？因为，你知道，知识变成了认知的绊脚石。当你想要修建一座桥梁的时候，为此你显然必须拥有知识，必须拥有某种技能。但一个人能够拥有关于某个活生生的事物的知识——也就是说，预先认识它吗？那个被你称作"我"、自我的事物，它是活生生的，你无法怀有关于它的预先的知识。你或许有关于它的经历，抑或他人就它发表的信息，然而当你自己带着先前的知识去着手，那么你从不曾探明你的真实模样。如果你有宗教倾向，你会说"我是永恒的，我是神的儿子"，诸如此类。假若你没有宗教倾向，你会宣称自我、"我"不过是环境的产物。

所以，我们带着知识、带着已经做出的结论去着手，我们带着这些思维模式去经历生活，结果知识就变成了探明真理的绊脚石。如果我想认识关于自我的真理，我显然就必须每分每秒去发现自我当下的真实模样，不是我曾经的模样或者应有的模样。请认真聆听这个，因为，越来越多的书在撰写，越来越多的讲座在举行，所有的一切——收音机、电视机、报纸、演讲、政客、老师———一切都在限定着你，把你塑造进某个模式里面去。你带着这种局限，试图去探明真理。限定是知识、传统，它是已经发生的、是过去，昨天的过去和一千年前的过去。这便是我们的思想，我们带着这样的思想试图去发现真理。很明显，要想探明真理，就得摆脱限定，作为美国人或苏联人的限定，作为天主教教徒或新教徒的限定，作为艺术家或诗人的限定；就得摆脱某种能力的限定，因为，跟能力认同会引发骄傲。

所以，一个希望探明真理的心灵，必须挣脱知识的羁绊。但倘若你去观察，会发现你的心灵是如何不停地累积着知识，将其储存起来，每一个经历都会让知识得到进一步的强化。我们的心灵从没有自由地宁静，因为它们被信息给塞满了，我们知道得太多，但实际上却一无所知。背负着如此的重负，我们试图获得自由。然而你发现，我们对这一切无知无觉。假如我们察觉到了这个，就会去抵制，因为我们声称，要想获得解放，知识是不可或缺的。显然，知识会妨碍我们去探明真理。真理必须是活生生的事物，必须每分每秒都是全新的。一个累积着许多知识和信息的心灵，如何能够发现未知呢？你称它为神、真理抑或其他喜欢的名称，但它并不是可以寻求到的东西。原因是，如果你去寻求它，你便已经知道它了，知道它便是把它挡在了门外。

请仔细聆听这一切。所有的宗教都是建立在知识、经验、信仰等观念之上的，因此，从儿时起我们就被限定着去相信。我们已经知道，我们崇拜那个我们已知的事物，我们总是害怕未知。未知或许是死亡，或许是明天。一个活在已知中的心灵，永远不会处于革新的状态，永远不会带来那种真理降临的状态。

那么，我们的任务不是去寻求神或真理，因为，一旦我们去寻求它，我们就已经把它给破坏了。我们寻求的是我们渴望的东西，它是会带给我们满足、满意的东西。这实际上意味着我们自身的欲望投射进了将来，我们把自己的过去投射到了明天，在明天崇拜着过去。

假如你希望真正理解这个，就去聆听它，不要努力让心灵摆脱过去，单纯地聆听，认识到思想如何是过去的产物，不仅是意识，还有潜意识，无论我们是睡是醒，它都在活动。潜意识的许多层面，那些暗藏的恐惧、本能、动机、阻碍——这一切都是过去的结果，还有那在跟知觉交战的显意识。

在聆听这一切的时候，若一个人展开努力，它就依然是已知的产物。毕竟，我们大多数人都是通过意愿的行动在生活的，不是吗？对我们来说，意愿是非常重要的，也就是，是什么或变成什么的意愿。变成的意愿、成为的意愿，便是已知的行为，不是吗？所以，意志力的行动永远无法发现实相。就只是认识到如下事实，即一切知识、一切经验都只会强化意愿、已知、"我"、自我，这样的意愿、这样的"我"，永远不会清楚地认识真理，永远不会发现神，不管它可能会多么努力，因为它的神是已知的。只有当心灵处于未知的状态，当它本身就是未知，唯有这时，才能迎来创造力，而创造力即真理。

我们谈论的不是去遵从某种思想模式，接受某种信仰或是加入某个群体，而是充分的变革。只有当心灵迈入了彻底的静寂，才能实现这种变革。当一个人认识了自我的种种情形，心灵才会安静，伴随着自我认知，就能迎来心灵的静寂。若没有认识自我，心灵的静寂就只是一种欺骗、一种便利，是心灵为了自身安全虚构出来的东西，在这种静寂里面，心灵无法去感知、认识或接受未知。

因此，当我们在接下来的讲话中去对这些问题展开讨论的时候，始终重要的是懂得如何聆听。假如你我之间发生争论，你便无法去聆听。若你从属于某个团体，从属于某个群体或宗教，若你接受某种信仰，你便无法聆听。因为你的心灵已经受着限定，一个受限的心灵无法聆听，它不能自由地聆听。但只要一个人能够充分地聆听，那么我认为就会发生根本的转变、根本的革新。这种变革不是由"我"的某个行动带来的，所以它将会是真正的改变。这是我们怀有的唯一问题：怎样才能让我们自己发生彻底的改变，不是单纯地去适应某个社会，这么做是幼稚的。希望调整自己去适应某个社会，这是不成熟的做法，因为社会是由环境的影响、我们自己的反应和关系制造出来的，仅仅让自己去适应某种社会模式，并不是自由。

在我看来，真正必需的是这种根本的转变。它不是通过意志力、通过权威出现的，而只有当我们认识了自身存在的全部过程，彻底的转变才会到来。认识我们自己的真实模样，认识我们自己，就像在镜子前面察看自己的面孔那样清楚，没有任何歪曲，这便是真理的开始。这需要大量的觉察，一种里面没有任何选择的觉察。一旦你去选择，你就已经依照自身的限定去行动了。然而，认识到你在依照自身限定去行动，领悟其中的真谛，这便已经是觉照的开始，在它里面，没有选择。

一个人可以在自己身上观察到这一切。你不必求助于任何哲学家、老师或者从属于某个群体。你的各种群体都是限制性的、混乱的，彼此矛盾、冲突，它们引发了仇恨、敌意，尽管它们谈论什么友爱之情。只要一个人认识到，通过任何人、任何书本，通过宗教，都无法发现真理，认识到，只有当心灵迈入了彻底的静寂，真理才会到来，这种静寂只会伴随着认识自我而来，而对于自我的认知是无法由一个人给予另外一个人的，而是必须凭借自己的力量每时每刻去发现的——那么显然就会实现心灵的静寂了。这种静寂不是死寂，而是一种平和，实际上它便是创造力。唯有这时，那永恒之物才会降临。

1954 年 5 月 22 日

在纽约城的第二场演说，纽约

正如我昨天所言，我认为，重要的是不仅要聆听我的观点，更应该体验正在谈的内容，因为这不是你要从中学习某个东西的普通的讲座。如果你仅仅为了学习而聆听，我担心你将会失望的，但倘若你的聆听是为了凭借自己的力量有所发现，那么你就会获得令人惊异的结果。不幸的是，我们大多数人都受着如此的限定，我们的思想出于未知的恐惧和焦虑被遮蔽住了，以至于我们无法真正地、直接地体验，于是也就错失了正在说的内容的涵义。词语的意义有限，它们不过是符号罢了，我觉得，重要的是去超越符号。但我们大部分人都崇拜符号，我们仅仅去接受某些字面的释义并且活在这些定义之内，于是便裹足不前。因此，若容我再次建议的话，当你聆听所说内容的时候，你要让它与自己产生关联，直接地体验它，而不是仅仅跟随描述。

我感觉，只要世界被分裂成了无数个国家，只要它被划分成了许多的信仰、教义，就根本不可能实现和平。只有当一切国家主义终止，当所有把人们分隔开来的信仰终止，才会迎来和平。而要实现这个，只有当心灵挣脱了一切限定，当它不再从美国或苏联的层面去思考，当它不再作为共产主义者、社会主义者、资本主义分子抑或作为天主教教徒、新教徒、印度教教徒去思考。只有当我们作为人类去着手问题，也就是，当我们不再围于这些培养了几代人的模式中的任何一种，才可以应对那些出现的难题。要想冲破心灵在自己周围竖起的藩篱是相当艰难的，所以我想谈谈这个，探究一下该问题。假如你这方面愿意踏上探寻之旅，不只是跟随我所谈论的，而是随着我们的展开去认识你思想的真实状态，那么我认为聆听这类讲座将会具有意义。就像我昨天指明的那样，聆听的行为会打破障碍和限定，因为聆听意味着没有抵制。我显然不会要你去加入什么、相信什么或是接受什么，而是要你去探究自己的思想，日常活动的思想，或许还要去探究一下潜意识。

若我们没有察觉到自身的限定，就无法认识我们生活的全部过程。如果我们想要在这个疯狂、无序的世界存活下来，我们每个热切、真挚、勤于思索的人就应当思索一下让心灵摆脱自身限定的问题，这显然是不可或缺的。这并不表示要去发展某种更好的环境，而是挣脱限定。我们每个人都受着气候、饮食、心理影响的限定，这些我们知道如何去应对。然而那些更为深刻的心理的、内部的限定，我们却少有人察觉到了，正是它们在指挥、控制、塑造着我们的行为。

假如我们希望在世界上拥有和平，我们就不能从属于任何国家或宗教，因为，正是这种国家、群体、宗教信仰的界分才毁灭了我们。除非我们注意到了这整个的问题，否则它仍旧会带来更加严重的不幸。显然，如果你展开思考，如果你对问题警觉，你将发现，我们必须通过探寻心灵能否让自己挣脱一切限定开始着手。那些世界上重要的人物，那些拥有巨额财富、地位和名望的人们，自然不会去检验这个，因为它太危险了。只有普通人，那些无权无势的人，那些努力去认知的人——或许是他们会着手展开检验，凭借自己的力量加以探明。

由于我们大多数人都没有意识到自身的限定，所以首要之举便是察觉到这个，不是吗？我们每个人都被限定为了基督徒抑或从属于怀有某些观念、信仰和教义的其他团体，而这些观念、信仰、教义又跟其他的观念、信仰、教义对立。那么很明显，正是这些信仰、教义导致了人与人之间的敌对，不是吗？既然认识到信仰导致了敌对并且让人与人之间的这种界分得以维系，那我们为什么还要去依附某些信仰，为什么还要努力让他人加入到我们的群体中来呢？

因此，重要的是询问一下我们自己，心灵能否摆脱一切限定，难道不是吗？它能否不去从属于任何群体、任何宗教？——这并不意味着进入其他受限的状态，成为一个无神论者、一个共产主义者或是其他别的什么。摆脱一切限定，并不是去寻求一种更好的环境、限定。我认为这才是真正的症结所在，原因是，唯有当心灵不受限定，它才能把生活当作一个完整的过程去应对，而不是仅仅局限于我们生活的某一个局部的层面。

你我能够察觉到自身的限定吗？能否摆脱它呢？意志力的行为会带来这种自由吗？你们明白问题没有？我意识到我被限定为了一个印度教教徒，随便你怎样称呼，我在与他人的关系里面认识到了这种限定的影响，这实际上是一种抵制的关系，从而带来了自身的问题。我认识到了这个，既然我认识到了这一点，那么我能否打破这种限定呢？比如通过意愿的行动，通过对我自己说我不应该受限，我应该有不同的思考，我应该把人类视为一个整体，等等等等。通过意愿的行动，能够冲破限定吗？毕竟，什么是我们所说的意愿？何谓意愿？它难道不是以渴望获得结果的"我"为中心的欲望吗？

请注意，这并不是高深难懂的讲座。只要我们能够简单地思考问题，就将找到它的正确解答。然而，简单思考十分不易，因为我们的内心是如此的复杂，我们有这么多的观念，阅读过了这么多的东西，被告知了这么多的事情。身处于这种复杂之中，很难直接地、简单地思考，但这便是我们努力要去做的事情。

我意识到我是受限的，我想知道怎样打破这种限定，因为它妨碍了我清晰地思考，妨碍了人们之间的直接的关系。它带来了抵制，而抵制又会导致自身的问题。既然认识到了限定的影响的全部涵义，那么我的心灵要如何让自己挣脱局限呢？你们理解问题没有？那个渴望让思想摆脱限定的实体，跟思想本身是不同的吗？假如它是不同的，就会出现努力的问题、意志力的行动。"我"、思想者、那个声称"我是受限的，我必须自由"的人，那个努力获得自由的"我"，这个"我"、意愿、渴望，与受限的状态是分开的吗？请注意，这并不复杂。当你审视该问题时，必须得问自己这个问题。希望让自己摆脱限定的我，与限定是不同的吗，还是说这二者是一样的呢？假如它们是一样的，事实上也正是如此，那么心灵要怎样让自己挣脱限定呢？你明白了吗？

我认识到我被限定为了印度教教徒以及它的全部涵义——一个印度教教徒怀有的迷信、信息、经验，我的心灵和思想以那种方式受着限定。让我们以这个作为例子。现在，我领悟到了让心灵摆脱限定的重要性，那么要怎么做呢？通过意志力的行动会带来自由？如果我说"我必须让自己摆脱过去的限定"，那么，那个希望让自己挣脱过去限定的"我"便与它是分开的。然而，"我"究竟是与限定分开的，还是说它依然是一种限定的结果呢？若那个"我"也就是意愿与限定是分开的，那么，当它努力去冲破限定的时候，它就只会找到一种替代物来取代先前的限定。

请注意，正如我所言，对你来说，重要的是去聆听和展开检验。或许这是你以前没有听过的东西，所以你会困惑、会抵制。但倘若你能够真正聆听，不去抵制，就只是观察自身思想的活动，那么这种聆听就会成为一种检验。你自己的思想是受限的，正是这种限定真正妨碍了和平，是它导致了战争、破坏与不幸。除非你彻底消除了你所受的限定，否则世界上不会有真正的和平，在两种极大的势力之间会有政客的和平，但这是恐怖。要想拥有和平，心灵必须彻底不受限制。一个人应该认识到这个，但不是流于表层，不是作为你安全的保证，抑或为了你的银行账户。和平是一种心灵的状态，它不是发展起毁灭彼此的丑陋的手段，然后再通过恐怖去维持和平，我指的不是这个。给世界带来真正的和平，是指能够幸福地生活，富有生机和创造力，没有丝毫的恐惧感，不在任何想法或某种生活方式中得到安全。若想拥有这样的和平，心灵显然就必须完全挣脱一切限定，或者是外部强加的，或者是内部培养起来的。你那受限的心灵——因为所有的心灵都是受限的——这样的心灵能否摆脱自身的影响、欲望、受限的状态呢？所以，问题是：思想是否有某个部分是不受限定的，能够战胜、控制或消灭掉受限的部分？抑或思想始终都是彻底受限的，因此无法对自己发挥作用呢？当它认识到了无法对自己起作用，那么它难道不会迈入彻底的静寂，而没有任何朝向自身限定的活动吗？

对我们大多数人而言，这意味着摆脱某个东西。摆脱某个事物便是抵制它，所以并非自由。我谈的不是摆脱某个事物，而是自由。自由不是变得自由，安宁不是变得安宁。没有朝向自由、朝向安宁的渐进的过程，要么你是和平的，要么你不是。我们试图要去探明的是，无数个世纪以来、一代又一代受限的心灵，这样的心灵是否能够让自己获得自由。显然，只有当不再有意志力的行动，当它认识到它是受限的，不采取任何努力让自己摆脱限定，唯有这时，它才能获得自由。当我的心灵认识到它的思维方式是东方的，不管这可能意味着什么，当它充分认识到了这个，它是会沿着西方的路径去思考，这是另外一种形式的限定，还是会停止以某种模式去思考，于是便能自由地思考呢？

你知道，我感觉这是一个要去认识的重点，这是问题的症结所在。原因是，一个受限的心灵永远无法发现真理，一个受限的心灵永远不会发现神。它会构想出自身的形象、信条、信仰，然后认为它已经找到了神，但这依然是一个受限的心灵的活动。如果我领悟了这个，如果我认识到这是事实，我这方面还必须有所行动吗？若我知道我目盲，我就会用完全不同的方式应对生活了，我会发展起截然不同的认知。同样的道理，当我知道我是受限的，我的思想是局限的，一个受限的心灵，无论它可能有怎样的体验，无论它可能获得多少的知识，都依然是局限的——当我认识到这个，我这方面还需要展开行动去冲破这种局限吗？一旦我知道心灵是受限的，那么这种局限难道不会冲破自身吗？所以，难道不能自发地摆脱限定吗？我们大部分人都认为，分析的过程将会最终带来心灵的自由，因为我们如此习惯于从努力的层面去思考。我们说道："我必须冲破这种限定，我必须产生结果，我必须做某个事情。"然而这个展开行动的"我"本身就是受限的，"我"即受限的心灵，所以它无法冲破限定。

现在，当整个的我意识到自己无法冲破限定，无论我对此做什么——克制、崇拜、祈祷或是"我"通过其他什么事物努力去冲破自身的某个部分——依然是受限的，那么"我"的行为难道不会停止吗？这种努力的停止，正是限定的终结。

请注意，你应该对此展开检验。假若你有正确地聆听，将会发现，心灵无法对自身的限定做一件事情。它可以去探索，可以去分析，可以得到某些结果，但它总是受限的。不管它的构想、希冀、成就是什么，它们始终是其自身背景的产物，从而是局限的。当心灵意识到了这个，难道不会自发地、没有任何强制地终止这个在寻求、希冀、获取从而挫败的"我"吗？毕竟，这便是禅修，实际上它不是通过任何意志力的行动，它是心灵的静定，它是宁静。一个仅仅为欲望、有所得、知识、经验所困的心灵，是永远无法静寂的。当一个局限的心灵去冥想时，当它去思考神，它的神和冥想依然是琐屑的。在我看来，不管一个平庸的心灵如何扩展，不管它知道些什么，仍旧是平庸、渺小、琐屑的，所以它的问题始终会停留在琐碎、无法解决的状态。

所以，重要的是认识到这一切，不仅是通过聆听我所说的，而且要通过凭借你自己的力量认识它，直接地体验到你的心灵是渺小的、局限的。由于局限，无论它可能知道多少，也不管它可能拥有怎样的经验，它都依然是局限的，于是也就永远不会探明真理、实相。只有当你彻底终结了一切限定，也就是说，当心灵实现了自由——不是摆脱某个事物，而是处于自由的状态，于是也就迈入了宁静——真理才会到来。

我这里有一些提问，我将努力给出回答——或者更确切地说不是解答，因为并没有答案，有的只是问题。请注意，这并非俏皮话，而是事实。原因是，一个寻求问题解答的心灵，将会依照自身的渴望找到答案。我们大部分人都怀有问题，我们总是在寻求答案，这就是为什么会有那些教堂、礼堂的缘故。我们所有人都试图在某个地方找到答案，我们可能会找到，但它不是实相，真实的是问题。只要你认识了问题，问题便会停止，而不是关于它的解答。请注意，聆听这个很重要。正是琐屑的心灵、狭隘的心灵才会去寻求答案，才会渴望知道当我死的时候会发生什么，它怀有无数的问题，它唯一关心的便是答案。但要想认识问题，需要一个警觉的心灵，一个不去寻求结果、不去逃避抑或试图将自身的空虚给掩盖起来的心灵。所以，问题的解答就蕴含在问题本身，我唯一应该知道的是怎样去着手问题。假如我想要解决它，假如我希望找到它的答案，那么我便无法正确地着手它，因为，尔后我的心灵关注的就是答案而非问题。我觉得，认识到这一点十分重要，这实际上是我们思考方式的革新。你知道，我们因为自己的思维方式制造出了许多的问题，然后又试图通过进一步的思考去解决问题；我们开始去提问，求助于心理分析师、牧师，天知道还有什么其他的，我们努力想要找到解答。因此，我们必须懂得怎样跟问题共处，观察它、审视它，不去根据我们的希望、信仰、传统对它做出解释，正是我们的传统，我们的信仰、信条才导致了问题。若我们想要认识问题，就必须摆脱所有这一切，直接地审视它。

问：我总是努力去忠实于自己的理想，但您却说它们是破坏性的。那么您可以提供什么来替代它们呢？

克：这个问题里面包含了几个方面：诚实，理想，以及假如没有理想的话是否有东西可以替代它们。让我们慢慢地展开探究，加以审视。

我们所说的真诚是指什么意思？——忠诚于某个事物吗？如果我有一个理想，我试图按照该理想来过活，若我尽可能地依照我为自己确立的理想去生活，我就被认为是一个真诚的人。那么，理想是我的心灵在寻求自身安全的过程中制造出来的，不是吗？请认真思考一下这个，不要去抵制它。不幸的是，你将会继续你的理想，你将会继续你的行为模式，所以你不必抗拒正在说的东西，而是至少能够聆听并探明。

你之所以怀有理想，是因为它带给了你慰藉，它可能是一个你很难去实现的理想，但正是努力去实现该理想让你感到满足，让你感到了慰藉，感到了幸福和体面。从根本上来说，理想给予了你安全，这便是为什么你会去构想出这些理想的缘故。假如我是暴力的，我不喜欢这种暴力的状态，我就会构想出非暴力的理想进而去追逐它。理想以及对理想的追逐带给了我安全，让我感到幸福。我忠诚于我的欲望，忠诚于我的渴求。这样的人，一个在追逐自身欲望的人，你却称他是高尚的。

所以，理想会带来破坏，因为它们是分离性的，它们是我们自身欲望的投射，会带来我的本来面目即事实是与我的应有面目之间的冲突。这种"事实是"和"应当是"之间的斗争，被看作是实现理想。我们害怕不去努力，原因是，我们被限定成了永远都在好和坏之间、邪恶和高尚之间挣扎、努力、斗争，于是我们便说道："假若我不去努力的话，会发生什么呢？"一旦理想被拿走，我们会感到彻底失落，这位提问者希望知道什么能够替代它的位置。

对我而言，理想主义者是被困在本来面目跟应有面目之间的人，所以处于一种虚伪的状态，因为"应当是"并不存在。我为什么应该把我的注意力投向"应当是"呢？我只能够认识"事实是"。假如我暴力，我难道无法消除我的暴力，而不是努力变得非暴力吗？我难道不能审视自己的真实模样，而不去追逐那一理想，从而引发本来面目和应有面目之间的冲突吗？要知道，这种对立面之间的冲突会带来无数的问题，但这正是我们逃避的事情，不是吗？因为我们大多数人都不愿意认识自己的真实模样，要么我们对它感到羞耻，加以谴责，要么惧怕它，抑或希望把它改变成别的样子。

所以，我们从不曾审视过自己的本来面目。在我们能够改变本来面目之前，难道不应该认识它的结构，认识它的真实情形吗？当我始终都关注于努力去改变它、重新安排它抑或逃避它，我怎么可能认识它的真实模样呢？我们如此害怕赤裸、空无、什么都没有，我们想用某个东西去填补自己的空虚。如果我很孤独，我会逃离这种孤独，我会打开收音机，读书，去教堂，祈祷，一头扎进社会活动中去，做任何可以逃避它的事情；但倘若我不去逃避它，我便会恐惧。

因此，恐惧妨碍了我们去认识自己的真实模样，恐惧使得我们去展开各种形式的活动，只为逃避本来面目的实相。所以，对我们每个人来讲，重要的是抛掉所有理想，既然它们毫无意义，每时每刻去认识发生在我们身上的真实情形，难道不是吗？若我们时时刻刻去观照自我，不做任何选择，不去谴责、评判，不去屈从于我们之前被认为是可怕的、丑陋的、糟糕的、邪恶的东西，那么它还会存在吗？只有当我们去逃避的时候，才会有恐惧，逃避的行为本身就是恐惧。一旦我们不去逃避，就能审视、观察之前谴责、逃避、努力想要改变的事物了，当我们审视它，不做上述任何事情，那么我们试图逃避的事物难道不会消失不见了吗？

只要你真正对该问题展开探究，就会发现，当心灵是暴力的，因为它怀有非暴力的理想，因为它逃避自己的真实状态，因为它渴望改变那一状态，所以它会去抵制暴力。这并不意味着心灵应该屈服于暴力，而是说一旦心灵摆脱了同暴力有关的一切抵制，问题还会存在吗？很明显，问题之所以会存在，是因为心灵在进行抵制。

请注意，正如我指出的那样，这是应该予以思考的事情，抑或说，直接地体验会更好一些。尔后你将明白，当心灵不怀有理想，当它不去试图变成某个样子，就会迎来一种里面没有时间的状态，因为时间便是问题。老迈，挫败感，害怕没有获得、变成、实现——这一切都意味着时间，这是我们知道的全部，我们在这种状态里面生活、活动、努力。所以，这种"事实是"与"应当是"之间的冲突是一种永无止境的过程。一旦心灵认识到了这个，难道不就会摆脱"本来面目"了吗？而这里面不会有任何的"变成"。因此，你无需任何理想，我觉得认识到这个格外重要。显然，这便是真正的革新，而不是制造出对立面然后与对立面斗争以带来一种整合。如果你能够从这些层面去思考，不是从"变成"而是从"是"的层面去思考——这相当困难，不易认识——那么你会发现，许多包含时间的问题将会彻底终结。于是心灵可以自由地去揭示和探明真理，并且受到它的庇佑。

1954 年 5 月 23 日

在纽约城的第三场演说，纽约

就像我昨天和前天所说的那样，我不认为观念可以从根本上改变我们的行为，尽管它们或许会让我们的行为得到一定的修正。观念扮演了某种表层的角色，但它们显然不会影响到那些深层的动机、目的，那些我们真正渴望的东西，不会让我们对待生活的态度发生彻底的转变或革新。所以在我看来，重要的是认识我们思想、意识的全部过程，或许正是这种认知会带来改变，不是依照某种思想模式抑或依照任何欲望，而是从已知改变成未知。

当我们面临历史上可能史无前例的巨大危机，正如我们现在所处的真实情形，在我看来，根本的转变、变革是必需的。但不是从政治或经济的意义上来说的，因为我并不认为我们能够用观念去应对危机。为了迎接这场危机，我们自身必须发生完全不同的过程，而这是思想意识无法带来的。

假如今天晚上可以的话，我想讨论如下问题，即我们在寻求的是什么，我们大部分人在努力探明怎样应对生活的不断运动时寻求的是什么。生活实际上没有停靠的居所，尽管我们试图用自身局限的思想，用我们作为基督徒、天主教教徒、新教徒、印度教教徒的成长背景将它给包围起来。

依我之见，聆听这场讲座十分重要，不是为了积累信息、知识或更多的理念，抑或为了驳斥用聪明的论点、更大的信息和知识阐发的东西，而是为了一同去探究我们自身思想的过程。在我讲话的时候，如果我们可以一起思考自身思想的方式，这实际上便是认识自我，那么或许无须使用意志力就会迎来根本的转变了。任何意志力的行动都受到我们的经验、我们的教育、我们的社会影响的限定，由于受限，它无法带来这种改变，不管它可能多么的努力。然而这便是我们习惯的——这种不停的努力，持续的野心的努力，试图去改变抑或试图去带来改变。但倘若我们能够应对有关生活的整个过程，应对这场不同寻常的危机，不采取任何意志力的行动，或许就可以带来不同的认知、不同的价值观念，这些观念不是建立在国家主义、民族主义之上抑或基于某种宗教。

　　要想认识这种摆脱意志力的自由，一个人就必须理解自身思想的运动。这种过程不是从书本中学到的，不依赖任何心理学家，而是一个人必须每一天在自己跟生活的关系中以新的视点去发现它。若想有所发现，显然就得知道思想是怎样不停地寻求着某种形式的安全。这便是我们大部分人渴望的东西，不是吗？我们渴望安全，为了获得宁静；我们渴望安全，为了能够实现、达成我们的信仰、道德。我们展开各种努力以便达成、实现，它们难道不全都意味着心灵对于安全感的根本渴望吗？拥有一种安全，这里面不会有任何干扰，拥有一种永恒的、不会改变的经验或知识。某种永恒就是我们大部分人渴望的，这就是大多数人寻求的东西，对吗？我们渴望获得安全，渴望在关系、外物、财产、他人的身上得到安全。假如没有在人或财物那里找到安全，我们就会求助于理想、自我投射的欲望、要求以及寻求庇护，要么是在神的观念里，在信仰、信条里，要么是在美德里面。

　　我认为，当你仔细地探究自身的思想，将会发现这种对于安全的不断渴望。但安宁会伴随着安全而来吗？还是说一个人必须首先获得安宁，尔后安宁才会带来安全呢？努力想成为什么，这是一种野心，因为社会野心以及所谓的精神的欲望都是一样的。只要你不停地努力想要成为什么，这会带来自大，显然就不会拥有安宁。但倘若我们观察自身思想的方式，观察我们的探寻、我们的信仰，会发现它们全都带来了一种对于永恒的不断的渴望。当这种永恒受到干扰，正如它一直都受着干扰，我们便会发展起一种抵制，从而引发无数的问题。

所以，重要的是凭借我们自己的力量探明是否存在着永恒，难道不是吗？心灵、自我、"我"，不断在渴望，想要通过记忆、通过经验、通过关系、通过所谓的对真理的寻求来为自己确立起永恒，心灵始终的欲望便是永恒。我们为了维系这种永恒而展开努力，于是便发展了意志力。意愿从本质上来说就是"我"、自我，无论它是追逐美德还是否定美德，抑或给自己制造出各种形式的体验，它不停的努力都是为了获得永恒与安全。跟某种思想、观念或经验认同，会带来这种安全感、永恒感，这就是为什么我们与某个国家、群体、宗教、知识或经验认同的缘故。这种不断的与某个事物认同的过程便是我们知道的全部，我们的生活便是这场永无止息的战斗，而我们的整个文化、整个价值观念就是建立在这之上的。

在我看来，安宁不是这场战斗的结果。一个充满野心的心灵，一个跟某个群体、国家、阶级、信仰、宗教或信条认同的心灵，无法拥有安宁。因为它在寻求安全，由此强调、强化了"我"、自我的意愿，这自然必定会成为一种永远的冲突。

因此，假如一个人在聆听的时候希望认识到这个，不单单是作为一种理念去认识，而且是切切实实地认识，那么他必须察觉在展开寻求的心灵的过程。我们寻求的是什么？某种实现，不是吗？实现里面将会有某种永恒，我们不停地渴望实现、成为、达成，而在实现之后又是更多的实现。一个始终在寻求、努力的心灵，努力认知，希望在某种永恒中确立起自己，这样的心灵能够在任何时候都处于安宁的状态吗？心灵应当毫不费力地迈入彻底的静寂，这样才能迎来创造力即我们所谓的神，抑或你所喜欢的其他名称，这难道不是十分必需的吗？

你知道，我的意思是指我们的全部生活都是一种努力、奋斗、挣扎。通过努力，我们将会找到我们所谓的真理吗？毕竟，这便是我们全都渴望的——一种永恒的极乐、幸福的状态，称其为神、真理，随便你怎么称呼。但这是心灵无法想象出来的事物，因为思想是时间的产物，任何由时间、思想构想出来的东西依然是局限的。它是过去的结果，所以它里面没有任何新事物，它不是真实的、富有创造力的。

那么，这整个的过程——不仅有意识，而且还有潜意识的努力想要成为什么、实现什么，这种实际上给世界带来了如此浩劫的野心——这全部的过程能否终结，如此心灵才会真正变得宁静？唯有这时，才会有真正的安全。

你知道，世界上发生的情形是，每个人都在跟某个国家、群体、宗教进行认同，于是便给他自己制造出了一种人为的永恒和安全，与其他的国家、群体相对立。因为我们每个人都想要跟某个更加伟大、更加高尚的事物，某个比琐屑、渺小的"我"广阔许多的事物认同。国家、信仰、宗教让我们得以逃避"我"，通过这种逃避，我们希望获得一种永久的安宁。但这种永恒源自于我们渴望在某种认同里面获得安全，于是个体、群体、宗教、国家之间便有了不断的交战。

正如我昨天所说，聆听所述内容的时候，重要的是你不应当仅仅只是去接受或排斥，而是要切实地聆听，没有任何形式的评判——这并不是说将自己置于一种虚伪的状态。不做判断地聆听，意即为了探明而去聆听，这意味着聆听一个人自身思想的活动，聆听他的想法，这样心灵才会变得独立。当心灵安静，不是人为地变得安静，那么你将发现一种彻底的不安全感，但它里面却是充分的安全，因为那个不停在战斗的自我、"我"消失不见了。这就是为什么说，认识自我是如此的重要。凭借自己的力量去认识那些将一个人困在其中的许多想法、欲望、野心、挫败，察觉到它们。

大部分人展开觉察的时候，我们的觉察是由评判、谴责、选择、接受或否定构成的。这并非觉照，不过是意志力对思想展开的行动。但倘若你能够去观察、去觉照，不做任何选择，就只是认识发生的情形，那么你会发现，整个无意识的过程，那些暗藏的、黑暗的、潜在的部分，将会通过梦境、暗示以及各种形式的自发的反应浮上表面。当它们出现的时候，你也可以对其展开观察，不怀有任何谴责或评判的意识，既不去接受也不去排斥。尔后，心灵就不只是评价、分析的工具，这样的心灵，不再被"我"、自我的意愿及其所有的限定、需求和追逐所动，将会迈入真正的静寂。在这种静寂里面，每一个想法、每一个反应、自我的每一个运动都会被抛掉，在我看来这是十分重要的，假如我们想要解决某个生活难题的话。

认识"我"，认识自我，不是立马就能够学到的事情。但声称"我将逐步地学习这个"也是错误的，因为它不是一个人经由时间的过程就可以认识的东西。你知道，我们以为认知源于积累，经验或知识的积累。认知是通过知识而得来的吗，还是说，当心灵不再背负过去就能实现认知了呢？

正如我所指出的那样，在我讲话的时候去展开检验和思考，直接体验我所说的话，你将凭借自己的力量去探明。你或许怀有某个问题，心灵已经探究过它、为它焦虑，然而当心灵迈入静寂，不去关注问题，就会感觉到认识它了。同样的，如果一个人能够认识心灵，如果他能够在自己坐巴士的时候，就餐的时候，交谈的时候简单地去察觉心灵的活动，察觉他是怎么说话的，怎么闲言碎语的，察觉他的那些逃避、崇拜、祈祷，那么所有这些事情将会揭示出一个人意识的深层。很明显，要想发现那永恒的事物，那超越了心灵一切无用的构想的事物，思想就必须终结。不是人为地停止，不是通过任何克制，而是通过察觉到思想的过程。因此，思想本身，尽管能够拥有最高的理性，但它应当在自身的理性中终结。只有这时，才能拥有内心的安宁，唯有这种安宁，才可以制止这些可怕的战争和拯救世界。

然而困难在于，我们会说："我们是无名小卒，是普通人，我们能做什么呢？"我认为，我们全都应当感谢自己是无权无势的人，没有地位，没有权威，因为那些位高权重的人并不渴望和平，他们想要的是政治的和平，这是完全不同的。我觉得这取决于我们这些非常简单的人们，虽然我们有许多的冲突和不幸，虽然我们历经艰辛——是由我们去着手，在我们自己的后院对自我展开检验，去认识我们思想的各种活动，这样我们每个人才会成为真正和平的中心，而不是那种军队和政府在两场战争之间带来的虚假的和平。

若没有真正的和平，就不会有任何安全，有的只是恐惧。恐惧是自我的本能，因为正是自我始终在不同的方向受着威胁，尤其是在危机之中。由于恐惧，所以我们没有答案，我们逃离到各种形式的逃避之中，或是求助于政治的、宗教的领袖。通过任何领袖、任何教义，都无法解决这个问题，没有哪个军队、国家或理念会给世界带来和平。一旦我们每个人将自我作为一个完整的过程去认识——不是仅有经济的问题或是大众的问题，而是作为个体的我们自身的全部过程——在对该过程的认知中，将会迎来和平，唯有这时才会有安全。但倘若我们把安全置于首位，倘若我们视其为生活中最重要的东西，那么就不会有任何和平，只会有黑暗与恐惧。

正如我昨日所说，我将会回答一些提问，但允许我再次指明，重要的是去认识问题，而不是寻求问题的解答。如果我们寻求答案，这就是在逃避问题，可一旦你认识了问题本身，问题便会停止，所以存在的只有问题，而非答案。幼稚的心灵才会去寻求答案。若我们懂得怎样思考、怎样审视问题——战争的问题，关系的问题，问题是什么无关紧要——若我们能够观察它，不去试图消除它或是找到它的解决方法，那么我们就会发现心灵本身便是问题的制造者，但这需要大量的认知、洞察、领悟和觉照。你知道，我们大部分人都因为观念和解释裹足不前，我们知道得太多，而正是知识妨碍了简单、直接的认知。

所以在讨论问题的时候，我不会去回答它，而是我们一同展开探索。毕竟，这才是谈论问题的作用所在。你不是仅仅聆听一场讲座，而是我们一起努力探明如何消除问题，而这需要相当多的兴趣与关注。

问：我让我的儿子接受了最好的教育，但他似乎并不快乐，无法找到自己在社会上的位置。究竟是什么原因导致了他的失败呢？

克：一个人为什么应当融入社会？（笑声）这不是可以一笑了之的事情。自己的儿子或女儿应该适应社会——这是每一个父母的愿望。为什么？为什么孩子应当融入社会？我们拥有的这个不可思议的社会究竟是什么样子的？请注意，这并非仅仅流于表层的可以一笑置之的评论。在印度，人们希望自己的孩子适应社会，这里也是一样，在苏联情形亦相同。在世界的每一个地方，我们全都希望维持现状，希望自己的儿女能够适应它。

所谓的社会是什么？让我们简单地来思考一下它，不是从重大的经济或哲学的涵义入手。什么是社会呢？社会是获取、野心、贪婪、嫉妒的产物，是每个人追求自身实现的产物，社会源自于每个人的寻求，源自于他永远都渴望在这个短暂的世界上找到某种永恒之物。当然，这个社会上同样也有一些飞逝而过的欢愉、各种各样的娱乐，诸如此类。说得残酷点，说得简单点，这便是我们的社会。我们希望我们的孩子去适应它，功成名就，我们崇拜成功。我们的教育就是在教育孩子们去遵从，不是吗？它限定着他们，使其去适应某种模式，它教会他们某些技能，这样他们就会找到工作。同时社会上还有不断的战争的威胁。

所以，这便是我们的社会。我们为什么要教育我们的孩子呢？这一切是为了什么？我们从不曾探究过。假如我们的孩子最终会在战争中被杀戮或者杀戮他人，那么教育的目的和意义是什么呢？

显然，重要的是我们应当以全新的视角去思考这整个的问题，不要这里或那里做修修补补的改革。我们难道不应当努力去解决自己的问题吗，不是从美国、苏联或其他国家的层面，而是作为一个整体？我们难道不应当去着手这一有关人的生活的问题吗，不是作为美国人或英国人，而是从人的关系的层面？除非我们这么做了，否则将会有永无休止的战争，世界将会饥饿遍地。会有饥饿，或许不是在美国，而是在亚洲。直到这个问题得到了解决，不然这里不会有和平。你无法作为一个美国人或苏联人，作为一个共产主义者或资本主义者将其解决，你只能够作为一个人类去解决它。

请不要把这一切忽略而过，就仿佛你之前已经听过千百遍了。只要你真正作为一个简单的个体认识了这个，就能将问题解除了。但倘若你仅仅关注努力帮助你的儿子去适应某种社会，倘若你仅仅关注某个问题——当然应该去应对问题，但除非你把它作为一个整体去着手，否则你便无法解决它——那么你将不会找到任何答案，结果你便会有更多的复杂、更多的不幸。

因此，我们必须真正从根本上去着手何谓教育这一问题。教育仅仅是教授某种技能，以便年轻人可以谋到一份差事吗？还是说教育是营造出一种真正自由的氛围，不是为所欲为的自由，而是自由地去培养智慧，这样才能迎接每一个经历、每一个局限性的影响——迎接它、认识它、超越它呢？这要求我们每个人大量的感知、洞察和智慧。但是你发现，我们全都如此的恐惧，因为我们渴望安全。当我们寻求安全的那一刻，恐惧的阴影便投射了下来，当我们努力去克服那一恐惧，就会进一步地局限住自己。我们局限了自己的心灵，制造出了一个注定会限制我们思想的社会。一个社会越是变得有效率，越是受限。

真正去着手什么是正确的教育这一问题，理解教育的全部意义，我们为什么要接受教育，它的全部涵义是什么，这是非常大的事情，不是仅仅谈论几分钟就可以的。你或许阅读过或者有能力阅读许多书籍，你或许拥有很多的知识以及无数的解释，但这显然并不是自由。自由源于认识自我，唯有这样的自由才能无所畏惧地迎接每一个危机、每一个局限性的影响，但这需要相当的洞察与冥想。

问：在这个纷扰的世界里，我怎样才能拥有心灵的安宁呢？

克：假如我们渴望安宁，这或许是一种对世界的彻底逃避，逃避是我们大部分人能够成功做到的事情。我们通过收音机、通过教义、通过信仰、通过活动去逃避。完全投入某种活动中去，让我们感觉这便是安宁。但这显然不是安宁。你知道，安宁不是烦扰的对立面。但倘若我能够认识那给我的内心、我的关系、我的价值观念从而给社会带来干扰的过程——倘若我能够懂得干扰的全部过程，那么，当我让自己摆脱了这种烦扰，就将拥有宁静。可如果没有理解自我的全部便去寻求宁静，自我便是导致烦扰的原因，那么这就会仅仅成为一种幻觉。这便是为什么说，那些为了获得宁静而去打坐的人们实际上是在寻求睡眠。

能够带来心灵的安宁，能够让心灵获得真正的平静和静寂，便是认识自我的全部过程——这不是去寻求安宁，而是去认识那个导致烦扰的"我"。认识"我"、自我及其所有的野心、嫉妒、贪婪、获取、暴力——认识这一切，便是禅修的方法，不是吗？这才是静定，在它里面不做任何谴责、选择，而是更高的觉照与观察，不怀有任何认同的意识。

你知道，对我们大多数人来讲，安宁是一种退却，它意味着步入某个黑暗的洞穴或是依附于某种信仰、教义，我们从中获得安全，然而这并非安宁。只有当你充分认识了自我，也就是自我认知，才会获得宁静，而这种对于自我的认知是无法购买到的。你不需要任何书本、教堂、牧师或心理分析家，你可以在你与你的老板、与你的家人、与你的社会的关系之镜中观察自我的过程。假如心灵是警觉的、机敏的，不做任何选择，那么它就将摆脱自我的局限获得自由，从而迈入宁静，而这种宁静会带来自己的安全。

1954 年 5 月 24 日

在纽约城的第四场演说，纽约

就像我上周指出来的那样，我认为，假如我们不知道怎样去聆听，这些讲座就会完全没有用处。我看到有些人在做笔记，这实际上表明他们并没有在聆听。显然，做笔记是为了对思考进行指示。可是在我看来，当我们聚在这里聆听的时候，若能够一同去思考一下我们面临的诸多问题，那么这要比单纯做笔记或是拿我的话跟你已经读到的或听过的观点进行比较要有价值得多。当你的心灵忙于做笔记抑或忙于将你听到的内容与其他观点做比较，你实际上就没有在聆听，对吗？你没有直接地体验这一切。直接地体验正在说的内容，不是拿它与你已知的做比较。只要我们懂得如何聆听，那么我认为，聆听的行为便是一种解放。假如正在谈论的东西是真实的，一个人聆听它，不去进行比较，不去做笔记，不去确立对立面或者加以抵制，那么这种聆听就会扮演一种解放的角色。这便是自由的开始，因为它将开始让心灵摆脱我们背负的重物。

所以，若容我建议的话，不要去做笔记，或是把所说的观点跟你读过的书本进行比较，抑或给它贴上东方的标签，将其抛诸脑后。你应当带着一种被动的警觉去聆听，这是一种非常难的艺术，尔后，或许这些讲座将会富有价值。我们不是在讨论某种哲学或者某种观念体系，而是试图去探明以及真实地体验怎样让心灵挣脱自身的琐碎。因为在我看来，这便是我们生活的主要问题。我们的思想、我们的行为、我们的知识、我们的宗教信仰全都是非常琐屑和渺小的。观念、信仰或许本身很重要，但我们却将它们缩小成了我们心灵的尺寸，因为心灵——谁的心灵无关紧要——是"我"、自我的中心，它格外的卑微、渺小、琐碎。

由于面临着一系列的危机，既有种族的也有个人的，既有宗教的也有经济的，因此我认为，重要的是我们应当能够用一颗没有局限、限定，没有背负着宗教信仰、教义以及先前的知识的心灵去应对这些危机。因为，一个琐屑、渺小、狭隘的心灵，怎么可能应对巨大的问题呢？假如我们已经思考过这些事情，那么对我们大部分人来讲，问题难道不就是如何让心灵摆脱自身的狭隘跟局限吗？显然，唯有用一颗自由的心灵，才能以全新的方法去应对这些问题，用完全不同的方式去理解它们。原因是，每一个问题，尽管它可能看起来是旧的，但却是常新的。没有老的问题，在迎接新问题的时候，只有陈旧的心灵才会从旧的层面去简化新的。

那么，能否让心灵摆脱自身的琐碎呢？这实际上意味着，摆脱自我获取、自我提升的中心，不再渴望变成某种伟大的、崇高的事物，因为这一切都表明了一种"我"、自我的过程，不是吗？只要这一过程在继续，显然就一定会带来自身自我封闭的行为。能否摆脱这种自我封闭的行为呢？

我把这个提出来，不是作为让你们去把玩的问题，而是要真正去探明的东西，因为在我看来，这就是我们生活的主要问题所在。我们把宗教降低为了单纯的仪式或信仰，我们的神、我们的自制带来的不是实相，而是受人尊敬、体面。我们的神实际上根本没有任何意义，宗教也仅仅沦为了一系列毫无意义的信仰跟仪式。它们的影响是局限性的，就像其他组织化的影响一样，不管它是共产主义的、基督教的还是印度教的。教义、信仰、仪式的影响是专制的、局限性的，因为它会带来限定，从而让心灵渺小、琐屑。面临巨大的问题之时，我们用自己受限的心灵去应对它们，结果便让这些巨大的问题变得愚蠢和琐碎起来，从而使得问题愈来愈多。

所以，一个人应当凭借自己的力量去探明，真正地认识和体验心灵怎样才能摆脱宗教强加的全部影响，这难道不是十分重要的吗？因为，组织化的宗教显然不会带来真理。只有当心灵获得了自由，当它不受限定，真理才会到来。难道无法不去从属于某个宗教群体、组织或者教会，而是独立地探明真理吗？很明显，就我们所知，宗教不过是一种虚假的过程。从儿时起我们就被迫进入了某种思维模式里，心灵相信自身的安全。但宗教是完全不同的，不是吗？它是一种可以迎来真理的状态——实相、真理、神，抑或你给的其他名称。然而当心灵被信仰限定和影响，它能够自由地去接受真理吗？宗教难道不是一种里面没有已知的心灵的状态，如此一来未知才会出现吗？因为，毕竟，我们的神是自我投射出来的。我们制造出了我们的神，我们追逐那些理想和信仰，因为它们带给了我们安全与慰藉。但是很显然，这些东西没有一个让心灵自由地去发现真理。这就是为什么说，在我看来，重要的是让我们自己摆脱所有这些限定，不是作为一个最终的姿态，而是从一开始就摆脱，探明心灵是否能够保持不会腐坏的状态。

同样的道理，我们累积知识，指望着琐屑的心灵能够通过越来越多的学习和信息而得到扩展，其肤浅能够被扫除掉。但知识可以让心灵摆脱其琐屑吗？我们拥有无数的关于如此多的事物的信息，科学的和其他方面的，可我们的心灵依然是琐屑的。我们只是利用这种知识来实现自己那些琐碎的目的，我们毁灭着彼此。所以，知识成为了一种障碍，而不是解放性的过程。

我们难道不应当察觉到这一切，察觉到我们是怎样被外部环境、本能、反应、知识以及所谓的宗教影响的吗？能否让我们自己挣脱这些局限、限定，挣脱这些自我施加的强迫呢？这样心灵才能保持不会腐坏的状态，从而能够每时每刻都以崭新的状态去迎接生活。我觉得，只要我们可以察觉所有这些问题，不去抵制它们，不被它们困住，就能够实现上述的愿景。如果我们不怀有任何教义、信仰，就会认为自己将走向失落，于是教义、信仰扮演了一种对抗孤独和恐惧的保护手段。我们让信仰、教义变得越来越多，以确保自身的安全。因此，我们寻求的不是实相、真理，而是感到满足、安全的手段。就只是察觉到这一事实，不去抵制它，这难道不是十分重要的吗？认识到心灵是怎样通过国家、信仰、教义、仪式不停地追逐着自身的安全，从而令自己变得琐屑、狭隘、渺小并引发了问题，这难道不是非常重要的吗？

正在说的内容是事实，不是虚构出来的，不是心理的曲解，而是在我们每个人内心切实发生的情形。我们渴望领袖，我们希望有人来告诉我们该做什么。由于害怕卓然独立，于是我们便去求助于某种庇护，结果心灵变得琐屑，它的神、它的麻烦、它的克制同样是琐屑的。一旦我们真正认识了这个，就将获得解放，无需任何努力。

我认为，这是重要的事情，唯一重要的事情：即探明怎样让心灵摆脱自我，因为自我的活动总是狭隘的、局限的、自我封闭的。我们越是努力去反抗这种局限，局限就会越是强大。但倘若我们认识了它，倘若我们察觉到了它，倘若我们懂得怎样聆听正在说的观点，那么这种聆听将会让我们每个人获得自由。如此一来我们便可以用全新的视角去看待问题——也就是，拥有一颗不会腐坏的心灵。

在这一切里面，困难在于我们害怕放开的结果，害怕不去从属于某个组织，害怕不自称为爱国主义者；我们害怕卓然独立，没有任何支撑。但要想发现实相，你就必须是独立的，不是吗？世界显然为幻觉、仇恨、恐惧所困，还有它所有的各种各样的荒谬跟残忍。很明显，要想探明真理，一个人就得摆脱这一切，对吗？——这实际上意味着卓然独立。但你无法通过意志力、通过意愿的行动来做到卓然独立。这就好像洞悉虚妄，当你看到虚妄，便会迎来实相。洞悉虚妄不是意志力的行动，然而它会带来自身的行动。我认为这才是真正重要的事情，原因是，现在需要的不是更多的知识，不是新的信仰，无论是共产主义的还是任何其他的信仰，而是能够认识这一切冲突，能够以一颗不腐坏的心灵清楚地审视的人，如此一来他们就会成为照亮自己的明灯。假如你仅仅是社会机器的一部分——这没有多少意义——你便无法成为照亮自己的明灯。我觉得，真正的变革并不是经济的或政治的，而是深层的心理的转变，它将会令你察觉到虚幻的本相，由此带来那崭新的、真实的事物。

我将会回答一些提问，然而在我开始讨论它们之前，我认为重要的是去探明问题是什么。只有当问题扎根在心灵里，它才会出现。一旦某个事情扎根在了心里，它就会变成问题，尔后心灵不得不去解决它。但由于根在受限的心灵，所以问题会变得无法解决。能否不让任何问题扎根在心灵中，而是在它冒出来的时候直接地、立即地应对它呢？可如果我们去谴责问题，如果我们跟它认同，如果我们以任何方式去评判它，我们就无法直接地应对它。原因是，我们的评判、谴责、比较都是源于自身所受的限定，所以这么做只会让问题得到强化。

因此，重要的是去审视问题，不去谴责它，不将它跟其他东西做比较。但这很难，因为我们从孩提时代起就被教育着去进行比较、判断、评估，结果我们便制造出了二元性，进而引发了冲突。能够去审视问题，不管它是什么，不去通过比较、判断、谴责或者与问题认同而让它扎根在心灵里吗？

只要你去观察一下自身思想的过程，就会发现我所说的并非那么困难。你知道，你之所以会有问题，是因为它已经扎下了根。为了解决它，你或者找到它的答案，或者去谴责它，你把它置于一旁去思考其他的事情，逃避它，这么做只会让问题得到强化。但倘若一个人能够真正去审视问题，不怀有任何谴责或认同的意识，那么问题显然就会有十分不同的意义了，不是吗？

所以，只有当问题在心灵里面生了根，它们才会存在。而一个吸收了问题的心灵，一个问题在里面已经生了根的心灵，它是无法解决问题的，不管它怎样与问题交战。要想认识问题，心灵就必须迈入真正的静寂，只有当它不怀有任何谴责、认同或比较的意识，才会变得宁静。当心灵静寂，还会有问题存在吗？问题之所以会出现，是因为我们困惑，而当我们寻求某个问题的解决方法，抑或当我们遵循某种体系，或者被教义、信仰的阴影笼罩，或者为先前的知识所困，我们就会出现困惑。可如果我们能够认识问题是怎样出现的，从而不再去谴责、比较，那么还会有问题吗？你唯一去做的就是谴责、比较或者跟问题认同。摆脱这一过程非常困难，因为我们的全部训练便是去进行比较，我们以为，通过比较就可以获得认知。显然，认知不是通过比较而来的，也不是通过追逐各种各样的活动而来，而只有当心灵变得格外静寂，不受干扰，才会实现认知。

你知道，我们如此害怕一个不去忙碌的心灵。一个仅仅忙碌的心灵是琐屑的，无论它是忙于最高的知识还是忙于日常的家务活动抑或工作，这样的心灵无法自由。由于忙碌，所以当问题出现时我们无法去应对，因为我们没有认识自身思想的整个过程，于是便去求助于领袖，或是求助于书本、知识抑或宗教。

所以在讨论这些问题的时候，显然不会有是或否。生活是没有答案的，有的只是活着，但我们却把生活变成了一个难题。在我们的生活中，没有欢愉，没有伴随着卓然独立、伴随着自由而来的真正的极乐，唯有在这种自由的状态，才会迎来真理。

问：我们怎样才能在内心获得长久的安宁呢？

克：你认为安宁是可以获得的东西，是可以作为结果或奖赏得到的吗？还是说，当我们认识了那些导致烦扰的因素，便会获得安宁了呢？这就好像一个满是仇恨的人去渴望爱，他可以实践爱，但这毫无意义。但倘若我们理解了仇恨和恐惧的全部过程，那么或许就会迎来爱了。

但是你知道，我们的困难在于，我们渴望获得安宁，尽管我们这般暴力。当我们在制造敌对、仇恨的时候，却希望找到爱。当我们的内心充满恐惧，我们没有去认识恐惧，没有理解烦扰是什么，而是逃避它，以便获得安宁，于是我们身上便有了二元化的过程。

那么，问题不在于怎样实现安宁，而在于是什么妨碍了我们去认识那些在我们的内心及周围带来了干扰、无序、不幸、努力和痛苦的原因。显然，如果我们能理解这一点，不必去寻求，安宁将会到来。假如我们寻求安宁，我们就是在逃避实相。一旦我们认识实相，认识真实发生的情形，就会获得安宁。

请注意，这并不是什么理论。只要我们真正探究这个问题，即心灵为什么会烦扰不安，认识它，我们就会获得安宁。安宁不是克制的结果，心灵的宁静不是通过任何形式的强迫、实践得来的，这些只会限制心灵。一个琐屑的心灵无法拥有安宁，琐屑的心灵实践着各种各样的克制，寻求着安宁，但它永远不会找到它。它可能会找到某种慰藉、满足，但这并非安宁。

所以，重要的是去理解为什么心灵会烦扰。这种烦扰究竟是什么？从根本上来说，它难道不是当我们不断地渴望成为什么，渴望得到结果，渴望自我提高，渴望实现某个高尚的行动时出现的吗？只要一个人争强好斗、野心勃勃，就一定会烦扰不安，一定会有冲突。我们没有从近处着手，却希望行至远方，然而只有当我们从近处开始，才能到达远方。近处开始便是摆脱野心，不再渴望成为什么，不再渴望成功、知名、著名——许多的事情，它们全都表明了小我、"我"、自我。

只要有自我存在，就一定会有烦扰，如果自我寻求宁静，它的宁静是一种结果，是烦扰的对立面，所以压根儿就不是宁静。假如一个人认识到了这个，假如他不是单纯地聆听，而是去切实地体验，那么安宁就会到来。但这要求大量的觉察，一种里面没有选择的觉照，因为一旦你去选择，你就重新回到了获取、获得的过程。

　　显然，重要的不是寻求安宁，不是追逐东方的那些大师、瑜伽修行者、老师，而是凭借我们自己的力量去探明自身的思想是如何运作的，探明我们是多么的野心勃勃。你可能不怀有个人的野心，但你或许怀有群体的、国家的、你所属的政党、某个理念的野心，抑或你可能崇拜神，正如你对它的称呼那样。由于在这个世界失败了，你渴望在另一个世界获得成功。所以，只要有任何自我的活动存在，就一定会有烦扰，不可能有安宁。

　　问：做瑜伽会在精神上或身体上对我有帮助吗？

　　克：我们是多么急切地希望提升自我啊！你觉得自我提升会带给你极乐或者真理吗？你可以从瑜伽里面得到某些身体上的益处，但是你认为自我提升——也就是，那个变得更好、得到更多知识和信息的"我"，那个在提升、在变得更有美德的自我——你认为这个过程会带来心灵的静寂吗？在这个过程里面，没有自我的放弃或者消失，而是相反，自我、"我"在变成某个更好的事物，所以它总是在努力，它的内部和外部在上演交战。你觉得这会让心灵获得平静吗？你认为这是精神性的吗？

　　我们所说的"精神性"是指什么意思？它是属于精神的，是某种不属于时间的事物，不是思想制造出来的事物，对吗？很显然，真理，真正精神性的东西，并不是心灵构想出来的，因此无法被思想所实践。思想是许多个昨天的结果，是无数的经验、知识、影响的结果，它是由时间制造出来的。作为时间结果的思想，能够发现那永恒的、不可度量的事物吗？你可以实践无数的美德，但这显然并不是精神性的。当心灵认识了"变成"的全部过程，就将彻底摆脱各种形式的野心——这实际上意味着，当心灵迈入了绝对的静寂，从而不再把自己投射进未来——唯有这时，才会出现那所谓的精神性的事物。但只要我们努力想要实现精神性，我们就只是普通的琐屑之人，这便是全部，只不过我们用一个冠冕堂皇的名称去称呼它罢了。

问：我被您的哲学吸引了，但倘若我要去追随您的话，就必须离开我的教会。您对此有何建议呢？

克：追随他人是有害的。请仔细听好。追随别人是有害的，因为它会滋生出权威、恐惧、模仿。通过追随，你永远不会有任何发现，除了你希望找到的东西之外，这便是你自身的满足。

我所说的不是什么哲学。我们努力要去做的，其实是通过察觉自我的过程去发现。要想发现真理，我们就得探明什么是幻觉，什么是谬误。你无法被带领着有所发现，如果你被带领着，就不会有任何发现。只有当心灵变得格外安静，无欲无求，无所畏惧，才能去发现。

然而我们恐惧，这就是为什么我们会去崇拜那些领袖的缘故，这就是为什么我们会有教堂、牧师以及整个现代文明的缘故。由于害怕，我们想要逃避它，想要找到一个庇护所，于是我们就去从属于某个事物。

我不会要求你离开你的教会，或是从属于某个教会。对我而言，这些全都是幼稚的行为，毫无意义。正如国家主义把人们分隔开来，引发了战争，所以教会也使得人们分裂开来，导致了敌对，它们不会通往真理。虽然每个人都说有许多条路径可以达至真理，但真理其实是无路可循的。它是解放心灵——卓然独立、不受腐蚀、不受影响的心灵——真理只会向这样的心灵走来，这实际上意味着，一个无所畏惧的心灵。

因此，没有什么可以提供给一个离开自己的牢笼却步入另外一个笼子的人。我们谈论的不是不同的笼子、不同的教会和宗教组织，而是去认识自我。认识的方法不单单是摆脱某个教会，摆脱某个组织、国家或信仰，而是彻底的自由、无所畏惧。唯有这样的心灵才能获得那永恒之物。在我看来，只有这样的心灵才可以解决当前的问题，而不是一个变得更加虔诚的心灵，这意味着为某种信条所困抑或遵循某种思想体系。这样的心灵不是虔诚的。真正虔诚的心灵是自由的心灵，因为自由，所以它是安宁的、静寂的，于是便会迎来真理。真理会带来自身的行动，会解决世界的问题，而不是一个背负着知识的心灵，抑或一个累积经验的心灵，因为知识、经验是我们所受限定的结果。

一旦你领悟了这一切，不单单是智力层面的、口头层面的认识，而是当你真正去体验了这个，那么你会发现，你不必从属于任何事物，你是一个拥有充分的自我认知的完整人。于是，不会再有任何烦扰不安，进而会迎来心灵的静寂，而真理就蕴含在其中。

1954 年 5 月 28 日

在纽约城的第五场演说，纽约

在我看来，如果没有认识自我，我们的大多数信仰与行动就没有多少意义。认识自我不是从书本获得的，它不是从别人那里学习怎样去了解你自己，我认为，它也不是仅仅积累关于自我的信息。我们大部分人都只知道一种正面的思考方式，我觉得这是最低形式的思考，也就是，单纯积累关于自我的知识。依照那一知识去生活，只会进一步强化自我、"我"及其全部的复杂性。最高形式的思考是逆向的，不是吗？显然，逆向思维是最高等的思考，只有时时刻刻察觉自我的反应，才会探明如何才能实现逆向的思考。

我们全都知道思考什么，也就是，我们从儿时起就被教育着去判断什么是对、什么是错，去比较，诸如此类，这是一种正面的思考方式。这种正面的思考方式是在强化经验，我们越是得到它，越是认为我们在学习、在发现自我。也就是说，我们以为，强化过去将会带给我们认知。

这难道不就是我们的思考方式吗？我们越是能够学习，越是能够分析，越是能够储存经验，让经验、知识指导自己的行为，就会感到越是安全、越是积极，这便是我们的生活方式，对吗？但这并不会给发现以空间，因为我们的经验总是在限定着我们，总是在告诉我们该思考什么，该如何去应对生活，诸如此类。所以我们从来没有用一种逆向的、否定的方式去着手我们生活的问题，因为我们越是有经验，心灵越是受限，不是吗？

我所说的或许是你之前没有听过的东西，如果是这样的话，请不要将它抛到一旁，抑或聆听只是为了弄清楚你对它的看法，因为你对它的想法将会依照你的经验。聆听，为了探明所说观点的真理，跟聆听为了形成关于它的看法，这是两回事，对吗？当我提出某个观点，重要的显然不是你是否能够接受它或者你要如何运用它，而是去探明它里面究竟是真理还是谬误。要想洞悉所说内容的真理或谬误，一个人就必须抛下他所有的判断、反应，这是一项艰巨的任务，这便是为什么说你的倾听方式非常的重要。正如我一遍又一遍指出来的那样，假如你只是积累观点以便以后去使用或去思考，这些讲座就没有任何用处。但倘若我们在展开的时候能够一同探明所说观点的真谛，那么今天以及过去的讲座，包括明天的最后一场讲座，或许就会具有某些价值。

正如我所言，我们一直被训练着如何去思考神、真理，我们被教育着成为国家主义分子，诸如此类。我们的思想从儿时起就被那些观念影响着，我们怀有的经验必定跟那些观念、信仰有关，所以经验从不曾让心灵解放。请务必聆听这个，经验从来没有让心灵获得自由，但我们却在追逐经验，更大、更广、更重要的经验。当我们有了某个跟过去毫无关联的经历，我们把这经历留在记忆里，而这会妨碍新的体验的出现。也就是说，我们的思想始终被过去的经验影响着、塑造着，于是它便永远无法更新自身，永远不会成为一个全新的工具。我们自己过去的经验既局限了将来，又束缚了当下，因为我们从时间的层面出发展开正面的思考——我一直是什么样子，我现在是什么样子，我将来是什么样子——所有这些进一步的经验、人类全部的知识，都是建立在这种限定之上。所以，从这种意义上来讲，知识妨碍了富有创造力的认知。

在我看来，最高形式的思考是逆向的，逆向思维不是累积，而是在关系里面不断地发现真理，这意味着每时每刻洞悉我的真实模样。这种自我认知不是一种心灵累积信息，以便展开正确行动或者避免错误行为的过程。认识自我是不可或缺的，原因是，假如我不了解自身思想的过程，假如我没有察觉自身的反应、背景、无意识的反应、冲动、欲望，那么无论我可能会有怎样的想法，都为我的过去所限，所以不会有任何自由。因此，重要的是去探明实相，观照自我，没有积累的过程，难道不是吗？原因是，当我在认识自我的时候去进行累积，那么这种累积将会左右我如何去理解接下来的发现。

你知道，我们关注于怎样提升自我，抑或怎样提升社会，所以改变不过是一种经过了修正的持续，不是吗？我积累，我学习，我运用我所学到的东西去带来改变。然而我学习的东西取决于我所受的限定，我的学习总是受着过去的支配，因此经验从来不是解放性的因素。如果我认识到了这个，如果我领悟了其中的真谛，那么我就可以着手去探明，没有任何累积。

请注意，依我之见，认识到这个十分重要。为什么心灵去累积知识、获取美德？为什么心灵不停地努力想要变得如何如何，想要完美自身？原因何在？在获取、积累的过程中，心灵难道不会背负重担吗？显然，在认识自我过程中的一切累积，都会妨碍对于自我的进一步的发现，正是这种累积使得我们正面地思考。那么，能够去发现，同时又不去获取吗？原因是，只有这样，发现才不会留下某种经验，从而局限进一步的探明。

我希望我把自己的意思给说清楚了，因为我认为这很重要。这才是真正摆脱了自我，如此一来不会再有那个进行累积的实体，于是便会迎来创造力。累积不是创造性的。显然，一个不停获取的心灵，永远不会是富有创造力的，唯有自由的心灵才富有生机与活力。假如把每一个经历都存储起来，就不会有自由，因为，凡是被累积的事物都会变成那个在正面思考的"我"的中心。正向思考是累积的结果。

让我以这种方式来表述好了，或许会更清楚一些。在我跟他人的关系里面——如果我展开了觉察——我发现我的反应，我观察自身的情形，以及先前发现的经验是怎样对于我最近在关系里的发现要么予以谴责，要么进行辩护的。新的发现同样被贮存起来，当下一次我去察觉自己跟他人的关系以及洞察我的反应时，这是认识自我的过程，过去会再一次地控制，或者从我所发现的过去出发去进行解释。

很明显，我所说的并不是多么复杂。若我们审视一下，会发现它很简单。你知道，只要我在积累、储存，我的心灵就会从做什么以及如何做的层面出发去思考，结果它便永远不会自由。因为，我的思想的整个过程都是基于过去的累积，基于过去的经验，所以思想只会妨碍进一步的发现。什么是思想？它是过去的反应的言语化，过去即积累，各种影响以及心灵的限定。思想永远无法解决问题，永远无法带来全新的状态，让我们的生活发生彻底的转变，因为思想是过去的结果。

那么，思想能否终结呢？这便是问题所在。假如思想可以终结，一切累积就会停止，也就能够迎来崭新的事物。只要你真正对问题做一番探究，会发现这并非像听上去那样不真实。当你去思考，你的思想显然是过去的结果，是你的限定、你的信仰、你的背景，包括意识跟潜意识的产物。你依照你的背景去做出反应，这种反应被称为思考，通过思考，你希望解决你的问题。你越是去获取、积累经验，你越是认为自己有能力探究问题并将其解决。

因此，当你领悟了这个，你的内心就会生出一个不可避免的问题，那便是：思想能否终结？这样我才能发现关于问题的真理，不去从我的经验出发或者依照我的背景对它进行解释。思考实际上是一种正面的过程，并非会带来解放的行为。我们从孩提时代开始就被教育着知道该思考什么，报纸、杂志、我们周围的一切都在告诉我们该想些什么，我们习惯去积累、聚集，而这妨碍了我们切实地、充分地、彻底地去认识某个问题。只有当心灵迈入静寂，当不再有任何形式的强迫，我们才能理解问题。

假如你真正聆听了这个，就不会询问思想怎样才能终结了，不会说："告诉我方法。"提出该问题，渴望找到方法，这是另外一种形式的累积。但倘若你领悟了如下真理，即只有伴随着思想的终结问题才能得到解决，倘若你认识到了这个，不去试图利用它，那么你就会探明思想全部过程的涵义了。思想实际上会强化"我"、自我——自我是麻烦、危害和不幸的制造者，无论它是跟国家、群体、宗教还是观念认同。思想是那个累积了无数个世纪的"我"的产物，所以思想不会解决我们的问题，相反，它会让问题愈来愈多，带来更大的不幸。如果我们懂得了其中的真谛，如果我们通过认识自我了解了思想运作的真谛，包括意识和潜意识，如果我们察觉到了这整个的过程，那么这种觉照会带来思想的终止，从而让心灵迈入静寂。

你知道，我们全都有许多的问题，而我们似乎让问题日益增多。一个问题的解决又带来了其他的问题，于是我们的心灵永远都被困在问题里。我们总是寻求着问题的答案，因为从根本上来说，我们想要利用一切来谋求自身的利益。假如我们听到了某个真实的东西，领悟了它的涵义，我们立即就会想着去利用它，我们说道："我怎样才能运用它来提升我自己，到达一种更加进步的阶段呢？"所以，我们总是在让自身的问题愈来愈多。但倘若我们能够洞悉真理，不去对它做些什么，不去试图利用它，真理将会发挥作用，无需我们做任何事情。只要我们去对它做些什么，就会制造出问题。

请仔细听好，困难在于投入注意力，将我们的全部身心都投入发现、探明中去。当我们确实探明了真理，便会希望去运用它，要么是在社会层面，要么是让我们自己获得幸福、安宁。可如果我们真的投入全部的注意力，带着整个身心充分聆听，如果我们不去对真理做些什么，那么，对真理的感知将会不顾我们而开始发挥作用。

问：在这个国家我们总是感觉到安全，但现在我们精神和身体的安宁受到了威胁，恐惧在影响着我们的思想。我们如何才能克服这种恐惧呢？

克：只要你追逐任何形式的安全，就一定会产生恐惧。请仔细聆听这个，好好思考一下它。只要你作为一个国家、一个群体或个体渴望得到安全，在你的信仰、某个观念抑或任何东西里面得到安全，你就会招来恐惧，恐惧将会如影随形。只要你继续是个美国人、印度人、苏联人、共产主义者、天主教教徒、新教教徒，抑或其他什么，就必定会有恐惧。

你看，我们知道这个，我们深深察觉到了这一事实，但我们肤浅地制造出了一种体系，以为它将会带给我们安全——国家主义带来了分裂，宗教不过是偏见，将人们划分开来，使其敌对。所以，只要我们继续在我们的国家主义、我们的信仰、我们自身的安全中隔绝、孤立，就一定会有战争、仇恨、敌对，从而引发恐惧。

我们是否直接地体验过什么是恐惧呢？请好好聆听这个问题。我们可曾直接地体验过恐惧？我们知道自己很害怕，于是便逃离了它，不是吗？我们试图去克服它，我们为其辩护或者加以谴责，这些都是逃避的法子，而非直接地体验恐惧。

你理解我的话没有？你直接地体验过某种欢愉，你不会让任何东西干扰它，但你却努力去避免任何形式的不悦。恐惧就是不悦的，所以你从来没有与它有过直接的关系，从来没有直接地体验它。当你感到恐惧，你便会努力去克服它，你试图探明该对它做些什么。你的心灵总是在忙碌，不是忙于直接地体验恐惧，而是忙于怎样去克服它。你可曾直接地体验过恐惧，不去解释，不去逃避，不去辩护或谴责？这样你才能跟恐惧有直接的关系，这样你才会充分认识到你在恐惧，你是否处于过这种状态呢？显然没有。原因是，当一个人直接地体验恐惧，那么还会有恐惧存在吗？只有当他躲避或者逃离，才会感到恐惧。只要你的心灵在寻求着任何形式的安全，身体的、情感的或心理的安全，就一定会有恐惧，这是一个事实，无论你喜欢与否。只要你仅仅想着美国的生活方式，想着提升你自己的生活标准，挣更多的钱，拥有更多的物质财富，而世界上另一半人口却是一天只吃一顿或者半顿饭，那么必定就会有恐惧。

现在，若你知道你是恐惧的，因为这种对于安全的渴望，那么你能够审视恐惧，完全与它共处吗？对我所说的话展开检验，你将发现，被我们唤作恐惧的事物是一种过程，在这种过程里面，心灵给某种特性命名，正是这种命名使得那一特性得到了强化。

假设我很嫉妒，我察觉到了这种感觉。我对此的觉察是命名，然后通过名称再识别出该感觉，于是命名强化了那一感觉。识别的行为是一种强化被识别之物的过程，当我去命名恐惧，我便让恐惧得到了增强，所以我便逃开了。

凭借你自己的力量去观察一下自身思想的过程。当你怀有恐惧，展开观察，你会发现你是怎样谴责它的，你是怎样希望逃避它的。你想要去影响它，想要把它赶到一边去，你希望对它做些什么，因为它令人不悦。然而当你有了某个让人开心的东西，你会彻底跟它认同。认同与逃避都是命名的过程，对吗？当你给某种感觉起了个名称，你便强化了那一感觉。

心灵能否不再渴望获得安全，从而挣脱恐惧的羁绊呢？这二者是一起的，不是吗？你无法一边摆脱恐惧，一边寻求安全。渴望某种形式的安全——与他人关系里的安全，某种经历里的安全——只会滋生出恐惧。在你滋生出恐惧之后，你又希望去克服它。你无法克服恐惧，你唯一能够做的便是探明导致了恐惧状态的整个过程，洞悉其中的真谛，然后不去对恐惧做些什么，尔后你就不需要去战胜恐惧了，真理将会发挥作用。

假如你意识到了这个，会发现如下事实，即你是恐惧的，你没有直接地跟恐惧产生关联——这一事实本身就是一种可以让心灵挣脱恐惧的解放性的因素。

请注意，你不是从我这里学到些什么。如果你在学习，你就会去积累，结果也就不会有任何发现。我所说的是真实发生在我们每个人身上的情形，假如你没有发现这个，而是仅仅学习它，那么它便毫无意义。但倘若你在聆听的时候去观察自身思想的过程，就会发现它——尔后它就是你的，不是我的。尔后，你不必追随某个单独的东西，不必追随任何人或理念，因为你就是照亮自己的明灯。于是，不会有对权威的恐惧，而追随权威的所有危害也将会消失无踪。

问： 强制性的判断和自证其罪，将心灵牢牢束缚住。既然强迫性的力量是如此的强大，那么一个人要怎样摆脱这一切呢？既然我们教育的力量被恐惧削弱了，那么我们如何才能应对某个基本的问题呢？

克： 你知道，困难之一便是我们渴望自由——摆脱恐惧，摆脱难以抑制的欲望，摆脱我们的背景，摆脱我们所受的限定。也就是说，我们希望摆脱恐惧，抓住欢愉。请观察一下你自己的思想，你并不是单纯听我讲话，你要去观察自己思想的过程，因为我并没有说什么，不过是指明你的思想是怎样运作的，怎样破坏了自由的。

只要你渴望获得自由，就不会有自由。可是难道无法认识所有强迫性的力量和影响，察觉到它们，不去试图摆脱它们吗？如果你希望摆脱它们，你便会去抵制，正是抵制引发了问题。若你在自己的内心观察这些强迫性的力量及其强度和恐惧，会发现，很难做到仅仅是去察觉它们，不去谴责，不去选择，不去说什么"这是好的，那是坏的，我要坚持这个，我要放开那个"——这实际上并不是觉察。毕竟，我们每个人都被困在各种形式的强迫性的力量之中，当我们被指明了这个的时候，抑或当我们偶然地、浅层地察觉到了它，我们会希望摆脱掉它。正是由于渴望摆脱，才使得我们去抵制它们。

因此，认识到你怀有难以抑制的欲望，重要的是审视它们，与它们共处，认识它们。只有当你不去想着逃避它们，当你不去辩护、比较或谴责它们，才能认识它们。假如你认识了强迫性的力量，就只是停留在那里，不去试图摆脱它，那么你会发现，你希望摆脱的那个事物已经离你而去了，无需你费力去挣脱。

问：对您来说祷告和打坐意味着什么？

克：它们对我意味着什么，这并不十分重要，不过让我们探明祈祷和打坐的真理跟涵义吧。如果我告诉你对我而言祷告跟打坐意味着什么，这就仅仅是一种观点。显然，许多人都对收集观点很感兴趣，但我们在这里关注的并不是观点。我们希望探明这个问题蕴含的真谛，不去依照天主教教徒、新教教徒、佛教徒或是印度教教徒的看法去审视它。那并不会带来心灵的解放，而仅仅是一种流于表层的改变，一种经过了修正的持续。

所以，我们关心的不是观点，无论它是东方的还是西方的观点，而是努力探明祷告的涵义以及何谓打坐这整个的问题。

打坐跟祈祷是一个意思吗？你做祈祷吗？你为什么去祈祷？我们并不关心你应当如何祷告，抑或最佳的祷告形式是什么，而是关心你为何祷告，因为这是事实——所以让我们从事实开始着手。

你为什么要祈祷呢？当你感到澄明、欢愉、极乐，抑或你所希望的其他什么，你会祈祷吗？显然，这种欢愉、极乐是一种经过了提升的智慧或生活。只有当我们困惑、悲伤，当我们渴望某个东西，才会去祈祷，这便是事实情形，对吗？一个非常澄明、自由、不受约束、不怀有任何问题的心灵——它为什么应该去祈祷呢？它本身就处于一种不腐坏的状态。只有当我们不知道要去追随谁，当我们怀有日益增多的问题，当我们身陷痛苦，当我们绝望、失落、挫败、未能实现——唯有这时，我们才会希望有人来帮助自己，于是我们便去祈祷。我们反复念诵某些句子，强迫心灵安静下来，因为痛苦迫使我们必须安静。

所以，祈祷的推动力便是渴望克服恐惧、战胜痛苦，而这自然会得到回应。当你去请求，你会被给予，而你将会得到什么则取决于你的心灵、你的欲望、你的痛苦的状态。当你去祈祷，你采取了某个姿势，重复某些话语，由此让意识安静下来。当意识变得安静，潜意识可能会对你的痛苦、你当前的问题给出某个答案，抑或答案可能会让意识安静下来，不是从内部，而是从你的外部。但是很明显，这并不是打坐。打坐是清空思想中的已知。毕竟，打坐不是专注。你可以专注在你感兴趣的某个东西上头，这是一个显而易见的事实。被某个想法吸引，沉浸于重复某个词语或句子，抑或沉浸于构想出某个形象、符号、救主——显然，这里面无一是打坐。你投射、构想出来的东西，源自于你所受限定的背景，而活在那一形象之中，这并非打坐。但这便是我们大多数人所谓的打坐，不是吗？我们希望知道如何打坐，有许多书本都是写的这个，当它们谈论打坐、集中精神、全神贯注的时候，指的是抵制、克制，而这只会强化过去，将心灵塞满，局限住心灵。

在我看来，打坐是完全不同的，因为，集中精神在某个念头上面，是一种排他性的、获取性的过程，只会带来某些形式的满足、满意。显然，打坐是指时时刻刻去发现实相。请仔细听好。只要我在实践某个方法，那么该方法就会产生出结果，但这个结果并不是真实的。它是心灵因为渴望获得安全和慰藉而产生出来的，所以心灵从不曾是空无的，它被塞得满满的，终日忙忙碌碌，这样的心灵永远无法迎来未知。你或许打坐多年，能够充分控制你的思维念想，但是然后会怎样呢？你都做了些什么呢？你的心灵依然琐屑、渺小，依然为过去所限，被已知塞满，因此未知永远不会到来。

那么，打坐是通过认识自我让心灵摆脱它已经累积的一切——不是仅仅摆脱某种痛苦的累积，而是摆脱各种形式的累积，摆脱它已经知道的、已经体验的全部。如此一来，作为一个整体的意识跟潜意识才会彻底空无和自由。唯有这时，才能迎来那不可度量、不可寻求、不是由思想制造出来的事物。但倘若你去邀请它，它就不会出现，因为你的邀请不过是渴望获得慰藉，渴望拯救你自己，渴望逃避痛苦。

所以，你的心灵永远都在努力变成某个样子，抑或希望通过打坐来获得更大的体验。然而，真正的打坐是一种通过认识自我得来的认知，这种认知不是累积的结果。如果有任何体验之外的体验者的意识，心灵就不是空无的。只要心灵寻求体验，就一定会有体验者，于是也就会生出扩张、累积、聚集的渴望和冲动。当心灵懂得了思考或体验的全部涵义，唯有这时，它才会空无。如此一来，心灵本身便是未知，而不是未知的体验者。

1954 年 5 月 29 日

在纽约城的第六场演说，纽约

假若允许，我想重复一下我在前几天说过的话，那便是，如果我们没有直接体验所说的内容，那么这些讲座就意义甚微。体验是即刻的，不是被思考、记住、付诸实践的事情。因为，直接体验真理会带来自身的效果，无需心灵寻求对它做些什么。这便是为什么说，重要的是不仅要聆听所说的内容，而且还要聆听生活中的一切。当我们听到别人说了些什么，当我们阅读，当我们听见鸟儿的歌唱或是永不止息的大海的怒吼，重要的是去聆听。因为，正是在聆听的行为中会有直接的体验，这种体验不会被我们怀有的偏见、我们所受的限定污染。在我看来，我们大部分人都觉得聆听十分艰难，因为我们阅读了如此多的东西，我们去辩护，抑或把它跟我们听到的东西做比较，或者试图去记住所说的内容，以便加以思考。结果，心灵一刻不得闲，于是也就没有在聆听。

我们大多数人都怀有许多的问题，这些问题的解答不在于寻求答案，而在于聆听问题的切实内容。我们全都在寻求着各个层面的幸福——我们渴望永恒、安全，渴望有人把我们带到另一个维度，带入一种永恒的极乐之境。我们有所寻求，这便是我们的生活，从一种寻求的对象转移到另一种，从不曾满足。有意或无意的，我们总是在追逐、在寻求。只要我们去探究一下该过程，就会发现，这种寻求的背景实际上是渴望找到某种满足、永恒和幸福。我们把寻求变成了跟呼吸、活着一样必不可少的东西，我们声称，如果不去寻求，生命就将毫无意义。于是，我们永远都在各个层面追逐着、寻找着。

只要我们在寻求，就一定会制造出权威，一定会去追随他人或者拥有他人的追随。在我看来，这是最为重要的一个问题：是否有人——拯救者、大师、觉悟者，是谁无关紧要——可以带领我们达至真理？但这便是我们每个人都在寻求的东西，我们接受了这种寻求，视其为不可或缺的东西。若没有了寻求，我们便会说生活无意义。可我们从不曾超越这个词语去探明这种想要去寻求、去发现的欲望的全部涵义。你被告诉说，假如你去寻求，便会有所发现。但倘若你对这个过程展开探究，会知道，你的寻求源于你渴望找到某种安全、希望、实现、极乐、永生，这里面没有挫败。只要你去寻求，就一定会制造权威——会照看你、带领你、带给你慰藉的权威。

重要的是去询问一下我们自己，是否有任何人、任何权威能够带给我们真理呢？——我们认为这将会令人满意。我们从来没有问过自己，假如一切需求都停止了，心灵会处于怎样的状态。寻求意味着一种时间的过程，不是吗？所以，我们把时间作为一种手段去认识那超越时间的事物。寻求意味着持续，而持续又代表了时间，代表了一系列的经历，我们指望着这些经历会带领我们走向真理。假如它们没有带领我们得到寻求的东西，那么我们就会求助于其他人，我们抛掉旧的，树立起新的领袖、老师、救主。

因此，我要问的不是我们是否应当否定寻求，因为我们被困于其中，而是寻求是否会通往真理？——真理是未知的，它不是思想的产物，它是一种创造力的状态，每时每刻都是全新的，它是永恒的，不为时间所围的，抑或是其他可以被用来表明它不属于时间的词语。

我认为，重要的是去问问自己这个问题。你可能不会找到答案。但倘若你真正对这个问题即"我为什么要去寻求"坚持不懈地叩问，让问题揭示出你寻求的内容，那么或许就会有那么一刻或者一秒钟，一切寻求都停止了。因为，寻求意味着努力，不是吗？寻求意味着选择——从各种指引你的体系当中，从各种方法、实践、训诫、救主、大师、上师当中去进行选择。你必须做出选择，而你的选择始终都取决于你的限定和你的满足。所以，你的寻求实际上被你意识的或潜意识的欲望支配着。

请好好思考这一切——不是说我试图引导你去思考，而是说我只是指出了我们要去做的事情。当我们从这种不断的努力中停下来休息，难道不就摆脱了寻求吗？所以，当一个人对这种寻求的过程展开检验，不可避免地就会生出如下问题：是否有人可以带领我们达至我们所谓的真理、实相、神，随便你怎么称呼它，不是吗？

你理解问题没有？我们习惯被带领，习惯去追随某个拯救者、大师，习惯了有人来告诉我们该怎么做。我们遵从他人的观点，因为他加强了、实践了戒律，成为了一个苦行者，我们认为他已经达至了、获得了觉悟，于是我们便去求助于他。所有宗教都坚称你必须有某个开悟的人，他懂得真理，有他在，有他的生活方式作为榜样，你将获得真理。然而，有谁可以带领你发现真理呢？对我来说，这整个的过程是破坏性的，没有创造力，不会走向那永恒之物。因为，寻求的过程意味着时间，我们用时间去认识那超越时间的事物。那无数个世纪以来，那一代又一代被困在这种寻求之中的心灵——这样的心灵能够不去寻求吗？也就是说，能够停止为了某种满足而去寻求吗？——这并不表示说你应当满足于你的真实模样。

你知道，其中的困难在于，当我们的探寻展开到一定阶段就会走到死胡同，然后我们便会停住，但停住只是一种强制。如果我们能够找到出路，便会去追逐它。所以，正在聆听的你能否没有向导，不去寻求，从而认识时间的整个过程呢？

即使一个人可能没有理解所说内容的全部涵义，我认为，聆听它也是十分重要的。因为，毕竟，生活不单单是一系列的冲突，不是只有挣钱糊口，舒舒服服地过着奢华的日子，享受着世上的各种东西。这不是生活的全部内容，这只是它的一部分。假若一个人满足于此，就必然会有困惑、混乱，从而带来不幸和毁灭。

生活是一个完整的过程，不是吗？应该在所有层面充实地活着，一个满足于生活某一个层面的心灵，将会招来痛苦。在其结构中，在其本性中，心灵总是好奇，渴望去认识，渴望探明是否有东西超越了这个被我们叫作生活的事物，是否有东西超越了我们的努力、挣扎、痛苦以及转瞬即逝的欢愉和满足。但是，凭借单纯的好奇，通过阅读某个已经体验过了那一超越之物的人的观点，我就可以认识那一事物了吗？还是说，只有当心灵未被污染、彻底独立、不受影响从而不再去寻求，它才能体验那超越之物呢？如果你仔细聆听，不单单是聆听我所说的，而且还聆听自身思想的过程，难道不会不可避免地生出如下问题——即努力去找到真理，努力去发现某个超越短暂的事物，这是否有意义？假如我们在某个方向没能得到满足，难道不会转向其他的吗？在东方，从前人们快要饿死的时候，就会求助于神。这是在东方的生活，而在西方，这只局限于东方人。

能否停止所有的寻求，从而摆脱一切强制、一切权威？——由宗教制造出来的权威，每个人在他的寻求、需要、希冀中制造出来的权威。我们全都渴望找到一种没有任何干扰的状态，一种不是由思想拼凑出来的宁静，因为，凡是被整合出来的东西，思想是能够将其拆分的。在我看来，只要心灵在寻求，它就一定会制造出权威，当它彻底迷失在恐惧、模仿之中，就再也不能发现真理了。然而这却是全世界都在发生的情形。通过政府的专制和宗教的专制，结果让每一个孩子、每一个人都囿于某种思维模式，不管它是广泛的还是狭隘的，也无论是在这里还是在苏联，这种限定显然都会妨碍我们去发现真理。我们每个人能够在不去寻求的情况下探明真理吗？因为，寻求意味着时间，寻求意味着得到结果，寻求意味着不满，这是我们寻求满足或幸福的动机。这一切都表明了时间、明天，不仅是年代顺序层面的，而且是心理层面的。

能否体验心灵不再寻求的状态呢，不是从时间的层面，而是立即？立即很重要，不是怎样达至心灵不再寻求的状态，因为，尔后你会带人所有努力的因素和时间。我认为，重要的是不仅要聆听问题，而且还要真正向你自己提出问题，不要去对它做些什么，不要试图找到它的答案。根据你提出问题的方式以及对问题热切、认真的态度，你将会找到答案。因为，那不可度量的事物无法被一个展开寻求、一个装满了知识的心灵获得。只有当心灵不再去追逐或努力变得如何，它才会到来。一旦心灵迈入了彻底的空无，无欲无求，唯有这时，才能立即感知真理。

在讨论这些问题的时候，我们不是试图去解决问题，而是一同踏上探寻之旅。只要我们被自身的经验和知识所限，就永远无法将问题解决。心灵能否审视问题，不从自身的认知出发，而只是审视它、观察它，没有任何抵制呢？显然，抵制才是问题所在。如果没有抵制，就不会有问题。然而我们的整个生活都是一种抵制的过程，我们是基督徒或印度教教徒，是共产主义者或资本主义者，诸如此类。我们在自己的周围竖起了一面面高墙，正是这些高墙引发了问题，然后我们从高墙之内去看待问题。不要询问说："我怎样才能摆脱这种封闭？"当你提出问题的那一刻，你就已经把另外一个问题带了进来，结果我们便让问题一个接一个，愈来愈多。我们没有简单地、直接地领悟如下真理，即抵制会带来问题，然后不去对它做些什么。很明显，重要的是察觉到抵制，而不是如何冲破抵制。觉察不是不同寻常的事情，它是从非常简单的地方开始的——察觉到你的讲话，察觉到你的反应，就只是观察，观察这一切，不做判断，不去谴责。要做到这个很难，原因是，无数个世纪以来我们所受的全部限定将会妨碍这种无选择的觉察。然而，察觉到你在做选择，察觉到你在谴责，察觉到你在比较，就只是察觉到这个，不要说什么："我怎样才能不去比较？"因为，尔后你就会制造出另外的问题。重要的是意识到你在进行比较，意识到你总是或有意或无意地谴责、辩护——就只是察觉到这整个的过程。你会说："就这些吗？"你之所以提出这个问题，是因为你希望通过察觉达至某个地方，所以你的觉照并非觉察，而是一种你想要获得某个东西的过程，这意味着觉照不过是一枚被你使用的硬币。若你能够就只是意识到你把觉察当作一枚购买东西的硬币，从这里开始着手，那么你就将开始在生活的关系里面探明你的思想、你的存在的整个过程了。

问：您指出，国家主义、信仰、教义会导致隔离。那么家庭是否也是一种分离性的因素呢？

克：只要以任何形式跟家庭、国家群体、教义、信仰认同，那么这显然就是分离性的。假如我让自己与印度以及它的过去、宗教、信条、国家主义认同，我显然就会通过认同我所认为的比我更加伟大的事物，而在自己的周围竖起一堵高墙。

很明显，这个问题并不是家庭或群体是否是分离性的，而是为什么心灵要去跟某个事物认同，由此导致了界分。我为什么要与印度认同？原因是，若我不与印度、美国、东方、西方或你希望的其他国家、地区认同，我就会失落，就会感觉孤独，感觉被抛弃。这种对于孤独的恐惧，迫使我让自己跟我的家庭、我的财产，跟一栋房子，跟某种信仰认同。这种会带来隔离的事物，并不是家庭。如果我不去和某个事物认同，我会是什么呢？我什么也不是。但倘若我声称自己是有着东方智慧的印度人，以及这一切无意义的话——你懂得个中款曲——那么我就是个人物。假如我和美国或苏联认同，这就会带给我名望，会令我感到有价值，会让我在生活里获得满足感，因为我不希望是个无名小卒。我可能享有某个名声，但名声一定会带来重要性，我不愿意真的是个无名之辈，不与我所认为的更伟大的事物，比如神、真理、国家、家庭或意识形态认同。

正是这种认同的过程是隔离性的、破坏性的。请认真聆听这个，这是你的问题，因为世界现在正在被划分成两种教条的认同，这只会强化界分的力量。我们是人类，而不是什么印度人、美国人或苏联人。能否不去认同地生活，能否在这个每个人都在努力出人头地的世界甘于做个无名小卒？答案显然是肯定的。你努力出人头地，这么做会带来灾难、战争，这一切意味着渴望权力，当你作为一个个体、一个群体或者一个国家去寻求权力的时候，你就会带来自身的毁灭，这是一个事实。

你我能够在内心保持一种卓然独立的状态，不去寻求权力，不去跟任何事物认同吗？——这实际上意味着，不怀有丝毫恐惧。只要你对问题做一番探究，将会凭借你自己的力量找到解答。

问：您是否否定所有年代圣人的价值跟正直呢，包括耶稣和佛陀？

克：这提出了一个非常有趣的问题。你为什么渴望圣人？你为什么渴望英雄？你为什么渴望榜样？谁是圣人？因为教会宣布了某个人，他便是圣人了吗？你对圣人的衡量标准是什么？你的衡量标准将会依照你的欲望、希冀、限定。但是你知道，心灵希望有人可以去依附，希望有某个超越自身的事物。你渴望领袖、圣人、榜样让你去追随、效仿。由于你的内心贫瘠、贫乏，于是你说道："如果我可以追随某个人，我就会变得充实。"你永远不会变得充实，你只会更加贫乏，原因是，只有当心灵、当我们的整个身心都是空无的，不去寻求，才能迎来那富有创造力的真理。

你不必去相信我所说的话。你的圣人、你的领袖没有带领你到达任何地方，你有的只是内部和外部的战争、灾难、斗争以及永无止息的交战。

但倘若你能够认识自己的真实模样——认识到你的内心是贫乏的，认识到你为争斗、痛苦所困——认识到这个，不去试图把它改变成其他的样子，因为这只是对它略作修正，倘若你能够与自己的本来面目共处，不去想着改变它，就将实现转变了。但只要心灵试图用自己预先怀有的观点去模仿、校准、衡量谁是圣人、谁不是，那么它显然就仅仅是在追求自身的实现，而这是一种虚荣。

问：我是个没有宗教信仰的年轻人，我不将任何政府体系视为我的权威。我没什么野心，没有工作，也无法干一件工作太长，因为我并不野心勃勃。我给我的家里带来了不幸，因为我在经济上依赖我的父母，而他们并不够富裕来养活我。那么我们要如何看待这个问题呢？

克：你生活在一个其结构、道德、伦理都建立在获取、嫉妒之上的社会，尽管它声称的可能相反。不去融入这个社会，意味着你要么彻底摆脱野心，从而不再有贪欲，要么精神上有问题。因为，要做到没有野心是相当困难的；我可能在世俗意义上没有野心，但我或许在寻求其他的东西，我渴望幸福，渴望在我的孩子身上、在我的行为中实现我自己。所以，要找到某个没有野心、不去争斗、不去努力的人，真的是一件稀罕事。

但懒惰却相对容易。请不要嘲笑这个，或者错误地解释你听到的内容，以迎合你的思想模式。假如一个人没有野心，哪怕他生活在一个充满了野心的世界，在这里，每一个个体、群体、国家都在寻求着权力、地位、名声，那么，重要的是探明他为什么不怀有野心，不是吗？这可能是精神的疾病、虚弱，抑或你可能把限定即你不必野心勃勃强加在了自己的身上。

认识有关野心、争斗的整个问题，探明活在一个你争我夺的社会里不去努力出人头地究竟意味着什么，这是很难的事情。原因是，假如我们在这个世界失败了，就会渴望在下一个世界获得成功，我们希望坐在神的左右。不去寻求任何形式的实现，这需要相当的认知，因为我们每个人都在寻求着实现，当我们渴望实现，便会有挫败。你或许事先意识到了挫败，于是便努力避免各种各样的野心以及想要实现愿望、达成目的的欲望，但这只会把你禁锢在自己的结论之中。然而，认识实现、达成的过程，经历它，意识到一个人全部的动力、欲望、冲动都是朝向实现，于是便会遭遇挫败和痛苦，询问一下自己究竟是否有实现、达成这样的事情——这一切显然都需要认识自我。

问：若我们能够体验永生，还会惧怕死亡吗？

克：心灵、你，能否体验某种不会衰亡，不是由思想制造出来，不属于时间的事物呢？显然，如果我们能够体验这个，就不会害怕死亡了。但这可能吗？充满恐惧、在时间的领域内活动的心灵——这样的心灵，能够体验那超越时间的事物吗？假如你用了各种把戏，或许可以体验某个事物，但它依然是在时间的领域之内。

所以，让我们暂时放下何谓永生这一问题，因为我们不知道它是什么。但我们知道对于死亡、老迈、凋零的恐惧，我们非常熟悉这个。因此，让我们以此为例，展开检验，加以探究，不去询问我们能否通过体验永生来摆脱恐惧，这样的问题没有多大意义。

我们害怕死亡，这意味着我们害怕终结。我们得到的一切，我们积累的全部经验、知识，我们培养起来的所有关系、感情、美德——我们担心这一切会结束。你或许怀有希望、信仰，认为将来会复活，但恐惧依然在那里，因为将来是不确定的。虽然你的宗教、你的牧师、你的希望都宣称存在着这种或那种形式的永生，但依然有不确定。你不想死，这是事实。那么，能够认识与死亡有关的恐惧吗？

当你活着时，能否终结呢？请听好。如果我不去累积，如果我不活在将来、明天，如果我满足于无限崇拜每一刻，就不会存在什么永生了。永续意味着时间：我的昨天，我的今天，我的将来。只要我确信我有将来，我就不会惧怕了，但"将来"是非常不确定的，所以我才会去寻求永生，确信我将会永续不灭。

在持续中会有转变吗？在时间层面持续的事物，能够处于彻底变革的状态吗？持续会拥有崭新吗？每一天你的内心都应当终结，不是理论上的，而是真正做到不去积累，不让任何经历生根，内心不去想着明天，这难道不是十分重要的吗？

只要我们从时间的层面去思考，就一定会惧怕死亡。我学习过，但我没有发现终极真理，在我死亡之前一定要找到它，抑或，假如我没有在去世前找到它，至少我希望在来生能找到它，诸如此类。我们的所有思考都是建立在时间上的，我们的思想是已知的，它是已知的产物，而已知是时间的过程。我们带着这样的思想试图去探明那不朽的、超越时间的事物，这是徒劳的追逐，只对哲学家、理论家、思想家有意义。假若我希望发现真理，不是在明天，而是切实的，直接的，那么我——那个总是在积累、努力，通过记忆让自己得到持续的"我"、自我——难道不应该停止这种持续吗？难道无法在活着的时候终结——不是人为地失去记忆，这是健忘症，而是真正停止通过记忆去累积，从而不再让"我"得以延续吗？活在这个属于时间的世界上，在没有任何形式的强制之下，心灵难道无法带来一种体验者和体验没有基础的状态吗？只要有体验者、观察者、思考者，就一定会恐惧结束，进而恐惧死亡。只要我在寻求进一步的体验，通过家庭、财产、国家、理念以及任何形式的认同去强化自身的延续，就一定会害怕终结。

因此，假如心灵能够认识这一切，充分察觉到它，不去仅仅说"是的，这很简单"——若心灵可以察觉到意识的全部过程，理解永续和时间的涵义，认识到，通过时间去发现那超越时间之物，这种寻求只是徒劳——

只要它能够意识到这一切，就会有一种终结。这种终结，实际上是一种彻底超越了时间的创造力。

1954 年 5 月 30 日

PART 04

印度，1954 年

在马德拉斯的第一场演说

我认为，懂得怎样聆听是非常重要的，尤其是现在置身于这场史无前例的世界性的危机之中。不仅要聆听演讲者、聆听人的声音，而且还要聆听鸟儿的鸣叫、大海的潮声，聆听我们周围的一切。在我看来，我们每个人应当探明什么是真理、什么是谬误，这已经变得相当急迫了，不必去考虑这里以及西方无数老师的看法，也不必考虑所有已经出版或将要出版的宗教典籍和其他的书籍。显然，一个人必须能够聆听，同时不皈依任何观点、视角或者某种哲学、意识形态，凭借自己的力量发现那超越言语、超越修辞和复杂思想的事物，探明在这一切冗词背后的真理。

首先，我们可曾聆听过任何东西呢？我们能够做到聆听吗？只要你观察一下自己，会发现聆听是何等之难，因为你怀有预先构想的观念、意见、判断，它们基于你自身的背景、经验以及文化影响，这些东西会不断地干预进来，就仿佛一道屏障，横在你与你试图去聆听的事物之间。于是你根本就没有聆听，而仅仅从自身所受限定出发对你听到的内容进行解释。

当你在聆听所说内容的时候，请务必展开观察，观察你自己的思想，你会发现实际上发生着这一不寻常的过程。你并没有在听，对于正在说的内容，你已经怀有了某种观点，你已经有了结论、公式、某些确定的看法，你累积的经验的知识正在腐蚀你的心灵。因此，你的心灵从不曾安静过，从不曾静下来去探明真理。

如果一个人渴望凭借自己的力量探明真理，他难道不需要把他累积的一切以及基于自身经验的全部知识和结论都抛到一边去吗？如此一来心灵才能直接地感知到真理，没有解释这道屏障。你可以被他人告知真理吗？从孩提时代起我们就被教育着去思考什么，而不是如何思考，被教育着去聆听什么，而不是怎样聆听。所以，我们现在必须努力去探明如何聆听，这实际上意味着怎样以全新的视角去思考关于生活的全部问题，怎样格外清楚地看待事物，不怀有任何种族或文化的偏见，不从我们自身所受的限定出发去进行解释。

正如我所指出来的那样，我们身处一场不同寻常的危机之中，不仅是历史上的，而且是文化上的。幸运的是不再有领袖，因为你不能够再去信任任何领袖。当你想要从精神的或政治的领袖那里得到些什么的时候，你便会去追随他们。但倘若你展开理性的观察，就会意识到，领袖的过程不会带来根本的变革，领袖的革命，不过是新瓶装旧酒，是用不同的形式持续原来的东西。把某种模式改变成另外一种模式，这根本就不是变革，这只是经过了修改的持续。要想带来心理的革新，要想我们思想的整个过程以及我们的行为方式发生改变，需要我们每个人抛掉所有预先怀有的观念，摆脱各种思想模式，以便探明真理。这是你我能够共同去做的唯一的事情，因为我所说的既不是东方的，也不是西方的，我们的问题太庞大了，无法被划分成印度的、英国的、苏联的、美国的，这些划分仅仅是政治层面的，是荒谬的。我们的问题十分巨大，不能从某个政治的或局部的视角出发去解决，因为它们密切涉及我们人类的全体，无论我们是住在这里还是其他地方。

你们明白没有？要想探明，首要之举，我们的主要问题便是，不能够从东方或西方的层面出发去思考，不能够作为印度教教徒、穆斯林或基督徒去思考。假如我们这么做的话，就会从主要问题制造出无数根本没有任何意义的次要问题。请理解这个简单的事情，聆听并洞悉其中的真谛。我们不可以作为印度教教徒、基督徒，或从伊斯兰或任何其他的文化出发去思考，原因是，问题格外的巨大，不能依照某种宗教教义或哲学模式去应对，这一点是显而易见的，不是吗？但你的心灵能够抛下这一切吗，真正的而不是仅仅停留在口头层面？理论上，你会对此大发言论，以便展开讨论，但实际上你却被困在自身的传统与限定的罗网之中，于是也就无法广泛地审视问题。

当前世界上正在发生的，以及或许已经发生的情形是怎样的呢？有各个政治领袖，每一个都希望以某种方式去改革世界，把它推向左翼、右翼或中立的方向。无数宗教领袖声称神是存在的，这是人类神圣的目标，某条路径可以达至它。于是便有了许多经济方面的上师，他们提供了一个将来的尘世的乌托邦，假如你为党派效力，遵从书本的权威。改革者、历史学家、政客、宗教导师以及他们各种各样的思想模式，全都指向不同的方向，并且指出什么是应该去做的正确的事情，权威越大，追随者越多。

世界上发生的所有情形，都是我们自己的混乱、困惑和痛苦的投射，不是吗？我们渴望拥有身体的安全以及内心的安宁，我们渴望没有冲突、痛苦、悲伤，没有对立面之间、"事实是"和"应当是"之间不断的交战，我们渴望一个天国，以便远离我们内心那永无止息的争斗。既然认识到了这整个在上演的过程，你难道不会询问这一切都是什么吗？这或许是一个非常幼稚的问题，但你从不曾找到过答案，不是吗？没有哪位伟大的哲学家能够为你解答这个，商羯罗、佛陀或其他人的观点可能都是谬误，可能完全是不充分的。要想发现真理，你必须首先认识问题，这意味着你得有能力去审视它，没有任何的限定。

所以，你难道不会询问一下自己，这种冲突和不幸究竟是什么吗？你努力奋斗，通过了考试之后，你在自己的名字后面添加了一个学位，你每天去办公室工作，挣到几块卢布，还有富人跟穷人之间永无止境的斗争，这一切都是什么呢？你难道不应该凭借自己的力量，而不是依靠某个人或书本去探明吗？这不是能力的问题，这是兴趣和动力的问题。当你真正对此感兴趣，将发现你会拥有探明的热情、激情，于是你会愿意对一切可能有助于你去发现真理的事物展开检验。所以，重要的不在于问题的解答，而在于我们怎样着手问题。因为，实际上我们所有人都失去了富有创造力的探寻、发现真理的精神。只要有任何形式的接受，就不可能会有这种充满创造力的探寻。

请仔细聆听这个，而不是仅仅接受我的观点。我什么也没有告诉你，从字面上来讲什么也没有，因为智慧无法通过言语来传达。你必须凭借自己的力量去发现，而要想有所发现，你的心灵就必须是自由的。但你的心灵并不自由，对吗？你的心灵显然被各种各样的恐惧、传统、希望和焦虑所困。那么，它能否摆脱恐惧和传统，摆脱千百年来累积的知识呢？你能否把所有的上师、宗教导师都抛到一边去，无论他们是古代的还是现代的，依靠自己的力量去审视这些事情呢？这才是真正的问题所在，不是吗？

文明、文化没有带来宗教，它们是为宗教而存在的，它们的正当作用是帮助人们探明什么是真理、什么是神。但倘若你的心灵不是自由的，你便无法发现真理、神。自由不是通过实践某种文明得来的，因为当你去实践的时候，你就已经被"如何"所困了。一个依照某种体系方法去禅修的人，永远无法探明真理。可一旦心灵察觉到了它被困于其中的习惯以及着手让自己摆脱实践，摆脱那永远都在制造着习惯的思想的欠缺——这样的心灵就处于禅修的状态了。这实际上意味着彻底的内在的变革——这是我们大多数都不愿意去经历的，因为我们希望被人尊敬。我指的并不是米拉波阿（马德拉斯的郊区）的受人尊敬，这是荒唐的，而是感觉我们在精神上取得进步，感觉我们是道德的、安全的，我指的是这种受人尊敬。这一切都表明沉溺于自我，不是吗？不管多么改进、多么高雅，都依然是自私自利。

因此，我们的问题，不仅在这里，而且在全世界，便是如下所述：心灵能否让自己摆脱过去，摆脱它累积的全部知识——知识，不是机器的、技术的知识，而是我们应当如何的知识、理论、教义、信仰——然后带着这种自由去思考关于生活的整个问题呢？一旦心灵挣脱了教义、信仰、恐惧的羁绊，还会有问题存在吗？毕竟，什么是思想，你怀有的思想？当你被问到这个问题的时候，你会作何反应呢？请对我的观点展开检验，只是为了其中的乐趣。你的思想是什么？当你被问到这样一个问题时，观察一下你的思想是如何活动的。它的本能反应是去寻找答案，或者是商羯罗的观点，或者是现代心理学家的看法，抑或是科学家或者你最喜爱的上师、报纸的意见。你在各种收集起来的记录当中寻找答案，不是吗？你没有观察自身思想的过程，只有在观察该过程的时候，你才能探明什么是思想，而不是通过引经据典。

探明何谓思想——这难道就不是禅修吗？假如心灵能够认识自身存在的全部过程，或许就可以超越自己以及发现真理。然而理性与逻辑并不是热烈的、至关重要的，这便是为什么说，要想认识和超越自身，心灵必须超越理性和逻辑。一个饱含热情去探明真理的心灵——唯有这样的心灵才会懂得理性的整个过程以及它的幻觉和谬误，从而超越自己。一个具有逻辑和理性，一个传统的、恐惧的心灵，或许从教义、信条、政治规则等层面来说是热情的，它可能急切地想要带来某种变革，但它永远无法自由地探明真理。

请务必对此展开检验，因为，毕竟，你为什么要聆听我的演讲呢？如果你的聆听是为了发现真理，你将永远不会找到它。如果你的聆听是为了被告知该如何禅修，你也永远无法懂得禅修。神不是通过言语、书本、哲学抑或通过实践某种禅修的方法可以发现的。真理只能每时每刻去发现，一个拥有持续性的心灵是无法找到它的。我们的思想是时间的结果，对吗？它源于许多个昨天以及经验和知识的累积。就我们所知，思想是持续性的，它是记忆，因此它只能在时间的领域内活动。我们带着这样的持续性去着手那永恒的事物，我们试图探明真理，所以，我们的发现将会依照我们自身的持续、习性跟结论。只要我们没有理解思想，"我"的整个过程，就无法摆脱持续性。思想与"我"并不是分离开来的，无论它是高等的还是低等的，无论你称它是个性、灵魂还是梵我，这个"我"都是能够去思考的自我、思想。请仔细聆听。只要你的神、梵天以及其他相关的一切是处于思想的领域之内，那么它依然是在时间的范畴里，所以不是真实的。这就是为什么说，了解意识的整个过程格外的重要，不仅要认识日常的显意识，还要认识潜意识。真理只能够时时刻刻去发现，它不是持续的，然而，渴望发现真理的心灵，由于它本身是时间的产物，所以只能够在时间的领域内活动，于是也就无法探明真理。

要想认识思想，心灵就必须认识自己，因为并不存在一个思想之外的"我"。没有同思想分开的特性，就像钻石的特性跟钻石本身不可分一样。若要认识思想，你就不可以依照他人的观点去对它进行解释，而必须观察一下你自己的整个意识是怎样活动的。一旦你懂得了它的全部过程——它是如何推理的，它的欲望、动机、野心、追逐、嫉妒、贪婪和恐惧，心灵就可以超越自己了。当它这样做的时候，便会发现全新的事物。这种崭新的特性带来另一种非凡的激情、一种巨大的热情，会让内部发生深刻的变革。唯有这种内心的变革，才可以改变世界，而不是任何政治的或经济的制度。

假如你有正确地聆听所说内容，那么这种聆听就是一种变革。我向你们保证这一事实——不是说你必须接受它，而是说你将凭借自己的力量探明，只要你正确地聆听，你的生活就会发生惊人的改变，因为你将发现真理，而真理会带来自身富有创造力的热情以及每时每刻充满生机与活力的行动。这种发现是宗教的最高形式，它是所有文明存在的原因，是每个人为之奋斗的原因。没有它，我们将会制造出一个令人惊骇的世界；没有它，我们将会通过各自为阵的信仰、教义，通过虚妄的神，比如国家主义，通过不再有任何意义而沦为单纯迷信的信仰毁灭彼此。

所以，问题在于让心灵自由地去发现真理，因为真理无法由他人交到你手上。你无法在书本里面阅读到它，它也不是某种理论可以涵盖的，不是源于猜想，不是源于经验抑或对经验的解释。只有当心灵迈入彻底的宁静，不为恐惧、希冀、教义以及任何形式的仪式或信仰所困，真理才会到来。只有当心灵获得了自由，它才能迈入静寂。只有当你认识了它的全部过程，才会迎来自由。

有好几个提问要回答。提出问题的意义何在？是要解决问题还是探索问题？你明白这二者的不同没有？当你提问的时候，你主要关心的是哪一个呢？你难道不是主要关注于答案吗？当我以某种方式做出回答，你可以求助于其他人给出不同的答案，然后根据你的判断、评估去选择答案，而你的评判又是取决于你所受的限定，你怀有的欲望和希冀，所以，你实际上渴望问题的回答来迎合你的理论跟偏见。但倘若问题的提出是为了一同对其展开探索，探明真理，那么我们的关系就截然不同了。尔后不会有什么演讲者，也没有讲演者跟听众之间的划分，没有上师和门徒以及一切无意义的东西。尔后你我便是两个面临着某个问题的人，我们对问题并无忧惧，我们要去探究它，发现其中的真谛。这样的探寻会唤起巨大的热情，不是吗？于是，探寻既不是你的，也不是我的，既不是印度教的、穆斯林的、基督徒的也不是佛教徒的。有的只是一个展开探寻以发现真理的心灵。

请注意，先生们，假如你非常随意地聆听这一切，那么这就意义甚微。

但只要你带着自己的全部身心去聆听，仿佛你的生活全系于此，它便会拥有完全不同的意义了。

问：宗教苦行者放弃了世俗的东西，政治的"苦行者"献身于各种各样旨在让社会变得更好的工作，而其他人则以自身的方式展开活动，以求改变教育、社会和政治领域的环境。同样的，那些跟您联系的人，尽管不从属于任何组织，但他们显然是在献身于您的事业。所有这些人有什么不同吗？

克：我希望没有任何人献身于我的工作，首先应当认识到这个，这很重要。你不能献身于他人的工作。我的工作是什么？出版几本书吗？显然不是。展开探寻以发现真理，这显然是你自己的工作，不是我的。你必须认识的是你的生活、你的痛苦和不幸，不管你是生活在一个村庄、米拉波阿、纽约、伦敦还是莫斯科。如果你作为一个个体去认识你日常的生活，带来自己内心的自由，你就会让集体的意愿即所谓的文明发生变革。但倘若你无法让自身发生这种根本的革新，这是你自己的工作，那么你如何能够献身于他人的工作呢？

所以，我们努力要去做的是什么？政治改革者、苦行者，那些属于福利团体的人们，那些效忠各种大师的人们，那些打坐、争吵尔后努力让自己宁静的人们——他们试图去做的是什么？你可曾询问过这个？你可曾问过自己这一切有什么意义？宗教的、政治的、社会的改革便是所谓的文明的全部，对吗？那么什么是文明呢？它显然是集体意愿的行动的结果，这一点是相当清楚的。文明源于集体意愿的行动，这种文明要么会提升，超越世俗去发现终极真理，要么会衰退、堕落。只有当集体意愿的行动发生了根本的改变，文明才能出现彻底的变革。假如个体自身不经历转变，集体的行动就不会有革新。所以，你我应该凭借自己的力量去发现真理，除非我们摆脱了集体的制约，也就是心灵背负的传统、希冀、恐惧、迷信、焦虑，否则我们便无法探明真理。但我们并不希望这么做，我们唯一渴望的就是继续传统的方式，指望着通过某种奇迹将会出现转变，从而带给我们幸福与安宁。

有许多社会和政治的改革者，有许多瑜伽修行者、宗教大师、苦行者，他们全都以各自不同的方式努力带来某种集体的或个体的改变。但倘若没有认识思想的全部过程，改变就只会导致更多的不幸。这些改革者们，政治的、社会的、宗教的，只会给人类带来更多的痛苦，除非人们理解了自身思想的活动。一旦认识了思想的全部过程，就会迎来彻底的、内在的转变。而这种心理的改变来自于真正的合作的行为，这不是与某种模式、与权威、与知者的合作。当你因为有了内在的变革而知道怎样去合作，就会明白什么时候不去合作，这实际上非常重要，或许更加重要。我们现在跟任何可以提供改革、变化的人合作，这只会让冲突和不幸得以继续。但如果我们能够理解怀有合作的精神指的是什么，这种合作精神是伴随着认识了思想的全部过程而来的，在它里面，摆脱了自我，那么我们就可以建立一种新的文明，建立一个完全不同的世界，在这个新世界，不再有获取、嫉妒、比较。这不是理论层面的乌托邦，而是一个不断探索、追寻真理和福佑的心灵所处的真实状态。

1954 年 12 月 5 日

在马德拉斯的第二场演说

我认为，全世界的问题正在与日俱增，这一定让我们大多数人都感到震惊不已。我们总是展开着修修补补的改革，总是以庸常的努力去解决我们的许多问题，但却似乎无法将它们完全消除掉。为什么我们人类不停地遭受着痛苦，但又从不曾解决过痛苦的问题呢？我们对此有许多的解释，它们取决于我们的阅读，而这些阅读又是依照我们自身所受的限定。假如我们是印度教教徒，我们便会以某种方式去审视问题，假如我们是基督徒或共产主义者，则会以另外一种方式去看待问题。解释似乎令我们大部分人都感到满足，在我看来，这种满足是导致平庸的根本原因——这并不意味着我们应当不假思索地去抵制一切。然而，渴望得到满足，会培养出平庸的观点、狭隘的目标，以及接受那些针对我们的巨大问题给出的肤浅答案。只要我们能够审慎地、彻底地抛下对于满足的渴望，超越字面的解释，那么我认为，我们就可以解决自己的诸多问题了。

所以，如果我可以问一下的话，你们是带着什么样的欲望、什么样的意图在聆听我的演讲呢？你的聆听仅仅是为了寻求一个答案，还是为了探明你我能否携起手来对许多摆在我们面前的问题当中的一部分展开探究，凭借自己的力量发现真理，不理会任何权威、书本或意识形态呢？

只要我们能够这样探索人类的问题，那么我认为，狭隘的平庸之墙就会被打破，想要用这里或那里修修补补的改革去接受事物的本来面目，将会让位于心理的彻底转变。

尽管我们的许多问题都是琐屑的、肤浅的，但倘若我们希望从根本上将它们解决，那么，提出本质性的问题难道不是十分重要的吗？在认识根本性的问题时，那些表层的问题将会得到解决。可如果我们仅仅因为想要获得最让人满意的解释而去提出问题的话，那么，这种满意将不会从根本上改变我们的争斗、恐惧和痛苦。我们大部分人都只是在智力上享受着从马克思的著作或《薄伽梵歌》里面引经据典，我们喜欢炫耀自己的知识或是提供为什么应当支持某种社会形态、某个宗教或政治运动的理由，这就是为什么我们从不曾找到过许多问题的本质答案的缘故。

请注意，若容我指出，这是一个非常重要的问题：你不可以就只是把它置于一旁，继续去做其他的事情，你应该真正去思考它。在询问根本问题的时候，你难道不就会解决所谓表层的、当下的社会问题了吗？这完全取决于我们是如何询问的，不是吗？一个琐屑的心灵可以提出根本性的问题，但它的回答将会非常肤浅，因为这样的心灵不会懂得怎样去洞察，怎样去探索、追问问题，它将会接受一个合理的、逻辑上令人满意的答案。所以，当我们提出根本问题——诸如什么是神、什么是死亡、一个人内心的这种冲突和矛盾是什么这类问题——的时候，我们每个人都应当观察到我们是多么轻易地满足于某个解释，无论是心理的、社会的还是宗教的，这难道不是十分重要的吗？能否对根本性的问题展开探索，不去接受抑或满足于表层的反应呢？

现在，让我们以自相矛盾为例，看一看我们是否能够以这种方式对其展开探索。因为，只要我们可以认识自身的矛盾，或许就能理解关系即社会里面的冲突了。

是什么导致了自相矛盾，导致了一个人内心的这种冲突？我肯定，大多数人都没有察觉到这个。当我们意识到了它，它便是一种折磨，尔后开始了试图去克服矛盾、试图在正题和反题的冲突之间找到一种合题的过程。心灵能否在没有矛盾、没有这种对立面的冲突的情况下去思考呢？它能否不怀有某个理想去思考呢？正是理想带来了矛盾，不是吗？然而，我们所有的哲学家、所有的宗教都坚持把理想作为一种提升和改变的手段。心灵能够不再从"应当是"即理想的层面去思考，自由地追寻"事实是"吗？它能够充分关注"事实是"，不被"应当是"、理想分心吗？

对此展开思考，追根溯源，真正去体验它，而不是仅仅在智力层面加以思考，这真的十分重要。为什么我们大家内心都有这种矛盾呢？你理解我所说的矛盾是指什么意思没有？它是"事实是"和"应当是"之间的内心冲突，是永无休止地试图让自己变得更好，不断地拿自己跟他人做比较。心灵能够不去比较地活动吗？通过比较和谴责，能实现认知吗？

重要的是我们每个人都应当直接地认识这些根本的问题，而不是仅仅接受他人的观点，难道不是吗？它是我们所关注的自己的生活，如果我们没有理解这些基本的问题，那么，仅仅沉溺于政治的或社会的改革将没有多少意义。很明显，需要的是一种全面的观点，它不是通过冲突、调整或抵制而来的，而只有当心灵认识了关于自我矛盾的整个问题，才会实现。

凭借我们自己的力量探明是否存在神，这难道不也是非常重要的吗？一旦我们能够认识什么是神、真理，随便你怎样称呼，就可以让我们的内心生活发生根本的改变了。尔后，这种内在的改变会从外部表现出来。但这显然需要某种自由，当心灵为知识所累，它就不会是自由的。所以，通过知识去体验真理，这种观点是彻头彻尾错误的，不是吗？单纯描述什么是神，你通过阅读各类宗教书籍获得的关于信仰的知识，抑或因为你碰巧是个无神论者而去抵制这些东西——这一切难道不都会妨碍发现吗？心灵难道不应该自由地去探索吗？当它背负着知识、有神论或无神论的教义，它会是自由的吗？毕竟，我们所谓的宗教究竟是什么呢？当你真正开始去思考它，它就什么也不是，就只是公式化的仪式以及教义化的信仰，不管这信条是基督教的、印度教的、佛教的还是共产主义的，这些东西都没有什么意义。

因此，单纯询问什么是神或真理，并不是解答，因为不同的人会给你不同的答案，你将选择那个最合理、最便利或让人满意的答案，但这并不是发现神或真理。需要非凡的洞察，抛开一切权威、一切知识，凭借你自己的力量发现真理。知识只是作为交流或行动的手段才有用。在展开行动之前，你必须首先能够去探究，不是吗？在行动中，你需要知识。然而，一个背负着知识的心灵能够发现真理吗？还是说，它必须摆脱知识的制约，这样才能去探究，只有在发现之后才去运用知识呢？对我们大多数人来说，知识已经成为了一种阻碍，因为我们以为，通过阅读书本、参加讲座以及其他一切无意义的事情，我们便能探明真理。要想发现真理，心灵必须赤裸，不是吗？显然，这就是一个人应该询问以及依靠自己的力量去探索的根本问题。

我感觉，当今世界的危机，不单单是社会的或经济的，而是更为根本的。只要你去观察一下自己的内心和周围，就会发现，富有创造力的思考是何等之少，认知是何等之少。大部分所谓的思考都不是首创的，不过是重复，重复商羯罗、佛陀、基督耶稣、马克思或其他人的观点。真正抛下一切权威，一切书本，努力依靠自己的力量探明真理，这需要许多富有创造力的智慧，不是吗？接受或许只是一个受限的心灵做出的反应，所以，重要的是不仅应当询问什么是真理、神，而且还要凭借自己的力量直接对问题展开探索，难道不是吗？要做到这个，心灵难道不应该挣脱全部的限定吗？——印度教教徒、佛教徒、基督徒、共产主义者或是任何其他的限定。这要求巨大的心理的变革，反抗一切，不是吗？这需要反抗，不是为了反抗的缘故，而是一种能够让心灵开始自由地去探明的反抗。

当我们谈论反抗的时候，普遍指的是依照某种公式的反抗，对吗？我们反抗，是为了去适应某种选择出来的思想模式，或者确立某种社会形态。我们所谓的反抗是一种抵制、压制的过程。那么，心灵能够在不去接受任何公式即受限的反应的情况下反抗吗？它能够把这个抛到一旁，发现真理吗？只有这样的反抗，才会带来富有创造力的思考与认知，这才是现在所必需的，而不是更多的精神或政治领域的领袖。我们每个人都应该真正依靠自己的力量去发现真理，除非我们处于彻底的反叛的状态，否则无法探明真理。你们聆听了这一切，赞成地摇了摇头，但倘若你只是回到家，一如既往，这就毫无意义。先生们，你知道，除非我们接受了新的挑战，否则我们便已经是僵死的。若心灵不是自由的，若它背负着信仰或公式，它就无法去认识新事物。

那么，心灵能否处于充分的变革之中，而不是仅仅去接受，满足于诸如共产主义者提供的经济革命呢？我们的思想能否发生彻底的改变？一条锚定的船无法出海，一个囿于信仰或意识形态的心灵，不会发现真理。一个人应该察觉到、意识到他的心灵被困在某些形式的安全之中，不仅是身体的安全，更多的是心理上的安全，也就是被困在言语、信仰、观念以及各种恐惧的表现之中。接受某种信仰会让我们感到巨大的满足和安全，在这种安全里面有某种力量，但这样的心灵显然无法探明真理。它可以重复商羯罗、佛陀或其他古代老师的观点，但这不是个体的、富有创造力的发现。

不去寻求任何形式心理的安全跟满足，需要展开探究，需要不断地观察，看一看思想是怎样活动的，这显然就是禅修，不是吗？禅修不是实践某个公式或者重复某些话语，这些全都是愚蠢的、幼稚的。如果没有认识思想的整个过程，包括显意识跟潜意识，那么，任何形式的禅修实际上都是一种阻碍、一种逃避，是幼稚的行为，是自我催眠。察觉到思想的过程，带着全部的意识一步一步仔细地探究，凭借自己的力量认识自我的种种——这才是禅修。只有通过认知自我，心灵才能自由地探明真理、神、死亡以及那个被我们唤作生活的事物。

先生们，你们明白没有？我们为什么会遭受痛苦，我们为什么会去服从，为什么我们自己身上和社会中会出现这种冲突？毕竟，对我们大部分人来讲，生活便是痛苦，是永无止境的交战或是例行公事的无聊，这便是生活吗？想要实现、达成的渴望以及它的挫败，野心的交战及其恐惧和残忍，这种跟自己以及跟邻居的不断争斗，关系的痛苦——这是生活吗？还是说，我们是因为没有懂得什么是生活才会制造出这样可怕的社会来呢？所以，重要的是去探明所有这些事情的真正涵义，难道不是吗？心灵能够探明吗？那具有推理、逻辑能力的思想是什么呢？理性和逻辑依赖记忆，记忆被过去的经验限定，这样的心灵能够发现真理吗？抑或，只有当心灵认识了生活、记忆、知识、理性和逻辑的全部过程，通过超越自身迈入一种将会迎来真理的静寂，才能发现真理呢？然而，一个永远都被获取知识和经验所困的心灵，是无法发现真理的。

这一切提出了一个巨大的问题：你究竟是一个真正的个体，还是仅仅是集体的一个部分呢？文明，不管是印度教的、基督教的还是共产主义者的，显然都是集体意愿的结果。一个沉溺于集体之中的心灵，永远不会探明真理。要想成为一个独立的个体，心灵就必须实现认知以及摆脱集体的制约，唯有这时，它才能发现那最为高等的事物。这实际上意味着一种彻底的变革，因为集体便是传统、信仰、知识、经验以及书本的权威。

除非我们从根本上理解了这些问题，否则，单纯的变革将会变成更多的不幸。你难道不曾注意过，全世界的政客们都是一边努力确立和平，一边备战吗？他们触及的每一个问题都引发了其他的问题出来，所以它就在我们自己的生活之中。问题愈来愈多，痛苦愈演愈烈，从不曾有过一刻深切的幸福、宁静与充实的喜悦。幸福以及永远的和平是无法通过立法、通过表层的改革得来的。当心灵观照了自身并且认识了它的集体活动，彻底地反抗集体，从而发现自身的不会腐坏——唯有这时，它才能发现真理，而这种发现是唯一可以解决我们人类所有难题的方法。

问：真正的合作精神是什么？如果它不是源于共同的工作或者兴趣，那么它要如何产生呢？

克：先生们，你们所说的合作指的是什么？你跟权威合作，跟那些你认为有正确观念、正确规划的人合作，对吗？这是合作吗？当你接受了某种权威并与之合作，这是合作吗？当你像法律要求的那样在左边驾驶，你是在合作？显然，我们应该首先弄清楚我们所说的"合作"一词指的是什么意思？假如我们懂得了什么是合作，就会知道什么时候不去合作，这二者都很重要，因为，在某些情况下与他人合作，可能会带来毁灭和不幸。

合作便是一起工作，不是吗？但倘若有权威强制施加的计划、蓝图，那么这便不是合作，而是强迫。因为恐惧、奖励、必需或者因为强制而一起工作，显然不是合作。那么什么是合作呢，它又是怎样产生的？

那么，是否有一种形式的合作，在它里面，你我能够携手一同去工作，没有权威呢？我们可以一起修建一栋房子，为此必须得有蓝图，得有建筑师的规划。然而，你做什么和我做什么，对我们来说在心理上并不重要。我可以搬运砖块，你可以把它们垒砌起来，但我们的目的是一同建造房子，所以没有任何权威与强迫。我们之所以合作，是因为希望一同工作去创造某个事物。你我能够在这样的心态之下一起展开工作吗？显然，这并不是印度教的世界，不是共产主义者的世界，也不是英国人或美国人的世界。这是我们的地球，它是你的和我的，是我们要生活于其间的地方，是我们要一起去工作和建造的地方。你在建造的过程中做了什么，跟我做了什么一样都是无比重要的。我们能否摆脱国家主义的空话，摆脱种族的和宗教的隔离，在一起建造的时候怀有这种合作的精神呢？这跟通过任何形式的强迫或者因为害怕惩罚而去展开的所谓的合作完全不同，不是吗？这实际上意味着自我、"我"的消失。一旦有了这种合作的精神，与此同时就会意识到什么时候不去合作了，这是同样重要的。当某个领袖出现，提供了一个不可思议的乌托邦的规划，彻底的社会的变革，但却没有根本的内在的转变，那么一个人还应当跟这样的人合作吗？当一个人的整个存在都发生了充分的革新，难道不就会出现真正的合作了吗？在这种合作里面，他不是为了自己去努力的，不再是野心勃勃的。显然，这是爱的革命，它不是单纯的情绪，也不是一两个词语，所以它无法合作，同时当合作无用的时候也不会去合作。

问：您谈到了活着的时候就迈入死亡之屋。一个人能够在依然活着的状态下去体验死亡的感觉吗？

克：我们大部分人很有兴趣探明当死亡来临的时候会发生什么，不是吗？你想要知道死后会发生什么，但我认为这是一个错误的问题，因为尔后你会满足于单纯的解释。关于轮回转世的解释可能比其他的解释更让你满意，但它依然只是一种解释。恐惧死亡的心灵会接受某种能够赋予它永生的信仰。很明显，我们的生活是一种死寂，因为我们这样奇怪地害怕死亡，内心惧怕这背后的不确定。但倘若我们换种方式来提出问题，或许就能找到正确的答案了。

当一个人在活着的时候，当他充满生机与活力的时候，能否以警觉以及充分的意识迈入死亡之屋呢？你能够去体验死亡吗，不是在身体器官衰亡的无意识的时刻，而是在你活着的时候，在你有意识、十分清醒的时候？什么是死亡？我不打算去解释当身体器官消亡时会发生什么，心理的意识，一大堆的本能反应，种族的、继承的、获取的，是否会作为记忆得到持续。你可以对此展开探究，将会有无数让你满意的答案，但是这显然并非探明了何谓死亡。你能否在活着时——抛下所有的恐惧以及对于永生的憧憬、解释和希冀，等等等等——认识什么是死亡呢？接受任何形式的关于何谓死亡的信仰，并非解决之道。一个满足的心灵，一个怀有某种心理安全的心灵，无法懂得关于死亡的真谛，不是吗？

那么，什么是死亡呢？我们知道明显的身体的终结，但这就是全部吗？你能够让心灵去除掉你所学到的关于死亡的一切，你从书本当中获得的知识，还有那些带给你慰藉，让你憧憬永生的信仰吗？解释没有任何价值，因为它们不会让你领悟死亡的真正涵义。你能否将它们抛到一旁，探明什么是死亡呢？心灵能否不背负与死亡有关的全部知识？唯有这时，它才能自由地认识何谓死亡，不是吗？毕竟，你不知道什么是死亡，对吗？要想懂得什么是死亡，你的心灵难道不应该让自己摆脱所有的知识，宣称"我不知道"吗？在某个事物的面前，它不知晓，重要的难道不是弄清楚心灵能否宣称"我不知道"吗？

先生们，你们明白没有？你怀有对于死亡的解释，这些解释是基于你的希冀、恐惧和偏见，基于其他人的看法或是你自己对于永生的渴望，但这并不是体验何谓死亡，对吗？事实是你并不知道什么是死亡，那么你能够真正地、诚实地宣称你不知道吗？当心灵能够宣称"我不知道"的时候，它难道不就已经摆脱了已知，从而可以认识未知也就是死亡了吗？毕竟，我们之所以惧怕死亡，是因为我们依附于已知。死亡是未知的，而我们只在已知的领域内活动："我的名字"、"我的家庭"、"我的工作"、"我的美德"、"我的脾性"——这一切都是在已知的范畴里面，思想在其中活动和存在。那么，心灵能否摆脱已知、摆脱过去、摆脱一切传统和知识呢？一旦它这样做了，难道不就会处于一种未知的状态了吗？

当它挣脱了已知的束缚，难道不就可以认识或者体验未知也就是死亡了吗？如果我们能够立即地、直接地体验未知，那么我们的关系就将具有非凡的意义，尔后我们便能建立起完全不同的社会秩序了。

我们当前的社会，无论是共产主义的还是资本主义的，都是建立在获取之上的，可能不是财产的获取，但也有权力、地位、名望的获取。若一个人真正认识了死亡的问题，他就不会再去关心任何形式的获取了；尽管他可能拥有一点儿财产，但他的心灵已经没有了贪念。所以，理解这些根本性的问题真的是非常重要，因为在认识它们的过程中，我们将会体验内在的变革，这种变革将给我们的社会关系带来深远的影响。假如没有这种内在的转变，那么任何形式的社会变革都无法解决我们的问题，原因是，我们的问题要比经济问题更加深刻、更加心理化。

现在，先生们，你们已经听了将近一个钟头了，你会对此做些什么呢？若你仅仅是重新回到你旧有的例行公事中去，你便无法应对新的挑战。世界正处于巨大的、空前的危机之中，如果你仅仅是作为集体去行动，你的反应就不会是崭新的，也就无法带来挑战所需的富有创造力的行动。只有当你彻底挣脱了你的传统，当你不再是印度教教徒、基督徒、佛教徒或者共产主义者，当你不再从属于任何团体，你的反应才会是崭新的。唯有这时，你才可以获得自由，进而真正去应对。

1954 年 12 月 12 日

PART 05

印度，1955 年

在瓦拉纳西学校的第一场演说，巴纳拉斯

　　如果我们能够从思考何谓认真开始着手，那么，我们探究自身的思想以及对于生活中各类挑战做出的反应，就将具有更为深刻的意义。

　　我们所说的认真是指什么意思？我们可曾真正认真过？大部分人的思考都非常的肤浅，我们从没有保持某个意图，将其贯彻，因为我们怀有如此多的相互矛盾的欲望，每一个欲望都朝向不同的方向。这一刻我们对某个事物认真，下一刻又把它忘之脑后，追逐另外层面的其他对象去了。

　　能否保持用一种完整的、全面的观点看待生活呢？我认为，这是一个需要去思考的相当重要的问题，因为我想知道我们有多少人抱持着严肃认真的态度？还是说我们只对那些能够带给我们满足、只有短暂意义的东西认真呢？

　　所以我觉得，这将会非常有趣，不仅要聆听我碰巧发表的演说，而且还要热忱地一同努力探明认真是何意思。当一个琐屑的心灵努力做到认真的时候，它的认真注定会是非常肤浅的，因为它并没有理解自身过程的更加深层的涵义。一个人可以把精力投入某个精神的或世俗的对象身上去，但只要心灵依旧琐屑，没有认识自我，那么它那些严肃认真的行动就将意义甚微。这便是为什么在我看来，重要的是我们当中某些人

至少应当怀有一种持续的兴趣，想要努力探明是否能够做到认真或严肃，不被思想那些表层的活动干扰到，尤其是在有这么多的复杂问题和挑战的时候。

我不知道你是否对这个问题感兴趣，但是你应当弄明白为什么大部分人都未曾真正抱持过严肃认真的态度，这显然是非常重要的。因为，只有严肃认真的心灵才能把某个行动追寻到底，探明其意义所在。假如一个人希望能够展开完整的行动，那么他就必须认识自身思想的种种。若没有认识这个，单纯做到认真就毫无意义。我想知道你们当中是否有人理解了这一切，我是否解释清楚了自己的意思？

我们目睹了世界上正在上演的这种瓦解、崩溃的过程，旧的社会秩序在崩塌，我们浸染其中的各个宗教组织、信仰、道德和伦理的结构全都宣告了失败。纵观我们所谓的文明，无论是印度的、欧洲的还是其他的，都在走向腐烂，开展的都是各种毫无用处的活动。所以，你我能否察觉到这整个崩溃的过程，作为个体摆脱掉它，怀着极其严肃的意图去建立一个完全不同的世界，不同的文化、文明呢？你认为我们是否能够讨论一下这个，而不是我来发表演讲呢？

问题是这样子的：我们深陷于这种社会的、宗教的、道德的崩溃之中，那么作为个体的我们怎样才能突围而出，创造一个不同的世界、不同的社会秩序以及用不一样的方式去看待生活？这是你们的问题吗？还是说你仅仅满足于去观察这种崩溃，以习惯性的方式应对它呢？今天晚上，我们能否一起来对该问题展开讨论，好好地思考一下它，在我们的内心消除掉它呢？你觉得，讨论一下我们所说的改变是指什么意思，这会有益处吗？

问：让我们讨论讨论认真的问题。

克：我们所说的认真指的是什么？严肃、认真，显然意味着能够去探明真理。假如我的思想囿于某种视角或观点，那么我能够认识真理吗？假如我的心灵为知识、信仰所囿，假如它被困在那些不断撞击着它的限定性的影响之中，它还能发现新事物吗？认真，难道不意味着把一个人的思想全部运用到关于生活的问题中去吗？一个只是投以部分的关注的心灵，一个内心矛盾的心灵，无论它多么努力想要做到认真，能够对生活的挑战做出充分的回应吗？一个被无数欲望撕扯着的心灵，每一个欲望都推向不同的方向，这样的心灵会发现真理吗，不管它可能多么的努力？所以，拥有对于自我的认知，以认真的态度去认识自我及其全部的矛盾，这难道不是十分重要的吗？我们能否讨论一下这个呢？

问：可否烦您告诉一下我们，生活以及生活的问题是否是一样的？

克：你能够将生活的问题跟生活划分开来吗？生活和它在我们身上唤起的问题是分开的吗？让我们以这个问题为例，好好想一想。

问：什么是原子弹和氢弹？我们可否讨论一下这个？

克：这包含了有关战争以及如何阻止战争的整个问题，不是吗？我们能否对此展开讨论，以便让我们的思想澄明，严肃地、认真地追问到底，从而充分认识该问题的真谛呢？

我们所说的和平是指什么意思？和平是战争的对立面吗？如果没有战争的话，我们就会拥有和平吗？我们是在追求和平吗？还是说，我们所谓的和平仅仅是两个矛盾的行动之间的间隔呢？我们真的渴望和平吗，不单单是某个层面，经济的或精神的层面，而是整体？若我们希望阻止战争，我们显然就必须采取一些步骤，这实际上意味着没有思想的壁垒，因为信仰会导致敌对。如果你信仰共产主义，而我则相信资本主义，抑或你是印度教教徒，我却是基督徒，那么你我之间显然就会有敌对。因此，假若你我渴望和平，我们难道不应该打破一切思想的壁垒吗？

还是说，我们仅仅是在满足的层面上渴望和平，维系着在取得了一定结果后获得的地位呢？

你知道，我并不认为个体能够停止战争。战争就像是一部庞大的机器，它一直都在运转着，累积了巨大的动能，它或许会开动，我们将会在这个过程里面被碾碎、被毁灭。但倘若一个人想要走出这部战争的机器，他该怎么做呢？毕竟，战争不过是我们内心的争斗以戏剧化的方式从外部表现出来罢了，不是吗？我们每个人能否不再怀有野心、欲望呢？原因是，只要我们怀有野心，就一定会变得残忍，而这势必会导致我们自己跟其他人之间，一个群体或国家跟另一个群体、国家之间的冲突。这实际上意味着，只要你我在任何方向寻求权力，权力是一种罪恶，那么我们一定就会带来战争。我们每个人能否去探究野心、竞争、渴望在权力的领域出人头地的欲望，尔后终结掉这一切呢？在我看来，唯有这时，作为个体的我们才能摆脱这种会制造战争的文化、文明。

让我们对此展开讨论。作为个体的我们，能够在自己内心终结掉那些引发战争的因素吗？原因之一显然就是信仰，它把我们划分为了印度教教徒、佛教徒、基督徒、共产主义者或资本主义者。那么，我们可以把这一切抛到一边去吗？

问：生活的所有问题都是虚幻的，一定有某种我们能够去依赖的真实的事物。这种真实是什么呢？

克：你觉得真实和虚幻可以这么容易被划分开来吗？还是说，只有当我着手去认识什么是虚幻，真实才会出现呢？你可曾思考过什么是虚幻吗？痛苦是虚幻的吗？死亡是虚幻的吗？如果你失去了你的银行账户，这是虚幻的吗？如果一个人声称"这一切皆为虚幻，因此让我们探明实相"，那么他是在逃避实相。

你我能否终结我们内心那些导致里里外外的战争的因素？让我们来

讨论一下这个，不是单单口头上的，而是真正去探究它，认真地探索，看一看是否可以根除掉我们身上那些导致仇恨、敌对、优越感、野心以及其他相关一切的原因。我们能够根除掉这一切吗？假如我们真的渴望和平，就必须将其根除掉，不是吗？若你希望探明什么是实相、神、真理，你就得怀有一颗非常宁静的心。如果你野心勃勃、嫉妒，如果你对于权力、地位以及其他的一切十分贪婪，你能拥有一颗宁静的心吗？所以，假如你真正抱着严肃认真的态度想要去认识实相，你难道不应该去除掉这一切吗？认真、严肃，难道不就意味着认识那导致了所有这些问题的心灵、自我，并且将其消除掉吗？

问：我们怎样才能不去限定自己？

克：我会向你指明的！什么是环境、限定？它是从儿时起就一直强加在你身上的传统，抑或一个人为自己积累起来的信仰、经验、知识。它们全都在局限心灵。

那么，在我们对问题更加复杂的方面展开探寻之前，你能够终止作为一个印度教教徒及其所有的涵义吗？这样你的心灵才可以去思考、去反应，不是依照经过了修正的印度教，而是以全新的姿态。你的身上能否发生彻底的变革？这样心灵才会是鲜活的、澄明的，从而有能力展开探寻。这是一个非常简单的问题。我可以对此做一番讲解，但倘若你仅仅只是聆听，然后带着赞同或反对离开，那么这将毫无意义。可如果你我能够对问题展开讨论，一同去研究它，探寻到底，那么或许我们的思考就会是有价值的。

所以，渴望拥有和平或者谈论和平的你我，能够根除掉我们身上那些引发敌对、战争的原因吗？我们是否应该讨论讨论这个呢？

问：个体是否无力反对原子弹和氢弹？

克：他们继续在美国、苏联以及其他的地方试验这些炮弹，那么你我对此能够做些什么呢？所以，讨论这个问题的意义何在？你可能会给报纸写信，论述原子弹是多么的可怕，试图以此来制造公众舆论，然而这么做能够阻止政府去研究和制造氢弹吗？他们难道不会无论如何都打算继续如此吗？他们可以运用原子能来谋求和平，也可以是出于破坏性的目的，五年或者十年之后他们或许会有依靠原子能作为动力的工厂，但他们也会去备战。他们可能限制使用原子能的武器，然而战争却已经是蓄势待发，那么我们可以做些什么呢？历史事件都处于运动之中，我不认为生活在巴纳拉斯的你我能够让这一运动停止。谁会去在乎呢？但是我们能够做的是完全不同的事情，我们可以摆脱当前这部不停在备战的社会的机器，或许，依靠自身彻底的内在的转变，我们将有能力帮助着去建立一种全新的文明。

毕竟，什么是文明？什么是印度文明或欧洲文明？它是集体意愿的表现，不是吗？众人的意愿制造出了当今印度的文明。你我难道无法冲破它，对这些问题展开完全不同的思考吗？这么做，难道不是那些认真之人的责任所在吗？难道不应该有一些抱持严肃态度的人们吗？他们目睹了这一段灭性的过程在世界上演，摆脱了这个，也就是不再怀有野心以及其他相关的一切。我们还能做什么呢？但是你发现，我们不愿意抱持严肃的态度，这便是困难所在，我们不希望着手自我，而是想要讨论遥远的外部的事情。

问：一定有一些人是非常严肃的，那么他们解决了自己的问题或是世界的问题没有？

克：这并不是一个严肃的问题，对吗？这就好像当我自己饥饿的时候去说其他人已经吃过了一样。如果我很饿，我会询问哪里可以弄到吃的，指出别人吃过了毫无关联，这说明我并不是真的很饿。是否有一些严肃认真的人们已经解决了自身的问题，这根本不重要。你我解决了我们的问题没有？这要重要得多，不是吗？我们当中能否有少数几个人格外严肃地去讨论一下这个问题，认真地展开追寻，看一看我们能够做些什么，不只是智力上的、口头上的，而是切实的。

问：我们真的能够逃开现代文明的影响吗？

克：什么是现代文明？这儿，在印度，它是一种古老文明，同时还被添加了某些西方文化的层面，像是国家主义、科学、议会制、军国主义，等等等等。那么，我们要么被这种文明同化掉，要么必须冲破它，一起创造出一种不同的文明。

我们如此急切地仅仅想要去聆听，这真是一件不幸的事情，因为我们是用最肤浅的方式去聆听的，而这似乎对我们大多数人来说已经足够了。为什么对我们来讲，认真展开讨论并且根除掉我们内心那些会导致敌对和战争的因子是这般的困难呢？

问：我们必须思考当下的问题。

克：但是在思考当下问题的时候，你将会发现它有深深的根，它是那些潜伏在我们内心的因素的结果。所以，要想解决当下的问题，你难道不应该去对更为深层的问题展开探寻吗？

问：只有一个问题，那便是探明生活的目的。

克：我们能够对此展开真正严肃的讨论与充分的探究吗？这样我们才能凭借自己的力量懂得生活的目的是什么。生活的全部是什么，它通向何方？这才是问题所在，而非生活的目的为何。假如我们仅仅寻求关于生活目的的定义，你会用一种方式去界定它，我则用另外一种方式去解释，我们将会发生口角，然后依照我们的个性去选择那个更好的定义。

显然，这不是这位提问者的意思。他想知道这一切努力、寻找，这种不断的争斗，这种相聚和分离，生与死，这一切的目的是什么？生活的全部会通向哪里？它的意义何在？

那么，这个被我们唤作生活的事物是什么呢？只有通过自我觉察，我们才能认识生活，不是吗？我知道我是活着的，因为我说话、我思考、我吃饭，我怀有各种相互矛盾的欲望，包括有意识的跟无意识的，以及各种冲动和野心，诸如此类。只有当我意识到了这些东西，也就是说，只要我实现了自我觉察，我才会知道我是活着的。我们所说的自我觉察是指什么意思？显然，只有当出现某种冲突的时候，我才会做到自觉，否则我对自己是无知无觉的。当我去思考、努力、争论、讨论，以这种或那种方式表述的时候，我是自觉的。自觉的本质便是矛盾。

意识是一个完整的过程，它是那些暗藏着的潜意识以及那些活跃的、敞开的显意识。那么，这种意识的过程指的是什么呢，它要通向何方？我们知道生与死、信仰、努力、痛苦、希冀以及永无休止的冲突，这一切的涵义是什么？探明它的真正涵义，这便是我们试图去做的事情。只有当心灵能够展开探寻，也就是说，当它不囿于任何结论，一个人才能认识其真正的意义，难道不是这样的吗？

问：它是探究还是再次探究呢？

克：只有当心灵是受困的、重复的，从而不停地重新探究自身，才会出现重新探究。然而，自由地去探究，发现真理，这显然需要一个不为任何结论所困的心灵。

那么，你我能否探明这整个努力、挣扎及其全部分支的意义？假如这是一个人的意图，而他又是严肃认真的，那么他的心灵能够怀有任何结论吗？一个人难道不应该对这种困惑敞开吗？他难道不应该带着一个自由的心灵展开探索，认识何谓真理吗？所以，重要的不在于问题，而是应当看一看心灵是否可以自由地去探寻，发现其中的真谛。

心灵能够摆脱一切结论吗？结论不过是某种限定的反应，不是吗？以轮回的结论为例，轮回转世究竟是事实还是虚幻，这无关紧要。你为什么会怀有这一结论呢？是因为心灵惧怕死亡吗？这样的心灵，相信某个因恐惧、希望、憧憬而产生的结论，它就显然无法认识关于死亡的真谛。所以，假如我们抱持严肃认真的态度，那么我们的首要问题，甚至是在我们询问生活的全部过程意指为何之前，便是探明心灵是否能够挣脱一切结论的羁绊。

问： 您是否是指，为了展开严肃的思考，心灵必须迈入彻底的空无？

克： 我们所说的自由是什么意思？获得自由意味着什么？你宣称，如果心灵是自由的，不囿于任何结论，它就会处于一种空无的状态。但它是这样的吗？我们试图去探明关于自由心灵的真谛。一个怀有结论的心灵会是自由的吗？如果我阅读商羯罗、佛陀、爱因斯坦、马克思的著作，是谁的并不重要，获得某个结论，抑或相信某种思想体系，那么心灵能够自由地去探寻吗？

问： 在探寻的过程中，比较没有任何作用吗？

克： 比较什么？把一种结论跟另外一种结论，一种信仰跟另一种信仰做比较吗？我希望探明生活全部过程的涵义，以及它的努力、挣扎、痛苦、战争、可怕的贫穷、残忍、敌对，我想要认识所有这一切的真相。为了做到这个，我难道不应该怀有一颗能够展开探寻的心灵吗？假如心灵怀有某种结论，抑或将这个结论跟另外的结论进行比较，它还能够去探寻吗？

问：若心灵只怀有试验性、暂时性的结论，那么它还可以被称作自由的吗？

克：不管是暂时性的还是永久性的，结论总是一种束缚，不是吗？请务必跟我一起来思考一下。如果一个人希望探明是否存在着神，那么通常会发生什么呢？通过阅读某些书本或者聆听某个学识渊博之人的观点，一个人被说服了神是存在的，抑或他变成了共产主义者，相信世上并没有神。但倘若他想要认识该问题的真谛，他能够去从属于任何一边吗？他的心灵难道不应该摆脱一切猜想、知识和信仰吗？

所以，心灵怎样才能自由呢？如果它遵循某个方法来获得自由，它会是自由的吗？方法、实践、体系，不管多么崇高，不管是崭新的还是被尝试了几个世纪之久的，能够让心灵自由吗？还是说，方法只会以某种方式局限住心灵，尔后我们却把这个叫作自由呢？方法会带来自身的结果，不是吗？当心灵通过某个方法去寻求结果即自由，这样的心灵会获得自由吗？

请注意，假设一个人怀有某种信仰，相信神，抑或你所希望的其他信仰，他难道不应该弄清楚这种信仰是怎样产生的吗？这并不表示说你不应该去信仰——而是你为什么会去相信？为什么心灵声称"它是这样子的"？心灵能否探明信仰是怎样出现的呢？

你在周围一切事物的身上看到了不安全，你相信大师，相信轮回，因为这种信仰带给了你希望，带给了你某种安全感，不是吗？一个寻求安全的心灵，会是自由的吗？你理解没有？心灵寻求着安全、永恒，它被对于安全的渴望打动了，这样的心灵能够自由地去探明真理吗？要想发现真理，心灵难道不应该抛下它的那些信仰，抛下它对于安全的渴望吗？是否有某种方法，通过它我们就可以放下那些带给我们希望和安全感的信仰呢？你知道，这便就是我所说的认真。

问：在受限的心灵中，是否有自由的时期呢？

克：在受限的心灵中，是否存在着自由的时段或间隔？你察觉到的是什么，是自由还是受限的心灵？请认真对待这个问题。我们的心灵是局限的，这一点显而易见。一个人的心灵被限定为了印度教教徒、共产主义者，这个或那个。那么，受限的心灵能否认识自由？还是说，它只是想象着获得自由？你能察觉到你的心灵是怎样受限的吗？很明显，这便是我们的问题所在，而不是何谓自由。你能否就只是察觉到你所受的限定，也就是认识到你的思想是以某种方式活动的呢？我们不是在谈论如何改变它，如何带来转变，这不是问题。你的思想是作为印度教教徒或者经过了修正的印度教教徒，作为基督徒或者共产主义者在活动的，它相信某个东西，你意识到了这个没有？

问：自由不是获取的，而是一种天赐。

克：这是一种假设。如果自由是天赐，它就只是针对少数被挑选出来的人，这会让人难以忍受。你的意思是说，你我无法对此展开思索，获得自由吗？你知道，先生，这就是我所说的：我们并不认真。懂得一个人是怎样受限的，这是迈向自由的第一步。但是我们知道自己是如何受限的吗？当你在你的额头上画下一个红色的记号，当你披上圣袍，当你做礼拜，或者追随某个领袖，这些难道就不是受限的心灵的活动吗？你可以放下这一切吗？只有这样，当你停止这一切的时候，你便会探明真理。这就是为什么说，真理只向那些严肃认真的人彰显，而不是那些仅仅去寻求安全，被困在某种结论中的人。我不过是指出，只要心灵囿于任何结论，不管是暂时的还是永久的，它都无法发现新事物。

问：科学家有数据，他是否准备放弃数据呢？

克：你是作为科学家在谈呢，还是作为一个人类？即使是贫穷的科学家，假如他想有所发现，也必须把他的知识跟结论抛到一边，因为它们会歪曲任何发现。先生，要想探明，我们就得终结自己已知的一切。

问：思想的不受限定能够在意识的层面或潜意识的层面实现吗，还是说二者都可以？

克：先生，什么是意识？有显意识和潜意识。显意识忙于日常的职责——它在观察、思考、争论、参加工作，等等等等。但我们察觉到潜意识没有？潜意识是种族本能的仓库，它是这种文明、文化的残留物，这里面有某些欲望，有各种形式的冲动。这整个意识，包括潜意识跟显意识，能够让自己挣脱局限吗？

那么，我们为什么把意识划分成显意识和潜意识呢？显意识与潜意识之间有明确的界分吗？还是说，我们和显意识如此交往甚密，以至于从没有思考过潜意识或者向它敞开呢？显意识能否对潜意识展开探究，抑或，只有当显意识安静下来，潜意识的那些刺激、暗示、欲望、冲动才会冒出来呢？所以，让思想摆脱限定，这不是显意识或潜意识的过程，它是一个完整的过程，当你带着热切的意图去探明你的思想是否是受限的，就会迎来这一过程。

请观察一下这个，对此展开检验。重要的是整个过程，怀着真挚、热切的意图去探明你的思想是否受着限定，这样你才能发现你的局限。不要就只是说你的思想是受限的或者不是受限的。当你照镜子的时候，你看到的是你的脸的真实模样，你可能希望它的某些部位是不同的，但镜子里面呈现出来的是真实的情形。那么，你能否以同样的方式去审视你的限定呢？你能否充分察觉到你的限定，不去想着改变它呢？当你希望改变它，当你谴责它或拿它跟其他事物做比较，你就没有充分地观照它。可一旦你能够审视自身限定的事实，不去比较，不去判断，那么你就可以将它作为一个完整的事物去看待了，唯有这时，才能让思想挣脱局限。

你知道，当思想充分察觉到了自身的限定，那么存在的只有思想，而没有一个跟思想分离开来的"你"。然而当思想只是部分地意识到了它的限定，它就会去划分自己，它会讨厌它所受到的限定，或者声称它是好的东西。只要有谴责、评判或比较，就无法彻底地认识限定，于是这种限定便会得以继续。但倘若思想察觉到了自身的限定，不去谴责或评判，就只是展开观察，那么它便会实现充分的认知。如果你也是这样去认识的，将会发现思想让自己挣脱了限定。

这就是我所说的认真的涵义。对此展开检验，不是随意的，而是认真地时时刻刻去观察你思想的活动——当你坐在餐桌边的时候，当你讲话的时候，当你走路的时候——这样你的思想就会充分察觉到它所有的活动。唯有这时，才能摆脱限定，从而迈入心灵的静寂，唯有在这种静寂里，才能探明真理。假如没有迎来心灵的静寂——当你全面认识了限定，心灵就会迈入静寂——那么你对于真理的寻求将会毫无意义，不过是一个会落入的陷阱罢了。

1955 年 1 月 9 日

在瓦拉纳西学校的第二场演说，巴纳拉斯

　　如果我们能够对自我矛盾这一问题展开一番认真的、深刻的追寻，或许它就会在我们的日常生活中具有重大的意义。

　　为什么人类会被自我矛盾撕扯呢？为什么我们大多数人的内心都会有这样的冲动、抗拒，以及不断地想要让自己去适应某种模式呢？我不知道你们当中是否有人察觉到了我们内心的这种矛盾，但我认为，假如我们能够认真地探究该问题，这将会非常有益和值得。因为，这或许是完整行动的线索，要想过一种富有生机、活力、完全美好的生活，这种完整的行动是不可或缺的。除非一个人深切地察觉到了自己身上的这种矛盾，认识到它源自何处，并且探明自己是否能够真正摆脱它，否则，单纯修修补补式的改革，或者是政治的、宗教的，或者是其他层面的，都只会带来更多的灾难。我觉得，对我们来说，认识到这个格外重要。原因是，我们对它的认知或许会解决将我们包围起来的一切罪恶与灾难——这些罪恶源于我们那些自相矛盾的本能，不是吗？

　　我们大部分人都受着各种相互矛盾的冲动和欲望的驱使，即使我们察觉到了自己内心的这种矛盾，似乎也从来没有能够从根本上去追溯其根源并将它们根除掉。在我看来，如果我们能够理解什么是拥有完整的生活，完全美好的生活，它里面，没有矛盾，没有任何强迫，没有抵制，

不会以任何形式去适应某种模式，那么我们或许就可以创造一种新的文化、新的文明，毕竟，这便是当前处于冲突状态下的世界所需要的。

要想充分地应对生活的挑战，一个人就必须做到彻底的完整。那么，要如何带来这种完整呢？为什么我们被自我矛盾撕扯着？大多数人都没有察觉到这种矛盾。我们盲目地迫使自己去遵从某种行为模式，抑或去追随某个理想，我们充满了紧张以及会带来冲突的欲望，我们希望做的是一件事情，实际干的却是相反的，我们想的是一个路径，行动却是完全不同的方向，我们没有意识到这种自相矛盾。我们要么对自己的行为进行辩护，要么加以谴责，而这种判断则是我们内心的另外一种矛盾。

那么，假如一个人能够聆听正在说的内容，不是去分析或者达至一种完整的状态，而是不带任何观点去聆听，不去累积先前的结论，也就是说，假如一个人能够带着一颗纯真、鲜活的心灵去聆听，那么正在说的内容或许就会具有意义了。否则它将会成为另一种观点、另一种理论，成为某种被贯彻的东西，而在贯彻某个观念的时候，一个人便已经在内心制造出了矛盾。单纯接受某个新的观念，其实会跟已经确立起来的东西产生矛盾，它只会让斗争进一步增强。但倘若我们能够充分地认识什么是矛盾以及它是怎样产生的，那么，在聆听的行为中，将会毫不费力地迎来完整。

我认为，重要的是认识到，单纯接受某个新的观念、新的哲学、新的教义，只会导致跟已经存在的东西发生矛盾。然后便会出现如下问题，那就是怎样把旧的跟新的连接起来，抑或怎样从旧的层面去解释新的。所以，能否在聆听的时候不去制造新与旧之间的矛盾呢？一个人能够凭借自己的力量探明矛盾是如何产生的吗，就只是认识到这个事实，不去把事实变成观念、想法，从而引发另外的矛盾出来？这便是问题：你能否聆听正在说的内容，认识新的事实，不去把它变成一种观念或结论，与旧的对立，进而在你内心制造出进一步的冲突呢？

很明显，讨论以下问题是十分重要的：受着限定的心灵是如何从来不曾在观察新事实的时候，既不去解释、判断，也不去怀有关于它的结论的？心灵能否在不抱持任何结论的情况下去审视新的事实？这实际上意味着，心灵能否摆脱限定，不再从印度教教徒、佛教徒或基督徒的层面去思考问题，审视新的事实，不去做任何解释？如果它可以做到的话，或许就将展开不矛盾的行动了。

那么，这种矛盾是怎样在我们每个人身上出现的呢？难道不是当心灵无法对新事物做出崭新的回应，也就是，当心灵受到限定的时候才会出现矛盾吗？我们的心灵被印度文化或西方文化限定着，被宗教、被某些思维模式以及通过教育或经验获得的知识的重负限定着，经验便是某种限定的反应。这样的心灵，显然无法对新事物做出充分的回应，于是便有了矛盾。生活是一种始终崭新的过程，它就像是一条流淌的河，河水可能看起来是一样的，但却是持续流动的、持续变化的。假如心灵无法充分地应对生命之流，抑或假如它从自身限定出发去回应这永无止息的流动，那么就一定会出现矛盾，不仅是在表层的意识，而且还有意识的深层。因此，我们的问题不在于如何做到完整，而是要探明受限的心灵是否能够解放自己。

一个印度教教徒的心灵，假如有这样的事物存在的话，带着它的虔诚、它的迷信、它的思维模式、它的社会影响，能够让自己卸下这一切的限定吗？显然，唯有这时，它才能充分地应对新事物，并由此让自己摆脱自我矛盾。

但我们大部分人关心的都不是让心灵不受限定，而是更好的、更广阔的、更高尚的限定。基督徒希望思想以某种方式受到限定，共产主义者、印度教教徒、佛教徒也是一样的，他们全都关心着让思想的限定变得更好，装饰着监牢的内部，而不是彻底地越狱。那么，能够完全冲破一个人所受的限定吗？这个问题向你提出来不是让你回答是或否的，因为这样的问题没有意义。但倘若我们每个人真的希望探明心灵能否摆脱过去，也就是去认识思想的全部内容，那么我认为，或许便能带来一种没有矛盾的心灵的状态。

所以，如果一个人想要以崭新的姿态去应对生活的挑战，对它做出充分的回应，这就是不可或缺的。当只有片面的回应时，任何文明或文化都势必会走向崩溃，这显然就是在这个国家以及其他地方发生的情形。那么，我们能够察觉到自身的限定吗？正是这种限定妨碍了我们充分地应对生活的挑战。所谓察觉到，我指的是仅仅意识到如下事实，即一个人被限定为了印度教教徒、穆斯林抑或你所希望的其他身份，既不去谴责，也不去试图改变这种限定。原因是，当我们渴望带来自身限定的转变时，就已经制造出了矛盾。请注意，假如我们能够真正认识到这个格外简单的事实，那么我们对于限定的整个认知就将具有完全不同的意义了。

生活，也就是日常生活的关系、忙碌以及我们所做的一切事情，是一种不断的挑战。在对这种挑战予以回应的过程中，受限的心灵带来了自我矛盾，而一个自我矛盾的心灵，不管它多么高尚，不管它的活动可能是多么具有改革性或者理想化，都注定会带来危害，不仅是在政治或社会的层面，还在心理和宗教的层面，在生活更为深刻的层面。然而，一个从集体——集体便是限定的牢笼——突围而出的人，是真正富有创造力的个体。只有这样的人才会有助于带来一种不同的文明，带来新的文化，因为在他身上没有矛盾。他的行动是完整的、统一的，他不会被各种观念撕扯，行动和想法之间没有间隔，心理与贯彻某个观念之间没有界分。唯有这样的人才是完整的，才能认识矛盾的全部过程，而不是一个试图实现完整的人。因为，努力做到完整，这本身就是一种矛盾。

若一个人认识了自身限定的监牢，继而去反抗，不是在监牢内部反抗，而是彻底的反抗，这样他的反抗才会带领他冲出牢笼——那么他才是真正的革命者。我认为，认识到这个格外重要。然而，只有严肃认真的人才会理解这个，而不是那些试图对所说内容进行解释以迎合某种哲学或信仰的人。如果你真正把自身的限定视为一种事实，既不去接受，也不试图让这种限定去适应某个新的模式，那么，从革命者这个词语最深的涵义上来说，你就是一个真正的革命者。只有这样的个体，才能给这个痛苦的世界带来一种完全不同的文化、一种新的文明。

问：我们的思想是过去的结果，它们受着商羯罗或佛陀的传统的影响。单纯的自我觉照，能够帮助我们挣脱这种限定吗？

克：如果你有聆听，那么我初步的讲话已经回答了你的问题。先生，你能否踏上探索之旅，把先前的知识、书本抛到一边，不去引用那些哲学家、科学家或心理学家的观点呢？你理解问题没有？毕竟，要想探明真理、神，随便你如何称呼，心灵就必须做到完全的卓然独立，不被过去污染，不是吗？所以，不要从你已经读到过的内容出发去解释我的观点。

思想，你的思想，它是时间的产物，是许多个昨天的结果；在时间的领域之内，它背负着知识、经验的重担。那么，一个人能否把这一切抛到一旁并且说"我一无所知"呢？虽然一个人阅读过，虽然他经历过，但他能否把这一切完全抛到一边，因为他认识到，知识会妨碍我们去探索和发现真理？这需要心灵无所畏惧，不怀有任何预见的目的，不想达至某个结果。这实际上意味着心灵能够让自己挣脱限定，挣脱过去的束缚，原因是它领悟到，任何限定都是一种绊脚石，都是矛盾的根源。

你知道，先生，对于大多数人来讲，或许是对在这里的我们所有人来说，困难在于我们阅读得太多了，我们从自身所受的限定出发去解释我们读到的东西，结果知识和经验就变成了进一步的障碍。我要问的是，你能否抛掉过去的一切，抛掉你学习到的所有东西，以全新的视角和姿态去审视生活呢？我谈的并不是抛掉机械领域的知识，而是对心灵来说具有心理意义的知识，这样你才会成为你自己的老师。尔后，不会再有上师和学生，因为你始终都在探明，只要有这种学习，就没有老师存在的必要。

问：但是心灵却背负着过去的重担，那么一个人要怎样摆脱掉它呢？方法是什么？

克：你之所以渴望某个方法，是因为你想要获得结果，你想要达至某个地方，这便是你关心的全部。这就好像一个银行职员渴望当上主管一样。你的心灵在攀爬着成功的阶梯，世俗世界的或者所谓精神领域的。这样的心灵不会实现认知，因为它只关心达至某个目标。显然，重要的是探明你的心灵为什么渴望获得结果，为什么它想要摆脱过去。你为何希望摆脱过去呢？思想本身就是时间的产物，它能够努力挣脱时间的制约吗？假如它这么做的话，那么它依然处于时间的领域之内，这是很明显的。通过努力获得自由、达至某个地方，它在自身制造出了一种矛盾。思想是时间的结果，不管它做怎样的活动让自己自由，都仍旧是在时间的范畴之中。如果一个人简单地、清楚地认识到了这个，唯有这时，心灵才能迈入彻底的静寂。正是因为认识到了该事实，心灵才会变得安静下来，无需任何努力。当心灵努力变得安静时，它的冥想实际上是一种市场里头的讨价还价。

问：像印度这样的古老文明，已经深深影响了我们社会行为的模式，如今它却处于一种衰退的过程之中。我们怎样才能保持住我们文化的最好特性，让古老的精神重生呢？

克：先生，死亡的事物应该被埋葬，你无法让它复活，你无法重返它，但这却正是你试图去做的事情。由于在内心你是困惑的，于是你说道：

"让我们重返圣者，让我们复活古老的精神，复活那些舞蹈和仪式。"这一切都是消亡的、逝去的。有一个挑战直接地摆在你的面前，所以你说："让我们回到过去。"如果你真的返回过去，如果你的回应方法是背对着新事物，你的文明就会走向衰退——这正是实际在发生的情形。你可以回到你的寺庙，回到商羯罗，回到那些宗教典籍，回到神职人员，回到那些手工雕刻出来的雕像以及其他相关的一切，但它们都是死去的东西，没有任何意义。

因此你无法重返过去。你只能以新的姿态去应对新的事物，若你保持旧的，你便无法做出新的回应。你必须抛掉旧的，才能完全回应新的。假如你的回应是局部的、片面的，保持着印度文化当中那些好的方面，把新旧综合起来，那么你显然就会带来灾难。只有那些能够充分应对新事物的人，才能带来一种崭新的文明。如果你执着于古老的文化或是它的某些精华，你便无法充分地应对新事物。先生们，很明显，要想充分地应对新事物，心灵就必须挣脱旧的牢笼，它的自由是无法来自监牢的。你或许可以通过要求某些内部的改革和调整在监牢内部展开反抗，然而，一旦你认识了整座监牢的限定，你就会迎来彻底的变革，它既不是印度的也不是西方的——它是全新的事物，于是便会有真理的运动。正是真理的运动，而非旧事物的复活，才能创造出新的文明。先生们，复兴旧事物不过是经过了一番修正之后让现有的一切得以持续。这种旧事物的反应并不是自由，自由不是通过追逐自由而获得的，而是当每个人懂得了自身心灵的全部限定，才会迎来自由。

问：然而我们受着局限，难道无法在没有矛盾的状况下去聆听吗？

克：先生，我担心你并没有理解我所说的。我已经说过，不要带着观念、结论去聆听，这只会导致对立。聆听，是去探明思想切实的过程，聆听，是去认识你所受的限定。不要询问说怎样才能摆脱你的限定，而是去察觉自身的局限，不做任何评判。

请注意，我的观点非常简单，那就是：思想是由过去构成的，它是过去的产物。我们不必去探究该事实，因为这一点是显而易见的。思想是由千百个昨天、无数的经历构成的，当它努力让自己摆脱这种限定的时候，势必就会出现矛盾。但倘若心灵察觉到了它的限定，不做任何评判，倘若它就只是认识到它是受限的，不去想着改变或者挣脱这种限定，那么，认识到了这一事实，将会让它自身发生彻底的变革。

对此展开检验，你会发现，要做到就只是察觉到自身的限定，不去想着改变它或者摆脱它，这是何其之难。你的心灵是由矛盾构成的，你被教育着去进行比较、谴责、评价，所以你对自身的限定已经形成了某种看法。你声称你不应该受限，抑或永远不会存在不受局限的状态，这是共产主义者会宣称的，因此你已经有了结论。然而，察觉到一个人的限定，不怀有任何结论，这就是它自身的变革。

问：令一切富有创造力的尝试被窒息的因素便是平庸。单调和平庸是一个无阶级的社会无法逃避的诅咒。那么，有办法在树立平等的同时又让创造力的火焰持续燃烧吗？

克：先生，我们所说的无阶级的社会是指什么意思？只要身份、地位起作用，就注定会制造出一个有阶级区分的社会。只要一个学校的校长是有地位的，还有这里面包含的全部涵义，没有让他的工作仅仅是职能性的，就不可避免地会带来一个有阶级意识的社会。当思想在活动的时候，很难让它不把身份、地位带进来。原因是，当你开始去建立一个无阶级的社会，人民委员就会变得重要起来，他的职务就会是带着身份的，而这意味着特权、地位和权威。

"有办法在树立平等的同时又让创造力的火焰持续燃烧吗？"我们所说的平等指的是什么？我知道我们全都声称应该有平等，但是这可能吗？

有职业上的平等吗？我可能是个厨子，你或许是个长官，如果长官轻视厨师，这是他通常会做的，因为他觉得自己要比厨师重要得多，那么，对他来说，重要的是身份，而不是职务，因此怎么可能会有平等可言呢？你碰巧拥有比我优秀的头脑，你见过的人比我多，你拥有更大的能力，你画画、写诗，你是个艺术家或者科学家，而我不过是个苦力或小职员，怎么可能会有平等呢？

又或者，我们根本就没有正确地看待这个问题。假如我们每个人都从事着自己喜欢的事情，都带着全部的身心去做自己热爱的工作，那么不平等还会这么重要吗？先生，你明白没有？如果我热爱我所做的事情，那么在这种行动里面就不会有矛盾和野心，我没有在寻求认可、赞美、头衔以及其他无意义的一切。我是真正热爱自己所做的事情，于是也就不会再有竞争、野心，不会再有因为把一种手艺或职业跟其他的职业做比较而生出的敌意。

显然，当身份变得重要，抑或当强加了某种平等的模式，它不过是一种理论罢了，那么创造力的火焰就会熄灭。但倘若我们能够教育学生从孩提时代开始就带着全部的身心去热爱他所做的事情，不管那是什么，那么或许就不会出现任何矛盾了，于是也就不会再有反社会的行为。

先生，我认为，当我们的心中怀有爱，当心灵清除掉了思想的产物，平等便会到来。当你心中有爱，就不会再有重要、渺小的意识，你不会匍匐在长官的脚下或是给他鞠躬的幅度大于给厨师的。正是因为我们心中没有爱，所以才会失去了平等的全部意义。然而，爱并不是被马克思带来的事物，也不是可以在共产主义者的理论或者新文化的模式中发现的。一旦我们认识了思想的种种，爱便会到来。爱是伴随着认识自我而来的，不是感官上的爱或者神圣之爱，而是爱的感受，它里面有仁慈、尊重，它里面，没有恐惧。

你听到了这一切，然而当你离开的时候，你又会非常谦卑地向长官致敬，对你的仆人则拳打脚踢，于是，聆听这个就会变成一种矛盾。但倘若你的聆听不是为了获得某个结果，而是为了理解所说内容的全部涵义，也就是为了认识你自己思想的方式，那么你将会懂得那一被唤作爱的事物的美丽所在。

1955 年 1 月 16 日

在瓦拉纳西学校的第三场演说，巴纳拉斯

我觉得，若我们能够探究一下何谓真正的创造力，将会很有价值，因为在我看来这是当前世界的主要问题。仅仅被赐予天赋，或者在某个方面具有天分，显然并不是创造力。我认为，能够把生活视为一个整体而非断片，作为一个彻底完整的人去思考、去感受，这么做才会带来创造力。可能正是这种彻底的意识，这里面，没有矛盾，才是体验了真理、神，随便你如何称呼。我以为，只要一个人能够把虚构和事实区分开来，他便会认识这种状态。

容我建议，请你们不要做笔记。如果你去记笔记，你就只是听了部分。我觉得，现在就去体验我们正在讨论的内容，要比做笔记以及之后将它记住重要得多。如果我们能够展开充分的觉察并且直接体验一个人所谈的内容，这就显然比单纯记住一些句子然后努力把它们跟日常生活的普通事件联系起来要更有意义。

在我看来，认识我们生活每日的事实是十分重要的。要想做到这个，显然就得把它们跟我们制造出来的关于事实的虚构给区分开来。一旦我们可以把事实和虚构区别开来，或许就能解决生活的主要问题了，也就是不断地努力去变成，这实际上会破坏我们彻底地理解什么是生活。

假如我们充分认识了思想的种种，就会知道我们的思想里面总是存

在着矛盾，然后努力想要将"事实是"与"应当是"之间的间隔给填补或者接合起来。不断地努力去变成，这就是我们所知道的，一旦我们能够真正认识它并将其消除掉，或许就将迎来一种完整的状态，一种"是"而非"变成"的生命状态。

毕竟，通过努力我们能够认识事物吗？要想实现认知，心灵显然必须安静下来，当它处于努力之中的时候，是无法宁静的。假如你经由你怀有的观念、偏见或知识的屏障去观察事实，在事实跟你自己认为的真实之间撕扯着，这种事实与虚构之间的矛盾就会导致你不断地去努力，而这是破坏性的。事实是一回事，关于事实的虚构则是另外一回事。当有了事实之外的虚构，就会出现努力。只要我们能够真正领悟到所有这类努力都是破坏性的，能够移除掉那道横在我们自己跟事实之间的虚构的屏障，那么我们的心灵就将获得关于事实的充分认知了。

在面对某个事实的时候，我们全都怀有关于它的不同看法，不同的看待它的方式，这会令我们之间生出争斗和敌对。但倘若我能够审视事实，不怀有任何观念、幻觉，那么事实自己就会产生效果，无需我努力去让自己的思想遵从或者适应事实。

那么，心灵能否审视事实，不对它抱持任何观念、想法、判断，不把它的知识跟先前的经验带进来呢？因为生活是一回事，我们认为的生活又是另外一回事。生活显然是暂时的，不是静止不动的，它总是处于运动之中，总是在流动。但我们却想把这个短暂的事物变得永恒，想让这种不停的运动令我们满意。所以，事实是一回事，虚构则是另一回事。那么，我们能否让心灵摆脱我们希望事实所成为的虚构呢？我们能够挣脱那些无法审视事实的人们制造出来并且局限住心灵的所有哲学吗？假如可以的话，就不会有任何冲突了。我认为，这是这个问题的真正线索。观察一下思想是怎样运作的会十分有趣，看一看对心灵来说，抛下虚幻、观念以及各种哲学，仅仅观察事实是何等的困难。但只要我们真的能够这么做，我认为，就会让我们的思想发生彻底的转变。因为它将移除掉思考的全部过程，正是思想确立起了幻觉、自我、"我"。

毕竟，"我"完全是暂时的，不是吗？什么是"我"呢？它是一系列的记忆、经历，是受限的思想与事实分离开来的过程。正是这种由各种形式的限定导致的思想与事实的分离，才滋生出了努力，从而破坏了创造力。我不认为这是过分简单化，如果我们能够真正领悟它，就会发现，尔后，心灵会仅仅成为事实的观察者，而观察者与事实并不是分离开来的。

什么是意识？它是不断的思想的运动，对吗？它是思想的活动，而思想是某种限定的产物，或者是作为共产主义者，或者是作为基督徒，同时是基于这种限定之上的累积的经验的产物。这一切便是思想。它无法直接地审视事实，因为它受到各种形式的知识、个人的满足、观念、判断的影响，这一切都会妨碍它直接地观察事实。只要一个人真正理解了这个，我觉得，它就会产生巨大的社会效果。心灵不停地寻求着某种形式的安全和永恒，但压根儿就没有永恒。在心理上，心灵是野心勃勃的、贪婪的，所以它便制造出了一个建立在获取之上的社会，而社会即集体的意愿。事实是并不存在永恒，于是便会出现矛盾，所以心灵才会永远都在努力让虚构迎合事实，而我们则被困在这种冲突之中。

因此，我们的问题是：心灵能否摆脱各种形式的观念、结论、判断和希冀，直接地看待事实呢？假如心灵由此获得了自由，那么，除了心灵的自由之外还会有任何事实吗？让我们对此稍微展开一下。

你知道，思想是时间的结果，是许多个昨天的结果，思想的过程是某种限定的产物。受限的心灵永远都在寻求某种形式的慰藉和永恒，这便是几乎每一个人的心灵的状态。然而事实却是，生活并不是永恒的，生活也不是安全的，它是一种丰富的、永久的运动。那么，当心灵摆脱了自身的限定，摆脱了它的判断、观念，摆脱了社会强加在它身上的一切，它跟生活的事实还是分开的吗？尔后，生活便是心灵，尔后，事实和心灵之间不再有分隔。假如一个人能够做到这个，这便是一种巨大的体验，这样的心灵，这种处于变革状态的心灵，将会带来一种完全不同的文化。我不晓得你们是否理解了其中的涵义。

你知道，心灵把真理、神当作一种分开的事物去寻求，寻求意味着分隔、方向，即使是语义上的。心灵希望神是永恒的、静止的，所以它的神是自己制造出来的，而神的真相可能是完全不同的，它或许是根本不属于思想产物的事物。因此，事实可能是一回事，而心灵寻求的东西则是另外一回事。寻求或许带领你通向的不是事实，而是令你远离事实——这实际上意味着，心灵应该停止寻求。它之所以会去寻求，是因为它渴望获得慰藉、安全和永恒，以及其他相关的一切，所以它是在跟真理完全分开的方向活动。真理或许从来不是静止的，心灵可能必须每分每秒去发现它。一旦心灵认识到它的寻求源于某种限定，源于对安全和永恒的渴望，诸如此类，那么，在没有任何强迫或压力的情况下，它自然就会停止寻求的活动，不再朝着某个要达到的目标行进了。尔后，心灵自己难道不就是事实的运动，而不是关于事实的欲望或希冀的运动了吗？这实际上是真理的运动、创造力的运动，因为没有任何矛盾，心灵是完整的、彻底统一的，不再努力去成为什么、变成什么。

认识到这个真的格外重要，或许我们可以讨论一下它。

问：我们身上有任何永恒的东西吗？

克：你并没有在听我讲话，假如我可以这么说的话。事实是，万事万物都是短暂的，不管你喜欢不喜欢，但这并不是接受与否的问题。你知道，这开启了一个巨大的问题。什么是接受？接受意味着我们之间有分歧，那么我们是对什么有不同意见呢？显然是观念，观念可以被接受，抑或被拒斥。然而，你究竟是"接受"生活是短暂的这一真理呢，还是仅仅认识到它是短暂的事实呢，这跟接受毫无关系。你不必"接受"大海的深度——它就是深广的。没有人必须说服你去接受子弹非常危险这一事实。当我们没有真正理解事实的时候，才会去"接受"。根本不存在接受我的观点的问题，我就只是描述了我们思想的真实过程，那便是，我们在一切事物里面，在家庭、财富、地位之中寻求着一种永恒的状态。但生活并不是永恒的，这一点如此显而易见，不需要你去接受，事实是，生活是短暂的。那么，心灵能否抛下它所遵循的、指望着由此达至永恒状态的所有哲学、实践跟戒律呢？心灵能否摆脱这一切，审视事实的本来面目？如果心灵自由地审视事实，那么事实还会跟心灵是分开的吗？心灵自己难道不就是事实的运动了吗？

先生，你知道，困难在于我们并没有聆听正在说的内容，而我们之所以没有听，是因为我们在听我们怀有的那些观念、判断，并且带着这些已有的看法、评判去反驳或接受所说的观点。就只是聆听正在说的内容，这是最难的事情之一。你可曾真正聆听过别人吗？对此展开检验，尝试着真正去聆听他人，就像你聆听一首歌曲或者你既不会去赞同也不会去反对的事物，你将发现要做到这样是何等之难。因为，要想做到就只是去聆听他人，心灵必须格外的安静。若想探明所说观点究竟是真理还是谬误，你就得拥有一颗非常宁静的心灵，不把你自己关于它的判断插入到心灵和正在说的内容之间。

这位提问者想要知道我们身上是否存在着某种永恒的东西，他要如何探明呢？他只有通过直接的体验才能弄清楚。声称有或者没有永恒的状态，只会引发矛盾，因为它会限定心灵以某种方式去思考。假如心灵希望认识真理，它就必须摆脱所有先前的知识、经验和传统，这是一个显见的事实。

问：在发表演讲的时候，您的理念源于您的思考。既然您指出一切

思想都是受限的，那么您的看法不也是局限的吗？

克：思想显然是局限的。思想是记忆的反应，而记忆是先前的知识和经验的产物，这是一种限定，所以，一切思想都是受限的。这位提问者询问说："既然所有思想都是受限的，那么您的观点难道不也是局限的吗？"这真的是一个非常有趣的问题，不是吗？

要想发表讲话，必须得有记忆，这是显然的。要想交流，你我就得懂英语、印度语或是其他语言。懂得语言是记忆，这是一件事情。那么，讲话者、我自己的思想，是仅仅运用话语去交流呢，还是思想处于记忆的运动之中呢？是否不仅有话语的记忆，还有其他过程的记忆？思想是否会运用话语去交流那一其他的过程？这是否太过复杂了？只要你真正去思考一下，就会发现这真的是一个非常有趣的问题。

你知道，演讲者有他的信息、知识的仓库，他会应用它，也就是，他会记住。他积累、阅读、收集，他依照自身的限定以及他的偏见形成了某些观念，然后他用语言去表达，我们全都知道这一通常的过程。那么，它会在这里发生吗？这就是该提问者希望知道的。这位提问者实际上询问的是："假如你单纯记住你的经历、你的状态并把这种记忆传达出来，那么你的观点就是受限的。"——这是正确的。

请注意，这很有趣，因为它揭示了思想的过程。如果你去观察一下自己的思想，就会认识我所谈论的内容。思想是记忆、经历、知识的残留，它从这一残留出发去说话，这是有背景的，它从该背景出发去交流。这位提问者想要知道讲话者是否有这样的背景，于是仅仅去重复，抑或他的讲话不怀有先前经历的记忆，所以他便在体验自己所说的内容。你知，你根本就没有去观察自己的思想。先生们，探究思想的过程是一件很精细的事情，这就好像在显微镜下面观察一个活物。假如你完全没有观察自身的思想，你就犹如看着选手在运动场上比赛的观众。但倘若我们去观察自身的思想，那么它就会具有巨大的意义。

如果思想通过话语去交流某种被记住的经历，那么这种被记住的经历显然就是受限的，它不是鲜活的、运动的事物。由于被记住，所以它是属于过去的。一切知识都属于过去，不是吗？知识永远无法属于现在，它总是退回到过去。现在，这位提问者希望知道演说的人是否仅仅是从知识的源泉去汲取，把它表达出来。假如他是如此的话，他传达的东西就是受限的，因为一切知识都属于过去。知识是静止的，你可以添加它，但它是死的东西。

那么，它能否交流体验、生活，而不是去传达过去呢？你们明白没有？很明显，能够处于直接体验的状态，不去对体验做出受限的反应，用言语去传达的不是过去，而是那正在被体验的鲜活的事物。我不知道这是否已经把这位提问者希望知道的充分地传递给了他。

当你对某个人说"我爱你"，你传递的是否是一种被记住的体验？你用了习惯性的话语，"我爱你"，然而，这是在传达你记住的东西呢，还是你立即去传递的真实的事物呢？这实际上意味着，思想能否不再是累积、储存的机械，从而去重复它所学到的东西？

问：完全的忘却是否可能？

克：我们不是在谈论彻底的忘却，这是健忘症。我知道去车站的路，我能够认出不同的人。

问：当思想过程活跃起来的那一刻，它便是受限的。

克：但它的活跃是远离把词语用作交流事实的手段吗？

问：在传递事实的时候，一个人难道不是选择表达吗？

克：可是，只有在言辞的意义上思想过程才是活跃的。毕竟，如果我懂法语、西班牙语或者其他语言，我就可以用它来传达事实，尔后它就只是交流的工具，就像电话一样，不是吗？但是在这里我们必须格外审慎，不去自欺，因为若我们没有做到非常警觉的话，那么此刻就很容易自我欺骗。

假如你告诉我某个事情，你的告知是某种已经结束的经历的结果，那么你的描述、你的思想就是源于过去，对吗？所以，思想是受限的。然而当你在体验和交流的时候，会有思想存在吗？若你在体验和传达爱的状态，那么会有我们理解的意义上的思考吗？

问：我发现，当体验的过程在发生时，交流便彻底停止了。

克：它停止了吗？当你爱着你的儿子、你的妻子、一条狗、一朵花，在经历、体验的时候，交流停止了吗？你询问我某个问题，我给出回答。有体验，但交流并未停止。这真的十分复杂，所以请务必注意，它不是观点的问题，你必须去探明。

所有的书本知识以及对该知识的传递，都是受限的，这很简单，不是吗？那么你为什么要累积知识呢？在为谋生做准备的过程中，你必须阅读某些书籍，可是你为何要读《吠陀经》、《奥义书》呢？你为何要积累关于上帝、轮回、哲学以及其他相关一切的知识呢？

问：在您演讲的时候，是谁在说话？您难道没有意识到您在讲话吗？

克：我根本不确定我意识到了自己在说话。某些东西正在被传递出来，不过我们离题了。

所有累积起来的知识，不管是关于机械、喷气式飞机的，还是关于哲学的，都是局限的，这一点是显而易见的。你希望知道我的讲话是否源于知识，如果我的演讲来源于知识，那么传递出来的东西便是局限的，若我的讲话不是源于知识，你就会问："您的讲话源自于什么呢？"在内部、在大脑里面发生的是什么？从心理层面来讲，发生的是什么？让我们慢慢探究，努力有所发现。

那么，能否不去背负累积的知识呢？假如这是可能的，不同层面的交流显然就也是可能的。若你声称无法让心灵摆脱一切知识，知识即累积，思想和交流便是受限的。但只要心灵能够挣脱一切累积，这意味着每一天、每一分钟都去终结先前的经验，那么，尽管语词可能具有束缚或限定的特性，但正在传递的内容不是受限的。我认为这是事实，而非仅仅是聪明的、逻辑的结论。

问：我惧怕死亡，我能够不去害怕那不可避免的湮灭吗？

克：先生，你为什么想当然地认为死亡要么是湮灭要么是永续呢？两种结论中的任何一个都是源于受限的欲望，不是吗？一个痛苦、不快乐、挫败的人会说"感谢神，不久就会结束了，我不必再焦虑了"，他憧憬着彻底的飞灰湮灭。而一个声称"我还没有完全结束，我渴望更多"的人，则会期待永生。

那么，心灵为什么要断言与死亡有关的事情呢？不久我们会去探究一下心灵为何惧怕死亡这一问题，但首先我们要让心灵摆脱任何有关死亡的结论，因为很明显，唯有这时你才能认识什么是死亡。假如你相信轮回转世，这是一种希冀、一种永生的形式，你就永远无法理解何谓死亡，不会比若你是个唯物主义者、共产主义者、这个或那个，相信死后便会彻底湮灭的人认识得多。要想认识死亡，心灵就必须既不去相信永生，也不去相信飞灰湮灭。这不是玩弄伎俩的回答。如果你希望认识某个事物，你就不应该带着已经整理过的思想走进它。假若你想知道神，你就不应该怀有关于神的信仰，而必须把这一切都抛开去审视。如果一个人想要理解什么是死亡，心灵就得摆脱所有赞成或反对的结论。那么，你的心灵能够挣脱结论的束缚吗？一旦你的心灵摆脱了结论的制约，还会有恐惧吗？显然，正是结论使得你恐惧，所以便发明出了各种哲学。我不知道你们是否明白了这个。

我希望拥有好几世的生命，以便完成我的工作，以便让我自己变得完美，于是我便寄望于轮回转世的哲学，我说"是的，我将会重生，我将会拥有另外的机会"，诸如此类。因此，当我渴望永生，我便发明出了某种哲学，抑或接受了某种信仰，而这种哲学或信仰则成了将心灵困于其中的体系。如果我不去渴望永生，因为生命对我来说太痛苦了，我就会诉诸一种向我保证说人死后会飞灰湮灭的哲学。这是一个十分简单的、显而易见的事实。

假如心灵挣脱了这二者，那么，心灵对于我们所说的死亡这一事实会处于什么样的状态呢？先生们，你们明白没有？如果心灵不怀有任何结论，还会有死亡吗？我们知道机器在使用的过程中会磨损殆尽，某个器官可能会延续一百年，但它终会耗完，这不是我们要关心的。然而在内心，在心理层面，我们希望那个"我"能够永续，而这个"我"是由各种结论组成的，不是吗？心灵怀有一系列的希冀、决定、愿望、结论——"我已经达至了"，"我想要继续写作"，"我渴望获得幸福"——它希望这些结论能够继续，所以它害怕它们终结。但倘若心灵不抱持任何结论，倘若它不去说"我是个人物"，"我希望我的名声和财产能够永续"，"我想通过我的儿子来实现自我"，等等等等，它们全都是欲望、结论，那么心灵本身难道不就会处于一种不断终结的状态了吗？对于这样的心灵来说，还会有死亡吗？

不要去赞同，这不是赞成的问题，也不是单纯的逻辑，这是真实的体验。当你的妻子、你的丈夫、你的姐妹死去，抑或当你失去了财富，你不久就会知道你有多么依附于已知。可一旦心灵挣脱了已知，那么它本身不就是未知的了吗？毕竟，我们惧怕的是离开已知，已知便是那些我们去下结论、判断、比较、累积的事物。我知道我的妻子、我的房子、我的家庭、我的名声，我培养了某些思想、经验、美德，我害怕让这一切离去。因此，只要心灵怀有任何形式的结论，只要它被困在某种体系、概念、公式之中，它就永远无法认识真理。一个有信仰的心灵是受限的心灵，无论它是相信永生还是相信湮灭，它都无法探明什么是死亡。只有在现在，在你活着的时候，而不是当你无知无觉、死亡之时，你才能领悟那一被唤作"死亡"的非凡之物的真谛。

1955 年 1 月 23 日

在瓦拉纳西学校对家长所做的演说，巴纳拉斯

　　父母的责任是什么？讨论一下这个或许是有趣的，哪怕这里很少有家长在场。作为父母，我们为什么想让自己的孩子接受教育呢？通常的理解是，父母们希望他们的孩子受教育，以便能够融入社会，让自己、让自己的思想适应社会，这实际上意味着帮助他们为某种职业做好准备，这样他们就可以赚钱谋生了。他们想让孩子接受教育，以便通过考试，在某个大学取得学位，然后拥有一份相当不错的工作，在社会上有立足之地，这是几乎所有家长都关心的。为了让孩子念完书，他们支付了如此多的金钱——如果他们富有，这会很容易，如果他们没钱，这就会十分困难——对他们来说，教育便是在学生的姓名后面添加几个字母，他们希望这能够让他成为一个所谓的好公民，成为社会上的体面人士。家长们主要感兴趣的，尤其是像这样一个人口过剩、背负着传统重担的国家，就是帮助学生谋到一份差事，这样他才不会饿肚子。我并不是在批评，而是单纯陈述事实。在这里，幸运的是，战争的问题还不迫切，然而在欧洲和美国却已经出现了各种形式的征兵，男孩们不得不经历军队系统，他们穿着军服受训，去战斗，去毁灭彼此，只有在三四年后才能获得解放，干一件平民的工作，继续他们的生活。在印度，这还没有被坚决要求。

　　那么，父母的职责是什么呢？当男孩或女孩获得学位、结婚成家的

那一刻，他们的责任就结束了吗？我们所说的责任是指什么意思？我们对什么负有责任？我们的责任是要看到年轻人去适应某个社会，不顾这个社会是好是坏、是革命的还是腐朽的吗？我们的责任是要让男孩或女孩去遵从，完全不顾他或她希望干的是什么，能够胜任的是什么吗？这就是我们所说的责任吗？

问：不管他是生活在美国、苏联还是印度，一个真正爱自己孩子的父母深切关心的都会是确保他拥有一种牢固的社会责任感。这对他来说将会是自然的，随着他长大成人，他会根据自己的能力用某种方式将其表现出来。

克：父母花了如此多的钱在孩子的教育上面，这意味着让他读完大学以及其他相关的一切。这样的教育或许可以让学生去适应社会，但是它有助于他成为一个有创造力的、有活力的人吗？

问：父母对于教育的判断，是基于它是否可以让他的孩子成为一个从社会的观点来看有用的人。

克：这引发了一个复杂问题，那就是父母和教育者的文化或社会背景是什么，对吗？它实际上意味着展开探寻，弄清楚什么是社会，以及教育是否只是限定着孩子依照既定的模式去为社会服务的问题。另一方面，当学生长大成人，离开大学，他是否应当跟社会对立？还是应该能够建立一种全新的社会？作为父母，我们希望的究竟是哪一个呢？

问：有一样东西是我们不希望的——那便是一个在一所昂贵学校受过良好教育的年轻人就只是应当渴望从社会获得舒适。这样的人不会回报任何东西，他们会让国家变得贫穷。

克：也就是说，教育怎样才能帮助学生自儿时起，从青春期直到成年都不去反社会呢？那么，我们所谓的反社会指的是什么意思？如果在苏联一个孩子被教育着不去反社会，这意味着约束、限定他去适应共产主义社会。在这里，当我们谈论教育他不去反社会，我们的意思也是限定他不去违反既定的模式。只要他去遵从，待在某种社会模式里头，我们就会称他为社会的栋梁。可一旦他去冲破那一模式，我们则会说他是反社会分子。

所以，教育的作用是否仅仅是塑造学生去适应某种社会呢？还是应当帮助他去认识社会，以及它那些腐朽的、破坏性的、衰退性的因素，这样他才能理解整个过程并且步出它呢？步出社会并不是反社会。相反，不去遵从任何既定的社会，才是真正社会的行为。

问：如果教育让学生们变得这般的自我中心，以至于当他离开学校的时候，他完全漠视穷人，对穷人毫无同情感，那么这种教育显然就是错误的。一个有思想的父母关心的会是确保这样的事情不会发生。

克：那么，教育怎样才能帮助学生不去变得平庸，不去落入富人、穷人或中产阶级的平庸之中呢？为了打破心灵的平庸，假如我们可以这么说的话，应当有什么样的教育呢？要想不沦为平庸，一个孩子显然就必须能够用自己的双手和头脑去做事情，他不应该说什么"这是好的"，"那是坏的"，他应该既不是婆罗门教的，也不是反婆罗门主义者，既不赞成这个，也不反对那个——这实际上表示说，应该有一种学生们能够在各个方面都受到激励的环境，而不是单纯局限在智力方面。

问：作为一名父亲，在家里我能够做些什么来防止孩子的身上的平庸呢？

克：假如父亲是平庸的，也就是说，假如他的品味是传统化的，假如他在观念上保守，假如他害怕自己的邻居、妻子或是害怕失去了他的地位，那么他怎么可能有助于防止孩子变得平庸呢？

问：假设父母是平庸的，他要如何才能解决他跟自己孩子的关系问题呢？

克：教育，显然便是认识一个人自己跟孩子之间、跟社会之间的关系。认识关系，便是教育。但倘若心灵怀有某种既定的观点，它能够去理解关系吗？

问：您所说的怀有既定的观点是指什么意思？

克：相信某个东西，怀有某种宗教的观念、某个教条化的结论，对于生活抱持着狭隘的看法。这样的父母能够认识自己与他的邻居或孩子之间的关系吗？显然不能，因为他是从一个固定的看法出发的，他的思想已经定型了。毕竟，关系是一个活生生的事物，无论它是一个人与他人的关系、与财富的关系，还是与观念的关系。假如一个人带着预先形成的对人、对物、对观念的看法去开始的话，就不会认识关系。

那么，我们跟他人的关系是什么呢？如果我是个家长，我与我的孩子的关系是怎样的？首先，我拥有某种关系吗？孩子碰巧成了我的儿子或女儿，但我自己跟我的孩子之间是否真的有关系、情意、交流呢？还是我太忙着去赚钱或是别的什么，于是便把他送去学校呢？因此，我实际上根本没有跟男孩或女孩有任何的接触或交流，不是吗？假若我是个忙碌的家长，就像通常的家长那样，我仅仅是希望我的儿子出人头地，成为一名律师、医生或工程师，那么我和他有关联吗，哪怕我生了他？

问：我觉得我应当和我的孩子建立联系，我希望成为一个他可以去依靠的人。那么我要如何着手呢？

克：我们讨论的是父母跟子女的关系，我们问一下自己，是否有任何联系，虽然我们声称有。这种关系是什么？你生出了孩子，你希望他念完大学，但你真的和他有其他关系吗？富人有他自己的乐子、焦虑，他没有时间给孩子，所以他只是偶尔去看他，当孩子到了八岁或十岁的年纪，他便会把他送去学校，这就完了。中产阶级同样太过忙碌，以至于跟孩子之间没有联系，他们必须每天都去办公室上班。穷人与孩子的关系便是干活，因为孩子也得干活。

所以，让我们确定一下"关系"一词在我们的生活中究竟指的是什么意思。我自己与社会是怎样的关系呢？毕竟，社会即关系，不是吗？假如我真的深爱着我的孩子，那么这种爱将会创造出一种关系，因为我不会希望我的孩子去适应社会，把他全部的创造力都给毁掉，我不会希望他被传统、恐惧和腐朽压垮，对高高在上的人卑躬屈膝，对地位卑微的人拳打脚踢。我会希望看到这个正在衰退的社会不再存在，战争以及各种形式的暴力走向终结。显然，如果我们热爱自己的孩子，这就意味着我们必须找到一种教育他们的方式，以便他们不会只是去适应社会。

问：我们如何才能最好地让孩子为迎接当前的社会而做好准备呢？

克：我们知道社会是什么，以及它的腐朽，还有其他的一切。教育的作用是帮助孩子适应某种社会吗，无论是共产主义的、社会主义的还是资本主义的？当他没有融入社会，他就处于不断的反抗之中，不是吗？在社会中，我们难道实际上或者心理上不是彼此束缚的吗？

问：我们如何才能帮助孩子不去仅仅在社会内部反抗，而是彻底冲破这种社会的阵线呢？

克：这只是观点。作为父母，你希望你的孩子做到最深意义上的反抗吗？你希望帮助他去挣脱这个社会，有所创造吗，不是建立一个共产主义的社会，这个或那个社会，而是一个完全不同的社会、一种新的文化？

问：我们能够带着我们的局限去帮助他。

克：然后我们也会局限孩子。能否教育孩子不去遵从你的局限或我的局限，而是去认识自己，创造他自己的社会呢？我们能否在学校内和学校外都帮助学生营造出一种自由的没有恐惧的氛围，以便他能够认识整个社会的结构，说"这不是正确的社会，我将冲破它，帮助着去建立一个全新的社会"呢？否则，他只会落入窠臼之中。

因此，教育的作用何在？难道不是帮助学生去认识自身的冲动、动机、欲望吗？正是这些东西制造出了一个破坏性的社会的模式。难道不是帮助他去实现认知以及冲破自身的限定和局限吗？

问：我认为，对孩子来说，首先必须认识他生活于其间的社会，要不然的话他便无法冲破它。

克：他就是社会的一部分，他每一天都跟它有联系，并且看到了它的腐朽。那么，你要如何通过教育帮助他去认识这一社会的涵义并且摆脱它呢？这样他才能建立起不同的社会秩序。

问：一个普通的孩子势必会去遵从社会的模式。

克：并没有所谓普通的孩子，倒是可能会有一个格外呆板的普通的老师。这便是为什么教育者需要被教育的缘故。他同样应该转变，而不是单纯去遵从社会。

问：既然我们有自己的局限，那么我们是否应当把它们强加在孩子身上呢？

问：不是强加，是无助。

克：所以，既然察觉到了我们的局限和无助，那么我们要如何带来这种正确的教育呢？

问：*我们希望听到您的看法，这便是我们来这里的原因。*

克：除非教育者自己受到了教育，否则是不可能帮助学生冲破自身局限的，不是吗？教育教育者，是必不可少的因素。那么，教育者愿意教育自身吗？这实际上表示说，他是否愿意认识自身的地位，察觉到他的局限，尽可能地冲破它们，从而帮助男孩、女孩去冲破呢？

问：*一个人可以尝试一下。*

克：如果教育者自己没有认识到尽可能冲破自身局限的必要性，那么他显然就会把这些局限强加在孩子的身上。

问：*我意识到存在着局限，但我不知道如何才能摆脱它们。*

克：我们懂得"局限"一词的涵义吗？自称是印度教教徒，这是一种局限吗？

问：*这不可能是一种局限。*

克：但它的确是局限，因为它将人们划分开来。我们是否准备冲破这一切，不再是印度教教徒或穆斯林呢？

问：*我觉得一个人准备好了走这么远。*

克：如果老师、教育者准备了做这个，那么意义就是巨大的。毕竟，当你自称是印度教教徒的时候，这意味着什么呢？不仅有地理上的划分，还有因为信仰某些形式的宗教、某些传统、某种社会秩序而导致的界分。作为教育者的我们，是否准备抛掉这些信仰呢，这意味着去反对当前的社会？我们是否准备走这么远？除非教育者投身于教育，尤其是假如他有要出嫁的女儿，就像他通常会有的那样，否则他将会仅仅去遵从。教育者难道不应当从"教育"一词的正确涵义上去致力于教育吗？父母会帮助老师投身于正确的教育吗？

我觉得，世界上的大多数人都认识到，当前的教育体制已经失败了，因为它导致了战争、道德崩塌以及其他的一切；除了在极少数人当中，一切有创造力的思想都停止了。那么，什么是正确的教育，我们怎样才能带来这种教育？显然不是通过某个人声称"这是正确的教育"带来的，而是老师跟家长，我们所有人，都必须一起坐下来，探明何谓正确的教育，这意味着，父母和老师应该跟学生一样接受教育。

在我看来，正确的教育便是帮助学生获得自由，因为，唯有在自由中一个人才能具有创造力。自由意味的不是勇气，而是没有恐惧，这是完全不同的。无所畏惧是一种没有遵从、没有局限的状态，因此不会去追随任何权威，这一切都包含在自由之中。要想探明教育里面没有权威指的是什么意思，一个人就必须探究其涵义。不怀有任何权威，并不是指一个孩子为所欲为，做自己喜欢的事情，但当他知道有权威的时候，他会害怕，于是我们就已经制造出了模仿的过程。

那么，作为父母的我们是否准备清除掉我们的权威，以便孩子可以真正自由呢？不是仅仅追逐那些肤浅的乐子，而是自由地去探明真理，质疑一切传统，质疑父母的权威。假如我们真正指的是孩子应当是自由的，就必须理解这一切。

问：除非我们是自由的，否则不可能带给孩子自由。

克：这意味着你得等上好几个世纪。你所说的究竟是事实，还是假想的观念？如果孩子没有自由，那么一切原创性的、创造性的思想显然就会被毁灭掉——这并不是指允许孩子为所欲为。但父母是否愿意放手自己的权威以及相关的一切涵义，从而让孩子认识真理呢？父母愿意教育自己达至这一程度吗？

你知道，父母必须认识到这个的必要性，就像他强烈地意识到下一顿饭的必要性那样。自由意味着认识自我，了解自己是迈向自由的第一步。我们是否准备好了说"我想要认识自己，这样孩子才能认识自我，建立一个崭新的社会"呢？抑或我们关心的仅仅是帮助孩子去遵从？家长们会帮助着建立一个没有任何恐惧的教育中心吗？表面来看，这意味着没有考试，因为考试会带来一种恐惧的状态，会导致竞争意识。父母们是否准备建立一个这样的教育中心，在那里，一个孩子不会被教育着去超越其他的孩子，在那里，学生们不会被给出分数，被划分成愚笨的和聪明的，而是每个男孩、女孩都是独立的个体，被帮助着去发现他或她的才能是什么？假如父母们没有准备去建立这种教育中心，那么你如何期待它们产生呢？

先生们，这就是为什么我会提出父母跟孩子是否有关联的问题。若家长爱孩子，这就会是结果，他会希望孩子实现深层意义上的自由，而不是仅仅去做那些会带来破坏的娱乐的、感官的事情。作为父母，我们是否准备好了这一切？正是因为父母们并未要求这个，所以这类教育中心才不存在。父母们要求的是孩子能够通过考试，于是你便得到了你所要求的。

1955 年 1 月 27 日

在瓦拉纳西学校的第四场演说，巴纳拉斯

只要我们每个人都能够真正解决某个特定的人类问题，那么我认为，我们的诸多不幸以及无力应对生活的情况就将结束了。究竟是因为我们不知道怎样着手去解决问题，所以必须依赖他人来解决，还是因为我们并没有真正觉察自身怀有的问题？我觉得，假如我们可以在这次会谈期间探明是否存在着某个大家全都怀有的切实的问题、某个极为重要的问题，就能够搞清楚我们是否无法一同去解决它。原因是，一旦我们能够凭借自己的力量去解决人类的难题，就有能力在所有将来的问题出现时将其给解决掉了。若我们没有能力去解决问题，便会忽略它、压制它或者逃避它，结果便使得其他问题愈来愈多。当我们不知道怎样应对某个问题，仅仅去逃避它的时候，这种逃避就会变成另外的问题，于是一个问题就滋生出了更多的问题。但倘若我们能够去着手和认识某个确定的问题，或许就将带来一个不背负着问题而是能够在每一个人类问题出现之时去迎接它、应对它的心灵了。这样的心灵，宁静的心灵，总是会给出正确的回应。正是由于我们无法正确地回应每一个挑战，所以我们的问题才会与日俱增。

毕竟，如果我们有所察觉，会发现，某个大家全都怀有的问题便是我们对挑战的回应并不充分。由于无法充分地应对挑战，因此我们便引

发了问题。当有了某个问题的时候，我们会逃避它抑或试图找到立即的、方便的解决办法，而这又会成为另外的问题。所以，我们的问题总是滋生出了多个其他的问题，这便是正在发生的情形，不仅是在个体的生活中，而且是在群体或国家的集体生活里面。这一点是极为显见的，不是吗？我们寻求安宁，个体抑或集体，正是在寻求安宁的过程中，我们制造出了各种会带来冲突、不幸和争斗的因素。

那么，我们能否懂得怎样应对某个人类的难题呢？假如我们完全察觉到了问题，要如何真正去应对它呢？我们可以暂时思考一下这个吗？因为我觉得，真正重要的并非问题是什么，而是我们怎样去着手它。显然，问题是一回事，我们对问题的着手、处理则是另外一回事。一个人能否意识到自己对问题的着手方法，不是理论上，而是切实的、真正的呢？当一个人面对某个问题的时候，他的思考过程是怎样的？请不要单纯听我讲话，而是去观察一下你自己的思想，看看你是如何应对自身问题的。你难道不是总带着某个结论去着手问题的吗？也就是，带着你那已经对问题有过想法的心灵去着手。换句话说，你怀有各种关于问题的理论、看法、公式，你带着这样的心理状态去处理问题抑或寻找答案。要么是心灵带着某个结论、公式、信仰去着手问题，要么它在寻求解答，因此，它的着手从本质上来说其实是对问题的逃避，不是吗？只要你去观察一下自己的心灵，就会看到这个过程在上演。

一个寻求答案、解决办法的心灵，处于怎样的状态呢？很明显，它是从自身满意的层面出发去寻求的。请观察观察你自己的心灵，因为我只是在描述实际发生的情形。若你仅仅是听我讲话，我所说的就将彻头彻尾流于表面。可如果你去思考一下关于你自己的心灵的描述，这意味着去察觉自身心理的、思想的过程，那么我所说的内容就将具有意义了。

当心灵寻求问题的解答，它的着手方法势必会是一种选择的过程，而它的选择是基于自身的满足。它渴望一个容易的解决办法，一个不需要费力的答案。在寻求问题解答的过程中，心灵是通过它所累积的各种记忆、经验在察看的，它从这些经验当中选择一个与问题最适合的答案。因此，你对问题的着手方法便是选择最令人满意的解答，不是吗？请展开观察，探究一下你自己的思想的过程，将发现你的心灵是带着观念、结论去着手问题的，抑或它在寻求着答案，或者试图找到逃避问题的途径和方法。这便是我们通常对每一个问题的着手方法，这表示心灵并没有直接地处理问题，而是从自己过去的记忆、结论、概念、公式出发去对问题进行解释。于是问题便会一直存在，并且在心灵的土壤里扎下根来，因为心灵在着手问题的过程中不是鲜活的。假若心灵能够变得鲜活，那么它对问题的应对就会完全不同了。

那么，我们能否从这里开始着手呢？问题不在于怎样解决难题，而在于心灵能否在着手时保持鲜活的状态。原因是，问题之所以会存在，只是因为心灵没能充分地去应对挑战。不管它可能多么希望解决问题，但只要它的回应是不充分的，就会有问题出现。正是由于心灵在回应时是不充分的、不鲜活的，所以它才无法彻底地应对问题，结果也就必然会进一步地让问题愈来愈多，这意味着痛苦、灾难和不幸在不断俱增。从心理层面来讲，这是切实发生的情形，不是吗？认识到这个，不需要太多的思索，不需要小题大做。

那么，能够用一颗不背负各种结论，不去寻求答案或者逃避方法的心灵，以全新的方式去着手问题吗？心灵能够让自己变得鲜活、纯净起来，从而可以用崭新的姿态去迎接问题吗？纯净不是清除掉经历，因为你无法切断经历。然而思想是经验的结果，是时间过程的产物，那么，作为时间产物从而是经验和知识产物的心灵，能否让自己变得崭新、鲜活、纯净地去认识问题呢？假如着手方法是单纯的，就会带着智慧、认知去解决问题。但只要心灵是怀着先前的知识去着手问题，那么问题便会愈来愈多。我不知道你们是否曾经在着手某个人类难题的时候观察过这个过程。我相信，即使是在数学问题中，该过程也在运作。

你怀有某个问题。若心灵着手问题的时候就仿佛之前从不曾思考过它，若心灵在迎接问题的时候充分察觉到了自身的束缚跟限制，如此一来它才能摆脱它们，那么还会有问题存在吗？我希望我把自己的意思阐释清楚了。我们声称我们必须理解问题，必须找到它的答案，必须探寻原因，将其解决。但那个在探寻原因以及试图找到答案的工具本身就是问题，问题并不在它的外部。那么，我们每个人的心灵要如何着手问题呢？让我们非常缓慢地展开，探究一下你自己的心灵是怎样去处理问题的，察觉到这一过程。

那么，心灵能够直面问题，不去寻求解答，不去怀有关于它的任何结论，不去逃避吗？也就是说，心灵能够面对问题，不去回忆自己的那些经验，不去一头扎进记忆的文件夹，以便挑选出与问题最适合的答案吗？心灵能够说"我不知道怎样处理问题"吗？先生们，你们明白没有？因为重要的是真正感受到而不是单纯的声称，在某个确定的人类难题面前，作为过去产物的心灵直面着某个新的事物，所以不可以带着过去的记忆去作出回答。

那么，心灵能否处于一种不知道的状态呢？它难道不应当始终处于这一状态吗？显然，一个声称"我知道"的人，其实并不知道，他知道的只是那些已经出现过并且结束了的事情，因此他背负着记忆的重担。然而，一个宣称"我不知道"的人却处于一种探究、不断探寻的过程，所以他的心灵从来不去累积，然后从累积出发去做出回应。当他真正地而不是理论上处于一种不知道的状态，那么他的心灵难道不就会因为宁静而实现了真正的体验吗？对于这样的心灵来说，还会有需要去解决的问题吗？这样的心灵不是处于一种无生气的状况，而是充分活跃的，所以它既不怀有问题，也不会制造问题。尔后，我认为，就会迎来一种非凡的、有着充分神圣感的事物。

你知道，在这个方向上进一步展开探寻，将只会是一种描述，所以是猜想，除非你在我们展开探寻的时候真正去体验。一个人或许会偶尔认识神、真理，但一秒钟之后它就会变成记忆，于是它已经化为了灰烬。我认为，如果一个人没有理解这整个的问题，那么他不可避免地就会为痛苦、悲伤所困。因此，重要的是心灵应当认识自身及其运作，这便是自我认知。若没有认识自我，那么任何口头的陈述、有神论或无神论都将毫无价值。心灵应该从"事实是"开始，而不是"应当是"，它必须从每时每刻观察自身开始，认识自己真实的反应，不去迷失在那些猜想出来的希冀和恐惧之中。在每一个反应出现时真正随着它移动，这将会让心灵获得惊人的觉照，在这种觉照里面，能够充分认识每一个想法，能够立即感知到所有的细节，因为它在缓慢地移动。如果没有这样的心灵，那么所有对于真理的探寻，求助于神职人员，做仪式，实际上都是毫无价值的，没有任何意义。但是对我们大多数人来讲，无用的垃圾倒变得格外重要。清除掉所有的垃圾，便是认识思想的种种以及它对于垃圾是怎样运作的。尔后，思想便能够走得很远很远，尔后，思想本身就变成了无限的、永恒的事物。

问：在我工作的日子里，心灵把自己的平庸遮掩在了从社会层面来讲有用的目的之后。但是在打坐的时候，它则直面自己的平庸，陷入折磨和绝望之中。那么我对此要怎么做呢？

克：先生，你所说的打坐是何意思？你重视的是什么？重视的是日常工作以及它的社会责任，等等等等，还是禅修？我所说的禅修，与平庸心灵在致力于或帮助着带来各种社会改革时的活动并不是对立的。我问的是为什么心灵要把这二者分开，对其中一个的重视超过另外一个呢？

问：在通常的工作日里，一个人会意识到心灵所致力于的社会目的的作用，所以，注意力不是在平庸上面。然而当他静坐一会儿，面具就会卸下来，于是他会意识到平庸，再无其他。

克：你指出，当心灵没有忙忙碌碌的时候，它会察觉到自己的平庸，所有面具都会卸下，心灵直面自身的琐碎并受其折磨，那么一个人要如何是好呢？只要心灵忙于社会的和其他的活动，它就不会观照自身，可一旦它停止忙碌，思想的全部内容就会向它揭示出来了。

问：不是必须的。

克：当噪音停止，一个人会察觉到心灵的平庸。你询问说他对此该做些什么。

那么，一个忙忙碌碌的心灵难道不是平庸的吗？很明显，一个忙碌的心灵是琐碎的，不管它忙碌的是生意、物理、厨房还是宗教典籍和寻求神。请跟我一起慢慢展开探寻，先生们，让我们共同去做一番探究。一个家庭主妇的心灵，也就是，一个关心厨房、食物、孩子以及保持房间整洁的妇人的心灵，你会认为是非常琐碎的。但一个寻求神、做仪式以及其他相关一切的人，却会被视为是高尚的，然而他的心灵同样是忙忙碌碌的，不是吗？只不过忙碌的对象不同罢了，这便是全部。忙碌的对象处于不同层面，可是心灵依然被占据。一个永远都在忙碌的心灵，忙于自己的事情或者其他事物，难道不会沦为平庸吗？平庸指的是什么意思呢？普通、寻常——这便是我们的心灵，对吗？我们的心灵总是在忙碌着，学生忙于他的考试，父亲忙于他的工作，诸如此类。

那么，心灵能否摆脱这种忙碌呢？它能否一边做着厨房的事情，学习物理，抑或你所希望的其他事情，但同时却没有被占据，这样它才会有空间，不被那些忙碌的事情塞满呢？心灵能够不再冒出念头吗？——念头就是占据，不是吗？当心灵忙于锅碗瓢盆、神、性，这个或那个，它显然就会生出许多的想法、思考。思想本身难道不是平庸的吗？因为，毕竟，什么是思想呢？它是背景、记忆、经验的反应。对这一过程展开探寻，也就是我们刚刚所做的事情，难道不就是真正的冥想吗？冥想，便是探明心灵是否能够真的不再生出一个又一个的念头，这意味着觉照以及观察一个人自身思想的过程。这样心灵才能领悟到、认识到它的思考是局限的这一事实，从而终结思想，唯有这时，才不会出现平庸的状态。尔后，心灵便可以为了社会的目的展开完全不同的行动了。

先生，毕竟，两个词语、两个音符之间是有间隔的、有静默的，然而对于我们大多数人来讲，重要的是词语或音符，而不是宁静。假如没有宁静，将会是连续不断的声响，而这正是一个忙碌不休的心灵所处的状态，犹如一部不停运转的机器，终会让自己磨损殆尽。但是，一个拥有空间的心灵，一个有着广阔静默地带的心灵，会在这种宁静中更新自己，于是，它在任何方向的行动都会具有十分不同的意义了。

问：大脑能够一边工作，与此同时不被占据吗？

克：试一试，先生。对我们大部分人来说，工作就是忙碌。当大脑"工作"的时候，正如一个人认为的那样，它在思考，所以是被占据的。

先生，在回答这些问题的时候，困难是当你聆听时你并没有察觉到实际发生的情形，你没有认识自身思想的运作过程。你在听我讲话，这就是全部，声称它没有在工作。当别人在说话的时候，你就只是坐在那里，因此这毫无意义。当你去看一场你并不会参与其中的足球比赛，你坐在座位上，对球员评头论足。同样的，你在这里就只是像一个观看比赛的观众一样，只不过比赛在这里被叫作演讲或讲话罢了。但倘若你不是单纯的观众，而是在演说者展开描述的时候去真正观察自己思想的运作，那么你将发现会有非凡的事情发生在你的身上，你会进入一种既没有观众也没有选手的状态。你知道，这便是为什么说，认识自我格外的重要。我是否回答了你的问题？

问：您指出，教师应当怀有这样的意愿，那就是不去对孩子施加影响。完全避免影响这可能吗？

克：先生们，你们有何看法？你是在等待我给出回答吗？你又一次扮演了观众的角色。

什么是影响？你难道不知道何谓影响吗？你难道没有在影响你的孩子吗？老师、家长、政府、《圣经》、《奥义书》、太阳、我们吃的食物、我们使用的语词——所有的一切都对我们产生着影响，不是吗？以"爱"这个词为例，单单这个词语本身就对我们有着多么非凡的精神上的影响啊。所以，万事万物都影响着我们，而我们反过来也会影响他人。当我们读报纸的时候，会受到经营者、专栏作家以及图片的影响，我们受着宣传、所谓的精神性的杂志、书籍、讲座以及我们穿戴的方式、坐姿的影响，一切都在影响着我们。这位提问者想要知道影响是否有可能停止，即使是在一个人抱着不去影响孩子的意图之时。这真的是一个非常复杂的问题，因此让我们花点时间去展开探究。

我们意识到万事万物，物质的、精神的，都对我们产生着影响。那么一个人要把界线划在哪里呢？我或许不想影响我的孩子，但影响却在继续，局限着他的思想和心灵，他阅读的杂志、他在学校里面的朋友、他的老师、他周围的一切都在影响着他。我自己也有意无意地在对孩子产生着影响，我们生活其间的整个文化或文明都在把他的思想限定为共产主义者或资本主义者、印度教教徒或基督徒，诸如此类。所以，问题不在于能否停止一切影响，而在于一个人是否可以帮助孩子去认识那些局限着他的影响并摆脱其制约。教育能够帮助学生具有如此的智慧，以便他可以依靠自己的力量去认识、理解那些限定着他的心灵与思想的影响并将它们抛到一边去吗？这显然便是我们的探寻对象，而不是如何停止影响，抑或孩子应当受到什么样的影响。

那么，是什么局限着心灵呢？假如心灵是彻底安全的，它就不会怀有丝毫恐惧，对吗？当心灵没有失去任何东西，它便会感到彻底的安全，不是吗？这意味着，安全就蕴含在它自身的不安全里面。只要心灵渴望获得安全，只要它寻求着任何形式的永恒，它就会制造出那些将会局限它的影响。但是，心灵难道无法察觉到彻底的不安全、处于彻底的不安全吗？——而它事实上也是如此。生活是不安全的，是短暂的，排斥、否定如下事实，即生活彻头彻尾是不安全的，将会导致渴望获得安全与事实之间的对立，从而滋生出恐惧。正是恐惧局限住了心灵，当你不去接受事实，恐惧便会出现。这种恐惧可以用不同的语言去描述，比如一个孩子对他父母的恐惧，或者担心没能通过考试，抑或是害怕受到责备，又或者当心灵渴望有所实现但却遭到否定的时候所生出的恐惧。一个在某个层面怀有野心的心灵，总是会活在恐惧的阴影之下，因为，无论它的野心得到了多么大的实现，随时都有可能遭遇阻挠。

所以，能否提供给学生一种彻底安全的环境呢？——这实际上意味着，在这种环境里面，不会将他跟愚笨一点或聪明一些的孩子做比较，不会有谴责的意识，这样他才能完全感到跟在家里面一样。当他在家里跟父母一起时，他通常不会有如此感受，因为他们不知道什么叫作让孩子感到彻底的安全。父母希望孩子有所作为，他们说"你的学习没有你兄弟好，他是那么聪明"，结果他们便通过灌输恐惧而把这个可怜的男孩给毁了。当学生的心灵感觉到彻底安全的时候，他就可以学得更加轻松，但这意味着教育者必须完全摆脱自己对于安全的渴望。原因是，一旦他渴望安全，他便会灌输恐惧。这就是为什么说，教育是一种奉献，而不是差事。

问：我的职业是名工程师，我认为，您对于真理的看法，显然远远超越了这个词语的标准或者普通涵义。能否烦您进一步地解释一下呢？

克：先生，一个工程师关心的显然是事实，而非猜想。假如他必须修建一座桥梁，他就必须检查提议的地点，而不是去想象地点应当为何。他或许意识到了在建造桥梁的过程中某个线条的审美价值，这可能跟他在现场发现的真实情况所要求的完全不同。对我们自己来说，并不是像那样的。我们以为我们是某个事物、灵魂、梵我，我们怀有关于永恒和短暂的理论、猜想，我们有许多的信仰，于是我们便成了我们不愿去面对和观察的许多的不真实。事实是一回事，我们关于事实的想法或看法则是完全不同的。唯有能够审视事实的心灵，才会探明真理。事实是，并不存在永恒这样的事物，假如心灵把永恒变成一种事实，那么永恒就将是一种观念，是心灵希望事实成为的样子。就是这么简单。若我们能够去观察事实，没有观念、知识、判断、评价的虚幻，那么事实的真理将会做出自己的评价以及行动。用评价、判断去着手事实，跟没有判断、评价去着手它从而认识了事实是截然不同的。

那么，一个人能够审视自己贪婪、撒谎、有野心的事实，同时不去评价、谴责抑或声称这一切都是对的吗？如果心灵能够就只是审视事实，那么，事实的真理就会用最料想不到的方式对心灵起作用了，这种作用就是它自己的评价，而不是心灵所做的评价。然而，一个累积关于事实的真理，从它所累积的出发去展开行动的心灵，显然无法审视事实，因为它是通过记忆、知识、经验和评价的屏障去察看的。这便是为什么说，心灵应该每一天都终结自己，终结每一个经历以及它所积累的全部知识。心灵抗拒这种终结，原因是，经验跟知识是它获得自身安全和永恒的手段。一个怀有永恒和安全感的心灵，从来不会具有创造力。唯有处于彻底不安全的状态从而不去寻求、不去渴望安全的心灵，才能迎来真理。

1955 年 1 月 30 日

在瓦拉纳西学校的第五场演说，巴纳拉斯

探明我们思想的作用是什么，或许将会很有价值。因为，没有认识我们思想的全部过程，包括意识跟潜意识，心灵便无法自由地去发现真理。我们或许可以寻求真理，但倘若没有理解被我们叫作思想的反应的内容或背景，那么我们的寻求就将是一番徒劳。我们的思想显然被认为会指导我们的行动，但我们的行动如今是这般的机械化，以至于几乎没有任何思考。此外，通过各种各样的教育，我们在中小学和大学受到的教育以及被社会施加的全部教育，我们的心灵被限定着去适应或者遵从某种文化的要求。我们接受了某些东西，认为它们是不可避免的，这一切取决于我们所受的社会的、宗教的、经济的背景，在接受之后我们展开行动，于是我们的行动几乎都变成了机械化的，思想几乎不再必要。在我看来，对我们思想的整个过程再次展开检验是非常重要的，看一看我们是否无法彻底摆脱自小浸染其中的背景，从而让我们的生活发生变革，而这反过来又会创造出一种完全不同的文化。真正的变革不是共产主义的、社会主义的、资本主义的，抑或任何其他类型的，因为它只会建立在对真理、神，抑或是你希望的其他事物的寻求之上。寻求本身就是变革，但只要我们的思想仅仅是某种限定的重复性的反应，就不会迎来这样的变革。

因此，对我们大家来说，探明我们的思想是怎样活动的，也就是认识自我，这显然十分的重要。如果我们没有懂得自身思想的种种，如果我们没有察觉到我们的反应和思想是如何受到我们浸染其中的文化的限定，如果心灵不去深入地探究自身背景的整个问题，实际上这一背景便是"我"、自我——那么，一切知识，或许除了有关机械的知识以外，都会是有害的，会带来灾难。所以，难道无法去探究一下我们思想的过程吗？不是依照任何公式、导师或上师，而是凭借我们自己的力量，由此探明思想是怎样工作的。

那么，什么是思想呢？思想能否是独创的，还是说它总是一种重复的过程，是某种背景的反应呢？思想能否带领我们走向真理、神，走向那超越了思想的过程，被我们唤作终极的绝对的非凡的之物呢？抑或，思想会妨碍我们去发现真理吗？

请注意，若允许我建议的话，希望你们不要单纯听我讲话。你之所以情不自禁地去听，是因为你在这里，我在做演讲。可如果在聆听的过程中你观察一下你的思想是怎样运作的，那么这些讲座就将具有意义。我的话没有什么非凡的地方，不过是描述了思想的方式，这样，在聆听的时候，我们每个人就可以察觉到自己思想的过程了。假如一个人仅仅是聆听一系列的词语和句子，努力去领会它们的意思，这类讲座就不会有任何深度。但倘若在聆听的过程中一个人能够去跟随自己的思想，从它的源头去发现，聆听就会是一种自我揭示的过程，而不是仅仅去接受或否定所说的内容。

思想能否成为探明真理、神的手段呢？显然，若我们不去凭借自己的力量发现真理，那么，单纯的社会内部的改革或改良就只会带来更多的不幸。毕竟，人活着是要去发现那至高的事物，一切基础的基石。如果没有探寻，如果没有不断地观察我们的反应、我们的所思所感，看一看它们是否会走向终极真理，走向那超越了世俗世界的事物，那么我们的全部信仰和宗教活动就将是完全无意义的，就会是单纯的猜想，会带来更多的危害。

思想会走向真理吗？真理从来不是一成不变的，无法从时间的层面去描述它，而必须每时每刻去发现。要想寻求真理，心灵必须也具有这一特性，否则的话它便无法理解或感受真理。那么，思想能够有助于发现真理吗？思想能够是独创性的吗？还是说，一切思想都是模仿性的呢？假如思想是模仿性的，那么它显然就无法达至真理，它不是出路，不是揭示真理的过程的途径。然而，我们的整个探寻都是在培养思想，培养各种实践、克制，这一切全都是建立在思想之上的。只要思想能够开启通往真理的大门，它就会具有意义，但思想或许是真理的绊脚石，所以，一个人必须依靠自己的力量探明有关该问题的真理，而不是单纯去接受或抵制。

显然，我们所谓的思想其实是记忆的反应，这一点是显而易见的。你是在某种传统中长大的，作为印度教教徒、基督徒、佛教徒、共产主义者，随便是什么。你怀有各种联想、记忆、信仰，这一背景对某个挑战做出回应，这便是所谓的思想。所以，背景跟思想并不是分开的，思想即背景。当你被问到跟你的宗教有关的问题，被问到你信仰什么，你的大脑立即会根据你所受的限定、所处的环境，从你怀有的各种传统、经验和信仰出发去做出回应。你依照你作为一名基督徒或者共产主义者的背景去回应。因此，从这种意义上来说，思想是一种妨碍，即它不过是某种背景、限定的反应。这样的反应，也就是我们所说的思想，肯定无法开启通往真理的大门。要想探明真理，一个人就必须彻底地不再是印度教教徒、基督徒、共产主义者，这个或那个，唯有如此，心灵才会不再是受限的，从而能够自由地去发现真理。

心灵能否摆脱自身作为印度教教徒、穆斯林、基督徒抑或其他身份的限定呢？那个准备让心灵挣脱其背景的实体是谁呢？你理解问题没有？当你说"我应该摆脱自己作为印度教教徒的限定"，那个准备带来这一自由的实体是谁？谁是背景的分析者？分析者能够冲破背景的制约吗？我是否有把自己的意思阐述清楚呢？

作为一个印度教教徒，我怀有某些公式、概念、信仰、传统，我认识到了摆脱它们的必要性，因为，假如我不去摆脱的话，显然就无法探明真理。若我被限定为了共产主义分子，抑或若我的心灵被任何其他的信仰影响着，那么我怎么能够领悟真理呢？这样的心灵只能体验将它局限的事物。除非心灵挣脱了一切限定，要不然，它的寻求就只是社会学的反应，它将只会发现它被限定为的事物。那么，我要如何摆脱所有的局限呢？是否有人会帮助我去挣脱限定？也就是说，我身上是否存在着一个不被我的限定污染的思考者、分析者、观察者？

你知道，迄今为止我们都假定说思想者位于思想之外，不是吗？我们习惯了认为有两个分开的过程，一个是作为思考者、分析者、观察者的永恒的状态，另一个则是思想的活动。我们总是相信存在着梵我，存在着一种永恒的精神实体，它通过分析思想的过程将会去抵制谬误，只维护真理。那么，是否存在这种位于短暂的思想之外的永恒实体呢？还是说，存在的只有思想，它完全是短暂的，于是它便创造出了思想者，以便让自己变得永恒？很明显，是思想制造出了思想者，而不是思想者制造出了思想。依靠自己的力量认识到这个真的格外重要，这不是要去接受或排斥的事情。思想难道没有制造出思想者，而不是反过来吗？

毕竟，假如没有思想，还会有思想者吗？正是思想制造出了思想者，尔后，思想者变成了永恒的不被时间触动的分析者、观察者，然而这一实体显然是由思想制造出来的。这就好像钻石，是钻石的特性成就了钻石，移除掉钻石的特性，就根本不会有钻石存在了。同样的，各种欲望、冲动在它们的活动中制造出了那个实体，他变成了行动者，他是意愿的体现，是有着明确行动和思想的"我"。但这种意愿是由许多的欲望构成的。如果没有欲望，就不会有意愿，不会有"我"。

因此，如果存在的只有思想而非思想者，那么，那个声称"我将挣脱自身限定"的思想者——他自己便是受限的思想的产物，于是，思想者、观察者、分析者、体验者，无法让心灵挣脱其局限。心灵或许会把自己作为思想者和思想划分开来，划分成意愿和欲望，划分成好的和坏的，划分成高等的自我和低等的自我。然而，这整个过程依然是在思想的领域内，它只是一种自我欺骗，会导致许多有害的行为。那么，问题便是：当没有了检查者、分析者，没有那个打算让心灵净化的高等自我，心灵能够摆脱自身的限定吗？

你们明白这个了吗？请注意，如果这一点不是十分清楚的话，进一步展开就将毫无意义。必须理解这个，否则你将执着地认为存在着高等的自我，存在着某种精神性的事物，它是神赐予的，是永恒的，但却被无知包围着，它总是会推开那些向它走来的无知——这一切都是荒谬的。假若根本不存在任何永恒的自我，而是仅有思想，是思想制造出了不同形式的永恒的自我，那么思想能够让心灵自由地去探明真理吗？

只要我们没有探明真理、神，探明那一非凡之物，它用伟大、良善和美让生活充实，那么，我们任何层面的活动就只会具有表层的意义。除非我们时时刻刻去直接体验真理，否则我们的文化会变得机械化，从而带来破坏。显然，人活着是为了找到神，而不是仅仅挣钱谋生，让自己去适应某种社会。社会不会帮助人发现真理，相反，社会会妨碍人去探明真理，因为社会是基于对安全和永恒的渴望。一个处于安全状态、一个寻求永恒的心灵，永远不会获得真理。但是，一个认识了真理的人，一个时时刻刻去体验真理的人，将有助于带来一个全新的社会。改革、调整，抑或任何形式的社会框架内部的革新，都只会带来更多的不幸和毁灭，正如当今世界发生的情形所表明的那样，在那里，为解决问题展开的每一份努力，都只会导致一百倍的问题出现。但倘若心灵能够认识真理，直接地体验它，那么，这种认知就会产生自己的行动，而这种行动又会带来新的文化。

那么，我们的问题是：心灵能否挣脱自身的限定？如果没有"我"、没有自我、没有灵魂去解放它，它该怎么做呢？你明白问题没有？我们发明出了那个打算让心灵摆脱限定的"我"，然而，当我们对"我"的过程展开探寻，将会发现这个"我"没有任何实相，它不过是思想的产物，而思想则是背景的反应。所以，存在的只有思想，依照背景的思想。思想是背景的反应，它是心灵作为基督徒、佛教徒、印度教教徒，等等等等所受的限定。假如思想是背景的反应，而一切背景都是局限性的，那么思想就无法带来自由，而唯有在自由中你才能探明真理。

因此，要想发现神、真理，思想就必须终结。请注意，这并非仅仅是逻辑，而是事实。思想必须结束。然而当你问道："我如何才能停止思考？"就会有一个在活动，在实践着"如何"以便终止思想的实体存在。所以，根本就没有什么"如何"。理解这个格外重要，原因是，对我们所有人来说，"如何"都是最重要的事情。我们说道："我如何才能做这个，我应该实践的克制是什么？"以及所有这一切事情，如今在我们看来都毫无意义。于是，我们一举就摆脱了"如何"这整个的问题。

这或许听起来毫不费力，但它并没有那么容易、那么简单。相反，这需要大量的关注，不是专注，而是注意力。专注是排他的，因为它意味着动机，而注意力则没有动机，于是也就不是排他性的。当心灵去观察自身的时候，就将实现对自我的认知，这不是对于高等自我的认知。高等的自我是心灵在与人、与物、与观念的关系中因为想要逃避思想的实相而发明出来的。当心灵渴望逃避本来面目的时候，就会躲进各种各样的荒谬之中。可一旦心灵开始去探究自身存在的过程，当它懂得了思想的涵义以及思想是怎样出现的，那么，这种认知就会终结思想。不存在一个停止思考的思想者，因此也就不含有任何努力。只有当怀有渴望有所得的动机，才会出现努力。假若心灵怀有动机，想要摆脱自身的限定，那么这种动机便是它所受的限定在不同的方向的反应。

因此，认识我们思想的全部过程真的非常重要，而对该过程的认知不会通过隔离获得。并没有活在隔绝状态这回事儿。当我们在日常的关系，在我们的态度、信仰，在我们说话的方式，对待他人的方式，对待丈夫、妻子、子女的方式中去观察自己，就会认识我们思想的过程了。关系是一面镜子，从中能够揭示出我们思想的种种。真理就蕴含在关系的事实里面，而不是在关系之外。显然，并没有活在隔绝状态这样的事情存在。我们或许可以小心翼翼地切断各种肉体的关系，但思想依然有联系，思想的存在意味着关联。认识自我是通过审视关系的事实，按其本来面目去看待它们，没有虚构，没有谴责或辩护。在关系里面，心灵有着某些评价、判断、比较，它依照各种各样的记忆去对挑战做出回应，这种回应被称作思考。假如心灵能够就只是觉察这整个的过程，你会发现，思想将走向终结。尔后，心灵会变得非常安静，不怀有任何动机，在任何方向都没有活动，在这种静寂里，将会迎来真理。

问：追随您很困难，我发现，追随那些懂得了您的教义，能够将其解释给我们的人则要简单得多。您难道不认为需要这样的人去传播您的教义吗？近来有报纸文章指出，您对于所有对我们有帮助的信仰和导师都抱持不宽容的态度。

克：只要我们渴望去追随，就会出现导师，而追随会令我们无法探明真理。若心灵追随某个人，它追随的是它自己的兴趣，而不是去认识真理。你显然不必追随我，因为我只是试图把你自身的思想的运作指明出来。如果你去追随他人，你就不会探究自身思想的方式。没有认识自身思想的方式，那么，追随他人就只会让你走向更多的不幸。追随他人是错误的，这个人是谁无关紧要，无论他是耶稣基督、佛陀还是我本人，抑或是其他人。追随会带来破坏，因为模仿会滋生出恐惧，正是恐惧使得你去追随，而不是对真理的寻求。我们没有认识生活的痛苦、短暂的欢愉、死亡的神秘、关系的不同寻常的复杂，我们希望，通过追随别人，这一切将会得到解释，将会消失不见。然而，认识所有这些复杂，并不是去追随他人。这一大堆的复杂是由我们每个人制造出来的，我们必须理解它的根源，也就是我们自己的思想。

这位提问者询问，"我发现追随那些已经理解了您的教义，能够把它们解释给我们的人要容易得多"，这也就是说拥有阐释者。看在上帝的份上，先生们，请远离阐释者，因为阐释者必定会依照自身的限定以及他的既得利益去进行解释。这一点同样是这般的明显，不需要太多的思考。但是你知道，你希望有人给你帮助，当你渴望帮助的那一刻，你就已经把腐败的过程带进来了。这实际上表明，你没有信心做到能够凭借自己的力量去探究问题的根源。根源不是我，而是你，是你的思想方式。根源在你自己，你为什么应当追随他人抑或聆听那些阐释者去认识你自己呢？阐释者认识，而你却不认识的是什么呢？他们或许对词语的驾驭要胜过你我，但请务必远离阐释者，不要成为追随者，因为，不幸的根源就在你自己身上，就在你自身的思想方式上。只要你去模仿、追随某个进行阐释的人，你就是在逃避自我。逃避或许是令人愉快的，或许会暂时带给你满足，但是，逃避里面总是会有痛苦的针刺。

你不必传播我的教义，因为，如果你没有认识自己，你便无法传播它们。你或许可以购买和分发几本书，但这显然根本不及认识自我那样必要。一旦你认识了自己，就会在世界上传播这种认知，就会给人们带去更大的幸福。但倘若你去传播其他人的教义，你便会制造出更多的灾难，因为，尔后你不过是宣传者，而宣传不是真理。

"近来有报纸文章指出，您对于所有对我们有帮助的信仰和导师都抱持不宽容的心态。"先生们，什么是宽容呢？为什么你应当宽容或不宽容？事实既不需要宽容，也不需要不宽容。事实就在那里，我们要么去接受，要么离开。为何我们要击打这面宽容的鼓呢？一切信仰，基督教、印度教、伊斯兰教，都是导致人们之间敌对的根源。指出这一明显的事实，难道就是所谓的不宽容吗？但如果你依附于、执着于你的信仰，你便会说我是个不宽容的人，因为你不愿意去审视事实。事实如此明显，那便是，只要我们被划分为穆斯林、印度教教徒、基督徒，就必定会导致敌对。我们是人类，而不是一大堆相互冲突的信仰。但是你知道，我们在信仰里面怀有既得利益，信仰是有利可图的，团体、协会建立在它之上，各个宗教及其神职人员通过它得到发展壮大，在他们看来，对信仰的任何质疑都是不宽容。然而，一个直面事实本来面目的人，显然不会去关心宽容或不宽容的问题。

信仰不是真理。你或许相信神，但你的信仰并不比无神论者的拥有更多的实相。你的信仰源于你的背景、你的宗教、你的恐惧，而共产主义者和其他人的无神论，同样也是他们所受限定的结果。要想探明真理，心灵就必须摆脱有神论和无神论。我知道你在微笑和赞同，但你依然会继续去相信，因为这要方便得多，要体面和安全得多。假如你不去信仰，你可能会丢掉工作，可能会突然发现你啥也不是。重要的是挣脱信仰的制约，而不是你在这个屋子里面微笑和赞同。

关于导师、上师以及其他相关的一切，你之所以会去追随，是因为你怀有某种动机，那便是你渴望获得幸福，渴望找到神。所以你便总是去寻求，而上师被认为将会帮助你去找到你所渴望的东西。然而，上师能够帮助你发现真理吗？真理应该是处于时间领域之外的，它应该是全新的事物，不被过去或未来污染。假如它处于时间领域之外，那么，作为时间产物的思想就永远无法发现它。只要你为了发现真理、神而去追随别人，你就仅仅是在追随自身心灵的那些欲望。你之所以追随，是因为这会带给你满足，因此它并不会带领你达至真理。这就是为什么说，重要的是不去追随，不怀有任何上师。当你去寻求，你的寻求是源于你的欲望，而你的欲望会把你寻求的事物投射出来。只有当心灵不去寻求，当它真正迈入了彻底的静寂，不怀有任何形式的动机，才能迎来那非凡之物。它无法被思想捕捉到，无法在书本里头找到，没有任何上师懂得它，因为，所谓知便是不去知道。

问：当您指出纪律、克制是破坏性的，您如何能够避免制造出一大群伪装正直的傻子的危险呢？

克：我不知道这位提问者是什么意思，但我们可以凭借自己的力量去认识所谓的纪律的效果。那么，我们所说的纪律指的是什么，为什么应当有纪律？我们接受说，在学校、在日常生活中、在政治党派里，纪律是必需的，我们自我约束，以便找到真理，诸如此类。在我们有意识的和无意识的行为的各个层面，有着各种形式的克制。克制是一种抵制、压制或适应的过程，不是吗？你让自己去适应社会的要求，原因是，假如你不这么做的话，你就会被毁灭掉。你压制自己，顺从社会，以便成为良好或道德的公民，诸如此类。显然，纪律、克制意味着让心灵、思想去遵从某个公式，或者是外部强加的，或者是你自己强加的。通过传统、宗教、文化的评估以及其他的一切，社会将某种约束强加在了心灵之上。它说"不许逾越界限，要不然的话，你就不会受人尊敬，你就会变成危险分子"，等等等等，一个人可以了解这个。然而，认为要对自我施加约束的观点，似乎完全是荒谬的，因为，谁是那个在约束、克制的实体呢？心灵把自己划分成了约束的人和将受到约束的部分，但它始终都是心灵对自己玩的把戏，这一点是极为显见的。为了自身的方便，心灵把自己划分为了展开约束的人跟必须被约束的部分，我们对自己玩着这个把戏，这是荒谬的，因为它根本就不是真实的。它是一种十分方便的自我欺骗的形式。

那么，一个经由传统，经由某些被社会视为道德的评价而受着如此约束、控制、影响的心灵——我们现在不去质疑它们是道德的还是不道德的——这样的心灵，能够领悟真理吗？抑或，在寻求真理的过程中，心灵制造出了自身约束性的生存之道吗？显然，一个寻求真理的人应该是具有德性的，但美德本身不是目的。美德是要带来秩序，它本身是没有效用的。如果美德本身有效，就会带来体面，这是社会热爱的。然而，一个认识了自我的心灵将带来自身的秩序，这不是一种强加，不是去适应某种强制。一个实现了觉察的心灵，始终都会带来自身的秩序，这不是由社会或宗教许可施加的秩序，虽然从外部来看它们似乎是一致的。但是，一个仅仅因为害怕犯错，害怕人们会怎么说而被控制、约束的心灵，一个模仿的心灵，一个试图按照商羯罗或任何其他人的观点去生活的心灵——这样的心灵永远不会探明真理。唯有自由的心灵才能发现真理，而要想获得自由，心灵就必须认识自己。但是，仅仅声称心灵是自由的，这毫无意义。这就好像一个学童希望做自己喜欢的事情一样，他把这个叫作自由，这显然不是自由。但倘若心灵在关系中察觉到自身的种种，倘若它能够观察自己的活动，既不去谴责，也不去评价，那么它就会认识到什么是自由。唯有这样的心灵，才能探明那永恒的事物。

1955 年 2 月 6 日

在孟买的第一场演说

　　我认为，当前摆在人类面前最严重的问题之一，便是有关创造力的问题，以及如何带来个体创造力的解放。如果我们能够思考一下这个问题，不是单纯口头层面的，而是非常深入的探究，或许就可以领悟"创造力"一词的全部涵义了。在我看来，这是真正的问题所在，而不是应当致力于哪一种政治改革或者追随哪种宗教。怎样才能带来个体的创造力的解放呢？不是仅仅在他生命之初，而是贯穿他的一生。也就是说，个体如何才能让充沛的精力、能量得到正确的引导，这样他的生命才会具有广博而深刻的意义？假如今天晚上我们可以真正对该问题做一番探寻，我觉得，我们将更能够理解接下来的演讲了。

　　我感觉，最深层面的改革是必需的，不是片段式的、局部的革新，而是完整的、全面的变革，不是从外部开始，而是从内部着手。要想带来这种充分的变革，我们显然必须认识自身思想的种种，认识我们思想的全部过程，这便是认识自我。没有认识自我这一基础，我们的思考就将意义甚微。所以，从一开始我们就应当了解自身思想的过程、意识的过程，这难道不是十分重要的吗？变革应该发生在思想的全部层面，而不是某个局部。但是在我们展开探寻之前，我认为，必须弄清楚什么是聆听。

我们当中很少有人直接地聆听了正在说的内容，我们总是根据某个视角、观点去对它进行解释或阐发，不管是印度教、穆斯林还是共产主义的。我们怀有许多的公式、看法、判断、信仰，经由它们去聆听，所以我们实际上根本就从来没有真正聆听过。我们只是从自身抱持的偏见、结论或经验出发去听，总是去解释自己听到的内容，这显然不会带来认知。很明显，能够带来认知的是真正的聆听，不怀有任何固定的看法、确定的结论，这样你我才能一起对问题展开思索，无论问题或许是什么。一旦你懂得了聆听的艺术，你不仅会探明正在说的内容中的真理，还会把谬误视为谬误，并且在谬误中懂得真理。但倘若你的聆听是争辩性的，显然就不可能实现认知，这一点十分清楚。因为，争论不过是你的观点反对其他的观点，抑或你的判断反对其他的判断，这实际上会妨碍我们去认识或发现所说内容的真相。

　　那么，能够不抱持任何偏见、结论、解释去聆听吗？因为我们的思想是受限的，这一点十分明显，不是吗？我们被限定为了印度教教徒、共产主义者或是基督徒，无论我们聆听的是什么，也不管它是新的还是旧的，总是经由这种限定的屏障来加以理解的，于是，我们永远不会用崭新的心灵去着手问题。这便是为什么说，懂得怎样聆听分外的重要，不仅是聆听正在说的内容，而且还要聆听万事万物。个体应当实现彻底的转变，这一点显然是必需的。但是，除非毫不费力地认识了真理，否则就不会发生这样的变革。任何层面的努力显然都是一种破坏，只有当心灵变得格外安静，不展开任何努力，才能实现认知。然而对于我们大部分人来讲，努力是最主要的事情，我们以为努力是必不可少的。正是努力去聆听、努力去认知，才妨碍了理解，妨碍了我们立即去感知真理和谬误。

　　现在，既然察觉到了你的限定，继而摆脱了它，那么你是否能够去聆听，以便认识正在说的内容呢？你能够做到真正的聆听，不展开任何努力，不去进行解释，也就是投以全部的注意力吗？对于我们大多数人来讲，关注只是一种集中精神的过程，这是一种排他，只要有排他性的思考的抵制，显然就不会迎来充分的革新。我觉得，个体身上应当发生这样的革新，这是必需的，因为，唯有在这种变革里面，才会有创造力的解放。

因此，心灵被现代教育，被社会，被宗教，被我们累积的知识和无数的经验局限着，它被塑造成了某种模式，不仅是被我们的环境，而且还被我们自己对那一环境所做的回应以及各种各样的关系。

请牢牢记住，你不应当仅仅是听我讲话，还要真正去观察一下自身思想的过程。我的话不过是描述了在你的思想里面发生的情形。假如一个人充分观照自身的思想，就会领悟到，一个受限的心灵，不管它可能多么努力去改变，都只能够在自身限定的牢房内部去变化，而这样的改变显然不是革新。我觉得，这是首先要去认识的事情——即只要我们的心灵被限定为了印度教教徒、穆斯林或是其他什么，那么变革就会是在这一限定的模式之内，因此也就根本不是彻底的转变。每一个挑战必定是常新的，只要心灵受着局限，它就会依照自身的限定去回应挑战，于是也就从来不曾有过充分的应对。

现在，我们全都知道当前世界正发生着严重的危机，贫穷遍地，还有不断的战争的威胁。这就是挑战，而我们的问题在于充分地、彻底地应对这一挑战。假如我们没有认识自身思想的过程，就无法做到这个。我们的思想显然是受限的，我们总是作为印度教教徒、穆斯林、共产主义者、社会主义分子、基督徒，等等等等，去对挑战予以回应的。这种回应从根本上来说是不充分的，结果便会出现冲突和斗争，不仅是在个体身上，而且还出现在群体、种族和国家之间。只有当我们认识了思想的过程，从而摆脱了自身的限定，也就是说，当我们不再作为印度教教徒、共产主义者抑或你所希望的其他身份去回应挑战，这意味着我们对挑战的应对不再是基于先前所受的局限，唯有这时，我们才能充分地、彻底地应对。当我们不再从属于任何种族或宗教，当我们每个人认识了他的背景继而摆脱其制约，追寻真理，才能够做出充分的回应，而这种应对便是革新。

只有虔诚的人才会带来根本的变革，然而，一个怀有信仰、教义，一个从属于某种宗教的人，并不是虔诚之士。虔诚的人是认识了所谓的宗教的全部过程，认识了各种各样的教义，以及通过某些仪式化的公式跟信仰寻求安全的渴望。这样的人才会冲破组织化的宗教的框框，摆脱一切教义跟信仰，寻求那至高的事物。他才是真正革命性的，因为，各种其他的革命都是局部的、片段式的，于是也就不可避免地会带来更多的问题。然而，一个渴望去探明真理、神的人，是真正具有革命精神的，原因是，发现真理是一种充分的回应，而非局部的。

那么，心灵能否察觉到自己的限定并由此摆脱其制约呢？心灵的限定是由社会、各种各样的文化、宗教和教育强加的，此外还因为野心、欲望以及努力想要变得如何如何。这本身就是一种由社会强加在我们每个人身上的模式，同时还有个体在对应对社会的时候自己制造出来的模式。

那么，作为个体的我们能否察觉到自身的限定？心灵能否摆脱这一切局限，这样它便可以自由地去发现真理呢？因为在我看来，除非我们让心灵挣脱了它的限定，否则，我们所有的社会问题，我们在关系里面的冲突，我们的战争和其他的灾难，注定会与日俱增、愈来愈多——这其实正是世界上发生的情形，不仅是在我们私人的生活中，还发生在个体跟由个体组成的群体即我们所谓的社会之间的关系中。

思索一下这整个的画面，认识它的全部涵义，那么，心灵能够察觉到它的限定并解放自身吗？因为，唯有在自由之中，才会有创造力。然而，自由并不是对某个事物的反应，自由不是对心灵困于其中的监牢的反应，不是奴役的对立面，自由不是动机。显然，一个寻求真理、神的心灵，随便你如何称呼，本身是不怀有任何动机的。我们大部分人都怀有动机，因为我们的全部生活，在我们的教育以及我们所做的一切事情里面，我们的行动都是基于某种动机，要么是自我膨胀的动机，要么是自我毁灭的动机。心灵能够察觉到这个，让自己摆脱它为了获得安全、满足，为了实现个人的或国家的目的而强加在自己身上的所有这些束缚吗？

我认为，只有当心灵变得格外的安静，才有可能实现我所谈论的变革。但是，心灵的静寂不是通过任何努力得来的——当心灵认识了自身活动的过程，也就是认识了思想的全部意义，自然而然、轻轻松松地就会迈入宁静了。所以，自由的起点便是认识自我，而认识自我不是退隐于世，而是要在我们日常生活的关系里面去发现。关系是一面镜子，从中我们可以看到自己的真实模样，没有任何歪曲。唯有通过认识自我，审视我们自己的真实模样，没有任何解释或判断去歪曲，心灵才会迎来静寂。然而，心灵的这种静寂是无法寻求到的，无法被追逐的。如果你去追逐和带来心灵的宁静，它就怀有动机，这样的静寂从来不是宁静，因为它的活动总是在朝着某个事物或者远离某个事物。

所以，唯有通过认识自我，也就是认识思想的全部过程，才能获得自由。当前，我们的思想不过是一种反应，是受限的心灵的反应，基于这样的思想的任何行动，都注定会以灾难告终。要想发现真理、神，就必须怀有一颗认识了自己的心灵，这意味着去探究有关认识自我的整个问题。唯有这时，才会迎来充分的变革，唯有这种变革才能带来创造力的解放，创造力的解放便是领悟真理和神。

我认为，询问根本性的问题总是重要的，然而当我们询问根本问题时，大多数人都在寻求答案，于是答案势必会是肤浅的。原因是，对于生活来说，不存在是或否的答案。生活是一种运动，无止境的运动。要想探寻这一被叫作生活的非凡之物，以及它无数的方方面面，一个人就必须去询问那些根本性的问题，永远不要满足于答案，不管它们可能是多么令人满意。因为，当你有了答案的那一刻，心灵便有了结论，而结论不是生活——它不过是一种停滞的状态。所以，重要的是去询问正确的问题，永远不会满足于答案，无论是多么聪明、多么有逻辑的答案。原因在于，问题的真理超越了结论，超越了答案，超越了言语的表达。一个询问问题，仅仅满足于解释、言语表达的心灵，将会始终是肤浅的。唯有询问根本问题，能够把问题追寻到底的心灵——唯有这样的心灵，才能探明真理。

问：在印度，今天我们发现有一种倾向日益增长，那就是漠视一切感受性的感觉和表达。文化上，我们是个缺乏活力、耽于模仿的国家，我们的思想是自鸣得意的、肤浅的。有办法突破这一切，触摸到创造力之源吗？我们能够创造出新的文化吗？

克：先生，这不仅是印度人的问题，这是全人类的问题，在美国、英国，在每一个地方，都在询问这一问题。如何带来新的文化，带来一种爆炸性的、充沛的创造力，这样一来心灵就不会局限于模仿呢？诗人、画家憧憬着这个，所以，让我们对此展开一番探寻吧。我自然无法跟这么多的人讨论这个问题，但我们将要去探究它，所以请仔细听好。

就我们目前所知，什么是文明、什么是文化？它是集体意愿的结果，对吗？我们所知道的文化是经由宗教、传统的道德模式、各种各样的准许统一起来的许多欲望的表达。我们生活于其间的文明，是集体意愿的产物，是许多贪婪的欲望的结果，于是我们便有了一种同样获取性的文化、文明，这一点十分清楚。

那么，在这个贪婪的社会内部，社会是集体意愿的产物，我们能够有许多的改革，我们偶尔会带来血腥的革命，但这总是在模式内部，因为我们对挑战做出的回应受到我们浸染其中的文化的局限，而挑战总是新的。印度文化显然是模仿性的、传统性的，它是由无数迷信、信仰、教义、重复的话语、对手工制作和脑袋发明的形象的崇拜构成的。这便是我们的文化，这便是我们的社会，它被划分成了许多的阶级，这一切全都是建立在贪婪和获取之上的。假如我们在这个世界上无欲无求，在其他的世界则会有所求，我们渴望达至神，诸如此类。所以，我们的文化从本质上来说是建立在获取之上的，世俗的获取或精神领域的获取。当偶然有一个个体摆脱了一切贪欲，懂得了何谓创造力，我们马上就会对他顶礼膜拜，把他变成我们的精神领袖或导师，从而窒息了我们自己。

只要我们从属于集体文化、集体文明，就不可能会有创造力。只有当一个人认识了集体的全部过程，以及它所有的法令和信仰，当他不再主动地或被动地去获取——唯有这样的人，才能懂得创造力的涵义。而不是退隐于世、追寻神的苦行者，他的退隐以及对神的追寻，不过是他特有的一种获取的形式罢了。如果一个认识了集体的全部涵义，摆脱了它的制约，因为他懂得什么是真正的宗教，那么他就是富有创造力、富有生机与活力的个体，这样的行动才会带来新的文化。显然，这便是经常发生的情形，不是吗？

真正虔诚的人不是实践所谓宗教的人，不是执着于某些教义和信仰的人，不是参加仪式或者追逐知识的人，因为他不过是在寻求另外一种形式的满足罢了。真正虔诚的人是完全摆脱了社会的束缚，他对社会没有任何责任，他可能跟社会建立某种联系，但社会与他则没有关系。社会便是我们浸染其间被教育长大的组织化的宗教、经济的和社会的结构以及整个环境，这种社会能帮助人们发现神、真理——你如何称呼它无关紧要——抑或，寻求神的个体能创造出新的社会吗？也就是说，个体难道不应该冲破现存的社会、文化或文明吗？很明显，正是在冲破的过程中，他将发现真理，正是真理能够建立起崭新的社会、崭新的文化。

我认为，这是一个值得反复思索的重要问题。一个从属于社会的人——不管这个社会是什么——能够发现神、真理吗？在这种发现的过程中，社会能够有助于个体吗？还是说，个体、你和我，应该冲破社会的束缚呢？很明显，正是在冲破社会的过程中，才能认识真理，尔后，真理将掀起阵阵涟漪，这些涟漪会变成新的社会、新的文化。苦行者、僧侣、隐士都退隐于世，都与社会断绝了联系，但他的整个思想模式依然受着社会的限定，他仍旧是一个基督徒或印度教教徒，追逐着基督教或印度教的理念，他的打坐、他的牺牲、他的实践，从本质上来说全都是受限的，因此，他所发现的所谓的真理、神、绝对理念，实际上是他自己受限的反应。所以，社会无法帮助人去探明真理，社会的作用是限制个体，将他约束在责任、义务的界限之内。唯有当一个人认识了这整个的过程，当他的行动不是反应，才能领悟真理。正是真理会创造出新的文化，而不是追逐真理的人。

我觉得，这一点十分清楚和简单，听上去复杂，实则不然。真理会带来自己的行动，然而，一个寻求真理并展开行动的人，无论他可能多么有价值和高尚，都只会导致更多的混乱跟痛苦。他就仿佛一个只关心装饰监牢的墙壁，安装更多的电灯、马桶，抑或是你所希望的其他东西的改革者。但倘若你认识了如下问题，即思想是怎样受着社会的限定，倘若你让真理自己去行动，不去依照你所认为的真理展开行动，那么你就会发现，这种行动会带来自己的文化、自己的文明，会带来一个不再基于获取、痛苦、信仰之上的新的世界。正是真理能够建立起新的社会，而不是共产主义者、基督徒、印度教教徒、佛教徒或穆斯林。依照一个人的限定去对挑战做出回应，这不过是扩建了监狱，或者装饰了一下它的栅栏。只有当心灵认识了那些强加在它身上或者由它自己制造出来的限定性的影响，并且摆脱了其制约，才能领悟真理。正是真理的行动会带来一个崭新的社会、崭新的文化。

这便是为什么说，对于一个像这样的国家而言，重要的是不去把肤浅的西方文化强加在自己身上，同时，也不要因为混乱、困惑而返回到过去，返回到《印度史诗》、《吠陀经》，只有混乱的心灵才会渴望回到死去的事物。重要的是去理解为什么会出现混乱，显然，当心灵没有实现认知，当它没有充分地应对新事物、某个事实，便会产生混乱。

以战争的事实为例。假如你作为一个信仰非暴力主义的印度教教徒去应对它的话，你便会说道："我应该做到非暴力。"若你碰巧是个爱国主义者，你的回应就是爱国主义式的。可如果一个人认识了战争的真相，也就是如下事实，即战争本身是破坏性的，如果他让该真理自行展开行动，那么他就不会从某种社会、理论或改革的层面去应对了。真理既不是你的，也不是我的。只要心灵去阐释或解释真理，我们就会制造出混乱。这便是改革者们所做的事情，这便是所有试图以某种社会秩序带来改革的圣人们所做的事情。由于他们对真理进行解释，希望带来某种改革，因此这种改革将会滋生出更多的痛苦，于是也就需要进一步的改革。

要想认识真理，就必须彻底摆脱社会，这意味着，必须完全停止所有的贪婪、获取、野心、嫉妒以及整个"变成"的过程。毕竟，我们的文化就是建立在变成大人物、出人头地上面的，建立在等级制度的原则上——知道者，不知者；拥有者，不拥有者。没有拥有的人永远都会努力去获得，不知道的人永远都会努力去获取更多的知识。然而，一个不属于这二者的人，他的心灵会格外的宁静，彻底的静寂。唯有这样的心灵才能认识真理，并且让真理以它自己的方式去行动。这样的心灵不会依照某个受限的反应去行动，它不会说："我必须改革社会。"真正虔诚的人不关心什么社会改革，不关心提升陈旧的、腐烂的社会。原因是，将会带来新秩序的是真理，而不是改革。我认为，只要一个人非常简单地、清楚地懂得了这个，变革就会到来。

困难在于我们并没有认识，并没有聆听，我们没有直接地感知事物，没有就只是按照它们的本来面目去察看。毕竟，纯净的心灵——它是纯净的，尽管它可能活了一千年，怀有许多的经历——才会富有创造力，而不是聪明狡猾的心灵，不是塞满了知识跟技术的心灵。一旦心灵懂得了某个事实的真理，并让真理自己去行动，那么这种真理就会带来自身的技术。变革不是在社会内部，而是在它之外。

问：摆在每个人面前的根本问题是心理的痛苦，这种痛苦侵蚀掉了一切思想跟感受。除非您有了解答，能够教人们终结痛苦，否则您所有的话都没多少意义。

克：先生，什么是教授？教授只是传达、言语吗？你为什么希望被教授？他人可以教会你如何终结痛苦吗？假如你能够被教育着怎样结束痛苦，那么痛苦是否就会停止呢？

你可以学习某种停止生理或心理痛苦的技巧，但正是在终结某种痛苦的过程中，新的痛苦又会出现。

所以，问题是什么呢，先生们？显然，问题并不在于怎样终止痛苦。我可以告诉你不要贪婪，不要怀有野心，不要怀有信仰，让心灵摆脱一切对于安全的渴望，活在彻底的不确定的状态，诸如此类，但这些不过是言语罢了。问题是直接地体验彻底的不确定的状态，不怀有任何安全感。要想做到这个，只有当你认识了自身思想的全部过程，抑或当你能够带着整个身心去聆听，投以全部的注意力，不去抵制、抗拒。要想终结痛苦、悲伤，一个人要么必须认识思想、欲望、意愿、选择的方式，展开充分的探究，要么去聆听真理。真理便是，只要思想里面有一个点在朝着另外一个点运动，也就是说，只要心灵寻求着某种形式的安全，它就永远无法摆脱痛苦。安全是一种依赖，一个有所依赖的心灵不会怀有爱。如果没有经历这整个检验、观察、觉照的过程，就只是聆听事实，让关于事实的真理起作用，那么你会发现，心灵将挣脱痛苦的羁绊。然而，我们上述两件事情都没有去做，我们既没有观察，以便探明真理，也没有带着全部的身心去聆听事实，不去解释、歪曲、阐释它。意思便是说，我们既没有追寻对于自我的认知，这同样会让痛苦终结，也没有仅仅去观察事实，不去歪曲它，就像我们在镜子里面观察自己的脸一样。我们唯一渴望的便是懂得怎样终结痛苦，我们渴望某个现成的结束痛苦的公式。这实际上意味着，我们是懒惰的，没有那种追寻认识自我所必需的非凡的能量。只有当我们了解了自己——不是依照商羯罗、佛陀或耶稣的观点，而是在我们每个人与他人、与观念、与物的关系中去认识它的真实模样——痛苦才会结束。

1955 年 2 月 16 日

在孟买的第二场演说

我们最大的困难之一，便是认识欲望的全部涵义。对大部分人来讲，欲望已经变成了一种必须去控制、引导、约束以及朝着某个方向去刺激的冲动跟本能了。不过，今天晚上我想从一个完全不同的视角去谈谈这个，对我来说，这才是真理。如果我们可以认识欲望，这真的十分复杂，那么或许就能在日常生活中带来一种十分不同的行动了。假若我们不去试图控制、升华或超越欲望，能够直面欲望的事实，着手去认识它的种种，那么我以为，就会投以一种完全不同的关注。然而困难将会是，我们大多数人都怀有关于欲望的看法，我们希望压制它，以便达至一种无欲无求的状态。抑或我们如此强烈地、持续地为欲望所困，以至于心灵变成了一片混乱之域，充斥着相互矛盾的想法。

现在，我不打算沉迷于某种理论、猜想，我要着手的只有事实，而不是任何别的东西。所以，如果允许我建议的话，请就只是聆听这里正在说的内容，不把它跟你先前的结论联系起来，就只是让你的思想跟随它、思考它，不要去解释，我认为，你会发现，将迎来一种非凡之物。只要你能够以这种方式去聆听，这样你便可以直面事实，不从你已知的或者商羯罗、佛陀抑或任何其他人关于欲望的观点出发解释你听到的内容，那么你将发现会出现一种奇特的事物——事实自己就会带来一种行动。思想可以给出关于事实的看法或观念，但它无法应对事实，它唯一能够做的便是审视事实。正是在观察的过程中，在察觉事实的过程中，才会开始根本性的转变。是事实本身改变了思想的方式，而不是关于事实的看法或结论的增多。

因此，让我们静静地一起讨论一下有关欲望的整个问题。毕竟，欲望便是能量——向外运行的能量——由于它是自信的、支配性的、强有力的，所以社会试图去控制它、约束它。社会便是这种欲望的产物，它渴望控制自己，以便变得更有效率，在社会道德规范的限制内活动。这同样是一个简单的事实。这种在外部活动的欲望，即能量，必须得到控制、调整、引导和约束——至少，这便是社会、宗教以及我们自身冲动的本能所要求的。然而，正是在约束欲望的过程中会出现挫败，因为，凡是被阻挡的都必须找到出口。

显然，先生们，到处都有社会确定起来的欲望的阻挡：你应当做这个，不该做那个，这是正确的，那是错误的，诸如此类。所有的宗教书籍、所有的老师，以及我们自己的痛苦和欢愉，都表明欲望必须受到约束、控制、克制。正是在这个过程中会有挫败、冲突，不仅是在表层，而且还有我们意识的深层。假如没有阻挡，假如这种外部活动的欲望、能量被给予了自由，就不会有任何阻碍。但是，社会、传统的道德、我们整个的教育以及我们自身的恐惧，全都在约束、控制和妨碍它，这种阻碍便是挫败。这是我们日常生活中非常简单的心理事实，而不是什么哲学的推论。

所以，这种向外运行的能量会遭遇一堵由社会道德、所谓的宗教以及其他相关的一切筑成的高墙，于是它开始向内撤退。这种退回内部并不是自由的活动，它不过是一种反应，也就是说，向外运行的能量在自己前进的过程中遇到了阻碍，所以它便向内反应，说道："我应该高尚，我应该良善，我应该无私，我应该找到神。"不管这种内部的活动是表层的还是深层的，都依然只是一种后退。这整个向外运行和向内运行的能量的过程，是自我、"我"的运动。这同样是一个可以观察到、体验到的事实，而不是理论、观念。欲望的这种外部和内部的运动，制造出了社会、文化、宗教以及建立在"我"、自我之上的关系。在这种运动中，能量变得越来越少，因为它是一种自我封闭的过程。当欲望被控制、约束，它可以有效地行动，但却失去了自身巨大的活力。

请就只是聆听我所说的观点，不要根据你已经学到的东西去解释它。我们的问题便是这个：在其外部和内部的活动中，这种非凡的能量、欲望被压制。原因是，由于痛苦和欢愉，"我"学习着去控制、约束、引导欲望——也就是说，通过自身的活动，能量在限定着自己。观察一下实际发生在你身上的这个过程，你将会马上懂得它的涵义。当心灵说"我应该压制、约束、控制欲望，我应该对能量进行疏导，让它变得有效率、道德、在社会上受人尊敬"，以及其他的一切，那么，正是在这种过程中，能量会被减少、破坏。一个人需要巨大的自由的能量，不被约束的能量，才能探明真理或神。所以，这不是压制、升华、控制欲望的问题，重要的是，这种外部和内部的欲望的活动，必须停止。

先生们，这一切太过困难吗？我并不这么觉得。你知道，我们的心灵渴望例子、细节、实际的运用，但这不是首要的问题。首要的问题是去认识整个过程，尔后我们便能着手那些细节了。所以，让我们观察一下这整个问题，不要询问如何才能将它变为实际。一旦你懂得了这一非凡现象的全部涵义，即欲望、能量的外部和内部的活动，那么你便会发现，这种认知将会带来自身的行动，这要比我们现在实践的"实用性"实际得多。

我们现在所做的是什么呢？有外部活动的能量，也就是欲望、念头，在自身外部的活动中，这种能量受到了阻碍，所以便有了挫败、痛苦、不幸。于是欲望便后退，向内部寻求一种没有痛苦的状态，一种永恒的宁静。心灵的向内转向，寻求一种不会受到烦扰的状态，在里面它可以感觉到宁静、安全，这不过是一种反应，所以会制造出对立面。由于在外部的活动中遭遇到了挫败、阻碍，因此欲望向内转，正是这种向内转，导致了外部和内部的二元化的过程，导致了这整个二元化的冲突。

那么，欲望的这种外部和内部的活动难道不应该停止吗？这样能量才能在一个完全不同的方向被释放出来。先生们，你们明白问题没有？我怀有欲望，这种欲望因为社会、因为我自己的道德约束而被阻碍了，由于受挫，所以便有了恐惧、痛苦、不幸。然后，欲望向内部寻求一种没有痛苦的状态，只有安宁、永恒的宁静，诸如此类。它曾经在外部活动，如今则退回到内部，但它依然是同一种欲望的活动。这种活动便是自我、"我"，它是自我封闭性的，结果能量就会变得越来越少。欲望——不是像河流那样释放能量，不是创造巨大的活力、彻底的放任——通过压制自己，摧毁了能量，这便是发生在世间大多数人身上的情形。然而，要想探明真理、神，你就得怀有充分的激情，就得有能量投以巨大的关注。

那么，我们的问题不是如何做到无欲无求，抑或怎样去压制、净化欲望，而是去认识欲望的这种外部和内部的运动，它会以个体和社会许可的形式带来自身局限性的约束，由此逐渐毁掉了这一非凡的能量。这便是在我们的日常生活中发生的情形，不是吗？我出于友谊对某个人伸出援手，他却打了它，但我怀有理想，我没有攻击那个人，我只是把手缩了回来，开始去培养同情、善良、仁慈。结果，这种能量没有得到释放，而是通过内部的冲突被消解掉了。

因此，我们的问题不是怎样带来一种彻底静寂的能量的状态，如此一来，这种能量就可以朝着它所希望的方向为现实所用了。当前，我们只知道这种内部和外部的欲望的运动，已经导致了各种各样的不幸、灾难、转瞬即逝的欢愉以及一种基于对安全的渴望之上的文化。不管这种欲望是在内部还是外部寻求，本质上来说它都是同样的运动。那么，这种外部和内部的运动能否停止呢？请听好。心灵无法让它结束，因为，心灵为了让该运动结束而去展开的任何努力，都依然是同样的欲望，只不过是朝着另外的方向罢了，于是能量就被消解掉了。所以，心灵不得不进入到一种恶性循环。但倘若这种永远都在外部活动抑或缩回内部的能量，能够在没有任何形式的强迫下变得安静下来，倘若它能够安静，摆脱所有外部和内部的运动，那么你将发现，犹如一条河流，这种欲望会带来自身正确的行动，因为它已经摆脱了小我。由于处于安静的状态，因此这种能量将会认识真理，尔后，能量本身便是真理。这种真理会带来自身的运动，不是朝向外部或者退至内部的运动。

只要一个人认识了这一切，那么，纪律、约束就将具有十分不同的意义了。然而当前，纪律仅仅是冲突、遵从，结果也就会破坏能量。看一看在几乎我们每个人身上已经发生的情形吧，我们的顺从已经到了这般的程度，以至于我们不再具有任何富有创造力的能量，我们身上没有留下丝毫的首创精神。只有一个拥有创造力的能量，拥有这种巨大的首创精神的人，才能探明真理，而不是一个去顺从，去克制、约束自己欲望的人。

我所描述的是事实，而非什么理论抑或单纯的观念。假如你聆听事实，按其真实模样去认识它，不做任何判断或结论，不怀有任何抵触的意识，那么事实自己就会起作用，而这才是真正的变革。由聪明的思想带来的变革，无论它是马克思、商羯罗还是佛陀的思想，都不是真正的革新。只有当这种外部和内部的欲望的运动在没有任何强制的情况下停止了，才会迎来变革。任何形式的强制，心灵展开任何努力，想要把欲望约束到某个方向，都依然是同一运动的部分。只有当这种运动停止，才能迎来一种充沛、充实的静寂。在这种静寂里面，蕴含着充沛的能量，而不是能量的减少。尔后，那安静的事物便是真理，真理会带来自身的行动。

所以，这不是压制欲望的问题，不要马上询问，"那么我能够为所欲为吗？"你试图去做你喜欢的事情，你会发现那是何等之难。你的父母、你的祖母、你的邻居、你的宗教跟社会、你周围的一切都会说"做"和"不做"，结果你的心灵已经被局限了，而一个受限的心灵展开的任何活动，不管是外部的还是内部的，都依然是它所受限定的一部分。只有当这种运动停止——不是从克制或社会法令的层面来讲——便会迎来自由。自由不是一种反应，它不是摆脱某个事物，它是一种心灵的状态，唯有在这种状态里，能量才能自由地去创造。

理解这个非常简单，不需要大量的智力训练或是阅读哲学书籍。一旦你真正领悟了，将发现，你的生活里会出现一种完全不同的行动。尔后，不会再有冲突，只要没有冲突，就会有更多的能量、更大的活力。在思想中，这便是摆脱了外部和内部的运动，投以极大的注意力，不围于某个点。有方向性的注意力根本就不是关注，而是专注。然而，不固定在某个点上的专心则是充分的觉照，在这种状态里面，心灵是充满生机与活力的，是清醒的。要想发现真理，心灵就必须拥有这种非凡的能量，这实际上是指，能够投以充分的注意力，不怀有任何动机。我们的关注现在总是带着动机，这里面有恐惧、冲突、紧张以及能量的消耗。

问：请简单地告诉我们，您是谁，您是通过什么权威在讲话的。您的出现以及您的发言令我迷醉。任何形式的迷醉难道不都是糟糕的吗？

克：显然，先生，谁是说话者以及他的讲话是依靠什么权威，这并不重要。没有任何权威，他只是在解释事实情形，他并没有给出任何哲学体系、禅修的方式或是灵丹妙药，而是仅仅在描述事实，因为事实即真理。我们的心灵通常无法在审视事实的时候不去歪曲它们，然而，一个能够不带着看法、判断、结论去审视事实的心灵，这样的心灵便是自由的，而一个自由的心灵会带来自身的权威。不是说你必须去服从它、遵从它，抑或被它迷醉，相反，你不应该去遵从，也不应该被迷醉，因为，尔后你可能会跟喝了酒一样。懒惰的心灵才会轻易被迷醉，不管是被某个仪式迷醉，还是被一场演说或者处于权威的人。

"任何形式的迷醉难道不都是糟糕的吗？"显然如此。可为什么我们要从好与坏的层面去看待一切呢，先生们？重要的是认识到，任何形式的麻醉都会歪曲一个人自身的思考，不管它是希特勒的麻醉，还是任何其他人的，不管是依照共产主义者的乌托邦的沉醉，还是酒精导致的麻醉。假如你聆听真理，但是不让它运作，它便会毒害你。请思考一下这个。若你聆听，依靠自己的力量认识了真理，但却不让它自由地发挥作用，那么，这种认知就会滋生出冲突的毒害，就会毁掉你。也就是说，如果你懂得了真理，却去做其他的事情，那么这种冲突就是毒药，会毁掉你全部的能量。这便是为什么说，假若你希望维持自己的现状，那么不来参加这些会议要好得多。没有冲突、矛盾、痛苦、悲伤的烦恼是好，但要想拥有这种里面没有冲突的美好与宁静，你就得让真理起作用，而不应该由你去操作真理。追随他人，被言语、书本、强悍的人格迷惑住，会导致冲突，会消耗掉探明真理所需要的非凡的能量。重要的是领悟真理，让它带来自身的行动。

问：您谈到的认识自我是什么呢？我怎样才能获得它？要从哪里开始？

克：现在，请再一次仔细聆听，因为你对于认识自我怀有一些不同寻常的观点——那就是，要想获得对自我的认知，你必须去实践、禅修，你必须做各种各样的事情。这非常简单，先生。在认识自我的时候，第一步即最后一步，起点即终点。第一步是很重要的，因为，认识自我不是你可以从他人那里学到的，没有人能够教育你认识自己，你必须依靠自己的力量去探明，必须是你自己的发现，而这种发现并不是巨大的、奇异的东西，它是非常简单的。毕竟，认识你自己，便是观察你的行为、你的言语、你在日常的关系里面都做了些什么，这便是全部。由此开始，你将发现觉照是何等之难，就只是观察你行为的方式，你对你的仆人、你的老板使用的言语，你对人、对观念、对物抱持的态度。就只是在关系之镜里面去观察你的想法、你的动机，你会看到，当你观察的那一刻，你渴望去纠正，你说道："这是好的，那是坏的，我应该做这个，不做那个。"当你在关系之镜里面审视自己，你的处理方式是谴责或辩护，于是你便歪曲了你所看到的东西。但倘若你仅仅在这面镜子中观察你对人、对观念、对物的看法，倘若你就只是观察事实，不做判断，不去谴责或接受，那么你将发现，这种认知会有它自己的行动。这便是认识自我的开始。

观察你自己，观察你的行为、你的思想、你的动机，但不要去谴责或辩护，这是一件非常不易的事情，因为你的整个文化都是建立在谴责、判断、评估之上的，你一直这样被教育长大，"做这个，不做那个"。可如果你能够在关系之镜中去观察，不去制造对立面，那么你会发现，认知自我没有止境。

你知道，对认识自我展开探寻，这是一种尔后会向内转的外部运动。我们先是仰望星辰，然后则审视自身。同样的，我们在客观世界里面寻求真理、神、安全，当我们没有在那里找到这些的时候，就会向内转。通过认识自我，会彻底停止去寻求内在的神、高等的自我，抑或你所希望的其他东西。尔后，心灵会变得格外安静，不是通过克制，而是仅仅通过认知，通过观察，通过每分每秒去观照自己，不做任何选择。不要说什么"我必须每分钟都去觉察"，因为，当我们渴望到达某个地方，当我们渴望达至某种状态，这只是我们愚蠢的另一种表现。重要的是去观照自我，以及始终保持这种觉察，不去进行任何累积。原因是，一旦你去累积，你就会从这个中心出发去进行判断。认识自我不是一种累积的过程，它是在关系里面时时刻刻去发现。

问：我已年迈，无法再逃避死亡的逼近了。我要怎样才能无所畏惧地面对死亡呢？

克：我并不觉得这只是老年人存在的问题，这是我们大家都要面对的事情。那么，什么是死亡，为什么会惧怕死亡？之所以会有恐惧，要么是因为未知的明天，要么是因为死亡意味着放手已知。你明白没有？或者我们害怕未知的将来，害怕那背后是什么，或者害怕失去已知。已知即"我的家庭"、"我的美德"、"我的银行账户"、"我的朋友"，我们累积起来的所有事物，我们珍视、依附的一切。这些全都是已知，我们害怕失去它们，抑或害怕那藏在背后的未知的事物，这便是事实。

现在，我们总是渴望知道那超越了死亡的幸福，不管是存活还是灰飞烟灭。先生们，我认为这是一个错误的问题，正确的问题是，是否能够在活着的时候认识死亡，是否能够在你生龙活虎、极为健康的时候，有意识地步入那死亡之屋，而不是当你因疾病服药或是当你因为那不可避免的老迈而逐渐丧失掉意识的时候。在你活着的时候，在你具有意识的时候，在你充满了生机与活力的时候，在疾病没有向你袭来的时候，你能够懂得什么是死亡吗？先生们，这才是问题，因为，一旦你认识了死亡，就不会惧怕它了，尔后，所有的理论、信仰、希冀和恐惧都将消失不见。

因此，让我们，你和我，共同来探究一下这个问题吧。问题不是在未知的将来生活会是怎样，抑或死后你是否会永生，或者如何放手已知。而是能否在生的时候认识死，在意识清醒的时候，以充分的觉照步入死亡之屋。这才是问题所在，这是一个相当重要的问题，不是吗？

活了许多年的老人与将会有许多年可活的年轻人，结局都是一样的，那么他们现在是否都能懂得死亡的涵义呢？先生们，问问自己这个问题，我向你们提出了它，但是你得询问一下自己。假如你带着活力、关注、认真去问问自己这个问题，你就会找到答案的。

死亡指的是什么呢？请听好。死亡的涵义为何？不是未知，而是彻底放手已知。已知便是千百个昨天及其全部的记忆、经历、知识、欢愉和痛苦。放手这一切，便是彻底的卓然独立，它不是孤独及其恐惧和丑陋，而是一种完全挣脱了过去的状态。这种独立的状态便是我们惧怕的死亡，我们害怕跟已知切断关联，害怕切断跟我们的家庭、朋友的关联，跟我们渴望的一切事物的关联。然而，独立无依并不是单纯的孤立，它是一种格外充实的状态，一种不会腐朽的状态。因为，独立意味着摆脱了一切知识、一切经验——经验是一种通过记忆得以持续的过程。

先生们，请务必聆听，不要说什么："我应该卓然独立，那么我怎样才能处于这一状态呢？"只有愚蠢、懒惰的心灵才会询问怎样。而一个真正关注于所说内容，不为语词迷惑的心灵，将会迈入这种状态。在这种状态里面，心灵不会再被过去或者社会的法令、强制所污染。尔后，心灵将会是完全纯净的，它是鲜活的、崭新的，唯有这样的心灵才不会惧怕死亡。

只要你真正聆听了这个，就会发现，将迎来一种觉醒，不会再有任何问题。尔后，你将观察到，你的心灵因为聆听了事实这一神奇的奇迹而变得纯净了。当你聆听事实，不带有任何抵触，你便会拥有一个崭新的心灵，一个不再为过去的结论所困的心灵。唯有这样的心灵，才会无所畏惧。由于它是卓然独立的，所以，这样的心灵便是永恒，便是真理。因为，真理每时每刻都是卓然独立的。真理不是持续的，当你从持续的层面去思考，你就已经在积累昨天的事实了。只有崭新、纯净、独立的心灵，才能领悟真理。这样的心灵所处的状态是，不停地在更新着对真理的发现。

1955 年 2 月 20 日

在孟买的第三场演说

我们全都面临的一个根本性的问题，便是在好与坏之间做选择。选择意味着冲突，而冲突显然是一种破坏性的因素，是能量的浪费。我们知道这种在我们的日常生活里存在的冲突，永远都在努力去维持善，避免恶。在我看来，不仅这种冲突是能量的消耗，而且努力去进行选择，保持良善，这同样有害于创造力的释放。难道不能够不去选择吗，由此也就不会有任何冲突，而是始终保持着良善呢？

我不知道你是否想过这个问题。我们大部分人都被困在这种由好坏之间的选择导致的冲突之中。但倘若一个人能够做到充分的警觉，意识到问题，那么他就会发现，这种冲突是不断在浪费能量。显然，要想探明真理，一个人需要大量的精力、能量。试图通过努力、通过奋斗、通过选择去保持良善，这势必会消耗掉能量。尔后，良善就仅仅变成一种没有创造力的行为，变成一种对恶的反应，这是一种挫败。

所以，好坏之间的冲突会带来破坏和衰退，就像所有的冲突那样。那么，能够没有好坏之间的冲突，而是始终维持良善，不把选择的因素带入进来吗？这真的是一个格外重要的问题，因为，维持善，不做任何选择，会带来充沛的能量，唯有这时，心灵才能迈入静寂。也就是说，要想拥有一个安静、静谧的心灵，一个人需要大量的能量。只要精力因为任何种类的冲突而被消耗掉了，就无法获得这种巨大的能量。任何形式的选择都是冲突，那么，能否过一种没有任何选择的生活呢？

一个人怎样才能在没有冲突的情况下保持良善呢？或许你从来不曾问过自己这个问题，因为你习惯了永远都在善恶之间挣扎，你的全部观点、你的生活方式、你的社会和宗教结构，全都限定着心灵在善恶之间做选择。那么，能够不去怀有这种挣扎，而始终保持良善吗？

你理解问题没有？我们大部分人都习惯了冲突，一切冲突显然都是能量的浪费。一个人需要巨大的能量才能让心灵安静下来，唯有静寂的心灵才会发现真理，才会发现那永恒的、至高的事物。心灵的静寂不是实践、选择的结果，不是源于努力去达至某个结果。然而，我们的全部生活，从孩提时代开始直到死亡，全都是善恶之间，"事实是"和"应当是"之间不停的交战，我们的生活是永无休止地努力去变成某个样子。那么，心灵能否摆脱这种冲突呢？

我认为，这是一个我们需要问问自己的重要问题——不是如何获得和保持善，而是能否一方面保持善，一方面又不会为对立面的冲突所困？只有当我们认识到冲突是多么具有破坏性，不仅是在我们自己身上，而且还在外部世界，才有可能实现这个。毕竟，外部的冲突是内部冲突的投射。但是，我们并没有认识到冲突的荒谬，反而接受了冲突，将其视为生活的一部分。我们以为，冲突对于理性、进步、探寻、获得是必需的。我们习惯了它，并且被限定着以这样的方式去思考。

那么，没有冲突的行动是否可能？显然，只有当我们热爱自己所做的事情，这才会可能。可是，在内心我们什么也不热爱，于是行动便成为了这种不断在上演的冲突的过程。我不知道你是否留意过，当你热爱干某个事情时，它里面根本就不会有任何冲突，行动就会彻底摆脱了冲突性的因素。或许有各种形式的阻碍，但这种行动正是去克服阻碍。

所以，能否热爱善，同时又没有善恶之间的无止境的冲突呢？请注意，没有所谓的方法。当你有了某个方法的时候，该方法便是努力去达至结果。对于心灵而言，重要的是迈入静寂，这样它才能获得真理。现在我要指出，各种形式的努力都是破坏性的，冲突里面没有爱。当你完全热爱某个事物的时候，一切冲突便会停止。就只是聆听这个，认识事实的真实情形，既不去接受它，也不去排斥它。让你的心灵对其展开探寻，毫不费力地领悟它的真谛，不怀有任何抵触的情绪。尔后你将发现，保持良善不是这般不寻常的事情，能够去热爱，能够在没有冲突的情况下维系善。这意味着关注，当你热爱某个事物或者某个人，你会投以全部的注意力，这种关注具有善的特性。

欲望是能量，当我们把它视为罪恶的事物去对待，认为应当依照宗教和社会的许可去压制、控制、约束它，欲望就会变成破坏力。这并不表示我们应该屈服于任何形式的欲望。单纯控制欲望，没有认识它的全部过程，将会毁掉发现真理所必需的非凡的能量。在富有创造力的能量中，蕴含着一种良善的生活，在这种生活里，永恒不是缺席的。然而，只有当我们理解了冲突的全部过程，才能迎来这样的生活。

只要有欲望的外部的运动——它会遭遇挫败、阻碍，尔后向内转——便会出现冲突。这种欲望及其挫败、向内转，会导致善恶之间的冲突。只要有这种运动，就不会有任何良善。只有当心灵迈入了真正的静寂，才能实现良善。只有当怀有充沛的能量，才会实现心灵的静寂。这便是为什么说，有关克制的问题非常的重要。

我们利用克制去获得某个结果，在心理层面，我们自我约束是为了保持良善。克制本身是一种冲突的过程，它是一种欲望与另一种对立欲望之间的冲突，这种欲望的冲突将会消耗掉能量。

所以，心灵能否探寻、探究、领悟这一切的真谛，尔后让真理自己运作起来，不去追逐或作用于那一真理呢？这整个的过程便是真正的冥想。

先生们，我们为什么询问问题？是要找到问题的解答、答案，还是要对问题展开探寻？如果心灵仅仅关心答案，关心着寻求问题的解答，它就会受到限制，从而无法对问题展开探寻。在思考这些问题的过程中，我们关心的显然是对问题的探索。探索问题，便是它的答案。不必寻求问题的解答，因为，正是在探索问题的过程中，你将会找到答案。共同对问题展开探索——这便是我们即将要去做的事情。然而，要想有能力去探索问题，心灵就必须摆脱结论的制约，必须不囿于任何形式的经验或信仰。当心灵挣脱了结论、经验的束缚，当它不再囿于某个信仰，那么它还会有问题吗？只有依附信仰，怀有结论，通过一系列的经验去着手生活的心灵，经验是某种限定的反应——只有这样的心灵，才会制造出问题。但倘若心灵察觉到问题是如何被产生出来的，能够去探索、探究问题，不怀有任何结论，不去寻求答案，那么问题显然就会停止。

问：您指出，要想具有创造力，就必须彻底地抛却，但同时又必须节制。这二者能够共存吗？

克：先生，什么是美，如何才能迎来富有创造力的美的状态？显然得有爱，而爱意味着完全的抛开，不是吗？不是出于欲望的抛却，而是这样一种抛开，它里面没有任何限制，不去憧憬获得某个结果，于是也就不会有恐惧。只有当自我、"我"消失，才会有彻底的抛却。当不再有自我，在抛开里面，难道不就会有节制和简单了吗？

对大多数人来讲，节制意味着破坏美。外部来说，他们否定一切世俗，只拥有很少的东西。然而在心理层面，他们根本不简单，相反非常的复杂，充满了燃烧的欲望，憧憬着能够有所得，这显然不是节制。但是，节制并不意味着否定欲望。请听好。只有当自我消失，才能做到抛却，仅仅压制欲望是无法消灭自我的。毕竟，欲望是能量，假如你毁掉能量，就没有什么是能够的了。要想让心灵宁静，要想探明神、真理，你需要巨大的能量。如果因为恐惧、因为各种形式的限定去控制、束缚能量，那么它就无法带着释放去流动，无法自由。然而当能量是自由的时候，它便会带来自身的节制。

这种伴随着节制的抛开，会带来美，尔后它便是爱。若一个人没有爱，他怎么能够欣赏美或是带来那美的事物呢？但只要没有抛开，就不会有爱。只有当"我"、自我消失，才能够做到抛开。所以，只有当你做到了热爱、抛开、节制，才会迎来这种创造力的状态。但倘若没有抛开，没有爱，那么单纯的节制就毫无意义。

所以，问题不是如何做到节制，不是怎样抛却自我，而是去探寻我们所说的爱指的是什么意思。你知道，我们把爱划分成了神圣的跟世俗的，于是便引发了肉欲的渴望和寻求神圣的渴望之间的交战，引发了高贵的爱和物质的爱之间的交战。能否去热爱，不是神圣的或物质的，而是一个人的心中怀有善与爱的芬芳以及思想移除掉的一切呢？显然，只有当我们把整个身心彻底地交付给某个事物，这才会有可能。尔后，不会再有冲突，尔后便能够做到抛却。正是这种抛开带来了自身的节制，就像河流带来了控制它的堤岸一样。

然而，社会的体面在这种抛却中是没有任何位置的。社会需要的是体面、受人尊敬、控制、平庸，可是，一个平庸的心灵是无法抛掉小我的，它既不热也不冷，它满是恐惧、忧虑，这样的心灵不可能懂得什么是爱。我们大多数人都只是被社会的法令、社会的道德控制着，它们说"这是好的，那是坏的"，我们被困在"事实是"和"应当是"的冲突之中，这便是为什么我们不再去爱的缘故。我们不过是模仿的机器，因此从来不知道抛开的状态。在这种状态里面有节制，这是唯一富有创造力的状态。假如没有彻底的抛开，没有挣脱一切信仰、教义、恐惧，这意味着完全敞开你的心灵，不用思想的各种东西把它给塞满，那么你便无法找到神，也就是真理。只有当心灵迈入宁静，才能获得善与慷慨。只有当彻底抛却了小我，美，真正的神，也就是爱和真理才会到来。任何管制、实践、打坐，都无法抛却自我。自我必须通过察觉自身的局限、自身存在的荒谬，才会停止。无论自我可能会变得多么深刻、广阔、广泛，它都总是受限的。除非抛却了自我，否则心灵永远不会是自由的。仅仅领悟这一事实便会终结自我，唯有这时，真理才会降临。

问：您在某一天谈到了充分关注的急迫性。请您解释一下您所说的完全的关注是什么意思。

克：这不是我所说的充分关注是何意思的问题，而是让我们一起展开探寻，或许就可以懂得什么是全部的注意力了。

我们所说的专心是什么意思呢？你在聆听所说的内容，你有其他的念头——你的思想四处游走，你把它拉了回来，以便去聆听。这是专心吗？你想凝望窗外，因为你厌烦了屋子里头正在发生的事情，但是礼貌和谦恭要求你去聆听，于是你把自己的思绪从大海拉回来去聆听。这是专心吗？当你努力去聆听，当你试图集中精神以便去理解、探明，会有专心吗？这就是你在做的事情，不是吗？你费力地去聆听，这种专注的过程实际上是排他性的，你希望去想其他的东西，但你强迫自己的思绪回来，因为你想有所实现，想取得结果。

只要存有动机，还会有专心吗？当老师告诉一个学童去听讲的时候，他会投以注意力，因为他怀有通过考试的动机。这样的专心是努力、专注，它是把所有其他的念头排除在外，让你的思想集中在某个念头上面，以便取得结果。所以这里面有动机，只要怀有动机，想要有所得，还会有专心吗？这是我们全都知道的专注，这里面显然有排他，把其他的一切都排除在外，以便集中在某个对象身上。这显然不是专心，对吗？假如有努力，会有专心吗？只要有动机，就一定会去努力。

那么，能否在没有动机的情况下做到专心呢？我们知道出于动机而投以的关注、专心。我想打坐，抑或我希望通过考试，或者希望获得某个位置，于是我便把其他一切排除在外，专心致志。如果我没有排除其他的东西，就会分散精力，因此，为了不分散精力，我便强迫自己集中精神，这是一种排他的过程。这意味着不断的紧张，不断地浪费能量，因为你得去努力，得去抵制。只要有抵制，还会有专心吗？显然，专心意味着心灵处于一种没有抵制的状态。当你带来抵制的那一刻，你就仅仅是在集中思想，这跟注意力是完全不同的。

那么，假如你聆听了正在说的内容，不是为了找到神，达至某个地方，抑或取得某个结果，而是不怀有任何动机，这样才不会有任何紧张，那么你会发现，你的心灵实现了如此广泛的觉照，以至于你还聆听了乌鸦的啼叫、火车的轰鸣、巴士的声响，聆听了各种不同的声音。一旦实现了这种没有任何动机的关注，它就可以转变成一种非排他性的专注，就可以去审视、观察、察看，没有丝毫抵触。

只要你去尝试一下，就会凭借自己的力量领悟到，只要有单纯的专心致志，就一定会有努力——即使你对自己所做的事情如此感兴趣，以至于完全沉浸其中——这样的专注是一种排他的过程，所以便会有抵制。吸引、沉溺不是专心，因为在吸引里面有排他。专注不是注意力，因为它里面有动机，只要有动机，就一定会出现抵制。但倘若你聆听了这个，这是一个显见的事实，懂得了它的真谛，那么你会发现，将迎来一种没有动机的关注，不会囿于某个固定的点。心灵不会去抵制，它是完全敞开的，这样的心灵会投以全部的注意力，能够转变成专注，但同时不会有任何抵制。

先生们，当处于创造力的时刻、巨大欢愉的时刻，是不会有丝毫抵触的。当迎来了创造力的真理，那一刻，心灵会迈入彻底的静寂，同时又保持高度的注意力，不怀有任何动机。把它的所见翻译成词语、翻译成诗歌，翻译成某种交流的形式，这或许需要专心致志，需要集中精神——让我们不去考虑"专注"一词——但这种聚精会神并不是抵制。我们唯一知道的便是抵制，这实际上意味着我们做着自己并不热爱的事情，我们的心灵没有沉浸在我们干的事情里面，所以心灵不得不发明出动机或激励，以便有所得。可如果你理解了动机、专注、努力的全部过程，认识了它的真实情形，知道你的思想是怎样活动的，那么，你同样会发现，投以注意力，不带有任何动机，拥有一个充分警觉、觉察、敏锐的心灵，这是多么非凡的事情。唯有这样的心灵，才能做到没有抵制的专心致志。

问：您所说的独立是什么意思？

克：先生，让我们来一探究竟。要想探明，请投以注意力，假如我可以使用"注意力"这个词的话，不是仅仅关注我所说的，而是关注你自己的思想的活动。察觉到你的思想，不是为了改变它，不是为了让它更美丽，更加这样，更少那样，而是仅仅去觉察、注意。我们将一同去探明什么是独立。

我认为，我们大部分人都懂得孤独是指什么，我们熟悉这种不同寻常的恐惧和焦虑，它源于心灵的自我封闭的过程，我们将其称作孤独。在你生命中的这个或那个时间里，你难道不曾体会过一种彻底的孤立隔绝的感受吗？出现了某个障碍，感到了毁灭、挫败，或是一切关系都终止了。我们显然感受过这个，由于感受过，所以我们害怕它、逃避它，于是便去求助于宗教。请洞察一下你自己的心灵，不要单纯听我讲。这是发生在我们所有人身上，发生在世界各地的人们身上的真实情形。由于孤独，我们渴望被爱；由于孤独，我们打开收音机，去电影院，寻求其他各种形式的娱乐消遣，高尚的、低俗的、宗教的、非宗教的，这便是我们的生活。我们不愿去面对孤独的状态，这是非常恐惧的——于是我们逃开、逃避、逃离那种孤独。我们寻找陪伴、爱，我们有了妻子或丈夫，我们崇拜某个权威，诸如此类，总是通过某种形式的依附去依赖他人，因为尔后我们就不必在内心去直面这种孤独、空虚，这种如此彻底的自我封闭了。不管你接受与否，这是事实，这就是心理层面发生在大多数人身上的情形。

那么，假如你能够审视这种空虚，这种切断了所有关系的感受，假如你能够与其共处，不怀有丝毫惧怕，不去试图填满它抑或以任何方式去改变它，你将发现，这实际上就是彻底的摒弃社会，是一种卓然独立，它不是逃避，而是没有任何社会的认可。你明白这是什么意思吗？社会是一种承认、认可的过程——个人被认可为圣人、作家、好人、坏人、资本主义者、共产主义者，随便你怎么称呼。在逃离这一切的过程中，心灵完全是独自的——不是孤独，而是独自。它不再被社会影响，它彻底摆脱了一切认可，所以能够做到卓然独立。显然，要想迎来真理，就必须做到这样的卓然独立。唯有独立、纯洁、纯真的心灵，虽然它可能拥有千百个昨日的经历——唯有这样的心灵，才能领悟什么是神、什么是真理。只有当我们直面孤独，才能够做到这个，直面我们内心的这种孤独，我们试图通过各种手段将其掩盖——通过所谓的爱，通过消遣，通过崇拜，通过娱乐，通过知识。一旦心灵懂得了这一切是毫无效果的，并且与这种完全自我封闭的、局限的、恐惧的状态共处，那么，在这种空虚里面，将会产生卓然独立。尔后，心灵就会是鲜活的、独立的、纯真的。唯有这样的心灵，才能获得永恒。

1955 年 2 月 23 日

在孟买的第四场演说

　　我认为，我们大多数人都一定十分关心有关行动的问题。当我们面对如此多的难题——贫穷、人口过剩、机械和工业的迅猛发展、内部和外部的衰退——一个人要怎么做呢？个体在与社会的关系中，负有什么职责或义务呢？这一定是所有勤于思考的人要面对的问题。一个人越是智慧、越是活跃，他就越希望投身于这种或那种形式的社会改革。那么，一个人真正的职责是什么？我认为，只有当我们理解了文明、文化的全部目的，才能充分地回答这个问题以及理解它的重要意义。

　　毕竟，我们建立起了当前的社会，它是我们个体关系的产物。这一社会能够从根本上帮助人类发现真理、神（随便你如何称呼）吗？还是说，它仅仅是一种模式，决定了我们对以下问题的反应，那就是，在跟社会的关系里面，我们应当采取何种行动？如果当前的文化、文明无助于人类去探明神、真理，它就是一种阻碍。假若它是绊脚石，那么，为了改善而展开的每一项改革、每一个活动，都会进一步地妨害、阻碍我们去探明真理，而唯有真理能够带来正确的行动。

　　我觉得，认识到这个格外重要，而不是仅仅关心一个人应当认同哪一种社会改革或行动。这显然不是问题所在，问题分明要深刻得多。一个人或许非常容易就会迷失在某种活动或社会改革之中，那么这是一种逃避的方式，通过行动忘记或牺牲自我的方式，但我不认为这能解决我们的诸多问题。我们的问题要更加深刻，所以需要深刻的解答。我觉得，只要我们能够对该问题展开探究，即我们当前拥有的文化是否有助于人类去探明真理——文化意味着宗教、整个社会和道德的框架——我们就能找到答案了。如果当前的文化不能帮助人类发现真理，那么，单纯地改革这种文化或文明就是在浪费时间。但倘若这真的有助于人类，那么我们大家都应该全身心地投入改革中去。我觉得，问题就取决于此。

我们所说的文化，指的是思想的全部问题，不是吗？对于大多数人来讲，思想源于各种形式的限定、教育、遵从、强迫以及在某种文明的框架内支配它的影响。当前，我们的思想受着社会的影响，除非思想发生了变革，否则，单纯改革表层的文化或社会，在我看来是一种分心，是一种最终会带来更大灾难的因素。

毕竟，我们所谓的文明是在印度教的模式、基督教或共产主义的模式里面去教育思想。被如此教育的思想，能够带来根本的变革吗？强制、束缚思想，会让我们发现或认识真理吗？显然，思想必须摆脱一切强制，这实际上意味着摆脱社会的制约，摆脱各种形式的影响，从而探明真理。尔后，这种真理会带来自身的行动，进而创造出一种完全不同的文化。

也就是说，社会的存在是为了揭示真理吗？还是说，为了发现真理，一个人必须挣脱社会的束缚呢？假如社会有助于人类去发现真理，那么社会内部的各种改革就是必需的。但倘若它妨碍了这种发现，个体难道不应当冲破社会的制约去寻求真理吗？只有这样的人才是真正的虔诚，而不是举行各种仪式抑或通过理论模式去着手生活的人。当个体摆脱了社会的制约，寻求真理，那么，在其寻求的过程中，他难道不就会带来一种不同的文化吗？

我觉得这是一个重要的问题，因为我们大部分人都只是关心改革。我们目睹了贫穷、人口过剩、各种形式的衰退、界分和冲突；既然目睹了这一切，那么一个人要怎么办呢？他是否应当从加入某个群体或者致力于某种意识形态开始呢？这是一个虔诚之人的作用吗？虔诚的人，显然是寻求真理的人，而不是阅读和引用《薄伽梵歌》，抑或每天去往寺庙的人。这显然不是虔诚，它不过是社会对思想的强迫与限定。那么，抱持认真态度的人会怎么做？认识到了带来立即变革的必要性并且渴望如此的人，会怎么做呢？他会致力于在社会框架内部的改革吗？社会是一座监牢，他是否会仅仅改良监牢，装饰它的栅栏，在它的高墙内让一切变得更漂亮呢？显然，一个非常热切的人，一个真正虔诚的人，是唯一具有革命精神的，再无其他人，这样的人是寻求真理、试图探明神或实相的人。

那么，这样的人会采取什么样的行动呢？他会如何做？他会在当前社会的内部去活动吗，还是会冲破社会的制约，根本不去关心社会呢？离开社会，不代表要变成一个苦行者、隐士，用某种催眠的建议把自己隔离起来。然而他不会成为改革者，因为，对于一个仅仅沉溺于单纯改革的人来说，这是浪费精力、思想和创造力。那么，一个热切的人会怎么做？如果他不想装饰监牢的墙壁，移除几道铁栏杆，多安装几盏电灯，如果他不关心这一切，如果他还认识到了让人与人的关系发生根本变革、彻底转变的重要性——关系是由这个令人惊骇的社会制造出来的，它里面，既有富可敌国的人，也有一无所有的穷人，无论是外部还是内部都如此——那么他要如何是好呢？我觉得，问问自己这个问题是非常重要的。

毕竟，文化是通过真理的行动形成的，还是人造的呢？假如它是人造的，那么它显然就不会带领你达至真理。我们的文化是人造的，因为它是基于各种形式的获取、贪婪，不只是在世俗方面，还在所谓的精神方面。它源于各种对于地位的欲望，源于自我膨胀，诸如此类。这样的文化，显然无法带领人类认识那至高的事物。一旦我领悟了这个，那么我该怎么做呢？先生们，假如你们真正认识到社会是一种阻碍，你们会怎么做？社会不是单纯一两个活动，它是人际关系的全部结构，在它里面，一切创造力都停止了，在它里面，有着不断的限制。它是由恐惧构成的框框，在这个框框里面，教育只是单纯的遵从，在它里面，根本就没有爱存在，有的只是依照某种被描述为爱的模式的行动。在这个社会里，主要的因素是认可和体面，因为这是我们全都努力寻求的东西——得到认可。我们的能力、我们的知识必须被社会认可，这样我们才会出人头地。当热切认真的人意识到了这一切，当他目睹了贫穷、饥饿，看到人的思想因为各种信仰而被划分成了一个个碎片，他会怎么做呢？

现在，假如我们真的聆听了正在说的内容——聆听是指渴望探明真理，这样一来，你我对立的看法就不会发生冲突，或者你我对立的倾向就不会有矛盾——假如我们能够把这一切都抛到一边，努力去领悟真理，这要求怀抱爱，那么我认为，在这种爱里面，在这种善里面，我们将会找到真理，而真理会创造出崭新的文化。尔后，人就会摆脱社会的制约，他不再关心什么社会改革。然而，探明真理需要爱，可我们的心灵却如此空虚，因为它被社会的各种东西给塞满了。由于被塞满了，于是我们试图去改革，但是我们的改革并没有爱的芬芳。

那么，一个抱持热切认真态度的人要怎么办呢？他是去寻求真理、神，随便你如何称呼，还是会投身于社会的提升，实际上也就是自我的提升呢？先生们，你们明白没有？他是会去探寻真理，还是会提升社会环境，也就是他自己的提升呢？他是以社会的名义去提升自我，还是去寻求真理，而这里面根本没有任何提升？提升意味着时间，变得如何的时间，然而真理跟时间无关，它是立即感知的。

所以，问题非常有意义，不是吗？我们可以谈论社会改革，但它依然是自我的改革。对于一个寻求真理、实相的人来说，没有自我的改革，相反，应当是自我也就是社会的彻底终结，因此他并不关心所谓的社会的改革。

　　社会的整个结构是建立在认可和体面之上的。显然，先生们，一个态度热切认真的人不能够去寻求社会的改革，也就是自我的提升。在改革社会的过程中，在认同某种好的事物的过程中，他或许会觉得他是在牺牲自我，但这依然是自我的提升。然而，对一个寻求那至高之物的人来讲，是没有任何自我提升的，在这个方向没有"我"的提高，没有"变成"，没有实践，不会去想"我将如何"。这实际上意味着停止一切对思想的施压。一旦没有了思想的压力，还会有思考吗？思想的压力正是思考的过程，从某种社会的层面去思考，或者从与那一社会的关系的层面去思考。如果没有压力，还会有思考吗？只有没有这种思想运动的心灵，也就是没有社会的压力——唯有这样的心灵才会发现真理。在寻求至高之物的过程中，这样的心灵会创造出新的文化。带来一种完全不同的文化，而不是去改革当前的社会——这才是必需的。除非热切之士带着全部的能量和热爱去彻底地追寻真理，否则不会迎来这样的文化。真理不是在某个书本里头或是通过某位领袖获得的，当思想静止，真理便会到来。这种静寂是任何克制、约束无法带来的。当爱绽放，就会迈入静寂。

　　在对这些问题展开思考的时候，我认为，重要的是我们应当直接去体验所说的内容。假若你仅仅关心问题的答案，你便无法做到这个。如果我们一起去探究问题，就不可以怀有关于它的看法，就不可以我的理论跟你的对立。原因是，理论和猜想都会妨碍我们去认识问题。但倘若你我能够安静地、审慎地、深入地探究问题，那么或许我们就可以认识它了。实际上并不存在任何问题，是思想制造出了问题。在认识问题的过程中，一个人将会认识自己，认识自身思想的活动。毕竟，只有当某个事情或干扰扎根在了心灵的土壤里，才会有问题出现。心灵难道无法去审视问题，察觉到干扰，不去让那一干扰植根于心灵之中吗？心灵就像一个感光胶卷，它感知，它感受各种各样的反应。然而，它难道不能够带着爱去感知、感觉、反应吗？这样一来，心灵就不会成为反应扎根其中、变成问题的土壤了。

问：您指出，充分的关注是善，那么什么是恶呢？

克：我想知道是否有恶这样的事物存在？请注意，请跟着我一起展开探寻。我们声称有善恶之分。有嫉妒和爱，我们认为嫉妒是罪恶的，爱则是善的。为什么我们要把生活划分成善恶，称这个是好的，那个是坏的，从而制造出对立面的冲突呢？不是说人的心灵和思想里面没有嫉妒、仇恨、残忍，缺少慈悲与爱，而是说为什么我们要把生活划分成善恶？实际上难道不是只有一样事物，也就是一个疏忽的心灵存在吗？显然，当有了充分的关注，也就是，当心灵充分地觉察、警觉，就不会有什么善或恶了，有的只是一种觉醒的状态。尔后，善不是一种特性、美德，它是一种爱的状态。一旦有了爱，就既不会有好的，也不会有坏的，存在的只有爱。当你真正爱着某个人，你不会去想什么好或坏，你的全部身心都被爱充满着。只有当你停止了全部的关注、爱，才会出现我的本来面目跟我的应有面目之间的冲突。于是，我的本来面目就是所谓的恶，而我的应有面目则被称作是善。

那么，能否不去从局部、片面思考，不去把生活划分成善恶，不被困在这种冲突之中呢？善与恶的冲突便是努力去变成某个样子，当心灵渴望变成某个样子，就一定会有努力，一定会有对立面之间的冲突。这不是什么理论。你去观察一下自己的心灵，就会发现，当心灵不再从变成的层面去思考，行动就会停止，这不是停滞，这是充分关注的状态，这是好的。但只要心灵因为努力去变得如何而被困于其中，就不可能实现充分的关注。

请务必聆听，不仅聆听我所说的，而且要聆听你自身思想的活动。它将会向你揭示出心灵坚持不懈地努力要变得如何如何，不断地努力变成与它的本来面目不同的样子，这便是我们所说的不满。这种努力要变得如何如何，就是"恶"，因为它是部分的关注，不是完全的关注。一旦投以全部的关注，就不会想着去变成，只会有一种"是"的状态。然而当你询问："我怎样才能达至这种是的状态，我怎样才能做到彻底的觉察？"你就已经走上了"恶"的道路，因为你渴望达成、实现。但倘若一个人就只是意识到，只要有变成、挣扎、努力成为什么，他就走上了"恶"的道路，倘若他能够领悟其中的真谛，就只是按照事实的本来面目去看待它，那么他将发现，这便是充分关注的状态。而这种状态就是善，它里面没有丝毫的努力与挣扎。

问：伟大的文化始终都是建立在某种模式之上的，可是您却在谈论一种摆脱了模式制约的新文化。没有模式，文化还有可能吗？

克：心灵难道不应该挣脱一切模式去发现真理吗？为了自由地去发现真理，它难道不会创造出自己的模式吗，虽然当前的社会可能不会认可？假如心灵为模式所困，在模式中思考，受着社会的限定，它能够发现那没有模式的不可度量的事物吗？现在所说的这种语言，英语，就是一种经过了无数个世纪发展起来的模式。如果拥有了摆脱模式束缚的创造力，那么这种创造力、这种自由，就可以运用语言的技巧。然而，依靠语言的技巧、模式，是永远无法发现真理的。通过实践，通过某种冥想，通过知识，通过某种经验，这一切都是在某个模式之内，心灵永远不会认识真理。要想认识真理，心灵必须让自己摆脱模式的制约，这样的心灵是静寂的心灵。尔后，那富有创造力的事物就能够带来自身的行动。但是你发现，我们大多数人从来不曾摆脱过模式，从来没有一刻心灵是彻底挣脱了恐惧的羁绊，摆脱了遵从，摆脱了这种变成的习惯，要么是在这个世界，要么是在心理的、精神的世界。一旦完全停止了任何方向的变成的过程，就会迎来神、真理，进而创造出新的模式，创造出属于它自己的文化。

问: *心灵的问题以及贫穷、不平等的社会问题，需要一边着手一边认识。那么您为什么只强调一方面呢?*

克: 我有只强调一方面吗? 有跟心灵的问题分开的贫穷、不公、衰退、灾难等社会问题吗? 是否只有一个问题，即心灵的问题存在呢? 正是心灵导致了社会的问题，由于引发了问题，所以它便试图去解决问题，但却没有从根本上改变自己。因此，我们的问题是心灵，那渴望感到高人一等的心灵，于是导致了社会的不平等，它追逐着各种形式的获得，因为它在财富、关系、观念即知识中感到安全。正是不停地渴望获得安全，才制造出了不平等。除非我们认识了那导致了区分的心灵，认识了那不怀有爱的心灵，否则永远无法解决不平等这一问题。立法是不会解决该问题的，共产主义者或社会主义者也无法将其解决。只有当心中怀有爱，才能消除不平等的问题。爱不是脱口而出、夸夸其谈的字眼。一个有爱的人不会关心谁是高等的，谁是低等的。对他来说，既没有平等，也没有不平等，只有一种存在状态，那就是爱。然而我们并不认识那一状态，我们从不曾感受过它。那么，一个只关心自身活动和忙碌的心灵，一个已经给世界带来了如此多的不幸，而且会继续带来更多灾难和破坏的心灵——这样的心灵，如何才能在自身内部带来彻底的革新呢? 显然，这才是问题所在。我们无法通过任何社会改革带来这种转变，可一旦心灵自己认识到了彻底救赎的必要性，就会实现充分的变革了。

先生，我们总是在谈论贫穷、不平等、改革，因为我们的心灵如此的空虚。一旦有了爱，我们就不会有任何问题了。然而，爱是无法通过任何实践得来的。只有当你停止如此，也就是，当你不再关心自己，关心你的地位、名誉、野心、挫败，当你不再只想着你自己，不是明天，而是现在，爱才会到来。忙于自我是一样的，不管这种忙碌是属于一个在追逐他所谓的神的人，还是属于一个致力于社会革命的人。一个如此忙碌的心灵，永远不会懂得什么是爱。

问：跟我们谈谈神吧。

克：不是我告诉你什么是神，而是让我们去探明你是否能够认识那一不同寻常的状态，不是在明天或者某个遥远的将来，而是现在，就在我们静静地一起坐在这里的时候。这显然要重要得多。

但要想探明神，就必须抛掉一切信仰。一个希望发现真理的心灵，就不能够去信仰真理，不能够怀有关于神的理论或假设。请听好。你怀有假想、信仰、教义，你脑子里满是猜想。由于阅读了这个或那个关于真理、神的书籍，因此你的心灵是极其不安的。一个被知识充塞的心灵是不得闲的，它不是安静的，它只是背负着重担。单纯的负重并不代表一个静谧的心灵。当心灵被信仰充塞满了，或者是相信有神论，或者是相信无神论，一个背负重担的心灵是永远不会探明真理的。

要想探明真理，心灵就必须是自由的，必须摆脱那些仪式、信仰、教义、知识和经验。只有这时，心灵才能认识真理，因为，这样的心灵是宁静的，它不再有向外或朝内的运动，也就是欲望的运动。它没有压制欲望，欲望是能量，相反，要想心灵迈入静寂，必须得拥有充沛的能量。但倘若有任何形式的外部运动，从而带来内部的反应，就无法拥有充沛的或者成熟的能量。当这一切平静下来，心灵就会迈入静寂。我不是在催眠你，让你变得安静。你自己应该认识到宁静的重要性，不费力地抛开无数个世纪以来累积的全部、迷信、知识、信仰，不去抵制。你必须领悟以下真理，即任何形式的重负都会让心灵不安，消耗掉能量。

要想心灵变得宁静，就必须得有充沛的能量，这种能量必须是安静的。一旦你真正迈入了这种没有任何努力的状态，那么你会发现，这种安静的能量会带来自身的运动，它不是源于社会的强制或压力。由于心灵拥有充沛的能量，这种能量是安静的、静寂的，所以心灵自己就变成了那崇高的事物。没有一个在体验那一崇高之物的体验者，没有一个声称"我已经体验了真理"的实体。只要有体验者，就不会迎来真理，因为体验者是积累体验或者清除体验的运动——所以体验者必须彻底终结。就只是聆听这个，不要去展开努力，就只是认识到体验者即思想外部和内部的运动必须停止。必须得彻底停止这一切运动，这需要惊人的能量，而不是去压制能量。当心灵实现了彻底的静寂，也就是说，当能量既没有消耗掉，也没有通过克制被歪曲掉，那么这种能量便是爱。尔后，真理就不是跟能量本身分离开来的了。

1955 年 2 月 27 日

在孟买的第五场演说

我认为，思考一下有关学习的问题以及认识什么是创造力，这分外重要。因为，从最深层的涵义上来讲，创造力和学习是紧密相关的。对我们大部分人而言，创造力这个词意义甚微——要么是画画，要么是写诗，抑或生儿育女，抑或欣赏河边的落日——但是很明显，创造力并不是单纯地表达出某种感受或是技巧。创造力是完全不同的，它是一种所有思想都停止的心灵的状态，或许可以将其称为真理、神，随便你如何称呼。我觉得，一旦我们懂得了我们所说的学习究竟是什么涵义，创造力便会到来。所以，请有点耐心，跟我一起对问题做一番探究。

我们有学到任何东西吗？我们学习的是什么？从深层来说，从根本上来说，我们有认识什么吗？思考一下教和学的整个问题，这难道不是十分重要的吗？在所有表达的背后，在所有口头陈述和解释的背后，在心灵一切不安的活动背后，有认识到、学到什么吗？我们所说的学习是指什么意思呢？

学习是经验的积累，它是行动中的技能。一个人学习某种语言、技术、技巧，学习如何驾驶一部车子，如何绘画，如何阅读，如何建造一台发电机或是航船。学习还是知识的积累，各种哲学、科学的知识，等等等等。此外还有学习到更多东西吗？一个人能否学习关于自我的一切？抑或，了解、认识自我只能是每时每刻的，而不是从积累到积累？心灵难道不应该认识这整个积累知识的过程及其模仿性的能力，进而超越它吗？

我们实际上知道些什么呢？我们所谓的知识，是传授给我们的有关生活各个层面的教育、科学、宗教。在它的帮助下，我们努力生存于世。在生存的过程中，我们的生活变成了野心、欲望、腐烂、竞争的噩梦，我们始终都在努力出人头地，无休止的争斗、冲突在我们的内心和周围上演着。现代人的生活是建立在自我求生、贪婪、嫉妒、暴力和战争之上的，是一场永无止境的斗争，关于这个我们全都知道，这就是我们的生活。我们学习着在这种由野心、残忍、信仰、争吵以及片面的思想构成的文化中怎样生存下来，我们学习着如何在这片混乱无序中杀出一条血路。那么我们究竟学习的是什么呢？我们学习了各种技能、各种形式的表达，我们总是在积累以及表达出我们累积的东西。一个人学习绘画的技巧或者修建桥梁的技术，然后由这种学习去进行表达。我们不停地在学习，不停地积累着知识、信息，这是一个显而易见的事实。如果超越了这一切，那么我们知道的是些什么呢？我们有知道些什么吗？除了技能、技术、事实之外，我们还知道些什么？心灵难道不应该超越一切知识、一切学习吗？

现在，假如没有被词语迷惑，我们就能够聆听蕴含在这种努力获取知识和学习背后的描述了，让这种努力停止，那么我以为，将会迎来一种完全不同的状态，我们将会知道什么是真正的创造力。我们学到了许多种技能，我们熟悉这部复杂的生活、生存的机器，我们或许学习了各种哲学，能够跟博学之人展开学术辩论。但只要一个人仅仅去实践某个技能抑或沿着某种哲学的路线去生活，那么他显然就是在依照某个模式去生活，于是必然会有模仿、复制。能否体验那种没有复制、没有模仿的状态呢？很明显，要想探明这是否可能，我们就必须从询问自己知道的究竟是什么开始。

你可曾思考过你所知的是什么？你或许是学者，阅读广泛、所学甚多的聪明人，在生活的战斗中经受了痛苦，但你所知的究竟是什么？你真的有知道些什么吗？你知道怎样生存，怎样做某个工作，你知道某种技术，伴随着经验你获得了技能。但是在这背后，你有知道什么吗？心灵能否询问一下这个问题，与它共存，不去试图为自己辩护或者回答问题呢？因为，当你有了解释，当你回答这一问题的时候，你就已经迈入了已知的领域。所以，对心灵来说，展开询问，保持这种询问的状态，不是去寻求答案，而就只是看一看，在这一切已经积累的知识背后，你是否知道些什么，这难道不是十分重要的吗？我希望我把自己的意思阐明清楚了。

我们学习的一切，我们知道的一切，都是积累。是累积的记忆在行动，所以这是模仿。能否找到一种所有知识都已终结的生活状态，唯一的生活状态呢？在我看来，探明这个尤为重要，因为我们不是用未知去着手生活，而是始终在用已知去着手。我们从已知的层面、从过去的层面去解释每一个经历、体验，结果生活变成了一系列建立在已知之上的反应。由于已知不过是模仿、复制，因此我们的生活也就变得格外的乏味、空虚。

那么，心灵能否活在一种不知道的状态呢？毕竟，我们知道的是什么？我们所知的一切都是建立在经验、遵从、恐惧之上的，我们的认知是为了生存。我们带着同样的心态去着手未知，也就是真理、神，随便你如何称呼。心灵能够彻底摆脱已知吗？

先生们，这是一个应当展开询问的重要问题，不是吗？由于我们总是满足于已知，所以当你抓到已知表面的时候，那里一无所有、空空如也。显然，重要的是心灵应当彻底活在这种空无、静寂之中，从这种空无、静寂出发去思考、去表达、邀来思想，进而展开行动。这便是为什么我们必须知道学习指的是什么意思。超越了某个点，我们就无法学到更多，因为没有东西要学，没有老师来教。我们必须达至这个点——这实际上意味着彻底摆脱一切变得如何的意识，摆脱一切"更多"的意识。唯有这时，心灵才会处于这种空无的状态，这里面没有任何知识，这里面不再有一个去学习、积累、聚集的体验者——只有这时，才会迎来那种创造力，它能够通过各种技能、技术表现出来，同时又不会制造出更多的不幸。

我所说的并不难。难的是询问问题，不断地询问。如果你坐等问题的回答，你就根本不关心问题。

所以，我们必须达至那个点，在那里，没有东西要学，因为尔后，心灵摆脱了社会的制约，摆脱了一切强加，不再为了得到社会的认可而去努力挣扎，诸如此类。只有在这种摆脱了社会的状态里，我们才能创造出新的文化，带来新的文明。我们或许学习了如何改革某种社会，如何让自己去适应某种文化的监牢，这就是我们大多数人忙碌的事情。因此，我们对挑战的反应总是有限的、不充分的。但倘若心灵完全挣脱了社会的羁绊，挣脱了各种各样的社会的限定，这意味着它是一个真正虔诚的心灵，那么它就会处于静寂的状态。这里面，没有知识的获取，没有体验者。正是这样的心灵的行动，才会带来新的文化、新的文明。

问：我能否摆脱过去呢？

克：那么，假如我们真的能够聆听正在说的内容，聆听，以便探明问题的真谛，没有口头的争论或是狡猾心灵的复杂性，那么，这种真理将会让心灵挣脱过去。

所以，让我们展开探寻。心灵能否摆脱过去？声称它能或不能摆脱都是没有意义的，因为你并不知道，你唯一能够做的是去探寻。有些人会说心灵永远无法挣脱过去，其他人则说心灵最终、在某个将来可以摆脱。然而，一个真正希望凭借自己的力量去探明的人会抱持完全不同的态度，既不是去接受，也不是去否定。

什么是心灵？心灵从本质上来说是时间的产物，是无数个昨天的产物，它是传统的结果。在因对生存的渴望而去发展的过程中，它创造出了各种文化，累积了许多知识、信息。作为时间的产物，心灵能够去发展，它从一个目标移向另一个目标，从一个目的转向另一个目的，在已知的模式内变化着。通过欲望，通过改变欲望的对象，它逐渐发展着。一个孩子渴望玩具，之后，他的欲望会变成年轻男人或女人渴望的东西，到后来，随着心灵的成熟，他会希望知道在单纯的日常生活之外还有什么。这种探寻、渴望更多的过程，便是我们所认为的发展、进步。由于是时间的产物，所以心灵是在从已知走向已知的过程中发展着。

　　现在，这位提问者想要知道心灵是否能够摆脱过去。什么是过去？过去便是传统、记忆，各种社会的强加、准许和强迫；过去便是累积的全部知识，比如怎样驾驶一部车子，怎样修建铁路，怎样让原子分裂，等等等等。要想拥有创造力，要想创造出新的事物，即使是个技师都必须摆脱过去，否则他就会始终只是一名技师。作为时间产物的心灵，能够不再从时间的层面去思考吗？显然，这便是摆脱过去的涵义。心灵能够不再从时间的层面去思考吗？时间便是追逐"更多"，便是从一个对象或结论移向另一个对象或结论的整个过程。

　　先生们，你的心灵显然是无数个昨天的结果，它只能够在已知的领域内活动。当这样的心灵说："我能否摆脱已知？"它会作何反应呢？它的反应只可能是："我不知道。"也就是说，当心灵询问自己是否可以摆脱它所有的昨天的结果，摆脱它的一切记忆、痛苦、欢愉、经历、美德、金钱、地位，回答显然只会是，它不知道。

　　那么，心灵能否处于这种状态呢？是真正的处于，而不是理论上，在这种状态里面，它说道："我不知道。"你能够真正体验你不知道这一事实吗？先生们，你明白我所说的吗？问题如下：心灵能否摆脱记忆，摆脱过去的全部累积？假如你不去理论化，假如你不去积极或消极地断言，那么你就可以处于那种唯一的状态，即你不知道。倘若心灵能够保持如此，不是单纯口头上，倘若它可以真正体验那种不知道的状态，那它难道不就挣脱过去了吗？对此问题展开探寻是格外有趣的，因为，如果心灵只是处于已知的领域，也就是它现在所处的状态，那么，除非它怀有一个不知道的体验者并且深刻地感受了那一状态，否则它的全部探寻就将会是已知的反应，从而进一步地发展了已知。换种方式来表述，心灵必须安静，彻底地静寂，当它安静下来，它就处于不知道的状态了。心灵的任何活动都是已知的反应，唯有当心灵安静下来，没有任何活动，它才会是纯净的、鲜活的，才能实现充分的观照。

你或许会询问，这一切跟我们的日常生活，跟我们每天的冲突、痛苦、争吵、欲望有什么关系。没有什么关系，你无法用这个来克服那个。要想体验这一点，就必须完全停止所有的野心、贪婪、嫉妒，不再你争我夺地去追逐自我保护，由此我们建立起了这个正在走向衰亡的腐朽的社会，因为这个，所以不会有任何革新。真正的虔诚之人是摆脱了社会的制约，不再关心社会的认可，当他探寻自己是否能够挣脱过去，就会迈入没有任何运动的心灵的状态。唯有这样的心灵，才会创造出新的文化。改革旧文化，不过是装饰监牢罢了。

问：您觉得一个人的人格统一是否可能？

克：我不觉得我对此发表意见会有多大的价值，但倘若你我能够一起去探明统一的是什么，倘若我们能够真正体验统一的状态，而不是仅仅去界定它或者描述它，那么这么做将会有些意义。

要想体验、认识统一的状态，我们首先必须懂得我们是分裂的，这是一个事实。我们被那些彼此冲突的欲望撕扯着，有好坏的冲突，有注意和分心的冲突。我是这样子的，我希望成为那个样子，这是我的本来面目跟我的应有面目，事实跟理想之间永无休止的争斗。这个被撕扯的实体，即我们所谓的"我"，及其各种面具，它那些冲突性的吸引和追逐，这便是我们的真实模样。仅仅把四分五裂的东西整合起来，这不是统一。相互矛盾的欲望或许可以通过遵从被聚在一起，或许可以因为恐惧、动机被系在一起，但这不是统一。

所以，我们首先应该意识到如下事实，即我们是由各种有着不同面具、不同姿态的实体构成的。觉察并不是仅仅声称我们有所觉察，而是真正认识这一我们并没有试图去改变它或控制它的格外矛盾的事物。因为，当我们认识到自己处于矛盾之中，就会希望带来一种没有矛盾的状态，这是另外一种形式的矛盾，不过是有了另一个面具，另一种欲望。能否就只是意识到我们是由许多个不同的实体构成的呢？高等的自我、低等的自我、真我、超灵，以及欲望、恐惧、嫉妒，全都是在思想意识的领域之内。一种欲望与另外一种欲望对立，努力想要在矛盾的领域内带来统一，这本身就是一种矛盾。在心灵渴望某个事物的那一刻，就已经是一种划分、努力，这显然是一种分裂的过程。

这个问题里面还包含了无意识的整个内容，不是吗？如果我们是充分警觉的，就会明白我们在意识的层面是多么的矛盾。当我们没有达成自己的欲望，就会感到挫败、沮丧、悲伤。那么无意识也是矛盾的吗？在无意识里面，在显意识层面之下的许多个意识的层面，是否有那些暗藏着的彼此对立的追逐、动机、欲望，还是说只有一种永远的动力？无意识也是无数个世纪以来积累的结果，它受着宗族、文化、信仰和恐惧的影响。在这个极其广阔、半想象、半感觉的意识领域，难道不同样有矛盾吗？整个意识，难道不是一片由诸多相互矛盾的欲望构成的地域吗？一旦有矛盾，不管是在意识层面还是更为深刻的层面，就不会有关注，对吗？关注、充分的关注，是好事。只要有矛盾的欲望，就不可能做到专心致志。假如相互矛盾的欲望通过意志力的努力被聚在一起，这种意志力本身就是另外一种欲望的结果，因此仍然会导致其他的矛盾。

那么，心灵能否认识这整个的过程呢？不是仅仅口头的、描述的、想象的，而是可以真正察觉到这一堆相互对立的欲望，察觉到心灵本身已经沦为一片战场。它能否展开觉察，不去想着带来一种统一的状态？它能否就只是展开无选择的觉察，保持这种状态，既不憧憬，也不绝望，而是单纯观察事实呢？尔后，察觉到混乱，不去努力改变它抑或带来一种统一的状态，不再希望产生结果，心灵难道不就会迈入静寂了吗？这种静谧、这种宁静，难道不就是所有能量的安静吗？——能量即相互矛盾、一直都彼此对立的欲望。所有运动的停止，难道不就是一种统一的状态了吗？没有矛盾，于是便会带来不会消耗掉能量的行动。

女士们，先生们，但是你发现，除非你直接地体验了这一切，除非你领悟了所说内容的真谛，否则它将意义甚微。

问：什么是正确的冥想？

克：我觉得，对的问题不是"什么是正确的冥想"，而是"什么是禅修"。显然，探明什么是冥想非常的重要，因为这将给我们的日常生活带来明确的行动。

那么，为了弄清楚什么是冥想，你难道不应该首先认识你对冥想的看法是什么吗？当你使用"冥想"这个词语的时候，你已经怀有了关于它的各种结论，不是吗？你依照某个模式，依照某本书或者某个老师的观点去冥想，所以你已经知道什么是冥想。假如你已经知道何谓冥想，那么你就不会真正去探寻了。

先生们，你理解我所谈论的吗？如果你想探究何谓冥想，那么公式、念诵、念珠祈祷、你所做的各种事情都必须得抛到一边，心灵必须彻底安静下来。现在你所做的，或者是冥想，或者不是。如果它是冥想，就没有问题。但要想弄清楚你所做的是否是冥想，你就得自由地审视它、质疑它，而不能仅仅接受它。探寻何谓冥想，首先必需的显然就是自由。

那么，你能否摆脱你全部的实践、克制、摆脱你所怀有的各种结论和冲动呢？假如你想摆脱所有这些东西，因为你希望探究什么是冥想，那么这种探寻便是冥想，不是吗？

你为什么去约束你的思想和心灵，是谁在约束心灵？谁是冥想者，他思考的是什么？是什么动力、欲望在驱使他去冥想？你应该对这一切展开探寻，不是吗？如果你有动力去发现神，你的冥想是这一动力的结果，这是一种强迫，那么你将永远不会找到神。心灵在克制、控制、约束自己，因为它已经构想出了神、真理，它认为，假如它踏上了某条道路，做些事情，就会取得结果，在这种达成里面，会有完美的幸福。但只要心灵渴望获得结果，它便永远无法找到真理、实相、神，找到那不可度量的永恒之物，因为心灵自己就是时间的产物。所以，冥想有着完全不同的意义。当心灵不再被某个动机驱使，当它不再被约束限定，当它不再寻求结果，那么心灵难道不就处于一种冥想的状态了吗？

询问一下谁是冥想者以及他思考的是什么，这难道不也很重要吗？是否存在着位于冥想之外的冥想者呢？当你克制自己，谁是这个在克制的实体？你或许会说它是高等的自我，是吗？抑或它不过是思想发明出来的东西，一个想法在控制另外一个想法呢？你或许会把这个处于支配地位的想法称为高等的自我，但它依然是在思想的领域里，因而也就处于时间的范畴内。所以，要想探究何谓冥想，心灵难道不应该摆脱结论的束缚吗？如果已经有了某个结论、某个经验，那么它便处于时间的领域之内。在飞逝而过的某一秒，你可能体验了你所认为的真理、幸福、极乐，然而，执着于此、依附于此便是把心灵束缚在了时间的领域内，结果也就令它无法进一步地体验真理。

若想探寻什么是冥想，心灵就必须首先弄清楚是否能够摆脱自己为了展开冥想所学到的一切技巧、方法。心灵之所以学习了一些实践方法，是因为它希望得到结果，而这个结果是它已经预先构想出来的。然而，它预先构想的事物并不是真实的。对它预先构想出来的东西展开思索，为了得到它想象的事物而去控制、克制自己——这不过是猜想或者它自己的过去的反应——完全没有用处，毫无意义，这是自我催眠。但倘若心灵开始通过察觉到自身的动机、追逐去探究它的各种行为，那么这种探寻便是冥想。尔后你会发现，心灵变得充满了非凡的能量，因为没有通过努力、控制、约束它自己朝着某个目标进发而产生的能量的消耗。要想发现真理，就必须得有充沛的能量，这种能量不应该处于任何运动之中，它必须是静止的。当心灵摆脱了一切努力，当它不再为克制、恐惧、达成的模式所困，就将迎来这种静寂。尔后，不会再有记忆的累积，不会有残留，不会有经历者，有的只是一种体验的状态。当心灵安静下来，当没有了努力的运动，不再渴望获得更多，不再去累积记忆，唯有这时，才会迎来那每时每刻的真理。

1955 年 3 月 2 日

在孟买的第六场演说

　　思考一下我们寻求的是什么以及我们为什么寻求，这难道不是十分重要的吗？为什么会这般急切地去寻求、寻找，为什么我们浪费了这么多的精力在这种挣扎和努力上面？我们个人或集体寻求的究竟是什么？假如我们能够用心地对此问题展开探寻，就会发现，寻求真理、完美、神等等这整个的过程，其实是一种绊脚石，寻求本身可能是一种分心。或许，只有当心灵不再去寻求——这并不意味着它应该满足——才能发现那时间无法度量的事物。所以我认为，对此问题加以探究十分重要。

　　在急切寻求的过程中，在不安地展开行动去发现真理的过程中，心灵从不曾是安静的。这种寻求的过程难道不会妨碍我们去发现吗？心灵难道无法在宁静的同时却又充满活力吗？难道无法展开广泛的觉察，同时又不会不停地努力以及焦急地去寻找吗？我们如此急切寻求的究竟是什么？对于这种寻求背后的意愿、欲望，每个人或许都会给出不同的解释，然而从根本上来说，我们全都渴望去寻找的是什么，我们希望在寻求的终点得到的是什么？

　　在这种寻求的活动中，我们加入某个团体、某个宗教组织，指望着由此获得解脱与安宁，不久我们就会困在某个宗教的教义、信仰、仪式、禁忌、准许之中。因此，寻求没有带领我们达至任何地方，除了带来一系列内部与外部的冲突以及去适应、遵从某个模式。在这种努力和适应的过程中，我们渐渐老去。抑或，假如我们已经属于某个群体或模式，我们便会逃离它，加入其他的群体，离开一个笼子、束缚，进入另一个。我们年复一年地继续着这种方式，竞争、遵从、起誓、适应，希望通过这些能够去发现、去获得。那些认真的人会去阅读《薄伽梵歌》《圣经》，这个或那个，憧憬着能有所探明。轻松的则在另一个层面展开寻求，对他们来说，重要的是去俱乐部、听收音机、拥有一份好工作、有点儿钱。我们全都不情愿地被驱使着去展开寻求，那么我们想要获得的是什么呢？我觉得，每个人都应该弄清楚自己寻求的是什么，这一点很重要。我可以用不同的方式去描述它，但口头的表达并不等于你自己就认知了你所寻求的事物。所以，若允许我建议的话，请聆听正在说的内容，不是带着那种排他性的专注，而是在两个想法之间的静默中聆听。当心灵试图聆听某个念头，许多其他的念头会冒出来，然后你便把这些想法推开，努力去聆听。当你不这么做，就只是投以注意，从而能够毫不费力地听，或许便可以在两个念头之间的间隙中聆听了。

换种方式来表述，重要的是不仅聆听所说内容，而且还要展开觉察，在你聆听的时候意识到你在想些什么，对那一想法追究到底。如果你的心灵忙于用一个念头抵制另一个念头，你就根本没有在听。我认为聆听是有艺术的，那便是充分地聆听，不怀有任何动机，因为，聆听中的动机是一种分心。只要你能够带着全部的注意力去听，就不会去抵制你自己的念头，也不会抵制所说内容——这并不表示你会被语词迷惑住。然而，只有格外静谧、宁静的心灵，才能探明真理，而不是一个极为活跃、思考、抵制、表达自身意见和结论的心灵。

那么，能否带着这种放松的注意力去聆听，不怀有丝毫动机呢？只要你能够以这种方式去听，那么我认为，你将凭借自己的力量探明问题的真正答案，这一问题即：你寻求的是什么？或许对这个问题会有立即的反应，会用许多的词语、句子、结论，但真正的答案蕴藏得要比立即的反应深得多。假如你能够安静地聆听，也就是，心灵不展开剧烈的活动，不再不停地投射出自己的想法，那么或许你就会知道你寻求的是什么了。

显然，我们全都渴望幸福，因为我们的生活如此的烦扰、焦虑、恐惧。没有什么东西是永恒的，对于我们大多数人而言，生活是求生的活动中一系列的冲突。生存的欲望有自己破坏性的副产品。那么我们每个人渴望获得的是什么呢？每天去办公室上班的卑微的职员，腰缠万贯、去俱乐部或看赛马的妇人，嫁为人妇、生养了一堆孩子的女人，拥有某种学习能力的男人——他们全都在寻求什么？我们为什么要去寻求？是因为我们如此烦心、如此不满足于自己的真实模样吗？由于长得难看，所以我们想要变美丽；由于野心勃勃，所以我们希望实现自己的野心；由于拥有能力，所以我们希望让这种能力变得更有活力；由于优秀，所以我们想要变得更好；由于平庸，所以我们希望出类拔萃；由于聪慧，所以我们想赋予生命意义；由于虔诚，所以我们渴望发现那超越思想的事物——请求、恳求、祈祷、牺牲、培养、克制，诸如此类。这种紧张，这种遵从的过程，便是我们的生活，不是吗？

我们的生活是一个从早到晚永无休止的战场，我们不知道生活是什么，于是便去求助于其他人来告诉我们生活的目的、目标、意义。我们求助于信仰、书本、领袖，当他们提供了我们些什么，尽管我们可能暂时得到了满足，但迟早会渴望其他的东西。

那么，我们渴望的究竟是什么呢？由于心烦意乱，于是我们想要获得安宁；由于陷入冲突，于是我们想要终结冲突。假若我们格外的机敏、警觉，就会懂得，一切思考、一切意识形态的乌托邦、各种哲学体系都是毫无用处的。然而我们继续去寻求，渴望发现那真实的事物，它没有丝毫混乱，不是人造的或者头脑想出来的，它超越了我们当下的焦虑、恐惧和战争。我们努力去得到某个东西，一旦得到了，就会进一步，依然会渴望更多。我们的生活是一系列的欲望，想要得到慰藉、安全、地位、实现、幸福、认可。某些罕有的时刻，我们还会渴望探明真理、神。于是，神或真理就变成了我们满足的同义词。我们希望得到满足，结果，真理成为了一切寻求、一切努力的目的，神成为了最终的栖息之所。我们从一种模式转向另外一种模式，从一个笼子转向另一个笼子，从一种哲学或团体转向另一种，希望获得幸福，不仅是人际关系中的幸福，还有某个栖息之地的幸福。在那里，心灵不会再烦扰，在那里，心灵不会再被自身的不满折磨。我们可以换种方式来表述，我们可以用不同的哲学术语，但这便是我们全都寻求的事物——一个心灵的栖息之地，在那里，心灵不会被自身的活动折磨，在那里，没有痛苦悲伤。所以，我们的生活是一场永无休止的寻求，不是吗？如果不去寻求的话，我们就会认为自己将走向衰退、停滞，将变得跟动物一样，将迈向死亡。

你寻求的目的是什么呢？显然，你会获得什么取决于此。假如你的目的是得到宁静，那么你会找到它，但这并不是安宁，因为，正是在获得与维系它的过程中，心灵会饱受折磨。要想拥有安宁，你必须克制、控制、约束你的心思，使其依照某种模式——至少这便是你被告知的。各个宗教、团体、书本、老师、上师，全都告诉你要良善、服从、适应、遵守，要约束你的心思不四处游走，因此总是会有限制、压制、恐惧。你之所以努力，是因为你必须得到你所渴望的目标。

那么，这种寻求看上去难道不是完全无用的吗？被困在某种纪律的笼子里，或是被驱赶着从一个笼子、一种体系、一种戒律移到另一个，这显然毫无意义。所以我们应该探寻的不是你在寻求什么，而是你为何要去寻求。寻求或许是一个完全错误的行为，寻求可能是在浪费精力，你需要全部的精力去发现。因此，你的着手方式可能完全是错误的，我觉得是如此，你的《薄伽梵歌》、你的上师或者其他人怎么说无关紧要。你被约束了，你去禅修，你像积累谷物那样去积累美德，然而你并不快乐，你没有发现，没有这种内心的愉悦，这种富有创造力的革新。或许，一个展开寻求的心灵永远无法发现神，因为它的动机是逃避日常生活的磨难。可一旦心灵不再去努力、挣扎，因为它已经认识了有关寻求的整个问题，当它抛下了寻求的冲突，因为它领悟到，要想向那永恒之物敞开，需要多么非凡的能量——或许，唯有这样的心灵才能有所探明，才能发现、达至真理、神。

那么，能否拥有一个格外警觉，与此同时又十分宁静、不去寻求的心灵呢？显然，一个寻求的心灵不是安宁的，因为它的动机是想要得到些什么。只要寻求里面怀有动机，这就不是在寻求真理，而仅仅是寻求你所渴望的东西。我们人类的所有寻求，我们人类为了探明展开的全部努力，都是建立在某个动机之上的。只要我们带着动机去寻求，不管这动机是好的还是坏的，有意识的还是无意识的，心灵就永远不会是自由的，于是也就无法迈入静寂。寻求幸福从来不会找到幸福，因为一个人是带着动机去寻求的，所以恐惧也就永远不会停止。

那么，一个人能否立即领悟到、认识到，当怀有动机，一切寻求都是徒劳的呢？你能否聆听所说内容，理解它，马上领会它的涵义呢，而不是在某个将来的日子？真理不在将来，如果在聆听的行为里你发现你的寻求毫无意义，那么这种聆听的行为便是在体验真理，于是你的寻求就会停止。尔后，你的心灵不再为动机、动因所困。

所以，这不是如何让心灵摆脱动机的问题。心灵永远无法让自己摆脱动机，因为心灵本身就是因果，它是时间的产物。当心灵说："我怎样才能不怀有动机？"它就会再一次开始带着动机的寻求，就会再一次进入紧张、压力、约束、控制的领域里，再一次开始这种无止境的争斗，而这么做不会带领你到达任何地方。但倘若你能够聆听，领悟到如下真谛，即只要寻求里面怀有动机，这样的寻求就是彻底徒劳的、毫无意义的，只会带来更多的不幸、更多的痛苦——倘若你认识到了这个，在聆听的时候真正理解了它，那么你会发现，你的心灵停止了寻求，因为它不再怀有动机。你没有被语词或者某个人迷惑，你依靠自己的力量认识到始终带着动机去寻求是毫无用处的，于是你的心灵安静了，完全没有了任何寻求的活动。而心灵彻底静寂的状态，或许便是一种能够迎来永恒的状态。

你知道，心灵是如此的不安定，它害怕安静下来，害怕不知道最新的事物，害怕什么也不是。然而，智慧只源于空无，而不是来自许多的学习，智慧只向静谧之心走来。一个被自己的冲突和可操作的知识充塞的心灵，只会带来自身的痛苦。

问：我如何才能不再平庸？

克：你应该首先知道何谓平庸，不是吗？那么什么是平庸呢？平庸的人或许拥有车子、豪宅，也可能住在贫民窟里，他们可能心灵很强大，通常他们是如此。所以，这种你想要去逃避、想要远离的平庸究竟是什么呢？如果我意识到自己平庸、愚蠢、迟钝，我会希望变得少一些平庸，多一些智慧，更加博学。一个平庸的心灵所处的状态，难道不是渴望获得"更多"，难道不是努力变得更加如何吗？请聆听这个，不要赞同或反对。

怀有动机的心灵，追逐着它认为自己应当如何的理想、约束、克制、束缚自己，努力要变成与它的本来面目不同的样子——这样的心灵难道不会沦为平庸吗？你理解没有？意识到了自己的平庸、愚蠢、迟钝，意识到自己贪婪、嫉妒、野心勃勃、残忍无情，抑或其他什么，于是心灵说道："我应该变得不平庸。"这种努力想要变得不平庸，难道不正是平庸的本质吗？当试图变成某个样子的时候，心灵逃避着真实情形，躲进理想中，而这就是你们都在干的事情。

你在追逐、崇拜你构想出来的理想，所以从来没有一种带着节制的创造力的满溢、充沛，因为你的能量不停地消耗在了努力去实现、努力去变得怎样之中。

这便是我们的生活方式，不是吗？我们野心勃勃，我们渴望有所实现，正是在追逐渴望的事物之中，我们变得平庸起来。美德是不可或缺的，但得到美德的过程却是平庸的。一个不停实践美德的人，一个刻意约束自己的心灵具有美德的人，不过会变得体面，这就是社会需要的。社会希望你成为体面的人，去服从，而不是具有充沛的创造力，不是具有真正意义上的革命精神。真正的变革不是共产主义者的，抑或其他愚蠢的经济革命或社会突变，它是思想的变革。只有当你彻底摒弃了社会，才能实现这个。在这种自由里，你的心灵不再去遵从、适应、防卫、压制，因此它是真正虔诚的，而一个真正虔诚的人是唯一具有革命性的。尔后，真理会行动起来，这样的行动不是在某种文化的模式之中。

所以，平庸无法被改变成更加美丽的事物。如果你意识到自己的愚蠢，试图变得聪明起来，那么，正是在这种变得聪明的过程中，会出现平庸。因此，所有这类的努力都是在浪费能量。但倘若你能够与其共存，认识到被你视为愚蠢的事物，充分地探究它，不去评判或谴责，那么你会发现将迎来一种截然不同的状态——但这需要充分的注意力，而不是分心去试图变成某个样子。

问：我怎样才能理解我所做的梦境的涵义呢？

克：问题不是你如何才能理解你梦境的涵义，而是你为什么会做梦？显然这才是问题所在，而非怎样去解释那些意识沉睡时由潜意识投射出来的符号、画面、形象。由于你的意识在白天完全被占据了，所以当你睡着的时候就会做梦。醒来的时候你说道："我如何才能解释这些梦境？"

解释梦境有无数种方法，你可以依照弗洛伊德学说或其他哲学去解释它们，然后迷失在对符号的研究之中，追逐着一个又一个的权威，这么做完全是无用的。可如果你询问自己为何会做梦，那么我以为这就会具有意义。

什么是梦，你为什么会做梦？你可曾思考过这个吗？不去求助于哲学、书本、释梦方面的专家，让我们共同来探明你为何会做梦。

毕竟，你的意识并不仅仅是每天去办公室，拥有若干美德、衣服、这个或那个的表层的意识，你的意识还是潜意识。当你入睡的时候，表层的意识也处于休息状态，于是潜意识便开始活动起来，你也就有了梦。醒来的时候，你说道："我现在要怎么做？"但倘若你询问自己为何你会做梦以及梦是否是必需的，你就会认识到，还有比释梦更加重要的东西。

白天你的意识忙于那些琐事，忙于努力去生存、出人头地、实现你的野心、被爱，诸如此类。从来没有一刻是安静的，没有一刻去观察、觉察事物，不是你在想象中希望它们成为的样子，而是它们的真正模样。但倘若在醒着的钟头里面你能够去察觉自己周围的一切以及你对它们的反应，倘若你能够观察自己的想法，让你的心灵缓慢下来，没有矛盾，它熟悉每一个情绪、每一个反应及其涵义，那么你将发现你不再做梦了，因为你的整个心思始终都用在了认知上面，而不是仅仅在你入睡的时候，于是符号也就没有了意义。假如白天的时候你被动地去觉察每一个念头、每一种情绪、每一个反应，观察它，不去解释、谴责或评判，如此一来才能认识它，那么心灵就会变得格外安静，当你入睡时，不会再有梦。在睡眠中，思想能够去到更深的层面，能够体验某个醒着的意识永远无法触碰到的事物。

所以，要想体验那超越了思想的事物，心灵就必须在白天的时候安静下来，必须认识白天的所有冲突，不去压制、代替或逃避。只要你去谴责、评判、评估、解释，那么你就注定会去压制、代替和逃避。但倘若你能够就只是去观察，如此一来你的观察就会随着你的想法而动，那么你会发现，生活不再是一种磨人的过程，由此会迎来巨大的能量，它可以让你冲破社会及其全部的愚蠢。这并不表示说你要去做隐士或苦行者，这样的人并没有逃离社会，因为他依然为自己受限的心灵所困。可如果你能够在真正的意义上摆脱社会的制约，那么，正是在冲破社会的过程中，将会认识那永恒的事物。

问：您似乎质疑时间作为达至完美的手段的有效性，那么您的方法是什么呢？

克：你知道，达至完美的念头以及实现它的方法意味着时间，渴望知道我有什么法子，这位提问者依然是在时间的层面思考。先生，或许根本就没有任何方法。让我们来一探究竟吧。

我们所说的时间是指什么意思？让我们来思考一下，不是哲学层面的，而是简单、安静、轻松地去思索。显然存在着年代顺序层面的时间，我必须得有时间才能赶上火车，从这里去往我住的地方得费时间，收信得花时间，说话得花时间，给你讲故事得花时间，写诗或者把大理石雕刻成像得花时间。然而，是否还有另外一种时间呢？你声称有，因为有记忆。如果我昨天有过某个快乐的经历，它留下了记忆，我希望能够得到更多这样的快乐。所以，"更多"便是心理意义上的时间。我必须得有时间才能去实现、获得、积累、变成，我必须得有时间才能弥合不完美的我自己与另一边那个完美的我之间的间隔。"另一边"存在于我的脑子里，因此，在我的心里，"事实是"和"应当是"即完美的理想之间有着距离。有一个固定点是"我"，还有一个固定点是"非我"，也就是我所说的完美、高等的自我、神，随便你如何称呼。从这个"我"的固定点移到那个"非我"的固定点，我需要时间。所以，心灵不是只有赶火车或者赴约所需要的年代顺序层面的时间——还有去实现、完成的时间。假若我野心勃勃，我需要时间去实现欲望，变得名声卓著，诸如此类，我们也是以同样的方式去思考完美。由于把自己划分成了不完美的，于是心灵便构想出了一种完美的状态，确立起了自己跟那一状态之间的距离。尔后它说道："我怎样才能从这里到达那里呢？"先生们，你们理解没有？

我很痛苦，我认为我必须拥有时间才能变得完美，才能找到幸福，假如不是在此生，那么就是在某个来世。但心灵依然处于时间的领域内，不管这个领域可能多么广阔或狭窄。你们所有的宗教书籍、所有的宗教都声称你需要时间才能变得完美，你必须起誓要禁欲、安于贫穷，你必须抵制诱惑，必须约束、克制自己，这样才能到达那里。于是，心灵发明出了时间，将其作为达至完美、神、真理的手段。它之所以从这些层面去思考，是因为与此同时它可能是贪婪的、残忍的，声称它要改善自我，最终变得完美。我认为这个方法完全是错的，它根本就不是什么途径，不过是逃避罢了。一个为不完美和努力所困的心灵，只会构想出完美，而它出于自身的混乱和痛苦构想出来的东西并不是完美，只是一种愿望而已。

所以，当心灵努力成为它所认为的应有面目时，它并不是去达至完美，不过是在逃避自己的真实面目，逃避它暴力、贪婪的事实。完美或许并不是一个固定点，它可能是完全不同的。只要心灵有一个固定点，由此展开行动，它就一定会从时间的层面去思考。无论它构想出来的是什么，不管多么高尚、多么理想化和完美，都依然是在时间的领域之内。它关于克利须那神、佛陀、商羯罗或是任何其他人的观点的全部猜想，它所有的想象，它对于完美的欲望，仍旧是在时间的范畴内，因此完全是虚幻的、无价值的。一个有固定点的心灵，只会从其他固定点出发去思考，它会制造出自己跟被它视为完美的固定点之间的距离。尽管你可能有其他的愿望，但或许根本就不存在任何固定点。实际上，没有固定的"你"或固定的"我"，不是吗？"我"、自我，是由许多的个性、经历、限定、欲望、恐惧、爱、仇恨组成的，有着许多个面具。不存在什么固定点，但心灵却厌恶这一事实，所以它便从一个固定点移向另一个，背负着已知的重担。

因此，当我们从完美出发去思考，时间便是一种幻觉。欲望有时间，感觉有时间，但爱没有时间，爱是一种心灵的状态。彻底地、简单地爱，没有要求或抵制，便是不从完美或变得完美去思考。然而我们并不懂得这样的爱，于是我们说道："我必须拥有其他的东西，我必须得有时间去达至完美。"我们克制自己，我们积累美德，假如在此生没有积累足够，总是会有来世，结果这种向后和向前的运动便会上演。

当你从时间层面去思考，你实际上是在追逐"更多"，不是吗？你渴望更多的爱、更多的善良、更多的欢愉、更多逃避痛苦的法子、更多会带来转瞬即逝的幸福的快乐体验。当心灵渴望获得更多，它就必须拥有时间，必须制造出时间。渴望"更多"，是在逃避实相。当心灵说"我应该更加聪明"，这种宣称意味着时间。但倘若心灵能够审视实相，不去谴责，不去比较，倘若它能够就只是观察事实，那么，在这种觉察里面，没有固定点。由于宇宙中不存在固定点，因此我们内心也没有固定点。然而心灵喜欢有固定点，于是它便制造出了名声、财富、金钱、美德、关系、理想、信仰、教义之中的固定点。它变成了自己发明出来的东西、自己的欲望的体现。心灵关于完美的想法，是变得更加完美、更加高尚、更加宁静的它自己。但完美并不是实相的对立面，完美是一种心灵的状态，在这种状态里，一切比较都停止了，没有从"更多"的层面去思考，于是也就没有了争斗、努力、挣扎。假若你能够就只是认识到这一真理，假若你能够仅仅去聆听，依靠自己的力量探明，那么你会发现，你将彻底摆脱时间的羁绊。尔后，创造便是时时刻刻的，没有时间的积累，因为创造便是真理，而真理没有持续性。你认为真理在时间上是延续的，但真理并不是持续的，它不是时间上要去认识的永恒。它不是这种，它是完全不同的。一个被困在时间领域里的心灵，是无法认识这一事物的。你应该终结昨日的一切，终结你所累积的知识、经验，唯有这时，才能迎来那不可度量的永恒之物。

1955 年 3 月 6 日

在孟买的第七场演说

　　在我看来，我们最困惑的，不仅仅是我们应当做什么，主要是何谓正确的思考这一问题。让我们展开探寻，找到摆脱这种混乱的法子吧。我们渴望某个领袖、某个人来帮助我们走出自身的困难。由于困惑，所以我们很容易受骗，很容易就去接受那些不理性的东西。抑或求助于过去的老师、耶稣、佛陀，求助于《吠陀经》、《圣经》，指望着找到我们问题的解答。但是我认为，这样的思考方式会让困惑更加混乱。实际上，当我们无法审视事实，不去怀有关于事实的看法，才会出现困惑。我们从不曾直接地审视事实，而是始终带着结论去着手它，于是便会困惑。如果我们可以把这个视为非常简单的东西，那么我认为，我们就能理解宗教、真理、神这类更为复杂和广泛的问题了。

　　我们很混乱，我们不知道自己对什么困惑，抑或困惑是如何产生的。显然，只有当我们无法审视事实，摆脱一切评判，也就是，当我们没有能力认识事实而不抱持任何看法以及我们赋予它的传统的价值观念，才会出现混乱。正是关于事实的传统价值观念、看法、判断，才导致了混乱。只要你展开探究，会发现的确如此。我们从来不能按照事实的本来面目去看待它，而是始终带着判断、价值观念去着手，于是便出现了混乱。

　　那么，心灵能否审视事实，没有那些评判性的因素呢？事实是常新的，而评判性的因素则总是陈旧的。当心灵带着它所累积的源于过去的价值观念、看法、判断去观察事实，就注定会出现混乱。

因此，我们的问题是不带着评判去看待事实，这需要相当的谦逊的意识，不是吗？但我们没有人是谦逊的——我们全都知道，全都怀有价值理念，我们没有以不知的状态去着手事实。不知是一种谦逊的状态，我认为，认识到这个格外重要。知识跟智慧毫无关系，没有知识，智慧才会到来。也就是说，只有当心灵不怀有任何评判的因素，当它不是去评价、判断、比较的实体，才会获得智慧。要想认识事实，必需谦逊，要想怀有谦逊的意识，就得摆脱一切知识的束缚，因为知识是一种评价的过程。事实是崭新的，当你用一个背负着知识的心灵去着手它，自然就会出现困惑和混乱。

那么，假如心灵能够自发地摆脱所有的过去，这样它便可以卸下知识的重负去迎接当下，就不会再有混乱了。这就像医生观察病人，他不能带着先前的困惑，带着他已经构想好的关于病人得了什么病的想法去处理对方。然而我们大部分人都是带着结论去着手事实的，我们怀有某些信仰、教义、准则，我们对问题的着手方式，如何应对它，都已经在脑子里规划好了，因此我们的心灵从来不是崭新的，从来没有能力以新的方式去着手问题。

我们声称需要时间让心灵摆脱一切累积的、自我保护的知识，卸下所有的痛苦、悲伤和争斗。但我丝毫不觉得时间是必需的。相反，时间的产生不过是因为我们没有在摆脱知识的情况下去迎接事实。无数个世纪以来，心灵已经获得了许多的知识，它带着这些知识去迎接事实，由此便导致了混乱。那么，心灵能够摆脱它所累积的全部价值观念，以崭新的姿态去迎接挑战即事实吗？正是由于我们没有充分地迎接事实，没有抛下怀有的结论，所以才会有混乱和痛苦。我们声称，要想摆脱痛苦，必须得有时间，于是我们便发展起了各种哲学、戒律，各种克服它的方法和途径。然而，痛苦正是源于这种带着结论去迎接事实的做法。

所以，要想摆脱痛苦，心灵难道不应该抛下任何信仰、结论去着手事实吗？也就是说，难道不应该立即摆脱那作为评价因素的记忆吗？比如，当我遇到你，假如我已经认识你，我会带着关于你的价值观念、看法、判断去与你见面，这些东西是记忆保留下来的，是基于我跟你先前的经历。那么，我能否观察你，怀有关于你的记忆，但又摆脱了一切评判呢？我能否遇见你，知道你是谁，但对你又不抱持任何价值观念和看法呢？显然，正是我们的价值观念、判断才导致了混乱与痛苦。由于混乱，由于深陷痛苦，我们声称必须得有时间去战胜这种痛苦。然而是这样子的吗？时间会消除我们的痛苦吗？

先生们，你们知道什么是痛苦吗？痛苦是我们无法充分地迎接事实，不怀有任何评判和信仰。正是因为我们没有以崭新的姿态去迎接事实并随其而动，所以才会痛苦。由于身处痛苦之中，就像大多数人那样，因此我们渴望有时间去摆脱痛苦，于是便有了各种哲学、思想流派、戒律、打坐去战胜它。我不认为通过克制、通过时间能够战胜痛苦，因为痛苦是果而非因，只要你仅仅应对症状而不是原因，那么混乱、困惑、冲突和痛苦就必然会延长下去。

那么，能否立即战胜痛苦呢？我觉得这是一个要询问一下自己的重要问题，因为幸福之人不是反社会的。只有挫败、沮丧、混乱、痛苦的人，还有寻求神、真理的人——正是这样的人才会反社会。原因是，只要心灵在寻求，就无法找到真理。所以，对于寻求真理以及深陷困惑和痛苦的人来说，问题是：能否立即消除掉导致痛苦的原因？是否可以用完全不同的方式审视它、思考它，这样就能够在当下认识它，而不是在某个遥远的将来？显然，只有当我让自己的心灵摆脱了一切评价、比较、社会准许，摆脱了它累积的全部事物，如此一来它便会处于一种谦逊的状态，在这种状态里，心灵实现了观照，处于未知的状态，于是便能够不带任何评判地去看待事实，唯有这时，才能认识痛苦。

毕竟，我们所说的宗教是指什么意思？宗教不是信仰，不是能够去引经据典，不是去崇拜某个形象或符号，它与参加、举行仪式毫无关系。宗教是一种心灵的状态，在这种状态里面，不再有任何寻求，不再有任何有原因的运动。很明显，由于如此困惑，所以我们的问题是无法通过回到过去，回到商羯罗、佛陀、基督或是你自己的上师怎么说就可以解决的，而只有通过以崭新的姿态迎接生活及其全部挑战才能解决。只要心灵背负着任何评判，你就无法以这样的方式去迎接挑战、事实。正是由于带着评判去迎接事实，才导致了混乱与痛苦。那么，心灵能否一方面怀有记忆，一方面处于静寂的状态，由此就可以不带评判去迎接事实了呢？心灵能够挣脱它所有的昨天吗？

所以，没有任何自由的方法，不是吗？没有方法，因为正是方法囚禁了心灵，结果心灵也就不再自由。追逐方法、"如何"，怀有原因，只要有原因、动机、目的，心灵就无法以崭新的姿态迎接事实，于是便会出现混乱和痛苦。因此并没有什么方法、途径可以让心灵获得解放。

请聆听这个，不要赞同或反对。我不是在说你需要用复杂方法去思考或者使其哲学化，我只是向你描述了一个事实。如果你没有直面我所描述的事实，你将会更加困惑。我认为，让心灵解放是没有什么方法、途径的，因为任何方法、途径、克制、实践都只会进一步地束缚、限制心灵。当你遭受痛苦，你唯一关心的是找到出路，"出路"就是你用来面对事实的方法、体系、克制、实践，于是你便无法认识事实，结果你的困惑和痛苦也就加剧了。

那么，重要的是立即理解事实，如此敏锐，这样事实才会马上揭示出真理。但这需要相当的谦逊，一个有经验、有学识的人，一个去崇拜和实践的人，根本就不会怀有谦逊。所以，他的领导、他的建议、他的博学，只会给世界带来更多的痛苦与混乱。

因此我们的问题是：你的心灵能否就在你聆听我的这一刻，彻底摆脱一切评价性的因素，摆脱全部的昨天，如此一来它便可以领悟真理了呢？认识真理不是一种体验的状态，因为，要想体验就必须得有体验者、评价者。请听好，这非常简单。只要有一个充当评价者的体验者，就不会感知真理。真理没有持续性，只有评价者、观察者、体验者才是持续的——而非真理。凡持续的事物，都是一种评价的过程。

　　那么，当一个人在某个夜晚静静地坐在这里，抑或当他走路或搭乘巴士的时候，能否认识到自己心灵和思想中这一片巨大的混乱和痛苦，认识到痛苦的整个过程，不去给它可以扎根其中的土壤、知识、评价的土壤，而是不带任何判断地去审视事实呢？这实际上意味着，在谦逊中去察看事实。如果你说"我应该谦逊，我应该把先前的认知从脑子里给移除掉，摆脱一切知识和评判"，那么"如何"就会变得重要，你就永远无法将问题解决。但倘若你在聆听的时候马上领悟了如下真理，即只有当心灵不抱持任何判断、评价去看待事实，也就是当它充分地、彻底地迎接挑战——倘若你立即认识了其中的真谛，那么你将发现，痛苦会终结。这个人是博学还是无知并不重要，假如他能够就只是聆听正在说的内容，洞悉其中的真谛，那么这种聆听的行为便是在挣脱痛苦的羁绊。

　　然而困难在于，对大多数人而言，我们希望欢愉或狂喜的体验能够继续。由于曾经清楚地看见过，所以我们想拥有一种持久的澄明的感觉。对于"更多"的渴望，便是空虚的开始。唯有在彻底的谦逊中——它是一种你一无所知的状态，在这种状态里面，没有体验者、没有评价者——心灵才会立即获得真理。真理无路可循，你无法通过任何体系方法获得它。你可以阅读《薄伽梵歌》、《圣经》，阅读世上的所有宗教典籍，抑或甚至是马克思的著作，但它们无一能够带领你达至真理。一个去获得、认知、实践、经历的心灵，一个被自己的知识充塞的心灵——这样的心灵永远不会发现真理或神——而只有非常简单的心灵，真正谦逊从而能够不带任何评判去迎接事实的心灵才能发现真理。重要的是去审视生活，审视每时每刻的生活，不去背负无数个昨天的重担，于是也就能够不再制造混乱与痛苦。

问：我怎样才能摆脱恐惧？

克：什么是恐惧？恐惧只存在于跟某个事物的关系里面，它不会单独存在。恐惧出现在跟某个观念、某个人的关系之中，与失去财产相关，诸如此类。一个人或许惧怕未知的死亡，还惧怕公众舆论，害怕人们会说些什么，害怕失去工作，害怕被责备、被抱怨。有各种形式的恐惧，深层的、表层的，然而，一切恐惧都是在与某个事物的关系里面。所以，当我们问："我怎样才能摆脱恐惧？"这实际上是在问："我怎样才能摆脱一切关系？"你们明白没有？如果是关系导致了恐惧，那么，询问一个人是否可以挣脱恐惧，就像是询问他是否能够活在孤立隔绝的状态。显然，没有人可以活在孤立隔绝之中，不存在活在孤立状态这回事，人只能够活在关系里面。所以，要想摆脱恐惧，一个人就必须认识关系，认识心灵与自身的观念、价值理念的关系，认识丈夫和妻子之间的关系，人与他的财富之间的关系，人与社会的关系。只要我能够认识我跟你之间的关系，就不会再有恐惧了，因为恐惧不会单独存在，它是在关系里面自己制造出来的。那么，我们的问题就不是如何克服恐惧，而是首先探明现在我们的关系是什么以及什么是正确的关系。我们不必去确立正确的关系，原因是，一旦认识了关系，自然就会建立正确的关系了。

我认为，重要的是领悟到，没有事物可以活在孤立隔绝的状态。哪怕你可能会成为一个苦行者，系一条缠腰布，把自己隔离起来，隔离在某种信仰里面，但依然没有人可以活在孤立隔绝之中。然而心灵却在自我封闭的"我的体验"、"我的信仰"、"我的妻子"、"我的丈夫"、"我的财产"中追逐着隔绝的状态，这是一种排他的行为。心灵在它所有的关系里面寻求着隔离，于是便会出现恐惧。所以，我们的问题便是去认识关系。

那么，什么是关系呢？当你说"我处于关系之中"，这是什么意思？除去通过接触、血缘、继承形成的纯粹生理上的关系，我们的关系是建立在观念之上的，不是吗？我们要检验的是"事实是"，而不是"应当是"。当前我们的关系是基于观念，基于我们觉得什么是关系。也就是说，我们跟一切事物的关系都是一种依赖状态。我相信某个观念，因为这种信仰给了我慰藉、安全和一种幸福感，它是把我的心灵和思想约束、控制、限制在某个路径上的手段。所以，我与该观念的关系是建立在依赖之上的，假如你在里面移除了我对它的信念，我便会迷失，不知道该如何思考、如何评价。不去信仰神，抑或信仰无神论，我会感到不安全，于是我便依赖这一信仰。

我们跟彼此的关系，难道不是一种心理上的依赖状态吗？我谈的不是生理的相互依赖，这是完全不同的。我之所以依赖我的儿子，是因为我希望他完成我没有实现的事情，他是我一切希冀和欲望的实现，他是我的永生和不朽。所以，我跟我的儿子、我的妻子、我的孩子、我的邻居的关系，是一种心理上的依赖的状态。我害怕处于一种无所依靠的处境，我不知道这意味着什么，于是我便依赖书本、关系、社会，依赖财产带给我安全、地位和名望。如果我不去依赖这些东西当中的任何一个，就会去依赖我有过的经验，依赖我自己的想法，依赖我自身追逐的伟大。

所以，从心理层面来说，我们的关系是基于依赖，这便是为什么会恐惧的原因。问题不是怎样才能不去依赖，而是就只是认识到我们依赖的事实。只要有依附，就不会有爱。由于你不知道如何去爱，你有所依赖，所以才会滋生出恐惧。重要的是领悟这一事实，不去询问如何去爱，抑或怎样摆脱恐惧。你或许可以通过各种娱乐，通过听收音机，通过阅读《薄伽梵歌》或是前往庙宇而暂时地忘却了你的恐惧，但它们全都是逃避。一个求助于酒精的人跟一个求助于宗教书本的人，那些去往假设的上帝之屋的人跟那些去电影院的人，他们之间并无太大差别，因为他们全都在逃避。但倘若在聆听的时候你能够真正认识到如下真理，即只要关系里面有依赖，就必定会有恐惧和痛苦，只要有依附，就不可能会有爱——倘若你在此刻聆听的时候能够就只是认识这一简单的事实，立即理解它，那么你将发现会迎来非凡的事物。不去反驳、接受抑或对它发表看法，不去引用这个或那个，就只是聆听事实，即只要有依附就不会有爱，只要有依赖就会有恐惧。我谈论的是心理上的依赖，而不是你对给你送牛奶的工人的依赖，或者你对铁路、桥梁的依赖。正是内心这种对于观念、人、财产的心理依赖，才滋生出了恐惧。因此，只要你没有认识关系，你便无法挣脱恐惧。只有当心灵观察自己的全部关系，才能认识关系，而这便是认识自我的开始。

那么，你能否轻松地、毫不费力地聆听这一切呢？只有当你试图得到些什么，当你试图成为什么，才会去努力。但倘若你能够聆听如下事实，即依附会摧毁爱，不去试图摆脱恐惧，那么这一事实将会立即让心灵挣脱恐惧的羁绊。只要你没有认识关系，这实际上意味着只要你没有认识自我，就无法摆脱恐惧的制约。自我只有在关系里面才会得到揭示。当我去观察我是怎么跟我的邻居说话的，我是怎么对待财富的，我是如何依附于信仰、经验或知识的，也就是说，当我发现自身的依赖，我便会开始醒悟到认识自我的全部过程。

因此，如何战胜恐惧并不重要。你可以饮酒忘掉它，你可以去庙宇，在跪拜、嘴里喃喃有词或是祈祷中迷失掉自己，然而当你步出庙宇的时候，恐惧就伺机等在周围。只有当你认识了你与一切事物的关系，才能终结恐惧。假如没有认识自我，你便无法获得这种认知。认识自我不是遥不可及的，它就从这里、从现在开始，当你观察你是如何对待你的仆人、你的妻子、你的孩子，就将实现自我认知。关系是一面镜子，从它里面你可以看到自己的真实模样。一旦你能够审视自己的真实模样，不做任何评判，恐惧就会消失不见，由此将获得那种非凡的爱的感觉。爱是无法被培养起来的，爱不是心灵可以购买到的。如果你说"我打算做到慈悲"，那么慈悲就是思想的事物，因此也就不是爱。只要我们理解了关系的整个过程，爱便会悄悄地到来。尔后，心灵将格外宁静，不为思想的事物充塞，于是爱便会降临。

问： 您主张一种绝对的认知。对您来说，渐进主义者是没有位置的。那么我们如何用自己有限的心灵去领悟您的教诲呢？

克： 先生，我们为了自己的方便发明出了这种渐进的过程。当你去医生那里做手术，你会说渐渐割除需要手术的部位吗？当你牙齿坏了，你会说要渐渐拔除掉它吗？你去找牙医，希望立即拔除它，抑或你去到外科医生那里，躺在手术台上被开膛破肚。但是你发现，我们不是从这些层面去思考的。我们既渴望欢愉，又渴望痛苦，这便是为什么会存在渐进主义的缘故。我们发明出了一种生活哲学，一种所谓爱的方式，它既带了我们欢愉，也带给了我们痛苦，结果便有了善恶、好坏之间的冲突。我们说道："我很暴力，我必须得有时间才能克服这种残暴。"于是我们就有了非暴力的理想，我们指望着通过渐进的过程，最终能够变得不暴力，这不过是一派胡言。我们要么暴力，要么不暴力，不存在什么变得不暴力。

由于我们是暴力的，所以重要的是能够马上去应对暴力，不给它时间扎根在心灵的土壤里，然后演变成一个问题。先生们，你们理解没有？要想摆脱暴力，一个人就必须直面自己内心的残暴，立即认识它。如果他从时间的层面去思考，这是问题扎根其中的土壤，就无法做到立即认知。然而我们没有能力去直面自身的暴力和贪婪，于是便发明出了一种应对问题的方法，这并非实相，并不是事实，不过是一种构想。

那么，你我能否直面愤怒、残暴抑或其他什么，不去把它变成一个问题呢？也就是说，不给问题在心灵里面扎根的土壤。只有当我们没有能力立即应对事实，从而给了问题扎根的土壤，尔后它便成为了难题，问题才会出现。当问题出现时，我们说道："我怎样才能应对它？"结果我们便发明出了渐进主义，认为我们将会逐渐摆脱掉它。我希望我把自己的意思阐释清楚了。

如果我能够立即应对愤怒、嫉妒、暴力，如果我能够马上直面它，真实地面对它，就不会存在任何问题了。只有当我不知道如何直面那一感觉，在心灵里面给它一个庇护所，给它扎根的土壤，坚持说要想摆脱它需要循序渐进，才会出现问题。

那么，我们的问题是，你我能否立即应对事实，不把它变成一个难题呢？请听好。我能够就只是审视愤怒、嫉妒、野心的事实，随便你如何称呼，不去评价、谴责或接受它吗？也就是说，我能否审视愤怒，不去给它命名吗？出现了某种感觉，这种感觉立即被命名为了愤怒，"愤怒"一词正是一种谴责。所以，我是否可以审视该感觉，不去命名它，不去谴责、评判或比较它，不去跟它认同呢？这实际上意味着，审视该事实，保留关于它的记忆，但去除掉所有评价性的因素。

让我们用不同的方式来着手问题。这位提问者问："您谈论一种绝对的认知，但我们无法立即理解，我们需要时间。"让我们探明一下是否如此。你认为神、真理、那一人类永远寻求的非凡之物存在于某处，在那个事物跟"我"之间有间隔，有一道厚厚的虚荣、贪婪、野心、恐惧的高墙。于是你说道："我得有时间推倒那座墙，把它粉碎，或者让它变得可以达至那种美与善。"但我认为，时间永远无法做到这个，不管你是拥有一世还是一百世，只要你从时间的层面思考，你就永远不会实现这个。你所有的宗教书籍、你所有的上师都声称你必须得有时间，但是，那个花费时间日复一日去粉刷那堵墙或者把它推倒的人是谁，那个声称"我与真理之间有距离"的人是谁？正是这个实体，才是时间的制造者，因为他希望获得些什么，于是便从"达至那里"去思考。所以，他制造出了这一观念、这种幻觉，即"我"跟真理之间有距离。在制造出了这一距离、间隔也就是时间之后，他问道："我怎样才能跨越它呢？"

请思考一下这个。当心灵朝着它所谓的真理运动，就会制造出时间，结果它便永远无法跨越这道沟壑。只要有一个声称"我打算约束、克制自己，我打算每一天都去实践美德，以便推倒那堵横在我自己和真理之间的高墙"的实体，这一实体就会制造出那堵高墙，即自我和真理之间的距离。美德是必不可少的，因为它会带来自由与秩序，但美德本身不会达至真理。美德是社会的认可，要想在社会生存，你就得拥有美德。或许你们当中许多人都拥有美德、良善、仁慈、怜悯、谦逊，但你却并不拥有那种非凡的创造力，没有它，美德就意义甚微，不过是让社会运作更加顺畅的润滑剂罢了。

因此，只要心灵从"变成"出发去思考，只要它说"我在这里，我应该到达那里"，只要它渴望出人头地，当上长官、经理，只要它声称"我打算达至神"，它就必须拥有时间。现在，假如你能够认识、理解这个事实，那么，在那一刻，你不是如此，你什么也不是，对你来说就不存在时间。于是，没有间隔，没有"我"和"那一真理"，而只有一种心灵的状态，由此会迎来巨大的欢愉。尔后，不会再有任何努力，不会再有能量的消耗。你必须拥有充沛的精力，但不是通过控制。如果你说"我将发誓禁欲，我将自我克制，以便拥有更多的能量"，这不过是另外一种讨价还价。这些全都是心灵为了得到某个东西、达至某个地方而使的把戏。一个发誓禁欲的人并不懂得爱，因为他关心的是自己以及自身愿望的实现。

所以，重要的是领悟这一切——心灵是如何自欺的，是如何制造出了自己与它认为存在的真理之间的距离。只要心灵朝着某个目标去行动，就一定会有渐进，一定会有时间。单纯聆听这一事实，在内心直面它、理解它，这么做将会让心灵摆脱时间的束缚。但只有当你不再怀有"变成"

的意识，当你不去渴望成为什么，当你的心灵摆脱了一切经验——就像此刻你聆听的时候——你才能聆听它、认识它。你不是要被我施催眠术，你是安静的，因为你在聆听真理。只要你可以静静地聆听，哪怕只是一分钟、一秒钟，那么你会发现，那一秒钟的宁静、静谧，它里面蕴含着真理全部的充溢、富足、美与善。在那一刻，会有不带任何动机的专心致志，这种充分的关注并不希望更多地拥有某个事物，不希望变得更好。这种充分的关注就是善，所以不存在什么更好。

　　我认为，心灵能够立即获得自由，不存在通过时间让心灵解放的渐进的过程。只有格外宁静的心灵才会是自由的，这种宁静无法通过积累知识或美德购买到，无法通过任何克制或牺牲认识到。只有当你聆听生活里的一切，当你在关系之镜里面观察自身的想法、欲望、贪婪、嫉妒、目的的投射，就只是观察，既不去接受，也不去谴责——唯有这时，心灵才会迈入真正的静寂。要想心灵变得静寂，需要充沛的能量，于是也就需要冲突停止。只有当各个层面的冲突停止，心灵才会静寂。当能量不再因为冲突、努力、克制而被消耗掉，心灵才会变得彻底安静，而这种安静正是能量的充沛。唯有这时，那无法诉诸语言、没有符号的真理，那无法描述或猜想的事物，才会到来。

1955 年 3 月 9 日

在孟买的第八场演说

　　显然，我们所有人都必须做的最为重要的事情，就是理解我们的生活，不去逃避它。但是在我看来，我们的整个思考模式是一种逃避我们日常冲突的过程，逃避我们每一天的痛苦和责任，逃避我们在自己内心发现的彻底的混乱。我们应该认识这种混乱，不去求助于他人来帮助自己逃避它。重要的是我们生活的事实，而不是所有宗教和大多数哲学提供的思想上的逃避。我们似乎发现，很难带着深刻而充实的思想、带着热烈的充沛的爱去生活。大部分人都不关心这个，我们关心的是努力变得如何，努力出人头地。

　　只要你观察一下，就会发现，我们所有的宗教，所有的领袖，政治的和所谓精神的领袖，我们所有的组织，世俗的和宗教的组织，全都提供了变得如何的方法，要么在此世，要么在所谓的精神世界。当我们努力去变得如何的时候，就失去了生活的美。假如我们能够认识有关努力的问题，那么或许我们就可以理解生活，活得充实，带着充沛的、深切的激情去崇拜每一天，不去憧憬明天。正是由于我们不认识永恒的当下，所以才会试图去发现某种超越当下、明天的事物。是什么使得我们无法认识我们那充满了痛苦、冲突、野心以及人与人有着如此界分的生活呢？为什么我们没有认识生活的全部过程，总是在其他地方寻找真理、生活，寻找那超越了思想的限制、不可度量的事物呢？是什么阻碍了我们的认知？是否因为我们想要在日常生活的事实之外找到解答，找到某种更让人满意、更为永久的事物，某种会带给我们幸福感的事物？我们每个人渴望从生活里面得到的究竟是什么？

只要我们把生活当作获得其他东西的手段，那么生活还会提供除了冲突和痛苦之外的东西吗？然而这便是我们全都在做的事情，不是吗？我们利用生活，利用我们日常的生活，它本身蕴含着非凡之物，去达至某个地方，去往天国，找到真理、神以及各种哲学。宗教导师和体系方法，提供了各种逃避我们的生活以及逃避对这种生活认知的途径。

那么，在我看来，认识生活根本就不是一个困难的问题，让它变成难题的是我们怀有的解释、看法、价值观念、判断。正是这种心灵的限定，引发了战争，导致了黑暗和神秘。假如我们可以真正把它移除掉，不是在时间的过程里面，而是日复一日，那么我认为，我们就会发现，生活不是一个用来获得某种更加伟大的事物的踏脚石。没有什么更加伟大的事物。如果我懂得怎样生活，那么生活本身就是真理。不过这并不是应当如何生活的问题，真正的生活跟生活应当如何之间，有着巨大的差别。正是这种理想、这种应当如何的诅咒，才让我们的思想腐朽。那么，能否去除掉我们所有的限定呢？我觉得这才是真正的问题所在，而不是怎样提升我们的限定抑或哪种才是更好的思考方式。所有思考都是一种限定，不管它是共产主义的、社会主义的、资本主义的、天主教的、印度教的，抑或你所希望的其他思想。假如可以摆脱这整个评价的过程，保留记忆，但不怀有谴责、辩护的价值观念，那么我们就会发现，生活将拥有巨大的意义。

所以，能否抛掉一个人为自己确立起来的许多价值观念和欲望，过一种毫不费力的生活呢？努力是建立在记忆的评价之上的，它是一种退化的过程，它破坏掉了思想与生活的澄明。一旦你能够不带任何评价去聆听这里正在说的内容，那么你的问题就会立即迎刃而解，因为你领悟了真理，而不是某个人对真理的阐释。但是你无法展开行动去让心灵摆脱评价、谴责、辩护、比较，摆脱让你以这样或那样的方式去思考的全部累积的知识。因为，对思想的任何施压都是另外一种偏离。我们大家都在压力下思考，不是吗？我们的思想是一种压力的过程，因为我们渴望出人头地，不管是主动的还是被动的，结果也就带来了挫败，思想的压力导致了挫败、痛苦、悲伤。那么，能够没有压力地生活吗？

显然，这便是我们的问题，对吗？我们的问题是充实、幸福、甜美地生活，没有这一切的痛苦。我们的生活充满了痛苦，我们大部分人关心的是如何逃避痛苦，如果我们无法逃避痛苦，就会把痛苦作为达至真理的手段，声称要想认识欢愉、狂喜，就必须经历痛苦。然而，痛苦并不会带来极乐，痛苦并不会走向生活、美和光明。

我们之所以陷入痛苦，是因为我们总是试图变得如何如何。只要你观察一下自己的心灵，就会发现，思想的每一个运动都是朝向某个事物或者离开某个事物，于是我们的生活就变成了一系列的争斗、冲突与不幸。不要赞同我的话，而是去观察你自己的生活，看一看它是多么的不幸，多么的琐碎、平庸、没有创造力。心灵受着局限，永远都在忙忙碌碌，我们带着这样的心灵试图去发现那超越了思想全部过程的事物。由于认识到了这个，因此我们说必须让心灵安静下来，于是我们开始去约束、控制、克制心灵，结果也就消耗掉了要让心灵安静下来所必需的能量。结果，我们把自己的生活变成了一件折磨人的事情。那么，我们能够清除掉那些让我们变成没有思想、没有创造力、只会模仿的机器的事物，清除掉所有毫无意义的重复性的语句吗？我们能否把这一切抛到一边，做到简单，以崭新的姿态开始呢？

只有当我们不从时间的层面去思考，才能做到这个。我们习惯了从时间层面去思考，从变得如何去思考，不是吗？由于混乱，深陷痛苦，没有爱，充满了因为不断努力出人头地而遭遇挫败的痛苦，于是我们说道："我必须得有时间摆脱这一切。"我们从不曾问问自己如下问题："我能否摆脱，不是在时间的过程里面，而是立即？"必须去询问那些根本性的问题，不要寻求它们的解答，因为，对于根本性的问题来说，根本没有答案可言。问题本身及其深刻性和澄明，就是它自己的答案。可我们从不曾询问过根本的问题，其中一个根本性的问题便是，能否不从时间的层面去思考。

思想是时间的产物，是许多个世纪以来记忆的结果，是无数经验和评价的结果。那么，它能否去思考、去发现，同时不去想着变得怎样呢？假如你现在是良善的，就不会有任何问题，但倘若你从变得良善去思考，就会出现问题。假如没有爱，那么问题不是怎样最终去爱，而是何谓爱？如果你询问什么是爱，这才是根本性的问题。而答案不是可以寻求到的，因为它有赖于提问者的认真和深度。

因此，在我们每日的生活中，重要的不是寻求什么以及发现什么，而是停止一切寻求。原因是，寻求里面会有对思想的施压。正如我们所知道的那样，所有的寻求都怀有动机，只要你的寻求有动机，那么你所寻求的显然就是实现该动机，因此也就不再是寻求。

那么，心灵能够停止寻求吗？显然，心灵在任何方向上的运动都是有动机的，而动机会带来自身的结果，所以，该结果并不是真理。当心灵完全没有任何运动，当它彻底静寂，真理便会到来。

但是你知道，困难在于我们所有人受到的都是错误的教育，我们的思想已经失去了创造力，我们希望得到帮助，或许你们大部分人都是基于这个原因才来到这里的。先生们，没有什么帮助，请意识到这一点，没有帮助——这并不表示说你应该继续身陷绝望，恰恰相反。可一旦你开始去寻求帮助，你就已经失去了首创精神，而首创精神正是那一被叫作创造力即真理的非凡之物的开始。待在你自己的监牢的高墙之内，你自身的思想、限定、野心、混乱的高墙内，你希望得到某个外部中介的帮助，结果你便失去了跨越高墙的主动性。你认为将帮助你跨越高墙的人，即你所谓的上师，抑或爱你的人，抑或真理。但倘若你被帮助，你就已经失去了那种创造力。生活是一种发现的过程，在日复一日的生活中，你必须独立地去发现它的美、它那非凡的深刻性。正是由于你没有去观察，由于你渴望得到帮助，所以你才失去发现过程所必需的信心与主动性。个体发现真理的意识被毁掉了，从你身上拿走了，于是你便阅读《薄伽梵歌》，求助于商羯罗、佛陀或耶稣，你遵从书本或领袖，有了确立起来的权威之后，你就迷失了，这是一个简单的事实。你之所以迷失，是因为你有领袖、哲学、戒律。假如他们不存在，你就不会迷失，因为，尔后你就必须日复一日、时时刻刻去探明，你就必须依靠自己的力量去发现。

自信与不带任何动机始终去探寻的心灵所处的状态是有区别的。自信滋生出了侵犯和自大，它的行动是一种自我封闭的过程。然而对于一个处于不停探寻状态的心灵来说，没有去积累它所发现的事物，唯有这样的心灵，才能找到真理。一个被引导的心灵，永远无法发现真理——而是只有摆脱了社会，摆脱了一切限定，从而处于革新状态的心灵。这便是为什么只有真正虔诚的人才具有革命性，而不是所谓的改革者。

因此，在我看来，我们的问题不是寻求你所说的真理或神，而是让心灵挣脱作为印度教教徒、穆斯林、基督徒抑或其他身份所受的全部限定，以及摆脱当你充满野心、嫉妒的时候会出现的局限——这一切都是在社会的模式之内。社会是建立在改良之上的，改良是过去的延续。只有当心灵察觉到了这一切，认识了它，才能迎来我们全都渴望的事物，没有它，生命就没有多少意义，那一事物便是真理。但要想体验真理，就必须没有任何体验者。体验者是过去的产物，他是由许多的积累、记忆构成的。只要有体验者、思考者，真理就不会到来。一旦心灵摆脱了思考者、体验者，摆脱了作为累积的记忆及其评价的"我"——唯有这时，它才会迈入静寂。

心灵的静寂不是从时间的层面去思考的。这种静寂没有持续性，它不是一种要去实现、持续或永续的状态。当心灵渴望让某个体验继续，就会出现体验者。这个体验者会渴望得到"更多"，"更多"制造出了时间。只要心灵从"更多"出发去思考，真理就不会出现。

或许你已经安静地、轻松地聆听了这一切。单纯聆听话语并不等于理解了它们。但倘若你聆听话语，毫不费力地理解或者体验了某种东西，倘若你就只是聆听，不去抓住它，那么你将发现，这种聆听会让你的内心发生一场潜意识的革命。这是唯一的革命，因为，欲望、努力的有意识的变革，不过是改良罢了。只要你能够安静地、轻松地聆听，不去进行解释，聆听正在说的内容以及你周围的一切，那么你会发现，你不仅聆听了非常近的东西，而且还有那些格外遥远的事物，聆听了那不可度量、没有空间的事物，那不会被言语、时间所围的事物。但要想聆听那无法度量的事物、聆听真理，心灵就必须格外的宁静。只要它去寻求，就无法实现静寂，因为寻求是一种激动不安。当心灵迈入了真正的静寂，因为它被自己聆听的歌声所吸引，唯有这时，那不可度量的永恒之物，才会到来。

问： 我们所有的问题似乎都植根于过去的尘土之中。能否察觉到潜意识的全部内容并且终结它呢？这样心灵才会是鲜活的、崭新的。

克： 先生们，在你提出某个问题的时候，弄清楚你为什么询问将会格外有趣。是什么欲望使得一个人去提出问题的呢？显然，重要的并不是问题的解答，而是探明一个人为何要寻求答案，动机是什么，动因是什么，那个寻求答案的实体是谁，因为答案取决于问题的动机。假如你不知道动机，那么答案就会毫无价值。当你着手去发现动机及其所有不同寻常的背离，你就已经处于认识自我的领域之内，你就已经在自己思想与关系的镜子里认识你自己了，结果你根本不会再有任何的问题。每个问题都是能够在其中发现真理的，但倘若你仅仅提出问题，坐等解答，等待他人给你帮助，那么你就失去了创造力和主动性去展开发现的行动。

请听好，因为这真的很重要。我认为幸福就掌握在我们自己的手中，而开启幸福的钥匙便是认识自我——不是弗洛伊德、荣格、商羯罗或其他人的自我认识，而是你日复一日在关系里面发现到的有关自我的认知。在关系之镜中，你不必阅读书本就可以发现一切，尔后你就不会再渴望领袖了，尔后领袖就会变成破坏者。通过观察，通过日复一日不费力地察觉你自己的思想的活动，当你搭乘巴士的时候，当你开车的时候，当你跟你的仆人、你的妻子、你的孩子、你的邻居说话的时候——通过观察这一切，犹如在一面镜子前，你将开始发现你是怎样说话的，你是怎样思考的，你是怎样反应的，你会发现，在认识自我的过程中，你拥有了无法在书本、哲学或任何上师的教诲中找到的事物。尔后你便是你自己的上师，你便是你自己的训诫。然而，这样的观察需要投以注意力，只有当你不怀有改变你所发现的事物的动机，才能做到关注。只要你的意图是去改变你所发现的东西，你就无法做到充分的觉照。完全的关注是好的，如果有任何对你发现的事物进行谴责、比较或辩护的意识，就无法投以充分的注意力。没有人可以给你终结痛苦的钥匙，但倘若你在关系之镜中去认识自己，不去对你看到的事物进行评判，那么钥匙就在你自己的手中。尔后，不再需要任何宗教、书本、庙宇，因为你将发现，通过深刻的自我认知，会迎来那永恒的事物。于是，思想创造出来的那些东西就会变得不再重要。于是，你将懂得什么是爱。

现在，这位提问者说，我们所有的问题似乎都根源于过去，他询问是否能够充分察觉到潜意识的全部内容，终结它，如此一来心灵就会是鲜活的、崭新的。

揭示潜意识的深层，有分析的过程和自省的过程。你可以观察和评价你思考和所说的一切，抑或你可以分析思想，包括意识跟潜意识，一步步地探究它所有的反常以及解释每一个梦境。那么，在我看来，这一切非常乏味，不是正确的着手方法。因为，毕竟，在自省和分析的过程中，总是会有分析者，有一个在自省、评价的人，所以思想里面总是会有界分。总是会有这种二元性，即一个在观察的人与他所观察的事物，意识的某个部分在自省、在分析，另一个部分则在被检验、被分析。于是，总是会有解释、评价、冲突。既然把分析者跟被分析的事物分隔开来只会导致永无休止的冲突，那么其他方法是什么呢？

或许它不是方法，因为真理无路可循，没有任何禅修的方法，没有任何训练、约束能够给我们的日常生活带来那非凡的创造力。但倘若你真正关注某个事物，你便能够处于一种根本没有思考者而只有思想的状态。这不仅仅是我的理论，这是事实。思想是转瞬即逝的，处于持续的流动之中。一旦投以全部的注意力，思想就永远不会制造出作为永恒的思想者、体验者，不会制造出一个累积经验或财富的人。存在的只有思想，而非思想者。

请仔细聆听，你将懂得如何去除掉这种分析的过程并且超越潜意识，从而给心灵注入年轻、纯真的鲜活。因为，唯有纯真、鲜活的心灵，才能接受新事物，而不是被分析折磨的心灵，被纪律约束、控制的心灵。

所以，存在的只有思想。思想是短暂的，因此，通过思考累积的一切，实现、野心、欲望这些价值观念，同样也是短暂的。只要有作为体验、知识、传统、价值观念的累积，就一定会有潜意识及其所有恐惧和暗藏的动机的信息。一旦你清楚地、简单地察觉到了这一事实，一旦你真正领悟到思想是短暂的，就会停止全部的累积。

毕竟，潜意识是昨天以及无数个昨天的累积，不仅有几个世纪以来累积的传统，而且还有在当下的运动中发生的累积，在思想与现在的接触中发生的累积,这一切都是潜意识。心灵依附于它所累积的事物,因为它认为这里面会有澄明,这里面有希望,有恐惧的终结。然而,累积正是恐惧的原因。在累积里面,心灵找到了一种永恒感。可事实却是,思想是短暂的,无论它积累的是什么,同样也是短暂的。心灵或许认为存在着永恒的灵魂、永恒的实相,但对于永恒的思考本身就是非永恒的。短暂的思想,只会创造出短暂,虽然它可以通过相信自己创造了永恒来自欺。一旦你立即领悟了这一简单的真谛,就将解放潜意识的全部内容,心灵将永远不会再去累积。当心灵停止累积,停止作为累积者去持续,它便是鲜活的、年轻的、全新的。

你知道,困难在于我们并非真正渴望简单,我们懒惰,于是便发明出了时间的过程。但倘若你不懒惰,倘若你的心灵保持警觉和敏锐,倘若你格外简单地认识到一切思想都是短暂的,思想没有居所,没有一个你可以围绕它去思考的固定点,这个固定点是由思想制造出来的,所以跟制造出它的思想一样短暂——倘若你真正简单地、直接地认识到了这一切,那么你将发现,一切评价都会停止。尔后便会有不被价值观念污染的记忆,于是心灵也就是鲜活的,尽管它可以去记忆。

问:当一个人聆听您的时候,真理或实相似乎就在拐角。可是之后它却遥不可及,一个人会感到彻底的挫败。那么他要怎么做呢?

克:为什么在你聆听的时候,正如这位提问者所说的那样,你似乎理解了呢?为什么你的心灵此刻格外的澄明和简单?是因为我的声音在催眠你吗?抑或因为我们在一个钟头里面是如此的严肃认真,不怀有任何动机,不去寻求,不去渴望得到些什么,而是仅仅聆听,不怀有远近的意识呢?我们都处于一种关注的状态,不是吗?显然,演讲者并不试图说服你去接受什么,接受任何体系方法或哲学,他不希望你去加入任何组织,遵守戒律,他没有给你什么东西。他只是描述了事实,事实要比你的看法，比你对事实的解释或判断重要得多。演说者说道："避免判断，摆脱比较、评价，就只是聆听事实。"他在呈现事实，但不希望你对事实去做些什么。就只是察觉到你怀有野心，认识到，只要有野心，就一定会有对未能实现的恐惧、挫败和愤怒，这是一个事实。只要你在任何方向怀有野心，在这个世界或是所谓的精神世界，只要你去积累美德，将其作为通往天堂的手段，那么恐惧就是难以避免的。把美德作为去往天堂的手段，只会带来受人尊敬、体面，这是丑陋的东西，应当抛到一边去。

所以，重要的是去觉察，就只是认识如下事实，即任何形式的野心都会滋生出恐惧和敌对，在实现它的过程中会有恐惧。此刻，在你聆听的时候，你将领悟这一事实。然而会发生什么呢？你懂得了该事实的真理，事实暂时是真实的，你不再怀有野心，不再有恐惧。可是当你离开这里，你又会被体面的社会的车轮追赶上，于是你便导致了界分。在聆听事实的时候，你是自由的，但在离开这里之后，会有竞争，然后你说道："我怎样才能返回到事实？我昨天非常清楚地看到了它，可现在我却没有认识它。"正是渴望看到事实，才带来了烦扰和间隔。但倘若你深切地察觉到，你再一次地渴望认识那一事实，这是另外一种野心，那么你会发现，你没有必要去参加会议了。尔后，你就是你自己的老师，你自己的戒律，尔后，生活是开放的，你将充分地、充实地、幸福地迎接每一天。但倘若有任何形式的累积，这就无法实现。就只是认识该事实，不做任何评价，这将会带来自由。你不可以去解释事实，它是一个事实，不管你喜欢与否。当你直面事实，就不会出现任何问题了。

问：爱、死亡、神是三个不可知的事物，然而，除非理解了这三者的涵义，否则生活将毫无意义。心灵怎样才能认识它无法认识的事物呢？

克：心灵只会认识它知道的东西，无法理解它不知道的事物，这是非常简单的。心灵只能理解它累积的事物，它知道的事物，因为它本身就是已知的产物，不是吗？你的思想是已知的结果，是无数个昨天的结果，源于经历的一切传统的记忆、价值观念、判断、看法、恐惧。作为已知的产物，这样的心灵如何才能认识未知？它可以去发明，可以去猜想，但它的猜测不过是已知的反应；就像理论，就像乌托邦，就像哲学，它是已知的反应。

所以，心灵永远无法认识那不可知的事物，但这正是你们每个人试图去做的事情。心灵通过已知寻求未知，这便是为什么你的克制、你的打坐是如此挫败的缘故，它们全无意义，因为你是从已知移向已知。你从不曾询问根本性的问题，那便是：心灵能否摆脱已知，不去追逐已知？请听好。作为已知产物的思想，能否摆脱自身的运动？心灵能否清除掉所有的昨天，作为已知的昨天？与当下联系的已知，制造出了将来，它同样是已知的结果。

那么，能够摆脱已知吗？这便是我们的问题，而不是心灵能否认识未知。心灵能够理解爱吗？它可以理解感觉、欲望，如何抑制某种感觉，如何控制、拷打、压制、升华欲望——但它能够认识爱吗？心灵能够认识那不可知的事物吗？那衡量时间、距离、空间的心灵，能够发现那不可度量的事物吗？

你希望认识那不可知的事物，所以你的心灵总是在追逐它，你阅读、禅修，你用观念、书籍、领袖让自己平静，你从不曾去询问这一问题：心灵能否摆脱已知？你明白没有？

已知是由你所学习的那些东西、你被教授的那些东西构成的——即你是个婆罗门或非婆罗门，你是个印度教教徒、基督徒或穆斯林——它是由你的欲望构成的，比如成为总理、富翁，等等等等。作为已知产物的思想，除了永远在已知的领域之内活动之外，还能做些其他事情吗？

这种已知领域内的活动，能够不带任何动机地停止吗？因为，假如怀有动机，这同样也是已知的。

显然，只要有这种已知领域内的运动，心灵便无法认识未知。那么，这种已知的运动能否停止呢？这便是问题。若你真正提出这个简单的问题，不去试图找到答案，不去想着达至某个地方，若你抱持热切认真的态度，因为这对你来说是根本性的问题，那么你会发现，已知的运动将停止，这便是全部。伴随着作为已知的思想的终结，以及它摆脱了已知的运动，那不可知、不可度量的事物便会到来，在它里面，会有狂喜、极乐。

1955 年 3 月 13 日